JN495247

헌법소송론

[제 3 판]

성낙인 · 권건보 · 정　철
전상현 · 박진우 · 허진성
김용훈 · 이　진

法　文　社

Constitutional Litigation

Third Edition

SUNG Nak-In
Kwon, Geonbo
Jung Chul
JEON Sang-Hyeon
Park Jinwoo
Huh, Jinsung
Kim Yonghoon
Lee Jean

2026
Bobmun Sa
Paju Bookcity, Korea

제3판 서문

헌법재판소의 활성화와 더불어 헌법은 이제 국민의 생활헌장으로 자리 잡고 있다. 하지만, 정치의 사법화 현상과 사법의 정치화라는 새로운 부작용을 초래하기도 한다. 앞으로 입법·행정·사법의 조화로운 작동을 통하여 주권자의 기본권 보장을 보다 현실적이고 실질적으로 작동할 수 있기를 기원한다. 저자들은 그간의 연구 성과를 토대로 2012년『헌법소송론』초판을 출간한 이후, 지난 2021년에는 제2판을 간행한 바 있다. 이제 제3판을 간행한다.

무엇보다 헌정의 파행과 파탄에 따라 헌법재판소가 정치적 심판대에 올라선다. 2022년 윤석열 대통령은 여소야대 상황에서 취임하였다. 그런데 2024년 국회의원 총선거에서 야당인 더불어민주당이 단독으로 의회에서 압도적 과반수를 확보하였다. 이에 따라 저자가 87년 체제에서 대통령과 국회다수파와의 관계를 중심으로 살펴본 6번째 모델 즉 대통령 재임 중 단일야당이 국회 과반수를 확보한 상황을 가설로 남겨두었는데 그것이 현실화된 것이다. 집권여당과 야당의 극단적인 대립은 결국 헌정 파탄을 초래하였다. 윤석열 정부 기간 동안 국회의 탄핵소추의결은 87년 체제에서 가장 많이 작동되었으나 헌법재판소의 탄핵인용결정은 윤 대통령과 경찰청장 2건에 불과하다. 대화와 타협이 실종된 상황에서 윤석열 대통령은 2024년 12월 3일 비상계엄을 선포하였다. 이에 국회는 탄핵소추를 의결하였고, 헌법재판소는 2025년 4월 4일 대통령 파면을 선고하였다. 이후 6월 3일 실시된 대통령 선거에서 이재명 후보가 당선됨에 따라 다시금 국회는 여대야소로 회복되었다. 그 과정에서 대통령 권한대행의 권한대행의 권한대행이라는 기이한 헌정파탄 상황이 연출되었다. 위헌적인 비상계엄·탄핵·대선에 이르는 과정은 정치적 질곡상황이었으나, 국민들은 질서있는 헌정회복에 함께 하였다.

반면에 소수 야당은 이제 들러리에 불과하다. 민주화 이후의 민주주의는 요원해 보인다(성낙인, 87년 체제의 종언과 제7공화국, 나남, 2025). 3개의 특검법과 상설특검법에 따른 특검도 작동하는 특검 정국이 계속된다. 이후 '2차 종합 특검'도 가동된다. 그야말로 특검 공화국이다. 위헌 논란을 촉발한 내란특별재판부 설치를 위한 '내란·외환·반란 범죄 등의 형사절차에 관한 특례법'도 제정되었다. 비상계엄관련자들은 법원의 “위로부터의 내란 및 친위 쿠데타”로 응징된다.

헌법재판소의 작동에 대한 근본적인 보완이 필요하다. 헌법재판소 소장 임기 만료 후에 권한대행체제가 가동되기도 하고, 소장 임기제도가 없기 때문에 1년짜리 소장도 출현한다. 이제 소장 임기제도 도입되어야 한다. 헌법재판소법 개정을 통하여 소장 권한대행 규정을 신설하고(제12조의2), 헌법연구관 정년을 법관과 동일하게 65세로 상향조정(제19조)한 것은 바람직한 방향이다.

『헌법소송론』 제3판 저술에서도 성낙인 교수의 『헌법학』(법문사, 제26판)을 발전시켜 헌법소송이라는 전문적인 영역에서의 논의를 전개하여 나갔다. 『헌법소송론』은 저자들의 협업을 통하여 빚어낸 작품이다. 제3판에서는 제2판에 이어 권건보 교수(아주대), 정 철 교수(국민대), 전상현 교수(서울대), 박진우 교수(가천대), 허진성 교수(부산대), 김용훈 교수(상명대)가 참여하였다. 특히 이 진(경희대) 교수가 새로 참여하여 종합적인 정리와 교정을 해 주었다. 공저자는 서울대학교 법과대학 대학원에서 헌법학을 연구하였고 현재는 헌법학 교수로서 헌법학과 헌법재판을 강의하고 있다. 사실 법학 분야에서 공저 작업이란 그리 쉬운 일이 아니다. 그럼에도 흔쾌히 참여하여 귀한 시간을 할애하여주신 교수님들에게 저자를 대표하여 감사의 말씀을 드린다. 조언과 세심한 교열에 수고하신 감사연구원의 김태열 박사께도 감사드린다. 『헌법소송론』 저술과정에서 귀중한 조언과 자료를 제공하여주신 헌법재판소의 김소연 · 김동훈 · 임성희 · 정은혜 연구관과 헌법재판연구원의 한동훈 책임연구관에게도 감사드린다.

『헌법소송론』 독자들께서는 저자의 『헌법학』 제26판(2026)뿐만 아니라, 『헌법학논집』(2018), 『판례헌법』 제4판(2014), 『대한민국헌법사』(2012), 『헌법연습』(2000), 『헌법과 국가정체성』(박영사, 2019) 등을 참조하여 주기 바란다.

언제나 노고를 함께 하는 법문사의 김용석 차장, 권혁기 차장, 유진걸 · 김성주 과장, 이선미님에게도 감사드린다.

2026년 2월 1일
서울대학교 연구실에서
저자를 대표하여 성낙인(成樂寅)

제2판 서문

1988년에 헌법재판소가 개소된 이래 벌써 30년을 넘어섰다. 헌법재판소가 개소될 당시에 제기된 우려를 떨쳐버리고 그간 헌법재판소는 민주화 이후의 민주주의 구현에 결정적인 기여를 하였다고 평가할 수 있다.

무엇보다 그간 장식품으로 치부되던 헌법이 생명력을 가지게 되었다. 더 나아가 헌법은 이제 국민의 생활헌장으로 자리 잡고 있다. 그 과정에서 헌법재판소도 국민적 관심과 사랑을 받게 되었다. 헌법재판소가 있는지조차 모르던 국민들에게 "대한민국의 수도는 서울이다"는 헌법상 관습헌법이라고 판시함으로써, 때 아닌 관습헌법 논쟁도 촉발시켰다. 감히 생각도 못하던 대통령에 대한 탄핵심판이 두 차례에 걸쳐서 진행되었다. 첫 번째, 대통령 노무현에 대한 탄핵심판은 기각되었다. 하지만 두 번째, 대통령 박근혜에 대한 탄핵심판은 인용됨으로써 헌정사상 최초로 현직 대통령이 파면되기에 이르렀다. 국회로부터 대통령이 탄핵소추되고 헌법재판소가 탄핵심판을 하는 정치적 혼돈의 와중에서도 대한민국은 온전히 안정과 평화를 유지하였다. 그만큼 성숙한 대한민국을 단적으로 보여주었다.

헌법재판소 제도는 유럽 특히 독일과 오스트리아 제도를 모델로 출발하였다. 1960년 4월 학생혁명에 따라 탄생한 제2공화국헌법에서 도입된 헌법재판소 제도는 그 구성도 하기 전에 1961년 5·16 군사정변으로 인하여 문서상의 제도로 그치고 말았다. 이제 나라의 민주화와 더불어 도입된 헌법재판소 제도는 국내적인 안정과 더불어 이제 헌법재판소 제도의 모델국가로 칭송받는다.

하지만 헌법재판의 활성화에 자만하여서는 아니 된다. 첫째, 위헌법률심판을 통한 위헌결정은 국민의 대표기관인 국회의 입법권에 대한 중대한 제약을 초래한다. 더 나아가 국회 의정활동과정에서 야기된 정치적 갈등이 헌법재판소의 권한쟁의심판의 대상이 되어 자칫 '정치의 사법화'를 심화시킨다. 입법, 행정, 사법의 조화로운 작동을 통하여 주권자의 기본권보장을 보다 현실적이고 실질적으로 작동할 수 있기를 기원한다.

저자들은 그간의 연구 성과를 토대로 2012년에 『헌법소송론』 초판을 출간한 바 있다. 그동안 개정판의 요구가 있었으나 성낙인 교수는 2014년부터 4년간 서울대학교 총장직을 수행하느라고 개정판을 저술할 시간적 여유를 가지지 못하였다. 다른 공저자 교수님들도 그 사이 학내외의 일정과 해외연수 등으로 자리를 함께 하기가 어려웠다. 오랜만에 여유를 가지고 개정판 작업을 진행하였다. 특히 제2판은 전면 개고되어 사실상 새판이라고 하여도 과언이 아닐 정도로 수정과 보완이 이루어졌다. 이번 『헌법소송론』 저술에서도 성낙인 교수의 『헌법학』(법문사, 제21판)을 기본으로 삼으면서 헌법소송이라는 전문적인 영역에서의 논의를 전개하여 나갔다. 『헌법소송론』은 저자들의 협업을 통하여 빚어낸 작품이다. 제2판에서도 권건보 교수(아주대), 정 철 교수(국민대), 박진우 교수(가천대), 허진성 교수(대전대)가 참여하였다. 제2판에는 이효원 교수(서울대) 대신 전상현 교수(서울대), 김용훈 교수(상명대)가 새로 참여하였다. 모든 공저자는 서울대학교 법과대학과 동 대학원에서 헌법학을 연구하였고 현재는 헌법학 교수로서 헌법학과 헌법재판을 강의하고 있는 학자분들이다. 사실 법학 분야에서 공저 작업이란 그리 쉬운 일이 아니다. 그럼에도 흔쾌히 참여하여 귀한 시간을 할애하여주신 교수님들에게 저자를 대표하여 감사의 말씀을 드린다. 특히 전대미문의 코로나 사태로 일상이 흐트러진 상황에서 함께하여주신 교수님들의 노고에 거듭 경의를 표한다. 이번에는 함께하지 못하였지만 김윤홍 교수(전주대), 김수용 교수(대구대)도 다음에는 함께할 수 있기를 기대한다. 조언과 세심한 교열에 수고하신 감사연구원의 김태열 박사께도 감사드린다. 『헌법소송론』 저술과정에서 귀중한 조언과 자료를 제공하여주신 헌법재판소의 김소연, 김동훈, 임성희, 이 진, 정은혜 연구관과 헌법재판연구원의 한동훈 연구관에게 감사드린다. 헌법재판연구원 10년을 맞이하면서 연구원장으로 수고하신 헌법학자(허영 · 김문현 · 전광석 · 석인선 · 박종보)께도 경의를 표한다.

『헌법소송론』 독자들께서는 저자의 『헌법학』 제21판(2021)뿐만 아니라, 『헌법학논집』(2018), 『판례헌법』 제4판(2014), 『대한민국헌법사』(2012), 『헌법연습』(2000), 『헌법과 국가정체성』(박영사, 2019) 등을 참조하여 주기 바란다.

법문사의 장지훈 부장, 김용석 과장, 권혁기 대리, 유진걸 대리, 김성주 대리, 이선미 님에게도 감사드린다.

2021년 8월 15일
서울대학교 연구실에서
저자 성낙인(成樂寅) 씀

서 문

1987년 헌법에 따라 1988년에 헌법재판소가 개소된 이래 벌써 4반세기를 넘어섰다. 헌법재판소가 개소될 당시에 헌법재판소가 과연 활성화될 수 있을 것인가에 대해서 모두들 반신반의하는 상황이었다. 초기에는 재판관조차 상임재판관과 비상임재판관으로 이원화되어 있을 정도로 헌법재판소의 장래에 대한 확신이 결여되어 있었던 것도 무리가 아니었다. 하지만 산업화의 과실에 익어간 민주화에 바탕을 둔 87년 체제가 민주화의 새로운 시금석으로 작동하는 과정에서 헌법재판소도 그 한 축을 형성하기에 이르렀다. 헌법재판소의 활성화와 더불어 법전의 장식품쯤으로 치부되던 헌법도 이제 새롭게 생명력을 갖게 되면서 그야말로 국민의 생활 속에 최고의 규범으로 자리 잡게 되었다. 그것은 곧 강학상 · 이론상으로만 최고규범으로 머물던 헌법이 명실상부한 최고규범으로 각인되기에 이르렀음을 말한다. 헌법재판의 활성화와 더불어 헌법재판소가 많은 판례를 양산하고 있다. 특히 지난 권위주의 시절에 쌓여 있던 수많은 법상 적폐들이 헌법재판을 통하여 새로운 규범과 질서를 창출할 수 있게 되었다. 대통령 탄핵사건이나 수도이전법률의 위헌 결정 등을 통해서 헌법재판소는 호불호를 떠나서 국민의 가슴 속에 최고의 사법적 판단기관임을 각인시켜 놓았다.

헌법재판소는 때로 정치권과 국민의 오해와 빈축을 사기도 했지만 그래도 헌법재판소의 결정에 승복하는 민주법치국가의 미덕을 쌓아 왔다. 하지만 국민적 정당성의 두 축인 정부와 국회가 정치적 쟁점을 헌법재판소에 의탁하는 과정에서 자칫 '사법관에 의한 통치'를 불러일으킬 수 있는 소지를 배제할 수 없다. 민 · 형사재판이 아닌 헌법재판의 특수성을 제대로 반영하고 이를 통해서 한국적 민주법치주의의 이정표를 세울 수 있기를 바라마지 않는다.

헌법재판소의 기대를 뛰어넘는 활성화는 아시아 입헌주의의 새로운 미래를 기약하는 것이기도 하다. 21세기 이후에 펼쳐지고 있는 세계적인 민주화의 물결은 중동의 쟈스민 혁명을 통하여 새로운 지평을 열고 있다. 각국의 민주화 과정에서 우리 헌법재판소는 중요한 수출품으로 작동할 수 있을 것이다. 저자는 서울대학교 법과대학 학장 재직 중이던 2005년에 '아시아 입헌주의'(Asian Constitutionalism)

라는 주제로 아시아 20개국의 헌법학자와 헌법재판소장 및 헌법재판관을 초청하여 제1회 아시아헌법학포럼을 개최한 바 있다. 학계뿐 아니라 헌법재판소도 아시아 헌법재판소회의를 개최함으로써 아시아적 입헌주의의 새로운 길을 모색하고 있다. 이 과정에서 가장 돋보이는 기관이 바로 우리 헌법재판소라는 것은 이미 공지의 사실이다. 그만큼 헌법재판소의 착근은 한국적 입헌주의의 미래를 밝혀주고 있다. 헌법재판의 활성화와 더불어 한국공법학회와 한국헌법학회를 중심으로 학자들의 연구업적도 괄목할 만한 수준에 이르고 있다. 그 사이 학자들의 학문적 연구의 대상으로만 남아 있던 헌법재판이 이제 이론과 실제가 함께하는 상황으로 호전되었음을 의미한다. 이 과정에서 많은 연구업적물이 축적되었고, 또한 다수의 헌법재판에 관한 연구서도 출간되고 있다. 특히 법과대학이나 법학전문대학원(로스쿨)에서 헌법재판에 대한 강의는 필수적 덕목으로 자리잡고 있다.

저자들은 그간의 연구 성과와 헌법재판소 결정을 토대로 하여 『헌법소송론』을 저술하게 되었다. 헌법소송론 저술에서의 기본방향은 성낙인 교수의 『헌법학』(법문사, 제11판)을 기본으로 삼으면서 헌법학 교과서가 안고 있는 한계를 벗어나서 헌법소송이라는 전문적인 영역에서의 논의를 전개해 나갔다. 『헌법소송론』은 저자들의 협업을 통해서 빚어낸 작품이다. 저자인 성낙인 교수(서울대), 이효원 교수(서울대), 권건보 교수(아주대), 정 철 교수(국민대), 박진우 교수(경원대), 허진성 교수(대전대)는 각기 서울대학교 법과대학과 동 대학원에서 헌법학을 연구하였고 현재는 법과대학 교수로서 헌법학과 헌법재판을 강의하고 있는 학자들이다. 비록 쟁점에 따라서는 이론이 있을 수 있으나 같이 동문수학한 헌법학자이기 때문에 이론을 최소화하여 작업을 함께 할 수 있었다. 유난히도 긴 장마로 힘들게 보내면서 작업을 함께 한 분들에게 집필자를 대표해서 감사를 드리고자 한다. 또하 박사과정의 임승은 양, 석사과정의 김정길 군은 교정에 수고 많았다. 임승은 양은 각고의 노력 끝에 금년도 사법시험에 합격한 재원이다.

어려운 출판 여건에도 불구하고 흔쾌히 출판해 주신 법문사 배효선 사장님, 김영훈 부장님 그리고 교정에 애써주신 김용석 과장님, 전영완 님, 권혁기 님 또한 전산작업을 담당한 광암문화사 관계자에게 감사드린다.

2012년 1월 1일

서울대 법대 연구실에서

저자들을 대표하여 成樂寅(성낙인) 씀

차 례

제1편 헌법과 헌법재판

제 2 편 헌법재판소

제 3 편 일반심판절차

제 4 편 개별심판절차

제 1 장 위헌법률심판 (183~252)

참고문헌

성낙인, 헌법학 제26판, 법문사, 2026.
성낙인, 프랑스헌법학, 법문사, 1995.
김철수, 헌법학개론, 박영사, 2010.
권영성, 헌법학원론, 법문사, 2010 외 헌법학 교과서.
김래영, 헌법소송법, 법문사, 2021.
김운용, 위헌심사론, 삼지원, 1998.
김철수, 판례교재 헌법, 법문사, 1(1980), 2(1992).
김하열, 헌법소송법. 박영사, 2025.
남궁승태, 프랑스헌법소송론, 삼선, 1993.
민병로, 일본의 사법심사제, 전남대출판부, 2003
민병로 · 손형섭 역, 일본판례헌법, 전남대출판부, 2011.
신 평, 헌법재판법, 법문사, 2011.
이동흡, 헌법소송법, 박영사, 2025.
이효원, 헌법재판강의, 박영사, 2022.
임지봉, 사법적극주의와 사법권의 독립, 철학과 현실사, 2004.
전학선, 프랑스 헌법소송론, 한국문화사, 2022
정재황, 헌법재판론, 박영사, 2021
정종섭, 헌법소송법, 박영사, 2019.
한국헌법학회 편, 헌법판례100선, 법문사, 2012.
한병채, 헌법재판론, 고시계, 1994.
허 영, 헌법소송법론, 박영사, 2023.
허완중, 헌법소송법, 박영사, 2019.
홍석한, 헌법소송법강의, 전남대 출판문화원, 2025.
헌법재판소, 헌법재판실무제요, 2008, 2015, 2023.
헌법재판소, 헌법재판소법 제정 약사, 2006.
헌법재판소, 헌법재판소 20년사, 2010.
헌법재판소, 헌법재판소 판례집.
헌법재판소, 헌법재판소결정해설집.

헌법재판연구원, 헌법재판연구원 10년사, 2021.

[기타 논문집]

한국공법학회, 공법연구.
한국헌법학회, 헌법학연구.
세계헌법학회 한국학회, 세계헌법연구.
한국비교공법학회, 공법학연구.
헌법재판소, 헌법논총.
헌법재판소, 헌법재판연구.
헌법재판소, 헌법실무연구.
헌법재판연구원, 헌법재판연구.
헌법재판연구원, 헌법이론과 실무·헌법재판심사기준·비교헌법연구.
헌법판례연구회, 헌법판례연구.
대법원 헌법재판연구회, 헌법판례해설.

제1편

헌법과 헌법재판

제 1 장 헌법재판의 의의

헌법재판(Verfassungsgerichtbarkeit)이란 헌법을 적용함에 있어서 헌법의 내용과 의미에 대하여 분쟁이 발생한 경우에 독립된 헌법재판기관이 헌법을 유권적으로 선언하여 그 분쟁을 해결하는 작용을 말한다. 이러한 헌법재판은 헌법규범의 실효성을 담보하는 헌법보장제도이다. 즉, 헌법재판을 통하여 헌법의 규범력을 실질화하고 궁극적으로 입헌주의를 규범적으로 실현한다. 헌법재판은 국민의 기본권을 보장하는 한편, 모든 국가작용이 헌법에 적합하게 행사되도록 한다.

헌법재판은 입헌주의에 따라 입법, 사법, 행정 등 모든 국가작용을 규율하는 제도이지만, 근대입헌주의 초기에는 헌법규범의 최고성을 담보할 수 있는 제도적 장치를 갖추지 못하였다. 헌법재판의 본질적 부분은 위헌법률심판이라고 할 수 있는데, 당시 유럽에는 의회주의 전통이 강하여 국민주권은 의회주권으로, 의회주권은 법률주권으로 인식되고 있었다. 또한 의회가 제정한 법률은 국민의 의사로 간주되었으므로 이러한 법률에 대한 사법적 판단은 용납되기 어려웠다. 이에 따라 헌법의 최고규범성을 담보하기 어려운 상황이었다.[1)]

민주주의의 본질에 비추어 볼 때, 주권자인 국민의 대표기관인 의회에서 제정한 법률에 대하여 국민으로부터 직접적인 민주적 정당성을 부여받지 아니한 법관이 사법적으로 판단하여 이를 무효화하는 제도는 "법관에 의한 통치"로서 바람직하지 아니하다. 그러나 헌법재판제도는 의회의 입법작용이나 행정부의 정책적 결정에 대하여 헌법적 정당성의 관점에서 권력을 통제하는 작용이므로 민주적 정당성의 관점에서만 파악하여서는 아니 된다. 이에 19세기 이후 미국을 비롯한 각국에서 위헌법률심판을 비롯한 헌법재판제도를 수용하기에 이르렀다.

헌법재판은 의회에서 제정한 법률이 헌법에 위반되는지 여부를 심사하는 위헌법률심판을 본질적 부분으로 한다. 따라서 위헌법률심판을 포함하지 아니하면 이를 헌법재판이라고 할 수 없다. 그러나 헌법재판소제도가 창설되면서 각국의

1) 성낙인, "헌법재판, 자유민주주의를 향한 여정", 헌법실무연구 23(헌법실무연구회 제200회 발표회, 2023.10.16).

헌법에서는 헌법재판소의 권한사항으로 위헌법률심판 이외에 헌법소원심판, 권한쟁의심판, 탄핵심판, 위헌정당해산심판, 선거심판 등을 추가하기도 한다.

따라서 전통적인 사법작용인 민사재판, 형사재판, 행정재판과 구별되는 독자적인 법개념으로서 "헌법재판"을 인정할 수 있는지 여부에 대하여도 논란이 있다. 헌법재판에 포함되는 다양한 형태의 재판작용은 모두 헌법의 해석과 적용이라는 점과 독립적인 헌법기관에 의하여 재판작용이 이루어진다는 점에서 공통적인 법리와 구조를 가지므로 독자적인 헌법재판으로 개념화할 수 있다.

권영성 교수(1107-1108면)는 헌법재판을 광의와 협의의 헌법재판으로 구분하고 협의의 헌법재판이라 함은 사법적 기관이 법률의 위헌 여부를 심사하고 그 법률이 헌법에 위반되는 것으로 판단하는 경우에 그 효력을 상실하게 하든가 그 적용을 거부하는 제도를 말하는 것이며, 광의의 헌법재판이라 함은 헌법에 관한 쟁의나 헌법에 대한 침해를 헌법규범을 준거로 하여 사법적 절차에 따라 해결하는 작용으로서 위헌법률심사뿐만 아니라 명령규칙심사, 정당해산심판, 탄핵심판, 권한쟁의심판, 헌법소원심판 등을 총칭한다고 보고 있다.

헌법재판의 핵심인 **위헌법률심판제도**는 미국에서 시작되었는데, 1803년 미국 연방대법원이 Marbury v. Madison사건(5 U.S. 137)에서 처음으로 인정한 위헌법률심사는 헌법재판의 기념비적 사건이다. 미국이 건국된 이후 신생독립국가를 합리적으로 통치하는 유일한 수단이 법규범의 엄격성을 정립하는 것이었으며, 엄격한 **권력분립주의**에 따라 정부와 의회 사이에 놓인 차단벽을 합리적으로 제어할 수단이 필요하였다. 위헌법률심판제도는 헌법적합성의 원리에 기초하여 국가권력을 합리적으로 통제하기 위한 사법적 장치이었다.

한편, 20세기 이전에 **서유럽**에서는 탄핵심판·권한쟁의심판 등을 다루기는 하였지만, 20세기에 들어와서 비로소 위헌법률심판제도를 정립하였다. 현대 법실증주의의 창시자인 한스 켈젠(H. Kelsen)이 제시한 헌법재판은 법원의 일반재판작용과는 구별되는 **특별히 창설된 헌법재판소**를 통하여 헌법재판의 실질화와 특수성을 도모하는 데 있다. 헌법재판제도는 오스트리아에서 시작되어 독일에서 꽃을 피웠고, 20세기 후반에 이르러 유럽 각국에서 채택함으로써 보편적 제도로 자리 잡고 있다. 따라서 오늘날 헌법재판이라 함은 일반적으로 미국식의 위헌법률심사제도보다는 오히려 유럽식의 헌법재판소를 통한 헌법재판을 지칭한다.

한국 헌법사에서 헌법재판은 몇 차례 변화를 겪어왔다, 현행헌법에서 헌법재판소는 헌법 제111조 제1항에서 열거하고 있는 위헌법률심판, 탄핵심판, 정당해산심판, 권한쟁의심판, 헌법소원심판을 할 권한을 가진다. 1987년 현행헌법에 의

하여 신설된 헌법재판소는 위와 같이 열거된 사항에 대하여만 심판관할권을 가진다.[1)]

1) 김래영, 헌법소송법, 법문사, 2021; 김철수, 헌법학개론, 박영사, 2010; 권영성, 헌법학원론, 법문사, 2010; 김하열, 헌법소송법, 박영사, 2023; 고문현, 세계각국의 헌법재판소, UUP, 2005; 성낙인, 헌법학, 법문사, 2026; 이동흡, 헌법소송법, 박영사, 2025; 정재황, 헌법재판론, 박영사, 2021; 정종섭, 헌법소송법, 박영사, 2019; 한수웅, 헌법학, 법문사, 2025; 허영, 헌법소송법론, 박영사, 2023; 허완중, 헌법소송법, 박영사, 2019; 헌법재판소, 헌법재판실무제요, 2023.

제 2 장　헌법재판의 기능과 본질

제 1 절　헌법재판의 기능

헌법재판은 주권자인 국민이 헌법제정권력을 행사함으로써 구체화된 헌법의 규범력을 담보하는 제도적 장치이다. 따라서 헌법재판은 헌법이 추구하는 목적과 이념을 보호하는 기능을 담당한다. 즉, 헌법재판은 현대 입헌주의의 이념인 국민의 기본권을 보호하고, 헌법에 의하여 정당성이 부여된 국가권력이 헌법의 틀 안에서 작동할 수 있도록 통제함으로써 헌법규범을 보호하는 역할을 담당한다.

첫째, 헌법재판은 국민의 기본권을 최종적으로 보호하는 법적 제도로 기능한다. 국가기관의 통치작용인 입법, 행정, 사법을 포함하여 모든 공권력은 국민의 기본권을 실효적으로 보장하기 위하여 행사되어야 하며, 국민의 기본권을 침해하는 경우에는 최종적으로 헌법재판을 통하여 국민의 기본권이 구제되어야 한다. 따라서 국회가 제정한 법률이 헌법에서 규정하는 국민의 기본권을 침해하는 경우에 그 법률을 위헌선언하는 위헌법률심판은 물론 위헌 또는 위법한 행정작용과 사법작용에 의하여 기본권이 침해된 경우에도 헌법재판은 그 법적 효력을 부인함으로써 기본권을 보호하는 기능을 담당한다.

국가의 모든 공권력은 헌법과 법률에 따라 국민의 기본권을 보장하여야 하지만, 실제로 국민의 기본권을 부당하게 제한함으로써 기본권을 침해하는 경우가 발생하게 된다. 이때 사법부가 재판작용을 통하여 국민의 권리를 보호하지만, 통상적인 재판작용만으로는 기본권을 실효적으로 보호하기 어려운 경우에 헌법재판이 기본권의 효력을 담보함으로써 기본권을 최종적으로 보호하는 기능을 담당하게 된다. 특히 기본권을 보호하는 기능을 담당하는 헌법재판으로서 위헌법률심판제도와 헌법소원제도가 핵심적으로 중요한 역할을 한다.

이와 같은 헌법재판이 국민의 기본권을 보호하는 기능을 고려할 때, 우리나라의 헌법재판이 헌법소원제도를 인정하고 있음에도 불구하고 헌법소원의 보충성을 강조하여 법원의 재판에 대하여는 헌법소원의 대상에서 제외하여 헌법재판의 대상으로 인정하지 아니한 헌법재판소법에 대하여는 비판적 견해가 제기된다.

둘째, 헌법재판은 헌법에 의하여 정당성이 부여된 국가권력을 통제함으로써 국가권력에 대한 수권규범(授權規範)으로서의 규범력을 유지하고 기본권을 보장한다. 현대 입헌주의에서의 국가권력은 헌법에 의하여 조직되고 그 권한행사의 요건과 범위가 결정되는데, 국가권력이 그 권한을 남용하지 아니하도록 권력기관을 분리하고 그 권한을 배분하여 상호 견제와 균형이 유지되도록 하고 있다. 그러나 현대국가에서 다양한 행정수요의 증대로 행정권력이 강화되고, 정치권력의 형태가 정당을 중심으로 통합됨에 따라서 전통적인 권력분립의 원칙이 변화되었다.

이에 따라 헌법재판은 국가권력의 조직적이고 구조적인 분리를 통한 국가권력의 통제를 보완하고 실효적으로 국가권력의 남용을 방지하고 교정하는 법제도적 장치로 기능하게 되었다. 우리나라의 경우에는 헌법재판소가 담당하는 권한쟁의심판은 물론 위헌법률심판, 탄핵심판, 정당해산심판, 헌법소원도 국가권력에 대한 통제기능을 담당하게 된다. 헌법재판이 국가권력의 통제장치로서 실효적인 기능을 담당하기 위해서는 헌법재판소 등 헌법재판을 담당하는 헌법기관의 독립성이 보장되어야 하며 통상적인 사법기관에 비하여 보다 강화된 민주적 정당성이 요구된다.

셋째, 헌법재판은 헌법에 대한 최종적인 유권적 판단을 통하여 헌법을 수호하는 기능을 담당한다. 입법, 행정, 사법 등 국가권력을 행사하는 모든 국가기관은 그 권한을 행사함에 있어서 헌법적합성에 대하여 판단을 하게 되므로 헌법해석을 하게 된다. 그러나 구체적인 사안에서 헌법문제에 대한 분쟁이 발생한 경우에 국가기관의 헌법해석이 서로 모순되거나 충돌할 수도 있으므로 헌법재판을 통하여 이러한 분쟁을 최종적으로 해결할 수 있는 유권적 판단이 필요하게 된다.

헌법문제에 대한 분쟁은 국가기관 사이는 물론 국가기관과 개인, 정당 또는 단체 사이에도 발생할 수 있으므로 이러한 분쟁의 신속하고 합리적 해결은 개인의 기본권보장은 물론이고 국가공동체를 유지하고 존속시키는 데 중요한 역할을 하게 된다. 따라서 모든 국가기관은 헌법재판에서 나타나는 유권적 해석을 존중함으로써 헌법적 분쟁을 최종적으로 해결하고 헌법규범을 수호하여야 한다.

제 2 절 헌법재판의 본질과 법적 성격

Ⅰ. 헌법재판의 본질

헌법재판은 헌법의 최고규범성과 실효성을 담보하기 위한 제도적 장치이다. 헌법재판에서 최고의 준거규범인 헌법은 주권자의 헌법제정권력 발동을 통하여 정립된다. 그 헌법은 성문헌법으로서 헌법개정을 어렵게 하는 경성헌법이다. 여기에 헌법규범의 최고성과 안정성을 담보할 수 있는 헌법재판의 특수성이 도출된다.

(ⅰ) 헌법재판은 근대입헌주의 헌법의 기본원리인 국민주권주의와 기본권보장을 위한 제도적 장치이다. 주권자인 국민의 기본권을 보장하기 위한 헌법재판은 자유의 기술로만 머물러서는 아니 되고 권력의 민주화를 위한 기술이어야 한다.

(ⅱ) 헌법재판은 권력의 합리적 통제를 통하여 실질적 권력분립주의를 구현함으로써 국민주권주의와 기본권보장을 실현하기 위한 제도로서 자리 잡는다.

(ⅲ) 더 나아가서 헌법재판은 헌법규범이 가진 정치성 · 개방성에 기초하여 정치적 논쟁을 사법적으로 종식시킴으로써 정치적 평화기능을 가진다. 그것은 헌법재판이 가지는 부수적 효과라 할 수 있다.

따라서 헌법재판은 근대입헌주의 헌법의 국민주권 · 기본권보장 · 권력분립원리와 더불어 정치적 평화를 담보하기 위한 제도적 장치이다.

권영성 교수(1115면)는 헌법재판의 긍정적 기능으로 민주주의이념구현 · 헌법질서 수호 · 개인의 자유와 권리보호 · 소수의 보호 · 연방제 유지를, 부정적 기능으로 일반법원의 경우 사법부의 정치기관화 · 보수적 사법부로 인한 사회발전 지연을 든다. 허영 교수(892-893면)는 헌법재판의 이념적 기초로서 헌법의 성문성과 경성 · 헌법의 최고규범성 · 기본권의 직접적 효력성 · 헌법이념의 포괄성을, 헌법재판의 특성으로 정치형성재판 · 비강권재판 · 공감대적 가치실현재판을 제시한다. 헌법재판소 실무제요(3-5면)에서는 헌법재판의 기능으로 헌법보호, 권력통제, 기본권보호, 정치적 평화보장, 교육적 기능을 든다.

요컨대 헌법재판은 근대입헌주의 헌법이 담고 있는 국민주권 · 기본권보장 · 권력분립원리를 현실적 · 사후적으로 담보하기 위한 제도적 장치이다. 이는 성문헌법 · 경성헌법의 형식을 통하여 헌법의 최고규범성을 보장하는 근대헌법을 제도적으로 보완하는 것이다.

Ⅱ. 헌법재판의 법적 성격

1. 의 의

재판이란 독립성이 보장된 제3의 국가기관에 의하여 사법적 절차를 통하여 최종적 판단을 내리는 국가작용이라고 볼 때, 헌법재판도 그 본질은 '재판'이므로 넓은 의미의 사법작용이다. 그러나 헌법재판은 헌법적인 쟁점을 해결하기 위한 재판이라는 점에서, 구체적 사건의 분쟁해결을 목적으로 하는 일반 사법작용과는 구별된다. 이에 헌법재판의 법적 성격에 관하여 다양한 이론이 제시된다.

2. 학 설

(i) **사법작용설**은 헌법재판도 헌법분쟁에 대하여 헌법규범의 의미와 내용을 해석하고 정립하는 국가작용이라는 점에 착안하여 그 법적 성격을 사법작용으로 이해하여, 헌법재판을 전형적인 **사법적 법인식작용**으로 본다.

(ii) **정치작용설**은 헌법재판의 대상이 되는 분쟁은 법적 분쟁이 아닌 **정치적 분쟁**이므로 헌법재판의 본질을 정치작용으로 본다.

(iii) **입법작용설**은 헌법재판을 통한 헌법의 해석은 일반법률의 해석과는 달리 **헌법을 보충하고 형성하는 기능**을 가진다는 점에 착안하여 헌법재판을 입법작용으로 이해한다. 즉 헌법재판소의 위헌 또는 일부위헌 결정은 법률의 폐지나 삭제, 한정위헌결정은 법률의 변경, 법률개선입법촉구결정을 동반한 헌법불합치결정은 법률의 개정, 입법부작위 위헌확인은 입법강제와 같은 결과를 초래하므로 입법작용이라 할 수도 있다. 하지만, 국회의 입법작용이 적극적 입법작용이라면 헌법재판소의 입법작용은 **소극적 입법작용**에 불과하다.

(iv) 사법작용설 · 정치작용설 · 입법작용설도 모두 한계를 가진다고 보아 헌법재판은 입법 · 사법 · 행정 등 모든 국가작용을 통제한다는 **제4의 국가작용설**도 있다.

3. 검 토

(i) 헌법 '제5장 법원'에서 "사법권은 법관으로 구성된 법원에 속한다"(제101조 제1항), "법원은 최고법원인 대법원과 각급법원으로 조직된다"(제2항)라고 규정한다. 그런데

'제6장 헌법재판소'에서 따로 헌법재판에 관한 규정을 두고 있다. 따라서 현행헌법체계상 헌법재판은 사법권과 구분된다. 그러나 헌법재판도 '재판'이라는 점에서 사법작용이다. 헌법재판은 독립적인 법관에 의하여 사법적 절차에 따라 진행되며, 그 결정은 사법적 효과를 가진다. 다만, 헌법재판의 특수성을 도외시하고 오직 사법작용이라는 잣대만 가지고는 헌법규범의 특수성을 반영한 '헌법'재판의 목적이 달성될 수는 없다. 특히 미국이나 일본과 같이 일반법원이 헌법재판을 담당하지 아니하고 '헌법'법원을 따로 설치하여 헌법재판을 담당하게 하는 대륙식 헌법재판소제도에서는 법관의 인적 구성 및 재판절차가 일반 사법작용과는 달리하므로 헌법재판을 사법작용과 동일시할 수는 없다. 그렇다고 헌법재판을 통하여 결과적으로 나타나는 현상에 천착하여 헌법재판을 정치작용 또는 입법작용으로 이해할 수도 없다. 결국 헌법재판은 헌법규범의 정치성과 개방성에 기초하여 헌법적 분쟁을 해결하기 위한 수단으로서 사법적 방법을 원용한다. 따라서 헌법재판은 좁은 의미의 사법에는 포섭될 수 없으나, 넓은 의미의 사법이라 할 수 있다. 이에 따라 헌법재판은 순수한 사법작용이 아니라 정치적 사법작용 혹은 제4의 국가작용으로 이해되기도 한다.

(ii) 하지만, 헌법재판이 가지는 최고규범인 헌법의 해석작용에 비추어 본다면, 사법작용으로서의 성격을 결코 간과하여서는 아니 된다. 특히 구체적 규범통제제도를 도입한 현행 헌법재판제도에서는 사법작용적인 측면이 더욱 강하게 드러난다. 따라서 헌법재판의 본질은 어디까지나 사법작용이라고 보아야 하지만, '헌법'재판이므로 헌법이 가진 특성에 입각하여 일련의 정치작용 · 입법작용 내지 권력통제작용을 포괄하는 사법작용으로 이해하여야 한다. 이는 궁극적으로 국가최고사법기관인 헌법재판소의 위상정립과 관련되는 문제이다.

헌법재판소의 한정합헌결정을 무시한 대법원판결은 헌법재판소가 국가최고사법기관으로 위상정립이 되지 못한 상황에서 필연적으로 발생할 수밖에 없다. 또한 법원의 판결에 대한 헌법소원 배제도 헌법재판소의 최고사법기관성에 대한 인식부족에서 기인한다.

Ⅲ. 사법적극주의와 사법소극주의

1. 의 의

일반법규범에 비하여 헌법규범이 가지고 있는 개방성과 추상성에 비추어 헌법재판기관이 헌법해석에 있어서 취하여야 할 태도에 관하여는, 미국에서 발달된 이

론으로서 사법적극주의와 사법소극주의가 있다.[1)]

2. 사법적극주의(司法積極主義)

사법적극주의(judicial activism)는 진보적 헌법철학에 기초한 이론으로서, 사법부도 단순히 선례(先例)에 기속되는 소극적인 재판작용으로 만족하여서는 아니되고, 역사와 사회의 변화에 따라 헌법규범을 능동적으로 해석하여 의회와 정부의 작용을 판단하여야 한다는 이론이다. 사법적극주의는 국가작용에서 야기되는 비민주적 행위에 대한 헌법의 수호자로서 사법부의 적극적 기능을 강조한다. 이는 정당을 통한 의회와 정부 사이의 권력융화 및 행정국가 현상에 따라, 국민의 자유와 권리를 수호할 수 있는 유일한 견제세력은 법원이라는 인식에 기초한다.

3. 사법소극주의(司法消極主義)

사법소극주의(judicial passivism)는 보수적 헌법철학에 기초한 이론으로서, 사법부는 민주적 정당성에 기초한 의회나 정부의 국가작용에 대하여 적극적으로 개입하기보다는 기존의 선례와 법감정에 기초하여 판단하여야 하며, 이와 명백히 어긋나지 아니하는 한 사법적 개입은 자제하여야 한다는 이론이다. 사법소극주의의 기저(基底)에는 사법부가 안고 있는 민주적 정당성의 취약 및 국가작용에 관한 비전문성에 대한 인식이 자리 잡고 있다.

4. 검 토

사법적극주의는 자칫 국민적 정당성을 결여한 "법관에 의한 통치"로 사법의 정치화를 초래할 수 있다. 민주적 정당성을 가진 의회와 정부의 행위에 대한 사법부의 지나친 개입은 대의제원리에 입각한 고전적 권력분립의 틀을 깨뜨리게 된다.

반면에 사법소극주의에 안주하게 되면 사법부가 국민의 자유와 권리 보장을 위한 최후의 보루로서의 역할을 다하지 못하게 된다.

따라서 헌법재판에서는 사법적극주의나 사법소극주의의 어느 한쪽에 치우치지 아니하고 오로지 주권자인 국민이 제정한 헌법이 요구하는 명령에 입각하여

---

1) 임지봉, 사법적극주의와 사법권의 독립, 철학과 현실사, 2004; 허성욱, 공공선택이론과 사법심사에 관한 연구-사법심사의 준거기준으로서 공공선택이론의 함의에 관하여, 서울대 박사학위논문, 2008.2; 박종현, 헌법재판과 정책결정, 서울대 박사학위논문 2009.8; 이상경, "미국 헌법재판제도의 성립의 초기배경 및 마샬 대법원장의 헌법재판권 정당화 논의의 재조명", 헌법학연구 17-1; 김해원, "헌법재판에서의 사법적극주의와 사법소극주의", 영남법학 32; 윤성현, "헌법재판과 여론", 법학(서울대) 63-2; 전상현, "헌법재판과 사법적극주의", 헌법학연구 29-1.

시대정신에 부합하는 입헌주의적 헌법질서 수호자로서의 기능을 다하여야 한다.

"헌법재판에 있어서는 다른 국가기관 즉 입법부나 행정부가 국민으로 하여금 인간다운 생활을 영위하도록 하기 위하여 객관적으로 필요한 최소한의 조치를 취할 의무를 다하였는지의 여부를 기준으로 국가기관의 행위의 합헌성을 심사하여야 한다는 통제규범으로 작용"한다(헌재 1997.5.29. 94헌마33, 1994년 생계보호기준 위헌확인(기각)).

Ⅳ. 헌법재판의 한계

(i) 20세기 후반 헌법재판의 활성화는 곧 헌법재판이 개입할 수 있는 영역의 무한계성을 드러내고 있다. 헌법적 쟁점을 판단하기 위하여 설립된 헌법재판기관이 특정한 사안에 대한 헌법적 판단의 회피나 자제는 부적절하다. 하지만, 헌법규범이 가진 정치적 성격에 비추어 보건대 모든 헌법적 쟁점에 대한 헌법재판에 의한 재단은 권력분립원리나 권력의 정당성원리에 비추어 결코 바람직한 현상이 아니다. 여기에 헌법재판의 한계문제가 제기된다.

(ii) 사법적 판단대상의 경계선상에 있는 전형적인 사안이 통치행위이다. 이론적 명쾌성에 비추어 본다면 사법심사의 대상에서 제외되는 통치행위는 부정되어야 마땅하다. 하지만 현실적으로 국가작용 중에서 사법적 판단을 내리기에 부적합한 사항이 있음을 부인할 수 없다. 여기에 통치행위의 존재를 인정할 수밖에 없는 불가피성이 제기된다. 과거 대법원은 대통령의 비상계엄선포행위에 대하여 사법적 판단을 자제하는 입장을 취한 바 있다(대재 1979.12.7. 79초70등). 그러나 비록 대통령의 국가긴급권발동행위라 할지라도 적어도 헌법규범에서 명시적으로 요구하고 있는 요건은 충족되어야 하기 때문에, 이에 대한 사법부의 요건판단은 불가피하다. 이와 관련하여 대법원도 기존의 소극적 입장에서 최근에 보다 진전된 입장을 보이고 있다(대판(전합) 1997.4.17. 96도3376; 대판 2004.3.26. 2003도7878). 헌법재판소는 대통령의 긴급재정경제명령발동에 대하여 헌법상 요건을 충족하였는지의 여부를 판단한 이래로 고도의 정치적 결단에 의한 국가작용이라고 하더라도 헌법재판소의 심판대상이 될 수 있음을 확인하고 있다는 점에서 진일보하였다. 여기에 일반법원이 아닌 헌법재판소의 존재이유와 존재가치를 찾을 수 있다.

우리 헌법의 기본원리인 법치주의의 원리상 대통령, 국회 기타 어떠한 공권력도 법의 지배를 받아야 하고, 모든 국가작용은 국민의 기본권적 가치를 실현하기 위한 수단이라는 데에서 나오는 한계를 반드시 지켜야 하며, 헌법재판소는 헌법의 수호와 국민의 기본권 보장을 사명으로 하는 국가기관이므로, 비록 고도의 정치적 결단에 의하여 행해지는 국가작용이라고 할지라도 그것이 국민의 기본권침해와 직접 관련되는 경우에는 당연히 헌법재판소의 심판대상이 될 수 있다(헌재 1996.2.29. 93헌마186, 긴급재정경제명령 등 위헌확인(기각, 각하), 헌재 2004.10.21.2004헌마554등, 신행정수도의 건설을 위한 특별조치법 위헌확인(위헌), 헌재 2022.1.27. 2016헌마364, 개성공단 전면중단 조치 위헌확인(기각, 각하), 헌재 2025.4.4. 2024헌나8, 대통령(윤석열) 탄핵(인용(파면))(비상계엄선포행위에 대하여도 그 헌법 및 법률 위반여부를 심사할 수 있다고 판시함)).

다만, 대통령의 단체장선거일 연기 및 일반사병의 이라크 파병과 관련하여 대통령과 국회의 결정을 존중할 필요가 있다고 하여 사법심사를 회피한 사례도 있다(헌재 1994.8.31. 92헌마174, 지방자치단체의 장 선거일 불공고 위헌확인 등(각하), 헌재 2004.4.29. 2003헌마814, 일반사병이라크파병 위헌확인(각하)).

제 3 장 헌법재판의 독립

제 1 절 의 의

헌법재판은 입법부의 입법작용·행정부의 행정작용·사법부의 사법작용과 그 본질을 달리하고 입법·행정·사법작용이 헌법재판의 대상이 되므로 헌법재판을 행하는 기관은 국회·대통령·행정부·법원과 독립되어야 한다. 특히, 헌법재판은 재판작용이지만 일반적인 사법부의 재판작용과는 구별되므로 헌법재판을 담당하는 기관은 일반적인 사법부와 구별되는 독립적인 관할권을 가져야 한다. 이는 국가기관의 권한배분의 원리에 따른 사항으로 법치주의와 권력분립의 원리를 바탕으로 한다. 헌법재판기관의 독립적인 구성과 운영뿐만 아니라 그 실질적인 재판작용도 독립적이어야 한다는 의미이다. 이에 따라 우리나라에서는 일반적인 재판을 담당하는 사법부 이외에 헌법재판을 담당하는 기관으로 헌법재판소를 두고 있다.

헌법재판의 독립은 헌법재판의 공정성과 중립성을 보장하기 위하여 헌법재판소에 대한 다른 국가기관의 간섭을 배제함으로써 보장된다. 헌법재판의 독립을 위해서는 헌법재판소가 국회나 정부로부터 독립되어야 하고, 헌법재판을 담당하는 헌법재판관의 신분상 독립이 보장되어야 하며, 헌법재판이 내외의 간섭으로부터 독립되어 행하여져야 한다. 현행헌법 제111조 제1항에서 헌법재판소의 관장사항을 명시적으로 열거하고 있는데, 이와 같이 헌법상 부여된 권한을 행사하기 위하여 당연히 헌법재판소의 조직과 운영이 다른 국가기관으로부터 독립되어 있어야 한다는 의미를 포함한다.

제 2 절 헌법재판소의 독립

Ⅰ. 의 의

헌법재판소의 독립은 헌법재판의 독립을 지키기 위하여 헌법재판소의 구성과 운영에서 일정한 독립성을 유지하도록 하여야 한다는 의미이다. 헌법재판을 통하여 국가권력을 헌법적 테두리 안에서 통제하는 헌법재판소는 기능적으로 다른 국가기관으로부터 독립적으로 존속하고 운영될 필요가 있다. 헌법은 헌법재판을 재판소가 담당하도록 하면서 법원의 장(章)이 아닌 독립된 장에서 규정함으로써 사법권과의 분리주의를 채택하고 동시에 다른 입법부와 행정부로부터도 조직과 운영이 독립적으로 유지되도록 하였다.

Ⅱ. 입법부로부터의 독립

1. 헌법재판소와 국회의 상호 독립

헌법재판소는 국회와 조직적으로 구별되고 독립적으로 운영된다. 헌법재판소가 국회로부터 독립적으로 활동하기 위하여 재판관의 구성에 있어서도 국회의 관여를 배제할 필요가 있다는 입장도 있을 수 있다. 하지만 헌법재판소의 재판관 중 3인이 국회에서 선출된다고 하더라도 그 재판관이 헌법재판을 수행하면서 재판권의 독립 나아가 헌법재판소의 독립이 위협받는다고 볼 수는 없다. 국회관여권은 헌법기관 구성에 있어 민주적 정당성의 원리가 작동된 결과물이다. 국회에서 선출된 재판관은 자신을 선출한 사람의 의지를 대변하여서는 아니 되고 헌법재판소의 재판관으로서 국민을 대신하여 헌법과 법률 그리고 양심에 따라 재판권을 행사하여야 하는 직무의무를 부담한다. 이런 직무상의 의무에도 불구하고 현실적으로 당파적 편향성이 헌법적 가치관의 차이를 넘어 지속적으로 표현되어 재판의 공정과 적정을 해치는 결과에 이를 정도로 재판관이 중립의무를 위반하면 그 재판관은 헌법에 따른 책임을 져야 한다.

2. 헌법재판소와 국회의 상호 견제와 균형

헌법재판소는 그 관할에 속하는 위헌법률심판권·권한쟁의심판권을 행사함으로써 국회의 입법권을 견제하고 국회의 자율권에 속하는 의사절차를 헌법적으로 통제할 수 있다. 국회의 입법부작위에 대해서도 일정한 경우 헌법소원심판권을 통하여 견제할 수 있다. 다른 한편 국회 역시 헌법재판소의 구성과 조직 및 운영에 관한 법률을 제정할 권한을 행사함으로써 헌법재판소의 구체적인 형성에 관여할 수 있고 헌법재판소 재판관의 직무집행행위의 위법성이 확인되면 탄핵소추권을 행사하여 직무의 적헌성과 적법성을 담보한다. 그리고 국회는 헌법재판소의 재판사무에 대하여 국정감사·조사권의 발동을 발동할 수 있으며, 헌법재판소의 예산에 대한 심의·의결권을 가진다. 이와 같이 두 기관은 상호통제와 권력적 균형을 이루고 헌법재판소의 독립성은 보장된다.

Ⅲ. 집행부로부터의 독립

헌법재판소는 정당해산심판, 대통령을 포함한 집행부의 고위공직자에 대한 탄핵심판, 권한쟁의, 통치행위를 포함한 집행권의 행사·불행사로 인한 헌법소원심판 등에서 집행부의 권한에 대한 심사와 통제를 할 수 있다. 이로써 헌법재판소는 집행부의 집행작용을 법원의 구제절차와 함께 헌법적으로 완결적인 통제를 할 수 있게 된다. 한편 대통령을 수반으로 하는 집행부 역시 헌법재판소의 재판관 임명권을 행사함으로써 헌법재판소의 재판부 구성에 관여할 수 있고 예산편성권으로 헌법재판소의 활동을 제한할 수 있다. 이와 같은 상호견제와 통제를 통해 헌법재판소의 기능적 독립이 달성된다.

Ⅳ. 사법부로부터의 독립

헌법재판소의 독립은 사법부로부터의 독립도 요구하고 있다. 따라서 사법부는 헌법재판소의 구성에 관여할 수 없고, 법관의 헌법재판관 겸직도 금지된다. 그러나 우리 헌법은 헌법재판관 9명 가운데 3인에 대해서 대법원장이 지명한 자를 대통령이 임명하도록 규정하고 있어 비판적 견해가 제기된다.

Ⅴ. 헌법재판소의 자율성

1. 조직과 운영의 법정주의

헌법재판소의 구성과 조직 그리고 운영은 헌법이 법률로 정하도록 하였다(헌법 제113조 제3항). 헌법재판소의 조직과 운영을 국회의 입법사항으로 함으로써 집행부의 간섭을 배제하고자 한다. 헌법이 규정한 조직과 운영의 법정주의는 헌법재판소의 자율성을 보장하여 헌법재판의 독립을 유지하기 위한 제도적 장치이므로 국회는 헌법재판소의 구성과 조직을 구체적으로 형성하는 입법권의 행사에 있어서 이와 같은 헌법적 의도를 충실하게 실현할 의무를 부담한다. 그런 한도에서 국회의 입법권은 헌법적 한계 내에 있으므로 입법자는 이를 입법과정에서 충분히 고려하여야 한다.

2. 규칙제정권

헌법재판소는 법률에 저촉되지 아니하는 범위 안에서 심판에 관한 절차, 내부규율과 사무처리에 관한 규칙을 제정할 수 있다(헌법 제113조 제2항). 헌법재판소법은 이를 구체화하여 "헌법재판소는 이 법과 다른 법률에 저촉되지 아니하는 범위에서 심판에 관한 절차, 내부 규율과 사무처리에 관한 규칙을 제정할 수 있다"고 규정하고 있다(헌재법 제10조 제1항). 이에 따라 헌법재판소규칙이 제정되는데 관보에 게재하여 이를 공포한다(헌재법 제10조 제2항). 이와 같이 헌법재판소는 어느 기관의 간섭을 받지 아니하고 헌법재판소의 직무와 사무행정의 독립성을 확보할 수 있게 된다.

3. 입법의견 제출권

헌법재판소의 조직과 운영에 관한 사항은 법률로 정하도록 하고 있지만 국회는 그 입법권의 행사를 통하여 헌법이 규정하는 헌법재판을 헌법적 기능에 부합하도록 구체적으로 형성할 권한과 의무를 부담한다. 이런 법률주의의 취지를 살리기 위하여 헌법재판소법은 국회에 입법의견을 제출할 수 있도록 규정하고 있다. 즉 헌법재판소장은 헌법재판소의 조직, 인사, 운영, 심판절차와 그 밖에 헌법재판소의 업무와 관련된 법률의 제정 또는 개정이 필요하다고 인정하는 경우에는 국회에 서면으로 그 의견을 제출할 수 있다(헌재법 제10조의2). 이 규정은 국회의 입법권에 대한 통제기관인 헌법재판소가 입법부의 입법형성권의 단순한 대상이 아니고 헌법재판과 관련하여 적극적으로 입법의견을 제시할 수 있는 주도적 지위를 가진다는 점을 분명히 한다.

제 3 절 헌법재판관의 신분상 독립

I. 의 의

헌법재판권의 독립적인 행사를 위하여 헌법재판관의 독립이 요청된다. 이는 재판관의 신분상 독립 또는 인적 독립으로 직무상 독립 혹은 물적 독립의 기초가 된다. 헌법과 헌법재판소법은 재판관의 독립을 구체적으로 보장하기 위하여 재판관자격의 법정주의, 임기보장, 신분보장 등의 보장수단을 마련하고 있다.

II. 재판관자격의 법정주의

헌법재판은 고도의 전문성과 독립성이 요구되는 업무이므로 재판관은 재판업무에 필요한 능력과 경륜을 고루 갖추어야 한다. 이런 전문성과 독립성을 갖춘 재판관이 헌법재판을 이끌어 나가야 그 결정으로 다른 국가기관과 국민들을 설득할 수 있게 된다. 이에 헌법재판소법은 재판관의 자격을 상세히 규정하고 있다. 재판관의 자격제도는 재판관의 독립을 이루기 위하여 필수적인 부분이다. 헌법은 재판관의 자격으로 법관의 자격을 요구하고 있고(헌법 제111 제2항),

헌법재판소법은 재판관의 적극적인 자격요건(헌재법 제5조 제1항)과 소극적 요건(헌재법 제5조 제2항)을 규정한다(제2편 제2장 제2절 II. 참조).

법정 자격을 갖추지 못한 사람을 임명권자가 재판관으로 임명하면 그 임명행위는 무효로 보아야 재판관의 자격 법정주의의 취지에 부합한다.

III. 재판관의 임기 · 정년제도

헌법재판소 재판관은 6년의 임기제를 도입하면서 법률이 정하는 바에 의하여 연임(連任)할 수 있다(헌법 제112조 제1항). 동시에 헌법재판소법은 재판관의 정년을 도입하여 재판관의 정년은 70세(헌법재판소장 포함)로 규정하고 있다(헌재법 제7조 제2항). 헌법이 헌법재판소 재판관에 대하여 임기제를 도입한 취지는 임기 동안 신분을 보장하여 재판관의 독립을 확보하고 동시에 연임제도와 결합되어 재판관으로서의 직무수행의 적합성을 심사하여 그렇지 못한 재판관을 직에서 물러나게 하여 새로운 재판관이 임명되어 시대의 변화를 헌법해석에 반영할 수 있게 함으로써 헌법재판의 민주적 정당성을 유지하기 위함이다.

헌법재판의 정치적 성격은 불가피하게 헌법재판을 정파적 이해대립의 장으로 이끄는 측면이 있다는 점에서 임기제도는 재판관의 신분보장과 재판의 독립에 기여할 수 있다. 그렇지만 현행법상 임기가 6년으로 비교적 짧은 편이라 헌법재판의 전문성을 상당기간 발휘하지 못한 채 재판관직에서 물러나는 경우도 발생하게 된다. 이는 헌법재판의 전문성에 배치되고 또한 임기만료 후 연임여부를 임명권자에 의존하게 함으로써 재판관의 재판의 독립을 해칠 가능성이 있다. 그러므로 현행 재판관의 임기를 좀 더 연장하고 연임제도를 폐지하자는 주장도 제기된다(정종섭, 소송법, 50면; 허영, 소송법, 111-112면). 그러나 재판관의 임기 연장은 다른 헌법기관 구성원의 임기, 예컨대 대법원장이나 대법관의 임기와 균형이 필요하다는 점에서 더 많은 논의가 필요하다.

Ⅳ. 재판관의 신분보장

우리 헌법은 헌법재판관의 신분을 보장하기 위하여 탄핵 또는 금고 이상의 형의 선고에 의하지 아니하고는 헌법재판관을 파면할 수 없도록 규정하고 있다(헌법 제112조 제3항). 따라서 헌법재판관은 위 사유 이외에 징계나 그 밖의 사유로 인하여 파면되지 아니하고, 직무와 관련하여 불리한 처분을 받지 아니하며, 본인의 의사에 반하여 강제적으로 휴직 등을 할 수도 없다. 다만, 우리 헌법은 법관에 대하여는 중대한 심신상의 장해로 직무를 수행할 수 없을 때에는 강제로 퇴직하게 할 수 있도록 규정하지만(헌법 제106조 제2항), 헌법재판관에 대하여는 강제퇴직에 대하여는 아무런 규정을 두지 아니하고 있다.

Ⅴ. 재판관의 전념의무

재판관의 독립을 지키기 위하여 헌법과 헌법재판소법은 재판관의 직무에 전념하도록 하여 재판업무 이외의 다른 활동을 제한하고 있다. 우선 헌법은 재판관은 정당에 가입하거나 정치에 관여할 수 없도록 하고 있다(헌법 제112조 제2항). 이는 헌법재판관의 정치적 중립성을 확보하여 헌법재판의 공정성을 유지하려는 헌법적 고려이다. 또한 헌법재판소법은 재판관이 ① 국회 또는 지방의회의 의원의 직, ② 국회·정부 또는 법원의 공무원의 직, ③ 법인·단체 등의 고문·임원 또는 직원의 직을 겸할 수 없고 영리를 목적으로 하는 사업을 영위할 수 없다(헌재법 제14조). 그 외 재판관은 지방자치단체의 장도 겸직할 수 없다(지방자치법 제109조 제1항 제1호). 재판관이 국회의원선거의 후보자가 되고자 하는 경우에는 지역구 국회의원 선거일 전 90일까지 그 직을 그만두어야 하고, 비례대표국회의원선거나 비례대표지방의회의원선거 및 보궐선거 등에서 후보자가 되고자 하는 경우에는 선거일 전 30일까지 그 직을 그만두어야 한다(공직선거법 제53조 제1항, 제2항).

제 4 절 헌법재판의 독립

Ⅰ. 의 의

헌법재판의 독립이란 헌법재판권이 공정하게 행사될 수 있도록 헌법재판권을 다른 국가나 사회권력 등으로부터 독립한 지위와 권한의 행사를 말한다. 이는 재판관의 독립을 말하는 인적 독립과 달리 재판관의 직무를 수행하는데 있어서의 독립을 말한다는 점에서 물적 독립 혹은 직무상의 독립을 의미한다. 헌법은 법원재판권의 독립과 달리(헌법 제103조) 헌법재판권의 독립을 헌법에서 직접 규정하고 있지는 아니한다. 그렇지만 헌법이 헌법재판사항을 규정하여 이를 헌법재판소의 관할로 규정하고 있는 이상 헌법재판은 그 본질상 독립적으로 이루어져야 한다. 헌법재판소법은 "재판관은 헌법과 법률에 의하여 그 양심에 따라 독립하여 심판한다"(헌재법 제4조)라고 규정하여 이를 확인하고 있다.

Ⅱ. 헌법과 법률에 의한 재판

헌법재판소의 재판관은 헌법과 법률에 의하여 헌법재판권을 행사하여야 한다. 헌법재판소 재판관은 헌법을 재판의 기준으로 하여 헌법재판을 하여야 한다. 여기서 말하는 헌법에는 실정 성문헌법 및 관습헌법을 포함한다. 또한 위헌법률심판이나 헌법소원에서도 "헌법상 보장된 기본권"이 무엇인지를 헌법규정에만 한정하여서는 아니 되고 각 생활영역에서 인간의 존엄과 가치를 위하여 요구되는 헌법적 가치가 무엇인가를 끊임없이 탐색하여 헌법상 열거되지 아니한 기본권(헌법 제10조, 제37조 제1항)을 헌법재판을 통하여 밝히는 과정도 헌법재판관의 헌법에 의한 재판의 내용이 된다. 그 외에 법률이나 명령·규칙·처분 등은 헌법재판의 기준이 되지 못한다. 다만, 탄핵심판이나 권한쟁의심판에서는 법률이 심판의 기준이 되는 경우가 있다. 그리고 헌법재판에 속하는 각각의 심판은 그 구체적인 내용과 절차를 형성하고 있는 헌법재판소법과 같은 법률에 따라 진행되어야 한다.

1. 관습헌법의 규범성

여기서 말하는 헌법에는 성문헌법 외에 불문헌법인 관습헌법도 포함될 수 있다. 관습 중에도 헌법적 가치를 가진 관습이 있고 이런 관습이 일정기간 지속되고 정치공동체의 구성원들이 이를 헌법적 규범으로 믿고서 이것이 헌법적 효력을 가진다는 국민적 합의가 있다면 이를 성문헌법과 같이 규범력을 인정할 필요가 있다. 헌법재판소 재판관은 위헌법률심판이나 헌법소원 등 헌법재판 과정에서 성문헌법만이 아니라 관습헌법이 존재하는지에 대해서도 확인하여 관습헌법의 적용요건에 부합하는지를 확인하고 인정되면 적용하여야 할 의무를 부담한다(헌재 2004.10.21. 2004헌마554등, 신행정수도의건설을위한특별조치법 위헌확인(위헌)).

> "관습헌법이 성립하기 위하여서는 관습법의 성립에서 요구되는 일반적 성립 요건이 충족되어야 한다. 첫째, 기본적 헌법사항에 관하여 어떠한 관행 내지 관례가 존재하고, 둘째, 그 관행은 국민이 그 존재를 인식하고 사라지지 않을 관행이라고 인정할 만큼 충분한 기간 동안 반복 내지 계속되어야 하며(반복·계속성), 셋째, 관행은 지속성을 가져야 하는 것으로서 그 중간에 반대되는 관행이 이루어져서는 아니 되고(항상성), 넷째, 관행은 여러 가지 해석이 가능할 정도로 모호한 것이 아닌 명확한 내용을 가진 것이어야 한다(명료성). 또한 다섯째, 이러한 관행이 헌법관습으로서 국민들의 승인 내지 확신 또는 폭넓은 컨센서스를 얻어 국민이 강제력을 가진다고 믿고 있어야 한다(국민적 합의). (중략) 헌법기관의 소재지, 특히 국가를 대표하는 대통령과 민주주의적 통치원리에 핵심적 역할을 하는 의회의 소재지를 정하는 문제는 국가의 정체성(正體性)을 표현하는 실질적 헌법사항의 하나이다. 여기서 국가의 정체성이란 국가의 정서적 통일의 원천으로서 그 국민의 역사와 경험, 문화와 정치 및 경제, 그 권력구조나 정신적 상징 등이 종합적으로 표출됨으로써 형성되는 국가적 특성이라 할 수 있다. 수도를 설정하는 것 이외에도 국명(國名)을 정하는 것, 우리말을 국어(國語)로 하고 우리글을 한글로 하는 것, 영토를 획정하고 국가주권의 소재를 밝히는 것 등이 국가의 정체성에 관한 기본적 헌법사항이 된다고 할 것이다. 수도를 설정하거나 이전하는 것은 국회와 대통령 등 최고 헌법기관들의 위치를 설정하여 국가조직의 근간을 장소적으로 배치하는 것으로서, 국가생활에 관한 국민의 근본적 결단임과 동시에 국가를 구성하는 기반이 되는 핵심적 헌법사항에 속한다"(헌재 2004.10.21. 2004헌마554등, 신행정수도의건설을위한특별조치법 위헌확인(위헌)).

2. 헌법과 헌법률의 구분을 통한 해석가능성

헌법재판관은 헌법해석에 있어 헌법제정권력자의 근본적 판단인 헌법과 그렇지 아니한 헌법률과 규범적 차이를 인정할 수 있는지가 문제된다. 이를 인정할 경우 헌법재판관은 구체적인 사건에서 헌법에 위배되는 헌법규정을 무효화시켜 구체적인 재판에서 적용하지 못하도록 할 수 있다. 헌법을 전체로서 주권자의 결단으로 보아야 하는지 아니면 헌법을 가치관련적으로 고찰하여 헌법규범 상호간의 우열을 인정할 수 있을지가 구체적인 헌법재판에서 쟁점이 될 수 있다. 헌법재판소는 국가배상법 제2조 제1항 단서와 이와 같은 내용으로 되어 있는 헌법 제29조 제2항에 의하여 국가배상청구권이 부정된 청구인이 당해 재판에 적용된 헌법규정이 헌법상 평등원칙에 위배되었다는 위헌심판을 구하는 헌법소원에서 이를 받아들이지 아니하고 헌법규범의 등가론을 피력하였다(헌재 1996.6.13. 94헌마118등, 헌법 제29조제2항 등 위헌소원(각하,합헌,기각)).

> "이에 대하여 청구인들은 위 헌법조항부분은 국민이 헌법상의 기본권으로 향유하는 국가배상청구권을 행사할 수 없는 자를 규정하고 있으므로 이는 헌법 제11조, 제23조 제1항, 제29조 제1항, 제37조 제2항으로 표현되는 헌법정신 내지는 헌법핵에 위반되어 무효라는 취지로 주장한다. 살피건대, 헌법은 전문과 단순한 개별조항의 상호관련성이 없는 집합에 지나지 아니하는 것이 아니고 하나의 통일된 가치체계를 이루고 있으며 헌법의 제규정 가운데는 헌법의 근본가치를 보다 추상적으로 선언한 것도 있고 이를 보다 구체적으로 표현한 것도 있으므로, 이념적·논리적으로는 헌법규범상호간의 가치의 우열을 인정할 수 있을 것이다. 그러나 이 때 인정되는 헌법규범상호간의 우열은 추상적 가치규범의 구체화에 따른 것으로서 헌법의 통일적 해석을 위하여 유용한 정도를 넘어 헌법의 어느 특정규정이 다른 규정의 효력을 전면 부인할 수 있는 정도의 효력상의 차등을 의미하는 것이라고는 볼 수 없다. 더욱이 헌법개정의 한계에 관한 규정을 두지 아니하고 헌법의 개정을 법률의 개정과는 달리 국민투표에 의하여 이를 확정하도록 규정하고 있는(헌법 제130조 제2항) 현행의 우리헌법상으로는 과연 어떤 규정이 헌법핵 내지는 헌법제정규범으로서 상위규범이고 어떤 규정이 단순한 헌법개정규범으로서 하위규범인지를 구별하는 것이 가능하지 아니하며, 달리 헌법의 각 개별규정 사이에 그 효력상의 차이를 인정하여야 할 아무런 근거도 찾을 수 없다. 나아가 헌법은 그 전체로서 주권자인 국민의 결단 내지 국민적 합의의 결과라고 보아야 할 것으로, 헌법의 개별규정을 헌법재판소법 제68조 제1항 소정의 공권력 행사의 결과라고 볼 수도 없다(이상 헌법재판소 1995.12.28. 선고, 95헌바3 결정 참조)"(헌재 1996.6.13. 94헌마118등, 헌법 제29조제2항 등 위헌확인, 헌법 제29조제2항 등 위헌소원(각하,합헌,기각)).

Ⅲ. 재판관의 양심에 따른 재판

재판관은 헌법과 법률에 따라 재판함과 동시에 그 '양심'에 따라 독립하여 재판하여야 한다(헌재법 제4조). 재판관은 헌법재판소의 헌법재판을 담당하는 국가기관이라는 점에서 여기서 말하는 양심은 재판관으로서의 직업적 양심을 말한다. 자연인으로서 개인적 신념과 종교관, 세계관이 있을지라도 이런 개인적 양심과 재판관으로서의 직업적 양심이 충돌하는 경우 후자를 우선하여야 한다. 특히 헌법재판에서 재판관의 양심에 따른 재판의 요구는 중요한 헌법적 함의를 포함한다.

헌법재판소의 구성에 있어서 민주주의적 요구를 수용하여 세 개의 권력기관이 공동으로 협력하여 헌법재판소의 재판관을 구성하였다고 하더라도 재판관은 자신을 지명한 자나 임명한 자의 정치적 입장을 대변할 의무를 부담하지 아니한다는 점을 양심에 따른 재판을 통하여 확인할 수 있다. 이는 헌법상 법치주의원리가 헌법판단을 헌법재판의 형식으로 헌법재판소에 기능적으로 분담시킨 당연한 결론이고 헌법재판에 내재하는 본질이다. 그러므로 헌법재판관을 지명한 국회가 실제로는 자신들의 정치적 입장을 대변하지 아니함을 이유로 그 재판관을 탄핵소추를 하고자 한다면 그런 행위는 헌법적으로 정당화될 수 없다.

Ⅳ. 내·외부작용으로부터 독립된 재판

1. 다른 국가기관으로부터의 독립

헌법재판은 기능적으로 다른 국가기관에 대한 권력통제적 특징을 보이게 되므로 특히 다른 국가기관으로부터의 독립은 재판권의 독립에 있어 중요하다. 국가기관은 헌법재판소법이나 관계법률이 규율하는 절차적 관여권의 행사를 통하여 자신의 입장을 헌법재판소에 표명할 수 있을 뿐, 다른 비공식적인 통로를 통하여 헌법재판에 영향을 주어서는 아니 된다.

(1) 국회로부터 심판의 독립

헌법재판소는 위헌법률심판권을 통하여 국회의 입법권의 한계에 대하여 심사할 수 있고 권한쟁의심판을 통하여 국회의 내부적 자율권에 대한 헌법적 심사가 가능하다. 또한 법률이 직접 국민의 기본권을 침해한 경우 입법작용에 대한 헌법소원을 통하여 입법권의 한계가 심사되고 입법부작위의 경우에도 마찬가지다. 입법부는 자신이 관련된 위와 같은 헌법재판소의 심판사건에서 헌법재판소의 재판에 관여할 수 없다.

재판작용에 대한 직접적인 관여가 아닌 자신이 가진 입법권의 행사를 통하여 헌법재판소의 헌법재판에 대한 구체적 형성에 영향을 줄 수 있지만 이는 입법권의 정당한 행사를 통하여서만 가능하며 다른 정치적 목적을 가지고 의도적으로 이루어지는 입법권의 행사는 그 결과가 헌법이 보장하는 헌법재판의 본질을 훼손하는 한 입법작용의 한계를 유월하게 된다. 그리고 국회는 국정조사나 감사를 통하여 헌법재판소의 재판행정이 타당하게 이루어지고 있는지를 조사할 수 있다. 이는 국민대표기관으로서의 국회의 당연한 권한이자 의무이기도 하다. 그렇지만 구체적인 헌법재판에 영향을 주기 위한 목적의 국정조사가 이루어진다면 이는 국정조사권의 남용이다. 한편 헌법재판관에 대한 탄핵소추를 통하여 재판작용에 간섭할 수는 없다는 점에서 헌법과 법률에 위배한 재판관이 있다면 그 재판관을 당해 재판에서 배제하기 위해서라도 탄핵소추는 필요하다. 그러나 이 경우 그 재판관에 대한 탄핵소추의 사유가 명확하고 소추사실을 증명하는 증거 등이 구비되어야 한다.

(2) 행정부로부터 심판의 독립

행정부 역시 헌법재판소의 재판작용에 간섭하거나 영향을 주어서는 아니 된다. 정부는 구체적인 헌법재판에서 헌법재판소법과 관련 법률에서 보장하는 당사자로서의 권한을 행사하여 정부의 입장을 헌법재판소에 제출할 수 있을 뿐이다. 한편 대통령은 자신이 가진 재판관 임명권의 행사에 있어서 장래의 재판에 일정한 영향력을 확보하려 하거나 혹은 연임여부의 판단에 있어서 당해 재판관의 과거의 재판에서의 입장을 이유로 인사권을 행사한다면 재판의 독립을 침해하는 인사권의 남용이 된다. 또한 행정부가 헌법재판소에 대한 예산편성권을 가지고 있음을 이용하여 행정부가 헌법재판소의 구체적인 재판에 영향을 행사하려 한다면 이 또한 예산편성권의 행사목적을 벗어난 위법한 권한행사이다.

(3) 법원으로부터 심판의 독립

헌법재판소의 구성에 있어서 헌법은 대법원장의 관여를 규정하고 있다(헌법 제111조 제3항). 사법부가 헌법재판소의 재판관 구성에 대한 관여의 정당성 여부를 떠나 대법원장의 지명을 받은 재판관이 그대로 임명되고 사법부 편향적인 재판을 한다면 그 재판관은 재판관의 중립의무에 위반하게 된다. 재판관의 양심에 따른 충실의무는 자신을 지명하거나 임명한 자에 대한 구속을 부정함은 이미 살펴보았다.

2. 심판당사자 등으로부터 심판의 독립

헌법재판권이 독립적으로 행사되기 위해서는 재판관은 심판당사자 등으로부터 독립하여 재판활동을 할 수 있어야 한다. 특히 사인이 당사자로 되어 대립당사자구도를 보이게 되는 탄핵심판과 정당해산심판에서 재판관은 양 당사자로부터 중립성의 의심을 받지 아니하도록 심판자로서의 불편부당성을 유지하여야 한다. 헌법재판소법은 심판의 공정을 제도적으로 보장하기 위하여 재판관의 제척·

기피 및 회피제도를 도입하고 있다(헌재법 제24조). 또한 헌법재판은 정치공동체의 헌법적 평화를 유지하기 위한 제도임에도 각 부분이익들을 대표하는 집단들이 자신들만의 권리를 과도하게 주장하면서 헌법재판의 결과를 자신들에게 유리하게 이끌려다 사회적 평화를 깨뜨리는 집단행동을 하기도 한다. 이런 행동이 헌법적 한계를 넘게 되면 재판에 대한 간섭이 되고 만다.

3. 헌법재판소 내부로부터 심판의 독립

헌법재판소 재판관은 헌법재판에 있어 재판소 내의 다른 재판관으로부터도 독립하여 재판활동을 한다. 재판관들로 구성되는 재판관회의나 평의도 개별 재판관의 의견형성과 표시여부 등 재판활동에 영향을 주어서는 아니 된다. 재판소의 사무행정은 재판사무를 보조할 뿐이다. 재판관의 이런 독립성은 개별의견을 결정서에 표시할 수 있게 함으로써 제도적으로 보장된다. 헌법재판소법은 위헌법률심판, 탄핵심판, 정당해산심판, 권한쟁의심판, 헌법소원심판 등의 모든 종국결정에 심판에 관여한 재판관이 의견을 표시하도록 의무화 하고 있다(헌재법 제36조 제3항).

제 4 장 헌법재판의 유형

제 1 절 헌법재판 담당기관에 따른 분류

Ⅰ. 일반법원형

일반법원형은 헌법재판을 사법작용으로 이해하여 헌법재판을 위한 별도의 기관을 설치하지 아니하고 사법부가 헌법재판을 담당하게 한다. 일반법원형은 1803년 미국 연방대법원이 Marbury v. Madison 사건을 통하여 헌법재판을 한 이후 확립되었다. 일반법원형은 정치적 성격이 강한 헌법재판을 독립성이 보장된 사법부가 담당하여야 권력통제의 목적을 달성할 수 있고, 헌법의 최고규범성을 보장하고 권력분립을 실현하기 위하여 법을 유권적으로 해석하고 선언하는 사법부가 이를 담당하여야 한다는 판단에 기초한다. 또한, 헌법재판은 의회가 제정한 법률의 위헌성을 심사하는 제도로서 영국 의회에 대한 불신이 강하였던 미국의 건국역사가 그 배경으로 작용하였다.

이처럼 미국 연방대법원에 의하여 형성된 일반법원형 모델은 위헌법률심판을 사법부의 기능 중 하나로 상정하였고 자연스럽게 최고법원에서 해당 권한을 행사하게 되었다. 따라서 다른 독자적인 기관이 아닌 사법권을 담당하고 있는 미국 연방대법원이 체계적으로 일원화된 법원의 구조를 전제로 최고법원의 자격을 가진 채 위헌법률심사권을 행사하도록 한다는 점에서 '일반법원형' 혹은 '일원화 모델'이라고 부른다. 호주, 뉴질랜드, 캐나다, 인도, 아일랜드, 스위스, 스칸디나비아 제국 그리고 남아메리카의 여러 국가들, 즉 대부분의 영연방국가들이 당해 유형을 채택하고 있고, 그 밖에 일본도 이를 따르고 있다(라이너 발(김백유 역), 404면).

우리 헌법은 제107조 제2항에서 "명령·규칙 또는 처분이 헌법이나 법률에 위반되는 여부가 재판의 전제가 된 경우에는 대법원은 이를 최종적으로 심사할 권한을 가진다"라고 규정하고 있다. 따라서 우리나라는 규범통제로서 대법원이 명령 · 규칙 또는 처분의 위헌심사권한을 보유하고 있다. 하지만 법률에 대한 규범통제가 아니라는 점에서 우리나라가 일반법원형 규범통제를 채택하고 있다고 할 수는 없다.

Ⅱ. 헌법재판소형

헌법재판소형은 헌법재판의 본질을 정치작용 또는 정치적 사법작용으로 이해하여 일반적인 법원의 적헌성 통제는 부적절하다고 보아서 헌법재판을 담당하는 별도의 기관인 헌법재판소를 설치하여 헌법재판을 담당하도록 하는 유형이다. 헌법재판소형은 헌법재판의 특수성을 고려하여 헌법재판을 일반 사법부가 담당하게 되면 사법의 정치화 또는 사법국가화가 초래될 우려가 있다는 점을 그 근거로 한다.

헌법재판소형은 제1차 세계대전 이후 오스트리아와 독일, 이탈리아 등이 일반법원과 구별되는 독자적인 헌법재판소를 설치함으로써 도입되었다. 1970년대 이후에는 스페인과 포르투갈, 그리스 등에 계승되었고 1990년 소련이 해체된 이후에는 독립한 국가들도 헌법재판소를 설치하였다. 아시아 국가들도 헌법재판소를 설치하였는데 우리나라도 1987년 현행 헌법에서 독립된 헌법재판 제도를 다시 도입하여 헌법재판소를 설치하고 있다.

한편, 헌법재판의 정치적 성격을 고려하여 별도의 헌법재판기관을 두고 있으나, 헌법재판소가 아닌 헌법위원회를 설치하는 유형이 있다. 헌법위원회형은 우리나라의 제1 · 제4 · 제5공화국의 경우와 프랑스의 제4 · 제5공화국을 들 수 있다. 프랑스는 2008년 헌법개정을 통하여 종전의 사전적 규범통제와 추상적 규범통제에서 더 나아가 사후적 규범통제와 구체적 규범통제를 통하여 헌법재판을 강화하고 있다.[1] 프랑스의 헌법재판소는 일반법원형도 아니고 헌법재판소형도 아닌 제3의 특수기관형으로 지칭되기도 하였으나, 위헌법률심판이 활성화됨에 따라 헌법재판소의 한 유형으로 분류된다. 최근 유럽연합도 국가성이 강조되면서 실질적인 사법심사가 이루어진다.[2]

---

1) 성낙인, “프랑스 재판기관의 다원성과 헌법재판기관”, 공법연구 제39집 제3호, 한국공법학회, 2009.2, 1-30면 참조.

2) 김용훈, 유럽연합의 규범통제제도에 관한 연구-선결적 부탁절차를 중심으로, 서울대 박사학위논문, 2011.2; 정광현, “법률의 위헌성에 대한 사법심사”, 공법연구 47-1; 남복현, “헌법재판소와 법원 간 갈등해결”, 헌법학연구 27-1; 정광현, “법률의 위헌성에 대한 사법심사”, 공법연구 47-1.

제 2 절 헌법재판의 내용에 따른 분류

Ⅰ. 위헌법령심판(규범통제)

위헌법령심판(규범통제)은 법령의 위헌성 여부를 심사하여 위헌인 경우에는 그 효력을 상실하게 함으로써 헌법의 최고규범력을 확보하는 헌법재판으로서 헌법재판의 가장 본질적인 내용이다. 규범통제는 그 구별기준에 따라서 다양하게 분류할 수 있는데, 시기를 기준으로 사전적 규범통제와 사후적 규범통제로 구분할 수 있고, 구체적 재판의 유무를 기준으로 구체적 규범통제와 추상적 규범통제로 구분할 수 있다.

사전적·예방적 규범통제는 법령이 효력을 발생하기 이전, 특히 공포 이전에 그 위헌성 여부를 심사하여 위헌적인 법령이 효력을 발생하지 못하게 예방하는 제도이다. 물론 법률의 공포 시점을 특정하지 않고 다른 시점을 사전적 규범통제와 사후적 규범통제의 구분 기준으로 정할 수 있다. 예컨대 법률의 시행 시점 다시 말해 법률이 공포된 이후 시행에 들어가기 전에 행하는 사전심사도 할 수 있는 것이다(정재황, 9면).

한편, 사후적·교정적 규범통제는 법령의 효력이 발생한 이후 시행 중인 경우에 그 위헌성 여부를 심사하여 위헌적인 법령의 효력을 상실하게 하는 제도이다. 우리나라를 포함하여 규범통제를 채택하고 있는 대부분의 나라에서 사후적·교정적 규범통제를 채택하고 있다. 다른 한편 프랑스는 사전적·예방적 규범통제를 채택하고 있다. 사전적 규범통제제도를 채택한 헌법으로 아일랜드헌법(제26조), 헝가리헌법(제S(3)조), 폴란드헌법(제122조) 등이 있다.

구체적 규범통제는 법령의 위헌 여부가 재판의 전제가 된 경우에 한하여 소송당사자의 신청이나 법원의 직권으로 당해 법령의 위헌성 여부를 심판하는 제도이다. 미국과 같이 일반법원에서 규범통제를 하는 경우에는 재판의 전제성을 전제로 한 구체적 규범통제의 채택이 자연스러우며, 해당 법령이 위헌이라고 판단한 경우에는 원칙적으로 당해 사건에 한하여 해당 법령을 적용하지 아니할 뿐(개별적 효력) 해당 법령의 효력 자체를 폐지하는 일반적 효력을 가지지는 아니한다. 우리나라는 위헌법률심판의 경우에는 구체적 규범통제를 채택하고 있으면서도 당해 법률의 효력 자체를 폐지하는 일반적 효력을 인정하고 있으며, 위헌 · 위법명령 · 규칙심판의 경우에는 구체적 규범통제를 채택하여 개별적 효력만을 인정하고 있다.

한편, 추상적 규범통제는 법령의 위헌 여부가 재판의 전제가 되지 아니한 경우에도 법률의 서명 또는 공포권자 · 정부 · 국회(또는 일정한 수 이상의 의원 포함) 등 일정한 헌법기관이 법령에 대한 위헌여부심판을 청구하고, 이에 대하여 헌법재판소가 위헌여부를 심판하는 제도이다. 독일 · 오스트리아 등 구체적 규범통제 이외에 추상적 규범통제도 채택하고 있는 나라에서는 해당 법령이 위헌이라고 판단한 경우에는 원칙적으로 당해 사건에 한하여 해당 법령을 적용하지 아니할 뿐만 아니라(개별적 효력) 해당 법령의 효력 자체를 폐지하는 일반적 효력도 가진다. 추상적 규범통제는 원칙적으로 입법과정에 참여하는 관련 기관들에게만 규범통제를 신청할 수 있는 권한을 주지만, 이와 같이 신청권자의 범위를 제한하지 아니하고 모든 국민에게 규범통제를 신청할 수 있도록 허용할 경우에는 이를 민중소송이라고 한다.

Ⅱ. 탄핵심판

탄핵심판제도는 국가기관의 고위공직자가 직무수행에 있어서 헌법과 법률을 위반하는 때에는 그 공직자에 대하여 법적 책임을 추궁함으로써 그 직무수행이 헌법과 법률에 합치되도록 하는 헌법재판이다. 이는 유럽의 절대군주주의 시대에 군주면책이론과 함께 각료에 대한 형사적 책임을 추궁하는 제도이었으나 점차적으로 정치적 책임을 추궁하는 제도로 기능하게 되었다.

우리나라는 헌법 제65조와 제111조 제1항 제2호에서 대통령을 비롯한 고위공직자에 대한 탄핵심판제도에 대하여 자세하게 규정하여 헌법재판소의 관장사항에 탄핵심판을 포함하고 있다. 우리나라 탄핵심판제도 역시 대통령 등 고위공직자가 그 직무수행에 있어서 헌법이나 법률을 위반한 경우에 일반적인 징계나 형사적 제재만으로는 합법적이고 정상적인 국가업무를 수행하기 어려우므로 국회의 탄핵소추를 거쳐 헌법재판소가 탄핵심판을 통하여 국가업무를 정상적으로 교정함으로써 헌법을 보호하는 기능을 한다.

Ⅲ. 위헌정당해산심판

위헌정당해산심판은 현대 대의제도에서 정치사회에 중요한 기능을 담당하는 정당이 그 목적이나 활동이 헌법적 가치질서에 위반되어 헌법을 파괴하는 경우에 그 정당활동의 위헌성 여부를 심사하여 위헌으로 판단되면 그 정당을 해산함으로써 헌법을 보호하는 헌법재판이다. 현대 정당민주주의에서는 복수정당제를 인정하여 정당의 설립과 활동을 보장하고 있으나, 이러한 정당의 보호가 정당의 위헌적인 활동으로 인하여 헌법이 파괴될 경우에는 정당을 보호하는 헌법적 전제가 없어지므로 그 정당을 해산함으로써 헌법을 보호할 수 있다. 즉, 민주주의를 부정하고 파괴하는 '민주주의의 적'에게 민주주의라는 이름으로 그와 같은 행위를 허용할 수 없다는 사고에 기초하고 있다.

우리 헌법은 제8조에서 위헌정당해산의 요건과 절차 등에 대하여 자세하게 규정하고 있는데, 헌법과 법률이 규정하는 내용과 절차에 의해서만 위헌정당을 해산하도록 하는 규정은 헌법을 보호하기 위하여 정당을 해산한다는 점을 분명히 하고 있다. 이는 헌법재판이 아닌 다른 국가작용에 의하여 정당이 해산되지 아니하도록 함으로써 헌법이 보장하는 정당의 설립과 활동의 자유를 보장한다.

Ⅳ. 권한쟁의심판

권한쟁의심판은 국가기관들 상호간, 국가기관과 지방자치단체 사이, 지방자치단체들 상호간에 권한의 존부나 범위에 관하여 다툼이 있을 때 헌법이 정하는 권한배분을 기준으로 이를 조정하고 해결하는 헌법재판이다. 이는 헌법에서 규정하는 국가기관 상호간 권한과 의무의 내용과 한계에 대하여 분쟁이 발생한 경우에 헌법재판소와 국가기관의 권한과 의무의 존부나 범위에 대하여 유권적 판단을 통하여 해결함으로써 헌법을 수호하고 국가기관 사이의 견제와 균형의 원리를 유지하도록 한다.

Ⅴ. 헌법소원심판

헌법소원심판은 입법, 집행, 사법 등 모든 국가의 공권력 작용에 의하여 국민의 기본권이 침해된 경우에 그 권리구제를 위한 헌법재판이다. 헌법소원의 대상이 되는 공권력 작용에는 원칙적으로 위헌적인 법령(입법작용)에 의한 직접적인 기본권 침해, 위헌법령에 근거하거나 법령의 해석·적용을 잘못한 집행작용에 의한 기본권 침해, 기본권의 효력을 무시하고 기본권을 침해하는 사법작용에 의한 기본권 침해가 모두 포함된다.

헌법소원심판은 주관적인 권리 보호뿐 아니라 기본권에 내포된 객관적인 헌법질서의 유지를 위한 객관적 소송으로서의 성격도 함께 가진다. 따라서 헌법소원심판은 원칙적으로 보충성의 원칙에 따라서 법원에 의하여 권리구제가 되지 아니하거나 미흡한 경우에 최후적으로만 청구할 수 있다. 다만, 기본권 침해로부터 실효적인 구제를 위하여 일정한 경우에는 예외적으로 보충성의 원칙을 완화하거나 적용하지 아니할 수 있다. 그런데 헌법재판소법은 기본권을 침해하는 입법작용과 행정처분만을 헌법소원의 대상으로 인정하고 사법부의 재판에 대하여는 원칙적으로 헌법소원심판을 허용하지 아니한다(헌재법 제68조 제1항). 다만, 헌법재판소는 예외적으로 헌법재판소가 위헌으로 선고한 법률이나 법률조항을 적용한 재판에 대해서는 헌법소원심판을 인정하고 있다.

Ⅵ. 기 타

헌법재판은 그 밖에도 연방국가에서 연방과 주 또는 주와 주 상호간에 권한과 의무의 범위와 내용에 관한 다툼을 관장할 수 있다. 즉, 헌법에서 규정한 연방과 주 상호간 입법권의 배분이나 연방과 주 간의 정책집행분담 또는 주가 연방법률을 집행하는 과정에서 분쟁이 발생할 수 있고, 연방국가의 구조를 유지하기 위하여는 이러한 분쟁을 해결하는 헌법재판이 있어야 한다. 이러한 헌법재판은 연방국가인 독일·오스트리아·스위스 등에서 채택되고 있다. 단일국가인 우리나라에서는 이들 사항이 헌법재판에 포함될 여지가 없다.

대의제도는 국민의 대표기관을 선거에 의한 선출을 전제로 하고 있으므로 선거제도는 국가기관의 구성과 권력의 정당성을 제공하는 기초가 된다. 따라서 대통령 선거, 의회를 구성하는 국회의원 선거, 지방선거 등에 따라 제기되는 각종 선거소송도 헌법재판에 포함될 수 있다. 국회의원의 경우에는 선거소송뿐만 아니라 국회의원의 자격심사에 대한 소송도 포함된다. 직접민주주의의 실천으로서 국민투표가 채택되는 경우에는 국민투표에 대한 소송도 헌법재판에 포함된다. 이러한 헌법재판은 독일 · 오스트리아 · 프랑스 · 포르투갈 등에서 채택되고 있다. 우리나라는 선거소송을 법원이 관장한다. 앞으로 이와 같은 국가적 차원의 선거 즉 대통령선거 · 국회의원선거 · 국민투표 등에 대한 쟁송은 헌법재판소에서 담당하는 방안을 적극적으로 고려하여야 한다.

그 외에도 국민이 기본권을 남용 또는 악용하여 헌법적인 가치질서를 파괴하는 경우에는 그의 기본권 행사의 위헌성 여부를 심사하여 위헌이라고 판단하는 경우에는 해당 기본권의 효력을 상실시키는 기본권실효심판도 헌법재판에 포함될 수 있다. 기본권실효심판은 독일에서 채택하고 있다.

제 5 장 외국의 헌법재판 역사

헌법재판은 지난 50년 간 세계적으로 확대되고 있지만 제2차 세계대전 전까지 헌법재판제도를 채택한 국가는 소수에 불과하였다. 루소와 시에예스의 주장에서와 같이 국민의 대표자에 의한 법률은 국민의사의 표현이라는 점에서 국민이 선출하지 아니한 법원이 해당 법률을 심사할 수 있다고 상정하기 어려웠기 때문이다. 특히 영국은 여전히 국민주권주의와 의회우위의 사상, 즉 의회주권주의에 입각한 법의 지배 원리에 입각하여 의회입법에 대한 심사를 부정하고 있음은 주지의 사실이다.

하지만 제2차 세계대전 이후 헌법재판제도는 유럽을 비롯하여 전 세계적으로 확산되었다. 미국의 1803년 Marbury v. Madison 사건 이후 각국은 헌법재판제도를 도입하고 있지만 그 도입 양상은 각 국가의 역사적 전통과 정치적 상황에 따라 상당히 다양하다.

제 1 절 미국의 헌법재판 역사

Ⅰ. 영미법의 모국 영국의 헌법제도와 헌법이론의 발전

(ⅰ) 민주주의의 고향인 영국의 헌법학은 1920년대에 이르러 보통법에 기초한 법의 지배(rule of law)의 원리에 따른 다이시의 헌법이론으로 정립되었다.[1] 그러나 영국 특유의 불문헌법체제로 인하여 영국 헌법학이론의 일반적 수용은 한계를 보인다. 그럼에도 불구하고 대헌장 이래 권리청원(1628)·인신보호법(1679)·권리장전(1689) 등을 통한 헌법적 기반의 확립, 로크의 권력분립이론과 더불어 오랜 헌정사적 체험을 통하여 형성된 영국식 내각책임제는 한국헌법의 이해에도 필수적 요소이다.[2] 군주주권으로부터 점진적으로 의회주권(국민주권)으로 이행된 영국식 입헌군주제는 현대적 입헌군주제와 의원내각제의 전범(典範)으로 작동한다.[3]

(ⅱ) 가장 오래된 불문헌법 국가인 영국에서도 근래 성문헌법의 필요성을 요구하는 헌법개혁 논의가 활발하게 진행되고 있다.[4] 특히 세습상원의원 중심의 대법원으로부터 독립적인 대법원의 발족은 영국식 법의 지배를 향한 새로운 전개로 볼 수 있다.

Ⅱ. 미국 헌법제도와 헌법이론의 발전

(ⅰ) 미국 헌법학은 1776년 독립과 더불어 1787년에 제정된 성문헌법으로부터 비롯된다. 하지만, 기본적으로 영미법계에 특유한 판례중심의 이론전개로 인하

1) Albert Venn Dicey, *An Introduction to the Study of the Law of Constitution*, 1925; 안경환·김종철 역, 헌법학입문, 경세원, 1993; 윤성현, J.S. Mill의 자유와 민주주의에 관한 헌법학적 연구, 서울대 박사학위논문, 2011.2.

2) 현대 영국헌법학 관련 교재: Wade and Phillips, *Constitutional Law*, 1977; John Alder, *Constitutional and Administrative Law*, 2005; Michael J. Allen/Brian Thompson, *Cases and Materials on Constitutional & Administrative Law*, 2005.

3) 2022년에 서거한 엘리자베스(Elizabeth Ⅱ) 여왕은 70년을 재위하면서 입헌군주제와 의회주권(의원내각제)이 서로 조화하는 민주적 작동의 전범을 보여주었다.

4) Cf. Jeffrey Jowell & Dawn Oliver, *The Changing Constitution*, Oxford Univ. Press, 2007; 김선화, "영국 헌법개혁의 추이와 내용: 의원내각제의 현대적 전개", 세계헌법연구 16-4.

여 국내헌법학이론의 전반적인 체계정립을 위한 접목에는 한계가 있다.

(ii) 그럼에도 불구하고 정부형태로서의 미국식 대통령제는 전 세계 대통령제의 모델로 작동한다. 또한 연방대법원 판례이론을 중심으로 형성된 미국 헌법학이론은 1803년 '마버리 대 매디슨 사건'[1] 이래 세계헌법사에서 위헌법률심사의 금자탑을 쌓아왔으며 이는 현대적인 위헌법률심사제도의 효시라 할 수 있다. 미국식 대통령제의 권력구조뿐만 아니라 적법절차, 언론의 자유, 평등원리, 기본권의 효력 등에 관한 미국 연방대법원의 판례이론은 한국 헌법학에도 널리 수용되어 있다.[2]

Ⅲ. 미국 헌법재판제도의 역사와 발전

헌법재판의 기원으로 미국 연방대법원에 의한 Marbury v. Madison 사건을 들고 있다.[3] 이 사건의 개요는 다음과 같다.

> 연방파와 공화파가 대립하고 있는 상황에서 1800년의 대통령 선거에서 공화주의자인 Jefferson이 승리하게 되자, J. Adams를 필두로 하는 연방주의자들은 실각하게 되었다. 이에 연방파인 Adams 대통령은 1801.3.4. 임기만료 직전 새 정부가 출범하기 전에 다수의 법관들을 임명하여 자신의 정책의 연속성을 유지하려고 하였다. 사건의 원고 Marbury도 이때 치안판사로 임명되었다. 이 임명안은 Adams 대통령의 임기 마지막 날 상원의 인준을 받았고, Adams 대통령과 Marshall 국무장관이 임명장에 서명하여 관인봉인이 되었다. 그런데 Marshall은 직후 대법원장으로 임명되었기 때문에 해당 임명안에 포함된 판사들에게 임명장을 전달하지 못하고 전임되었다. 결국 위 임명장이 교부되지 못한 채, 공화파인 Jefferson 대통령이 취임하였고, 신임 국무장관 Madison은 임명장 교부를 거부하였다. 이에 원고 Marbury를 비롯한 여러 판사들은 원고에게 임명장을 교부하도록 하는 직무집행영장(a writ of mandamus)을 청구하게 되는데 특히 당시 법원조직법이 해당 사안을 연방대법원의 1심 관할로 규정하였기 때문에 원고는 연방대법원에 이를 청구하였다. 하지만 연방파인 Marshall 연방대법원장은 Marbury의 요구를 들어주지 아니할 수도 없었고 그렇다고 Marbury의 청구를 인용한다고 하더라도 정부가 이를

1) *Marbury v. Madison*, 5 U.S.(1 Cranch) 137(1803).

2) 현대 미국헌법학 관련 교재: Erwin Chemerinsky, *Constitutional Law*, 2017; Steven Emanuel, *Constitutional Law*, 2004; John E. Nowak/Ronald D. Rotunda, *Treatise on Constitutionnal Law*, 1999; Laurence Tribe, *American Constitutional Law*, 2000; John H. Garvey, T. Alexander Aleinkoff, Daniel A. Farber, *Modern Constitutional Theory*, 2004; 문홍주, 미국헌법과 기본적 인권, 유풍출판사, 2002; 박홍우, 미국헌법, 사법연수원, 2006; 안경환, 미국헌법의 이해, 박영사, 2014.

3) 이우영, "미국의 위헌심사기준으로서의 이중기준(double standard)," 법학(서울대) 50-1, 2009; 조지형, "'시민권'의 의미와 親奴隸制的 법문화: Dred Scott 사건을 중심으로," 미국사연구 11, 2000.

수용하지 아니할 가능성이 높기 때문에 법원의 권위가 실추될 수밖에 없는 딜레마에 빠지게 되었다. 이에 Marshall 대법원장은 해당 사안에 대하여 연방대법원의 1심 관할권을 인정한 당시 법원조직법이 이를 규정하고 있지 아니한 연방헌법에 위반되어 위헌이므로 연방대법원에 직접 청구된 이 사건 청구는 부적법하다고 보아 각하하였다. 결국 해당 판결을 통하여 마샬 대법원장은 헌법적 수준의 문제, 특히 헌법해석에 관한 문제에서는 사법부가 입법부와 행정부에 대하여 우월한 지위를 점한다는 원칙을 확립하였다고 볼 수 있다. 해당 판결은 미국 헌정사에 있어 연방대법원의 위상을 제고하는 데에 결정적인 기여를 하였고 나아가 미국 연방헌법의 규범적 효력을 실효적으로 확립하여 연방헌법이 오늘날까지도 사회통합의 역할을 담당하는 데에 큰 공헌을 하도록 하는 단초를 마련하였다는 점에서 위헌법률심사제도의 역사에 있어 매우 중요한 의미를 가진 판례이다(김래영, 4면).

이와 같이 별도의 기관이 아닌 사법부가 헌법재판기능까지 담당하는 미국은 이후 지속적으로 헌법적 쟁점은 연방대법원이 다루고 있다. 특히 연방대법원은 시대적 배경과 정치적 상황에 따라 사법소극주의와 사법적극주의의 입장을 번갈아 채택하면서 직면하였던 당시 미국 사회의 혼란을 잠재우려는 노력을 경주하였다. 남북전쟁 이전까지는 노예제도에 관한 사건인 Dred Scott Case(Scott v. Standford, 19 How. 393, 1857)를 비롯하여 2건의 위헌심판만이 있었지만, 위헌심판사건은 남북전쟁 기간과 그 직후까지 20건으로 증가하였으며 1890년부터는 본격적으로 증가하여 1932년까지 35건으로 대폭 증가하게 된다. 나아가 뉴딜 정책 추진기에는 2년(1933-1935년) 사이 12개의 법률을 위헌 결정할 정도로 연방대법원은 일찍이 위헌법률심사에 있어 적극적인 입장을 견지하고 있었다(허영, 25면). 하지만 루즈벨트 대통령의 사법개혁안이었던 법원장악계획(Court Packing Plan)에 따라 연방대법원은 사법소극주의의 입장을 견지하게 되는데 여기서 알 수 있듯이 연방대법원은 당시 직면하였던 정치적 및 사회적 상황 및 다른 기관과의 역학 관계를 고려하여 사법심사를 행하는 데에 있어서 상당히 탄력적인 입장을 견지하고 있었다는 평가가 가능하다.

미국의 연방대법원은 헌법재판을 특별히 담당하는 기관이 아니라 법원의 최고심으로서 헌법재판을 부수적으로 담당하고 있기 때문에 위헌심사권 이외에 탄핵심판권(하원이 소추, 상원이 결정) 등 통상적으로 헌법재판기능으로 여겨지는 기능을 모두 보유하고 있지는 아니하다. 그럼에도 불구하고 미국 연방대법원은 법률이 헌법에 위반되는지 여부에 대한 자신의 심사권한을 적극적으로 활용하여 사회적인 논쟁을 불식시킨 적이 많았다. 물론 Dred Scott 사건과 같이 현재의 시각에서는 이해하기 힘든 판결을 한 사례도 있다(조지형, 23. 51. 56면).

> 드레드 스콧은 미 육군 군의관을 지낸 존 에머슨 박사의 노예였는데, 그의 주인을 따라 당시 자유주인 일리노이로 이주하여 2년 이상을 거주한 후 1820년 있었던 미주리 타협을 통하여 노예제도가 없는 지역으로 선언되었던 위스콘신의 포트 스넬링에서 약 4년간을 거주하였다. 이후 미주리로 돌아온 스콧은 자신이 자유주에 일정 기간 거주하였다는 사실을 근거로 자유인이 되었다는 주장을 하였고 이에 따라 1846년 세인트루이스 순회재판소에 해방소송(freedom suit)을 제기하게 된다. 배심은 기나긴 심리를 거쳐 스콧을 자유인으로 선언하였지만 미주리 주대법원은 해당 순회재판소의 결정을 파기하였고 당해 사건은 결국 미연방대법원의 심리에까지 올라가게 된다. 미국 연방대법원의 견해를 작성한 토니(Taney) 대법원장은 해당 사건에서 "흑인은 선천적으로 열등한 존재로서 백인이 존경하지 아니할 수 없는 어떠한 권리도 가지고 있지 아니하였다", "새로운 정치공동체를 만들고 주권을 형성하는 데 흑인과 백인이 상호 동의를 할 수 있는 '사회적 혹은 정치적 관계'에 놓여 있었던 게 아니라"는 언급을 하며, 스콧의 주장을 받아들이지 아니하였다. 위의 견해는 현재의 관점에서 보면 이해하기 힘든 견해이다. 실제로 해당 사건은 연방대법원이 노예제도와 관련된 문제를 다룬 판례들 가운데에서도 가장 친노예제적인 판례, 악명 높은 판례로 평가를 받고 있다.

미국 연방대법원은 사회적 갈등을 야기한 사건들을 다루면서 위헌심사기준을 발전시켰다. 우선 1900년에서 1935년의 시기, Lochner v. New York 사건(1905)에서 연방대법원은 연방헌법 수정 14조에 규정되어 있는 적법절차조항이 정당하지 못한 정부의 제한으로부터 국민의 실체적 권리를 보호하는데, 해당 권리는 헌법상 명문으로 명시되어 있을 필요는 없다는 판결을 내려, 경제적 자유를 극도로 강조하였다. 이 시기를 Lochner 시기라고 하는데 해당 시기에 연방대법원은 실체적 적법절차 사안에서 적용하였던 위헌심사 기준을 "합리성 심사기준(rational-basis scrutiny)"이라고 지칭하고 경제적·사회적 자유 등 기본권의 종류와 무관하게 하나의 동일한 심사기준을 사용하였으나, 실질적으로 경제적 자유 침해에 대하여 엄격한 심사기준을 적용하여 근로시간의 제한이나 최저임금제와 같은 사회·경제 개혁 입법을 다수 위헌선언하였다. 다음으로 1935년에서 1960년의 시기, 연방대법원은 Lochner 시기와 달리 심사 강도를 현저하게 약화시켜 가격과 임금 등 사인 간 계약관계를 규제하는 주(州) 법률을 합헌으로 판시하였다. 입법의 목적과 수단 모두에 대하여 입법부의 입법재량을 존중하는 입장으로 전환하였다. 1937년의 West Coast Hotel Co. v. Parrish판결이 대표적이며, 1941년의 Olsen v. Nebraska 사건과 1955년의 Williamson v. Lee Optical 사건에서도 연방대법원은 정부가 합리적이라고 주장하는 목적과 그 목적과 수단 간 합리적 관계를 가정하여 완화된 심사기준을 채택하였다. 하지만 경제적 자유 이외의 기본권에 대한 위헌심사의 기준에 대해서는 점차 그 기준을 강화하게 되는데 이와 같은 경향을 대표적으로 보여주는 사례는 1938년의 United States v. Carolene Products Co. 사건에서의 스톤(Stone)대법관의 각주 4번 내용이다. 스톤 대법관은 "통상적인 상업적 거래를 규제하는 입법은, 입증된 사실 혹은 이에 준하는 사실에 비추어 볼 때 해당 입법이 입법자의 지식과 경험에 의해 합리적 근거를 가진다는 추정이 배제되지 아니하는 한 위헌이 아니다"라고 제시한 후, 다만 입법이 특별히 헌법이 금지하고 있는 특정 사항과 관련된 경우에는 해당 법률의 합헌성은 엄격한 기준에 따라서만 추정될 수 있다는 입장을 피력하였다. 특히 스톤 대법관은 그와 같은 입법의 예로 다음을 제시하였는데 "① 연방헌법 수정 1조부터 수정 10조가 보장하고 있는 기본권 제한 입법, ② 바람직하다고 볼 수 없는 법률을 개정할 수 있는 일상적 정치과정을 직접 억압하는 입법, ③ 특정 종교 혹은 소수 인종 등 소수자의 권리를 차별적으로 제한하고 소수자 보호를 위하여 작동하여야 할 일상적인 정치과정 운영을 심하게 제한하는 입법" 등이 그것이다. 이로부터 이중기준개념이 등장하였다고 볼 수 있고 해당 배경에서 1953년 워렌 대법원은 위헌심사의 이중 기준 원칙을 보다 확고하게 정립하게 된다. 마지막으로 1980년대와 1990년대를 거치면서 연방대법원은 평등보호 영역에서는 합리성심사기준을 적용하면서 사안에 따라서는 일응 강화된 합리성심사기준을 적용하는 등 합리성심사기준이 적용되는 사안에서도 위헌심사기준을 차등적으로 적용하였다. 연방대법원은 위헌심사를 함에 있어 지속적으로 탄력적인 입장을 견지하려는 노력을 경주하였다. 이와 같은 연방대법원의 위헌심사에 있어서의 입장 변화는 대법관의 정치적 성향도 영향을 받았음은 물론이다(이우영, 425-435면).

제 2 절 독일의 헌법재판 역사

Ⅰ. 독일 헌법제도와 헌법이론의 발전

(ⅰ) 게르버(C. F. v. Gerber)와 라반트(P. Laband)에서 시작된 **법실증주의헌법학**은 **옐리네크**[1]에 이르러 방법이원론에 입각한 계몽적 법실증주의로 평가받는다. 그런 점에서 안쉬츠(G. Anschütz) · 토마(R. Thoma)의 형식적 법실증주의에 입각한 해석론과의 상대적 차이가 지적된다. 한편 같은 법실증주의적 경향을 취하면서 옐리네크의 방법이원론을 극복하려는 **켈젠**[2]의 **순수법학이론**이 주목을 받던 터에, 헌법의 본질을 정치적 통합에서 찾으려는 **스멘트**[3]의 **통합이론**과 정치적 현실주의에 기초한 **슈미트**[4]의 **결단주의헌법관**이 20세기 독일 헌법학을 지배하는 기본 흐름으로 자리 잡았다.[5]

(ⅱ) 독일의 헌법이론은 국내에서도 전적으로 수용되었다. 특히 박일경 교수는 제1공화국 이래 계속된 그의 저서에서 헌법학은 "객관적인 법규범의 논리적 해석과 그를 기초로 한 당해 법(헌법)의 통일적 체계화를 기하는 법학적 연구방법 내지 해석법학적 방법이어야" 한다고 하여 법실증주의적 헌법학 연구방법 내지 해석방법을 유지하였다. 반면에 대부분의 헌법학자들은 이들 세 개의 헌법관 모두 나름대로 이론적 취약점을 가지고 있기 때문에 어느 한쪽에 치우친 해석론 및 방법론에 경계하는 태도를 보인다. (동화적) 통합이론을 펼치는 허영 교수도 "헌법의 효력이나 헌법의 해석이 문제되는 경우에는 언제나" 사람에 의한 결정요소 · 규범성 · 가치지향적인 통합촉진의 요소라는 "이 세 가지 헌법의 요소를

---

1) Georg Jellinek, *Allgemeine Staatslehre*, 1900; 김효전 역, 일반국가학, 법문사, 2005.

2) Hans Kelsen, *Allgemeine Staatslehre*, 1925.

3) Rudolf Smend, *Verfassung und Verfassungsrecht*, 1928.

4) Carl Schmitt, *Verfassungslehre*, 1928; 김기범 역, 헌법이론, 교문사, 1997.

5) 현대 독일헌법학 관련 교재: 허영, 헌법이론과 헌법, 박영사, 2021; Konrad Hesse, *Grundzüge des Verfassungsrechts der Bundesrepublik Deutschland*, 1995: 계희열 역, 통일독일헌법원론, 박영사, 2001; Reinhold Zippelius/Thomas Würtenberger, *Deutsches Staatsrecht I*, 2005; Klaus Stern, *Das Staatsrecht der Bundesrepublik Deutschland*, 5 Bände, 1984-2011; H. v. Mangoldt/F. Klein, *Das Bonner Grundgesetz*, 2000-2001; K. Schlaich, *Das Bundesverfassungsgericht*, 1997: 정태호 역, 독일헌법재판론, 미리, 2001; 정문식, 독일 헌법: 기본권일반론, 전남대출판부, 2009; 김대환 대표 편역, 슈타르크 헌법논집, 시와진실, 2015.

함께 생각할 수 있는 범학파적 자세가 꼭 필요하다"라고 적시한다(19면).

(iii) 생각건대 헌법의 정의를 "국가의 조직과 작용에 관한 근본규범"으로 이해하는 규범주의, "정치적 통일체의 종류와 형태에 관한 주권자의 구체적인 전체결단"으로 이해하는 결단주의, "사회통합을 위한 공감대적인 가치질서"로 이해하는 (동화적) 통합이론은, 각기 그 이론이 가지고 있는 장·단점이 널리 인식된 상태이다. 사실 독일식의 어느 특정한 헌법관이라는 시각에서 헌법을 이해하는 흐름은 제1차 세계대전 이후에 전개된 독일 특유의 시대적 상황과 연계되어 있다. 하지만, 독일에서조차 이와 같은 세 개의 헌법이론 중 어느 특정 이론에 천착하지 아니한다. 더구나 독일 이외의 국가에서는 이러한 독일식 헌법관에 기초한 헌법이론이 전개되지 아니한다는 사실이다. 따라서 이들 이론은 한국 헌법학을 이해하는 데 하나의 유용한 도구일 수는 있지만, 헌법의 개념이나 효력의 출발점을 이들 이론 중 어느 하나에서만 추구한다면 자칫 헌법이론의 체계적 형성에 있어서 편협함을 면하지 못하게 된다.[1)]

Ⅱ. 독일 헌법재판제도의 역사와 발전

제2차 세계대전 이후 독일은 본(Bonn) 기본법을 통하여 사회적 법치주의를 제도적으로 보장하기 위한 노력을 경주하였다. 이의 일환으로 국가 권력의 근거를 명확히 하고 그 내용과 한계를 획정함으로 기본권을 보장하고 있다. 독일은 기본권을 보다 실효적으로 보장하기 위하여 기본권의 제한과 침해를 도모함에 있어 주의를 기울이는 헌법적 수준의 보장체계를 확보하고 있다.[2)]

독일은 유럽국가 중에서 최초로 헌법재판을 헌법에 도입한 국가인데 1849년 프랑크푸르트 헌법이 그것이다. 하지만 독일은 그전에도 헌법재판과 관련한 여러 제도를 도입·운영하고 있었다. 19세기 초에 그 연원을 가지고 있는 독일의 헌법재판권은 당시 국가재판권의 발전과 더불어 성장하였다. 독일 내 제국의 헌법에서 발견되는 국사재판권과 관련해서는 특히 장관탄핵제도와 주정부와 의회 간 발생하는 헌법해석과 관련한 분쟁을 해결하는 결정이 중요하였다. 그리고 독일연방의 영역 내 라이히 전통으로부터 나오는 국사재판권은 1815년 독일 통일의 결과로 독일동맹이 형성되게 됨에 따라 발생하게 되

---

1) 국순옥, 민주주의 헌법론, 아카넷, 2015.

2) 이세주, "독일 연방헌법재판소의 헌법재판실무상의 시사점에 관한 고찰", 공법연구 45-1; SUNG NAK IN(ed), *Asian Forum for Constitutional Law*, 2005; 조병륜, "독일의 헌법재판제도," 공법연구 9, 1981; 라이너 발(김백유 역), "헌법재판의 유형-독일 연방헌법재판소와 외국의 헌법재판소와의 비교를 중심으로," 동아법학 31, 2002; 박진애, 독일의 최신 헌법개정 동향, 최신외국입법정보 276, 2025.7.

었다. 즉 이와 같은 독일동맹의 형성으로 말미암은 연방체제(Der deutsche Reich)의 형성은 제주(諸州)간의 분쟁을 통일적으로 해결하여야 할 필요성을 증대시켰고 이를 위한 국사재판권이 본격적으로 등장하게 되었다. 그리고 제1차 세계대전 이후 빈 회의에서 독일 내 지도적 위상을 차지하고 있었던 오스트리아와 프로이센이 연방법원의 창설을 통하여 연방활동의 범위를 보다 확장하고자 하는 제안을 한 바 있는데 특히 해당 제안을 통하여 설치된 연방법원이 연방구성원에 대한 분쟁 즉 연방이 보장하는 신민(臣民)의 권리 보장에 대한 분쟁 등에 대한 관할권을 향유하게 하려는 계획이 포함되어 있었다. 하지만 해당 계획은 남부 독일제국의 반대로 연방법에 규정되지 못하였고, 독일연방은 연방법 제11조 제4항과 1820년의 빈 조약법 제21조에서 제24조까지의 규정에 기반하여 연방의회 안에 중재재판소를 설치하는 데에 그치게 되는데, 해당 중재재판소는 그나마 어느 정도의 국가재판권적인 판결을 행하기는 하였다.

그리고 1849년 3월 27일 프랑크푸르트 헌법을 통하여 비로소 기존에 있던 입헌주의헌법의 국사재판권적인 요소와 독일연방의 국가재판권에서의 연방적인 요소는 보다 민주적인 법치국가적 모습으로 발전되게 된다. 프랑크푸르트 헌법의 국사재판권은 본 기본법에서의 헌법재판권의 주요한 연원이 된다. 특히 해당 헌법은 최초로 행정기관과 사법기관 간 권한의 다툼을 관할하는 법원을 별도로 설치하였고, 모든 유형의 권리침해에 대해서는 법원이 심판할 수 있도록 하는 규정을 두어 이전의 헌법과는 차별적인 면모를 보였다. 뿐만 아니라 프랑크푸르트 헌법은 독일연방 내 최고기관 상호 간의 헌법쟁의인 기관쟁의뿐만 아니라 독일 국민이 보유하고 있는 권리, 즉 기본권 침해에 대한 권한을 제국재판소에게 부여하였는데, 특히 해당 기본권 침해에 대하여 제기되는 소에 대하여 제국재판소가 보유하였던 관할권은 현 헌법소원제도의 모형(母型)이라는 평가까지 받고 있다(허영, 23-24면). 이와 같이 광범위하게 제국국민의 기본적 권리를 규정하고 나아가 이의 보장을 위하여 여러 가지 제도를 규정하였던 프랑크푸르트 헌법은 독일헌법사에 있어 그 함의하는 바가 상당하다고 볼 수밖에 없었지만 법적 효력을 가지지는 못하였다.

이후 1871년 독일제국의 성립을 계기로 제정된 비스마르크 헌법에서는 국민의 기본권에 대한 조항이 없었고, 헌법재판에 관한 조항 역시 존재하지 아니하여 국민의 기본권 보장에 봉사할 수 있는 제도 고안을 위한 본격적인 고민을 하지는 아니하였다.

1919년 바이마르공화국 헌법에서는 국사재판소(Staatsgerichtshof)를 헌법기관으로 설치하여 국사재판소에 연방과 주 간 그리고 주 상호 간에서 발생하는 헌법쟁의와 만일 주에 국사재판소가 없는 경우 주 안에서의 헌법 관련 쟁의 및 장관 탄핵을 위한 권한을 부여하였지만 헌법재판제도에 있어 핵심적인 제도라고 볼 수 있는 위헌법률심사제도와 기본권 보장을 위한 헌법소원제도는 직접적으로 채택되지는 아니하였다. 연방대통령과 연방수상 그리고 각료 등에 대한 탄핵심판, 연방법률집행과 관련하여 발생한 연방정부와 주정부 간의 분쟁, 주의 경계획정과 관련한 분쟁 그리고 주내부 또는 주상호간 내지 연방과 주 사이의 헌법적 수준의 분쟁 사건 등에 관할권 등 헌법재판과 관련한 다각적인 관할권을 규정하였지만 연방법률에 대한 위헌심사와 연방 헌법기관 사이의 권한쟁의

심판 그리고 헌법재판제도의 핵심적인 제도인 위헌심사제도는 여전히 도입하지 아니하였다. 이와 관련한 고민에 따라 바이마르 헌법제정국민회의 초안위원회는 법률 및 명령에 대한 합헌성 심사와 더불어 행정행위에 대한 합헌성 심사의 권한을 국사재판소에 위임하자는 안을 제안하였지만 이는 부결되었다. 위헌법률 및 명령 등에 대한 심사제도가 직접적으로 채택되지는 아니하였지만, 1921년 4월 28일과 1923년 11월 4일 라이히 법원은 사실상 위헌법률심사를 행하게 되어 위헌법률심사와 관련한 논의를 증폭시켰고 해당 논의는 결국 위헌법률심사권을 각각의 개별적인 법원에 부여하기보다는 국사재판소에 집중시키자는 논의로 본격화된다. 결국 해당 논의에 기반하여 1926년 소위 쿠르츠 초안이 나오게 되었다. 하지만 해당 쿠르츠 초안 역시 부결되었고 결국 제2차 세계대전 이후 본 기본법에서 헌법재판소가 설치됨에 따라 독일에서의 헌법재판제도는 본격적으로 제 모습을 찾게 된다(조병륜 68-70면).

기본법에서 헌법재판제도는 상당히 다양한 면모를 보이게 된다. 이전에 독일에서 존재하였던 헌법재판제도 가운데 중심적 위상을 차지하였던 기관간 쟁송과 연방과 주간 혹은 주 상호 간의 헌법쟁송은 기본법에서의 헌법재판제도에 수용되었지만, 장관탄핵재판소는 기본법에서 수용되지는 아니하였다. 다만, 의회가 직접적으로 책임을 물을 수 없는 연방대통령과 주의 장관에 대한 탄핵재판권만 수용되었다. 그렇지만 헌법재판제도의 핵심적인 제도라고 할 수 있는 위헌법률심사제도와 기본권 보장을 위하여 직접적으로 봉사하는 헌법소원제도의 도입 필요성이 인정되었고 해당 제도를 본 기본법에 직접 수용하여야 한다는 견해에 따라 결국 기본법심의회의 단계에서의 논의를 통하여 헌법소원제도는 도입되기에 이른다. 또한 헌법재판에서 있어서 가장 중요한 제도라고 할 수 있는 규범통제제도 역시 본 기본법에서 실정화되기에 이른다(조병륜 69-70면).

기본법은 연방헌법재판소를 규정하고 있으며 연방헌법재판소법에 연방헌법재판소의 구성과 관할 그리고 심사절차에 대하여 상당히 상세한 규정을 두고 있다. 연방헌법재판소는 두 개의 원으로 구성되고 있으며 각원은 임기 12년인 8명의 재판관으로 구성되므로 재판관의 수는 16명이다. 재판관의 정년은 68세인데 연임을 허용하지 아니한다. 특히 양원은 각각 소장과 부소장이 재판장이 되어 독립적인 활동을 도모하지만 헌법 및 법률 해석과 관련하여 다른 원의 판시사항과 다른 판시를 하려고 하는 경우에는 각 원의 재판관 2/3가 출석하는 합동회의에서 심판을 하여야 한다. 연방의회와 연방참사원이 각각 재판관 절반씩을 선거하는데, 다만 연방참사원에서는 의원재적의원 2/3 이상의 찬성표를 받은 사람을 재판관으로 선출하고 있다. 특히 연방의회는 각 교섭단체의 의석비율에 기반하여 12명의 재판관 선거인단을 구성한 후 8명, 즉 2/3 이상의 동의를 받은 사람을 재판관으로 선거하고 있다(허영, 37면). 특히 2024년 12월에 독일은 기본법, 즉 헌법을 개정하여 연방헌법재판소의 구성과 지위에 관한 근거 규정을 기존의 연방헌법재판소법에서 헌법인 기본법으로 격상시켰다. 즉 기존의 연방헌법재판소법(BVerfGG)에서 규정하고 있었던 구성, 임기, 연령 상한 등의 연방헌법재판소의 조직 및 절차에 대한 규정을 법률에 그대로 둔 채, 이를 기본법 제93조와 제94조에 직접 규정하여 연방헌법재판소 구조의 핵심 요건을 법률에서 헌법 차원으로 끌어 올린 것이다. 향후 이를 변경하기 위해서는 헌법을 개정하여야 하므로 연방의회와 연방참사원 내 2/3 이상의 찬성이 있어야 한다. 이에 따라 이는 연방헌법재판소 구성의 안정성을 제고하기 위한 조치로(박진애, 7면), 그리고 극우 정당의 세력 확장이 지속되고 있는 상황에서 정치적 개입으로부터 사법부의 독립을 확보하기 위한 조치로도 평가받고 있다.

연방헌법재판소는 상당히 광범위한 관할권을 보유하고 있는데, 재판소 내 두 개의 부 중 제1원은 기본권침해에 대한 문제를 주로 다루고 있으며 제2원은 연방과 지방 간 및 지방 상호 간 분쟁에 대한 관할권을 보유하고 있다. 특히 연방과 지방 간 헌법쟁송에 대한 관할권을 보유하고 있는데, "i) 기본권의 해석, ii) 연방과 지방 간의 권리·의무에 관한 이견, iii) 연방과 지방 간의 공법적 쟁송, iv) 한 지방 내의 헌법쟁송 사건 그리고 v) 지방헌법재판소판결의 연방헌법재판소판결에의 적합성 여부 등"에 대한 심사권한을 보유하고 있다. 그리고 추상적 규범통제와 구체적 규범통제에 대한 관할권을 보유하고 있어서 "i) 연방법이나 지방법의 위헌성, ii) 국제법이 연방법의 일부를 이루고 있는가에 대한 판단, iii) 연방성립 이전의 법규가 법률로서 효력을 계속 유지하고 있는지의 여부 등"에 대하여서도 심사를 할 수 있다. 나아가 연방헌법재판소가 보유하는 관할권 중 일종의 형사소송과 유사한 성격을 가지고 있다고 볼 수 있는 사항으로는, "i) 기본권의 상실, ii) 정당의 해산 판결, iii) 연방대통령 탄핵, iv) 법관탄핵, v) 의원자격심사" 등을 제시할 수 있다(김철수, 1476면).

이를 보다 구체적으로 살펴보면, 연방헌법재판소는 기관쟁의심판, 연방헌법기관 간에 발생하는 권리 및 의무의 범위와 내용에 대한 헌법해석상 다툼을 심판하며, 추상적 규범통제로서 연방과 주법의 기본법 위반 여부, 연방법에 대한 주법의 위반여부에 대한 관할권을 보유하고 있는데 해당 추상적 규범통제는 연방정부와 주정부 그리고 연방의회(재적의원 1/3)만이 신청할 수 있다. 그리고 연방헌법재판소는 연방국가적 수준의 분쟁에 대한 관할권을 보유하고 있어서 연방이 경쟁적 입법사항에 관한 입법권을 행사하는 경우 당해 사항이 기본법이 정한 필요적 연방입법의 필요적 요건을 충족하였는지 판단할 수 있는 관할권을 보유하고 있다. 뿐만 아니라 주가 연방법률을 집행하는 와중에 발생할 수 있는 권리·의무에 관한 분쟁 혹은 연방의 감독권 행사와 관련한 분쟁에 대한 관할권 역시 보유하고 있다. 특히 연방헌법재판소는 공권력에 의한 기본권침해를 주장하는 국민이 제기하는 헌법소원사건을 심판할 수 있는 관할권을 보유하는데, 헌법소원을 제기하는데 있어 적용되는 보충성요건으로 인하여 사법적 쟁송절차를 거친 후에 법원의 재판을 헌법소원으로 다툰다. 뿐만 아니라 연방법률에 의하여 자치권을 침해받았다고 주장하는 지방자치단체는 헌법소원을 제기할 수 있으며, 특히 주법률에 의한 자치권의 침해 여부가 문제되는 경우에는 주헌법재판소에 제소가 불가능한 경우에만 연방헌법재판소가 이에 대하여 관할권을 행사할 수 있다(허영, 37-38면).

그리고 연방헌법재판소는 방어적 민주주의의 보장을 위하여 기본권실효 심판을 할 수 있는데, 실효시킬 수 있는 기본권은 모든 기본권이 아니고 제한적이다. 기본법 제18조에서는 "표현의 자유, 특히 출판의 자유, 교수의 자유, 집회의 자유, 결사의 자유, 신서·우편·전화의 비밀, 재산권 및 망명자비호권(亡命者庇護權)을 자유민주적 기본질서를 공격하기 위하여 남용(濫用)하는 자는 이러한 기본권을 상실한다. 상실과 그 정도는 연방헌법재판소에 의하여 선고된다"라고 규정하고 있다. 뿐만 아니라 연방헌법재판소는 방어적 민주주의의 보장을 위한 또 다른 제도인 위헌정당해산제도에 대한 관할권 역시 보유하고 있어서 특정 정당의 목적 및 당원의 활동이 자유민주적 기본질서를 파괴하는 경우 혹은 국가의 존립을 위태롭게 하는 경우에는 당해 정당에 대한 위헌심판을 할 수 있다.

나아가 연방헌법재판소는 연방의회가 실시한 의원선거에 대한 유효성심판과 의원자격 심사에 관여할 수 있으면 이와 관련한 분쟁이 발생하는 경우에는 이에 대하여 심판할 수 있다.

뿐만 아니라 연방헌법재판소는 연방대통령과 법관을 대상으로 하는 탄핵심판에 대한 관할권을 보유하고 있다. 우선 연방의회 또는 연방참사원이 연방대통령에 의한 기본법 혹은 연방법률의 고의적인 위반이 있다고 여겨지는 경우, 재적의원 1/4의 발의 및 재적의원 2/3의 찬성으로 탄핵소추를 하게 된다. 탄핵소추가 있으면 연방헌법재판소는 연방대통령의 직무를 정지시킬 수 있는 가처분을 할 수 있으며, 연방대통령에 의한 위헌적이고 위법적인 행위가 확인되면 파면결정을 한다. 주목할 만한 사항은 연방헌법재판소는 법관의 신분에 대한 권한을 보유하고 있다는 점이다. 즉 연방의회는 법관의 직무집행뿐만 아니라 직무 외 행위가 헌법의 기본 원칙 혹은 주(州)의 헌법질서를 침해한다고 판단하면 연방헌법재판소에 조치를 위한 신청을 하게 되는데 이에 따라 연방헌법재판소는 해당 법관을 다른 공직으로 전직하게 하거나 휴직하게 할 수 있을 뿐만 아니라 고의적인 위법행위를 하였다는 판단을 하면 퇴직을 명할 수도 있다(허영, 38-39면).

그리고 헌법재판소는 구체적 규범통제를 위한 권한을 보유하고 있어서 연방법과 주법이 기본법에 위배되는지의 여부, 주법이 연방법에 위배되는지의 여부가 재판의 전제가 되는 경우, 법원은 이에 대하여 제청을 하고 연방헌법재판소가 위헌심사를 하고 있다. 나아가 연방헌법재판소는 특정 국제법규가 국내법적 효력을 보유하는지의 여부 그리고 국제법규가 직접적으로 국민의 권리 및 의무를 발생시키는지의 여부가 재판의 전제가 되는 경우에도 법원의 제청에 따라 심판을 할 수 있다. 뿐만 아니라 만일 주 헌법재판소가 기본법 해석을 하는 데에 있어 기존의 연방헌법재판소의 견해 또는 주 헌법재판소 견해와 다른 해석을 하려고 하는 경우 이를 위하여 신청하면 연방헌법재판소는 이에 대하여 심판하고 있다(허영, 39면).

절차와 관련하여 연방헌법재판소는 각 원이 6인 이상의 재판관의 출석으로 심사하는 것이 원칙이며, 법률에 특별한 규정이 없는 한 심리에 참여한 재판관 과반수의 찬성으로 결정을 한다. 위헌법률심판의 경우 가부동수인 경우에는 위헌 및 위법결정을 할 수 없다. 탄핵심판, 기본권 실효심판, 위헌정당해산심판의 경우에는 재적재판관 2/3이상의 찬성이 있어야 피소추인에게 불리한 결정을 할 수 있다(허영, 39면).

연방헌법재판소는 일반법원의 판결을 파기하여 사건을 다시 일반법원에 돌려보낼 수 있다는 점에서 헌법재판소는 일반법원의 견해를 수용할 필요는 없을 뿐만 아니라 만일 회피 또는 극복하여야 하거나 절박하고 긴급한 사유가 인정되는 경우 혹은 다른 중대한 사유가 인정되는 경우에 헌법재판소는 강제명령도 내릴 수 있다. 나아가 연방헌법재판소의 판결은 법원 및 행정당국 그리고 연방과 주의 헌법기관을 구속하며, 만일 법규가 위헌으로 선언되게 되면 재판소의 결정은 법적 강제력을 보유하게 된다. 모든 부의 판결을 포함한 연방헌법재판소의 주요 판결은 판결요람을 통하여 공표되고 있다.

제 3 절 프랑스의 헌법재판 역사

Ⅰ. 프랑스 헌법제도와 헌법이론의 발전

(i) 독일 헌법학의 전개가 독일제국·바이마르공화국·나치체제·독일연방공화국 헌법으로 연결되는 헌법체제의 단편성·단절성으로 인하여 이론적이고 현학적인 방향으로 흘렀던 점에 비하면, 프랑스 헌법학의 전개는 실제적이고 현실적인 방향으로 정립되었다. 몽테스키외[1]·루소[2] 등의 근대자연법이론이 시에예스[3]의 혁명헌법으로 구체화되면서, 1789년 인권선언 이래 구현된 일련의 헌법은 가히 세계헌법체제의 호수와도 같다. 프랑스헌법은 모리스 오류[4]의 사이클이론(순환이론) 등에서 적시된 바와 같이 수많은 변용을 겪은 끝에, 제3공화국에 이르러 헌법의 안정기로 접어들면서 오늘날 헌법학이론의 기초가 다져졌다. 반(半)대표이론의 에즈멩,[5] 헌법학일반이론과 사회연대론으로 유명한 뒤기,[6] 헌법순환이론의 모리스 오류, 일반국가론의 카레 드 말베르그[7] 등은 제3공화국시절에 오늘날 프랑스 헌법학의 기반을 다져 놓은 불후의 명저들을 남겼다.

(ii) 생각건대 프랑스 헌법학이론의 특징은 주어진 헌법체제 그 자체의 중요성을 널리 인식하면서도 이들 헌법체제가 그 시대 그 사회에서 표출되는 현실적인 주권적 의사도 동시에 고려함으로써 헌법규범과 헌법현실 사이의 연계를 끊임없이 탐구하는 데에서 찾을 수 있다. 제3공화국 초기인 1877년 마크-마옹(Mac-Mahon) 사건 이후 대통령에게 부여된 의회해산권의 사실상 폐기에 대한 국민적 합의도출, 제5공화국헌법에 헌법개정절차가 엄연히 있음에도 불구하고 국민투표 규정을 원용하여 단행된 대통령의 변칙적 헌법개정에 대하여 관습헌법으로서의

---

1) Charles Louis de Secondat de Montesquieu, *De l'esprit des lois*(법의 정신), 1748.

2) Jean-Jacques Rousseau, *Du contrat social*(사회계약론), 1762.

3) Emmanuel Sieyès, *Qu'est-ce que le Tiers-État?*(제3계급이란 무엇인가?), 1789.

4) Maurice Hauriou, *Précis de droit constitutionnel*, Sirey, 1929; 성낙인, 프랑스헌법학, 법문사, 1995.

5) Adhémar Esmein, *Éléments de droit constitutionnel français et comparé*, L. Larose, 1896.

6) Léon Duguit, *Traité de droit constitutionnel*, 5 vol., Fontemoing & Cie, 1921-1929; 장윤영, "레옹 뒤기의 공법이론-객관주의 행정법을 중심으로", 공법연구 49-1.

7) Raymond Carré de Malberg, *Contribution à la théorie générale de l'État*, 2 vol., Sirey, 1920-1922.

가치인정, 헌법재판소(Conseil constitutionnel)와 국사원(Conseil d'État)의 판례를 통하여 1789년 인권선언에 대한 헌법적 가치인정, 프랑스 제5공화국 헌법에서 대통령주의제로부터 의원내각제에 준하는 동거정부(gouvernement de la cohabitation)의 구현 등은 프랑스 헌법학에서 찾아볼 수 있는 특징적 요소이다.[1)]

헌법에 대한 독일식 현학적 이론이나 가치관 논쟁보다는, 오히려 헌법현실적인 관점에서 권력의 민주화와 국민의 기본권보장을 이해하려는 프랑스 헌법학의 흐름은 우리 헌법학의 이해에 있어서도 널리 수용되어야 한다.[2)]

Ⅱ. 프랑스 헌법재판제도의 역사와 발전

과거 프랑스는 루소의 주장과 같이 법률은 일반의사의 표현이라는 전제에서 법관에 의한 통치에 대하여 상당한 거부감이 존재하였다. 특히 1789년 인권선언 제6조에서는 "법률은 일반의사의 표현이다. 모든 시민은 누구나 자신이 직접 혹은 그 대표자를 통하여 법률의 제정에 참여할 권리를 가진다"라고 선언하고 있어서 당시 국민의 대표자가 제정한 법률의 무흠결성에 대한 합의 그리고 국민이 직접 선출하지 아니한 법관에 대한 불신은 프랑스 사회에 널리 퍼져 있었다. 더욱이 1789년 프랑스 시민혁명이 성공하고 이후 국민들의 대표기관인 의회가 구성된 후 전성기를 맞이하게 된 의회는 계속 혁명과 이에 대한 반동이 반복되면서 의회주권주의라고 불릴 수 있을 정도의 의회의 전성시대가 도래하게 된다.

이러한 와중에 등장한 제4공화국 헌법에 따라 행정부에 비하여 우월적 지위를 보유한 국민의회가 등장하게 되는데 이로 말미암아 하원에 대한 해산권을 행사

---

1) 성낙인, 프랑스헌법학, 법문사, 1995, 74-93면; 권형준, 프랑스에 있어서의 기본권보장에 관한 연구, 서울대 박사학위논문, 1991.2; 한동훈, 프랑스 제3공화국 헌정체제, 한국학술정보, 2009; 남궁승태, 프랑스헌법소송론, 삼선, 1993; 성낙인, "프랑스 인권선언과 헌법", 헌법학논집(동당 성낙인총장 퇴임기념), 법문사, 2018; 성낙인, "한국에서 프랑스 헌법 연구의 현황과 과제", 헌법학논집; 김충희, "레옹 뒤기의 생애와 그의 시대", 헌법학연구 21-2; 정재도, 프랑스 제4공화국 헌법상의 합리화된 의원내각제에 관한 연구, 서강대 박사학위논문, 2015.2.

2) 현대 프랑스헌법학 관련 교재: André Hauriou, *Droit constitutionnel et institutions politiques*, 1983; Georges Burdeau, *Traité de science politique*, 12 vol., 1980-1986; Jacques Cadart, *Institutions* politiques et droit constitutionnel, 1983; Pierre Pactet/Ferdinand Mélin-Soucramanien, *Droit constitutionnel*, 2019; Maurice Duverger, *Institutions politiques et droit constitutionnel*, 2 vol., 1995; Jean Gicquel/Jean-Éric Gicquel, *Droit constitutionnel et institutions politiques*, 2019; Jacques Robert et Jean Duffar, *Droit de l'homme et libertés fondamentales*, 2003; Jean Rivero et H. Moutouch, *Libertés publiques*, 2 vol., 2003; Jean Morange, *Droits de l'homme et libertés publiques*, 2005; l'Association française de droit constitutionnel, *La Constitution de la Ve République: 60 ans d'application*(1958-2018), 2018.

하는 것이 어려워졌고 결국 이는 행정부의 불안정이라는 결과를 초래하였다. 이와 같은 정부에 대한 의회의 우월성은 의회주권주의로 귀결되게 되었고, 해당 의회주권은 심지어 의회에 의한 주권찬탈이라는 평가까지 가능하게 만들었다. 그런데 의회는 법률을 통하여 국민의 의사를 표출하게 된다는 점에서 국민주권은 의회주권이고 의회주권은 법률주권이라는 주장이 가능하게 되고 의회는 자신의 법률을 통하여 어떠한 사항도 행할 수 있다는 주장 역시 가능하게 되었다. 결국 의회는 국민의 의사인 법률을 제정한다는 점에서 해당 법률사항에는 어떠한 제한을 둘 수는 없다는 결론에 이르게 되었고 자연스럽게 해당 법률에 대한 심사는 어려울 수밖에 없게 되었다. 이는 달리 말해 법률에 대해서는 어떠한 형태로든지 간에 규범적 심사가 어려운 과제임을 보여준다. 법률에 대한 심사제도는 종국적으로 집행권을 마비시키게 되고 입법권에 대해서도 역시 과도한 부담을 지우도록 하기 때문이다. 이에 따라 프랑스는 이와 같은 우려를 염두에 두고 1946년 제4공화국 헌법에서 헌법재판기관으로서 정치적 성격이 강한 헌법위원회(Comité constitutionnel)를 설치하여 헌법재판제도를 형식적으로나마 도입하였다. 그리고 이후 프랑스는 제5공화국에 들어와서 현행과 같은 이원정부제라는 기존의 의원내각제와 구별되는 형태의 정부형태를 도입하게 된다. 이는 물론 제3공화국과 제4공화국에서 정국불안정과 같은 의원내각제의 문제점을 경험하고 의원내각제의 합리화를 위한 조치로서 이루어진 중대한 결단이었다.[1)]

이와 같은 정치적 부침의 역사 속에서 프랑스 역시 헌법재판제도의 도입에 대한 고민이 있었다. 1789년 프랑스 혁명 당시 "제3신분이란 무엇인가"라는 익명의 단행본을 통하여 혁명의 정신을 확산시켰던 시에예스(E. J. Sieyès)는 당시 헌법을 수호하는 기관의 창설 필요성을 역설한 바 있다. 하지만 이러한 시에예스의 제안은 수용되지는 아니하였고 1958년에 헌법재판소(Conseil constitutionnel)가 창설되어 지금까지 유지되고 있다. 특히 당시 프랑스 제5공화국 헌법에서 헌법재판소의 주요한 목적은 의회에 대한 견제로부터 비롯되었다.

프랑스에서의 헌법재판제도 도입은 부담될 수밖에 없었고 실제로 그나마 도입된 헌법재판소의 주요한 기능은 의회활동을 본격적으로 규율하는 정도였다. 사실 국민주권을 직접적으로 위임받은 입법부의 위상을 강조한 존 로크의 사상을 반영한 의원내각제는 의회가 국정의 중심을 이루고 있다. 의원내각제 운영에 있어서의 필수적 균형추로서 내각의 의회해산권이 인정되고 있지만 그보다 의원내각제의 본질적인 제도로 의회의 내각

1) 전학선, 프랑스 헌법소송론, 한국문화사, 2022; 전학선, "프랑스 헌법재판제도의 개혁과 한국 헌법재판의 비교," 공법학연구 10-1, 2009; 성낙인, "프랑스 재판기관의 다원성과 헌법재판기관", 공법연구 제39집 제3호, 한국공법학회, 2009.

불신임제도를 상정하는 이유도 여기에 있다. 나아가 시에예스의 주장에 따른 대의제를 기반으로 국정이 운영되는 프랑스로서는 의회의 위상이 절대적이었고 해당 의회에 대한 통제와 견제의 필요성을 인정할 수 있었다. 특히 의회의 빈번한 내각불신임권 행사는 정국을 불안정하게 하였음은 물론인데 이에 대한 대안으로, 프랑스는 의원내각제의 합리화를 위하여 의원내각제와는 구분되는 이원정부제를 채택하였다. 정부의 이원적 구조(양두제), 대통령 직선제 그리고 의회의 내각불신임권을 본질적인 특징으로 하는 이원정부제의 도입에 따라 본격적인 의회에 대한 통제를 도모할 수 있게 되었고 이에 따라 의회의 활동은 집행부에 의하여 본격적으로 통제되는 헌정 상황을 맞이할 수 있게 되었다. 사실 이와 같은 이원정부제에 기반한 의회활동에 대한 통제는 곧 집행부에 의한 통제를 의미하였고 결국 이는 제헌론자들에 의하여 고안된 집행권을 보호하고 입법권을 감시하는 헌법적 가치를 인정하게 된다. 뿐만 아니라 프랑스는 1946년 헌법 전문(前文)에 의하여 보완되었던 1789년의 프랑스 인권선언의 정신을 이어 받으려는 노력을 경주하였고 당해 노력의 일환으로 입법자로부터 집행권을 보호할 뿐만 아니라 시민의 기본권까지도 보다 실효적으로 보장하기 위한 방안에 대한 고민을 구체화하게 되는데 이와 같은 고민은 헌법재판소의 창설로 이어지게 된다.

이와 같은 헌정사적 배경에서 등장한 헌법재판소는 1970년대 이후 본격적으로 활동을 하게 되었고 헌법재판소의 기능과 결정 역시 역동적인 면모를 보이게 되었다. 나아가 1974년의 헌법개정으로 헌법재판 청구권자의 범위가 확대되었는데 해당 조치는 헌법재판소의 기능의 실제화에 직접적으로 기여하였다는 평가를 받고 있기도 하다. 특히 1986년, 1993년 등에서 동거정부가 등장하게 되는데 해당 동거정부에서 헌법재판소의 역동적이고 실효적인 기능과 활동은 헌법재판소의 새로운 기능과 역할에 대한 기대를 하게 하였다. 이에 나아가 프랑스에서 헌법재판제도의 중심적인 요소라고 볼 수 있는 위헌법률심판은 1971년의 결사의 자유에 대한 결정과 1974년에 있었던 청구권자의 확대를 통하여 비로소 제대로 된 모습을 띠게 되었는데 실제로 그 이전 위헌법률심판이라는 것은 1958년 헌법에서 공권력 기관들 간의 권한의 균형을 유지하는 정도의 기능을 수행하였다(전학선, 269-270면).

이와 같이 프랑스는 제5공화국 헌법 이래 헌법재판소(Conseil constitutionnel)의 헌법재판기능을 본격적으로 인정한다. 헌법재판소는 9명의 재판관으로 구성되며 대통령과 상원·하원 의장이 각각 3명씩 임명한다. 연임이 금지되는 재판관의 임기는 9년이며, 3년마다 1/3씩 개선하므로 임명권자는 각각 1명씩을 3년마다 임명하고 있다. 재판관은 각료직과 의원직을 겸할 수 없으며 법조인뿐만 아니라 법학교수 중에서도 임명되고 있다. 소장은 대통령이 재판관 중에서 임명하며 재판소에서 소장은 가부동수인 경우에는 결정권을 행사할 수 있다. 전직 대통령은 당연직 헌법재판관이 된다.

헌법재판소는 2008년 헌법 개정 전까지 규칙 및 조약을 포함하여 법률에 대한 위헌심사권을 가지고 있기는 하였지만 법률의 공포 전에 그 법률 등에 대한 사전적·예방적 위헌심사를 할 수 있었을 뿐이었다. 헌법재판소 재판관의 임명권자 3인과 수상 및 각 원의 의원 60명이 위헌심사를 청구할 수 있었는데, 청구 시 헌법재판소는 1개월 이내에 위헌여부에 대한 결정을 하여야 했다. 실제로 특정 국제조약이 헌법에 위반되는 규정을 내포하고 있는 결정이 내려지면 해당 국제조약의 비준동의는 문제되는 국제조약규정의 수정이 아니라 관련 헌법규정을 개정하고 나서야 가능하였다. 그리고 2008년 헌법개정으로 인하여 헌법재판소는 법률을 예외적인 경우 사후적으로도 심사할 수 있게 되었는데, 비법률화제도가 그것이다. 이에 따라 헌법재판소는 의회가 입법사항이 아님에도 불구하고 법률로 정한 경우, 정부가 그것을 법규명령으로 개정할 수 있는지의 여부를 심사할 수 있다. 이에 따라 프랑스의 위헌심사제도에 대해서는 사후적 심사뿐만 아니라 사전적 심사도 이루어지는 강한 헌법재판국가라는 평가가 가능하게 되었다.

그리고 헌법재판소는 법원의 소송절차에서 적용될 특정 법령이 국민의 기본권 보장에 위배된다는 주장에 따라 일반법원인 최고법원(파기원), 그리고 행정소송을 담당하는 국사원(Conseil d'État)이 해당 문제를 제청하면 이에 대하여 심사할 수 있는데, 특히 해당 제청은 반드시 소송당사자의 제청신청이 전제되어야 한다. 헌법재판소는 제청 후 3개월 이내에 결정을 하여야 하는데 해당 결정 시까지 원심소송의 절차는 정지된다. 나아가 헌법재판소는 사후적 구체적 규범통제권한을 보유하고 있으며 헌법재판소가 특정 법령규정에 대하여 위헌결정을 내리게 되면 당해 결정은 즉시효 또는 장래효의 효력이 있다.

이외에 헌법재판소는 대통령 선거와 상·하원의원 선거 그리고 국민투표에 관한 소송에 대한 심판권이 있다. 나아가 헌법재판소는 대통령의 유고 혹은 궐위 여부에 대한 확인권을 보유하고 있으며 이에 대해서는 재적위원 과반수의 찬성으로 결정한다. 나아가 대통령이 국가긴급권을 행사하려고 하는 경우 헌법재판소에 대하여 사전적 자문을 거쳐야 한다는 점에서 행정부에 대한 견제의 수단을 다각적으로 보유하고 있기도 하다. 하지만 헌법재판소는 대통령에 대한 탄핵심판권을 보유하고 있지는 아니한다. 해당 탄핵심판권은 상·하 양원 의원으로 구성된 특별법원의 관할사항이다.

제 4 절 일본의 헌법재판 역사

Ⅰ. 일본 헌법재판제도의 역사와 제도 운영

전쟁 이전 1889년에 공포된 일본제국헌법은 사법심사, 즉 헌법재판에 대한 규정을 가지고 있지 아니하였다. 하지만 1946년에 공포되고 다음 해인 1947년 5월 3일에 효력이 발생한 현행 일본헌법은 제정법의 위헌성에 대하여 심사할 수 있는 사법부의 권한을 인정하게 된다.[1)]

일본의 헌법재판은 지방재판소, 고등재판소, 최고재판소 등의 법원이 법률의 위헌여부에 대한 심사권을 가지고 최고재판소에 이에 대한 최종적인 결정권을 부여하는 등 통상의 사법부가 헌법재판기능까지 담당하고 있다. 최고재판소를 포함한 일본의 모든 법원은 구체적 사건에서 결정을 내리는 데에 있어 법률, 명령 또는 규칙의 합헌성이 문제되는 경우 그 합헌성을 결정할 수 있을 뿐이어서 구체적인 사건과 무관한 공적 행위에 대한 합헌성 여부에 대해서는 판단할 수 없다. 다시 말해 일본의 재판소는 헌법재판 권한을 보유하고 있는데 다만, 법령에 대한 위헌심사를 추상적으로 행할 수는 없고 재판소의 본래 기능인 구체적인 소송사건의 해결을 도모하는 과정에서 헌법 관련 쟁점에 대한 판단을 하는 부수적(구체적) 위헌심사제도가 인정되고 있을 뿐이다. 법원에 의하여 위헌이라는 판단을 받은 제정법은 무효는 아니고, 해당 판결은 당사자 사이에서만 효과가 있을 뿐이며, 법원의 판결의 시간적 효력과 관련한 소급효 역시 당사자에 대해서만 인정된다.[2)]

그런데 1960년대 공공복지론과 사법권의 무자각적 방기라는 비판에 따라 헌

1) 蔡永浩, 한국 · 일본 · 대만의 위헌심사제도에 관한 비교법적 연구: 중국에서의 제도설계와 관련하여, 서울대 박사학위논문, 2009.2; 민병로, 일본의 사법심사제, 전남대출판부, 2003; 민병로 · 손형섭 역, 일본판례헌법, 전남대출판부, 2011; SUNG NAK IN(ed), *Asian Forum for Constitutional Law*, 2005; 박은경, "법문화의 관점에서 바라본 일본 최고재판소의 소극적 위헌심사 경향," 원광법학 36-3, 2020; 손형섭, "일본의 헌법재판소설치 논의에 관한 연구," 헌법학연구 15-1, 2009; 정혜인, "일본의 헌법재판소 설치론과 그 문제점," 한양법학 20-4, 2009.11; 김효전, "韓國에 있어서 日本 憲法理論의 初期受容," 인권과 정의 345, 2005.5; 강광문, "일본에서 독일 헌법이론의 수용에 관한 연구 - 호즈미 야쯔카(穗積八束)의 국가론과 그 독일적 배경을 중심으로," 공법연구 41-3.

2) 최고재판소의 결정은 최고재판소 결정 공보(Saiko Saibansho Hanreishu)를 포함하여 약간의 정기간행 법원보고서에 의하여 공개되고 있으며 최고재판소가 내린 대부분의 결정은 판결 직후 인터넷 웹페이지(http://www.courts.go.jp)를 통하여 공개되고 있다: 고문현, 67-71면.

법소송론에 대한 본격적인 고민이 제기되었고, 이에 따라 지속적으로 헌법재판소 설치와 관련한 논의 역시 존재한다. 예를 들어 요미우리신문 헌법개정시안(1994년 11월 3일)은 헌법재판소 제도 도입을 구체적으로 제안하였는데 특히 해당 시안은 독일 연방헌법재판소 체계의 일부를 그대로 도입하자는 제안을 하였다. 하지만 헌법재판소 설치는 헌법 개정 사안이다. 이후에도 헌법재판소 설치에 대한 논의는 계속되었고 요미우리신문사가 2000년과 2004년에 헌법개정시안을 다시 제안하였다(손형섭, 259면). 뿐만 아니라 2007년 1월 20일 세계평화연구소는 헌법재판소를 최고재판소와 별개로 창설을 하고 국회와 수상이 재판관 반수씩 임명하는 내용을 담은 헌법개정시안을 공표한 바 있지만 일본은 여전히 헌법재판소 설치에는 소극적인 입장을 견지하고 있다.

일본에서의 헌법재판 권한은 최고재판소를 비롯한 고등재판소, 지방재판소, 가정재판소, 간이재판소 등의 하급재판소가 보유하고 있으나 하급재판소가 아무리 다양한 헌법적 논점에 대한 다각적이고 시사적인 판단을 하고 있다고 하여도 최고재판소가 하급재판소의 판단과 다른 입장을 견지하고 있어 일본에서의 헌법재판은 많은 주목을 받지 못하고 있다. 실제로 일본 내에는 헌법재판소를 설치하고자 하는 논의가 계속되었고 이를 위하여 헌법소송론을 연구하는 학계를 중심으로 최고재판소에게 헌법 관련 쟁점에서의 보다 능동적이고 적극적인 판단, 즉 적극적으로 위헌판단을 하라는 요구가 있어 왔지만 일본 최고재판소는 이에 대하여 줄곧 소극적인 입장을 견지하고 있다. 최고재판소는 하급재판소의 적극적인 헌법 쟁점에서의 판단과 달리 사법소극주의 혹은 헌법소극주의를 고수하고 있어서 자신의 헌법재판과 관련한 권한을 행사하여 법률을 위헌이라고 직접 판결한 경우는 드물다(손형섭, 254-277면). 일본 사회 내에 존재하고 있는 조화와 통일성을 중시하는 분위기는 최고재판소의 구성뿐만 아니라 권력분립의 관점에서 사법부와 입법부 그리고 행정부 간의 관계에도 영향을 미치고 있다. 실제로 일본은 사법부, 특히 최고재판소가 입법부와 행정부에 의한 법령이나 이에 기반한 제도의 창설과 운영에 배치되는 결정을 선호하지 아니한다고 보고 있으며 종국적으로 현재 존재하고 있는 '조화로운' 권력분립 상태의 변화 역시 원하지 아니한다. 이와 같이 일본은 여전히 재판소가 헌법재판에 있어 적극적 역할을 담당하는 데에는 상당한 반감을 가지고 있으며 이와 같은 사회적 분위기는 결국 현재 존재하는 제도에 순응하려고 하는 재판관의 입장과 결합되어 재판소는 지속적으로 위헌 심사에 소극적인 입장을 고수하고 있다(박은경, 282-284면).

최고재판소는 일본 헌법에 근거하여 설치된 최고법원으로서 장관 및 14인의 최고재판소 판사로 구성되어 있다. 최고재판소 장관은 내각의 지명 후 일왕에 의하여 임명된다. 최고재판소 재판관은 법률적 소양을 구비한 40세 이상의 사람으로 임명될 수 있고, 재판관의 정년은 70세이다. 특히 재판관이 임명된 후 시행되는 첫 번째 중의원 의원 총선거에 최고재판소의 재판관 임명은 국민심사에 회부된다. 그리고 최고재판소가 법률 해석을 하고 최종판단을 하는 데에 있어 사회에서의 다양한 견해를 반영하고 법률 전문가의 견해 역시 다각적으로 수용하기 위하여 최고재판소 재판관의 구성에 있어서 다양성을 도모하고 있다. 즉 최고재판소의 재판관은 하급 재판소 판사인 재판관뿐만이 아니라, 검찰관・변호사・행정관・외교관・법학 교수 등으로 구성되고 있다(손형섭, 252면).

Ⅱ. 일본 헌법재판제도의 특징 및 현황

일본은 과거 권위주의 정부의 전형적인 형태를 취하였으나, 1945년 패전 이후 소위 맥아더 헌법에 따라 1946년 현행 일본헌법을 제정하였다. 이 헌법은 천황제를 유지하지만 의원내각제를 채택하는 입헌주의 헌법이라 평가할 수 있다.[1] 일본은 별도의 헌법재판을 위한 기관을 설치하지 않고 최고재판소가 헌법재판권을 향유하고 있다. 즉 일본은 대륙식 헌법재판소형이 아닌 부수적 위헌심사제만이 가능하다고 볼 수 있는 미국식 사법재판소형을 채택하고 있다. 사실 헌법재판의 가장 핵심적이고 본질적인 임무는 기본권 보장임에도 불구하고 일본의 헌법재판 역사에 있어 일본의 최고재판소가 기본권 보장을 주장하며 제기된 사건에서 위헌판결을 낸 법률은 절대적으로 부족하다(정혜인, 158면).

일본의 최고재판소가 위헌판결을 내린 사건이 많지 않은 것이 사실이지만 주요한 쟁점을 다루는 사건에서 법률에 대한 위헌판결을 내린 적이 없지는 않다. 관련한 주요한 사건을 소개하면 다음과 같다. 1978년 일본 최고재판소는 당시 구형법 제200조가 존속살인죄의 입법목적을 달성하기 위한 수단으로 취하고 있는 형벌 가중의 정도가 보통살인죄와 비교하여 현저히 불합리한 차별적 취급이라는 이유로 평등권 침해라고 판단하였고(최고재판소 1973년 4월 4일 대법정판결(존속살인죄 위헌판결)), 약국개설의 허가기준으로서 기존의 약국과의 거리 제한을 부과하고 있었던 당시 약사법 조항이 헌법상 보장되고 있는 직업선택의 자유에 위반

1) 민병로・손형섭 역, 일본판례헌법, 전남대출판부, 2011.

된다는 이유로 위헌판결을 내렸다(최고재판소 1975년 4월 30일 판결(약사법 위헌판결)). 나아가 일본 최고재판소는 중의원 선거구에 의한 인구수와 의원정수 간 불균형(과소 선거구와 과대 선거구와의 최대 격차가 1:5)이 선거권의 평등을 위반하는지 여부에 대한 사건에서 적극적인 입장을 견지하였고(최고재판소 1976년 4월 14일 판결. 중의원 치바일구 의원정수 불균형 위헌판결), 다른 선거 관련 사건에서도 최대 격차 1:4.40의 불균형이 선거권의 평등에 위반한다고 선언하였다(최고재판소 1985년 7월 17일 판결. 중의원 히로시마일구 의원정수 불균형 위헌판결). 뿐만 아니라 당시 민법상 공유물분할청구권과 관련, 산림법에서는 산림의 경우 지분가격이 1/2 이하인 자의 공유물분할청구권을 부정하고 있었는데 최고재판소는 당해 규정이 헌법상 재산권을 침해한다고 선언하였고(최고재판소 1987년 4월 2일 판결(삼림법 위헌판결)), 같은 혼외자임에도 출생 시에 부 또는 모가 일본 국민인 자에게는 일본 국적을 부여하지만, 출생 후에 인지된 자의 경우에는 혼인이라는 요건을 요구하였던 당시 국적법 조항에 대하여 부당한 차별이라는 이유로 위헌판결을 하였다(최고재판소 2008년 6월 4일(국적법 위헌판결))(정혜인, 171-176면). 그리고 2024년 7월 최고재판소는 1948년 당시 인구가 급속하게 증가하는 상황에서 열등한 자손의 증가를 예방한다는 목적으로 제정하였던 우생학적 보호법(Eugenic Protection Law)이 헌법에 위반된다고 선언하였고,[1] 2023년 10월에는 2004년부터 시행된 성전환자가 법적으로 성별을 변경하기 위해서는 반드시 불임 수술을 받도록 요구하는 관련 법조항이 헌법에 위배된다고 결정하였다.[2]

사실 일본은 1889년에 헌법을 공포하였고 이어서 1890년에 바로 국회를 개설하는 등 동양에서는 최초로 입헌정치를 도입한 국가이다(김효전, 103면). 특히 근대일본의 법학 체계는 서양 법학에 대한 전면적인 수용 및 계수의 토대 위에 세워진 것이 사실인데, 헌법학 역시 이와 다르지 않다(강광문, 82면). 하지만 일본은 헌법재판제도와 관련해서만큼은 여전히 사법소극주의적인 입장을 견지하고 있는 것으로 보인다. 현재에도 일본은 헌법 관련 사건의 신속한 해결의 필요성, 재판의 장기화로 인한 사법소극주의 타파 필요성, 위헌판결의 실효성 확보 등을 위하여 독립적인 헌법재판소 설치를 위한 논의가 계속되고 있지만 시민 참가의 부재, 정치의 사법화 및 사법의 정치화에 대한 우려 등의 이유로(정혜인, 163-165면), 헌법재판소 설치에 대한 구체적인 정책 설정 가능성은 요원한 상황이다.

1) https://www.jurist.org/news/2024/07/japanese-top-court-finds-forced-sterilisation-law-unconstitutional/
2) https://www.hrw.org/news/2023/10/25/victory-transgender-rights-japan

제6장 한국의 헌법재판 역사

제1절 제1공화국 헌법

Ⅰ. 헌법재판

1948년 제정된 대한민국 헌법은 제81조 제1항에서 "대법원은 법률의 정하는 바에 의하여 명령, 규칙과 처분이 헌법과 법률에 위반되는 여부를 최종적으로 심사할 권한이 있다"라고 규정하고, 제2항에서 "법률이 헌법에 위반되는 여부가 재판의 전제가 되는 때에는 법원은 헌법위원회에 제청하여 그 결정에 의하여 재판한다"라고 규정하여 위헌법률심판을 위하여 헌법위원회를 설치하도록 하였다. 한편, 탄핵심판에 대하여는 제47조에서는 "탄핵사건을 심판하기 위하여 법률로써 탄핵재판소를 설치한다"라고 규정하여 탄핵재판소를 설치하도록 하였다.

Ⅱ. 일반법원형 헌법위원회

제헌헌법은 헌법위원회의 구성에 대하여 헌법위원회는 부통령을 위원장으로 하고, 대법관 5인과 국회의원 5인의 위원을 합하여 총 11인으로 구성하도록 규정하였으며(제81조 제3항), 헌법위원회의 조직과 절차에 대하여는 법률로 정하도록 하였다(제81조 제5항). 그 이후 1952년 제1차 헌법개정으로 국회의 구성에 있어서 양원제를 도입하면서 국회의원 5인의 위원은 민의원의원 3인과 참의원의원 2인으로 수정하였다. 예비위원제도 역시 두어서 위원과 해당 예비위원의 임기는 국회의원인 자는 그 임기 중으로, 대법관인 자는 4년으로 하였다.

제1공화국의 헌법재판은 구체적 규범통제만 인정하였고, 명령·규칙·처분의 규범통제는 대법원이 관할하고, 법률의 규범통제는 헌법위원회가 관할하도록 그 권한을 분배하였다. 특히 헌법제정당시 미국과 같이 일반법원에 위헌법률심사권을 부여하자는 논의가 있기는 하였지만 법률의 위헌여부에 대하여 법원에서 제청하고 헌법위원회가 결정하는 모델이 유진오의 구상에 따라 채택되었다.

당시 유진오는 위헌법률심사권을 법원에 부여하는 데 반대하였다. 그 이유로 법원 관계자들의 공법학 지식이 부족하였고 위헌법률심사권을 법원이 보유하는 미국식의 위헌법률심사제도는 미국의 특유한 제도로서 이를 모방하려는 국가가 거의 없으며, 일제 때부터 법원에 재직하고 있었던 상당수의 법관과 행정관들이 여전히 직을 유지하고 있어서 사법부 전체가 자숙을 하고 있는 시기였던 탓에 위헌심사권을 직접 법원에 부여하는 것이 적절치 아니하다는 사항 등을 적시하였다(김학열, 63면).

법률의 하위규범인 명령·규칙과 처분이 헌법과 법률에 위반되는지 여부에 대하여는 최종적으로 대법원이 심판하였으며, 명령·규칙 등의 위헌 또는 위법 여부가 재판의 전제가 되는 경우 그 사건은 필요적 상고사건에 해당되어 반드시 대법원의 심판을 받도록 하였다. 따라서 현행헌법에서 운영하고 있는 구체적 규범통제의 이원화는 제1공화국의 제도에서 기원하고 있다고 볼 수 있다.

한편, 국회가 제정한 법률의 위헌 여부가 재판의 전제가 된 경우에는 법원은 헌법위원회에 제청하여 그 결정에 의하여 재판을 진행하였다(제81조 제2항). 법원이 위헌심판을 제청하려면 반드시 대법원을 경유하여야 하며, 대법원은 제청에 관한 의견서를 첨부할 수 있도록 규정하였다(헌법위원회법 제12조). 법원이 위헌심판을 제청한 경우에는 해당 재판은 정지되며(헌법위원회법 제10조), 헌법위원회의 위헌결정은 장래효를 가지나, 형벌법규에 대해서는 소급효를 인정하였다(헌법위원회법 제20조).

제1공화국에서 헌법위원회는 모두 6건의 위헌법률심사를 하였고, 그중 2건에 대하여 위헌결정을 하였다. 특히 헌법위원회에 의한 최초 결정은 귀속재산처리법 제35조에 대한 합헌 결정 및 동법시행령 제44조에 대한 제청을 기각한 결정이었다(정재황, 12면). 위헌결정을 한 법률은 농지개혁법과 '비상사태하의범죄처벌에관한특별조치령'이고, 모두 헌법상 재판을 받을 권리는 최종심으로 대법원에 의하여 심판을 권리를 포함하므로 이에 대한 제한은 헌법에 위반된다고 보았다. 대법원은 농지개혁법에 대하여 "어떠한 경우에도 최고법원인 대법원의 심판을 받을 권리를 박탈할 수 없고 법률로써 하급법원인 특별법원을 조직할지라도 최종심은 최고법원인 대법원에 통합귀일하여야 하는데 농지개혁법 제18조 제1항과 제24조 제1항의 규정은 최종심을 대법원으로 하지 않고 2심 상급법원인 고등법원으로 한 것으로 국민의 기본권인 최고·최종법원의 심판을 받을 권리를 박탈한 결과를 초래한 것이어서 헌법 제22조(재판청구권)의 정신에 위반된다"라는 이유로 위헌제청하였다. 이에 대하여 헌법위원회는 '대법원의 심판을 받을 권리'를 재판청구권을 규정한 헌법 제22조와 최고법원과 하급법원의 조직을 규정한 헌법 제76조 제2항에서 도출되는 헌법상의 기본권으로 파악하면서 위 농지개혁법 규정은 '대법원의 심판을 받을 권리'를 침해하므로 위헌이라고 결정하였다(헌법위원회 1952.9.9 결정 4285년 헌위1).

즉, 헌법위원회가 위헌결정을 한 사건에서의 쟁점은 헌법상 재판을 받을 권리는 최종심을 담당하는 대법원에 의한 심판을 받을 권리를 포함하므로 이를 제한하는 조치는 헌법에 위반된다는 보았다(이동흡, 38면). 제1공화국에서의 헌법위원회는 10여년간 운영되었고 2건의 위헌결정을 하였지만 총 6건의 헌법재판 관련 사건을 심사하는 데에 그쳤다는 점(헌법재판실무제요, 3면)을 고려하면 당시 헌법위원회가 활발한 활동을 하였다고 평가하기는 어렵다.

또한, 비상사태하의 범죄처벌에 관한 특별조치령에 관한 사건도 1950년 6월 25일 대통령긴급명령 제1호로 공포된 비상사태하의 범죄처벌에 관한 특별조치령은 일정한 범죄에 대하여 단심으로 재판하도록 한 규정에 대하여 서울고등법원은 위 특별조치령 제9조가 상고심에 대한 재판청구권을 박탈한 규정이므로 헌법에 위반된다고 하면서 위헌제청을 하였다. 이에 대하여 헌법위원회는 농지개혁법 사건에서와 같은 이유로 위헌결정을 하였다(헌법위원회 1952.9.9 결정 4285년 헌위2).

Ⅲ. 탄핵재판소

고위공직자에 대한 탄핵사건은 탄핵재판소에서 심판하였으며, 탄핵재판소는 부통령을 재판장으로 하고 대법관 5인과 국회의원 5인이 심판관이 되고, 대통령과 부통령을 심판할 때에는 대법원장이 재판장의 직무를 수행한다(제47조 제2항). 헌법 제46조 제1항은 "대통령, 부통령, 국무총리, 국무위원, 심계원장, 법관 기타 법률이 정하는 공무원의 그 직무수행에 관하여 헌법 또는 법률에 위배한 때에는 국회는 탄핵의 소추를 결의할 수 있다"라고 규정하여 탄핵심판의 대상과 사유를 제한하였다. 또한, 탄핵소추는 국회가 담당하도록 하여 "국회의 탄핵소추의 발의는 의원 50인 이상의 연서가 있어야 하며 그 결의는 재적의원 3분지 2 이상의 출석과 출석의원 3분지 2 이상의 찬성이 있어야 한다"(제46조 제2항).

국회에 의하여 탄핵이 소추된 경우에 탄핵심판은 구두변론에 의하며(탄핵재판소법 제15조), 심판관의 평의는 공개하지 아니한다(탄핵재판소법 제21조). 탄핵심판의 정족수는 "탄핵판결은 심판관 3분지 2 이상의 찬성이 있어야 한다"(제47조 제3항). 탄핵심판의 효과로는 "탄핵판결은 공직으로부터 파면함에 그친다. 단, 이에 의하여 민사상이나 형사상의 책임이 면제되는 것은 아니다"(제47조 제4항). 또한, 탄핵심판에도 일사부재리의 원칙이 적용되며(탄핵재판소법 제22조), 탄핵소추를 받은 사람이 재판 전에 해직된 경우에는 탄핵소추를 기각한다(탄핵재판소법 제30조). 그리고 국회가 탄핵소추를 결의하게 되면 실제적인 소추 수행을 위하여 소추 위원 3인을 선거하고, 탄핵소추는 국회의 탄핵소추결의서를 탄핵재판소에 제출함으로 탄핵절차가 진행된다(탄핵재판소법 제2조, 제3조).

1952년 제1차 개정헌법에서는 양원제를 도입하여 탄핵재판소의 구성에 있어서 국회의원 5인의 심판관을 참의원의원 5인으로 바꾸었으며, 탄핵소추의 발의를 민의원의원 50인 이상의 찬성으로 하고 그 결의는 양원 합동회의에서 각 원의 재적의원 3분의 2 이상의 출석과 출석의원 3분의 2 이상의 찬성을 요하도록 하였다. 하지만 참의원이 구성되지 아니하여 탄핵재판소는 명목상 제도로 머물고 말았다. 또한, 1954년 제2차 개정헌법에서는 국무총리제가 폐지됨에 따라서 탄핵의 대상에서 국무총리를 제외하였고, 탄핵소추의 발의와 결의요건을 완화하여 민의원의원 30인 이상의 발의가 있어야 하며, 이에 대한 소추결의는 양원에서 각각 그 재적의원 과반수의 찬성이 필요하도록 개정하였다. 한편, 제1공화국에서 탄핵재판소는 1건도 탄핵심판을 하지 아니하였다.

제 2 절 제2공화국 헌법

Ⅰ. 헌법재판소의 설치

1960년 개정된 제2공화국 헌법에서는 헌법재판소를 설치하며, 그 구성은 대통령, 대법원, 참의원이 각 3인씩 선임하는 9인의 심판관으로 한다(제83조의4 제1항, 제2항). 심판관의 임기는 6년으로 하고 2년마다 3인씩 개임하며(제83조의4 제3항), 심판관 9명은 대통령이 3인을 임명하고, 대법원은 대법관회의에서 선출한 3인을 선임하며, 참의원은 재적의원 과반수의 찬성으로 3인을 선임한다(헌법재판소법 제3조 제1항, 제2항). 헌법재판소장은 심판관 중에서 재적심판관 과반수의 찬성으로 호선하여 대통령이 확인하며(헌법재판소법 제5조 제2항, 제3항), 심판관은 모두 법관의 자격을 가진 자로 제한하였다(헌법재판소법 제2조). 심판관은 다른 모든 공직이나 사직에 취임하거나 영업에 종사할 수 없고, 심판관이 겸할 수 없는 직에 취임하면 당연히 퇴직된다.

또한, 헌법재판의 독립을 보장하기 위하여 심판관은 정당에 가입하거나 정치에 관여할 수 없다(제83조의4조 제4항). 헌법재판소는 원칙적으로 심판관 5인 이상의 출석으로 심리하며, 심판관 5인 이상의 찬성으로 심판하며(헌법재판소법 제8조 제1항), 법률의 위헌결정과 탄핵판결은 심판관 6인 이상의 출석으로 심리하고 6인 이상의 찬성으로 심판한다(제83조의4 제5항). 나아가 헌법재판소에 사건이 접수된 경우 지체 없이 심리를 개시하여야 하는데, 특히 선거에 관한 소송만은 다른 사건에 우선하여 심리하여야 한다(헌법재판소법 제17조 제1항). 그리고 헌법재판소의 재판서에는 합의에 참여한 각 심판관의 의견을 첨서하여야 한다(헌법재판소법 제14조).

제2공화국 헌법은 제대로 된 헌법재판소제도를 도입하였으나 헌법재판소법이 공포된 후 1개월 만에 헌법에 규정된 헌법재판소가 구성되기도 전에 5·16 군사쿠데타가 발생하여 헌법재판소는 출범도 하지 못하고 좌초하고 말았다. 즉, 제2공화국 헌법은 비교법적으로도 상당히 중요한 헌법재판의 유형을 많이 도입하고 이를 제도화하였을 뿐만 아니라 특히 이를 위하여 독립한 위상을 가지는 헌법재판소를 따로 설치하는 등 헌법재판제도를 위한 획기적인 시도를 하였다. 하지만, 헌법소원제도는 도입하지 아니하였다.

Ⅱ. 헌법재판소의 관장사항

제2공화국 헌법은 제83조의3에서 "헌법재판소는 다음 각호의 사항을 관장한다. 1. 법률의 위헌여부 심사 2. 헌법에 관한 최종적 해석 3. 국가기관간의 권한쟁의 4. 정당의 해산 5. 탄핵재판 6. 대통령, 대법원장과 대법관의 선거에 관한 소송"이라고 규정하여 관장사항을 열거하였다.

규범통제에 대하여는 헌법 제81조에서 "대법원은 법률의 정하는 바에 의하여 명령규칙과 처분이 헌법과 법률에 위반되는 여부를 최종적으로 심사할 권한이 있다"라고 규정하여 명령·규칙·처분에 대한 위헌·위법 여부의 심판은 대법원이 관장하고, 헌법재판소는 법률에 대한 위헌법률심판을 관장하도록 하였다.

헌법재판소의 위헌법률심판권은 구체적 규범통제뿐만 아니라 추상적 규범통제도 인정하였다. 따라서 법원에 사건이 계속되지 아니하여 재판의 전제성이 없는 경우에도 위헌심판제청을 받아 위헌심판을 할 수 있었으며, 제청인의 범위에 제한을 두지 아니한다. 제2공화국에서 도입한 규범통제의 특징은 민중소송적 규범통제에서 찾을 수 있다. 재판의 전제성을 요구하는 구체적 규범통제와 달리 재판의 전제성을 요구하지 아니하는 추상적 규범통제의 경우에도 독일의 경우와 같이 통상적으로 입법에 관여하는 일부 국가기관에게만 입법의 위헌여부에 대한 해석을 요구하는 신청권을 부여한다. 그런 점에서 제2공화국의 규범통제는 민중소송적 규범통제를 도입하였다고 평가할 수 있다(허영, 79면).

또한, 규범통제에서 위헌법률심사의 제청이 있으면 제청법원 또는 당해 법원의 사건이 당연히 정지되지는 아니하며 헌법재판소가 결정으로 헌법재판소의 판결이 있을 때까지 당해 사건을 정지시킬 수 있다(헌법재판소법 제9조 제1항).

위헌판결을 받은 법률 또는 법률조항은 판결이 있은 날로부터 법률로서의 효력을 상실하지만, 형벌에 관한 조항은 소급하여 그 효력을 상실한다(헌법재판소법 제22조 제2항).

헌법재판소는 헌법에 관한 최종적 해석권한을 가진다. 이는 국가의 모든 작용에 적용되어 헌법질서와 헌법해석의 통일을 도모하기 위한 제도적 장치이다. 헌법재판소는 헌법에 관한 최종적 해석을 하는데 있어서 법원에 사건이 계속되지 아니한 경우에도 가능하며(헌법재판소법 제9조 제1항), 그 제청인의 범위를 국가기관으로 제한하지 아니하여 일반국민도 제청할 수 있다. 또한, 헌법재판소법은 "헌법해석에 관한 헌법재판소의 판결은 법원과 기타 국가기관 및 지방자치단체의 기관을 기속한다"라고 규정함으로써(헌법재판소법 제22조 제1항) 헌법재판소의 결정에 기속력을 인정한다.

제2공화국 헌법은 우리 헌정사에서 최초로 헌법재판소의 관장사항에 권한쟁의심판을 포함시켰다. 헌법은 권한쟁의심판의 대상을 국가기관간의 권한쟁의로 한정하였으나, 헌법재판소법은 권한쟁의에 관한 헌법재판소의 판결은 모든 국가 또는 지방자치단체의 기관을 기속한다고 규정한다(헌법재판소법 제22조 제3항). 또한, 당시 헌법 제13조 제2항에서는 "정당은 법률의 정하는 바에 의하여 국가의 보호를 받는다. 단, 정당의 목적이나 활동이 헌법의 민주적 기본질서에 위배될 때에는 정부가 대통령의 승인을 얻어 소추하고 헌법재판소가 판결로써 그 정당의 해산을 명한다"라고 규정하고 있는데, 이 헌법규정을 근거로 위헌정당해산심판을 인정하여 정당의 목적이나 활동이 헌법의 민주적 기본질서에 위배될 때에는 정부가 대통령의 승인을 얻어 소추하고 헌법재판소가 판결로써 그 정당의 해산을 명하도록 정하였다(제13조). 정당은 헌법재판소의 판결에 의하여 즉시 해산되고, 해산 판결이 있으면 헌법재판소는 정당해산 판결의 등본을 정부 및 당해 해산 정당의 대표자에게 송달하여야 한다. 제2공화국 헌법은 당시 헌법재판소가 탄핵재판을 관장하기 때문에 고위공직자에 대하여 국회가 탄핵소추를 의결하면, 헌법재판소는 선고를 통하여 탄핵소추를 받은 공직자를 파면한다(헌법재판소법 제22조 제4항). 당시 헌법 제47조는 탄핵소추와 관련하여 "탄핵소추의 결의를 받은 탄핵판결이 있을 때까지 그 권한행사가 정지된다. 탄핵판결은 공직으로부터 파면함에 그친다. 단, 이에 의하여 민사상이나 형사상의 책임이 면제되는 것은 아니다"라고 규정하고 있으며, 이에 기반하여 피소추자는 헌법재판소의 파면선고로 파면되는데, 특히 해당 탄핵판결을 위해서는 심판관 6인 이상의 찬성이 요구된다.

특히 헌법재판소는 대통령을 포함한 대법원장과 대법관의 선거에 관한 소송을 관장하였는데, 대의기관의 구성을 신속하게 마무리함으로써 국정 공백을 방지하기 위하여 선거에 관한 소송은 모든 사건에 우선하여 심리한다(헌법재판소법 제17조 제1항 단서).

제3절 제3공화국 헌법

Ⅰ. 대법원의 헌법재판

제3공화국 헌법은 우리 헌정사에서 처음으로 헌법재판에 대하여 미국형의 사법심사제도를 도입하여 사법부인 대법원이 규범통제를 하도록 규정하였다. 즉, 제3공화국에서는 별도의 기관이 아닌 법원에게 위헌심사권을 부여함으로 사법심사형을 채택하였다고 볼 수 있다. 이때 헌법재판기관으로서 대법원은 구체적 규범통제권과 위헌정당해산심판권을 가지며, 탄핵심판위원회는 탄핵심판권을 가진다. 하지만 제3공화국에서는 권한쟁의심판제도는 두지 아니하였다.

대법원은 16인 이하의 법관으로 구성되며(제97조 제2항), 대법원장은 법관추천회의의 제청에 의하여 대통령이 국회의 동의를 얻어 임명하고(제99조 제1항), 대법원 판사인 법관은 대법원장이 법관추천회의의 동의를 얻어 제청하고 대통령이 임명한다(제99조 제2항). 법관추천회의는 법관 4인, 변호사 2인, 대통령이 지명하는 법학교수 1인, 법무부장관과 검찰총장의 9인으로 구성한다(제99조 제4항). 대법원장의 임기는 6년으로 연임될 수 없으나(제100조 제1항), 나머지 법관의 임기는 10년으로 연임이 가능하다(제100조 제2항). 법관의 정년은 획일적으로 65세이며(제100조 제3항), 법관은 탄핵 또는 형벌에 의하지 아니하고는 파면되지 아니하며, 징계처분에 의하지 아니하고는 정직, 감봉 또는 불리한 처분을 받지 아니하도록 하여(제101조) 그 신분을 보장한다.

헌법 제102조 제1항은 "법률이 헌법에 위배되는 여부가 재판의 전제가 된 때에는 대법원은 이를 최종적으로 심사할 권한을 가진다"라고 규정하여 위헌법률심판에 있어서 구체적 규범통제권을 대법원에 부여하였다. 이는 법률의 위헌여부가 재판의 전제로 인정되는 사건의 경우에는 심급절차를 거쳐 대법원의 최종적인 심판을 받아야 한다는 의미이다. 이에 따라 하급심 역시 자신의 재판과정에서 적용하여야 하는 법률의 위헌여부에 대하여 판단을 할 수는 있지만 종국적으로 위헌여부에 대한 결정은 대법원만이 독점적으로 행사한다는 의미이다. 대법원이 법률에 대하여 위헌결정을 하면 그 법률은 당연히 효력을 상실하지는 아니하고 사실상 하급법원에서 적용이 배제되는 효력이 있었다. 한편, 헌법 제102조 제2항은 "명령·규칙·처분의 위헌 여부가 재판의 전제가 된 때에는 대법원은 이를 최종적으로 심사할 권한을 가진다"라고 규정하여 명령 · 규칙 · 처분에 대하여도 법률의 규범통제와 동일하게 인정한다.

헌법 제7조 제3항은 "정당은 국가의 보호를 받는다. 다만, 정당의 목적이나 활동이 민주적 기본질서에 위배될 때에는 정부는 대법원에 그 해산을 제소할 수 있고, 정당은 대법원의 판결에 의하여 해산된다"라고 규정함으로써 위헌정당해산심판권도 대법원의 관장사항이다. 대법원이 정당해산을 명하는 판결을 하기 위해서는 대법원 법관 정수의 5분의 3 이상의 찬성을 얻어야 한다(제103조).

제3공화국에서 대법원은 국가배상법과 법원조직법에 대하여 위헌판결을 하였는데, 이는 소위 '사법파동'을 초래한 원인으로 작용하였다. 1971년 대법원은 국가배상법 제2조 제1항 단서에 대하여 "군인 또는 군속이 공무원의 직무상 불법행위의 피해자인 경우에 그 군인 또는 군속에게 이로 인한 손해배상청구권을 제한 또는 부인하는 국가배상법 제2조 제1항 단행은 헌법 제26조에서 보장된 국민의 기본권인 손해배상청구권을 헌법 제32조 제2항의 질서유지 또는 공공복리를 위하여 제한할 필요성이 없이 제한한 것이고 또 헌법 제9조의 평등의 원칙에 반하여 군인 또는 군속인 피해자에 대하여서만 그 권리를 부인함으로써 그 권리자체의 본질적 내용을 침해하였으며 기본권제한의 범주를 넘어 권리 자체를 박탈하는 규정이므로 이는 헌법 제26조, 같은 법 제8조, 같은 법 제9조 및 같은 법 제32조 제2항에 위반한다"라고 판결하였다(대판 1971.6.22. 70다1010 손해배상).

이때 위헌의견은 9명이었고, 합헌의견은 7명이었는데, 대법원은 법원조직법 제59조 제1항 단서 규정에 대하여도 "현행 법원조직법 제59조 제1항은 "합의심판은 헌법 및 법률에 다른 규정이 없으면 과반수로서 결정한다. 다만 대법원이 제7조 제1항 제1호의 규정에 의한 합의심판을 하는 때에는 대법원판사 전원의 3분의2 이상의 출석과 출석인원 3분의2 이상의 찬성으로 결정한다"라고 규정하여 합의정족수를 제한하여 위헌심사권을 제한하고, 동법부칙 제3항에서 "이 법 시행당시 대법원이 법률 명령, 또는 규칙이 헌법에 위반한다고 재판한 종전의 판결에 따라 재판하는 경우에도 제59조 제1항 단서를 적용한다"라고 규정하였는바, 위 개정법원조직법 및 같은 법 부칙의 규정은 위에서 본바와 같이 아무런 제한 없이 일반원칙에 따라 법률 등의 위헌심사를 할 수 있는 권한을 대법원에 부여한 헌법 제102조에 위반하여 대법원의 위헌심사권을 제한하여 헌법의 근거 없이 과반수 법관의 의견으로 재판할 수 없다는 재판의 본질에 어긋나는 것을 요구하는 결과가 되고, 법원조직법 제59조 제1항 단항을 적용한다면 대법원 법관 16명 전원이 출석하여 합의하는 경우에는 헌법 제103조에서 제한한 정당해산의 판결은 대법원 법관 10명의 찬성으로 할 수 있음에도 불구하고 헌법에 제한이 없는 법률 등의 위헌판결은 11명의 대법원법관의 찬성이 있어야 할 수 있게 되는 모순이 생기게 될 것이므로 법원조직법 제59조 제1항 단항 및 같은 법 부칙 제3항은 헌법 제102조에 위반됨이 명백하다"라고 판결하였다.

뿐만 아니라 대통령령에 대한 위헌 판결 역시 있었는데, 대법원은 "구 법령에 의하여 징발된 재산에 대한 보상금은 1965년부터 1974년까지 매년 예산의 범위 안에서 지급한다"라고 규정하고 있었던 '징발법 부칙 제3항에 근거한 징발재산 보상에 관한 건(1964.8.20. 대통령령 제1914호)' 제2조 규정에 대하여 위헌판결을 내린 바 있다(대판 1967.11.2. 67다1334). 그리고 대법원은 군형법 제47조와 국가배상법 제3조, 반공법 제4조 제1항, 형법에서 규정한 사형제도, 강간죄의 객체를 여성으로 한정하는 규정에 대해서는 합헌결정을 한 바 있다(헌법재판실무제요, 4면).

제3공화국에서의 헌법재판과 관련하여 국가배상법과 법원조직법에 대한 위헌판결이 유일한 실적이었지만 결국 이는 이후 유신헌법의 시기에 단행되었던 사법파동의 단초가 되었다는 점에서 역사적 맥락에서 해당 위헌판결 역시 조망하여야 한다. 실제로 1972년 단행된 유신헌법의 시기, 즉 제4공화국의 시기에 국가배상법과 법원조직법 규정에 대하여 위헌결정에 찬성한 대법원 판사들 모두 해직되는 사법파동이 있었다는 점을 고려하면 여전히 헌법재판제도는 암울한 시기를 겪고 있었다는 평가가 가능하다. 나아가 능률과 개발을 최우선으로 삼았던 행정권 우위의 시대에서 사법권은 위축될 수밖에 없었고 사법권의 독립을 침해하는 사건들이 빈발하고 있는 상황 하에서 사법권이 정치권을 견제하기 위한 역할과 기능을 수행하는 데에는 한계가 있었고 결국 이는 사법형 헌법재판제도의 한계까지도 노출하였던 것은 사실이다(정재황, 20-21면.). 하지만 당시 대법원은 입헌주의 확립을 위해 고군분투하였으며, 이는 우리 헌법재판제도의 역사에서 거대한 족적을 남긴 것으로 평가된다. 특히 국가배상법 제2조 제1항 단서에 대한 위헌판결이 있은 후 등장한 제4공화국 헌법(1972.12.27. 공포)에서는 해당 규정들, 즉 직무상 불법행위로 인한 손해에 대하여 군인 등이 배상의 청구를 할 수 없도록 하는 규정을 직접 헌법에 명시하여, 해당 조항은 현재까지 유지되고 있다. 향후 있을 헌법 개정에서 삭제되어야 할 대표적인 독소조항이다.

Ⅱ. 탄핵심판위원회

탄핵심판위원회는 헌법 국회 편에서 규정하는데 대법원장을 위원장으로 하고 대법원 판사 3인과 국회의원 5인 등 9인으로 구성하며, 대법원장을 심판할 경우에는 국회의장이 위원장이 된다(제62조 제2항). 탄핵심판위원은 각각 대법원과 국회에서 선출하는데, 대법원과 국회는 별도로 각 3인과 5인의 예비심판위원도 함께 선출한다(탄핵심판법 제10조).

헌법 제61조 제1항은 "대통령, 국무총리, 국무위원, 행정각부의 장, 법관, 중앙선거관리위원회위원, 감사위원 기타 법률에 정한 공무원이 그 직무집행에 있어서 헌법이나 법률을 위배한 때에는 국회는 탄핵의 소추를 의결할 수 있다"라고 규정한다. 국회의 탄핵소추는 국회의원 30인 이상의 발의가 있어야 하며, 그 의결은 재적의원 과반수의 찬성이 있어야 한다(제61조 제2항). 다만, 1969년 제6차 헌법개정을 통하여 대통령에 대한 탄핵소추 요건이 강화되어 국회의원 50인 이상의 발의, 재적의원 2/3 이상의 찬성이 있어야 대통령에 대한 탄핵소추가 가능하도록 하였다. 탄핵소추의 의결을 받은 자는 탄핵결정이 있을 때까지 그 권한행사가 정지되며(제61조 제3항), 탄핵결정은 구성원 6인 이상의 찬성이 있어야 한다(제62조 제3항). 탄핵결정은 공직으로부터 파면함에 그치지만, 민사·형사상의 책임이 면제되지는 아니한다(제62조 제4항). 나아가 탄핵심판과 동일한 사유로 형사재판이 진행 중인 경우에는 재판절차를 중지시킬 수 있고(제22조), 파면결정에는 이유를 붙이고 파면 사유와 이의 증거를 명시하여야 한다(제26조).

고위공직자가 탄핵심판을 받아 파면된 경우에는 선고일부터 3년이 경과한 때와 파면사유가 없었다는 분명한 증거가 발견된 때에는 탄핵파면된 자가 탄핵심판위원회의 자격회복의 판결을 받아 헌법 제61조 제1항이 정하는 공직에 취임할 수 있다(법 제30조 내지 제32조). 한편, 1969년의 제6차 개정헌법에서는 대통령에 대한 탄핵소추의 요건을 강화하여 국회의원 50인 이상의 발의와 재적의원 3분의 2 이상의 찬성이 필요하도록 개정하였다(제61조 제2항 단서).

제 4 절 제4공화국 헌법

Ⅰ. 헌법위원회의 구성

1972년 유신헌법에서 헌법위원회는 위헌법률심판, 탄핵심판, 정당해산심판을 관장한다. 헌법위원회는 9인의 위원으로 구성되며, 그 가운데 국회가 3인을 선출하고, 대법원장이 3인을 지명하며 9인 전원 대통령이 임명한다(제109조 제2항, 제3항). 헌법위원회 위원의 자격요건에는 법관의 자격을 요구하지 아니하며, 대통령·국회의장·대법원장·국무총리·국무위원·법제처장의 직에 있던 자, 20년 이상 판사·검사 또는 변호사의 직에 있던 자, 판사·검사 또는 변호사의 자격이 있는 자로서 20년 이상 법원·검찰청·법무부·국방부·법제처·국회사무처 또는 법원행정처에서 법률사무를 전담한 자, 20년 이상 공인된 법과대학에서 법률학조교수 이상의 직에 있던 자 중에서 임명한다(헌법위원회법 제3조).

헌법위원회 위원 중에서 대통령이 임명하는 위원장과 상임위원 1인을 두고, 나머지 위원은 모두 비상임 명예직으로 한다(헌법위원회법 제9조, 제10조 제1항). 상임위원은 별정직 공무원의 신분을 가졌으며, 대법원 판사에 준하여 대우와 보수를 받았지만(헌법위원회법 제10조 제2항), 비상임위원은 일당과 여비 그리고 기타 실비보상만을 받았을 뿐이다(헌법위원회법 제10조 제1항).

헌법위원회는 위원 7인 이상의 출석으로 심리하고 법률의 위헌결정, 탄핵결정, 정당해산결정은 위원 6인 이상의 찬성으로 하며(제111조 제1항), 그 이외의 결정은 출석위원 과반수의 찬성으로 행한다(헌법위원회법 제9조).

Ⅱ. 헌법위원회의 관장사항

제4공화국 헌법은 제105조 제1항에서 "법률이 헌법에 위반되는 여부가 재판의 전제가 된 때에는 법원은 헌법위원회에 제청하여 그 결정에 의하여 재판한다"라고 규정하여 구체적 규범통제를 인정한다. 이때 하급법원도 법률의 위헌 여부를 제청할 수 있으나, 그 심판제청서는 반드시 대법원을 경유하도록 하여 대법원은 제청법률에 대한 1차적인 심사를 통하여 제청이 불필요하다고 판단하면 헌법위원회에 제청서를 송부하지 아니할 수 있다(헌법위원회법 제15조 제3항). 제청에 대한 법원합의부의 결정에 대하여 이의가 있는 경우 이에 대하여 항고할 수 있고 이 경우 민사소송법의 규정을 준용한다(헌법위원회법 제12조 제2항 및 제3항). 법률의 위헌결정에는 위원 6인 이상의 찬성이 필요하며(제119조 제1항), 위헌결정에 대하여는 법원 기타 국가기관이나 지방자치단체를 기속하는 기속력을 인정한다(헌법위원회법 제18조 제2항). 그리고 위헌결정에는 장래효가 인정되고(헌법위원회법 제18조), 헌법위원회는 제청된 법률 또는 법률조항에 대해서만 판단 및 결정하지만, 만일 위헌결정된 법률조항으로 말미암아 문제된 법률 전부가 시행될 수 없다고 판단되는 경우에는 그 법률 전부의 위헌을 결정할 수 있다(헌법위원회법 제16조). 한편, 헌법 제105조 제2항은 "명령・규칙・처분이 헌법이나 법률에 위반되는 여부가 재판의 전제가 된 때에는 대법원은 이를 최종적으로 심사할 권한을 가진다"라고 규정하여 명령・규칙・처분에 대하여는 대법원의 관장사항으로 인정한다. 이와 같은 구체적 규범통제제도의 도입에도 불구하고 대법원에게 부여한 불송부결정권으로 인하여 이 규범통제는 제대로 작동할 수 없었고 결국 제4공화국 시기에는 단 한건의 규범통제 사건도 접수되지 아니하였다.

헌법은 제99조 제1항에서 "대통령・국무총리・국무위원・행정각부의 장・헌법위원회위원・법관・중앙선거관리위원회위원・감사위원 기타 법률에 정한 공무원이 그 직무집행에 있어서 헌법이나 법률을 위배한 때에는 국회는 탄핵의 소추를 의결할 수 있다"라고 규정하고, 국회의 탄핵소추는 국회재적의원 3분의 1이상의 발의가 있어야 하며, 그 의결은 국회재적의원 과반수의 찬성이 있어야 한다. 다만, 대통령에 대한 탄핵소추는 국회재적의원 과반수의 발의와 국회재적의원 3분의 2이상의 찬성이 있어야 한다(제105조 제2항). 탄핵소추의 의결을 받은 자는 탄핵결정이 있을 때까지 그 권한행사가 정지되며(제105조 제3항), 탄핵결정은 위원 6인 이상의 찬성이 필요하고(제119조 제1항), 탄핵결정은 공직으로부터 파면함에 그치나, 민사상이나 형사상의 책임이 면제되지는 아니한다(제105조 제4항). 그리고 국회의 탄핵소추를 위하여 소추위원이 소추의결서 정본을 헌법위원회에 제출하여야 한다(헌법위원회법 제21조). 나아가 탄핵심판은 변론과 증거조사를 통하여 이루어지는데, 만일 피소추자가 탄핵심판절차에 거듭 출석을 하지 아니하는 경우에는 피소추자의 진술 없이도 탄핵심판을 할 수 있다(헌법위원회법 제27조). 탄핵심판 전 피소추자가 파면되면 헌법위원회는 탄핵소추를 기각하여야 한다(헌법위원회법 제32조), 파면된 자는 3년이 경과하여야 헌법이 정하는 공무원이 될 수 있다(헌법위원회법 제31조).

헌법 제7조 제3항은 "정당의 목적이나 활동이 민주적 기본질서에 위배되거나 국가의 존립에 위해가 될 때에는 정부는 헌법위원회에 그 해산을 제소할 수 있고,

정당은 헌법위원회의 결정에 의하여 해산된다"라고 규정하여 위헌정당해산심판권을 헌법위원회에 부여하였다. 유신헌법에서는 정당해산의 사유로 "국가의 존립에 위해가 되는 경우"를 추가한 점이 특징이다. 정당해산의 결정은 위원 6인 이상의 찬성이 필요하다(제119조 제1항).

제 5 절 제5공화국 헌법

Ⅰ. 헌법위원회의 구성

제5공화국 헌법은 제4공화국의 헌법재판제도를 거의 그대로 유지하였으며, 헌법위원회를 구성하여 구체적 규범통제권, 탄핵심판권, 정당해산심판권을 관장하도록 하였다(제112조). 헌법위원회는 대통령이 임명하는 9인의 위원으로 구성하는데, 3인은 국회에서 선출하는 자를, 3인은 대법원장이 지명하는 자를 임명하여야 하며, 위원장은 위원 중에서 대통령이 임명한다(제112조 제2항, 제3항, 제4항). 헌법위원의 임기는 6년이며 법률이 정하는 바에 의하여 연임이 가능하다. 헌법위원회 위원은 정당에 가입하거나 정치에 관여할 수 없으며, 탄핵 또는 형벌에 의하지 아니하고는 파면되지 아니하며, 그 자격은 법률로 정한다(제113조). 헌법위원회 위원의 자격은 제4공화국 헌법위원회 위원과 동일하다. 다만, 경력요건이 20년에서 15년으로 하향 조정되었다.

Ⅱ. 헌법위원회의 관장사항

제5공화국 헌법은 제108조 제1항에서 "법률이 헌법에 위반되는 여부가 재판의 전제가 된 경우에 법원은 법률이 헌법에 위반되는 것으로 인정할 때에는 헌법위원회에 제청하여 그 결정에 의하여 재판한다'라고 규정하여 위헌법률심판의 제청사유로서 "법률이 헌법에 위반되는 것으로 인정할 때"를 추가하였다. 이는 대법원의 불송부권의 헌법적 근거를 마련하기 위한 규정이다. 이에 근거하여 헌법위원회법은 법원의 위헌여부에 대한 제청이 있는 경우, 대법원으로 하여금 대법원판사 3분의 2이상의 합의체에서 제청된 법률의 위헌여부에 대하여 심사한 후 위헌이라고 인정되는 때에만 제청서를 헌법위원회에 송부하도록 함으로 불송부권을 직접 규정하고 있다(헌법위원회법 제15조 제3항). 제5공화국 헌법위원회 역시 제4공화국 헌법위원회와 마찬가지로 헌법재판기능을 제대로 수행할 수는 없었으며, 대법원의 불송부결정권으로 인하여 구체적 규범통제제도 역시 전혀 작동하지 아니하였다. 1972년에 시작된 제4공화국에서 제5공화국까지의 시기는 우리 헌법재판의 역사에 있어 오랜 공백기라고 평가할 수 있다.

한편, 헌법 제108조 제2항에서는 "명령·규칙·처분이 헌법이나 법률에 위반되는 여부가 재판의 전제가 된 경우에는 대법원은 이를 최종적으로 심사할 권한을 가진다"라고 규정하여 명령·규칙·처분에 대하여는 종전과 마찬가지로 대법원의 관장사항으로 인정한다.

헌법위원회는 탄핵심판권을 가지는데, 그 내용과 절차에 대하여 제4공화국의 내용을 그대로 승계하고 있다. 한편, 헌법 제7조 제4항에서는 "정당의 목적이나 활동이 민주적 기본질서에 위배될 때에는 정부는 헌법위원회에 그 해산을 제소할 수 있고, 정당은 헌법위원회의 결정에 의하여 해산된다"라고 규정하여 종전의 정당해산의 요건에서 "국가의 존립에 위해가 된 때"를 삭제하였다. 탄핵심판제도와 같이 위헌정당해산제도 역시 제4공화국에서의 위헌정당해산요건인 "국가의 존립에 위해가 된 때" 규정의 삭제 외에는 제4공화국 당시 도입하였던 위헌정당해산제도를 그대로 승계하고 있다.

제 6 절 현행 헌법

1987년 6월 민주항쟁의 결과로서 탄생한 현행 헌법에서는 헌법재판소를 설치한다. 헌법재판소는 위헌법률심판, 탄핵심판, 정당해산심판, 권한쟁의심판, 헌법소원심판을 관장한다(제111조 제1항). 특히, 헌법재판소는 헌정사에서 처음으로 헌법소원제도를 도입하여 국민의 기본권을 실효적으로 보장하고 헌법의 규범력을 실질화하고 있다. 헌법소원제도는 공권력의 행사 또는 불행사로 인하여 기본권이 침해되었다고 주장하는 국민이 직접 권리구제를 해달라는 청구를 할 수 있는 제도라는 점에서 우리나라 헌법재판의 역사에 있어서 새로운 이정표를 제시한다.

헌법재판소는 9인의 재판관으로 구성된다. 9인의 재판관 전원은 대통령이 임명하고, 그중 3인은 미리 국회에서 선출하고 3인은 대법원장이 미리 지명한다(제111조 제2항·제3항). 1988년 9월 1일 헌법재판소법이 발효되고 9월 15일에 헌법재판관 9명이 임명되어 헌법재판소가 출범하였다. 헌법재판소의 출범에 대하여 기대와 우려가 교차하였으나, 헌법재판이 30여 년 이상 진행되면서 국내적으로는 물론 세계적으로도 성공적으로 운영되고 있다고 평가받는다. 실제로 헌법재판소는 1988년 9월 19일부터 활동을 시작한 이래, 1건의 위헌정당해산심판사건과 3건의 대통령 탄핵사건 등 전 세계적으로 드물게 모든 헌법재판사건을 다루고 있다. 특히 한정위헌·한정합헌결정, 헌법불합치 그리고 헌법소원인용결정을 포함하여 2천 1백건이 넘는 위헌결정을 내린 바 있다. 이는 헌법재판관의 열정과 노력, 법학자의 학문적 연구, 그리고 국민의 헌법에 대한 의지가 반영된 결과라고 할 수 있다. 헌법재판소의 재판작용을 보다 활성화하고, 미흡한 부분을 보완함으로써 우리의 헌법재판제도가 명실상부한 헌법수호기관이 될 수 있도록 하여야 한다.

제2편

헌법재판소

제1장 헌법재판소의 지위

제2장 헌법재판소의 구성과 조직

제 1 장　헌법재판소의 지위

제 1 절　헌법재판소의 지위 일반

헌법재판소는 헌법이 정한 위헌법률심판, 탄핵심판, 정당해산심판, 권한쟁의심판, 헌법소원심판을 관장함으로써(헌법 제111조 제1항) 헌법보장기관, 헌법수호기관, 기본권보장기관, 권력통제기관으로서의 지위를 각각 가진다. 헌법재판소의 이런 지위들은 자유의 보장과 권력의 통제라는 헌법의 정신을 구체적으로 구현하는 헌법재판소의 역할을 보여준다.

Ⅰ. 헌법보장기관

헌법재판소는 헌법의 침해로부터 헌법의 핵심적 가치나 규범력이 변질되거나 훼손되지 아니하도록 하는 헌법 보장기관으로서의 지위를 가진다. 헌법의 침해로부터 헌법을 보장하는 방법으로는 정치적인 헌법보장, 사법적 헌법보장, 선언적 헌법보장, 그리고 초헌법적 보장으로서 저항권의 행사 등을 들 수 있지만 사법적 헌법보장기관으로서 헌법재판소의 역할은 각국의 헌법재판의 경험과 역사에서 나타나듯이 점점 더 중요해지고 있다. 일찍이 헌법의 수호자논쟁에서 켈젠(H. Kelsen)이 헌법재판소의 헌법수호기능을 강조하듯이 오늘날 대통령과 입법부의 헌법침해행위에 대한 효과적인 헌법보장제도는 헌법재판이라는 인식이 더욱 광범위해지고 있다. 특히 입법권의 남용으로 위헌적 법률이 제정되어 국민의 자유와 권리를 침해하여 구체적인 분쟁이 발생할 때 헌법재판소는 재판의 전제가 된 법률의 위헌여부를 심판하여 입법권의 헌법적 한계를 선언함으로써 입법자의 위헌입법을 무효화하고 장래 위헌적 입법권의 행사에 대해 경고를 보낸다. 이로써 입법권의 행사가 헌법질서 아래에서 순화될 수 있게 된다. 또한 대통령을 포함한 집행작용이 헌법상 보장된 국민의 기본권을 침해하였는데 법원을 통한 구제가 이루어질 수 없는 경우 헌법재판소가 최후의 기본권 보장기관으로서 기본권을 침해하는 공권력의 작용을 위헌으로 확인함으로써 국민의 기본권을 수호한다. 그리고 헌법재판소는 대통령을 포함한 고위공직자 그리고 사법부 법관의 권력남용행위에 대하여 대의기관인 국회의 탄핵소추의결에 따른 탄핵심판을 결정하여 그들을 공직에서 파면함으로써 장래 집행부와 사법부의 권력남용행위를 경고하고 이로써 권력의 남용을 억제하도록 한다. 이렇듯 헌법재판소는 민주적 정당성을 국민으로부터 직접 부여받은 국회와 집행부의 권한남용을 헌법의 최고규범성을 근거로 제재함으로써 민주적 정당성을 근거로 한 초헌법적 권한행사를 헌법적 테두리 안으로 견인한다. 이로써 헌법재판소는 헌법을 보장하고 헌법적 질서 안의 정치적 평화를 실현한다.

Ⅱ. 최종적인 헌법해석기관

헌법재판소는 최고법인 헌법의 최종적인 해석기관이다. 모든 국가기관은 헌법이 내포하는 헌법가치를 실현할 책임을 각자의 통치권 행사를 통하여 부담하게 된다. 이에 따라 모든 국가기관은 헌법을 해석할 권한과 의무를 가진다. 국회는 헌법을 해석함으로써 헌법의 가치를 구현할 수 있는 구체적인 입법을 할 수 있게 된다. 대통령을 포함한 집행부 역시 헌법의 해석을 통하여 국가정책을 입안하고 이를 실현하기 위하여 입법화 작업을 국회에 요구할 수 있다. 국회가 제정한 법률을 집행하는 과정에서도 헌법해석을 통하여 법률의 의미를 구체적으로 밝힐 수 있게 된다. 사법부 역시 헌법과 법률을 근거로 재판을 하도록 헌법이 요청하고 있는바(헌법 제103조), 헌법해석은 구체적인 사법작용에 있어서도 필요하다. 특히 대법원은 명령과 규칙이 구체적인 재판에 적용되어 재판의 전제가 된 경우 최종적으로 심사할 권한을 가지고 있어(헌법 제107조 제2항) 헌법의 해석은 불가피하고 또한 구체적인 재판에서 법률의 위헌여부가 재판의 전제가 된 경우 헌법재판소에 위헌법률심판을 제청할 수 있는 권한이 있는데(헌법 제111조 제1항 제1호) 그 권한을 행사하기 위해서도 헌법해석은 필수적으로 요청된다. 모든 국가기관은 이렇듯 헌법해석권을 가질 수 있기 때문에 나름의 헌법해석을 기초로 자신의 권한행사의 헌법적 정당성을 주장한다. 그렇지만 통치기관의 공권력의 행사가 진정으로 헌법에 부합하는지를 헌법적으로 심사하는 과정에서 헌법재판소의 유권적 헌법해석이 도출되고 이런 헌법재판소의 헌법해석은 최종적이므로 이후의 다른 국가기관의 헌법해석은 이를 준수하여야 한다. 예를 들어 헌법재판소는 입법부가 제정한 법률을 헌법해석의 결과 위헌으로 선언하면 위헌이 된 법률은 효력을 상실하고 위헌결정은 모든 국가기관을 기속한다(헌재법 제47조 제1항). 또한 공권력 주체의 독자적인 헌법해석에 근거한 공권력의 행사 또는 불행사로 인하여 헌법상 보장된 기본권이 침해되면 헌법재판소가 이를 확인하여 청구가 인용되면 그 인용결정은 모든 국가기관과 지방자치단체를 기속한다(헌재법 제75조 제1항). 헌법재판소가 헌법해석으로 밝힌 기본권의 포섭범위 내에서 공권력 작용이 헌법적 한계를 준수하지 아니한다면 그 공권력 작용은 위헌이 되고 그런 공권력 행사의 근거가 된 헌법해석은 이제 더 이상 효력을 가지지 못하게 된다. 그런 의미에서 헌법재판소는 유일한 헌법해석기관은 아니지만 헌법질서 안에서 최종적인 헌법의 해석기관이 되고 헌법재판소의 헌법해석은 자신만이 변경할 수 있다.

Ⅲ. 기본권보장기관

헌법재판소는 위헌법률심판·헌법소원심판 등을 통하여 국민의 자유와 권리 보장을 위한 최후의 보루로서의 역할과 기능을 담당하고 있다. 대표적으로 공권력의 행사 또는 불행사가 헌법상 보장된 기본권을 침해한 경우 기본권의 주체는 다른 구제절차를 거친 후 헌법소원심판을 헌법재판소에 청구할 수 있다. 이로써 국민의 기본권 침해는 일차적으로는 법원의 재판절차를 통하여 구제될 수 있고 그렇지 못한 경우 보충적으로 헌법소원을 통하여 구제된다. 입법권의 행사로 인하여 기본권이 침해된 경우에도 헌법소원의 제기가 가능하다. 또한 구체적인 재판이 진행 중 특정 법률이 그 재판의 전제가 된 경우 그 법률이 국민의 기본권을 과도하게 침해한 경우 역시 위헌법률심판절차를 통하여 무효화시킴으로써 입법권의 남용으로부터 기본권을 보호한다. 대통령을 포함한 집행부의 고위공직자와 사법부 법관의 기본권 침해행위에 대해서는 입법부의 탄핵소추와 헌법재판소의 탄핵결정을 통하여 고위공직자를 공직에서 파면함으로써 지속적으로 기본권 침해행위를 저지할 수 있다. 정당해산심판 역시 민주적 기본질서에 위배하는 위헌정당의 활동을 저지함으로써 자유민주주의의 적으로부터 국민의 기본권을 보호할 수 있게 한다.

Ⅳ. 권력통제기관

헌법재판소는 권력통제기관으로서 국회에서 제정한 법률의 위헌심판을 통하여 위헌적인 입법권의 행사를 통제한다. 또한 탄핵심판을 통하여 대통령이나 고위공직자의 헌법·법률에 위반한 직무집행행위를 통제한다. 그리고 국민의 기본권을 침해하는 공권력의 행사나 불행사에 대한 통제, 민주적 기본질서를 위배한 정당에 대한 통제, 국가기관 상호간 또는 국가기관과 지방자치단체들 간의 권한다툼에 대한 통제 등 헌법재판소는 다른 국가기관을 기능적으로 통제한다. 헌법재판소의 이런 기능적 통제는 헌법이 부여한 헌법재판소의 권한에 기초한다. 다만, 헌법재판소법에 의하여 법원의 재판에 대한 통제는 허용하지 아니한다. 이는 사법부에 대한 기능적 권력통제에 있어 단점으로 지적할 수 있는 부분이다. 사법부가 위헌적인 헌법해석으로 국민의 기본권을 침해한 경우에 이를 통제할 수 있는 방법은 입법부와의 협력에 의한 법관에 대한 탄핵과 대통령의 대법원장 임명권을 통하여 간접적으로 이루어질 수 있을 뿐이다.

Ⅴ. 최고사법기관성

헌법재판소는 대법원과 더불어 헌법상 최고사법기관으로 볼 수 있는가의 문제가 있다. 법률에 대한 위헌심판권을 가진 기관을 최고사법기관으로 보는 관점에 따르면 헌법재판소가 최고사법기관이다. 그렇지만 대법원 역시 헌법과 법률의 해석권 특히 법률해석권을 통하여 법률상 쟁송이 있는 분쟁사건을 최종적으로 해결한다는 점에서 볼 때 최고의 사법적 권위를 가진다. 결국 이 두 기관 모두 헌법에서 통치권한을 기능적으로 분배받은 문제이지 누구의 권한이 더 강하다고 말할 수 없다. 헌법은 제5장에서 법원을 다루고 별개의 장인 제6장에서 헌법재판소를 규정함으로써 두 기관을 병렬적으로 배치하여 상호 독립적으로 국민의 자유와 권리를 보호하고 권력을 통제하는 기능의 부여로 이해함이 타당하다.

김철수 교수((하) 2038-2041면)는 헌법재판소의 지위를 사법적 헌법보장기관, 주권행사기관·하나의 최고기관, 최종심판기관, 최종적 기본권보장기관으로 보고 있다. 권영성 교수(1121-1123면)는 헌법재판기관, 헌법수호기관, 기본권보장기관, 권력통제·순화기관으로 보고 있다. 즉 권영성 교수는 헌법재판소의 최고기관성 여부에 관하여 헌법재판소가 담당하는 헌법재판의 특성에서 결과하는 단순한 논리적 우월을 의미한다고 본다. 하지만 허영 교수(829면)는 국가의 최고기관성 여부에 관한 논의는 불필요한 것으로 이해하고 있다.

제 2 절 헌법재판소와 다른 국가기관과의 관계

Ⅰ. 헌법재판소와 대법원과의 관계

1. 문제의 소재

헌법 제5장에서 법원을, 제6장에서 헌법재판소를 각각 규정하고 있지만, 법원과 헌법재판소는 모두 사법기관으로서의 기능을 가진다는 점에서 동일하다. 다만, 헌법재판소의 권한은 헌법에 열거된 사항에 한정되어 있고, 포괄적인 사법권은 법원에 부여되어 있다고 볼 수 있다(법원조직법 제2조 제1항). 특히 법원 중 대법원에는 최고법원으로서의 지위가 부여되어 있기 때문에(제101조 제2항), 대법원과 헌법재판소의 관계설정이 때로는 미묘한 갈등을 야기하고 있다.

2. 헌법재판소와 대법원의 상호관계

현행헌법상 대법원과 헌법재판소는 다 같이 국가의 최고사법기관으로서 대등한 지위에 있으며, 그 조직과 구성에 있어서도 상호 독립적이다.

그러나 ① 대법원장이 헌법재판관 3인에 대한 지명권을 가지고, 법원은 헌법재판소에 판사들을 헌법연구관으로 파견 근무하게 하는 등 조직적인 관련성을 가지는 점, ② 위헌법률심판을 법원의 제청에 의하도록 하는 등 현실적으로 재판권을 행사하는 과정에서 상호간 불가피하게 관련성을 가지게 되는 점, ③ 양 기관 모두 사법적 절차에 의한 국민의 권리를 구제에 그 목표가 있는 점 등에 비추어 양 기관의 상호협력적 업무수행이 매우 중요하다.

그런데 헌법재판소의 위헌결정과 대법원의 합헌판결이 같은 날 선고되어 최고사법기관 사이에 상이한 결론이 내려져 논란이 증폭된 바 있다.

> 자동차를 이용한 범죄행위를 한 때에는 반드시 운전면허를 취소하여야 한다는 도로교통법 조항에 대하여 헌법재판소는 "명확성의 원칙과 직업의 자유 등에 위반된다"라고 판시한 반면, 대법원은 "처분청이 재량의 여지가 없음이 명백"하다고 판시한 바 있다(헌재 2005.11.24. 2004헌가28, 도로교통법 제78조 제1항 단서 제5호 위헌제청(위헌); 대판 2005.11.24. 2005두8061). 반면에 대법원은 같은 날 "처분청이 재량의 여지가 없음이 명백"하다고 판시하였다(대판 2005.11.24. 2005두8061).

앞으로 두 기관 상호간에 선고일정을 알려주는 등의 제도적 보완책이 마련되어야 한다. 역설적으로 바로 이와 같은 경우에는 법원의 재판에 대한 헌법소원이 가능하다고 보아야 한다.

3. 양자의 관계가 문제되는 구체적인 경우들

(1) 법원이 위헌법률심판제청한 사건에 대하여 합헌결정을 하는 경우

(i) 헌법재판소의 본질적 기능인 위헌법률심판에는 법원의 위헌법률심판제청이 있어야 한다. 따라서 법원이 위헌법률심판제청권을 행사하지 아니하면 헌법재판소는 위헌법률심판권을 행사할 수 없다. 이 경우 당사자의 청구에 의하여 헌법재판소법 제68조 제2항의 헌법소원이 가능하다. 법원이 위헌법률심판제청을 하였다면 일응 위헌의 의심이 있다는 것에 불과하다. 그럼에도 불구하고 헌법재판소가 합헌결정을 하였다면, 그것은 법원의 위헌법률심판제청권 행사에 따른 이유설시(說示)의 배척을 의미한다. 그러나 위헌의 확신이 아닌 위헌의 의심이 있는 경우에도 법원은 위헌법률심판제청을 하여야 한다. 법원의 위헌법률심판제청이 곧 법원으로서 위헌을 의미하지는 아니하며, 위헌여부의 최종 판단은 헌법재판소의 전속적 권한이다.

(ii) 반대로 당사자의 위헌법률심판제청신청을 법원이 기각하였을 경우에 법원이 합헌판단권 행사로 볼 수 있는지가 문제된다(제4편 제1장 제2절 II. 2. 참조). 후술하는 바와 같이 법원의 합헌판단권을 인정하여야 한다. 당사자가 헌법재판소에 헌법소원(위헌법률심판형)을 제기할 때 헌법재판소가 이를 인용할 경우에도 문제의 소지가 없는 바는 아니지만, 헌법재판소의 헌법해석이 법원과의 갈등을 야기하지는 아니한다. 왜냐하면 합헌판단권을 긍정하는 견해도 최종적 합헌판단권이 헌법재판소에 있음을 부정하지는 아니하며, 헌법재판소의 위헌결정은 일반적 효력을 가지고 대법원을 비롯한 모든 법원을 기속하기 때문이다(헌재법 제47조).

(2) 변형결정(變形決定)의 기속력문제

헌법재판소가 합헌이나 위헌이라는 일의적인 판단을 하지 아니하고 한정합헌·한정위헌 등과 같은 변형결정을 내릴 경우에, 그러한 변형결정의 취지를 법원 및 대법원이 받아들이지 아니하면 서로 갈등을 야기할 소지가 있다. 헌법재판소는 일련의 결정을 통하여 한정위헌, 한정합헌, 헌법불합치결정 등 변형결정도 기속력을 가진다고 판시한다. 다만, 헌법재판소도 변형결정을 내릴 경우에는 매우 신중하게 하여야 한다(이에 관한 상세는 제4편 제1장 제3절 VI. 5. 참조).

(3) 명령 · 규칙심사권의 소재

헌법재판소는 법률의 위헌 여부에 대한 심판권을 가지는 반면에 대법원은 명령 · 규칙 · 처분에 대한 위헌심판권을 가진다(제107조 제2항). 대법원이 법률에 대한 위헌심판권을 행사하는 경우란 상정하기 어렵지만, 헌법재판소가 명령 · 규칙 · 처분에 대한 위헌심판권을 행사하는 경우는 쉽게 예상할 수 있다. 예컨대 헌법재판소가 헌법소원심판을 하는 과정에서, 비록 당해 법률 그 자체는 위헌의 소지가 없다 하더라도, 당해 법률과 연계된 하위규범인 명령이나 규칙이 헌법에 위반되어 결과적으로 헌법상 보장된 기본권이 침해될 경우에는 이에 대한 판단을 하여야 한다. 이때 헌법재판소가 헌법상 대법원의 권한사항인 명령 · 규칙에 대한 위헌심판권을 행사하게 된다. 여기에 헌법재판소와 대법원의 갈등요인이 발생한다.

법무사법 시행규칙(대법원규칙) 사건에서 처음으로 헌법재판소와 대법원의 갈등이 첨예하게 대립된 바 있다(헌재 1990.10.15. 89헌마178, 법무사법시행규칙 제3조 제1항에 대한 헌법소원(위헌)).

또한 헌법재판소가 위헌법률심판을 함에 있어서 특정 명령 · 규칙을 적시하지 아니하고 근거 법률에 대한 위헌 또는 한정위헌을 선언함으로써 결과적으로 이와 직접적으로 관련된 명령 · 규칙을 위헌으로 결정할 수도 있다(헌재 1992.6.26. 90헌가23, 정기간행물의등록등에관한 법률 제7조 제1항 위헌확인(한정위헌)).

그 외에 명령 · 규칙이 직접 국민의 기본권을 침해할 경우 헌법소원을 청구할 수 있는지가 문제된 바 있다.

(4) 법원의 재판에 대한 헌법소원 여부

(i) 헌법상 대법원과 헌법재판소는 서로 독립적이고 수평적인 관계를 유지한다. 헌법재판소법은 헌법소원의 대상에서 법원의 재판을 제외하지만, 법원의 재판을 헌법소원의 대상으로 인정할 경우에는 또 다른 갈등이 야기될 가능성을 배제할 수 없다. 법원의 재판에 대한 헌법소원을 인정하게 되면 독일과 마찬가지로 헌법재판소가 사실상 최고법원의 지위를 가지게 될 가능성이 높아진다(이에 관한 상세는 제1편 제5장 제1절 Ⅲ. 참조). 이에 다수의 헌법학자들은 법원의 재판도 헌법소원의 대상이 되어야 한다는 견해를 표명한다.

(ii) 다만, 헌법재판소의 변형결정에도 불구하고 이에 반대되는 대법원판결에 대하여 헌법재판소는 해당 판결을 취소한 바 있다. 이에 따라 예외적으로 법원의 재판도 헌법소원의 대상이 된다.

헌법재판소는 "구 소득세법 제23조 제4항 단서, 제45조 제1항 제1호 단서는 … 실지거래가액에 의할 경우를 그 실지거래가액에 의한 세액이 그 본문의 기준시가에 의한 세액을 초과하는 경우까지를 포함하여 대통령령에 위임한 것으로 해석하는 한 헌법에 위반된다"는 결정(헌재 1995.11.30. 94헌바40등(한정위헌, 합헌))을 내렸다. 그러나 대법원(대판 1996.4.9. 95누11405)은 헌법재판소의 한정위헌결정에도 불구하고 헌법상의 조세법률주의와 포괄위임금지원칙에 위배되지 아니하는 유효한 규정이라고 판시하였다. 이에 헌법재판소는 헌법재판소의 한정위헌결정은 단순한 법률해석이 아니라 위헌결정의 일종이며, 법원을 비롯한 모든 국가기관을 기속하기 때문에 위헌결정된 법률을 적용한 법원의 재판도 이 경우에는 취소되어야 한다고 판시한 바 있다(헌재 1997.12.24. 96헌마172등, 헌법재판소법 제68조 제1항 위헌확인 등(한정위헌, 인용(취소))).

(5) (원)행정처분에 대한 헌법소원

(원)행정처분에 대한 헌법소원의 인정여부에 관하여 논란이 제기된다. 생각건대 원행정처분에 대한 헌법소원을 인정하게 되면 법원의 재판에 대한 헌법소원을 인정하는 결과를 초래하게 되므로 원칙적으로 원행정처분에 대한 헌법소원은 인정할 수 없다. 다만, "원행정처분을 심판의 대상으로 삼았던 법원의 재판이 예외적으로 헌법소원심판의 대상이 되어 그 재판 자체까지 취소되는 경우에 한하여, 국민의 기본권을 신속하고 효율적으로 구제하기 위하여" 예외적으로 원행정처분에 대한 헌법소원이 가능하다(헌재 1999.9.16. 97헌마160, 구 소득세법 제60조 위헌확인 등(각하); 헌재 2001.2.22. 99헌마409, 양도소득세등부과처분취소(각하)).

(6) 대법원장의 법관에 대한 불리한 인사처분에 대한 헌법소원

법관에 대한 불리한 인사처분에 대하여 ① 행정소송을 제기할 경우에 인사권자인 대법원장이 내린 처분에 대한 재판에서 하급심 판사의 소신 있는 판단을 기대하기 힘들고, ② 대법원에서 심판할 경우 실질적으로 누구도 자신의 행위에 대한 심판자가 될 수 없다는 법원칙에 위배되고, ③ 권리구제의 실효성이 없으므로 헌법소원을 인정하여야 한다. 그러나 헌법재판소는 이를 받아들이지 아니한다.

헌법재판소는 국가공무원법에 의하여 법원행정처 소청심사위원회 심사를 청구하여 그 시정(是正)을 구할 수 있고, 그 절차에서 구제를 받지 못한 때에는 행정소송을 제기하여 그 구제를 청구할 수 있음에도 불구하고, 위와 같은 구제절차를 거치지 아니한 채 제기한 헌법소원심판청구는 보충성원칙에 위배된다고 판시한다. [별개의견(2인)] 이에 덧붙여 "청구인에게 결정적으로 불리한 판례가 확립되어 있는 것도 아니고 법관에게는 재판직무의 독립성이 보장되었음에 비추어 대법원장의 처분에 대한 행정소송에 있어서 권리구제의 기대가능성이 없는 경우라고 하기 어렵다."

이에 대하여 [반대의견(3인)] "법원행정처에 설치되어 있는 소청심사위원회는 국가공무원법상으로는 법원일반직·기능직공무원 및 법관 모두에게 적용될 수 있는 것이지만 시행령(법원공무원규칙)상으로는 법관은 그 적용대상에서 제외"된다는 점, 행정소송을 제기하는 방법으로 이를 다툴 수 있는 방법은 형식논리로는 일응 열려 있지만 현실적으로 권리가 구제될 전망은 매우 희박한 점에 비추어 보충성의 예외를 인정하여야 한다고 주장하였다(헌재 1993.12.23. 92헌마247, 인사명령취소(각하); 헌재 2001.12.20. 2001헌마245, 예비판사임용거부처분취소(각하) 참조).

(7) 법관에 대한 탄핵소추의결

국회에서 법관에 대한 탄핵소추의결을 하였을 경우, 헌법재판소가 탄핵심판을 하는 과정에서도 갈등관계가 발생할 수 있다.

(8) 법령의 해석·적용의 문제

헌법재판소가 법률의 위헌여부를 판단하기 위한 전제 문제로서 불가피하게 법원의 최종적인 법률해석에 앞서 법령을 해석하거나 그 적용 범위를 판단하였을 때, 법원 특히 대법원이 법령의 해석·적용에 관한 헌법재판소의 판단에 구속되는지 여부가 문제된다. 이와 관련하여 대법원은 구체적 분쟁사건의 재판에 즈음하여 법률 또는 법률조항의 의미·내용과 적용 범위가 어떠한지를 정하는 권한, 곧 법령의 해석·적용 권한은 사법권의 본질적 내용을 이루고 법령의 해석·적용 권한은 대법원을 최고법원으로 하는 법원에 전속하므로 헌법재판소의 법률해석에 대법원이나 각급 법원이 구속되지 아니한다는 입장이다(대판 2009.2.12. 2004두10289).

헌법재판소의 해산결정에 따라 강제해산된 정당의 소속의원은 의원직을 유지하는지 아니면 상실하는지 여부에 관하여 명문의 규정이 없다. 헌법재판소는 위헌정당해산심판으로 정당이 강제해산되는 경우 지역구국회의원 및 비례대표국회의원 전부 해당 정당소속 국회의원은 당연히 자격을 상실한다고 판시한다(헌재 2014.12.19. 2013헌다1, 통합진보당 해산청구 사건(인용)해산). 생각건대 해산정당소속 의원의 의원직 유지 여부에 관하여 헌법과 법률이 침묵하는 입법의 공백 상태에서 헌법재판소가 위헌정당해산심판사건 결정으로 소속의원의 자격을 상실하게 한 결정은 정당해산결정의 효력을 담보하기 위하여 불가피한 선택으로 보인다. 다른 한편 헌법재판소의 위헌정당해산결정에 따른 지방의회의원의 자격 유지 여부는 논쟁적이다. 중앙선거관리위원회는 지방의회의원을 지역구와 비례대표로 분리하여 비례대표의원만 자격을 상실하게 함에 따라 통합진보당 소속 지역구지방의회의원은 무소속으로 의원직을 유지하게 되었다. 그런데 대법원은 지역구지방의회의원뿐만 아니라 비례대표지방의회의원도 의원직을 유지한다고 판시하여 상반된 결과를 초래하였다(대판 2021.4.29. 2016두39856, 국회의원지위확인). 앞으로 관련 법률을 정비하여 헌법재판소로부터 위헌정당해산결정을 받은 정당 소속 국회의원뿐만 아니라 지방의회의원의 의원직 상실 여부를 분명히 하여야 한다.

(9) 무효인 법률에 근거한 행정행위의 효력

당사자가 이미 제소기간이 도과하여 불가쟁력이 발생한 행정행위의 효력을 다투며 무효확인의 소를 제기하면서 행정행위의 근거법률이 헌법에 위반된다는 주장을 제기할 수 있다. 이 경우 헌법재판소는 법적 안정성을 해치지 아니하거나 다른 내용의 재판을 할 수 있는 예외적인 경우에는 불가쟁력이 발생한 사건에 위헌결정의 효력을 미치게 하여 행정처분의 무효 주장을 가능하게 함으로써 권리구제가능성을 넓히고 있다. 하지만, 대법원은 행정행위의 무효란 행정행위의 하자가 중대하고 명백하여야 한다는 취지에 따라 위헌결정된 법률에 근거한 행정행위의 구제가능성을 좁히고 있다(대판(전합) 1995.7.11, 94누4615, 건설업영업정지처분무효확인(파기환송)). 즉 대법원은 중대명백설에 따라 행정행위의 근거가 된 법률이 헌법재판소에 의하여 위헌결정이 나기 전에는 그 하자가 명백하지 아니하다는 주장을 수용하여 위헌인 법률에 근거한 행정행위의 구제가능성을 부인한다. 더 나아가 취소소송의 제소기간이 도과된 행정행위의 무효확인의 소를 제기하면서 행정행위의 근거법률에 대하여 위헌심판제청신청을 하는 경우 법률이 위헌이라는 결정이 내려지더라도 그러한 하자는 행정행위의 취소사유에 불과하여 제소기간이 도과된 행정행위의 효력을 부정할 수 없어 해당 재판의 결과에 영향을 주지 못한다는 이유로 재판의 전제성을 부인한다.

4. 소 결

헌법재판소나 대법원 모두 기본권보장의 최종 보루인 점에 비추어 본다면, 어느 기관이 어떠한 권한을 가지느냐는 국민의 입장에서 중요한 문제가 될 수 없다. 다만, 어느 기관이 기본권보장기관으로서의 헌법적 사명을 다할 수 있느냐가 사안의 본질이다. 헌법체계상 법원과 헌법재판소가 병렬적으로 규정되어 있는 관계로 인하여 헌법상 명쾌하지 못한 부분이 분명히 있다. 어차피 헌법상 병렬적인 규정체계에 따를 수밖에 없다면 두 기관이 이론과 판례를 통하여 서로 보완적인 기능과 역할에 충실하여야 한다. 헌법상 헌법재판관의 3분의 1인 3인은 대법원장이 지명하도록 되어 있고 실제로 대법원장은 현직 고위법관 중에서 헌법재판관을 지명하여왔고, 또한 현직법관이 헌법연구관으로 파견근무하고 있음에 비추어 이들 기관 사이에 충분한 유기적 협조관계가 마련될 수도 있다. 즉 독일과 같은 명문의 규정이 없는 이상, 프랑스에서 헌법재판소와 국사원·파기원이 문제를 서로 협조적으로 해결하는 모델도 참고할 필요가 있다.

Ⅱ. 헌법재판소와 국회와의 관계

1. 의 의

(ⅰ) 헌법재판소의 가장 중요한 권한인 위헌법률심판권은 국회에서 제정한

법률에 대하여 위헌판단을 내리는 권한이므로 국회입법권에 대한 중요한 통제기능을 가진다. 사실 국회입법권은 국민적 정당성을 향유하는 의회의 고유한 권한이다. 바로 그런 점에서 의회민주주의의 발전과정에서 국민주권은 곧 의회주권을 의미하며 의회주권은 곧 법률주권을 의미한 바 있다. 이에 따라 법률은 국민의 일반의사(一般意思)의 표현이라는 논리가 성립되었다.

(ii) 그러나 헌법의 최고규범성을 실질적으로 담보하기 위한 제도적 장치로서의 헌법재판은 20세기 후반 이래 헌법의 기본틀로 정립되었다. 이제 국회에서 제정한 법률에 대한 헌법재판을 통한 통제에 대하여는 더 이상 논란의 여지가 없지만, 헌법재판소는 위헌법률심판 과정에서 **국회입법권을 최대한 존중**하여야 한다. 그렇지 아니할 경우에는 국회와 헌법재판소의 갈등이 증폭될 수 있다.

2. 헌법재판소 구성에 있어서 국회의 간여

헌법재판소를 구성하는 데 국회는 적극적으로 간여할 수 있다. 헌법상 헌법재판소장의 임명에는 국회의 동의를 얻어야 하고, 국회는 3인의 헌법재판관을 선출한다(제111조). 또한 헌법상 헌법재판소 구성에 국회가 간여하지 아니하는 헌법재판관에 대하여도 국회는 인사청문회를 실시한다(헌재법 제6조, 국회법 제65조의2).

3. 국회입법권의 최대한 존중

(i) 헌법재판소는 가능한 범위 안에서 국민의 대표기관인 국회의 입법권을 존중하여 **위헌법률심판권을 신중하게 행사**하여야 한다.

(ii) 이에 헌법재판소는 헌법과 법률에 명문의 규정이 없음에도 불구하고 **변형결정**을 통하여 국회입법권을 존중한다. 국회입법권을 존중하기 위한 전형적인 변형결정이 헌법불합치결정이다. 헌법재판소는 비록 헌법에 위배되는 법률이라 하더라도 국회입법권을 존중하기 위하여 헌법불합치결정을 내리면서 헌법불합치 법률의 개정을 촉구하는 입법촉구결정을 함께 내리기도 한다. 또한 한정합헌해석·한정위헌해석을 통하여 국회입법권을 최대한 존중하는 결정을 내린다.

(iii) 헌법재판소는 특히 **기본권보장**과 관련하여 **국회입법권을 최대한 존중**하려는 태도를 보인다. 예컨대 평등원칙의 심사기준으로서 제시한 자의금지의 원칙, 사회권의 국가생활에서의 실현과 관련한 최소보장의 원칙, 국가의 기본권보장의무와 관련한 과소보호금지의 원칙 등에서 국회입법권의 존중이라는 헌법재판소의 기본적인 시각이 드러난다. 또한 입법부작위헌법소원에 대하여는 헌법상 입법

의무를 요구함으로써 진정입법부작위헌법소원을 엄격하게 제한한다.

(iv) 하지만, 헌법재판소의 위헌결정 및 위헌을 인정하는 변형결정에 대하여 국회가 이를 제대로 입법에 반영하지 아니하는 사례가 자주 발생한다. 국회는 헌법재판소의 결정취지를 가급적 빨리 입법으로 반영하여야 한다.

예컨대 헌법재판소는 지역구국회의원으로 출마하려는 다른 공직의 경우 공직사퇴시한이 60일인 데 비하여 지방자치단체장의 공직사퇴시한을 180일로 정한 공직선거법 제53조 제3항에 대하여 "공직사퇴시한을 훨씬 앞당겨 규정해야 할 합리적인 이유가 없다"(헌재 2003.9.25. 2003헌마106, 공직선거법 제53조 제3항 위헌확인(위헌))라고 판시함으로써 공직사퇴시한을 사실상 60일로 하여야 한다고 판시하고 있음에도 불구하고 국회는 120일로 개정함으로써 위헌 논란이 제기된다.

(v) 특히 헌법재판소의 위헌결정을 비판하는 정치적 공세는 자칫 헌법재판소의 권위를 훼손할 우려가 있다. 예컨대 헌법재판소의 수도이전특별법 위헌결정(헌재 2004.10.21. 2004헌마554등, 신행정수도의건설을위한특별조치법 위헌확인(위헌))에 대한 정치계의 반응은 이를 단적으로 보여준다.

4. 위헌결정의 기속력이 국회를 구속하는지 여부

(i) 헌법재판소가 위헌으로 결정한 법률의 효력은 법원과 그 밖의 국가기관 및 지방자치단체를 기속한다(헌재법 제47조 제1항). 위헌결정의 기속력이 위헌결정의 계기를 부여한 법원에 미치고 그 법률을 근거로 행정작용을 한 행정기관에도 미치는 근거는 이 규정으로부터 도출된다. 그런데 위헌결정의 기속력이 입법부에도 미치는지에 대하여는 논란이 있다. 국회는 자신의 독자적인 헌법해석을 기초로 헌법가치를 실현하기 위한 목적으로 국가정책을 입법화하는 과정에서 광범위한 입법재량권을 행사한다. 즉 국회는 입법사실을 기초로 입법의 여부, 입법의 시기, 그리고 입법의 방식, 입법의 내용 등에 있어 국회 스스로 결정을 할 수 있는 재량을 가진다. 그렇다면 이제 헌법재판소가 특정 법률에 대하여 위헌결정을 내렸더라도 입법자가 그 법률이 헌법해석상 다시 필요하다는 판단에 따라 재입법을 추진할 수 있는지에 대한 의문이 제기된다. 생각건대 헌법재판소가 위헌결정을 내린 후 입법의 기초가 되는 입법상황과 여건이 변화하지 아니하였음에도 국회가 위헌결정의 취지를 정면으로 거스르는 재입법을 시도하면 이는 헌법재판소의 위헌법률심판권을 무력화시킨다. 이 경우 헌법재판소는 구체적인 사건에서 재판의 전제가 되어 심판대상이 된 그 법률에 대하여 위헌 결정하는 방법 이외에 다른 재입법의 차단 방법은 현실적으로 불가능하다. 그렇지만 위헌결정 이후 입법상황 내지 입법여건이 본질적으로 변화하였고 이를 근거로 입법자가 그 입법이 다시 필요하다고

판단하여 재입법을 하는 경우는 헌법적으로 허용된다고 보아야 한다.

(ⅱ) 헌법재판소는 의료법 제61조 제1항 중 '장애인복지법'에 따른 시각장애인 중 부분위헌확인 사건에서 위헌결정의 기속력 위반주장과 관련하여 결정주문 외에 결정이유에 대하여 기속력을 인정하기 위하여서는 위헌이유에 대하여도 재판관 6인 이상의 찬성이 있어야 한다고 판시한다.

> "헌법재판소법 제47조 제1항은 "법률의 위헌결정은 법원 기타 국가기관 및 지방자치단체를 기속한다."고 규정하고, 같은 법 제75조 제1항은 "헌법소원의 인용결정은 모든 국가기관과 지방자치단체를 기속한다."고 규정함으로써 헌법재판소가 내린 법률의 위헌결정 및 헌법소원의 인용결정의 효력을 담보하기 위해서 기속력을 부여하고 있는바, 이와 관련하여 입법자인 국회에게 기속력이 미치는지 여부, 나아가 결정주문뿐 아니라 결정이유에까지 기속력을 인정할지 여부 등이 문제될 수 있는데, 이에 대하여는 헌법재판소의 헌법재판권 내지 사법권의 범위와 한계, 국회의 입법권의 범위와 한계 등을 고려하여 신중하게 접근할 필요가 있을 것이다. 이 사건에서 청구인들은, 헌법재판소가 2003헌마715등 사건에서 시각장애인에게만 안마사 자격을 인정하는 이른바 비맹제외기준이 과잉금지원칙에 위반하여 비시각장애인의 직업선택의 자유를 침해한다는 이유로 위헌결정을 하였음에도 불구하고 국회가 다시 비맹제외기준과 본질적으로 동일한 내용의 이 사건 법률조항을 개정한 것은 비맹제외기준이 과잉금지원칙에 위반한다고 한 위헌결정의 기속력에 저촉된다는 취지로 주장하는바, 이는 기본적으로 위 위헌결정의 이유 중 비맹제외기준이 과잉금지원칙에 위반한다는 점에 대하여 기속력을 인정하는 전제에 선 것이라고 할 것이다. 앞서 본 바와 같이 결정이유에까지 기속력을 인정할지 여부 등에 대하여는 신중하게 접근할 필요가 있을 것이나 설령 결정이유에까지 기속력을 인정한다고 하더라도, 이 사건의 경우 위헌결정 이유 중 비맹제외기준이 과잉금지원칙에 위반한다는 점에 대하여 기속력을 인정할 수 있으려면, 결정주문을 뒷받침하는 결정이유에 대하여 적어도 위헌결정의 정족수인 재판관 6인 이상의 찬성이 있어야 할 것이고(헌법 제113조 제1항 및 헌법재판소법 제23조 제2항 참조), 이에 미달할 경우에는 결정이유에 대하여 기속력을 인정할 여지가 없다고 할 것인바, 앞서 본 바와 같이 2003헌마715등 사건의 경우 재판관 7인의 의견으로 주문에서 비맹제외기준이 헌법에 위반된다는 결정을 선고하였으나, 그 이유를 보면 비맹제외기준이 법률유보원칙에 위반한다는 의견과 과잉금지원칙에 위반한다는 의견으로 나뉘면서 비맹제외기준이 과잉금지원칙에 위반한다는 점과 관련하여서는 재판관 5인만이 찬성하였을 뿐이므로 위 과잉금지원칙 위반의 점에 대하여 기속력이 인정될 여지가 없다고 할 것이다"(헌재 2008.10.30. 2006헌마1098등, 의료법제61조제1항중「장애인복지법」에따른시각장애인중부분위헌확인(기각)).

이 사안과 관련하여 종전에 헌법재판소는 '안마사에 관한 규칙' 제3조 제1항 제1호 등에 대하여 ① 법률유보원칙 위반과 ② 과잉금지원칙 위반을 이유로 위헌결정을 내린 바 있다(헌재 2006.5.25. 2003헌마715등, 안마사에관한규칙제3조제1항제1호등위헌확인(각하,위헌)). 그런데 헌법재판소의 위헌결정

이후에 국회가 법률을 개정하여 법률유보원칙 위반을 치유하면서 또 다시 비맹제외 기준을 도입하자 비맹인들이 새 법률조항에 대하여 다시 직업선택의 자유 침해를 주장하면서 헌법소원을 제기하였다. 위 사건에서 헌법재판소는 ① 법률유보원칙 위배(2인), ② 과잉금지원칙 위배(2인), ③ 법률유보원칙과 과잉금지원칙 위배(3인)로 각각 위헌의견을 제시한 바 있다. 하지만 개정된 법에서 법률유보원칙 위배는 치유되었다. 그런데 직업선택의 자유에 대한 과잉금지원칙 위배 여부에 관하여 5인의 재판관이 위헌의견을 제시하였지만, 그 위헌이유가 입법자에게 위헌결정의 기속력이 인정될 수 없다고 보았다. 국회의 입법이유는 "비시각장애인의 직업선택의 자유보다는 신체장애인에 대한 국가의 보호의무를 규정하고 있는 헌법 제34조 제5항의 정신을 좀 더 고려하여 안마사의 자격을 장애인복지법에 따른 시각장애인 중에서 일정한 교육을 마친 자로 하여 이를 법률에 직접 규정하려는" 데에 있다. 즉 국회는 재판관 5인의 의견과 달리 안마사 직업에 대한 비맹제외기준은 헌법 제34조의 신체장애인에 대한 국가의 보호의무를 위하여 필요하다는 헌법해석을 하였다. 결국 국회는 동일한 헌법을 헌법재판소의 입장과 다르게 해석하여 위헌결정 후 4개월 만에 즉 입법상황 내지 입법여건이 변화하지 아니하였다고 볼 수 있는 상태에서 재입법을 하였다. 이와 같이 국회와 대통령은 헌법을 헌법재판소와 다르게 해석할 수 있고 이런 해석에 근거하여 헌법재판소의 위헌결정 이후 재입법을 통하여 위헌결정 이전의 상태로 돌아가고자 할 수 있다. 이러한 재입법에 대하여 헌법재판소가 위헌결정의 기속력에 위배된다고 보아 무효라고 볼 수 있는지는 여전히 논란의 소지를 안고 있다.

Ⅲ. 헌법재판소와 정부와의 관계

1. 의 의

정부의 공권력작용에 대한 헌법재판소의 합헌성 통제는 많은 갈등요인을 안고 있다. 헌법재판소의 위헌법률심판, 헌법소원심판, 권한쟁의심판, 탄핵심판은 정부와 직접적으로 관련된다.

2. 헌법재판소 구성에 정부의 간여

헌법재판소의 구성에 있어서 대통령은 3인의 재판관을 직접 임명할 뿐만 아니라 헌법재판소장도 임명한다(제111조).

민주적 정당성을 국민으로부터 직접 부여받은 대통령이 헌법재판소의 3인의 재판관을 임명하는 데 대하여는 헌법적 정당화가 가능하나(제2편 제2장 제1절 헌법재판소의 구성원리 참조), 대통령이 지명하는 재판관에 대하여는 국회의 동의절차가 없는 점이 대법원의 구성방식과 비교하여 불균형이라는 비판이 제기된 바 있다. 이에 대통령이 지명하는 재판관뿐만 아니라 대법원장이 지명하는 재판관도 해당 상임위원회에서 인사청문회를 거치도록 헌법재판소법이 2005년 개정되었다(헌재법 제6조 제2항).

3. 행정부의 공권력 행사에 대한 통제

(i) 헌법재판소는 대통령의 긴급재정경제명령발동에 대하여 헌법상 요건을 충족하였는지의 여부를 판단한 이래로 고도의 정치적 결단에 의한 국가작용인 통치행위라고 하더라도 헌법재판소의 심판대상이 될 수 있음을 확인하고 있다(헌재 1996.2.29. 93헌마186, 긴급재정경제명령 등 위헌확인(기각,각하), 헌재 2004.10. 21.2004헌마554등 신행정수도의 건설을 위한 특별조치법 위헌확인(위헌), 헌재 2022.1.27. 2016헌마364 개성공단 전면중단 조치 위헌확인(기각,각하), 헌재 2025.4.4. 2024헌나8 대통령(윤석열) 탄핵(인용(파면))(비상계엄선포행위에 대하여도 그 헌법 및 법률 위반여부를 심사할 수 있다고 판시함). 다만, 대통령의 단체장선거일 연기 및 일반사병의 이라크파병과 관련하여 대통령과 국회의 결정을 존중할 필요가 있다고 하여 사법심사를 회피한 사례도 있다(헌재 1994.8.31. 92헌마174, 지방자치단체의 장 선거일 불공고 위헌확인 등(각하), 헌재 2004.4.29. 2003헌마814 일반사병이라크파병 위헌확인(각하)).

(ii) 행정입법뿐만 아니라 구체적 행정처분, 검사의 불기소처분 등에 대하여도 헌법재판소의 통제 가능성이 열려 있다. 이와 관련하여 관계 행정기관뿐만 아니라 법원과의 갈등까지 야기될 수 있다. 또한 오늘날 입법이 사실상 정부입법의 형태를 취하고 있음에 비추어 헌법재판소의 위헌결정에 대하여 정부가 그 취지를 반영하는 입법을 제대로 준비하지 아니하여 비판이 제기된다.

(iii) 권한쟁의심판의 경우에는 행정기관이 권한쟁의심판의 당사자가 되기 때문에 이 경우에도 헌법재판소와 긴장관계가 형성될 수 있다.

(iv) 주요 공직자에 대한 탄핵심판은 예민한 정치문제가 될 수 있다. 특히 대통령 탄핵사건에서 헌법재판소가 내린 실정법 위반 여부와 탄핵 여부에 대한 결정문에서 이러한 문제점이 잘 드러난다(헌재 2004.5.14. 2004헌나1, 대통령(노무현) 탄핵(기각), 헌재 2017.3.10. 2016헌나1, 대통령(박근혜) 탄핵(인용), 헌재 2025.4.4. 2024헌나8, 대통령(윤석열) 탄핵(인용)). 탄핵심판인용은 공직으로부터 추방된다는 점에서 엄청난 갈등을 야기할 수 있다.

정부의 공권력작용에 대한 헌법재판소의 합헌성통제는 많은 갈등요인을 안고 있다. 헌법재판소의 위헌법률심판, 헌법소원심판, 권한쟁의심판, 탄핵심판은 정부와 직접적으로 관련되어 있다.

제 2 장　헌법재판소의 구성과 조직

제 1 절　헌법재판소의 구성원리

Ⅰ. 민주적 정당성의 원리

국민주권이 곧 의회주권이던 시대에 있어서 헌법재판이란 상정하기 어려웠다. 그러나 의회제정법에 의해서도 기본권이 침해되는 현실을 부인할 수 없게 됨에 따라 헌법의 최고규범성을 담보함으로써 입헌적 헌법질서를 수호하기 위하여 헌법재판소가 설치되었다. 따라서 헌법재판소에는 그 조직과 구성에서부터 주권적 의사를 충실히 반영하기 위한 제도적 장치가 마련되어야 한다. 특히 법률의 위헌결정은 국민의 대표기관이 제정한 법률의 효력을 일반적으로 무효화시키고 이런 효력이 모든 국가기관에게 미친다는 점을 고려하면 헌법재판소 재판관의 민주적 정당성의 강화가 이런 권한 행사와 그 효과를 정당화할 수 있다. 또한 헌법재판소는 국민으로부터 직선된 대통령을 탄핵심판절차를 통하여 대통령직에서 파면할 수 있는 권한을 가지고 있고 권한쟁의심판을 통하여 국회의 의사결정과 같은 국회 내부의 자율성이 미치는 영역에 대해서도 헌법상의 적법절차원리를 통하여 헌법적 심사를 할 수 있다. 이와 같이 입법권과 집행권을 헌법을 근거로 통제할 수 있고 그로 인한 효력을 모든 국가기관에 미치게 하는 권위를 가진 헌법기관이라는 점을 고려하면 헌법재판소는 그 권한에 비례하여 민주적 정당성을 강화할 필요가 있다.

이에 헌법에서는 민주적 정당성을 직접 확보하고 있는 대통령과 국회에 각기 헌법재판관을 임명 또는 선출할 수 있도록 규정하고 있다. 즉 헌법재판소는 법관의 자격을 가진 9인의 재판관으로 구성하며, 재판관은 대통령이 임명한다(제111조 제2항). 재판관 중 3인은 국회에서 선출하는 자를, 3인은 대법원장이 지명하는 자를 임명한다(제3항). 헌법재판소의 장은 재판관 중에서 국회의 동의를 얻어 대통령이 임명한다(제4항). 대법원장에게 헌법재판관 지명권 부여는 헌법재판이 지닌 사법작용적 특성의 고려로 설명된다. 그런데 대법원장의 헌법재판관 지명권에 대하여는 실체적 정당성과 절차적 정당성이 동시에 문제된다.

한편, 헌법재판관의 자격을 법관의 자격을 가진 자로 한정한 헌법규정에 대하여는 많은 논란이 제기되고 있다. 바로 이와 같은 법관의 자격요건으로 인하여 헌법재판소의 구성이 사법관 중심의 폐쇄적인 구조로 전락하고 있다는 비판을 받고 있다. 헌법재판소에는 우리 사회의 다원적 목소리를 수렴하기 위하여 사법관뿐만 아니라 학자·외교관·국회의원 등의 다양한 경력을 가진 인사들이 참여할 수 있는 길을 열어야 한다.

대법원장이 지명하는 헌법재판관에 대하여는 헌법상 아무런 제한규정이 없다. 그런데 대법원장이 대법관을 제청할 때에는 대법관후보추천위원회의 추천을 거치도록 하고 있음에도 불구하고 헌법재판관 지명에는 이와 같은 절차마저도 거치지 아니하였다. 이런 문제제기에 따라 대법원은 2018년에 '헌법재판소재판관후보추천위원회 내규'를 제정하였다. 추천위원회는 법무부장관이 빠지고 그 외는 대법관후보추천위원회와 동일하다. 또한 헌법상 대법관은 대법원장의 제청을 받아 국회의 임명동의를 거쳐 대통령이 임명함에도 불구하고 헌법재판관에 대하여는 국회의 임명동의절차가 생략되어 있다. 이와 같은 문제들은 앞으로 헌법개정이 이루어질 때 정밀하게 검토하여 개선하여야 한다. 다만, 국회법과 인사청문회법을 통하여 국회에서 선출하지 아니한 나머지 6인의 헌법재판관에 대하여도 해당 상임위원회에서 인사청문회를 거치도록 하고 있다.

Ⅱ. 법치주의의 원리

헌법재판소는 헌법의 또 다른 구성원리인 법치주의 원리에 따라 구성되어야 한다. 민주적 정당성의 원리가 헌법재판소의 구성에 있어 민주주의적 요구를 반영하는 원리라면 법치주의원리는 헌법재판소의 구성에 있어 권력통제 및 기본권보호 기능과 관련하여 헌법재판소에 독립성을 부여하는 기능을 한다. 헌법재판소가 기존의 통치권에 대한 권력통제를 통하여 법치주의의 완결적 모형을 형성하고자 한다면 기존의 통치권력으로부터 독립된 기관으로 구성될 필요가 있다. 그리하여 헌법은 헌법재판소 재판관의 임명에 있어서 국회, 대통령, 대법원장의 공동의 협력에 의하도록 하고 있지만 헌법재판소의 운영은 기존 통치권력으로부터

완전히 독립하여 기능하도록 하였다. 이런 기능적 독립은 법치주의의 요구인 통치권력에 대한 유효한 통제를 가능하도록 하기 위함이고 이를 통하여 국민의 자유와 권리가 확보된다.

또한 헌법상 법치주의원리는 국회의 입법권의 남용에 대하여 심사하는 위헌법률심사와 권한쟁의 그리고 정당해산심판을 포괄하는 헌법재판을 정치적 기관이 아닌 헌법재판소라는 재판기관에 맡김으로써 그 정당성을 강화한다. 법치주의는 입법작용 및 통치작용과 같은 정치적 작용을 헌법적 테두리 안에서 순환시키는 헌법재판 작용을 독립성과 전문성을 보유한 재판소 내지 법원이 담당하도록 요구한다. 예산결정권과 입법권이라는 권력을 가진 입법부도 아니고 사회를 규제하고 형성할 수 있는 집행력을 가진 집행부도 아닌 비교적 조용한 권력을 가진 법원으로 하여금 살아 움직이는 권력들의 헌법적 한계를 판단하도록 함으로써 헌법은 이런 사회적 권력과 힘으로부터 상대적으로 절연된 독립적 판단을 헌법재판소에 기대한다.

더불어 헌법재판은 일반법원이 담당하는 사법재판(司法裁判)과 다른 특징을 보여준다. 사법재판은 국민의 생활관계에서 국민 사이 혹은 국민과 국가 사이의 계약적 혹은 법률적 쟁송의 권위적 해결이라면 헌법재판은 국가작용의 산물인 입법의 헌법적합성, 국가기관 상호간 권한분쟁을 통하여 표출된 국가권력의 헌법적 한계의 확인과 그 통제에 있다는 점에서 재판작용의 내용과는 차이가 있고 그 논의수준에 있어서도 헌법적 쟁송이라는 점에서 사법재판과 구별된다. 국민이 공권력주체를 상대로 제기하는 헌법소원 역시 주관적 소송의 측면이 있지만 나아가 국가권력의 헌법적 한계를 헌법해석을 통하여 확인한다는 점에서는 객관소송으로서의 측면이 부각된다.

Ⅲ. 현행 헌법재판소의 구성의 문제점

1. 재판관의 자격문제

현행 헌법은 재판관의 자격을 법관의 자격을 가진 자로 한정하고 있다. 헌법재판에는 전문성과 독립성이 필요하기 때문에 재판관의 자격을 법관의 자격을 가진 자로 한정하고 헌법재판을 독립된 재판소에서 담당하도록 할 필요가 있다는 취지이다. 그렇지만 헌법재판이 지닌 일반재판과의 차이로 인하여 여기의 전문성은 법원에서 필요한 실정법률의 해석과 적용능력만으로 구성되지 아니한다. 헌법재판은 정치공동체의 최고법을 해석하여 국가작용을 헌법에 합치하는 방향으로 이끄는 작용이라는 점에서 이런 헌법재판을 담당하는 구성원인 재판관의 자격을 정함에 있어서도 헌법적 전문성에 대하여 일정한 과정을 통하여 검증받은 인물이면 재판관의 자격을 부여하고 헌법재판의 활성화의 기회로 삼을 필요가 있다. 법조계 일색의 재판부 구성은 국가권력 특히 국회의 입법권에 대한 통제에서 나타나듯이 다양한 요소의 이익형량을 통하여 법률의 위헌성을 논증하는 과정에서 단조로운 해석의 가능성을 보여줄 가능성을 시사한다. 헌법이 보장하는 넓은 생활영역에서 발휘되는 헌법정신을 정확히 밝혀내어 법률의 위헌심사에서 이런 요소들이 가감 없이 고려됨으로써 위헌논의가 합리적인 숙고 과정이 될 수 있도록 풍부한 경험과 헌법적 상상력을 구비한 재판관의 존재는 필수적이다. 이런 관점에서 볼 때 재판관의 자격을 법관자격을 가진 자로 한정하는 현행제도는 헌법재판이 가진 특징을 제대로 반영하지 못하는 체계형성이라고 할 수 있다. 헌법재판소 재판관의 자격을 공인된 대학에서 법률학을 전공한 일정한 경력 이상의 대학교수·국회의원 등에게도 허용하여야 한다.[1)]

2. 재판관의 숫자의 적정 여부

헌법재판이 활성화되고 신속한 헌법재판이 이루어지기 위해서는 적정한 수의 재판관이 필요하다. 현행 헌법은 9인의 재판관으로 헌법재판소를 구성하도록 하고 있는데 이 재판관의 숫자가 헌법재판의 적정과 신속을 위하여 적당한 숫자인지 검토되어야 한다. 이는 헌법재판소의 관할 아래 있는 사건의 숫자와 이들 사건의 평균적인 심리기간을 보고 장래의 헌법재판의 사건추이를 예측하여 심리의 효율성과 진지성을 보장하는 재판부의 구성방법을 고려함으로써 결정될 문제이다. 독일의 경우에는 재판부를 1, 2부로 나누어 제1부는 위헌법률심판 등을 담당하고 제2부는 헌법소원심판 등을 전담하는 구조로 되어 있다. 독일의 경우 재판에 대한 헌법소원이 허용되는 구조인데 우리의 경우 검사 불기소처분에 대한 재정신청의 범위를 확대하여 불기소결정에 대한 헌법소원의 숫자가 현저히 감소하였고 선거소송 등이 헌법재판소의 관할이 아닌 점을 감안하면 심리의 부담이 가

1) 성낙인, "헌법재판소 인사의 임명절차상 문제점", 시민과 변호사 제8호, 서울지방변호사회, 1994.9, 70-72면; 이시윤, "헌법재판 10년의 회고와 전망", 공법연구 제27집 제3호, 1999.6. 114면; 조병윤, "우리나라 헌법재판소의 지위와 기능", 헌법재판자료 제6집, 헌법재판소, 1993, 210면.

중되어 증원되어야 당장의 필요는 없다고 볼 수 있다. 그렇지만 다른 나라 헌법재판소 재판관의 숫자에 비하여 적고 앞으로 헌법재판이 보다 더 활성화될 가능성이 높다는 점, 증원을 통하여 재판관의 다양성을 확보함으로써 민주적 정당성을 높일 수 있다는 점, 그리고 사건의 숫자 자체가 줄어들었지만 사건의 난이도는 점점 올라가고 있고 중요사건의 경우 충분한 심리의 필요성이 있다는 점을 감안하면 대법원의 대법관의 숫자 정도로 증원하는 방안도 검토할 필요가 있다. 이 경우 재판관의 숫자는 지금과 같이 헌법에 직접 규정하는 방안과 법률에 위임하는 방법, 혹은 헌법에는 최소인원만 규정하여 장래의 증원을 용이하게 하는 방법 등이 있을 수 있는데[1] 헌법재판의 중요성을 감안하면 헌법이 직접 규정하는 방안도 고려될 수 있다.

3. 재판관의 선출방식의 문제

(1) 3부(府)에 의한 구성의 타당성

현행 헌법은 헌법재판소의 재판관 구성을 대통령, 국회, 대법원장이 공동으로 협력하여 구성하도록 한다. 즉 국회가 3인을 선출하고 대법원장이 3인을 지명하면 대통령이 이들을 임명하고 대통령이 나머지 3인의 재판관을 직접 임명하는 방식이다. 문제는 이런 임명방식이 헌법재판소의 구성원리인 민주적 정당성과 법치주의의 원리에 부합하는가이다. 법치주의원리에 따른 전문성과 독립성을 실현하기 위하여 대법원과 대통령이 재판관 구성에서 지명권의 행사가 헌법재판의 본질에 비추어 정당한지 의문이 있을 수 있다. 대통령의 경우 국민으로부터 직접 민주적 정당성을 수여받았기 때문에 헌법재판의 민주적 정당성을 강화한다는 측면에서는 정당화될 수 있지만 법치주의의 측면에서 볼 때 헌법재판의 당사자가 될 수 있는 지위에 있는 헌법기관이 헌법재판관을 3명이나 직접 임명할 수 있다는 점이 문제이다. 특히 대통령 탄핵사건에서와 같이 대통령이 탄핵심판의 피청구인이 될 수 있는 구조에서 대통령의 재판관 임명은 헌법재판소 구성의 법치주의 관점에서는 정당화하기 어려운 점이 있다. 더욱이 대법원장이 사법부 전체를 대신하여 3인의 재판관을 지명하는 방식은 민주적 정당성의 관점에서 정당화하기 어렵다. 대법원장은 국회의 동의를 얻어 대통령이 임명하도록 되어 있는 헌법

---

1) 헌법재판소, 현행헌법상 헌법재판제도의 문제점과 개선방안, 헌법재판연구 제16권, 2005, 95면 참조. 재판의 숫자를 보면 독일의 경우 16인, 이탈리아 15인, 프랑스 9인, 일본 15인, 벨기에 12인, 미국 9인이다. 위의 책, 90면; 박범영, "세계의 헌법재판관 구성 현황과 시사점 그리고 개선방향", 헌법재판연구 12-1.

규정에 의하면 직접적인 민주적 정당성을 국민으로부터 수여받지 못한 기관이다. 그럼에도 헌법재판소 재판관의 3분의 1을 지명할 수 있게 함으로써 헌법재판소에 사법부의 영향이 미칠 수 있도록 하는 것은 민주적 정당성의 관점에서 정당화되기 어렵다.[1] 또한 위헌법률심판권을 보유한 최고사법기관의 재판관을 대법원장이 지명하도록 한 점은 권력구조의 관점에서 불균형을 야기한다. 헌법재판소를 법원의 고위법관으로 충원하여 재판기능의 안정성을 강화함으로써 정치적 영향력을 차단하고 오히려 헌법재판의 독립성을 유지하게 한다는 주장이 있을 수 있지만, 헌법재판권의 독립은 재판관의 출신으로 결정되는 문제가 아니라 헌법재판의 조직과 운영에 있어 헌법재판권의 독립을 제도적으로 보장할 수 있도록 재판관의 제척・기피・회피제도, 임기제도, 재판관의 심판의 독립의무 규정, 조직과 운영의 법률주의 등을 통하여 확보될 수 있다. 현실적으로 헌법해석의 전제가 되는 법률해석과 적용에 있어 전문성을 갖춘 고위법관 출신의 재판관이 헌법재판의 안정화에 기여하여 재판의 전문성을 강화한 측면이 있지만 대법원장의 재판관 지명권은 민주적 정당성의 관점과 헌법의 권력체계의 관점에서 정당화되기 어렵다. 현행 헌법의 상태에서는 최소한 대통령이 직접 임명하는 재판관 3인과 대법원장이 지명하는 3인이 재판관으로 임명되기 전에 모두 국회의 인사청문회를 거쳐 민주적 정당성을 강화하고 이를 통하여 대통령과 대법원장의 인사권을 통제할 필요가 있다. 이는 헌법재판소법의 개정으로 해결되었다(헌재법 제6조 제2항). 그리고 대법원장 단독으로 3인의 지명권 행사도 부적절하다는 지적에 따라 헌법재판소 재판관후보추천위원회가 구성되었다.[2]

(2) 순차적 교체제도의 도입여부

현재와 같이 6년의 비교적 짧은 임기와 정년제도를 결합한 방식은 재판관의 잦은 교체를 야기하는데 그 시기가 처음 임명된 재판관의 연령에 좌우되어 불규칙적이고 잦은 교체로 이어지는 폐단이 있다. 실제 2007년의 경우 6명의 재판관이 교체되기도 하였다. 이는 헌법재판의 업무연속성 측면에서 부적절하고 헌법재판의 전문성을 취약하게 하는 측면이 있다. 재판관을 일정비율로 주기적으로 교체하여 새로이 임명하는 방식 즉 순차적 교체제도를 도입할 필요가 있다는 주장도 있다.[3] 이를 통하여 헌법재판소의 연속성과 재판관 성향의 다원화를 이룰 수

1) 이승우, "헌법재판소 구성방법과 제2기 재판관 임명의 문제점", 법과사회, 제10권, 1994, 272면; 정재황, "헌법재판제도의 문제점과 개선방안", 법학교육과 법조개혁, 한국법학교수회 편, 1994, 106면.

2) 양건・김문현・남복현, "헌법재판소법의 개정방향에 관한 연구용역보고서", 헌법재판연구 제10권, 헌법재판소, 1999, 14-16면.

있게 된다. 이를 도입한 프랑스의 경우 9년 임기의 9인의 재판관을 9년마다 전부 교체하지 아니하고 3년마다 3인의 재판관을 순차적으로 교체하고 있다. 이를 실현하기 위하여 처음 재판관 임용 시 대통령, 하원의장, 상원의장이 각 임명하는 3인의 재판관의 임기를 3년, 6년, 9년으로 구분하여 지명하였다. 그리하여 각 지명기관은 3년마다 1인씩 재판관을 교체하여 결국 3명이 3년 주기로 교체되는 구조를 가지게 되었다. 스페인 역시 임기 9년의 12인의 재판관을 3년마다 3분의 1인 4명씩 주기적으로 교체하고 있다. 이런 주기적인 일정 비율의 순차적 교체제도는 헌법재판의 연속성과 다양화에 기여할 수 있다. 그리고 헌법재판관을 임명하는 과정을 정기적인 정치행사화하여 국민과 임명권자가 함께 후보자를 물색함으로써 헌법가치의 공유와 헌법재판의 활성화에 기여할 수 있는 바람직한 측면이 있다. 이런 과정에서 자연스럽게 헌법재판소의 구성에 있어 민주적 정당성이 확보되고 전문성과 독립성 그리고 다양성을 구비한 후보자들이 추천됨으로써 법치주의의 요구에도 부합할 수 있게 된다.

그러나 이와 같은 순차적 교체제도는 임기제도와 정년제도의 개편 나아가 헌법재판관의 숫자의 변화를 전제로 하는 논의이어서 앞으로 전개되는 개헌논의에서 이런 문제들과 함께 논의될 수 있는 문제로 보인다.

(3) 임명권자의 문제

헌법재판소의 재판관을 3부가 공동으로 구성하지만 재판관 전원에 대한 임명권은 대통령이 단독으로 행사하도록 되어 있다(헌법 제111조 제2항). 헌법재판소의 구성을 실질적으로는 3부가 공동으로 하는데 국회가 선출하고 대법원장이 지명한 재판관까지 대통령이 전부 임명하는 것은 헌법체계상 부자연스러울 수 있다. 대법관의 경우를 보면 대법원장의 제청으로 국회의 동의를 얻어 대통령이 임명하는 방식이어서(헌법 제104조 제2항) 이와 균형을 맞춘 제도로 볼 수도 있으나 중립성과 독립성이 동일하게 요구되는 중앙선거관리위원회 위원의 경우 헌법재판소 재판관과 같이 3부가 공동으로 구성하지만 대통령은 자신이 추천한 3인만 임명한다(헌법 제114조 제2항). 이 경우 대통령의 임명권은 국가를 대표하는 국가원수로서의 지위에서 발생한다고 볼 수도 있다. 그렇지만 헌법재판을 담당하고 독립성과 중립성이 어느 기관보다 강하게 요구되는 헌법기관의 구성에서 대통령이 재판관 전원을 임명하는 방식은 헌법재판소의 구성원리를 고려하더라도 바람직하지 아니하다. 한편, 헌법재판소

---

3) 성낙인, "헌법재판소제도의 인적 구성의 비교헌법적 검토를 통한 대안 모색", 현대사회와 법의 발달, 균제 양승두 교수 화갑기념논문집, 홍문사, 1994.12, 1049면.

는 이러한 대통령의 임명권과 관련하여, 국회가 선출한 재판관에 대한 대통령의 임명 권한은 재차 재판관에 대한 실질적 심사 권한을 부여하는 것이 아니고 오로지 형식적 심사 권한에 그치는 것으로서 해당 재판관이 법상 자격요건을 갖추지 못하거나 국회의 선출과정에 법 위반 등 하자가 있는 경우에만 임명을 보류하고 재선출을 요구할 수 있다고 판단하였다(헌재 2025.2.27. 2025헌라1, 국회와 대통령 간의 권한쟁의(인용(권한침해), 각하)).

4. 재판관의 임기와 정년제도

현행 헌법은 헌법재판소 재판관의 임기를 6년으로 하면서 법률이 정하는 바에 의하여 연임할 수 있도록 한다(헌법 제112조 제1항). 우선 임기제도는 헌법재판소 재판관의 임기 6년을 보장함으로써 재판관이 헌법과 법률 그리고 양심에 따라 재판업무에 종사할 수 있도록 하여 재판의 독립성을 보장한다. 그리고 임기가 만료되면 그 재판관의 재판업무에 대한 충실성을 심사하여 진퇴를 결정함으로써 재판관의 교체가 가능하도록 하여 헌법재판소의 관료화와 보수화를 막을 수 있는 기능을 할 수 있다. 그렇지만 임기만료 후 재판관이 연임을 하고자 하는 경우 연임여부에 대한 심사를 받아야 하고 그 결과에 따라 연임여부가 결정된다면 연임제도는 재판관이 임기 동안 소신껏 재판업무에 종사하지 못하게 하는 기제로 작용할 가능성도 존재한다. 이는 재판의 독립성에 대한 위협으로 볼 수 있다는 점에서 현행 헌법이 채택한 연임제도는 헌법재판의 구성원리와 조화하기 어려운 점이 있다. 또한 재판관의 임기가 6년으로 비교법적으로 볼 때도 짧은 편에 속한다.[1] 만약 개헌과정에서 재판관의 연임제도를 폐지한다면 재판관의 임기는 현재의 6년보다는 연장되어야 할 필요가 있고 적어도 9년 이상이 일반적인 입법례로 보인다.

우리 헌법은 임기제도와 연임제도만을 규정함에도 헌법재판소법은 재판관의 정년제도를 도입하고 있다. 헌법에서 헌법재판소의 조직과 운영 기타 필요한 사항은 법률로 정할 수 있도록 하였으므로(헌법 제113조 제3항) 법률로 재판관의 정년제도를 도입한다(헌재법 제7조 제2항). 이와 같은 정년제도는 일정한 연령을 이유로 재판관을 퇴직시켜 헌법재판소를 신진 재판관으로 충원하여 변화하는 시대를 대변할 수 있도록

1) 외국 헌법재판소의 재판관 임기 및 연임 여부(헌법재판소, 헌법재판연구 제16권, 144면).

구분	오스트리아	독일	이탈리아	스페인	프랑스	미국	포르투갈	루마니아	폴란드	태국	헝가리	체코
임기	무	12년	9년	9년	9년	종신제	9년	9년	9년	9년	9년	10년
연임 여부	무	불가	불가	불가(재임 3년미만은 가능)	불가(재임 3년미만은 가능)	무	불가	불가	불가	불가	1회연임가능	연임 가능

한다는 점에서 민주적 정당성을 강화시키는 장치로 평가할 수 있다. 다만, 정년제도를 현행 재판관의 임기제도에서 보면 경륜과 법학지식을 겸비한 인물의 경우 연임을 한다고 해도 12년을 다 채우지 못하게 되어 헌법재판관으로서의 오랜 경험을 구비한 재판관을 배출하지 못하는 구조를 형성한다는 문제가 제기된다. 헌법재판의 경우 지식보다는 경험이 지배한다는 국내외의 지적을 보면 정년제도는 전문성의 측면에서 약점을 보인다. 의학의 발전으로 정신활동을 할 수 있는 연령이 길어지는 점과 위와 같은 헌법재판의 특징을 고려하여 정년제도를 유지하는 경우 정년을 70세로 연장한 개정 헌법재판소법은 그 타당성을 가진다.

5. 헌법재판소장의 선출방식 · 임기의 문제

헌법재판소장은 헌법재판소를 외부적으로 대표하고 헌법재판소의 사무를 통리하며 소속공무원을 지휘 · 감독하는 자이다. 헌법은 헌법재판소장을 국회의 동의를 얻어 대통령이 임명하도록 규정한다(헌법 제111조 제4항). 이 또한 헌법재판소의 구성원리에 비추어 볼 때 정당화될 수 있는지 의문이 제기된다. 국민대표기관인 국회의 동의와 국민직선 대통령의 임명은 민주적 정당성을 부여하는 것이므로 적어도 부당하지는 아니하다. 특히 대법원장 역시 국회의 동의를 얻어 대통령이 임명하도록 하는 헌법의 태도에 비춰보면 그렇게 균형을 잃은 규정이 아닐 수 있다.

그렇지만, 헌법의 최종적인 해석권자이고 최고 헌법기관인 헌법재판소의 장을 대통령이 임명하는 헌법상 제도는 제도의 균형에 어긋날 소지가 있다. 헌법재판소장은 다른 재판관과 마찬가지로 일단 재판관의 지위를 취득하여야 소장의 자격을 가질 수 있다. 그리고 그 재판관은 3부가 공동으로 협력하여 구성하는데 왜 대통령이 헌법소장을 임명하는지에 대하여는 논란의 소지가 있다. 대법관은 대통령에 의하여 임명된 대법원장의 제청에 의하여 대법관 후보자로 결정되고 임기 역시 헌법이 따로 규정한 점을 보면 대법원장과 대법관은 상호 다른 헌법적 지위를 가진다. 그렇지만 헌법재판소장은 비록 그 대우는 대법원장의 예를 따르지만 기본적으로 재판관의 자격을 가지고 재판업무에 평등하게 참여하는 같은 재판관일 뿐이다. 그렇다면 3부 중 하나인 헌법기관에 의하여 헌법재판소장이 임명되는 구조는 체계적이지 아니한 측면이 있다. 이런 구도에서는 대통령이 직접 임명한 3인의 재판관 중에서 헌법재판소장이 나올 가능성이 제일 높다.

한편 헌법재판소장의 임기를 헌법이 직접 규정하지 아니한 부분도 문제가 있다. 재판관 중에서 헌법재판소장을 임명하고 그 임기를 따로 정하지 아니한 점을 보면 소장 역시 다른 재판관과 마찬가지로 재판관의 임기인 6년을 적용받는다고 해석될 수 있다. 그래서 새로이 헌법재판소장으로 임명된 자는 다른 재판관들과 마찬가지로 6년의 임기를 적용받아야 한다. 그렇지만 이미 임기를 개시한 재판관 중에서 후임 재판소장을 임명하고자 하는 경우 재판소장의 임기가 그 재판소장인 재판관의 잔여임기인지 아니면 새로이 6년의 임기가 개시되는 것인지 해석상 의문이 있다. 헌법재판소장을 재판관 중에서 임명하고 그 임기를 별도로 규정하지 아니함에 따라 재판소장 역시 재판관의 직에서 추가적으로 소장직무를 수행한다고 본다면 자신의 재판관으로서의 잔여임기 동안만 헌법재판소장의 직무를 수행할 수 있다. 그렇지만 현행 헌법상 국회의 동의와 대통령의 임명에 의하여 헌법재판소장으로 임명된 재판관이 새로이 6년의 임기를 수행할 수 있어야 한다는 해석도 불가능한 것은 아니다. 그 재판관이 이미 대통령이 직접 임명한 재판관이라면 대통령의 재판소장 임명행위에는 재판관의 재임명이 포함되어 있다고 해석할 가능성도 있기 때문이다. 여기에는 묵시적인 사직의 의사표시와 재임명의 두 행위가 내포되어 있다고 보아야 하는데 이는 매우 부자연스럽다. 그렇기 때문에 새로이 임기 6년을 보장하려면 헌법이 명시적으로 6년 임기를 규정하여야 한다. 그렇지 아니한 현재와 같은 상황에서는 기존 재판관을 헌법재판소장으로 임명하는 경우 잔여임기 동안만 헌법재판소장의 직무를 수행할 수 있다고 본다.

제 2 절 헌법재판소의 조직

Ⅰ. 헌법재판소의 장

1. 임명 과정

헌법재판소장은 국회의 동의를 얻어 재판관 중에서 대통령이 임명한다(제111조 제4항). 개정된 국회법에서는 헌법재판소 재판관후보자가 소장을 겸하는 경우에는 소장후보자에 대한 인사청문특별위원회만 개최하게 되었다(국회법 제65조의2 제5항). 국회의 동의절차는 대통령의 임명 전에 이루어져야 한다.

초대 조규광 소장과 김용준·윤영철 소장은 각기 재판관이 아닌 상태에서 소장으로 취임하였다. 그런데 2006년 윤영철 소장의 임기만료에 따라 대통령은 현직 전효숙 재판관을 사직하게 한 후 새 소장 후보자로 지명하여 국회에 임명동의안을 제출하였다. 이에 국회는 소장에 대한 인사청문회를 실시하였다. 이는 현직 재판관을 사직하게 한 후 6년 임기의 소장으로 보하려 하였다는 비판에 직면하였다. 그 이전의 소장은 재판관이 아닌 자 중에서 대통령이 지명하여 국회의 동의를 얻은 바 있다. 그 사이에 인사청문회법이 제정되어 국회의 동의가 필요하지 아니한 재판관에 대한 인사청문과 국회의 동의를 얻어야 하는 재판관과 소장에 대한 인사청문이 상이하게 작동된다. 즉, 헌법상 소장은 "재판관중에서" 국회의 동의를 얻어야 하므로 먼저 재판관에 대하여 해당 상임위원회에서 인사청문회를 실시한 후 인사청문특별위원회를 거쳐야 한다는 논란에 휘말려 결국 대통령은 후보자 지명을 철회하였다. 이후 대통령은 이강국 전 대법관을 소장후보자로 지명하였다. 박근혜 대통령은 2013년 이동흡 전 재판관을 소장후보자로 지명하였으나 자진사퇴한 후 박한철 재판관을 소장으로 임명하였다. 2017년 문재인 대통령은 김이수 재판관을 소장후보자로 지명하였으나 국회에서 부결된 이후 이진성 재판관을 소장으로 임명하여 잔여임기 1년 동안만 소장직을 수행한 바 있다. 2018년에는 임기 5년을 남긴 유남석 재판관이 소장에 취임하였다. 2023년 12월 이종석 재판관이 임기를 불과 11개월을 남기고 소장으로 취임하였다. 2024년 10월 이종석 소장 퇴임 후 12월 3일 대통령의 비상계엄 선포 등으로 헌법재판소 구성이 정상적으로 작동하지 못하다가 2025년 7월 김상환 전 대법관이 헌법재판소장으로 취임하였다.

2. 재판소장의 임기

그런데 헌법상 대통령 5년, 국회의원 4년, 대법원장 6년, 대법관 6년, 헌법재판관 6년의 임기는 명시하고 있으면서 헌법재판소장의 임기에 관해서는 언급이 없다. 헌법에서 대법원장의 임기를 명시하고 있고, 헌법재판소법 등 관련 법률에서 헌법재판소장은 대법원장과 같은 예우를 받고 있다. 따라서 다른 헌법기관장의 임기제와의 균형과 헌법재판소의 안정적 운영을 위하여 헌법재판소장의 임기를 6년으로 법정화하여야 한다.

3. 헌법재판소의 대표

헌법재판소장은 헌법재판소를 대표하고, 헌법재판소의 사무를 총괄하며, 소속 공무원을 지휘·감독한다(헌재법 제12조 제3항). 또한 헌법재판소장은 헌법재판소의 조직·인사·운영·심판절차와 그 밖에 헌법재판소의 업무와 관련된 법률의 제정 또는 개정이 필요하다고 인정하는 경우에는 국회에 서면으로 그 의견을 제출할 수 있다(헌재법 제10조의2). 헌법재판소장이 궐위되거나 부득이한 사유로 직무를 수행할 수 없을 때에는, 다른 재판관이 헌법재판소규칙으로 정하는 순서에 따라 그 권한을 대행한다(헌재법 제12조 제4항). 헌법재판소장의 대우와 보수는 대법원장의 예에 따른다(헌재법 제15조 제1항).

헌법재판소장의 정년에 관하여는 따로 규정하고 있지 아니하지만, 재판관의 정년인 70세(헌재법 제7조 제2항)에 따른다. 이는 헌법재판소법에서 "헌법재판소는 9명의 재판관으로 구성한다"(헌재법 제3조)라는 규정과 맥락을 같이 한다. 헌법재판소장이 일시적인 사고(事故)로 직무를 수행할 수 없을 때 헌법재판관 중 임명 일자가 오래된 순으로 권한을 대행하고, 임명 일자가 같을 때는 연장자순으로 대행한다. 헌법재판소장이 궐위(闕位)되거나 1개월 이상 사고로 직무를 수행할 수 없을 때는 재판관회의에서 선출된 헌법재판관이 권한을 대행한다. 권한대행은 재판관 전원의 3분의 2를 초과하는 인원의 출석과 출석인원 과반수의 찬성으로 선출한다(헌재법 제12조의2).

4. 헌법재판의 재판관

헌법재판소장은 동시에 재판관으로서의 지위를 보유하므로 헌법재판에 관여하고 헌법재판에서는 다른 재판관과 동일한 권한과 지위를 가진다. 헌법재판의 독립을 위하여 헌법재판소장은 심판에 있어 다른 재판관에게 간섭을 하거나 어떤 영향을 미칠 수 없다.

Ⅱ. 헌법재판관

1. 재판관의 임명과정

헌법재판소의 재판관은 헌법재판소장을 포함하여 9인으로 한다(제111조 제2항). 재판관은 대통령이 임명하지만, 재판관 9인 중 3인은 국회가 선출하고, 3인은 대법원장이 지명하는 자를 임명한다. 나머지 3인의 재판관은 대통령이 직접 임명한다. 헌법은 재판관의 구성을 세 국가기관이 공동으로 구성하도록 하였다. 이제는 대통령이 직접 임명하는 재판관 3인과 대법원장이 지명하는 재판관 3인도 모두 국회의 인사청문회를 거친 후 임명하고 지명하여야 한다. 대통령이 직접 임명하는 재판관과 대법원장이 지명하는 재판관에 대하여도 국회가 인사청문회 절차를 통하여(헌재법 제6조 제2항) 헌법재판소 재판관으로서의 자격과 자질을 가지고 있는지를 직접 확인한다. 국회의 인사청문회절차로 인하여 대통령과 대법원장의 재판관 관여권한은 통제를 받게 되었다.

그런데 국회선출 헌법재판관 임명과 관련하여 논란이 제기되었다. 즉 대통령 권한대행이 국회선출 헌법재판관 후보 중 2인을 임명하고 1인에 대하여는 국회에서 합의가 이루어지지 않았다는 이유로 임명을 보류하였다. 이에 국회의장이 임명을 요청하는 권한쟁의심판을 제기하였다. 헌법재판소는 국회선출 후보자 임명거부는 위헌이라고 판시하였다(헌재 2025.2.27. 2025헌라1, 국회와 대통령 간의 권한쟁의(인용(권한침해),각하)). 하지만, 헌법재판관 선출 관례에 따른 교섭단체의 의사를 제대로 반영하지 않았다는 비판을 받는다.

청구인 국회가 피청구인 대통령 권한대행 기획재정부장관을 상대로 ① 청구인이 재판관으로 선출한 마은혁을 임명하지 아니한 부작위가 청구인의 헌법상 또는 법률상 권한을 침해한 것임을 확인하고(권한침해확인 부분), ② 마은혁이 재판관의 지위에 있음을 확인하거나, 또는 피청구인에게 마은혁을 재판관으로 임명하라는 결정을 구하는(지위확인 등 부분) 권한쟁의심판 청구에 대하여, 임명부작위는 청구인의 헌법재판소 재판관 선출을 통한 헌법재판소 구성권을 침해한다고 보아 권한침해확인 부분을 인용하고, 지위확인 등 부분은 부적법 각하하였다. [판시사항] 국회의 재판관 선출권은 독자적이고 실질적인 것이고, 대통령은 국회가 재판관으로 선출한 사람의 임명을 임의로 거부하거나 선별하여 임명할 수 없고, 다만 헌법과 법률이 정한 자격요건을 갖추지 못한 사람이 재판관으로 선출되거나 그 선출과정에 의회민주주의를 원칙으로 하는 헌법 및 국회법 등 법률을 위반한 하자가 있는 경우에 한하여 임명을 보류하고 재선출을 요구할 수 있을 뿐이며, 대통령의 재판관 임명권 행사는 그의 권한인 동시에 헌법기관인 헌법재판소가 구성되어 그 기능을 다할 수 있도록 할 헌법상 의무에 해당한다. ○ 피청구인 장관에게는 대통령의 권한을 대행하게 된 때부터 국회가 선출한 사람을 재판관으로 임명하여 재판관의 공석 상태를 해소하여야 할 구체적 작위의무가 있다. ○ 피청구인은 마은혁의 재판관 임명에 관하여 교섭단체 간의 합의를 확인할 수 없어 그 임명을 보류한 것이라는 취지로 주장하였다. 국회에는 그동안 재판관의 정치적 중립성을 담보하기 위하여 다수당이 일방적으로 재판관 3인 모두를 선출하지 않도록 하는 정치적 관행이 있었다고 하면서도, 교섭단체의 재판관 후보자 추천에 관하여 특정한 내용의 추천방식이 관행으로 굳어졌다거나 각 교섭단체가 추천하는 특정 후보자에 대해 다른 교섭단체가 합의를 한 경우에 한해 선출하는 관행이 있었음을 인정할 자료는 없다. ○ 재판관 후보자 추천부터 본회의 의결에 이르기까지의 과정을 종합하여 살펴보면, 교섭단체들이 재판관 후보자 추천에 관하여 의견조율을 거쳐 협의 결과에 따라 국회의장에게 재판관 후보자를 추천하고, 선출절차가 진행된 것으로 봄이 타당하다. ○ 권한침해확인 청구 부분에 관하여(주문 제1항 관련), 이와 같은 권한쟁의심판을 청구하기 위하여 청구인의 본회의 의결이 필요한지에 관하여는 재판관의 견해가 나뉘었다. [법정의견(5인)] 청구인이 "권한쟁의심판을 통해 보호하고자 하는 권한과 관련하여 이미 본회의 의결을 통해 그 권한 실현 의사를 결정하고 나아가 그와 같이 결정된 의사가 다른 국가기관에 의하여 침해되었음을 확인한 경우에는, 청구인을 대표하는 국회의장은 그 대표권에 기하여 청구인의 권한침해에 대한 방어적 행위로서 해당 국가기관을 상대로 권한쟁의심판을 청구할 수 있고, 권한쟁의심판을 청구하기 위한 별도의 본회의 의결은 필요하지 않다고 보는 것이 타당하다." 이유에서 본 바와 같은 사정을 종합하면 이 부분 심판청구에 대하여 별도의 본회의 의결이 필요하지 않다. [별개의견(3인)] 심판청구를 위해서는 본회의의 의결이 필요하다는 것을 전제로, 다만 청구인이 심판 계속 중이던 2025.2.14. 본회의에서 "이 사건 심판청구를 지지하고, 이 사건 심판청구와 그에 따른 소송행위가 유효 · 적법함을 확인한다"라는 취지의 결의안을 가결하여 이 사건 심판청구를 추인하는 의사를 결정 · 표시함으로써 그 절차적 흠결을 보완함에 따라 이 사건 심판청구가 사후적으로 적법하게 되었다. ○ 이 사건은 임명부작위라는 '부작위'를 대상으로 한 권한쟁의심판 사건이다. 헌법재판소법 제66조 제2항은 헌법재판소가 부작위에 대한 심판청구를 인용하는 결정을 한 때에는 피청구인은 결정 취지에 따른 처분을 하여야 한다고 규정하고 있다.

2. 재판관의 자격과 대우

헌법재판소의 재판관은 소장을 포함하여 9인으로 한다(제111조 제2항). "재판관은 정무직(政務職)으로 하고 그 대우와 보수는 대법관의 예에 따른다"(헌재법 제15조 제1항). 헌법재판관은 헌법상 법관의 자격을 요구한다(제111조 제2항).

헌법재판소법 제5조 ① 재판관은 다음 각 호의 어느 하나에 해당하는 직(職)에 15년 이상 있던 40세 이상인 사람 중에서 임명한다. 다만, 다음 각 호 중 둘 이상의 직에 있던 사람의 재직기간은 합산한다: 1. 판사 · 검사 · 변호사, 2. 변호사 자격이 있는 사람으로서 국가기관, 국영·공영 기업체, 「공공기관의 운영에 관한 법률」 제4조에 따른 공공기관 또는 그 밖의 법인에서 법률에 관한 사무에 종사한 사람, 3. 변호사 자격이 있는 사람으로서 공인된 대학의 법률학 조교수 이상의 직에 있던 사람. ② 다음 각 호의 어느 하나에 해당하는 사람은 재판관으로 임명할 수 없다(결격사유). 1. 다른 법령에 따라 공무원으로 임용하지 못하는 사람, 2. 금고 이상의 형을 선고받은 사람, 3. 탄핵에 의하여 파면된 후 5년이 지나지 아니한 사람, 4. 정당법 제22조에 따른 정당의 당원 또는 당원의 신분을 상실한 날부터 3년이 경과되지 아니한 사람, 5. 공직선거법 제2조에 따른 선거에 후보자(예비후보자를 포함한다)로 등록한 날부터 5년이 경과되지 아니한 사람, 6. 공직선거법 제2조에 따른 대통령선거에서 후보자의 당선을 위하여 자문이나 고문의 역할을 한 날부터 3년이 경과되지 아니한 사람. ③ 제2항제6호에 따른 자문이나 고문의 역할을 한 사람의 구체적인 범위는 헌법재판소규칙으로 정한다.

3. 재판관의 임기와 정년

헌법재판관의 임기는 6년이고, 법률이 정하는 바에 의하여 연임할 수 있다(헌법 제112조 제1항). 그러나 연임한 사례는 단 한 번뿐이다(재판관 김문희. 다만 김진우 재판관은 취임 3년 후 비상임에서 상임으로 임명된 바 있다).

재판관의 정년은 70세이다(헌재법 제7조 제2항). 법원조직법에서 대법관의 정년이 70세로 상향조정된 후에 헌법재판관의 정년도 70세로 개정되었다. 헌법은 재판관 임기제도와 연임제도를 채택하고 동시에 정년제도를 도입하고 있다. 이런 제도가 헌법재판소 재판관의 재판권의 독립에 어떤 영향을 미칠 수 있는지에 대해서는 재판권의 독립에서 다룬다.

"임기 중 헌법재판관이 결원된 경우에는 결원된 날부터 30일 이내에 후임자를 임명하여야 한다"(제6조 제4항). "국회에서 선출한 재판관이 국회의 폐회 또는 휴회 중에 그 임기가 만료되거나 정년이 도래한 경우 또는 결원된 경우에는 국회는 다음 집회가 개시된 후 30일 이내에 후임자를 선출하여야 한다"(제6조 제5항).

헌법 제27조가 보장하는 재판청구권에는 공정한 헌법재판을 받을 권리도 포함되고, 헌법 제111조 제2항은 헌법재판소가 9인의 재판관으로 구성된다고 명시하여 다양한 가치관과 헌법관을 가진 9인의 재판관으로 구성된 합의체가 헌법재판을 담당하도록 하며, 같은 조 제3항은 재판관 중 3인은 국회에서 선출하는 자를 임명한다고 규정한다. 그렇다면 헌법 제27조, 제111조 제2항 및 제3항의 해석상, 피청구인이 선출하여 임명된 재판관 중 공석이 발생한 경우, 국회는 공정한 헌법재판을 받을 권리의 보장을 위하여 공석인 재판관의 후임자를 선출하여야 할 구체적 작위의무를 부담한다(헌재 2014.4.24. 2012헌마2, 퇴임재판관 후임자선출 부작위 위헌확인(각하)).

4. 재판관의 신분보장과 전념의무

헌법재판관의 직무상 독립, 신분보장, 정치적 중립성, 겸직금지 등에 관한 사항은 대법관이나 법관의 경우에 준하여 헌법재판소법에 규정한다. 헌법재판관은 직무상 독립과 신분을 보장받는다. 재판관은 헌법과 법률 그리고 양심에 따라 독립하여 심판한다(헌재법 제4조). 재판관은 탄핵 또는 금고 이상의 형의 선고에 의하지 아니하고는 파면되지 아니한다(제112조 제3항). 재판관은 정당에 가입하거나 정치에 관여할 수 없다(제112조 제2항). 재판관은 국회 또는 지방의회의 의원의 직, 국회 · 정부 또는 법원의 공무원의 직, 법인 · 단체 등의 고문 · 임원 또는 직원의 직을 겸하거나 영리를 목적으로 하는 사업을 할 수 없다(헌재법 제14조).

Ⅲ. 재판관회의

"재판관회의는 재판관 전원으로 구성되며, 헌법재판소장이 의장이 된다." 다수의 재판관 결원에 대비하여 재판관회의의 정족수를 하향조정하였다. 즉 "재판관회의는 재판관 전원의 3분의 2를 초과하는 인원의 출석과 출석인원 과반수의 찬성으로 의결한다." "의장은 의결에서 표결권을 가진다"(헌재법 제16조). 재판관회의는 재판관 전원으로 구성되지만 실제 헌법재판을 진행하는 재판부와는 구별되는 헌법재판소의 조직 중 하나이다.

"다음 각 호의 사항은 재판관회의의 의결을 거쳐야 한다. 1. 헌법재판소규칙의 제정과 개정, 제10조의2에 따른 입법 의견의 제출에 관한 사항, 2. 예산 요구, 예비금 지출과 결산에 관한 사항, 3. 사무처장, 사무차장, 헌법재판연구원장, 헌법연구관 및 3급 이상 공무원의 임면(任免)에 관한 사항, 4. 특히 중요하다고 인정되는 사항으로서 헌법재판소장이 재판관회의에 부치는 사항"(헌재법 제16조).

재판관회의의 운영에 대하여는 '헌법재판소재판관회의규칙'(헌재규칙 제74호)에 따른다. 재판관회의는 정례재판관회의와 임시재판관회의가 있는데 정례재판관회의는 매월 첫째 주 목요일에 소집하고, 임시재판관회의는 필요에 따라 헌법재판소장 또는 재판관 3인 이상의 요구에 의하여 헌법재판소장이 소집한다(위 규칙 제2조). 의장은 회의를 주재하고 의결된 사항을 집행한다(위 규칙 제73호).

Ⅳ. 보조기관

1. 사 무 처

헌법재판소의 행정사무를 처리하기 위하여 사무처를 둔다. 사무처는 헌법재판소의 행정사무를 처리하는 조직으로 헌법재판에 관여할 수 없다. 사무처공무원은 헌법재판소장이 임면한다. 헌법재판소장은 다른 국가기관에 대하여 그 소속공무원을 사무처 공무원으로 근무하게 하기 위하여 헌법재판소에 파견근무를 요청할 수 있다(헌재법 제18조 제5항). 사무처장은 헌법재판소장의 지휘를 받아 사무처의 사무를 관장하며, 소속공무원을 지휘·감독한다(헌재법 제17조 제3항). 사무처장은 정무직으로 하고 보수는 국무위원의 보수와 동액으로 한다(헌재법 제18조 제1항). 사무처장은 국회 또는 국무회의에 출석하여 헌법재판소의 행정에 관하여 발언할 수 있다(헌재법 제17조 제4항). 헌법재판소장이 행한 처분에 대한 행정소송의 피고는 헌법재판소 사무처장으로 한다(헌재법 제17조 제5항). 사무차장은 사무처장을 보좌하며, 사무처장이 사고로 인하여 직무를 수행할 수 없을 때에는 그 직무를 대행한다(헌재법 제17조 제6항). 사무차장은 정무직으로 하고 보수는 차관의 보수와 동액으로 한다(헌재법 제18조 제2항). 사무처에는 실·국·과를 둔다(헌재법 제17조 제7항). 실에는 실장, 국에는 국장, 과에는 과장을 두되 사무처장·차장·실장 또는 국장 밑에 정책의 기획, 계획의 입안, 연구·조사, 심사·평가 및 홍보업무를 보좌하는 심의관 또는 담당관을 둘 수 있다(헌재법 제17조 제8항). 헌법재판소법에 규정하지 아니한 사항으로서 사무처의 조직·직무범위, 사무처에 두는 공무원의 정원 기타 필요한 사항은 헌법재판소규칙으로 정한다(헌재법 제17조 제9항).

2. 헌법연구관

헌법재판소에는 헌법연구위원·헌법연구관·헌법연구관보 및 헌법연구원을 둔다. 이들은 헌법재판소장의 명을 받아 사건의 심리와 심판에 관한 조사·연구에 종사한다(헌재법 제19조, 제19조의2, 제19조의3). 헌법연구관은 특정직 공무원이다(헌재법 제19조 제2항). 헌법재판소장은 다른 국가기관에 대하여 그 소속공무원을 헌법연구관으로 근무하게 하기 위하여 헌법재판소에 파견근무를 요청할 수 있다(헌재법 제19조 제9항). 이 규정에 따라 판사, 검사, 행정부 공무원들이 파견 나와 헌법연구관으로 근무한다. 헌법재판소 사무차장은 헌법연구관의 직을 겸할 수 있다(헌재법 제19조 제10항). 헌법연구관은 ① 판사·검사 또는 변호사의 자격이 있는 사람, ② 공인된 대학의 법률학 조교수 이상의 직에 있던 사람, ③ 국회·정부 또는 법원 등 국가기관에서 4급 이상의 공무원으로서 5년 이상 법률에 관한 사무에 종사한 사람, ④ 법률학에 관한 박사학위 소지자로서 국회·정부·법원 또는 헌법재판소 등 국가기관에서 5년 이상 법률에 관한 사무에 종사한 사람, ⑤ 법률학에 관한 박사학위 소지자로서 헌법재판소규칙이 정하는 대학 등 공인된 연구기관에서 5년 이상 법률에 관한 사무에 종사한 사람 가운데서 헌법재판소장이 재판관회의의 의결을 거쳐 임용한다(헌재법 제19조 제4항). 헌법연구관의 임기는 10년이고, 연임할 수 있으며, 정년은 65세이다(헌재법 제19조 제7항). 종래 정년 60세에서 법관과 동일하게 65세로 상향조정한 것은 바람직하다.

3. 헌법연구원

헌법재판소는 법학 등의 분야의 박사학위 소지자들을 연구원으로 채용하여 사건의 심리 및 심판에 관한 조사·연구에 종사시킬 수 있다. 연구원의 자격 등에 대해서는 '헌법재판소계약직공무원규칙'(헌법재판소규칙 제236호 2009.2.26. 일부개정)이 자세히 규정하고 있다.

4. 헌법재판연구원

"헌법 및 헌법재판 연구와 헌법연구관, 사무처 공무원 등의 교육을 위하여 헌법재판소에 헌법재판연구원"을 설치하였다(헌재법 제19조의4 제1항). 헌법재판연구원은 헌법재판에 관한 새로운 싱크 탱크로 자리 잡아야 한다.

제3편

일반심판절차

제1장 서 설

헌법재판소의 심판절차는 일반심판절차와 특별심판절차로 나누어 살펴볼 수 있다. 일반심판절차는 헌법재판소의 각종 심판에 공통적으로 적용되는 절차법적 내용을 말하고, 특별심판절차는 헌법재판소의 다섯 가지 관장사항을 심판하는 과정에서 특별히 요구되는 절차법적 사항을 말한다. 헌법재판소법도 제3장에서 일반심판절차를 규정한 다음, 제4장에서 특별심판절차라는 제목에서 위헌법률심판, 탄핵심판, 정당해산심판, 권한쟁의심판, 헌법소원심판 등의 다섯 가지 절차에 대하여 규정하고 있다. 그런데 헌법재판소의 심판절차에 관한 모든 사항을 헌법재판소법에서 빠짐없이 규율하기는 어렵다. 만일 헌법재판소법에 특별한 규정이 없는 경우에는 헌법재판의 성질에 반하지 아니하는 한도에서 민사소송에 관한 법령을 준용한다. 이 경우 탄핵심판의 경우에는 형사소송에 관한 법령을 준용하고, 권한쟁의심판 및 헌법소원심판의 경우에는 행정소송법을 함께 준용한다(헌재법 제40조 제1항). 함께 준용하는 경우에 형사소송에 관한 법령 또는 행정소송법이 민사소송에 관한 법령에 저촉될 때에는 민사소송에 관한 법령은 준용하지 아니한다(헌재법 제40조 제2항). 헌법재판소는 헌법재판소법 제10조 제1항에 의거하여 심판에 관한 절차에 관한 규칙을 제정할 수 있는바, 이에 따라 심판절차의 보다 구체적이고 세부적인 사항에 관해서는 헌법재판소 심판규칙이 적용된다. 이하에서는 우선 일반심판절차에 대하여 살펴보기로 한다.

제 2 장 재판부의 구성

제 1 절 전원재판부와 지정재판부

Ⅰ. 전원재판부

헌법재판소법에 특별한 규정이 있는 경우를 제외하고는 헌법재판소의 심판은 전원재판부에서 관장한다. 전원재판부는 재판관 전원으로 구성되는 재판부를 말하며, 전원재판부의 재판장은 헌법재판소장이 된다(헌재법 제22조).

전원재판부는 재판관 7인 이상의 출석으로 사건을 심리한다(헌재법 제23조 제1항). 이와 관련하여 헌법재판소는 '재판관이 임기만료로 퇴직하여 재판관의 공석 상태가 된 경우'에 한하여 위 헌법재판소법 제23조 제1항의 효력을 정지하는 가처분을 인용한 바 있다(헌재 2024.10.14. 2024헌사1250, 헌법재판소법 제23조 제1항 효력정지 가처분(인용)). 상세한 내용은 아래 제5장 제1절에서 논한다.

Ⅱ. 지정재판부

헌법재판소장은 헌법소원심판의 사전심사를 담당하는 지정재판부를 둘 수 있다(헌재법 제72조 제1항). 이러한 지정재판부는 재판관 3인으로 구성되는 재판부로서, 헌법소원심판사건을 처리하기 위해서만 설치·운영된다. 지정재판부는 소속재판관 전원의 일치된 의견에 의한 결정으로 헌법소원의 심판청구를 각하할 수 있다(헌재법 제72조 제3항).

'지정재판부의 구성과 운영에 관한 규칙'에 의하면, 헌법재판소에는 제1지정재판부, 제2지정재판부 및 제3지정재판부를 두며(제2조 제1항), 각 지정재판부의 구성원은 재판관회의의 의결을 거쳐 헌법재판소장이 가열, 나열 및 다열로 편성한다(제3조).

제 2 절 재판관의 제척 · 기피 · 회피

Ⅰ. 의 의

헌법재판소 재판관이 자신과 밀접한 관련이 있는 사건의 심판에 직접 관여하게 된다면 헌법재판의 공정성에 대한 불신이 초래될 수 있다. 따라서 재판관이 자신이 담당하는 사건과 인적 또는 물적으로 특수한 관계에 있을 때 그 사건의 직무집행에서 배제함으로써 헌법재판에 대한 국민의 신뢰를 확보하기 위하여 헌법재판소법은 재판관의 제척 · 기피 · 회피에 관한 제도를 두고 있다(헌재법 제24조).

헌법재판은 대체로 개별적 · 구체적 이해관계를 다루기보다는 규범에 대한 추상적 헌법판단을 하는 재판이고 헌법재판소는 지정재판부가 아닌 한 단일의 재판부를 구성하므로 재판부의 교체가능성이 없으며, 예비재판관 제도도 없는 상황이다. 그런데 제척 · 기피 · 회피로 인하여 재판관이 재판에서 배제될 경우 위헌판단이나 인용판단에 있어 재판관 6인 이상의 찬성을 필요로 하는 현행제도에서는 위헌판단의 확률은 그만큼 낮아질 수 있으며 헌법재판소 구성의 균형이 깨어질 수도 있다. 따라서 헌법재판의 제척 · 기피 · 회피의 사유는 일반재판의 경우에 비하여 좀더 좁게 보아야 한다(실무제요. 29면).

Ⅱ. 재판관의 제척

제척(除斥)은 재판관이 구체적인 사건에 관하여 법률이 정하는 특수한 관계가 있을 경우 법률로써 해당 재판관을 곧바로 그 사건에 관한 직무집행에서 배제하는 제도를 말한다.

헌법재판소법에 의하면, ① 재판관이 당사자이거나 당사자의 배우자 또는 배우자였던 경우, ② 재판관과 당사자가 친족관계이거나 친족관계였던 경우, ③ 재판관이 사건에 관하여 증언이나 감정(鑑定)을 하는 경우, ④ 재판관이 사건에 관하여 당사자의 대리인이 되거나 되었던 경우, ⑤ 그 밖에 재판관이 헌법재판소 외에서 직무상 또는 직업상의 이유로 사건에 관여한 경우에 재판관은 그 직무집행에서 제척된다(헌재법 제24조 제1항).

①에서 '당사자'는 제척제도의 본질상 넓게 해석하여 분쟁해결에 관하여 실질적인 이해관계가 있는 사람까지도 포함하는 방향으로 해석하여 보조참가인, 선정당사자, 파산관재인이 당사자인 경우 파산자 본인 등도 포함된다. ⑤에서 '직무상 또는 직업상의 이유로 사건에 관여하였던 경우'는 좁게 해석해야 한다. 따라서 재판관이 되기 전에 국회의원으로서 규범통제의 대상이 된 법률의 입법에 관여하였다거나, 학술논문을 통하여 사건과 관련된 법률문제에 관한 견해를 밝힌 일이 있다는 사정 등은 제척사유가 되지 아니한다(허영, 132면).

재판부는 제척사유에 해당하는 재판관이 있을 경우 재판부는 직권 또는 당사자의 신청에 의하여 제척의 결정을 한다(헌재법 제24조 제2항). 여기서 말하는 당사자는 재판관 본인이 아니라 헌법재판절차에 있어서의 당사자, 즉 자기 이름으로 심판을 청구하거나 그 상대방이 되는 자를 말한다. 당사자의 제척신청에 관한 심판에는 민사소송법 제44조, 제45조, 제46조 제1항 · 제2항 및 제48조가 준용된다(헌재법 제24조 제6항). 이에 따라 제척신청은 그 이유를 명시하여 신청하여야 하며 제척하는 이유와 소명방법은 신청한 날부터 3일 이내에 서면으로 제출하여야 한다(민소법 제44조 제2항). 제척신청이 재판의 지연을 목적으로 하는 것이 분명한 때에는 신청을 받은 재판부 또는 수명재판관은 결정으로 이를 각하한다(민소법 제45조 제1항). 그리고 제척신청이 있는 경우에는 그 신청에 대한 심판이 확정될 때까지 본안절차를 정지하여야 하지만, 종국결정을 선고하거나 긴급을 필요로 하는 행위를 하는 경우에는 예외가 인정된다(민소법 제48조).

지정재판부 재판관에 대한 제척신청이 있을 경우 그에 대한 심판을 지정재판부가 할지 전원재판부가 할지 불분명하나, 보다 객관적인 심판을 기대할 수 있다는 점에서 전원재판부에서 하도록 하여야 한다. 다만, 헌법재판소는 제척대상 재판관이 포함되지 않은 지정재판부에서 본안사건을 각하하면서 제척신청도 함께 각하한 사례가 있다(헌재 2015.7.7. 2015헌사669, 제척신청(각하)).

제척의 효과로서 재판관에게 제척사유가 있으면 문제된 재판관을 배제한 나머지 재판관이 직무집행을 하게 된다. 하지만 3인 이상의 재판관이 모두 제척사유에 해당할 경우에는 헌법재판소의 기능이 사실상 마비되는 문제가 초래될 수 있다. 7인 이상의 재판관의 출석을 요하는 심판정족수(헌재법 제23조 제1항)를 채우지 못하여 모든 사건의 심리 자체가 불가능해지기 때문이다. 이에 대한 해결책으로 예비재판관제도를 도입할 필요가 있다(정종섭, 소송법, 191면). 예비재판관제도에 대해서는 뒤에서 심판정족수와 관련하여 자세히 설명하기로 한다.

Ⅲ. 재판관의 기피

기피(忌避)는 심리에 관여하는 재판관에게 제척사유 이외의 사정이 있어 공정한 재판을 기대하기 어려운 경우에 당사자의 신청에 의한 결정으로 그 재판관을 직무집행에서 배제하는 제도를 말한다.

헌법재판소법은 재판관에게 공정한 심판을 기대하기 어려운 사정이 있는 경우 당사자는 기피(忌避)신청을 할 수 있도록 하고 있다(헌재법 제24조 제3항). 하지만 당사자가 변론기일에 출석하여 본안에 관한 진술을 한 때에는 신청권을 상실한다(헌재법 제24조 제3항 단서).

당사자의 기피신청이 있더라도 해당 재판관의 직무집행 배제 여부는 그 신청에 대한 심판에 의하여 결정된다. 기피신청에 따른 재판관의 배제는 공정한 심판을 기대하기 어려운 객관적 사정이 있을 때만 인정된다. 따라서 당사자가 주관적인 의혹만으로 기피신청을 한 경우에는 재판부는 기피신청을 기각할 수 있다. 헌법재판소는 불기소처분의 취소를 구하는 사건에서 재판관이 검사로 재직한 경력이 있다거나 혹은 신청인이 이전에 제기한 사건들에 관하여 재판관이 수차례 각하 또는 기각의 결정을 하였다는 사실만으로는 그 재판관에게 심판의 공정을 기대하기 어려운 객관적 사정이 있다고 할 수 없다는 취지로 기피신청을 기각한 바 있다(헌재 2001.8.23. 2001헌사309, 기피신청; 헌재 2001.8.30. 2001헌사287, 기피신청).

당사자의 기피신청에 관한 심판에도 민사소송법 제44조, 제45조, 제46조 제1항·제2항 및 제48조가 준용된다(헌재법 제24조 제6항). 이에 따라 재판관에 대한 기피는 그 이유를 명시하여 신청하여야 하며 기피하는 이유와 소명방법을 신청한 날부터 3일 이내에 서면으로 제출하여야 한다(민소법 제44조 제2항). 기피신청이 있는 경우에는 그 신청에 대한 심판이 확정될 때까지 본안절차를 정지하여야 하지만, 종국결정을 선고하거나 긴급을 필요로 하는 행위를 하는 경우에는 그 예외가 인정된다(민소법 제48조). 기피신청이 재판의 지연을 목적으로 하는 것이 분명한 때에는 신청을 받은 재판부는 결정으로 이를 각하한다(민소법 제45조 제1항).

한편 당사자는 동일한 사건에 대하여 2명 이상의 재판관을 기피할 수 없다(헌재법 제24조 제4항). 이는 당사자의 기피신청으로 인하여 헌법재판의 기능이 마비되거나 혹은 변질되는 상황을 방지하기 위한 장치라고 할 수 있다. 양 당사자에 의하여 기피되는 재판관을 최대 2인으로 한정함으로써 심리정족수를 유지하도록 하는 제도이다(김하열, 110면).

Ⅳ. 재판관의 회피

회피(回避)는 재판관이 스스로 제척 또는 기피의 사유가 있다고 인정하여 자발적으로 특정 사건의 직무집행에서 벗어나는 제도를 말한다. 재판관의 회피에 대해서는 별도의 심판이 필요하지 아니하며, 다만 재판장의 허가를 얻어야 한다(헌재법 제24조 제5항). 만일 한 사건에서 재판관 3인 이상이 한꺼번에 회피하는 경우에는 심리 자체가 불가능하므로, 재판장은 이러한 회피를 허가하여서는 아니 된다(실무제요, 33면).

Ⅴ. 재판관의 탄핵소추에 따른 문제점

헌법재판소 재판관에 대하여 국회가 탄핵소추를 의결한 경우 헌법 제65조 제3항에 따라 탄핵심판이 있을 때까지 그 권한행사가 당연히 정지되지만, 권한행사의 정지라는 헌법 규정이 없다 하더라도 헌법재판소법 제24조 제1항에 따라 탄핵소추를 당한 재판관은 적어도 자신에 대한 탄핵심판의 절차에서만큼은 제척된다. 또한 피소추자와 긴밀한 연관성을 가진 동료 재판관들도 회피나 기피신청에 따라 해당 탄핵심판절차에서 배제될 수 있다. 이러한 경우에는 탄핵심판의 인용 가능성이 상대적으로 낮아질 수 있다. 일반적으로 탄핵심판에서 인용결정을 하려면 재판관 9명 가운데 6인 이상이 찬성하여야 하지만, 재판관이 탄핵소추를 당한 경우에는 제척 또는 회피로 인하여 재판관 8명 혹은 7명 가운데 6인 이상이 찬성을 하여야 인용결정을 내릴 수 있기 때문이다. 만일 재판관 가운데 2~3명이 반대를 하여 탄핵심판이 기각된다면, 이는 대통령이나 대법원장 등에 대한 탄핵심판보다도 인용에 필요한 정족수가 까다롭게 되는 결과를 초래한다. 이러한 결과는 당초의 입법취지와 거리가 있으므로 법리상으로 모순적이라 할 수 있다.[1)]

1) 권건보, "헌법재판소 재판관 탄핵제도의 문제점", 헌법학연구 15-3, 2009.9, 145면 이하 참조.

제3장 헌법재판의 당사자와 대리인

제1절 헌법재판의 당사자

Ⅰ. 각종 심판절차의 당사자

헌법재판에 있어서 당사자라 함은 헌법재판소에 대하여 자기의 명의로 헌법재판소의 심판을 구하는 자와 그에 대립하는 상대방을 말한다. 자기 이름으로 헌법재판소의 심판을 청구하는 자를 청구인이라 하고, 그 상대방인 당사자를 피청구인이라 한다. 헌법재판의 당사자인 청구인과 피청구인은 구체적인 심판의 유형에 따라 다르게 파악된다.

1. 위헌법률심판

위헌법률심판은 법원의 제청으로 개시되므로, 제청법원을 청구인으로 볼 여지가 있다. 하지만 위헌법률심판의 '청구'라 하지 아니하고 '제청'이라고 한 점, 법원은 위헌법률심판제청서를 제출하고 난 이후에는 별도로 헌법재판소의 심판절차에 참여하지 아니한다는 점 등을 고려할 때 제청법원을 당사자라고 보기는 어렵다.

또한 위헌법률심판제청신청인은 헌법재판소에 자신의 이름으로 위헌법률심판을 직접 청구한 것은 아니므로, 위헌법률심판의 계기가 된 당해 사건의 당사자일 뿐 위헌법률심판의 당사자가 될 수는 없다.

한편 위헌심판의 대상이 되는 법률은 국회가 제정하므로 국회가 위헌법률심판절차에서의 피청구인이 된다고 볼 여지가 있다. 특히 우리나라에서는 위헌결정이 내려진 법률 조항이 곧바로 효력을 상실하게 되므로(헌재법 제47조 제2항), 헌법재판소가 특정 법률 조항을 폐지 또는 개정하는 입법자로서의 역할을 수행하기도 한다. 이러한 점에서 국회는 위헌법률심판에 있어서 직접적인 이해관계인으로서 당해 법률의 유지와 존속을 위하여 방어권을 행사할 필요가 있다. 하지만 국회는 입법형성권에 의하여 합헌성의 추정을 받는 법률조항을 제정하며 그 효력은 대통령이 공포함으로써 발생하기 때문에 국회를 피청구인으로 하여 소송절차에 참여시켜서는 아니 된다(허영, 138면). 소송실무상으로도 국회는 위헌법률심판의 과정에 직접 관여하지 아니하며, 다만 법무부장관이나 국가기관이 이해관계인으로서 심판대상인 법률조항에 대하여 의견을 제출하고 있을 뿐이다. 이러한 점에서 국회는 형식적으로 볼 때 피청구인이 아니라고 보아야 한다(실무제요, 36면). 결국 위헌법률심판에 있어서 당사자라는 개념은 특별히 존재하지 아니한다.

2. 헌법소원심판

먼저 권리구제형 헌법소원(헌재법 제68조 제1항 헌법소원)에 있어서 청구인은 공권력의 행사 또는 불행사로 인하여 헌법상 보장된 기본권을 침해받았다고 주장하며 헌법소원을 청구한 자이다. 하지만 피청구인이 누구인지는 헌법소원의 대상에 따라 다르게 보아야 한다. 예컨대 법령에 대한 헌법소원의 경우 위헌법률심판에서와 마찬가지로 피청구인이 존재하지 아니한다고 보아야 하나, 기타 공권력의 행사 또는 불행사가 문제되는 헌법소원의 경우에는 공권력의 주체가 피청구인이 된다고 볼 수 있다.

헌법재판소 심판규칙은 헌법소원심판청구서에 피청구인, 다른 법률에 따른 구제 절차의 경유에 관한 사항, 청구기간의 준수에 관한 사항을 기재하도록 규정하면서도 예외적으로 법령소원의 경우에는 헌법소원심판청구서의 기재사항으로 피청구인을 요구하지 아니한다(헌법재판소 심판규칙 제68조 제1항 제2호).

다음으로 위헌심사형 헌법소원(헌재법 제68조 제2항 헌법소원)에 있어서 청구인은 법원으로부터 위헌법률제청신청을 기각당하여 헌법재판소에 직접 헌법소원을 청구한 자이다. 하지만 위헌법률심판에서와 같은 이유로 피청구인은 존재하지 아니한다고 보아야 한다(허영, 138면).

3. 기타의 심판

탄핵심판, 정당해산심판, 권한쟁의심판의 경우 대립적 소송구조를 가지기 때문에 청구인과 피청구인이 분명하게 특정될 수 있다.

탄핵심판에서는 소추인과 피소추인이 당사자가 된다. 구체적으로 탄핵소추를 의결한 국회가 청구인이 되고, 탄핵소추의 대상이 된 자가 피청구인이 된다(헌재법 제49조). 그리고 정당해산심판에서 청구인은 정부이며(헌재법 제55조), 피청구인은 제소된 정당이라고 할 수 있다. 또한 권한쟁의심판에서는 자신의 권한을 침해받았다고 주장하는 기관이 청구인이 되고, 청구인의 권한을 침해한 것으로 지목된 기관이 피청구인이 된다.

Ⅱ. 당사자의 권리

헌법재판의 당사자는 심판절차에 참여할 권리를 가진다. 탄핵심판 · 정당해산심판 · 권한쟁의심판은 구두변론에 의하므로(헌재법 제30조 제1항), 당사자는 변론의 주체로서 절차에 참여하게 된다. 위헌법률심판과 헌법소원심판에서도 필요하다고 인정하는 경우 변론을 열어 당사자 · 이해관계인 기타 참고인의 진술을 들을 수 있으므로(헌재법 제30조 제2항), 당사자는 변론 시 진술을 할 수 있는 지위를 가질 수 있다.

당사자는 심판절차에서 자기의 이익을 옹호하기 위하여 필요한 소송법상의 권리, 예를 들어 청구서 또는 답변서를 제출하고 그 심판결정의 송달을 받을 권리(헌재법 제27조 · 제29조), 기일의 소환을 받을 권리(헌재법 제30조 제3항), 제척 · 기피신청권(헌재법 제24조), 증거조사 신청권(헌재법 제31조 제1항) 등을 가진다. 그리고 재판의 실체적 사항에 대하여 자료를 제출하고 의견을 진술할 권리, 심판청구의 취하 · 포기 등 심판청구 자체를 임의로 처분할 수 있는 권리, 심판의 변론에 참여하고 그에 따른 증거조사에 직접 참여하는 권리 등을 가진다(헌재법 제26조 · 제28조 · 제31조 제1항, 제32조).

독일은 헌법에서 당사자의 재판절차에서의 청문청구권(Rechtliche Gehör)을 독립된 조문으로 보장하고 있다(기본법 제103조 제1항). 우리 헌법은 제27조에서 국민의 재판청구권을 보장하고 제111조 제1항에서 헌법재판소의 관장사항을 명시하고 있으므로 이에 따라 당사자는 심판절차의 주체로서 헌법재판을 청구하고 심판절차에 참여할 수 있는 지위가 보장될 수 있다(실무제요 38-39면).

제 2 절 헌법재판의 대표자와 대리인

Ⅰ. 정부의 대표자

각종 심판절차에서 정부가 당사자(참가인을 포함한다)인 경우에는 법무부장관이 이를 대표한다(헌재법 제25조 제1항).

Ⅱ. 소송대리인

1. 국가기관 또는 지방자치단체가 당사자인 경우

국가기관 또는 지방자치단체가 당사자인 때에는 변호사 또는 변호사의 자격이 있는 소속직원을 대리인으로 선임하여 심판을 수행하게 할 수 있다(헌재법 제25조 제2항).

2. 사인(私人)이 당사자인 경우

각종 심판절차에 있어서 당사자인 사인은 변호사를 대리인으로 선임하지 아니하면 심판청구를 하거나 심판수행을 하지 못한다. 다만, 그가 변호사의 자격이 있는 때에는 그러하지 아니하다(헌재법 제25조 제3항). 사인이 헌법재판에 당사자로서 관여하려면 반드시 변호사를 대리인으로 선임하여야 한다. 이를 **변호사강제주**의라고 부른다.

헌법재판에서 법률전문가가 아닌 개인이 심판절차를 수행할 경우, 법률지식의 부족으로 재판의 본질을 제대로 이해하지 못하여 필요한 주장을 제대로 하지 못하거나 중요한 증거자료를 제대로 제출하지 못하여 자신의 권리를 올바로 보호받지 못할 수 있다. 나아가 재판의 결과가 국가기관과 국민 전체에 영향을 미치는 헌법재판의 신뢰를 떨어뜨릴 수도 있다. 또 감정에 얽매여 불필요한 주장이나 증거자료를 늘어놓거나 재판에서 이길 가능성이 없는 사건을 청구함으로써 재판관의 업무를 가중시켜 구제받아야 할 사건의 처리가 늦어질 수도 있다. 따라서 법률전문가가 아닌 개인은 반드시 법률전문가의 도움을 받아 헌법재판에 관여하도록 함으로써 국민의 기본권을 효율적으로 보장하고 헌법질서를 지키는 데 도움이 된다. 이러한 이유로 일반 재판의 경우와 달리 헌법재판에서 변호사강제주의가 채택되고 있다.

여기서 사인이 청구인이 될 수 있는 심판절차는 헌법소원이 유일하며, 사인이 피청구인이 될 수 있는 경우로는 탄핵심판에서의 피청구인과 정당해산심판에서의 정당을 생각할 수 있다. 따라서 변호사강제주의는 탄핵심판 · 정당해산심판 · 헌법소원심판의 절차에 있어서만 적용된다고 보아야 한다. 이들 심판절차 가운데서도 무자력자의 헌법재판을 받을 권리의 침해가능성은 당사자적격에 아무런 제한을 두고 있지 아니한 헌법소원심판청구의 경우이다.

> 헌법재판소의 실무는 대리인의 선임 없이 헌법소원심판 청구를 한 경우 지정재판부의 사전심사단계에서 상당한 기간(7일 내지 10일)을 정하여 대리인을 선임하도록 보정명령을 하고 있다(실무제요, 48면).

변호사강제주의가 적용되는 심판절차에서 변호사의 자격이 없는 당사자가 직접 행한 심판청구나 소송수행은 부적법하다. 그리고 변호사의 자격을 가지지 아니한 자의 소송수행은 효력이 없다. 다만, 변호사의 자격이 없는 사인의 헌법소원 청구나 주장 등 심판수행은 변호사인 대리인이 이를 추인하면 적법하다고 본다. 한편 헌법소원심판청구 후 청구인의 대리인인 변호사가 사임한 경우 심판청구가 적법한지에 대하여 논란이 될 수 있다. 그런데 변호사강제주의의 채택은 청구인의 헌법재판청구권을 제한하기 위함이 아니라 헌법소원심판청구인을 보호하려는 데 그 취지가 있다. 따라서 변호사인 대리인에 의한 헌법소원심판청구가 있었다면 그 이후 심리과정에서 대리인이 사임하였더라도 기왕의 대리인의 소송행위가 무효로 되지 아니하고 심판청구는 그 범위에서 적법하다고 보아야 한다(헌재 1992. 4. 14. 91헌마156, 불기소처분에 대한 헌법소원).

헌법소원심판에 있어서 변호사강제주의의 채택에 대해서는 "합리적인 이유 없이 변호사의 자격 유무라는 사회적 신분에 의하여 헌법소원심판청구권 행사나 심판수행권 행사에 있어서 자의적인 차별대우를 하고 있다고 할 것이므로 헌법상의 평등의 원칙에 위배되며, 또한 일반국민이 스스로 헌법소원심판청구권을 행사하지 못하고 반드시 변호사를 통하여서만 이를 행사하게 함으로써 국민의 재판청구권을 부당히 제한하는 것이 되어 헌법정신에 위배된다"라는 위헌론이 그간 꾸준히 제기되었다. 이에 대하여 헌법재판소는 다음과 같은 논지로 일관되게 합헌결정을 내리고 있다.

> "변호사강제주의는 재판업무에 분업화 원리의 도입이라는 긍정적 측면 외에도 재판을 통한 기본권의 실질적 보장, 사법의 원활한 운영과 헌법재판의 질적 개선, 재판심리의 부담경감 및 효율화, 사법운영의 민주화 등 공공복리에 그 기여도가 크다 하겠고, 그 이익은 변호사선임비용 지출을 하지 않는 이익보다는 이익형량상 크다고 할 것이며, 더욱이 무자력자에 대한 국선대리인제도라는 대상조치가 별도로 마련되어 있는 이상 헌법에 위배된다고 할 수 없다"(헌재 1990.9.3. 89헌마120등, 헌법재판소법 헌법재판소법 제25조 제3항에 관한 헌법소원(기각); 동지: 헌재 1992.4.14. 91헌마156, 불기소처분에 대한 헌법소원(기각); 헌재 2004.4.29. 2003헌마783, 헌법재판소법 제25조 제3항 등 위헌확인(기각); 헌재 2010.3.25. 2008헌마439, 헌법재판소법 제25조 제3항 위헌확인(기각)).

생각건대 권리구제의 최후 보루인 헌법재판소에의 제소가 변호사선임비용문제로 인하여 차단되어서는 아니 된다. 더구나 현실적으로 소수의 변호사에 의하여 과점되어 있는 과다한 수임료체제에서 결과적으로 국민의 사법접근이 봉쇄될 우려가 있다. 독일에서도 민사소송은 변호사강제주의를 채택하면서 헌법소원에는 이를 적용하지 아니하는 점을 참고할 필요가 있다.

3. 국선대리인제도

사인이 당사자로서 심판청구를 하거나 심판수행을 하려면 변호사를 대리인으로 선임하여야 하나, 변호사를 선임할 돈이 없어 권리구제를 받지 못하는 일이 없도록 국선대리인제도를 마련하고 있다. 국선대리인의 선임을 희망할 때에는 헌법재판소에 국선대리인 선임신청서를 제출하여야 한다. 헌법재판소가 국선대리인을 선임하여 주는 기준을 예시하면 다음과 같다(헌법재판소 국선대리인의 선임 및 보수에 관한 규칙 제4조 제1항).

① 월평균 수입이 300만 원 미만인 자
② 국민기초생활보장법에 의한 수급자 및 차상위계층
③ 국가유공자 등 예우 및 지원에 관한 법률에 의한 국가유공자와 그 유족 또는 가족
④ 한부모가족지원법에 따른 지원대상자
⑤ 기초연금법에 따른 기초연금 수급자
⑥ 장애인연금법에 따른 수급자
⑦ 북한이탈주민의 보호 및 정착지원에 관한 법률에 따른 보호대상자
⑧ 위에는 해당하지 아니하나, 청구인이 시각·청각·언어·정신 등 신체적·정신적 장애가 있는지 여부 또는 청구인이나 그 가족의 경제능력 등 제반 사정에 비추어 보아 변호사를 대리인으로 선임하는 것을 기대하기 어려운 경우

따라서 국선대리인 선임신청을 할 경우에는 청구인이 위 각 기준에 해당한다는 점을 소명하는 자료를 첨부하여야 한다. 다만, 헌법재판소가 공익상 필요하다고 인정할 때에는 위 요건에 해당되지 아니하더라도 국선대리인을 선임할 수 있다(헌재법 제70조 제2항). 국선대리인제도에 관하여 자세한 것은 헌법소원심판 부분에서 상술하기로 한다.

제 4 장 심판의 청구

제 1 절 심판청구의 방식

Ⅰ. 서면주의

심판청구는 심판사항별로 정하여진 청구서를 헌법재판소에 제출함으로써 한다(헌재법 제26조 제1항 본문). 「헌법재판소 심판규칙」(2021.9.14. 규칙 제436호)에 의하면, 헌법재판소에 청구서를 제출하는 사람은 9통의 심판용 부본(副本)을 함께 제출하여야 하며, 송달하여야 하는 심판서류를 제출할 때에는 특별한 규정이 없으면 송달에 필요한 수만큼 부본을 함께 제출하여야 한다(심판규칙 제9조. 제23조). 다만, 위헌법률심판에서는 법원의 제청서, 탄핵심판에서는 국회의 소추의결서의 정본(正本)으로 청구서를 갈음한다(헌재법 제26조 제1항 단서).

한편, 국민의 편의를 제고하고 헌법재판에서 심판절차의 효율성을 도모하려는 목적에서 헌법재판소의 심판절차에서 필요한 서류를 전자적으로 작성 · 제출 · 송달할 수 있는 법적 근거가 헌법재판소법에 마련되었다. 그리하여 각종 심판절차의 당사자나 관계인은 청구서 또는 헌법재판소법에 따라 제출할 그 밖의 서면을 전자문서화하고 이를 정보통신망을 이용하여 헌법재판소에서 지정 · 운영하는 전자정보처리조직을 통하여 제출할 수 있게 되었다(헌재법 제76조).

Ⅱ. 증거서류 등의 첨부

헌법재판소에 제출할 청구서에는 필요한 증거서류 또는 참고자료를 첨부할 수 있다(헌재법 제26조 제2항).

제 2 절 심판서류의 작성 및 접수

Ⅰ. 심판서류의 작성

헌법재판소에 제출하는 서면 또는 전자문서에는 특별한 규정이 없으면 사건의 표시, 서면을 제출하는 사람의 이름, 주소, 연락처, 덧붙인 서류의 표시, 작성한 날짜 등을 기재하고 기명날인하거나 서명하여야 한다(심판규칙 제2조 제1항). 제출한 서면에 기재한 주소 또는 연락처에 변동사항이 없으면 그 후에 제출하는 서면에는 이를 기재하지 아니하여도 된다(심판규칙 제2조 제2항). 심판서류는 특별한 사유가 없으면 가로 210mm · 세로 297mm(A4 용지) 용지에 작성하되 간결한 문장으로 분명하게 작성하여야 하며, 외국어나 부호로 작성된 문서에는 국어로 된 번역문을 붙인다(심판규칙 제3조 및 제4조).

Ⅱ. 심판서류의 접수

1. 청구서 및 전자문서에 의한 제출

각종 심판절차의 당사자나 관계인은 청구서 또는 이 법에 따라 제출할 그 밖의 서면을 헌법재판소에 직접 제출하거나(헌재법 제26조 제1항) 청구서 등을 전자문서(컴퓨터 등 정보처리능력을 갖춘 장치에 의하여 전자적인 형태로 작성되어 송수신되거나 저장된 정보를 말한다. 이하 같다)화하고 이를 정보통신망을 이용하여 헌법재판소에서 지정 · 운영하는 전자정보처리조직(심판절차에 필요한 전자문서를 작성 · 제출 · 송달하는 데에 필요한 정보처리능력을 갖춘 전자적 장치를 말한다. 이하 같다)을 통하여 제출할 수 있다(헌재법 제76조 제1항).

헌법재판소법 제76조에 따라 제출된 전자문서는 헌법재판소에 직접 제출된 서면과 동일한 효력을 가지며(동조 제2항), 전자정보처리조직을 이용하여 제출된 전자문서는 전자정보처리조직에 전자적으로 기록된 때에 접수된 것으로 본다(동조 제3항). 전자문서가 접수된 경우에 헌법재판소는 헌법재판소규칙으로 정하는 바에 따라 당사자나 관계인에게 전자적 방식으로 그 접수 사실을 즉시 알려야 한다(동조 제4항).

2. 심판서류의 접수

'헌법재판소사건의 접수에 관한 규칙'(2022.2.23. 규칙 제446호)에 의하면 접수공무원은 당사자가 제출하는 사건에 대하여 정당한 이유 없이 그 접수를 거부하지 못한다. 다만, 접수된 사건서류의 흠결을 보완하기 위하여 필요한 안내를 할 수 있다. 접수공무원은 사건을 접수함에 있어서 사건서류의 형식적 요건만을 심사하고, 그 실질적 내용을 심사하여서는 아니 된다(접수규칙 제5조).

'헌법재판소 심판규칙'에 의하면, 심판서류를 접수한 공무원은 심판서류를 제출한 사람이 요청하면 바로 접수증을 교부하여야 한다. 심판서류를 접수한 공무원은 제출된 심판서류의 흠결을 보완하기 위하여 필요한 보정을 권고할 수 있으며, 헌법재판소는 필요하다고 인정하면 심판서류를 제출한 사람에게 그 문서의 전자파일을 전자우편이나 그 밖에 적당한 방법으로 헌법재판소에 보내도록 요청할 수 있다(심판규칙 제5조).

3. 사건번호 및 사건명 부여

'헌법재판소사건의 접수에 관한 규칙'에 의하면 접수된 사건을 특정하고 이를 간략히 호칭하기 위하여 사건을 접수하는 때에는 사건마다 사건번호와 사건명을 부여한다. 사건에 관하여 최초에 붙인 사건번호와 사건명은 그 사건이 종국에 이르기까지 이를 변경함이 없이 사용한다. 다만, 사건명에 잘못이 있음이 분명한 때에는 종국결정 전까지 재판장의 허가를 받아 정정할 수 있다(접수규칙 제7조 제1항 · 제4항).

사건번호는 연도구분 · 사건부호 및 진행번호로 구성한다(접수규칙 제8조 제1항). 연도구분은 사건이 접수된 해의 서기연수의 아라비아숫자로 표시하며, 진행번호는 그 연도 중에 사건을 접수한 순서에 따라 일련번호로 표시한다(동조 제2항 · 제4항). 사건부호는 다음표 기재와 같다(접수규칙 제8조 제3항).

사 건 구 분	사건부호	사 건 구 분	사건부호
위헌법률심판사건	헌 가	제1종 헌법소원심판사건	헌 마
탄핵심판사건	헌 나	제2종 헌법소원심판사건	헌 바
정당해산심판사건	헌 다	각 종 신 청 사 건	헌 사
권한쟁의심판사건	헌 라	각 종 특 별 사 건	헌 아

사건명은 사건의 종류에 따라 그 전반부에 심판의 대상을, 후반부에 청구의 유형 또는 취지를 압축표현하여 그 사건의 내용을 일목요연하게 알 수 있도록 표시하여야 한다. 사건명의 전반부에는 심판의 대상이 되는 법령·공직·정당·공권력작용의 명칭이나 서로 다투는 기관의 명칭만을 압축표현한다. 다만, 그 명칭이 10자를 넘는 때에는 일반적으로 통용되는 관례에 따라 줄여서 표현할 수 있다. 사건명의 후반부에는 위헌제청·탄핵·해산·권한쟁의·취소·위헌확인·위헌소원·신청 등과 같이 청구의 유형 또는 취지를 압축표현한다(접수규칙 제10조). 접수공무원은 사건을 접수하면 심판청구서나 신청서를 숙독하여 정확하게 사건명을 부여하여야 한다. 당사자가 심판청구서나 신청서에 스스로 사건명을 붙여 온 경우에는 이를 존중할 것이나, 그 사건명이 사건내용과 일치하지 아니하는 때에는 이와 다른 사건명을 부여할 수 있다. 수개의 청구를 1건에 병합하여 제기한 경우에는 주된 청구만을 사건명으로 표시하고 사건명 끝에 "등"자를 첨기한다(접수규칙 제11조).

제 3 절 청구서의 송달

Ⅰ. 일반적 송달

헌법재판소가 청구서를 접수한 때에는 지체 없이 그 등본을 피청구기관 또는 피청구인에게 송달하여야 한다(헌재법 제27조 제1항). 위헌법률심판의 제청이 있으면 법무부장관 및 당해 소송사건의 당사자에게 그 제청서의 등본을 송달한다(동조 제2항).

Ⅱ. 전자적 송달

헌법재판소는 당사자나 관계인에게 전자정보처리조직과 그와 연계된 정보통신망을 이용하여 결정서나 이 법에 따른 각종 서류를 송달할 수 있다. 다만, 당사자나 관계인이 동의하지 아니하는 경우에는 그러하지 아니하다(헌재법 제78조 제1항). 헌법재판소는 당사자나 관계인에게 송달하여야 할 결정서 등의 서류를 전자정보처리조직에 입력하여 등재한 다음 그 등재 사실을 헌법재판소규칙으로 정하는 바에 따라 전자적 방식으로 알려야 한다(동조 제2항). 제1항에 따른 전자정보처리조직을 이용한 서류 송달은 서면으로 한 것과 같은 효력을 가진다(동조 제3항). 제2항의 경우 송달받을 자가 등재된 전자문서를 헌법재판소규칙으로 정하는 바에 따라 확인한 때에 송달된 것으로 본다. 다만, 그 등재 사실을 통지한 날부터 1주 이내에 확인하지 아니하였을 때에는 등재 사실을 통지한 날부터 1주가 지난 날에 송달된 것으로 본다(동조 제4항). 제1항에도 불구하고 전자정보처리조직의 장애로 인하여 전자적 송달이 불가능하거나 그 밖에 헌법재판소규칙으로 정하는 사유가 있는 경우에는 '민사소송법'에 따라 송달할 수 있다(동조 제5항).

제 4 절 심판청구의 보정 요구

재판장은 심판청구가 부적법하나 보정(補正)할 수 있다고 인정되는 경우에는 상당한 기간을 정하여 보정을 요구하여야 한다(헌재법 제28조 제1항). 이에 따른 보정이 있는 경우에는 처음부터 적법한 심판청구가 있은 것으로 본다(헌재법 제28조 제3항). 이 경우 보정기간은 심판사건을 접수한 날부터 180일 이내에 종국결정의 선고를 하도록 한 헌재법 제38조의 심판기간에 산입하지 아니하고(헌재법 제28조 제4항), 헌법소원 심판의 청구 후 30일 이내에 지정재판부가 각하결정을 하도록 한 헌재법 제72조 제4항의 심판기간에도 산입되지 아니하는 것으로 해석된다(헌재 2020.6.23. 2020헌아414, 국세징수법 시행령 제4조 제1항 제1호 등 위헌확인(재심)(각하)). 재판장은 필요하다고 인정하는 경우에는 재판관 중 1명에게 제1항의 보정요구를 할 수 있는 권한을 부여할 수 있다(헌재법 제28조 제5항).

청구인은 2020.4.29. 헌법소원심판청구를 하였으므로, 그로부터 30일이 경과한 2020.5.30. 위 사건은 전원재판부에 회부되었음에도 불구하고 2020.6.2. 지정재판부에서 위 사건에 관하여 결정하였으므로, 민사소송법 제451조 제1항 제1호의 '법률에 따라 판결법원을 구성하지 아니한 때'의 재심사유가 있다고 주장한다. 헌법재판소법 제72조 제4항에 의하면 헌법소원심판의 청구 후 30일이 지날 때까지 각하결정이 없는 때에는 심판에 회부하는 결정이 있는 것으로 본다고 규정되어 있으나, 같은 조 제5항에서 준용하는 제28조에 의하면 재판장은 심판청구가 부적법하나 보정할 수 있다고 인정되는 경우에는 상당한 기간을 정하여 보정을 요구할 수 있고(제28조 제1항), 그 보정기간은 지정재판부의 심리기간에 포함되지 않는다(제28조 제4항). 따라서 청구인이 2020.4.29. 위 2020헌마643 사건의 헌법소원심판을 청구하였으나, 헌법재판소는 그에 대하여 2020.5.8. 12일의 보정기간을 정하여 보정명령을 하였던바, 지정재판부의 심리기간은 2020.6.10.까지로 연장되었다고 할 것이므로, 청구인의 위 주장은 민사소송법 제451조 제1항 제1호의 재심사유에 해당하지 아니한다(헌재 2020.6.23. 2020헌아414, 국세징수법 시행령 제4조 제1항 제1호 등 위헌확인(재심)(각하)).

제 5 절 심판청구의 효력

청구서가 헌법재판소에 도달하게 되면 해당 사건에 대하여 헌법재판소가 심판을 하는 데 필요한 행위를 할 수 있는 법적 상태인 심판계속이 발생한다. 심판계속 상태가 발생하면 당사자는 심판계속된 사건과 동일한 심판청구를 중복하여 헌법재판소에 제소할 수 없는 법적인 제한(중복제소금지)을 받게 된다(헌재법 제40조, 민사소송법 제259조). 중복제소가 금지되는 동일한 심판청구에 해당하기 위해서는 당사자, 심판대상인 법률조항, 심판유형 등이 선행 청구와 같아야 한다. 그러므로 당사자와 심판대상인 법률조항이 동일하더라도 심판 유형이 다르면 중복제소에 해당하지 아니한다(헌재 1994.4.28. 89헌마221, 정부조직법 제14조 제1항, 국가안전기획부법 제4조, 제6조, 제15조, 제16조'의 위헌여부에 관한 헌법소원(합헌,각하)).

제 6 절 답변서의 제출

청구서 또는 보정 서면을 송달받은 피청구인은 헌법재판소에 답변서를 제출할 수 있다(헌재법 제29조 제1항). 답변서에는 심판청구의 취지와 이유에 대응하는 답변을 적는다(동조 제2항).

제5장 사건의 심리

제1절 심판정족수

Ⅰ. 의 의

헌법재판에 있어서 심판정족수라 함은 헌법재판의 사건을 심리하기 위하여 최소한 출석하여야 할 재판관의 수를 말한다. 이러한 심판정족수에 관하여 우리 헌법재판소법은 "재판부는 재판관 7명 이상의 출석으로 사건을 심리한다"라고 규정하고 있다(헌재법 제23조 제1항).

그러나 아래에서 살펴보는 바와 같이 재판관 3명 이상의 공석이 생기는 경우 사건 심리가 중단되는 문제가 있다. 2025년에도 재판관 3명이 후임자 없이 동시에 퇴임하게 되자 탄핵심판이 진행 중이던 피청구인이 사건 심리의 계속을 위해 헌법재판소법 제23조 제1항에 대한 헌법소원심판을 청구함과 동시에 본안 사건의 종국결정 선고시까지 그 효력을 정지하는 가처분을 신청하였다. 헌법재판소는 '재판관이 임기만료로 퇴직하여 재판관의 공석 상태가 된 경우'에 한하여 위 헌법재판소법 제23조 제1항의 효력을 정지하는 가처분을 인용하여 6인 재판관으로 사건의 심리를 계속하였고(헌재 2024.10.14. 2024헌사1250, 헌법재판소법 제23조 제1항 효력정지 가처분(인용)) 위 가처분 사건의 본안 사건 결정 전에 재판관 후임자가 임명되어 사안이 일단락되었다.

> 국회의 탄핵소추 의결을 받은 신청인은 헌법재판소의 탄핵심판이 있을 때까지 그 권한행사가 정지된다. 따라서 신청인으로서는 헌법재판소법 제23조 제1항으로 인하여 회복하기 어려운 중대한 손해를 입을 위험이 있고, 3명의 재판관 퇴임이 임박한 만큼 손해를 방지할 긴급한 필요도 인정된다. 가처분을 인용하더라도 이는 의결정족수가 아니라 심리정족수에 대한 것에 불과하므로, 공석인 재판관이 임명되기를 기다려 결정을 할 수도 있다. 다만 보다 신속한 결정을 위하여 후임 재판관이 임명되기 전에 쟁점을 정리하고 증거조사를 하는 등 사건을 성숙시킬 필요가 있다. 그런데 가처분신청을 기각하면, 그 후 본안심판의 종국결정에서 청구가 인용되더라도 이러한 절차를 제때에 진행하지 못하여 신청인의 신속한 재판을 받을 권리 등 기본권은 이미 침해된 이후이므로 이를 회

복하기는 매우 어렵다. 결국 이 사건에서 가처분을 인용한 뒤 종국결정에서 청구가 기각되었을 때 발생하게 될 불이익보다 가처분을 기각한 뒤 청구가 인용되었을 때 발생하게 될 불이익이 더 크다. 다만 이 사건에서는 재판관이 임기만료로 퇴직하여 재판관의 공석 상태가 된 경우가 문제되는 것이고 신청인이 실질적으로 다투고자 하는 바도 이와 같으므로 헌법재판소법 제23조 제1항 중 재판관이 임기만료로 퇴직하여 재판관의 공석 상태가 된 경우에 적용되는 부분에 한하여 그 효력을 정지함이 상당하다(헌재 2024.10.14. 2024헌사1250, 헌법재판소 법 제23조 제1항 효력정지 가처분(인용)).

Ⅱ. 심판정족수의 충족이 곤란한 경우

재판관의 사망이나 퇴직 또는 후임 재판관의 임명절차 지연 등으로 공석중인 재판관이 있을 수도 있고, 수술이나 입원, 해외 출타 등 개인적 사정으로 참석하기 어려운 경우도 생길 수 있다. 이러한 상황에서 재판관의 제척, 기피, 회피, 탄핵소추 등의 사유가 겹치게 되면 재판관 7인 이상의 출석이 아예 불가능한 경우가 발생할 수도 있다. 가령 3인 이상의 재판관에게 제척 또는 기피 등의 배제사유가 있거나 혹은 국회가 3인 이상의 재판관을 동시에 탄핵소추를 할 경우에는 모든 사건의 심리가 이루어질 수 없는 문제가 발생한다. 또한 1인의 재판관이 탄핵소추에 의하여 권한행사가 정지되고 2인의 재판관이 제척이나 회피에 의하여 당해 탄핵심판에서 배제되는 경우에도 헌법재판의 기능이 마비될 수 있다.

이처럼 재판관 7인 이상의 출석이 곤란하여 헌법재판소의 정상적인 직무집행이 불가능해지는 경우에 대비할 필요가 있다. 최근에는 재판관 임명 절차의 지연 등으로 인한 재판관 공석이 지속적으로 반복되는 만큼 사건 심리의 계속을 보장할 수 있는 법제의 마련이 필요하며 가능한 전원재판부가 항시적으로 9인 재판관으로 구성될 수 있도록 하여야 한다.

Ⅲ. 예비재판관제도의 도입 필요성

직무를 집행할 수 있는 재판관의 수가 줄어드는 문제를 근본적으로 해소하기 위해서는 예비재판관을 두어 심판정족수의 미달 문제를 해결하는 방안을 적극적으로 검토할 필요가 있다.[1)]

---

1) 동지: 정종섭, 헌법소송법, 박영사, 2004, 125-126면; 김문현 외, 현행 헌법상 헌법재판제도의 문제점과 개선방안, 헌법재판연구 제16권, 헌법재판소, 2005, 308면.

예비재판관제도는 현재 오스트리아에서 활용되고 있다. 오스트리아는 헌법 제147조 제1항에서 소장, 부소장, 12인의 재판관과 6인의 예비재판관으로 구성된다고 규정하고 있다. 예비재판관 6인 가운데 3인은 연방정부의 제청에 의하여, 2인은 연방하원의 제청에 의하여, 1인은 연방 상원의 제청에 의하여 각각 연방대통령이 임명한다.한편 과거 우리나라에서도 1950년에 제정된 헌법위원회법과 탄핵심판법에서 예비위원과 예비심판관을 두어 위원과 심판관 사고 시에 그 직무를 대행하게 한 바 있으며, 1964년 탄핵심판법에서는 8인의 예비심판위원을 두어 심판위원 중 궐원이 생기거나 사고로 인하여 직무를 수행할 수 없을 때에 그 직무를 행하도록 한 바 있다(제10조).

이에 비추어 현행법에서도 재판관 가운데 궐원이 생기거나 사고로 인하여 직무를 수행할 수 없을 때를 대비하기 위하여 예비재판관제도의 재도입이 바람직하다고 본다. 특히 헌법재판소 재판관에 대한 탄핵소추가 있을 경우 재판관의 직무집행이 자동적으로 정지되는 가운데 재판관에 대한 탄핵심판을 헌법재판소가 담당하여야 하는 우리나라에서는 예비재판관의 존재가 더욱 필요하다고 본다. 현재 재판관의 정원과 심판정족수 및 의결정족수를 고려할 때 예비재판관의 수를 3인 정도로 두게 되면, 헌법재판소의 활동에 있어 심각한 장애는 방지할 수 있다. 이들 3인의 예비재판관은 일단 현행 헌법재판소 재판관의 구성방식을 원용하여, 대통령이 지명한 1인, 국회가 선출한 1인, 대법원장이 지명한 1인을 최종적으로 대통령이 임명하게 하는 방식을 생각해 볼 수 있다. 하지만 이러한 예비재판관제도의 도입은 헌법의 개정을 필요로 하는 사항인 만큼, 헌법재판소 재판관의 구성방식이 바뀐다면 예비재판관의 임명방식도 그에 맞게 설정될 필요가 있다.[1)]

1) 권건보, "헌법재판소 재판관 탄핵제도의 문제점", 헌법학연구 15-3, 2009.9, 145면 이하 참조.

제 2 절 심리의 방식

Ⅰ. 구두변론과 서면심리

1. 구두변론

탄핵심판, 정당해산심판 및 권한쟁의심판은 구두변론에 의한다(헌재법 제30조 제1항). 구두변론이란 당사자들이 공개된 법정에서 말로써 주장을 하면 재판부가 이를 들은 후 의문이 있으면 질문을 하고 답변을 듣는 방식으로 사건을 심리하는 것을 말한다. 구두변론을 실시할 경우 구술(口述)로부터 받는 선명한 인상과 즉각적인 반문에 의하여 진상 파악과 모순점 발견이 용이하고 당사자도 변론의 진행상황을 파악할 수 있으며, 국민적 관심과 공감을 이끌어낼 수 있는 장점이 있다.

헌법재판의 구두변론에는 당사자 이외에 이해관계인 또는 기타 참고인의 진술도 포함된다. 탄핵심판, 정당해산심판 및 권한쟁의심판에서는 구두변론이 필수적으로 요구된다(필요적 구두변론). 따라서 이 경우 헌법재판소는 구술로 제출된 것만을 재판의 자료로 참작할 수 있다.

한편 위헌법률심판과 헌법소원심판에 있어서도 재판부는 필요하다고 인정하는 경우에는 변론을 열어 당사자, 이해관계인, 그 밖의 참고인의 진술을 들을 수 있다(헌재법 제30조 제2항 단서). 이는 재판부가 임의적으로 구두변론을 실시하는 경우라 할 수 있다(임의적 구두변론). 위헌법률심판이나 헌법소원심판에서 다루는 사건 가운데 헌법적 쟁점에 대한 논의가 공개적으로 전개되어 국민의 다양한 의견을 청취할 필요가 있거나 사회적으로 중요한 의미를 가지는 경우에 주로 구두변론이 실시된다(정종섭, 소송법, 142-143면).

2. 서면심리

위헌법률심판과 헌법소원심판은 원칙적으로 서면심리에 의한다(헌재법 제30조 제2항 본문). 서면심리란 당사자나 이해관계인이 제출한 서류를 검토하는 방식으로 사건을 심리하는 것을 말한다. 전술한 바와 같이 구두변론의 방식이 여러 가지 장점을 가지고 있으나, 자칫하면 즉흥적인 주장이나 무리한 진술로 인하여 쟁점을 오히려 흐리거나 심리의 원활한 진행을 방해할 수 있는 단점도 있다. 이에 비하여 서면심리의 방식은 치밀한 준비와 논리적인 주장과 진술을 토대로 효과적인 소송수행을 할 수 있고 재판부도 심리의 시간과 노력을 절약할 수 있는 장점이 있다. 이와 같은 측면들을 고려하여 현행법은 헌법재판소에 청구되는 사건의 대부분을 차지하는 위헌법률심판과 헌법소원심판의 경우 원칙적으로 서면심리에 의하도록 하면서, 다만 재판부가 필요하다고 인정하는 경우에는 구두변론을 실시할 수 있도록 한다.

Ⅱ. 의견서의 제출

헌법재판은 주관적 권리구제의 수단으로서만 기능하는 것이 아니므로, 비록 당사자가 아니라 할지라도 당해 사건에 일정한 이해관계가 있는 자에 대하여 의견을 진술할 수 있는 기회를 제공할 필요가 있다.

이에 따라 위헌법률심판의 경우 당해 소송사건의 당사자 및 법무부장관은 헌법재판소에 법률의 위헌 여부에 대한 의견서를 제출할 수 있으며(헌재법 제44조), 헌법소원심판의 경우 헌법소원의 심판에 이해관계가 있는 국가기관 또는 공공단체와 법무부장관은 헌법재판소에 그 심판에 관한 의견서를 제출할 수 있다(헌재법 제74조 제1항).

> 국가인권위원회법 제28조 ① 위원회는 인권의 보호와 향상에 중대한 영향을 미치는 재판이 계속(係屬) 중인 경우 법원 또는 헌법재판소의 요청이 있거나 필요하다고 인정할 때에는 법원의 담당 재판부 또는 헌법재판소에 법률상의 사항에 관하여 의견을 제출할 수 있다.
>
> ② 제4장에 따라 위원회가 조사하거나 처리한 내용에 관하여 재판이 계속 중인 경우 위원회는 법원 또는 헌법재판소의 요청이 있거나 필요하다고 인정할 때에는 법원의 담당 재판부 또는 헌법재판소에 사실상 및 법률상의 사항에 관하여 의견을 제출할 수 있다.

'헌법재판소 심판규칙'에 의하면, 헌법재판소의 심판에 이해관계가 있는 국가기관 또는 공공단체와 법무부장관은 헌법재판소에 의견서를 제출할 수 있고, 헌법재판소는 이들에게 의견서를 제출할 것을 요청할 수 있다(심판규칙 제10조 제1항). 그리고 헌법재판소는 필요하다고 인정하면 당해 심판에 이해관계가 있는 사람에게 의견서를 제출할 수 있음을 통지할 수 있다(심판규칙 제10조 제2항). 헌법재판소는 제1항 후단 및 제2항의 경우에 당해 심판의 제청서 또는 청구서의 등본을 송달한다(심판규칙 제10조 제3항).

제 3 절 심판의 공개 및 장소

Ⅰ. 심판의 공개

심판의 변론과 결정의 선고는 공개한다. 다만, 서면심리와 평의(評議)는 공개하지 아니한다(헌재법 제34조 제1항). 심판의 공개란 이해관계가 없는 제3자에게도 재판을 방청할 수 있는 기회를 제공하는 것을 말한다. 여기서 결정의 선고는 헌법재판의 공정성을 담보하기 위하여 공개하도록 하며, 구두변론은 국민적 공감대의 형성을 위하여 공개가 바람직하다. 하지만 서면심리는 재판의 신속하고 효율적인 진행을 위하여 오히려 비공개가 적절할 수 있다. 그리고 평의는 심판의 독립성과 공정성을 위하여 성질상 공개될 수 없다.

물론 공개의 대상이 되는 구두변론도 국가의 안전보장 또는 안녕질서나 선량한 풍속을 해칠 우려가 있는 때에는 결정으로 이를 공개하지 아니할 수 있다(헌재법 제34조 제2항, 법원조직법 제57조 제1항 단서). 하지만 결정의 선고는 반드시 공개되어야 한다.

Ⅱ. 심판의 장소

심판의 변론과 종국결정의 선고는 심판정에서 한다. 다만, 헌법재판소장이 필요하다고 인정하는 경우에는 심판정 외의 장소에서 변론 또는 종국결정의 선고를 할 수 있다(헌재법 제33조).

제 4 절 일사부재리

헌법재판소는 이미 심판을 거친 동일한 사건에 대하여는 다시 심판할 수 없다(헌재법 제39조). 동일한 사건이란 당사자, 심판유형, 심판대상(해당 사건) 등이 모두 동일하다는 의미이다. 헌법재판에서 일사부재리의 원칙 규정은 헌법의 해석을 주된 임무로 하고 그 결정의 효력이 당사자뿐만 아니라 국가기관과 일반 국민에까지 미치는 헌법재판에서 법적 분쟁을 조기에 종결시켜 법적 안정 상태를 조속히 회복하고 동일 분쟁에 대해 반복적으로 소송이 제기되는 것을 미연에 방지하여 소송경제를 이루기 위함에 있다.

> 전소의 심판대상인 법률조항과 중복되는 후소도 심판청구의 유형이 상이하면 일사부재리원칙의 위반이 아니다(헌재 1997.6.26. 96헌가8등, 국가보안법 제19조 위헌제청(합헌)).
>
> 헌법재판에서의 일사부재리를 규정한 헌법재판소법 제39조는 재판청구권을 침해하지 아니한다(헌재 2007.6.28. 2006헌마1482, 헌법재판소법 제24조 제3항 등 위헌확인(각하,기각)).

헌법재판소가 변호사인 대리인 미선임, 다른 법률에 의한 권리구제절차 미경유 등 형식요건의 흠결을 이유로 각하한 사건의 경우에 대리인을 선임하거나 권리구제절차를 거치는 등 그 흠결을 보정하여 헌법소원의 심판을 다시 청구한 때에는 일사부재리의 원칙이 적용되지 아니한다.

그러나 적법요건에 관한 흠결의 보정이 가능한데도 흠결의 보정 없이 동일한 내용의 심판청구를 반복하거나(헌재 1995.2.23. 94헌마105) 흠결의 보정이 불가능한 심판청구를 반복하는 경우에는(헌재 2001.6.28. 98헌마485) 일사부재리의 원칙이 적용된다.

반면 헌법재판소가 종전에 심판한 사건의 심판대상 법률조항과 중복은 되지만, 종전 사건의 심판에서 위헌판단한 사실이 없는 법률조항을 대상으로 다른 청구인이 위헌심사형 헌법소원을 청구하였다면 동일한 사건의 중복청구는 아니므로 일사부재리의 원칙은 적용되지 아니한다(헌재 1997.8.21. 96헌마48)(허영, 459면).

제 5 절 증거조사 및 자료제출요구

Ⅰ. 의 의

헌법재판은 헌법의 규범력과 실효성을 보장하고 국가작용의 합헌성을 보장하는 기능을 수행한다. 기본권의 침해를 구제하기 위한 헌법소원제도 역시 주관적 권리구제의 수단에 그치지 아니하고 객관적 헌법질서 보장의 수단으로서의 성격도 가지는 것으로 이해되고 있다(헌법소원심판의 이중적 성격). 따라서 헌법재판에서는 일반적인 소송에 비하여 직권에 의한 심리의 필요성이 상대적으로 크다. 즉 헌법재판소는 당사자가 주장하지 아니한 사실도 직권으로 수집하여 재판의 기초로 삼아야 할 필요가 있다.

Ⅱ. 증거조사

재판부는 사건의 심리를 위하여 필요하다고 인정하는 경우에는 직권 또는 당사자의 신청에 의하여 다음의 증거조사를 할 수 있다(헌재법 제31조 제1항).

① 당사자 또는 증인을 신문(訊問)하는 일

② 당사자 또는 관계인이 소지하는 문서 · 장부 · 물건 또는 그 밖의 증거자료의 제출을 요구하고 영치(領置)하는 일

③ 특별한 학식과 경험을 가진 자에게 감정을 명하는 일

④ 필요한 물건 · 사람 · 장소 또는 그 밖의 사물의 성상(性狀)이나 상황을 검증하는 일

당사자의 신청에 의한 증거조사의 비용은 헌법재판소규칙으로 정하는 바에 따라 그 신청인에게 부담시킬 수 있다(헌재법 제37조 제1항 단서). 이에 따라 당사자의 신청에 의한 증거조사비용의 신청인 부담에 관하여 필요한 사항을 규정함을 목적으로 '헌법재판소 증거조사비용 규칙'이 제정되어 있다.

한편, 재판장은 필요하다고 인정하는 경우에는 재판관 중 1명을 지정하여 제1항의 증거조사를 하게 할 수 있다(헌재법 제31조 제2항).

Ⅲ. 자료제출의 요구

재판부는 결정으로 다른 국가기관 또는 공공단체의 기관에 심판에 필요한 사실을 조회하거나, 기록의 송부나 자료의 제출을 요구할 수 있다. 다만, 재판·소추 또는 범죄수사가 진행 중인 사건의 기록에 대하여는 송부를 요구할 수 없다(헌재법 제32조). 헌법재판소는 위 제32조 상 기록을 '원본' 기록으로 해석하고(실무제요, 524면) 제32조에 따라 기록의 송부나 자료의 제출을 요구하는 경우로서 국가기관 또는 공공단체의 기관이 원본을 제출하기 곤란한 사정이 있는 때에는 그 인증등본을 요구할 수 있다(심판규칙 제39조 제2항).

Ⅳ. 증거조사 등과 관련한 벌칙 조항

헌법재판소법은 증거조사 등의 실효성을 담보하고 증거조사 등이 원활하게 이루어질 수 있도록 증거조사 등과 관련한 벌칙을 규정하고 있다. 즉, 헌법재판소로부터 증인, 감정인, 통역인 또는 번역인으로서 소환 또는 위촉을 받고 정당한 사유 없이 출석하지 아니하거나 증거물의 제출요구 또는 제출명령을 받고 정당한 사유 없이 이를 제출하지 아니한 경우 및 헌법재판소의 조사 또는 검사를 정당한 사유 없이 거부·방해 또는 기피한 경우 헌법재판소법(헌재법 제79조)은 1년 이하의 징역 또는 100만원 이하의 벌금에 처하도록 규정하고 있다.

제 6 절 심판비용과 심판의 지휘 및 심판기간

Ⅰ. 심판비용

1. 국가부담의 원칙

헌법소송은 객관적 성격을 가지므로, 헌법재판소의 심판비용은 국가부담으로 한다. 다만, 당사자의 신청에 의한 증거조사의 비용은 헌법재판소규칙으로 정하는 바에 따라 그 신청인에게 부담시킬 수 있다(헌재법 제37조 제1항). 국가가 부담하는 심판비용에는 재판수수료와 헌법재판소가 심판 등을 위하여 지출하는 비용인 재판비용만 포함되고, 변호사강제주의에 따른 변호사보수 등의 당사자비용은 포함되지 아니한다(헌재 2015.5.28. 2012헌사496, 심판비용부담 결정 등 신청(각하)). 국가부담이므로 인지를 첩부하지 아니한다.

헌법재판의 심판비용을 국가가 부담하는 것은 헌법재판이 헌법을 보호하고, 권력을 통제하며, 기본권을 보호하는 등의 기능을 하는 객관적 소송이기 때문인데, 국가가 부담하는 심판비용에 변호사보수와 같이 청구인 등이 소송수행을 위하여 스스로 지출하는 비용인 당사자비용도 포함된다고 볼 경우에는 헌법재판청구권의 남용을 초래하여 헌법재판소의 운영에 따른 비용을 증가시키고 다른 국민이 헌법재판소를 이용할 기회를 침해할 수 있으며 헌법재판소법에 국선대리인 제도를 함께 규정할 필요도 없었을 것이므로, 국가가 부담하는 심판비용에는 재판수수료와 헌법재판소가 심판 등을 위하여 지출하는 비용인 재판비용만 포함되고, 변호사강제주의에 따른 변호사보수 등의 당사자비용은 포함되지 아니한다(헌재 2015.5.28. 2012헌사496, 심판비용부담 결정 등 신청(각하)).

2. 공탁금의 납부 및 국고귀속

헌법재판소는 헌법소원심판의 청구인에 대하여 헌법재판소규칙으로 정하는 공탁금의 납부를 명할 수 있다(헌재법 제37조 제2항). 헌법소원의 심판청구를 각하하거나 혹은 헌법소원의 심판청구를 기각하는 경우에 그 심판청구가 권리의 남용이라고 인정되는 경우에는 헌법재판소규칙으로 정하는 바에 따라 공탁금의 전부 또는 일부의 국고 귀속을 명할 수 있다(헌재법 제37조 제3항). 하지만 공탁금의 전부 또는 일부의 국고 귀속을 정하는 헌법재판소규칙은 현재까지 마련되어 있지 아니하다.

Ⅱ. 심판의 지휘

재판장은 심판정의 질서와 변론의 지휘 및 평의의 정리(整理)를 담당한다(헌재법 제35조 제1항). 헌법재판소 심판정의 질서유지와 용어의 사용에 관하여는 '법원조직법' 제58조부터 제63조까지의 규정을 준용한다(헌재법 제35조 제2항).

Ⅲ. 심판기간

헌법재판소는 심판사건을 접수한 날부터 180일 이내에 종국결정의 선고를 하여야 한다. 다만, 재판관의 궐위로 7명의 출석이 불가능한 때에는 그 궐위된 기간은 심판기간에 산입하지 아니한다(헌재법 제38조). 이에 따라 헌법재판소의 심판은 180일의 기간 내에 종결되어야 하겠지만, 사안의 성질상 기한에 쫓겨 재판하기보다 시간을 가지고 신중한 심리가 필요할 경우도 있다. 따라서 단지 180일을 도과하였다고 하여 그것만으로 심판기간을 도과한 결정의 효력을 부정하여서는 아니 된다. 이러한 관점에서 헌법재판소도 이러한 심판기간을 정하고 있는 조항을 훈시규정으로 보고 있다.

> 헌법재판사건의 심판기간을 180일로 정한 헌법재판소법 제38조 본문이 신속한 재판을 받을 권리를 침해하는 것이라고는 볼 수 없다(헌재 2009.7.30. 2007헌마732, 헌법재판소법 제38조 위헌확인(기각)).

헌법재판소는 심판기간 규정의 법적 성격에 관하여 심판사건의 난이성·다양성·비정형성·복잡성 등을 고려할 때 많은 사건을 일률적으로 위 심판기간 내에 처리가 사실상 곤란하고, 이 규정이 강행규정이라면 위반 시 결정의 효력이나 제재 등에 관한 별도의 규정이 있어야 하는데 그에 관한 규정이 없는 점 등을 이유로 동 규정을 훈시규정으로 취급하고 있다(실무제요, 131면).

제7절 준 용

헌법재판소의 심판절차에 관하여는 헌법재판소법에 특별한 규정이 있는 경우를 제외하고는 헌법재판의 성질에 반하지 아니하는 한도에서 민사소송에 관한 법령을 준용한다. 이 경우 탄핵심판의 경우에는 형사소송에 관한 법령을 준용하고, 권한쟁의심판 및 헌법소원심판의 경우에는 행정소송법을 함께 준용하며, 형사소송에 관한 법령 또는 행정소송법이 민사소송에 관한 법령에 저촉될 때에는 민사소송에 관한 법령은 준용하지 아니한다(헌재법 제40조). "위헌으로 결정된 법률 또는 법률의 조항에 근거한 유죄의 확정판결에 대하여는 재심을 청구할 수 있다"(헌재법 제47조 제4항). 이 경우 "재심에 대하여는 형사소송법의 규정을 준용한다"(헌재법 제47조 제5항). "제68조 제2항에 따른 헌법소원이 인용된 경우에 해당 헌법소원과 관련된 소송사건이 이미 확정된 때에는 당사자는 재심을 청구할 수 있다"(헌재법 제75조 제7항). "제7항에 따른 재심에서 형사사건에 대하여는 형사소송법을 준용하고, 그 외의 사건에 대하여는 민사소송법을 준용한다"(헌재법 제75조 제8항).

준용조항은 헌법재판에서의 불충분한 절차진행규정을 보완하고, 원활한 심판절차진행을 도모하기 위한 조항으로, 그 절차보완적 기능에 비추어 볼 때, 소송절차 일반에 준용되는 절차법으로서의 민사소송에 관한 법령을 준용하도록 한 것이 현저히 불합리하다고 볼 수 없다. 또한 정당해산심판의 고유한 성질에 반하지 않도록 적용범위를 한정하고 있는바, '헌법재판의 성질에 반하지 않는' 경우란, 다른 절차법의 준용이 헌법재판의 고유한 성질을 훼손하지 않는 경우로 해석할 수 있고, 이는 헌법재판소가 당해 헌법재판이 갖는 고유의 성질 · 헌법재판과 일반재판의 목적 및 성격의 차이 · 준용 절차와 대상의 성격 등을 종합적으로 고려하여 구체적 · 개별적으로 판단할 수 있다(헌재 2014.2.27. 2014헌마7, 헌법재판소법 제40조 제1항 등 위헌확인(기각)).

공정거래위원회의 무혐의처분에 대하여 청구된 헌법소원심판이 계속 중인 상태에서 당해 무혐의처분을 받은 자가 행정소송법 제16조의 제3자의 소송참가를 신청한 경우 헌법소원심판절차의 공법적 분쟁해결절차로서의 성질에 비추어 행정소송법 제16조는 헌법소원심판절차에도 준용되어야 한다(헌재 2008.10.30. 2005헌마1005, 무혐의처분취소(기각)).

헌법재판의 정의나 헌법소원심판이 수행하는 객관적인 헌법질서에 관한 수호 · 유지 기능 그리고 헌법소원심판의 직권주의적 성격과 심판비용의 국가부담 원칙, 변호사강제주의, 국선대리인제도 등에 관한 헌법재판소법의 규정 내용 등을 종합하여 보면, 당사자비용을 제외한 심판비용을 국가가 모두 부담하는 헌법소원심판절차에서 청구인이 승소하였는지 아니면 패소하였는지를 구분하지 아니하고 승소자의 당사자비용을 그 상대방인 패소자에게 반드시 부담시켜야만 하는 민사소송법과 행정소송법의 소송비용에 관한 규정들을 준용하는 것은 헌법재판의 성질에 반한다(헌재 2015.5.28. 2012헌사496, 심판비용부담 결정 등 신청(각하)).

제 8 절 심판확정기록의 열람 · 복사

헌법재판소에서 심판이 확정된 사건기록을 누구든지 권리구제, 학술연구 또는 공익 목적으로 열람 또는 복사를 신청할 수 있도록 함으로써 헌법재판에 대한 국민의 알권리 보장과 신뢰향상에 이바지할 수 있도록 하였다.

즉, 누구든지 권리구제, 학술연구 또는 공익 목적으로 심판이 확정된 사건기록의 열람 또는 복사를 헌법재판소에 신청할 수 있다. 다만, 헌법재판소장은 ① 변론이 비공개로 진행된 경우, ② 사건기록의 공개로 인하여 국가의 안전보장, 선량한 풍속, 공공의 질서유지나 공공복리를 현저히 침해할 우려가 있는 경우, ③ 사건기록의 공개로 인하여 관계인의 명예, 사생활의 비밀, 영업비밀 또는 생명 · 신체의 안전이나 생활의 평온을 현저히 침해할 우려가 있는 경우에는 사건기록을 열람하거나 복사하는 것을 제한할 수 있다(헌재법 제39조의2 제1항). 헌법재판소장은 제1항 단서에 따라 사건기록의 열람 또는 복사를 제한하는 경우에는 신청인에게 그 사유를 명시하여 통지하여야 한다(제2항). 사건기록을 열람하거나 복사한 자는 열람 또는 복사를 통하여 알게 된 사항을 이용하여 공공의 질서 또는 선량한 풍속을 침해하거나 관계인의 명예 또는 생활의 평온을 훼손하는 행위를 하여서는 아니 된다(제4항). 사건기록의 열람 또는 복사 등에 관하여 필요한 사항은 헌법재판소규칙으로 정한다(제3항).

제 6 장 종국결정

제 1 절 서 설

Ⅰ. 결정서의 작성

재판부가 심리를 마쳤을 때에는 종국결정을 한다(헌재법 제36조 제1항). 종국결정을 할 때에는 ① 사건번호와 사건명, ② 당사자와 심판수행자 또는 대리인의 표시, ③ 주문(主文), ④ 이유, ⑤ 결정일을 적은 결정서를 작성하고 심판에 관여한 재판관 전원이 이에 서명날인하여야 한다(동조 제2항).

Ⅱ. 재판관의 의견표시

심판에 관여한 재판관은 결정서에 의견을 표시하여야 한다(헌재법 제36조 제3항). 따라서 심판에 관여한 재판관이 최종적 결론에 동의하지 아니할 경우에는 별도의 의견을 표시하여야 한다. 과거에서는 의견표시의 의무가 위헌법률심판, 권한쟁의심판, 헌법소원심판에 한정되어 있었으나, 대통령(노무현)탄핵 사건(헌재 2004.5.14. 2004헌나1(기각))을 계기로 하여 2005년 7월 29일 개정된 헌법재판소법에서 모든 심판절차에 의견표시를 의무화하기에 이르렀다.

이러한 의견표시제도는 헌법재판에 있어서 재판관들의 책임의식을 고양하는 한편, 최종적 결론에 이르는 과정에서 논의된 내용을 국민들에게 투명하게 공개해주는 기능을 한다. 헌법해석에 있어서 재판관들 사이에 이견을 외부에 노출할 경우 헌법재판의 권위를 실추시킬 수 있다는 우려가 있을 수 있다. 하지만 소수의견은 우리 사회의 다양한 의견이 공존할 수 있는 토대를 마련하여주고 문제된 사건에 대하여 국민들이 서로 다른 관점에서 토의할 수 있는 계기를 제공함으로써 국민들에게 보다 큰 공감을 이끌어낼 수 있다. 이렇게 볼 때 개별의견의 표시는 오히려 헌법재판의 설득력과 권위를 증대시킨다(정종섭, 소송법, 154면).

재판관의 개별의견은 주로 반대의견과 보충의견의 형태로 제시된다. 여기서 반대의견은 헌법재판소의 공식의견(법정의견)에 반대하는 의견을 말하고, 보충의견은 법정의견과 결론에서는 동일하지만 이유나 논증에서 차이가 있는 의견을 말한다.

Ⅲ. 결정서의 송달 및 공시

종국결정이 선고되면 서기는 지체 없이 결정서 정본을 작성하여 당사자에게 송달하여야 하며, 종국결정은 헌법재판소규칙으로 정하는 바에 따라 관보에 게재하거나 그 밖의 방법으로 공시한다(헌재법 제36조 제4항 및 제5항). 헌법재판소 심판규칙은 ① 법률의 위헌결정, ② 탄핵심판에 관한 결정, ③ 정당해산심판에 관한 결정, ④ 권한쟁의 심판에 관한 본안결정, ⑤ 헌법소원의 인용결정, ⑥ 기타 헌법재판소가 필요하다고 인정한 결정의 경우에는 관보에, 그 밖의 종국결정은 헌법재판소의 인터넷 홈페이지에 각 게재함으로써 공시하도록 규정하고 있다(동 규칙 제49조의2 제1항). 관보에 게재함으로써 공시하는 종국결정은 헌법재판소의 인터넷 홈페이지에도 게재한다(동 규칙 제49조의2 제2항). 헌법재판소는 종국결정이 법률의 제정 또는 개정과 관련이 있으면 그 결정서 등본을 국회로 송부하여야 한다(국회법 제58조의2 제1항).

제 2 절 결정정족수

Ⅰ. 일반의결정족수

원칙적으로 재판부는 종국심리에 관여한 재판관 과반수의 찬성으로 사건에 관한 결정을 한다(헌재법 제23조 제2항). 권한쟁의심판에 대한 종국결정, 가처분심판에 대한 결정 등은 일반의결정족수에 의한다. 따라서 권한쟁의심판은 재판관 7인이 출석하여 심리한 경우에는 재판관 4인 이상의 찬성으로 권한침해를 확인할 수 있다.

Ⅱ. 특별의결정족수

헌법과 헌법재판소법에서 재판관 6인 이상의 찬성을 요구하는 경우가 있는데, 이를 특별의결정족수라 한다. 헌법은 ① 법률의 위헌결정, ② 탄핵의 결정, ③ 정당해산의 결정 또는 ④ 헌법소원에 관한 인용결정을 하기 위해서는 재판관 6인 이상의 찬성이 있어야 한다고 규정하고 있다(헌법 제113조 제1항).

특별의결정족수는 소수 재판관의 의사가 헌법재판의 향방을 결정하게 되는 문제점을 안고 있지만, 권력분립의 원리나 정당의 특권 내지 법적 안정성 등을 고려할 때 불가피하다. 재판관 6인 이상의 찬성 요구는 제1공화국의 헌법위원회와 탄핵재판소의 3분의 2 이상 찬성보다도 의결정족수가 더 강화된 규정이다.

특별심판절차 중에서 권한쟁의심판에 대해서만 특별의결정족수를 요구하지 아니하는 데에는 기관간의 법적 분쟁은 좀 더 적극적으로 해명할 필요가 있다는 고려로 보인다. 한편 위헌법률심판 또는 헌법소원심판이라고 해서 모든 유형의 결정에 특별의결정족수가 적용되지는 아니한다. 예를 들어 법률의 합헌결정이나 심판청구의 기각결정 등에 있어서까지 재판관 6인 이상의 찬성이 요구되지는 아니한다는 점에 주의할 필요가 있다.

그 밖에도 헌법재판소법은 종전에 헌법재판소가 판시한 헌법 또는 법률의 해석적용에 관한 의견을 변경하는 경우에도 재판관 6인 이상의 찬성을 요구하고 있다(헌재법 제23조 제2항). 헌법재판소가 판례를 자주 변경하게 되면 국민들이 혼란스럽게 받아들일 수 있고, 헌법재판소의 결정에 대한 신뢰가 무너질 수 있다. 이러한 점에서 헌법재판소가 판례를 변경할 때 신중을 기하라는 취지이다.

제 3 절 평결의 방식

Ⅰ. 주문별 합의제

보통 재판의 평의에 있어서 그 평결방식에는 쟁점별 합의제와 주문별 합의제가 있다. **쟁점별 합의제**는 적법요건이나 본안에 해당되는 문제들을 개개 쟁점별로 각각 표결하여 결론을 도출하는 평결방식을 말하고, **주문별 합의제**는 적법요건이나 본안에 해당되는 문제들을 개개 쟁점별로 표결하지 아니하고 결론에 초점을 맞추어 전체적으로 표결하여 주문을 결정하는 평결방식을 말한다.

평결방식과 관련하여 헌법재판소법이 명시적인 규정을 두고 있지 아니하므로 평결방식은 재판관의 선택에 맡겨져 있다고 할 수 있다. 헌법재판소의 실무에서는 기본적으로 **주문별 합의제**에 입각하여, 적법요건과 본안을 분리하여 평결하지 아니하고 전체적으로 평결하여 결론을 도출해오고 있다. 하지만 평결의 방식이 실제의 사건에서 중요한 쟁점으로 다루어진 적이 있었다.

즉 구 국세기본법 제42조 제1항 단서에 대한 헌법소원사건에서 위헌의견을 낸 5인의 재판관은, "재판관 5인이 '재판의 전제성'을 인정하였다면 이 사건 헌법소원은 일응 적법하다고 할 것이고 이 사건 헌법소원이 적법한 이상, 재판의 전제성을 부인하는 재판관 4인도 본안결정에 참여하는 것이 마땅하며 만일 본안에 대하여 다수와 견해를 같이하는 경우 그 참여는 큰 의미를 갖는 것"이라고 하면서 쟁점별 합의방식을 주장하였다.

그러나 각하의견을 낸 4인의 재판관은 "5인 재판관의 위헌의견은 헌법재판의 합의방법에 관하여 쟁점별 합의를 하여야 한다는 이론을 펴고 있으나 우리 재판소는 발족 이래 오늘에 이르기까지 예외 없이 주문합의제(主文合議制)를 취해 왔으므로 위헌의견이 유독 이 사건에서 주문합의제에서 쟁점별 합의제(爭點別合議制)로 변경하여야 한다는 이유를 이해할 수 없고, 새삼 판례를 변경하여야 할 다른 사정이 생겼다고 판단되지 아니한다"라고 반박하였다.

결국 위헌의견이 6인의 찬성을 얻지 못하여 채택되지 못하고, **주문합의제**에 따라 이 사건은 합헌결정이 내려졌다(헌재 1994. 6. 30. 92헌바23).

독일의 경우, 주문별 합의제를 택한 탄핵심판 등과 같은 특별한 경우를 제외하고는 적법요건과 본안사항에 대하여 각각 분리하여 별도로 평결하고 있다. 즉 적법요건에 대하여 평결한 후, 그에 대하여 부적법하다는 의견을 제시한 재판관도 본안사항에 대한 평결에도 다시 참여하는 방식이다.

쟁점별 합의제에서는 사건이 일단 본안판단에 넘어가면 비록 심판청구의 적법성이 없다고 각하의견을 낸 재판관도 본안판단에 참여해서 본안에 대한 의견을 따로 개진하여야 하나 주문별 합의제에서는 적법성에 대하여 각하의견을 낸 재판관은 본안판단에서 따로 의견을 낼 필요가 없게 되는데 평결의 정확성이라는 관점에서는 쟁점별 합의제가 보다 합리적이라고 본다(허영 159면).

Ⅱ. 주문별 합의제에 따른 주문결정의 구체적 예

헌법재판소법은 헌법재판의 주문결정과 관련한 명시적 규정을 마련하고 있지 아니하므로 헌법재판에서의 주문결정은 법 제40조 제1항에 따라 민사소송에 관한 법령을 준용할 수밖에 없다. 따라서 헌법재판에서의 주문은 민사소송에서 심판의 합의에 관한 준거법인 법원조직법 제66조가 정하는 합의의 방식을 준용하여 결정한다. 구체적으로, 평의결과 어떤 견해도 결정정족수에 도달하지 못한 경우 청구인에게 가장 유리한 견해를 표명한 재판관의 수에 순차로 그 다음으로 유리한 견해를 표명한 재판관의 수를 더하여 결정정족수에 도달하게 된 때의 견해를 헌법재판소의 법정의견으로 결정하는 것이 원칙이다. 예를 들어, 평의 결과 재판관의 의견이 위헌 1인, 한정합헌 5인, 합헌 3인으로 나누어졌을 경우 청구인에게 가장 유리한 견해인 위헌의견에 그 다음으로 유리한 견해인 한정합헌 5인을 더하면 결정정족수 6인에 도달하므로 그 때의 견해인 한정합헌의견이 주문으로 결정된다. 또한 재판관 의견이 위헌 5인, 헌법불합치 2인, 합헌 2인으로 나누어진 경우에는 청구인에게 가장 유리한 견해인 위헌의견에 그 다음으로 유리한 견해인 헌법불합치 2인을 더하면 위헌결정 정족수인 6인을 초과하게 되므로 그 때의 견해인 헌법불합치의견을 주문으로 결정하게 된다.

제 4 절 결정의 유형

헌법재판소는 원칙적으로 각하결정(심판의 청구가 부적합한 경우), 기각결정(심판청구가 적법하지만 이유가 없을 경우), 인용결정(심판청구가 적법하고 이유가 있을 경우)을 한다. 다만 위헌법률심판에 있어서는 각하결정 또는 합헌결정·위헌결정·변형결정 가운데 어느 하나를 한다(상세는 제4편 제1장 제3절 VI. 5. 위헌법률심판의 결정의 유형과 효력 참조).

제 5 절 결정의 효력

헌법재판소의 결정에는 일반재판에서와 같이 확정력이 인정된다. 나아가 객관적 법질서를 보호하는 헌법재판의 속성상 다른 국가기관의 행위에는 인정되지 아니하는 특수한 효력으로서 모든 국가기관을 기속하는 기속력과 법규적 효력이 인정된다.

Ⅰ. 확 정 력

헌법재판소의 심판절차에 관하여 민사소송법이 준용되고(헌재법 제40조 제1항), 헌법재판소법 제39조에 의하여 헌법재판소는 이미 심판을 거친 동일한 사건에 대하여는 다시 심판할 수 없다(일사부재리). 이에 따라 헌법재판소 결정에도 확정력을 인정할 수 있다. 이러한 확정력에는 소송법상으로 헌법재판소 자신에게 미치는 불가변력, 당해 소송당사자에게 미치는 불가쟁력(형식적 확정력) 및 후에 제기되는 헌법소송과의 관계에서 생기는 기판력(실체적 확정력)이 있다.

1. 불가변력

헌법재판소는 한 번 결정을 내리면 동일한 심판에서 자신이 내린 결정을 철회하거나 변경할 수 없다. 이를 불가변력(不可變力)이라고 부른다. 하지만 결정서에 잘못된 계산이나 기재, 기타 명백한 오류가 있을 경우 헌법재판소는 직권 또는 당사자의 신청에 의하여 경정결정을 할 수 있다(헌재법 제40조, 민소법 제211조 제1항).

2. 불가쟁력: 형식적 확정력

헌법재판소는 최종심이므로 그 결정은 선고함과 동시에 확정되며, 당사자는 그 결정에 대하여 더 이상 다툴 수 있는 방법이 없게 된다. 이를 형식적 확정력 또는 불가쟁력(不可争力)이라 한다. 이에 따라 헌법재판소의 결정에 대해서는 불복신청이 허용되지 아니한다(헌재 2004.9.23. 2003헌아61, 국가공무원법 제69조 위헌제청(재심)(각하)).

물론 재심이 허용될 경우 이러한 불가쟁력은 배제된다. 헌법재판소법에는 명문의 규정이 없지만, 헌법재판소가 판례를 통하여 예외적으로 재심을 허용하고 있다(상세는 제7장 재심 부분 참조). 따라서 재심이 허용되는 범위에서 재심의 제기는 일단 발생한 형식적 확정력을 배제한다(정종섭, 소송법, 169면).

3. 기판력: 실체적 확정력

(1) 의 의

형식적으로 확정된 헌법재판소의 결정에 대하여 당사자는 동일한 사항에 대하여 다시 심판을 청구하지 못하며, 헌법재판소도 자신의 결정내용에 구속되며 자신이 내린 결정과 모순된 결정을 할 수 없다. 이를 **실체적 확정력** 또는 **기판력**(既判力)이라 한다.

이러한 기판력은 확정된 재판의 내용에 대해 당해 심판보다는 후행 심판에서 당사자 및 헌법재판소를 구속한다는 측면에서 재판을 행한 헌법재판소 자신과의 관계에서 논의되는 불가변력이나 당해 심판에서 당사자와의 관계에서 논의되는 불가쟁력과 구별된다(실무제요, 115면). 헌법소송에서 기판력제도의 기초를 이루는 것은 헌법재판소법(제39조)이 규정한 **일사부재리의 원칙**으로서 이에 따라 한 번 확정된 헌법재판소의 판단은 앞으로는 다툴 수 없게 되는 것이다.

(2) 기판력의 객관적 범위

기판력은 원칙적으로 결정주문에 포함된 것에 한하여 발생한다(헌재법 제40조 및 민사소송법 제216조 제1항). 결정문에 포함되는 것이란 제청법원 또는 당사자가 의식적으로 그 판단을 헌법재판소에 요구한 위헌 여부의 판단 또는 권리주장, 즉 소송물에 대한 판단이다.

(3) 기판력의 주관적 범위

기판력은 헌법소송절차에 참여한 사람으로서 공격·방어의 기회가 주어진 사람에 한하여 미치는 것이 원칙이다. 그러나 민사소송법이 준용되는 범위 내에서 예외적으로 기판력의 주관적 범위를 제3자에게 확장하여 당사자 이외에 당사자와 동일시하여야 할 지위에 있는 제3자(예: 승계인)에게 기판력을 미치게 하는 경우도 있다(헌재법 제40조 제1항 및 민사소송법 제218조 제1항).

(4) 기판력의 시적 한계

기판력은 구두변론에 의한 헌법소송에서는 변론종결 시, 서면심리에 의한 헌법소송에서는 심리종결 시(표준시)에 있어서의 권리나 법률관계에 관하여 발생한다(허영, 178-179면).

Ⅱ. 기 속 력

1. 기속력의 의의

헌법재판소법 제47조 제1항은 "법률의 위헌결정은 법원 기타 국가기관 및 지방자치단체를 기속한다"라고 규정하고 있고, 동법 제75조 제6항에서는 위헌심사형 헌법소원을 인용할 경우 이를 준용하도록 규정하고 있으며, 동법 제75조 제1항에서도 "헌법소원의 인용결정은 모든 국가기관과 지방자치단체를 기속한다"라고 규정하고 있다. 또한 동법 제67조 제1항에서는 "헌법재판소의 권한쟁의심판의 결정은 모든 국가기관과 지방자치단체를 기속한다"라고 규정하고 있다. 이처럼 헌법재판소의 결정이 모든 공권력을 구속하는 힘을 기속력(羈束力)이라고 한다. 다른 한편 기속력은 행정소송에서도 인정되지만, 행정소송에서의 기속력은 행정청과 관계행정청만 기속된다는 점에서 헌법재판의 기속력과는 구별된다.

2. 기속력과 기판력의 차이

기판력이 원칙적으로 당사자 사이에서만 효력이 미치는 것인 반면, 기속력은 모든 국가기관과 지방자치단체를 구속한다는 점에서 헌법재판의 기속력은 헌법소송의 특징이라 할 수 있다.

3. 기속력의 내용

기속력은 ① 모든 국가기관과 지방자치단체가 헌법재판소의 결정에 따라야 하며, ② 장래에 어떠한 처분을 할 경우 헌법재판소의 결정을 존중하여야 한다는 결정준수의무와 ③ 동일한 사정에서 동일한 이유에 근거한 동일 내용의 공권력의 행사 또는 불행사가 금지된다는 반복금지의무를 그 내용으로 한다.

구 헌법재판소법 제47조 제1항은 "법률의 위헌결정은 법원 기타 국가기관 및 지방자치단체를 기속한다"라고 규정하고 있는데, 이러한 위헌결정의 기속력과 헌법을 최고규범으로 하는 법질서의 체계적 요청에 비추어 국가기관 및 지방자치단체는 위헌으로 선언된 법률규정에 근거하여 새로운 행정처분을 할 수 없음은 물론이고, 위헌결정 전에 이미 형성된 법률관계에 기한 후속처분이라도 그것이 새로운 위헌적 법률관계를 생성·확대하는 경우라면 이를 허용할 수 없다. 따라서 조세 부과의 근거가 되었던 법률규정이 위헌으로 선언된 경우, 비록 그에 기한 과세처분이 위헌결정 전에 이루어졌고, 과세처분에 대한 제소기간이 이미 경과하여 조세채권이 확정되었으며, 조세채권의 집행을 위한 체납처분의 근거규정 자체에 대하여는 따로 위헌결정이 내려진 바 없다고 하더라도, 위와 같은 위헌결정 이후에 조세채권의 집행을 위한 새로운 체납처분에 착수하거나 이를 속행하는 것은 더 이상 허용되지 아니하고, 나아가 이러한 위헌결정의 효력에 위배하여 이루어진 체납처분은 그 사유만으로 하자가 중대하고 객관적으로 명백하여 당연무효라고 보아야 한다(대판(전합) 2012.2.16. 2010두10907, 압류등처분무효확인).

4. 심판 결정에 따른 기속력

위헌법률심판의 경우에는 위헌결정에만, 헌법소원심판의 경우에는 인용결정에만 기속력이 인정된다. 하지만, 헌법재판소법 제67조 제1항에서 "권한쟁의심판의 결정"이라고 규정하고 있기 때문에 권한쟁의심판의 경우에는 인용결정뿐만 아니라 기각결정에도 기속력이 인정된다.

5. 기속력의 범위

(ⅰ) 기속력의 주관적 범위와 관련하여 헌법재판소법에서 위헌결정의 경우에는 "법원 그 밖의 국가기관 및 지방자치단체"로, 헌법소원심판 인용결정과 권한쟁의심판의 인용결정의 경우에는 "모든 국가기관과 지방자치단체"로 규정하고 있다. 모든 국가기관에 법원이 당연히 포함되어야 한다. 다만, 국회에도 기속력이 미치는가에 대하여는 논란이 있으나 미친다고 보아야 한다.

1999.4.29. 택지소유상한에관한법률 전부에 대한 위헌결정으로 제30조 규정 역시 그 날로부터 효력을 상실하게 되었고, 체납 택지초과소유부담금을 강제로 징수할 수 있는 다른 법률적 근거가 없으므로, 위헌결정 이전에 이미 택지초과소유부담금 부과처분과 압류처분 및 이에 기한 압류등기가 이루어지고 각 처분이 확정되었다고 하여도, 위헌결정 이후에는 별도의 행정처분인 공매처분 등 후속 체납처분 절차를 진행할 수 없고, 만일 그와 같은 절차를 진행하였다면 그로 인한 공매처분은 법률의 근거 없이 이루어진 것으로서 그 하자가 중대하고도 명백하여 당연무효라고 할 것이며, 그 공매처분에 기하여 이루어진 소유권이전등기 역시 원인무효의 등기이다(대판 2002.11.22. 2002다46102, 소유권말소등기등).

(ⅱ) 기속력의 객관적 범위와 관련하여 헌법재판소의 결정 주문뿐만 아니라 결정의 주요이유에도 미치는가에 관하여는 견해가 대립된다. 긍정설은 결정의 주요이유에도 기속력을 인정하여야 유사사건 및 후속사건에서 분쟁을 방지하는 효과를 가진다고 본다(허영, 소송법, 181-182면). 반면에 부정설은 결정 이유의 중요 부분과 그렇지 아니한 부분의 구별도 어렵기 때문에 오히려 법적 안정성을 해칠 우려가 있다고 본다. 헌법재판소도 부정적인 입장이다.

헌법재판소법 제47조에 정한 기속력을 명백히 하기 위하여는 어떠한 부분이 위헌인지 여부가 그 결정의 주문에 포함되어야 하므로, 이러한 내용을 결정의 이유에 설시하는 것만으로는 부족하고 결정의 주문에까지 등장시켜야 한다(헌재 1992.2.25. 89헌가104 참조)(헌재 1994.4.28. 92헌가3, 보훈기금법 부칙 제5조 및 한국보훈복지공단법 부칙 제4조 제2항 후단에 관한 위헌심판(한정위헌,한정합헌)).

(iii) 생각건대 헌법재판소의 결정대로 객관적 범위를 주문에 한정하여야 한다. 하지만 재판의 속성인 분쟁의 해결과 유사분쟁의 재발방지를 위하여 중요한 이유 설시에 대하여도 기속력을 인정하는 것이 바람직하다.

6. 결정유형에 따른 기속력

(i) **합헌결정**에 대하여는 기속력이 인정되지 아니하므로, 합헌으로 결정된 법률에 대하여 다시 위헌결정으로 판례 변경이 가능하다. 합헌결정 그 자체가 기속력을 가지지는 아니하지만 구체적 규범통제의 본질 및 일사부재리의 원칙에 따라 위헌법률심판제청을 한 법원은 헌법재판소의 합헌결정을 따라야 한다.

(ii) **헌법불합치결정**의 기속력도 위헌결정의 기속력과 동일하다는 데에는 헌법재판소와 대법원의 견해가 일치한다.

법률에 대한 헌법재판소의 위헌결정에는 단순위헌결정은 물론, 헌법불합치결정도 포함되고, 이들은 모두 당연히 기속력을 가진다. 다만 헌법재판소는 위헌결정을 통하여 위헌법률을 법질서에서 제거하는 것이 오히려 법적 공백이나 혼란을 초래할 우려가 있는 경우, 헌법불합치결정을 하면서 위헌 법률을 일정 기간 동안 계속 적용을 명하는 경우가 있는데, 모든 국가기관은 이에 기속되고, 법원은 이러한 예외적인 경우에 위헌법률을 계속 적용하여 재판할 수 있다(헌재 2013.9.26. 2012헌마806, 재판취소(각하)).

(iii) 한정위헌결정과 한정합헌결정의 기속력에 대하여 대법원은 부정적인 입장이지만, 헌법재판소는 이를 인정한다.

한정위헌결정은 구체적 사건에서 법률조항에 대한 법원의 특정한 해석·적용의 당부를 심사한 것이 아니라, 법률조항의 규범 영역 중 일부가 헌법에 위반되어 무효라는 내용의 일부위헌결정이다. 구체적 사건에서 법원의 법률의 해석·적용 권한이 사법권의 본질적 내용을 이루는 것은 부정할 수 없다. 그러나 법률조항의 문언 자체에 변화가 없고 헌법재판소가 법률조항의 규범 영역 중 헌법에 위반되어 효력을 상실하는 부분을 '해석'이라는 표현을 사용하여 지칭하였다는 이유로 법률에 대한 위헌성 심사의 결과인 한정위헌결정을 규범통제가 아닌 구체적 사건에서의 법원의 법률의 해석·적용 권한에 대한 통제라고 볼 수는 없다.

이 사건 재심기각판결은 '법률조항 자체는 그대로 둔 채 그 법률조항에 관한 특정한 내용의 해석·적용만을 위헌으로 선언하는 이른바 한정위헌결정에 관하여는 헌법재판소법 제47조가 규정하는 위헌결정의 효력을 부여할 수 없으며, 그 결과 한정위헌결정은 법원을 기속할 수 없고 재심사유가 될 수 없다'라는 이유를 들어 이 사건 한정위헌결정의 기속력을 부인하고 청구인의 재심청구를 기각하였다. 이는 일부위헌결정으로서 법 제75조 제6항, 제47조 제1항에 따라 기속력이 인정되는 이 사건 한정위헌결정의 기속력을 부인한 것이므로, 이 사건 재심기각판결은 '법률에 대한 위헌결정의 기속력에 반하는 재판'에 해당한다. 따라서 이 사건 재심기각판결에 대해서는 예외적으로 그 취소를 구하는 헌법소원심판청구가 허용된다(헌재 2022.7.21. 2013헌마242 재판취소 등(재판취소 사건)(인용(취소), 각하) 헌재 2022.6.30. 2014헌마760등, 헌법재판소법 제68조 제1항 등 위헌확인(재판 취소 사건)(위헌, 인용(취소), 각하) 참조).

Ⅲ. 법규적 효력

법규범에 대해 헌법재판소가 위헌결정을 하거나 위헌확인의 선언을 할 경우 소송당사자는 물론, 모든 국가기관과 지방자치단체를 넘어서 일반 사인에까지도 그 결정의 효력이 미치게 된다. 이처럼 위헌결정이 대세적인 영향을 미치게 되는 힘을 법규적 효력 또는 일반적 구속력이라고 한다. 이에 따라 국가기관과 마찬가지로 일반국민은 헌법재판소가 위헌으로 선언한 법규범에 더 이상 구속을 받지 아니하게 된다.

독일에서는 기본법 제94조 제2항의 위임을 받아 연방헌법재판소법 제31조 제2항이 연방헌법재판소의 판결은 법률로서의 효력을 가진다고 규정하여 법규적 효력에 관하여 규정하고 있다. 하지만, 우리나라에서는 법규적 효력을 명문으로 인정한 헌법규정이나 법률의 규정은 존재하지 아니한다.

다만, "위헌으로 결정된 법률 또는 법률의 조항은 그 결정이 있는 날부터 효력을 상실한다. 다만, 형벌에 관한 법률 또는 법률의 조항은 소급하여 그 효력을 상실한다"라고 규정하고 있는 헌법재판소법 제47조 제2항과 이를 준용하도록 하고 있는 동법 제75조 제6항을 법규적 효력의 근거규정으로 볼 수 있다(실무제요, 123면).

Ⅳ. 결정의 집행력

헌법재판소법은 헌법재판소 결정의 집행력에 관한 일반 조항을 두고 있지 아니한다. 다만, 정당해산심판에서 "정당의 해산을 명하는 헌법재판소의 결정은 중앙선거관리위원회가 정당법에 따라 집행한다"는 조항(제60조)을 두고 있을 뿐이다.

제 7 장 재　　심

제 1 절 의　　의

재심(再審)이란 확정된 종국결정에 재심사유에 해당하는 중대한 하자가 있는 경우에 그 결정의 취소와 이미 종결되었던 사건의 재심판을 구하는 비상의 불복신청방법이다. 재심제도는 법적 안정성과 구체적 정의라는 상반된 요청을 조화시키기 위하여 마련되었다.

그런데 헌법재판소법 제39조의 일사부재리의 원칙과 헌법재판소의 결정의 효력 특히 확정력과의 관계에서 헌법재판소의 결정에 대하여 재심이 허용되는지 여부가 문제된다.

제 2 절 허용 여부

헌법재판에서 재심이 허용되는가의 문제는 헌법재판은 그 심판의 종류에 따라 절차의 내용과 효과가 한결같지 아니하기 때문에 재심의 허용 여부와 허용의 정도 등은 심판절차의 종류에 따라서 개별적으로 판단할 수밖에 없다(헌재 1995.1.20. 93헌아1, 불기소처분취소(재심)(각하)).

헌법재판소법에서는 재심에 관하여 명문의 규정을 두고 있지 아니하지만, 헌법재판소법 제40조에 따라 민사소송법이 준용되어 재심에 관하여도 민사소송법의 규정이 법적 준거가 될 수밖에 없다.

헌법재판소는 재심을 허용함으로써 얻을 수 있는 구체적 타당성의 이익과 재심을 허용하지 아니함으로써 얻을 수 있는 법적 안정성의 이익을 비교형량하여 전자가 후자보다 우월한 경우에 재심을 허용한다.

제3절 구체적 검토

헌법재판소의 결정에 대하여 재심이 문제되는 구체적인 경우로는 ① 정당해산심판사건, ② 헌법재판소법 제68조 제1항의 헌법소원, ③ 헌법재판소법 제68조 제2항의 헌법소원을 들 수 있다.

Ⅰ. 정당해산심판 사건에 대한 재심 허용

헌법재판소는 정당해산심판사건에 대한 재심을 허용하여야 한다는 입장이다. 생각건대 정당해산심판 결정의 효력은 정당의 자유를 누리는 정당에 효력이 미칠 뿐만 아니라 피청구인인 정당은 해산결정에 따른 부수적인 불이익을 받게 되므로 재심을 통하여 원래의 결정을 바로잡아야 할 구체적 타당성의 요청이 더 크다고 할 수 있다. 따라서 정당해산심판사건에 대하여 재심을 허용하는 것이 타당하다.

> 정당해산심판은 원칙적으로 해당 정당에게만 그 효력이 미치며, 정당해산결정은 대체정당이나 유사정당의 설립까지 금지하는 효력을 가지므로 오류가 드러난 결정을 바로잡지 못한다면 장래 세대의 정치적 의사결정에까지 부당한 제약을 초래할 수 있다. 따라서 정당해산심판절차에서는 재심을 허용하지 아니함으로써 얻을 수 있는 법적 안정성의 이익보다 재심을 허용함으로써 얻을 수 있는 구체적 타당성의 이익이 더 크므로 재심을 허용하여야 한다. 한편, 이 재심절차에서는 원칙적으로 민사소송법의 재심에 관한 규정이 준용된다(헌재 2016.5.26. 2015헌아20, 통합진보당 해산(재심)(각하)).

Ⅱ. 헌법재판소법 제68조 제1항의 헌법소원에 대한 재심 허용

헌법재판소는 처음에는 헌법재판소법 제68조 제1항에 의한 헌법소원 가운데 행정작용에 속하는 공권력작용을 대상으로 하는 권리구제형 헌법소원에 있어서는, 사안의 성질상 헌법재판소의 결정에 대한 재심은 재판부의 구성이 위법한 경우 등 절차상 중대하고 명백한 위법이 있어 재심을 허용하지 아니하면 현저히 정의에 반하는 경우에 한하여 제한적으로 허용될 수 있을 뿐이라고 하여, 민사소송법

제451조 소정의 판단누락은 재심의 사유로 되지 아니한다는 입장이었다(헌재 1995.1.20. 93헌아1, 불기소처분취소(재심)(각하); 헌재 1998.3.26. 98헌아2, 불기소처분취소(재심)(각하)).

그러나 그 후 헌법재판소는 "공권력작용에 대한 권리구제형 헌법소원절차에 있어서 '헌법재판소의 결정에 영향을 미칠 중대한 사항에 관하여 판단을 누락한 때'를 재심사유로 허용하는 것이 헌법재판의 성질에 반한다고 볼 수 없다"고 함으로써 판례를 변경하여 판단누락(判斷漏落)도 헌법재판소 결정에 대한 재심사유로 인정하였다(헌재 2001.9.27. 2001헌아3, 불기소처분취소(재심)(기각)).

따라서 행정작용에 속하는 공권력작용을 대상으로 하는 권리구제형 헌법소원에 있어서 재심의 사유로는 ① 재판부의 구성이 위법한 경우 등 절차상 중대하고 명백한 위법이 있어 사안의 성질상 헌법재판소의 결정에 대한 재심을 허용하지 아니하면 현저히 정의에 반하는 경우, ② 헌법재판소의 결정에 영향을 미칠 중대한 사항에 관하여 판단을 누락한 경우를 들 수 있다.

한편, 헌법재판소법 제68조 제1항에 따른 권리구제형 헌법소원 중 법령에 대한 헌법소원은 그 (인용)결정의 효력이 당사자에게 미침은 물론이거니와 위헌법률심판의 경우와 마찬가지로 기속력과 법규적 효력을 가지므로 법령에 대한 권리구제형 헌법소원은 그 효력 면에서 동법 제68조 제2항의 헌법소원과 유사한 성질을 지니고 있다. 따라서 권리구제형 헌법소원 중 법령에 대한 헌법소원은 아래에서 살펴보는 동법 제68조 제2항에 의한 헌법소원의 경우와 동일한 근거로써 재심이 허용되지 아니한다고 보아야 한다(헌재 2020.10.13. 2020헌아653, 구 대기환경보전법 시행령 제4조 제1항 제1호 등 위헌확인(재심)(각하)).

헌법재판소법 제70조 제4항에 의하여 헌법소원심판의 청구기간을 산정함에 있어서 청구인이 국선대리인 선임신청을 한 날로부터 위 선임신청 기각결정의 통지를 받은 날까지의 기간은 청구기간에 산입하지 아니함에도 불구하고 이를 간과한 채 청구기간을 잘못 계산하여 심판청구가 청구기간을 도과하여 부적법하다는 이유로 각하하는 결정을 한 경우, 재심대상 사건에는 헌법재판소법 제40조 제1항에 의하여 준용되는 민사소송법 제451조 제1항 제9호의 '판결에 영향을 미칠 중요한 사항에 관하여 판단을 누락한 때'에 해당하는 재심사유가 있다(헌재 2007.10.4. 2006헌아53, 불기소처분취소(재심)(기각, 각하)).

청구인이 청구기간을 준수하여 헌법소원심판청구를 하였음에도 우편집배원의 착오로 인해 잘못 기재된 우편송달보고서를 근거로 청구기간을 잘못 계산하여 헌법소원심판청구에 대한 본안 판단을 하지 아니한 채 심판청구가 청구기간을 도과하여 부적법하다는 이유로 각하하는 결정을 한 경우, 이러한 재심대상결정에는 헌법재판소 제40조 제1항에 의하여 준용되는 민사소송법 제451조 제1항 제9호의 '판결에 영향을 미칠 중요한 사항에 관하여 판단을 누락한 때'에 준하는 재심사유가 있다고 할 것이다(헌재 2009.6.25. 2008헌아23, 불기소처분취소(재심)(취소, 각하, 기각)).

Ⅲ. 헌법재판소법 제68조 제2항의 헌법소원에 대한 재심 불허

헌법재판소는 헌법재판소법 제68조 제2항의 헌법소원에 대한 재심 허용 여부에 대하여, 법적 안정성을 유지하기 위하여 재심을 허용할 수 없다는 입장이다.

> "만약 헌법재판소법 제68조 제2항에 의한 헌법소원심판청구사건에 있어서 선고된 헌법재판소의 결정에 대하여 재심에 의한 불복방법이 허용된다면, 종전에 헌법재판소의 위헌결정으로 효력이 상실된 법률 또는 법률조항이 재심절차에 의하여 그 결정이 취소되고 새로이 합헌결정이 선고되어 그 효력이 되살아날 수 있다거나 종래의 합헌결정이 후일 재심절차에 의하여 취소되고 새로이 위헌결정이 선고될 수 있다 할 것이다. 그러나 이러한 결과는 그 문제된 법률 또는 법률조항과 관련되는 모든 국민의 법률관계에 이루 말할 수 없는 커다란 혼란을 초래하거나 그 법적 생활에 대한 불안을 가져오게 할 수도 있다. 결국 위헌법률심판을 구하는 헌법소원에 대한 헌법재판소의 결정에 대하여는 재심을 허용하지 아니함으로써 얻을 수 있는 법적 안정성의 이익이 재심을 허용함으로써 얻을 수 있는 구체적 타당성의 이익보다 훨씬 높을 것으로 쉽사리 예상할 수 있고, 따라서 헌법재판소의 이러한 결정에는 재심에 의한 불복방법이 그 성질상 허용될 수 없다고 보는 것이 상당하다고 할 것이다"(헌재 1992.6.26. 90헌아1, 민사소송법 제118조에 대한 헌법소원(각하)).

제 4 절 재심의 청구와 심판절차

재심청구서가 헌법재판소에 제출되면 재심의 절차가 개시된다. 재심청구서에는 ① 재심청구인 및 대리인의 표시, ② 재심할 결정의 표시와 그 결정에 대하여 재심을 청구하는 취지, ③ 재심의 이유 등을 기재하여야 하며, 재심의 대상이 되는 결정의 사본을 붙여야 한다(심판규칙 제53조). 재심의 심판절차에는 그 성질에 어긋나지 아니하는 범위 내에서 재심 전 심판절차에 관한 규정을 준용한다(심판규칙 제52조).

재심기간에 관해서는 법 제40조에 따라 민사소송법이 준용되어, 당사자는 결정이 확정된 뒤 재심의 사유를 안 날부터 30일 이내에 재심을 청구하여야 하며 결정이 확정된 뒤 5년이 지난 때에는 재심을 청구하지 못한다(민사소송법 제456조).

제8장 가 처 분

제1절 의 의

헌법재판에 있어서 가처분(假處分)은 본안사건에 대한 결정의 실효성을 확보하기 위하여 본안결정이 있기 전에 본안사건에서 다툼이 있는 법관계를 잠정적·임시적으로 정하는 가구제제도이다.

본안결정이 있기까지 상당한 기간이 소요되는 헌법재판에 있어서는 그 기간 동안 상황의 변화로 인하여 승소하더라도 소정의 목적을 달성할 수 없게 될 우려가 있다. 본안결정이 있기 전에 사실관계가 완결되어 더 이상 돌이킬 수 없는 단계에 이르면 심판청구의 당사자와 헌법질서에 회복하기 어려운 손해를 가져다줄 수 있다. 따라서 본안결정이 있을 때까지 잠정적으로 임시의 법적 관계를 정하는 가처분절차가 필요한 것이다. 또한 가처분제도는 긴급한 상황 하에서 헌법질서에 응급조치를 취하는 역할을 하며, 본안심판 시까지 정치적 충돌을 방지하거나 완화시킬 수 있는 완충지대를 제공하는 기능도 수행한다.

제 2 절 절 차

Ⅰ. 신청 또는 직권

이미 계속 중이거나 장래 계속될 본안소송의 청구인적격이 있는 자의 신청 또는 헌법재판소의 직권으로 가처분의 절차가 개시된다(헌재법 제57조, 제65조, 제40조, 행정소송법 제23조 제2항).

Ⅱ. 신청의 방식과 신청기간

가처분의 신청취지와 신청이유를 기재한 신청서를 헌법재판소에 제출하여야 하며 신청서에는 필요한 증거서류 또는 참고자료를 첨부할 수 있다. 가처분신청기간에는 특별한 제한이 없으며 본안청구가 허용되는 기간 내이거나 본안이 계속 중인 이상 신청할 수 있다. 그러나 본안심판이 종결되었거나 본안심판절차가 충분히 진행되어 본안결정을 할 수 있는 정도에 도달한 시점에서는 신청할 수 없다. 변호사강제주의는 가처분절차에도 적용된다.

Ⅲ. 가처분 사건의 접수와 송달

가처분이 신청되면 별건의 가처분신청사건으로 접수하고 사건부호 '헌사'를 붙여 특별사건부(가처분신청사건부)에 등재한다(실무제요, 92면).

가처분의 신청이 있는 때에는 신청서의 등본을 피신청인에게 바로 송달하여야 한다. 다만, 본안사건이 헌법소원심판사건인 경우로서 그 심판청구가 명백히 부적법하거나 권리의 남용이라고 인정되는 경우에는 송달하지 아니할 수 있다(심판규칙 제50조 제3항).

〈가처분 신청서 서식례(권한쟁의심판의 경우)〉

가 처 분 신 청 서

신 청 인 ○ ○ ○
피신청인 ○ ○ ○
본안사건

신 청 취 지

"피신청인의 20 . . .자 ○○○처분은 헌법재판소 20**헌라00 ○○○ 사건의 종국결정 선고시까지 그 효력을 정지한다." 라는 결정을 구합니다.

신 청 이 유

1. 본안사건의 개요
2. 보전처분의 필요성

(본안결정의 실효성확보를 위한 보전처분의 긴급한 필요성을 적시한다)

첨 부 서 류

20 . . .

신청인 대리인 변호사 ○ ○ ○ (인)

헌법재판소 귀중

제 3 절 적법요건

Ⅰ. 당 사 자

당사자능력과 본안에 대하여 당사자적격이 있는 자만이 가처분신청에서 당사자로 될 수 있다. 그러나 본안의 피청구인과 가처분의 피신청인이 다를 수 있다(헌재 1998.7.14. 98헌사31, 국무총리서리임명행위의 효력정지 및 직무집행정지 가처분사건(기각)).

가처분의 신청권자에는 본안사건의 소송참가인은 포함되지만 심판절차에서 의견진술권만을 가진 이해관계인은 포함되지 아니한다(실무제요, 94면).

Ⅱ. 본안사건과의 관계

가처분을 신청하기 위해서는 본안사건이 헌법재판소 관할에 속하여야 한다. 본안사건이 헌법재판소에 계속 중일 때 가처분을 신청할 수 있음이 원칙이나, 가처분제도의 실효성을 위해 가처분신청을 한 이후에 본안사건의 심판을 청구하는 것도 허용된다(실무제요, 94면).

가처분신청은 본안사건 심판의 적법한 계속을 전제로 하므로, 본안사건이 명백하게 부적법한 경우 가처분신청도 적법하게 유지될 수 없다는 이유로 각하된다. 헌법소원심판청구를 청구기간 도과로 각하하는 경우(헌재 2004.4.29. 2004헌사56), 입법부작위에 대한 헌법소원이 허용되기 위한 작위의무를 인정하기 어려워 각하하는 경우(헌재 2014.10.30. 2012헌사129; 헌재 2014. 10.30. 2012헌마130 참조), 권리보호이익이 없어 각하하는 경우(헌재 2004.2.17. 2004헌사71; 헌재 2014. 10.30. 2012헌사129; 헌재 2014.10.30. 2012헌마130 참조)(실무제요, 95면), 가처분신청만 하고 본안사건인 헌법소원심판을 청구하지 않았으나 신청인이 청구하고자 하는 본안사건이 명백하게 부적법한 경우 가처분신청이 각하된 사례도 있다(헌재 2022.4.12. 2022헌사275)(실무제요, 95-96면).

가처분은 본안사건의 결정의 실효성을 확보하기 위한 것이므로 본안사건의 소송물의 범위를 초과하여 가처분을 신청할 수 없다(실무제요, 96면).

Ⅲ. 권리보호이익

가처분의 적법요건으로 가처분을 통해 보호하려는 권리보호이익이 인정되어야만 한다. 가처분을 통해 달성하고자 하는 목적이 이미 실효적으로 달성할 수 없게 된 경우에는 권리보호이익이 없다는 이유로 가처분신청을 각하한다. 대통령 탄핵소추절차 진행의 정지를 구하는 가처분 신청 후 국회에서 탄핵소추안이 가결된 경우(헌재 2016.12.27. 2016헌사857, 탄핵소추 진행 정지 가처분신청(각하)), 임기만료 직전 후임자가 임명되지 않은 재판관에 대하여 후임 재판관이 임명될 때까지 직무수행을 계속할 것을 구하는 가처분 신청 후 해당 재판관이 임기만료로 퇴임한 경우(헌재 2017.2.15. 2017헌사107, 헌법재판관 직무수행 가처분신청(각하)) 모두 가처분신청의 권리보호이익이 없다는 이유로 각하되었다(실무제요, 96면). 아울러, 중앙선거관리위원회 위원장의 대통령선거 사전투표 관련 행위들의 효력정지를 구하는 가처분 신청의 경우, 해당 사전투표 본투표 모두 종료되어 가처분신청이 인용된다고 하더라도 신청인들이 주장하는 기본권침해 상태가 회복될 가능성이 없어 그 신청이 부적법하다는 이유로 각하한 사례도 있다(헌재 2022.5.17. 2022헌사183, 효력정지가처분신청(각하))(실무제요, 96면).

제 4 절 실체적 요건

가처분결정을 함에 있어서는 헌법재판소법 제40조에 의하여 행정소송법과 민사소송법 소정의 가처분 관련 규정이 준용된다. 이에 가처분의 인용 요건으로, 본안심판이 부적법하거나 이유 없음이 명백하지 않고, 문제된 피청구인의 처분 등이나 그 집행 또는 절차의 속행으로 인하여 생길 회복하기 어려운 손해를 예방할 필요와 그 효력을 정지시켜야 할 긴급한 필요가 있으며, 가처분을 인용한 뒤 종국결정에서 청구가 기각되었을 때 발생하게 될 불이익과 가처분을 기각한 뒤 청구가 인용되었을 때 발생하게 될 불이익을 비교형량하여 후자의 불이익이 전자의 불이익보다 클 것이 요청된다(헌재 2018.6.28. 2018헌사213, 효력정지가처분신청(인용,기각); 헌재 2021.1.4. 2020헌사1304, 효력정지가처분신청(인용,기각); 헌재 2022.6.3. 2022헌사448, 효력정지가처분신청(인용) 등 참조).

Ⅰ. 본안심판이 부적법하거나 이유 없음이 명백하지 않을 것

본안심판이 명백히 부적법하거나 이유없음이 명백한 경우에는 가처분을 명할 수 없다. 그러나 이는 본안심판의 승소가능성과 구분되어야 하는 것으로, 가처분신청의 인용 여부를 심사함에 있어서 본안심판의 승소가능성은 원칙적으로 고려의 대상이 되지 아니한다. 헌법재판소도 본안소송이 배척되는 것이 명백하지 아니하는 한 원칙적으로 본안의 승소가능성을 가처분의 요건으로 고려하지 아니하고 있다(헌재 2000.12.8. 2000헌사471)(정종섭, 소송법, 214-215면). 그에 따라 가처분의 필요성을 인정하여 그 신청을 인용한 후 본안 사건의 심판청구는 각하 또는 기각된 사례도 있다. 공원구역외의 도시계획도로에 대한 경기도지사의 도시계획입안과 실시계획인가처분에 대하여 성남시의 효력정지가처분신청을 인용한 사안에서(헌재 1999.3.25. 98헌사98), 본안사건인 권한쟁의심판에서는 도시계획입안에 관해서는 청구기간 도과를 이유로, 실시계획인가처분에 관해서는 그 사무가 기관위임사무로서 국가사무이므로 이에 관하여 청구인에게 헌법 또는 법률에 의하여 부여받은 권한이 존재하지 않는다는 이유로 각하하였다(헌재 1999.7.22. 98헌라4). 변호사시험 합격자 공고에 관한 변호사시험법 제11조 중 '명단 공고' 가운데 성명 공개에 관한 부분에 대한 효력정지가처분신청을 인용한 사안에서(헌재 2018.4.6. 2018헌사242등), 본안사건인 헌법소원심판에서는 심판청구를 기각하였다(헌재 2020.3.26. 2018헌마77등).

Ⅱ. 회복하기 어려운 손해를 예방할 필요

회복하기 어려운 손해를 예방할 필요가 있는 경우에 가처분신청을 인용할 수 있다. 본안사건이 권한쟁의심판인 경우, 신청인의 헌법 또는 법률상 권한에 대한 침해나 피신청인 처분 상대방의 손해 및 공공복리상의 중대한 사유가 고려될 수 있으며(헌재 2022.6.3. 2022헌사448; 헌재 1999.3.25. 98헌사98 참조), 본안사건이 헌법소원심판인 경우 신청인의 기본권에 대한 침해를 고려한다(실무제요. 99면).

Ⅲ. 긴급한 필요성

가처분은 본안결정이 회복되기 어려운 중대한 손실을 방지하기에 적절한 시간 안에 내려질 것을 기대할 수 없는 긴급한 필요가 있는 경우에 인용될 수 있다. 가처분으로 규율하고자 하는 현상이 이미 발생하였거나 시간적으로 매우 근접하여 본안결정 때까지 중대한 손실을 방지하기 위해 필요한 조치를 미룰 수 없을 때에 법령이나 처분 등의 효력 정지와 같은 가처분을 하여야 하는 긴급한 필요가 인정된다(변호인접견신청을 불한 경우(헌재 2014.6.5. 2014헌사592); 한시적 징계의 집행종료가 임박한 경우(헌재 2022.6.3. 2022헌사448), 고등학교 입학전형이 임박한 경우(헌재 2018.6.28. 2018헌사213); 변호사시험 실시가 임박한 경우(헌재 2021.1.4. 2020헌사1304); 재판관 퇴임이 임박한 경우(헌재 2024.10.14. 2024헌사1250)).

Ⅳ. 이익형량

가처분을 인용한 뒤 나중에 본안심판이 기각되었을 때 발생하게 될 불이익과 가처분을 기각한 뒤 후에 본안심판이 인용되었을 때 발생하게 될 불이익을 비교형량하여 후자가 전자보다 클 경우에 가처분을 인용하여야 한다. 이는 독일 연방헌법재판소 판례에서 인정되는 이른바 이중가설이론(Doppel hypothese)이다(헌재 1999.3.25. 98헌사98, 직접처분 효력정지 가처분신청(인용); 헌재 2006.2.23. 2005헌사754, 효력정지가처분신청(일부인용)).

가처분결정은 어디까지나 잠정적이고 예외적인 조치이기 때문에 그 결정이 공공복리에 미치는 영향까지 고려할 필요가 있다. 헌법재판소는 특히 법령의 효력을 정지시키는 가처분은 비록 일반적인 보전의 필요성이 인정된다고 하더라도 행정소송법 제23조 제3항이 규정하는 바와 같이 공공복리에 중대한 영향을 미칠 우려가 있을 때에는 인용할 수 없다고 본다(헌재 2002.4.25. 2002헌사129, 효력정지가처분신청(인용,각하); 헌재 2006.2.23. 2005헌사754, 효력정지가처분신청(인용,기각)).

입국불허결정을 받은 외국인이 인천공항출입국관리사무소장('피신청인')을 상대로 인신보호청구의 소 및 난민인정심사불회부결정 취소의 소를 제기한 후 그 소송수행을 위하여 변호인접견신청을 하였으나 피신청인이 이를 거부한 사안에서, 헌법재판소는 신청인의 변호인접견을 즉시 허용한다 하더라도 피신청인의 출입국관리, 환승구역 질서유지 업무에 특별한 지장을 초래할 것이라고 보기 어려운 반면, 가처분신청을 기각할 경우 신청인은 돌이킬 수 없는 중대한 불이익을 입을 수 있다고 보아 가처분신청을 인용한 뒤 종국결정에서 청구가 기각되었을 때 발생하게 될 불이익보다 이 사건 가처분신청을 기각한 뒤 청구가 인용되었을 때 발생하게 될 불이익이 더 크다고 판단하였다(헌재 2014.6.5. 2014헌사592, 효력정지가처분신청(인용)).

기간임용제 교원 재임용 탈락의 당부에 대하여 다시 심사할 수 있도록 하면서, 재임용 탈락이 부당하였다는 결정에 대하여 청구인(학교법인)은 소송으로 다투지 못하도록 하고 있는 '대학교원 기간임용제 탈락자 구제를 위한 특별법' 제9조 제1항의 효력정지가처분신청과 관련하여 헌법재판소는 가처분을 인용한 뒤 종국결정에서 청구가 기각되었을 때 침해되는 주된 공익은 부당하게 재임용에서 탈락된 교원들이 입은 불이익이 장기간의 구제요구에도 불구하고 다시 이 사건의 본안심판청구에 대한 종국결정시까지 기다려야 한다는 점인 반면, 위와 같은 공익이 공공복리에 중대한 영향을 미친다고 보기 어렵고, 또한 이를 제소금지조항에 대한 가처분을 기각한 뒤 종국결정에서 청구가 인용되었을 때 신청인이 입게 되는 손해나 권리침해와 비교형량해 볼 때 신청인이 입게 되는 불이익이 더 클 것으로 보인다고 판단하여 가처분을 인용하였다(헌재 2006.2.23. 2005헌사754, 효력정지가처분신청(일부인용)).

제 5 절 허용범위

Ⅰ. 정당해산심판과 권한쟁의심판 이외에 가처분의 허용 여부

헌법재판소법은 정당해산심판과 권한쟁의심판에 관해서만 가처분에 관한 규정(제57조 및 제65조)을 두고 있을 뿐이다(권한쟁의심판에 관한 가처분이 인용된 사례로 헌재 1999.3.25. 98헌사98, 직접처분효력정지 가처분신청(인용); 헌재 2022.6.3. 2022헌사448, 효력정지가처분신청(인용) 참조). 이에 따라 다른 헌법재판절차에서도 가처분이 허용되는가에 관하여는 명문의 규정이 없다. 이에 다른 헌법재판에 있어서도 가처분을 인정할 것인가의 여부에 관하여 논란이 있다. **부정설**에 의하면 헌법재판소법의 관련 규정은 **열거적**으로 이해하여야 하기 때문에 특별한 규정이 없는 한 정당해산심판과 권한쟁의심판 이외에 가처분을 허용하여서는 아니 된다고 본다. 하지만, **긍정설**에 의하면 "다른 심판절차에 있어서도 가처분의 필요성은 있을 수 있고, 달리 가처분을 허용하지 아니할 상당한 이유를 찾아볼 수 없다. 즉 헌법재판 일반에 대한 가처분을 인정하여야 한다"라고 본다(헌재 2000.12.8. 2000헌사471, 사법시험령 제4조 제3항 효력정지 가처분신청(인용)). 생각건대 다른 심판절차에 가처분 여부를 명시하지 아니한 법의 흠결(欠缺)이 있지만, 헌법재판소의 관련규정을 예시적으로 이해한다면 가처분을 널리 허용할 수 있다고 보아야 한다.

Ⅱ. 규범통제에서의 가처분

위헌법률심판의 성격을 갖는 규범통제는 헌법재판소법에서 위헌법률심판(제41조 제1항)과 위헌법률심사형 헌법소원(제68조 제2항)으로 두 가지를 설정하고 있다. 그런데 규범통제 가처분은 **규범에 대한 직접적인 가처분**과 위헌법률심사형 헌법소원에서의 **재판의 정지를 명하는 가처분**이 있다. 그러나 재판의 정지를 명하는 가처분은 위헌심사형 헌법소원의 본질이나 헌법재판소법에 비추어 이를 허용하여서는 아니 된다. 헌법재판소도 민사소송절차의 일시정지를 구하는 가처분신청에 대하여 이를 기각한 바 있다(헌재 1993.12.20. 93헌사81, 소송절차정지 가처분신청(기각)).

Ⅲ. 권리구제형 헌법소원심판에서의 가처분

"헌법재판소법은 명문의 규정을 두고 있지 않으나, 같은 법 제68조 제1항 헌법소원심판절차에서도 가처분의 필요성이 있을 수 있고, 또 이를 허용하지 아니할 상당한 이유를 찾아볼 수 없으므로, 가처분이 허용된다"(헌재 2000.12.8. 2000헌사471, 사법시험령 제4조 제3항, 효력정지 가처분신청(인용)).

이 경우 "가처분의 요건은 헌법소원심판에서 다투어지는 '공권력의 행사 또는 불행사'의 현상을 그대로 유지시킴으로 인하여 생길 회복하기 어려운 손해를 예방할 필요가 있어야 한다는 것과 그 효력을 정지시켜야 할 긴급한 필요가 있어야 한다는 것 등이 된다. 따라서 본안심판이 부적법하거나 이유 없음이 명백하지 않는 한, 위와 같은 가처분의 요건을 갖춘 것으로 인정되면, 가처분을 인용한 뒤 종국결정에서 청구가 기각되었을 때 발생하게 될 불이익과 가처분을 기각한 뒤 청구가 인용되었을 때 발생하게 될 불이익을 비교형량하여 후자가 전자보다 큰 경우에, 가처분을 인용할 수 있다"(헌재 2002.4.25. 2002헌사129, 효력정지 가처분신청(인용, 기각)).

이에 따라 헌법재판소는 외국인이 난민인정심사불회부결정취소 등 행정소송 수행을 위한 변호인의 접견신청이 거부되어 변호인접견신청의 허가 등을 구한 가처분신청사건에서 변호인접견의 허가를 명하는 가처분신청을 인용하였다.

신청인이 인신보호법상 수용임시해제청구의 소, 인신보호청구의 소 제기 후 5개월 이상 변호인을 접견하지 못하여 공정한 재판을 받을 권리가 심각한 제한을 받고 있는데, 이러한 상황에서 피신청인의 재항고가 인용될 경우 신청인은 변호인 접견을 하지 못한 채 불복의 기회마저 상실하게 되므로 회복하기 어려운 중대한 손해를 입을 수 있다. 위 인신보호청구의 소는 재항고에 대한 결정이 머지않아 날 것으로 보이므로 손해를 방지할 긴급한 필요 역시 인정되고, 이 사건 신청을 기각한 뒤 본안 청구가 인용 될 경우 발생하게 될 불이익이 크므로 이 사건 신청을 인용함이 상당하다(헌재 2014.6.5. 2014헌사592, 효력정지가처분신청(인용)).

또한, 대통령 권한대행 국무총리가 임기만료로 퇴임할 예정인 헌법재판소 재판관의 후임자로 2인을 지명한 사안에서 위 지명행위에 기초한 일체의 임명절차의 속행을 정지하는 가처분신청을 인용하였다

대통령의 권한을 대행하는 국무총리가 재판관을 지명하여 임명할 권한을 행사할 수 있다고 단정할 수 없고, 만약 그러한 권한이 없다면 헌법소원심판을 청구하여 그 사건이 계속 중인 신청인은 재판을 받을 권리를 침해받게 될 수 있다. 가처분을 인용할 경우 재판관 2인의 임명이 지연될 것이나, 7인의 재판관이 사건을 심리하여 결정할 수 있다. 반면 가처분이 기각되었다가 종국결정에서 청구가 인용될 경우 이 사건 후보자가 관여한 결정 등의 효력에 의문이 제기되는 등 헌법재판소의 심판 기능 등에 극심한 혼란이 발생

하게 되고, 만일 재심이 허용되지 않는다면 헌법재판의 규범력이 현저히 약화될 것이며, 재심이 허용되는 경우에도 법적 안정성을 심각하게 저해할 수 있다. 결국 이 사건에서 가처분을 인용한 뒤 종국결정에서 청구가 기각되었을 때 발생하게 될 불이익보다 가처분을 기각한 뒤 청구가 인용되었을 때 발생하게 될 불이익이 더 크므로, 이 사건 신청을 인용함이 상당하다(헌재 2025.4.16. 2025헌사399, 효력정지가처분신청(인용)).

헌법재판소는 법령의 효력을 정지시키는 가처분을 인정하고 있다. 즉 군사법원법에 따라 재판을 받는 미결수용자의 면회횟수를 주 2회로 정하고 있는 군행형법시행령 제43조 제2항 본문 중 전단부분의 효력을 가처분으로 정지시켜야 할 필요성을 인정하였다.

"가처분은 위헌이라고 다투어지는 법령의 효력을 그대로 유지시킬 경우 회복하기 어려운 손해가 발생할 우려가 있어 가처분에 의하여 임시로 그 법령의 효력을 정지시키지 아니하면 안 될 필요가 있을 때 허용되고, 다만 현재 시행되고 있는 법령의 효력을 정지시키는 것일 때에는 그 효력의 정지로 인하여 파급적으로 발생되는 효과가 클 수 있으므로 비록 일반적인 보전의 필요성이 인정된다고 하더라도 공공복리에 중대한 영향을 미칠 우려가 있을 때에는 인용되어서는 안 될 것이다"(헌재 2002.4.25. 2002헌사129, 효력정지 가처분신청(인용, 기각)).

또한 헌법재판소는 사법시험 제1차시험의 응시제한, 변호사시험 합격자성명 공개, 코로나 관련자의 변호사시험 응시 제한 및 금지 등과 관련한 가처분도 수용하였다.

신청인들은 2001년부터 4년간 제1차시험에 응시할 수 없게 되므로 사법시험의 합격가능성이 원천적으로 봉쇄되는 회복하기 어려운 손해를 입게 될 것임이 명백할 뿐만 아니라, 사법시험 제1차시험은 매년 초에 시행되어 그 적용의 시기도 매우 근접하였으므로 긴급성도 인정된다(헌재 2000.12.8. 2000헌사471, 사법시험령 제4조 제3항 효력정지 가처분신청(인용)).

제7회 변호사시험 합격자 명단이 법무부 홈페이지 등을 통하여 일반에 일단 공개되면 이를 다시 비공개로 돌리는 것은 불가능하고, 이로써 신청인들은 회복하기 어려운 중대한 손해를 입을 수 있다. 또한 변호사시험의 합격자 발표일이 임박하였으므로 손해를 방지할 긴급한 필요도 인정된다. 가처분을 인용하더라도 법무부장관은 합격자의 응시번호만을 공개하는 방법 등 성명을 공개하지 않는 다른 방법으로 합격자를 공고할 수 있고, 그 후 종국결정에서 청구가 기각된다면 그때 비로소 성명을 추가 공고하면 된다. 반면, 가처분을 기각한 뒤 청구가 인용되었을 때는 이미 합격자 명단이 널리 알려졌을 것이므로 이를 돌이킬 수 없어 신청인들에게 발생하는 불이익이 매우 클 수 있다. 따라서 가처분을 인용한 뒤 종국결정에서 청구가 기각되었을 때 발생하게 될 불이익보다 가처분을 기각한 뒤 청구가 인용되었을 때 발생하게 될 불이익이 더 크다(헌재 2018.4.6. 2018헌사242 등, 효력정지가처분신청(인용)). 이에 따라 2017년 변호사시험법 제11조는 "법무부장관은 합격자가 결정되면 즉시 명단을 공고하고, 합격자에게 합격증서를 발급하여야 한다"라고 개정되었다. 하지만, 헌법재판소는 이 사건 본안판단에서 합헌결정을 내렸다(4:5)(헌재 2020.3.26. 2018헌마77등, 변호사시험법 제11조 위헌확인(기각)).

회복하기 어려운 중대한 손해를 입을 위험, 변호사시험 실시가 임박한 만큼 손해를 방지할 긴급한 필요도 인정되므로 직업선택의 자유에 대한 과도한 제한의 우려가 있어 가처분을 기각한 뒤 청구가 인용되었을 때 발생하게 될 불이익 더 크다. 이에 법무부장관이 제10회 변호사시험과 관련하여 한 공고 중 자가격리자의 시험응시 사전신청 기간을 2021.1.3.(일) 18:00까지로 제한한 부분 및 코로나확진자의 시험응시를 금지한 부분과 응시생 중 고위험자를 의료기관에 이송하여 응시를 제한하는 부분의 효력을 헌재 2020헌마1736 헌법소원심판청구 사건의 종국결정 선고 시까지 정지한다(헌재 2021.1.4. 2020헌사1304, 효력정지 가처분신청(일부인용)). 이 사건 본안결정에서 해당 공고 부분이 청구인들의 직업선택의 자유를 침해하여 위헌임을 확인하였다(헌재 2023.2.23. 2020헌마1736, 법무부공고 제2020-360호 등 위헌확인(인용(위헌확인))).

하지만, 변호사시험 응시횟수 5회 제한이나, 사법시험 폐지에 관한 가처분 신청은 각각 기각되었다.

변호사시험의 응시기간과 응시횟수를 법학전문대학원의 석사학위를 취득한 달의 말일 또는 취득예정기간 내 시행된 시험일부터 5년 내에 5회로 제한하는 데 대한 가처분신청은 이유없다(헌재 2016.9.29. 2016헌마47등, 변호사시험법 제7조 위헌확인 등(기각,각하)).

사법시험법을 폐지하도록 한 변호사시험법 부칙 제2조는 폐지와 법학전문대학원의 도입으로 교육을 통한 법조인을 양성하려는 공익이 더 크므로 법익의 균형성도 갖추었으므로 가처분신청은 이유없다(헌재 2016.9.29. 2012헌마1002등, 변호사시험법 부칙 제2조 등 위헌확인 등(기각)).

그 밖에 기간임용제 교원 재임용탈락의 당부에 대하여 학교법인은 소송으로 다투지 못하게 한 법률조항과, 자율형 사립고등학교를 지원한 학생에게 평준화지역 후기학교에 중복지원하는 것을 금지한 시행령 조항에 관한 가처분 신청도 인용하였다.

대학교원 기간임용제 탈락자 구제를 위한 제소금지조항에 대한 가처분을 인용한 뒤 종국결정에서 청구가 기각되었을 때 침해되는 주된 공익은 부당하게 재임용에서 탈락된 교원들이 장기간의 구제요구에도 불구하고 다시 이 사건의 본안심판청구에 대한 종국결정시까지 기다려야 한다는 점이다. 그러나 위와 같은 공익이 공공복리에 중대한 영향을 미친다고 보기 어렵고, 또한 이를 제소금지조항에 대한 가처분을 기각한 뒤 종국결정에서 청구가 인용되었을 때 신청인이 입게 되는 손해나 권리침해와 비교형량해 볼 때 신청인이 입게 되는 불이익이 더 클 것으로 보인다(헌재 2006.2.23. 2005헌사754, 효력정지가처분신청(인용, 기각)).

가처분을 인용할 경우 자사고 지원자도 후기 일반고에 중복지원할 수 있게 되어 시행령 개정으로 이루고자 하는 입법목적 달성의 효과는 감소하게 된다. 그러나 이는 자사고와 일반고 중복지원 금지의 시행을 본안심판의 종국결정시까지 미루는 것에 불과하다. 종국결정에서 심판청구가 기각된다면 그 이후부터 자사고 지원자의 일반고 중복지원을 금지하면 된다. 신청인 학생들은 고등학교 입학전형 시기가 지나간 후에는 이미 진학 결정된 학교를 변경하기가 어려우므로 신청인들에게 발생하는 불이익이 매우 클 수 있다. 따라서 가처분을 인용한 뒤 종국결정에서 청구가 기각되었을 때 발생하게 될 불이익보다 가처분을 기각한 뒤 청구가 인용되었을 때 발생하게 될 불이익이 더 크다(헌재 2018. 6.28. 2018헌사213, 효력정지 가처분신청(인용, 기각)).

또한 재판관 3인의 퇴임을 앞두고 사건 심리의 중단을 방지하기 위하여 '재판부는 재판관 7명 이상의 출석으로 사건을 심리한다'고 규정한 헌법재판소법 제23조 제1항에 대한 효력정지 가처분신청을 인용하였다.

신청인은 헌재의 탄핵심판이 있을 때까지 권한행사가 정지되는데, 헌법재판소법 제23조 제1항에 따라 사건을 심리조차 할 수 없다고 한다면 이는 신청인의 신속한 재판을 받을 권리에 대한 과도한 제한이며, 헌법재판소법 제23조 제1항으로 인해 회복하기 어려운 중대한 손해를 입을 위험이 있고, 3명의 재판관 퇴임이 임박한 만큼 손해를 방지할 긴급한 필요도 인정된다(헌재 2024.10.14. 2024헌사1250, 헌법재판소법 제23조 제1항 효력정지 가처분(인용)).

그러나 가처분의 특성상 매우 제한적으로 인용하여야 할 것이므로, 그 성질상 검사의 불기소처분, 입법부작위, 행정처분 부작위 등에 대하여는 가처분을 인정하기 어렵다.

Ⅳ. 탄핵심판에서의 가처분

탄핵심판에 있어서 가처분은 허용될 가능성이 매우 희박하다. 탄핵소추의결로 직무집행이 정지되므로 직무집행정지를 구하는 가처분은 인정될 여지가 없다. 반대로 탄핵소추의결을 받은 자가 그 의결의 정지를 구하는 가처분을 신청할 여지가 있을 수 있으나 탄핵심판의 본질상 허용되기가 매우 어렵다.

제 6 절 심리와 결정

가처분은 헌법재판소 전원재판부에서 하며, 헌법재판소가 직권으로 가처분을 결정할 수도 있다. 가처분의 결정에는 각하결정, 가처분결정, 기각결정이 있다. 가처분신청에 대하여는 재판관 7명 이상의 출석으로 심리하고 종국심리에 관여한 재판관 과반수의 찬성으로 인용결정을 한다. 가처분 인용결정 이후 본안 결정이 있기 전까지 사이에 가처분 사유가 소멸한 경우 당사자의 신청 또는 직권으로 헌법재판소는 가처분을 취소할 수 있으며 가처분 인용결정 주문에서 "종국결정 선고 시까지"라는 문구가 명시되지 아니한 경우에는 헌법재판소는 본안에 대한 기각결정을 선고할 때 가처분결정도 직권으로 취소하여야 한다.

지정재판부가 가처분결정을 할 수 있는가 하는 문제가 제기될 수 있는데, 헌법재판소법 제72조 제3항의 규정(재판관 3인의 일치된 의견으로 각하결정만 할 수 있음)에 비추어 지정재판부는 가처분 기각결정 또는 인용결정은 할 수 없다고 보아야 할 것이나, 지정재판부에서 가처분신청을 이유없다고 기각한 사례가 있다(헌재 1997.12.16. 97헌사189, 가처분신청(기각); 헌재 1997.12.23. 97헌사200, 가처분신청(기각)).

가처분신청에 대한 결정을 한 때에는 결정서 정본을 신청인에게 바로 송달하여야 한다. 가처분신청에 대하여 답변서를 제출한 피신청인, 의견서를 제출한 이해관계기관이 있을 때에는 이들에게도 결정서 정본을 송달하여야 한다(심판규칙 제51조 제1항).

제9장 결 어

헌법의 실효적 보장수단으로서의 헌법재판제도는 헌법국가 내지 법치국가의 구현을 위한 제도적 장치이다. 나라의 민주화와 더불어 헌법재판이 매우 활성화되어 이제 아시아를 대표하는 헌법재판으로 자리 잡고 있다. 앞으로 헌법재판소가 안고 있는 문제점을 극복하여 나감으로써 명실상부한 헌법보장기관으로서 헌법재판소의 사명과 역할을 다할 수 있다.[1]

첫째, 헌법재판소의 구성에 있어서 '헌법'재판이 갖는 특수한 의미를 고려할 수 있는 다원성이 확보되어야 한다. 법관자격을 요구하는 헌법재판관의 자격요건을 완화하고 재판관의 연령대·성별구성을 다변화하여야 한다.

둘째, 헌법재판소와 대법원의 역할 및 관계도 재정립되어야 한다.

셋째, 기본권보장의 최후 보루인 헌법재판소에 대한 국민의 액세스를 제고하기 위하여 변호사강제주의는 재고되어야 한다.

넷째, 헌법재판소는 단순히 구체적 사건을 재판하는 기관이 아니라 국법질서의 기본틀 형성과 관련된 결정을 내리는 기관이라는 점을 유념하여, 헌법재판소의 적극적인 논리 개발과 균형잡힌 헌법의식의 표현이 필요하다. 일부의 비판에도 불

---

1) 그간 한국헌법학계에서도 헌법재판에 관하여 많은 연구가 축적되어 있다. 헌법재판 관련 주요 문헌. 성낙인, "헌법재판의 발전방향 소고", 헌법학논집; 성낙인 외, 헌법소송론, 법문사; 이효원, 헌법재판강의; 김운용, 위헌심사론, 삼지원; 남궁승태, 프랑스헌법소송론, 삼선; 남복현, 헌법 판례평석, 만파; 박승호, 헌법재판연구(1), 경인; 방승주, 헌법소송사례연구, 박영사; 이상돈, 미국헌법과 연방대법원, 학연사; 전광석, 헌법판례연구, 법문사; 정연주, 헌법판례연구(1), 박영사; 정재황, 판례헌법, 법원사; 정재황, 헌법재판개론, 박영사; 정종섭, 헌법소송법, 박영사; 한병채, 헌법재판론, 고시계사; 허전, 헌법소송, 진원사; 김백유, 헌법과 헌법판례, 한성; 김하열, 헌법소송법, 박영사; 신미용, 헌법실무강의, 신조사; 신평, 헌법재판법, 법문사; 이동흡, 헌법소송법, 박영사; 정연주, 헌법소송론, 법영사; 허영, 헌법소송법론, 박영사; 홍성방, 헌법소송법, 법문사; 오호택, 헌법소송법, 동방문화사; 김도협, 헌법재판개설, 진원사; 최희수, 헌법소송법요론, 대명출판사; 김현철, 판례 헌법소송법, 전남대출판부; 허완중, 헌법소송법, 박영사; 권순현·김주환, 헌법판례선, 삼조사; 헌법재판소 편, 헌법실무연구, 헌법재판소판례요지집, 헌법재판실무제요, 헌법소원심판개요, 헌법논총, 헌법재판자료집, 헌법재판연구, 헌법재판소 판례집; 헌법재판연구원, 헌법재판연구, 세계헌법재판동향; 법원도서관 편, 헌법재판제도의 이해; 법무부 편, 헌법재판 이론과 실무; 사법연수원, 헌법재판 강의노트; 헌법판례연구회 편, 헌법판례연구, 박영사; 헌법재판소 30년사, 헌법재판소; 법원도서관 편, 헌법재판제도의 이해; 홍석한, 헌법소송법강의, 전남대 출판문화원 등.

구하고 흐트러진 민주화 이후의 민주주의의 홍수 속에서 그간 헌법재판소가 쌓아 올린 헌법국가를 향한 의지는 높이 평가하여야 한다.

헌법재판소는 1988년 9월에 개소한 이래 2025년 12월 31일 현재 총 5만 5천 건 이상을 접수하여 5만 4천 건 이상을 처리하였다. 이 중에서 위헌 781건, 헌법불합치 328건, 한정위헌 70건, 한정합헌 28건, 인용 998건, 합헌 3,657건, 기각 9,287건, 각하 37,172건, 기타 15건, 취하 1,250건을 처리함으로써 확실한 위상을 잡고 있다.

제4편

개별심판절차

제 1 장 위헌법률심판

제 1 절 위헌법률심판의 의의

Ⅰ. 개 념

현행 헌법상 위헌법률심판은 법률의 위헌 여부가 재판의 전제가 되는 경우에 법원이 직권 또는 당사자의 신청에 의하여 헌법재판소에 위헌심판을 제청하고 헌법재판소가 그 위헌여부를 심판하는 헌법재판을 말한다(헌법 제107조 제1항, 제111조 제1항 제1호). 위헌법률심판을 통하여 헌법재판소가 헌법에 위반된다고 결정한 법률 또는 법률조항은 일반적으로 효력을 상실한다(헌재법 제47조 제2항, 제3항).

우리 헌법상 위헌법률심판은 구체적 규범통제제도를 취하여 법률의 위헌 여부가 문제되는 구체적인 법적 분쟁의 존재를 요구하므로 구체적인 법적 분쟁과 무관하게 법률의 위헌여부를 심사하는 추상적 규범통제제도는 인정되지 아니한다.

헌법은 법원의 제청에 의한 위헌법률심판을 규정하고 있지만(헌법 제107조 제1항, 제111조 제1항 제1호), 헌법재판소법은 당해 사건의 당사자가 법원에 위헌법률심판제청을 신청하였으나 법원이 그 신청을 기각한 경우 당사자가 직접 헌법재판소에 위헌법률심판을 구하는 헌법소원에 대해서도 규정하고 있다(헌재법 제68조 제2항). 이러한 유형의 헌법소원은 그 형식은 헌법소원이지만 실질은 위헌법률심판이다.

Ⅱ. 제도의 취지 및 유형

위헌법률심판은 법률에 대한 규범통제이다. 규범통제는 법규범 상호간의 위계질서를 전제로 상위규범에 위반되는 하위규범의 효력을 부인함으로써 상위규범의 규범력을 관철시키는 제도이다. 상위규범에 위반되는 하위규범의 효력을 인정하는 것은 상위규범의 규범력을 부인하는 것과 같다. 헌법을 최고규범으로 인정하는 한 헌법에 위반되는 어떠한 법규범도 그 효력을 인정할 수는 없다. 위헌법률심판은 헌법에 위반되는 법률의 효력을 부인함으로써 헌법의 최고규범성을 확인하고 유지하기 위한 제도이다.

위헌법률심판에 대하여는 민주주의적 관점에서 비판하는 입장도 있다. 국민에 의하여 직접 선출된 의회의 다수가 민주적 절차에 따라 제정한 법률을 국민에 의하여 선출되지 아니한 권력인 사법부가 무효로 하는 것이 민주주의원리와 충돌할 수 있기 때문이다. 그러나 헌법보다 하위에 있는 법률이 헌법에 위반되는 경우 헌법에 의하여 권한을 부여받은 국가기관이 위헌여부를 심사하여 위헌결정을 하는 것은 헌법의 최고규범성에 근거하여 정당화된다. 위헌법률심사제도는 미국에서 연방대법원 판례를 통하여 형성되었는데, 그 기원이 된 1803년의 마버리 판결(Marbury v. Madison, 5 U.S. 137)에서 마샬(Marshall) 대법원장은 위헌법률심사의 문제를 헌법과 법률이 서로 충돌하는 경우 헌법의 효력을 부인하고 법률을 적용할 것인지, 아니면 법률의 효력을 부인하고 헌법을 적용할 것인지의 문제로 보았다. 헌법의 최고규범성을 인정한다면 당연히 헌법을 우선하여 법률의 효력을 부인하여야 한다. 위헌심사를 통하여 헌법의 최고규범으로서의 효력, 즉 헌법의 우위(supremacy of the constitution)가 실현될 수 있고 법치주의의 관점에서도 실질적 법치주의가 확립될 수 있게 되었다. 결국에는 이 제도로 인하여 국민의 기본권이 입법권의 침해로부터 보호되는 효과도 발생한다.

위헌법률심판은 추상적 규범통제와 구체적 규범통제, 그리고 사전예방적 규범통제와 사후교정적 규범통제로 나뉜다. 위헌법률심판의 요건으로 구체적인 법적 분쟁의 존재를 요구하여 구체적인 재판이 법원에 계속되어 있을 것을 요구하면 구체적 규범통제방식이 되고, 이러한 요건을 요구하지 아니하면 추상적 규범통제방식이 된다. 또한 법률의 시행 이전에 해당 법률의 위헌여부를 심판할 수 있는지 여부에 따라 이를 긍정하면 사전·예방적 규범통제방식이 되고 이를 허용하지 아니하면 사후·교정적 규범통제방식이 된다. 위헌법률심판권한을 누가 행사하는지에 따라 일반법원이 행사하는 유형(분산형)과 별도의 헌법재판기관으로 하여금 이를 행사하게 하는 유형(집중형)으로 나누기도 한다.

현행헌법은 일반법원과 구별되는 별도의 헌법재판기관으로서 설치된 헌법재판소로 하여금 **구체적·사후교정적 규범통제**를 담당하도록 규정하고 있다. 즉 "법률이 헌법에 위반되는 여부가 재판의 전제가 된 경우에는 법원은 헌법재판소에 제청하여 그 심판에 의하여 재판한다"(제107조 제1항). 헌법재판소는 "법원의 제청에 의한 법률의 위헌여부심판"을 관장한다(제111조 제1항 제1호). "헌법재판소에서 법률의 위헌결정을 할 때에는 재판관 6인 이상의 찬성이 있어야 한다"(제113조 제1항).

제 2 절 법원의 위헌법률심판제청

Ⅰ. 의 의

헌법은 "법률이 헌법에 위반되는 여부가 재판의 전제가 된 경우에는 법원은 헌법재판소에 제청하여 그 심판에 의하여 재판한다"(헌법 제107조 제1항)라고 하여 위헌법률심판의 제청권은 법원에, 심판권은 헌법재판소에 각각 나누어 부여한다. 이에 따라 구체적인 사건의 재판을 담당하는 법원이 법률의 위헌여부에 대한 심판을 제청하면 헌법재판소는 그 법률의 위헌여부를 결정하고 법원은 헌법재판소의 결정에 따라 재판한다. 법원의 제청권은 법원의 직권 또는 당사자의 신청에 의한 결정으로 행사된다(헌재법 제41조 제1항).

Ⅱ. 위헌법률심판제청의 절차

1. 법원의 직권에 의한 제청절차

(1) 법원의 직권제청

위헌법률심판제청은 법원이 직권에 의한 '결정'으로 할 수 있다. 법원의 제청권은 권한이기도 하지만 동시에 의무이기도 하다. 법원이 재판의 전제가 된 법률이나 법률의 조항에 대하여 위헌이라는 합리적인 의심이 들면 헌법재판소에 제청하는 결정을 하여야 한다는 의미에서 이는 법원의 의무에 속한다(정종섭, 소송법, 267면; 허영, 소송법, 209면). 현행헌법은 1980년 헌법(헌법 제108조 제1항)과는 달리 제청의 요건을 "법률이 헌법에 위반되는 것으로 인정한 때"로 규정하지 아니하고, "법률이 헌법에 위반되는 여부가 재판의 전제가 된 경우에는 법원은 헌법재판소에 제청하여 그 심판에 의하여 재판한다"라고 규정하고 있다. 그러므로 법원은 법률이 헌법에 위반된다고 판단하는 경우뿐 아니라 위헌여부에 관한 의심이 있는 경우에도 위헌법률심판을 제청하여야 한다(헌법 제107조 제1항). 위헌법률심판의 제청을 위하여는 법률조항의 위헌 여부에 대한 의심이 있는 정도로 충분하고 반드시 위헌이라는 판단이 있어야 하는 것은 아니다. 헌법재판소법은 당사자의 제청신청에 대한 법원의 기각결정에 대하여 헌법소원심판이 가능하도록 하였고(헌재법 제68조 제2항) 위헌법률심판 제청서에 법률 또는 법률조항이 위헌이라고 해석되는 이유를 적을 것을 요구하고 있다(헌재법 제43조). 이러한 점들에 비추어 볼 때 법원은 위헌이라는 확신의 수준이 아닌 위헌이라는 합리적인 의심의 수준에서 제청권을 행사하여야 할 의무를 부담한다.

> "헌법 제107조 제1항, 헌법재판소법 제41조, 제43조 등의 규정취지는 법원은 문제되는 법률조항이 담당법관 스스로의 법적 견해에 의하여 단순한 의심을 넘어선 합리적인 위헌의 의심이 있으면 위헌여부심판을 제청을 하라는 취지이고, 헌법재판소로서는 제청법원의 이 고유판단을 될 수 있는 대로 존중하여 제청신청을 받아들여 헌법판단을 하는 것이다"(헌재 1993.12.23. 93헌가2, 형사소송법 제97조 제3항 위헌제청(위헌)).

제청법원은 당해 사건의 전제가 된 법률이나 법률조항에 대하여 다른 법원이 행한 판단에 구속되지 아니하고 자신의 판단에 따라 제청권을 행사하여야 한다. 당해 사건의 법원에 위헌법률심판제청권을 부여한 헌법과 헌법재판소법의 취지에 비추어 볼 때(헌법 제107조 제1항; 헌재법 제41조 제1항) 이는 당연하다. 그러므로 다른 법원이 같은 법률이나 법률조항에 대하여 위헌제청을 하지 아니하였더라도 당해 법원의 판단에 따라 그 조항에 대하여 제청을 할 수 있고 다른 법원이 그 조항에 대하여 이미 위헌제청을 하였더라도 독립적으로 제청할 수 있다.

(2) 제청서의 기재사항

법원이 제청결정을 하여 위헌법률심판을 제청할 때에는 제청법원, 사건 및 당사자, 위헌이라고 해석되는 법률 또는 법률조항과 위헌이라고 해석되는 이유, 기타 필요한 사항을 기재한 제청서를 헌법재판소에 제출하여야 한다(헌재법 제43조). 기타 필요한 기재사항은 당해사건이 형사사건인 경우 피고인의 구속여부 및 그 기간, 당해 사건이 행정사건인 경우 행정처분의 집행정지 여부를 기재하여야 한다(심판규칙 제54조). 제청법원은 위헌법률심판을 제청한 후에도 심판에 필요한 의견서나 자료 등을 헌법재판소에 제출할 수 있다(심판규칙 제55조).

(3) 제청서의 제출

위헌법률심판의 제청은 법원의 제청서를 헌법재판소에 제출함으로써 한다(헌재법 제26조 제1항 단서). 대법원 외의 법원이 위헌법률심판을 제청하는 경우 제청서는 대법원을 경유하여 헌법재판소에 제출하여야 한다(헌재법 제41조 제5항). 이는 법률조항에 대한 제청 현황의 파악 등 사법행정적 필요에 의한 절차에 불과하므로 대법원이 당해사건 법원의 제청의견을 심사할 수 없고 법원행정처장은 위헌제청결정서 정본을 그대로 헌법재판소에 송부하여야 한다. 1972년헌법과 1980년헌법 하에서 헌법위원회법이 규정하고 있었던 이른바 대법원의 불송부결정권은 인정되지 않는다.

2. 당사자의 신청에 의한 제청절차

(1) 제청신청권자

법원의 위헌법률심판제청은 당해사건의 당사자의 제청신청에 의해서도 가능하다. 즉 법원에 계속된 사건의 당사자는 당해 법원에 재판의 전제가 된 법률 또는 법률조항의 위헌여부 심판을 헌법재판소에 제청할 것을 신청할 수 있다(헌재법 제41조 제1항). 제청신청권은 당해사건의 당사자이기만 하면 원고와 피고 모두 가능하고 형사소송의 경우 피고인은 물론 검사도 가능하다. 다만, 고소인은 형사소송의 당사자가 아니므로 제청신청권이 없다. 민사소송의 보조참가인도 제청신청권이 있다(헌재 2003.5.15. 2001헌바98, 하도급거래공정화에 관한 법률 제14조 제1항 등 위헌소원(합헌)). 행정소송의 피고인 행정청도 제청신청권이 있다고 보아야 한다. 행정청이 국가기관이라 할지라도 위헌여부가 헌법재판소에 의하여 확정되기 전까지는 법집행을 거부할 수 없으므로 위헌법률심판 제청신청권을 독자적으로 인정할 필요가 있기 때문이다. 헌법재판소도 같은 입장이다(헌재 2008.4.24. 2004헌바44, 온천법 제2조 등 위헌소원(합헌)).

> "헌법재판소법 제40조에 의하여 준용되는 민사소송법에 의하면 보조참가인은 피참가인의 소송행위와 저촉되지 아니하는 한 소송에 관하여 공격·방어·이의·상소, 기타 일체의 소송행위를 할 수 있는 자(민사소송법 제76조 제1항 본문)이므로 헌법재판소법 소정의 위헌심판제청신청의 '당사자'에 해당한다고 할 것이고, 이와 같이 해석하는 것이 구체적 규범통제형 위헌심사제의 입법취지 및 기능에도 부합한다고 할 것이다. 민사소송의 보조참가인은 헌법재판소법 제68조 제2항의 헌법소원의 당사자 적격이 있다"(헌재 2003.5.15. 2001헌바98, 하도급거래공정화에 관한 법률 제14조 제1항 등 위헌소원(합헌)).
>
> "헌법재판소법 제68조 제2항은 기본권의 침해가 있을 것을 그 요건으로 하고 있지 않을 뿐만 아니라 청구인적격에 관하여도 '법률의 위헌여부심판의 제청신청이 법원에 의하여 기각된 때에는 그 신청을 한 당사자'라고만 규정하고 있는바, 위 '당사자'는 행정소송을 포함한 모든 재판의 당사자를 의미하는 것으로 새겨야 할 것이고, 행정소송의 피고인 행정청만 위 '당사자'에서 제외하여야 할 합리적인 이유도 없다. 행정청이 행정처분단계에서 당해 처분의 근거가 되는 법률이 위헌이라고 판단하여 그 적용을 거부하는 것은 권력분립의 원칙상 허용될 수 없지만, 행정처분에 대한 소송절차에서는 행정처분의 적법성·정당성뿐만 아니라 그 근거 법률의 헌법적합성까지도 심판대상으로 되는 것이므로, 행정처분에 불복하는 당사자뿐만 아니라 행정처분의 주체인 행정청도 헌법의 최고규범력에 따른 구체적 규범통제를 위하여 근거 법률의 위헌 여부에 대한 심판의 제청을 신청할 수 있고 헌법재판소법 제68조 제2항의 헌법소원을 제기할 수 있다고 봄이 상당하다"(헌재 2008.4.24. 2004헌바44, 온천법 제2조 등 위헌소원(합헌)).
>
> "헌법재판소법 제41조 제1항 및 법 제68조 제2항 전문을 해석하면 위헌심판 제청신청

은 당해사건의 당사자만 할 수 있다고 봄이 상당하고 형사재판의 경우 피고인이 아닌 고소인은 형사재판의 당사자라고 볼 수 없으므로, 형사사건의 고소인은 위헌제청신청을 할 수 있는 자에 해당하지 않는다"(헌재 2010.3.30. 2010헌바102, 형사소송법 제262조 제6항 위헌소원(각하)).

(2) 제청신청서의 제출

제청신청은 법원의 제청결정을 요구하는 신청서면으로 이루어진다. 제청신청은 당해 소송절차에서 부수·파생하는 절차이지만 독립한 신청이므로 별도의 기록을 만든다. 제청신청서에는 ① 사건 및 당사자의 표시, ② 위헌이라고 해석되는 법률 또는 법률조항, ③ 위헌이라고 해석되는 이유 등을 기재한다. 제청신청서의 심사에는 민사소송법에 따른 재판장의 소장심사 규정이 준용되어 재판장은 제청신청서의 기재사항이 불비한 경우 상당한 기간을 정하여 보정을 명하고 그 기간 내에 보정하지 아니하면 명령으로 제청신청서를 각하하여야 한다(헌재법 제41조 제3항, 민사소송법 제254조).

(3) 제청신청에 대한 결정

제청신청에 대하여 법원은 신속하게 판단하여 결정을 내려야 한다. 위헌법률심판 제청신청은 당해 소송재판의 전제가 되는 법률의 위헌 여부에 대한 문제 제기이므로 이를 선결적으로 먼저 해결하고 나갈 필요가 있다는 점에서 제청신청사건에 대하여 먼저 처리하여야 한다. 그런데 법원의 실무에서는 제청신청을 기각하는 경우에는 당해 소송에 대한 종국판결 선고와 함께 제청신청을 기각하는데, 이는 바람직한 태도라고 할 수 없다.

구속적부심사절차에서 구속적부심사절차에 관한 법률조항에 대하여 위헌심판 제청신청을 받은 법원이 제청신청에 대하여 먼저 결정하지 아니한 채 구속적부심사청구를 기각하면 제청신청은 재판의 전제성이 사라져버린다. 이는 제청신청제도를 형해화하기 때문에 제도의 취지에 어긋난다. 헌법재판소는 이 경우 여전히 해당 구속적부심사절차에서 재판의 전제성이 존재한다고 보았는데 이는 타당하다.

"위헌여부심판의 제청신청을 받은 법원은 법리상 늦어도 본안사건에 대한 재판을 마치기 전까지는 제청신청에 대한 재판을 하여야 할 것인데도 이 사건의 경우 위에서 본 바와 같이 위헌여부심판의 제청에 대하여는 결정을 하지 아니한 채 먼저 구속적부심사청구를 기각한 다음 제청신청을 기각하여 사건을 부당하게 처리하였을 뿐만 아니라 헌법소원심판청구를 할 당시 청구인이 계속 구속상태에 있었고 또한 새로이 구속적부심사청구를 할 수 있는 상태에 있었으므로, 헌법소원심판청구 당시 일단 구속적부심사청구가 기각되었다고 하더라도 재판의 전제성은 있다고 보아야 할 것이다"(헌재 1995.2.23. 92헌바18, 군사법원법 제238조 등에 대한 헌법소원(각하)).

(4) 제청신청에 대한 기각결정의 효력

제청신청에 대하여 법원이 제청결정을 하면 앞서 본 법원의 직권에 의한 제청절차와 방법을 따른다. 그런데 법원이 제청신청에 대하여 기각하는 결정을 하면 당사자는 당해 사건의 소송절차에서 동일한 사유를 이유로 다시 위헌여부심판의 제청을 신청할 수 없다(헌재법 제68조 제2항 제2문). 이를 재신청금지라고 한다. 그러므로 당해 사건의 소송절차에서 제청신청이 기각되어 헌법소원심판을 청구한 경우는 물론 헌법소원심판을 청구하지 아니한 경우에도 같은 심급에서 다시 동일한 사유로 위헌여부심판제청신청을 하면 재신청금지에 해당한다(헌재 1994.4.28. 91헌바14, 집회및시위에관한 법률 제2조 등에 대한 헌법소원(합헌,각하)).

이와 관련하여 여기서 말하는 '당해사건의 소송절차'는 당사자가 제청신청을 한 심급이 아닌 심급(상소심)까지 포함하는지 문제된다. 대법원은 당해사건의 소송절차에는 상소심에서의 심급절차까지 포함한다고 해석하여 1심에서의 제청신청이 기각된 후 상고심에서 동일한 사유로 다시 제청신청한 경우 이를 재신청금지에 해당한다고 본다(대결 1996.5.14. 95부13; 대결 2000.4.11. 98카기137). 헌법재판소 역시 같은 입장을 취하고 있다(헌재 2007.7.26. 2006헌바40, 민사집행법 제130조 제3항 위헌소원(각하); 헌재 2009.9.24. 2007헌바118, 제8조 제2항 민법 제999조 제1항 등 위헌소원(합헌)). 여기서 '당해 사건의 소송절차'란 당해 사건의 상소심 소송절차는 물론이고 대법원에 의하여 파기환송되기 전후의 소송절차까지도 포함한다. 항고심 소송절차에서 위헌법률심판 제청신청을 하여 그 신청이 기각되었는데도 헌법소원심판을 청구하지 아니하다가 다시 그 재항고심 소송절차에서 대법원에 같은 이유를 들어 위헌법률심판 제청신청을 하고 그 신청이 기각된 후 제기한 헌법소원심판청구를 부적법하다고 보았다.

> 헌법재판소법 제68조 제2항은 법률의 위헌여부심판의 제청신청이 기각된 때에는 그 신청을 한 당사자는 헌법재판소에 헌법소원심판을 청구할 수 있으나 다만 이 경우 그 당사자는 당해 사건의 소송절차에서 동일한 사유를 이유로 다시 위헌여부심판의 제청을 신청할 수 없다고 규정하고 있는바, 이때 당해 사건의 소송절차란 당해 사건의 상소심 소송절차를 포함한다 할 것이다. 청구인들은 의정부지방법원 2005라146 사건의 진행 중에 그 재판의 전제가 되는 민사집행법 제130조 제3항이 청구인들의 재판청구권 등을 침해한다고 주장하면서 위 법원에 위헌법률심판제청신청(의정부지방법원 2005카기909 위헌심판제청)을 하여 2005.12.1. 그 신청이 기각되었는데도 이에 대하여 헌법소원심판을 청구하지 아니하고 있다가 다시 그 재항고심 소송절차에서 대법원에 같은 이유를 들어 위 법조항이 위헌이라고 주장하면서 위헌법률심판제청신청(대법원 2006카기7 위헌법률심판제청)을 하였고 2006.3.29. 그 신청이 기각되자, 이 사건 헌법소원심판청구를 하였음이 인정된다. 그렇다면 이 사건 헌법소원심판청구는 헌법재판소법 제68조 제2항 후문의 규정에 위배된 것으로서 부적법하다(헌재 2007.7.26. 2006헌바40, 민사집행법 제130조 제3항 위헌소원(각하)).

대법원은 제청신청에 대한 기각결정을 받은 후 30일 이내에 헌법소원을 제기하여야 한다는 청구기간 규정(헌재법 제69조 제2항)을 재신청금지의 근거로 해석하고 있다. 그러나 헌법재판소법 제68조 제2항의 헌법소원심판청구권은 제청신청인의 권리이므로 그 행사 여부는 권리자의 의사에 따라야 한다. 위헌법률심판제청권을 당해 사건의 법원에 부여하여 각 심급법원이 각자 제청권을 행사할 수 있는데 처음 제청신청권을 행사한 심급에 한하여서만 제청신청권을 행사할 수 있도록 제한할 이유는 없다. 상소심법원은 전심법원과 다른 법원으로 구성되고 이 법원이 각자 제청권을 보유하는 이상 이 제청권의 행사를 촉구하는 신청권 역시 당사자에게 새롭게 부여된다고 보는 해석이 상소제도와 위헌법률심판제청제도의 취지에 부합한다. 그러므로 헌법재판소법 제68조 제2항의 '당해 건의 소송절차'란 당해 사건의 동일한 심급의 소송절차만을 의미한다고 보아야 한다(정종섭, 소송법, 275면 김하열, 414면.). 헌법소원심판의 방법이 마련되어 있는 이상 당사자에게 무의미하다고 보는 입장도 있지만(허영, 소송법, 211면), 상급심에서 당사자의 재신청이 받아들여져 법원이 위헌법률심판을 제청한 경우에는 당해 재판이 정지되므로(헌재법 제42조) 당사자에게 중대한 소송법적 이익이 된다. 헌법소원의 방식에 의할 경우 변호사강제주의와 지정재판부의 사전심사를 받아야 하는 등 현실적인 절차법적 불이익도 무시할 수 없다.

(5) 헌법재판소법 제68조 제2항의 심판청구(제2장 헌법소원심판 제3절 위헌심사형헌법소원 부분 참조)

〈위헌제청신청서 서식례〉

위헌법률심판제청신청

사 건 : 20**가합0000 분담금
원 고 : 교통안전공단 (서울 ○○구)
피 고 : ○○해운(주) (서울 ○○구)

위 사건에 관하여 피고는 아래와 같이 위헌법률심판제청을 신청합니다.

신 청 취 지

"교통안전공단법 제13조 제2항 제1호와 제2호, 동법 제17조, 동법 제18조, 동법 제19조와 동법 제21조의 위헌 여부에 대한 심판을 제청한다."

신 청 이 유

1. 문제의 제기
2. 재판의 전제성
   …… 따라서 위 법률의 위헌성 여부는 현재 ○○지방법원 20**가합0000호로 계속중인 분담금청구소송에서의 재판의 전제가 된다고 판단됩니다.
3. 위헌의 이유
   가. 헌법 제11조상의 평등원칙 위반 여부
   나. 헌법 제37조 제2항의 과잉금지원칙 위반 여부
4. 결 론
   앞에서 살펴본 바와 같이 …… 위헌이라고 판단되므로, 신청인의 소송대리인은 귀원에 위헌법률심판을 제청해주실 것을 신청하기에 이르렀습니다.

20 . . .

위 신청인 소송대리인 법무법인 △△
담당변호사 ○ ○ ○ (인)

○○지방법원 귀중

〈위헌제청서 예시(당사자의 신청에 의한 경우)〉

○ ○ 법 원
위 헌 제 청 결 정

사 건 20**카101 위헌제청신청

신청인 ○○○ (-)

서울 ○○구

주 문

아래 사건에 관하여 ○○법 제○조 제○항의 위헌 여부에 관한 심판을 제청한다.

(예시) 사건 20**가단1000 대여금

원고 ○○○ (서울 ○○구)

피고 ○○○ (서울 ○○구)

이 유

(예시) 주문 기재 법률 제○조 제○항은 별지 기재와 같이 그 위헌 여부가 주문 기재 사건 재판의 전제가 될 뿐만 아니라 이를 위헌이라고 인정할 만한 상당한 이유가 있으므로 주문과 같이 결정한다.

20 . . .

판 사 ○ ○ ○ (인)

〈위헌제청서 예시(직권에 의한 경우)〉

○ ○ 법 원
위 헌 제 청 결 정

사 건 20**가단1000 대여금

원 고 ○○○ (-)
서울 ○○구

피 고 ○○○ (-)
서울 ○○구

주 문

위 사건에 관하여 ○○○법 제○조 제○항의 위헌 여부에 관한 심판을 제청한다.

이 유

(예시) 주문 기재 법률 제○조 제○항은 별지 기재와 같이 그 위헌 여부가 위 사건 재판의 전제가 될 뿐만 아니라 이를 위헌이라고 인정할 만한 상당한 이유가 있으므로 주문과 같이 결정한다.

20 . . .

판 사 ○ ○ ○ (인)

Ⅲ. 위헌법률심판제청의 주체

1. 당해 사건을 담당하는 법원

위헌법률심판제청권자는 대법원과 각급법원이다. 군사법원도 포함된다(헌재법 제41조 제1항). 헌법에서는 제청권의 주체를 '법원'이라 하고 있고, 헌법재판소법에서는 '당해 사건을 담당하는 법원'(제41조 제1항)이라고 규정하고 있지만, 당해 사건을 담당하는 법원은 소송법상의 법원으로 담당재판부를 의미한다. 이를 보다 명확하게 하기 위하여서는 당해 사건을 담당하는 법관 혹은 재판부가 개별적으로 제청권을 가진다고 명시할 필요가 있다. 여기의 법원은 수소법원(受訴法院)은 물론 집행법원을 포함한다. 사건의 관할에 의하여 당해 사건을 담당하는 합의부나 단독판사가 여기의 법원이 된다. 합의부의 경우에도 예외적으로 소송법상 단독으로 재판을 할 수 있는 경우에는 그 권한범위에서 그 법관이 법원이 된다. 또한 비송사건을 담당하는 법관과 수명법관(受命法官)의 경우도 재판사건의 법관과 마찬가지로 법원이 되어 제청권이 있다.

행정부 내의 행정심판기관(헌법 제107조 제3항; 행정심판법 제6조 내지 제8조)과 언론중재위원회(언론중재 및 피해구제등에 관한 법률 제7조)는 법원이 아니므로 제청권이 없다. 법관이 아닌 배심원 또는 참심원이 재판에 참여한다고 하더라도 법률적용의 책임자는 법관이므로 배심원이나 참심원은 제청권자가 될 수 없다. 또한 대한민국의 법원만이 위헌제청권을 갖는다. 따라서 국내의 사설 중재재판소나 외국 법원 등은 제청 권한이 없다(실무제요, 146면).

당해사건의 당사자는 위헌법률심판을 헌법재판소에 제청할 수 있는 주체가 아니다. 당해 법원에 대해 제청신청권을 행사할 수 있을 뿐이다.

2. 헌법재판소의 부수적 위헌심사의 가능성

헌법재판소가 위헌법률심판 절차가 아닌 다른 심판절차의 사건을 심판하면서 법률의 위헌여부가 그 심판의 전제가 된 경우에 법률의 위헌 여부를 직권으로 심판할 수 있는지 문제될 수 있다.

헌법재판소법은 권리구제형 헌법소원심판의 경우에는 이런 직권심판의 가능성을 긍정하고 있다. 즉 헌법재판소가 그 헌법소원을 인용할 때에는 기본권침해의 원인이 된 "공권력의 행사 또는 불행사가 위헌인 법률 또는 법률의 조항에 기인한 것이라고 인정될 때에는 인용결정에서 해당 법률 또는 법률의 조항이 위헌임을 선고할 수 있다"(헌재법 제75조 제5항). 헌법재판소는 이 규정을 통하여 부수적인 위헌결정을 내리면서 이를 주문에 표시하고 있다(헌재 1992.1.28. 91헌마111, 변호인의 조력을 받을 권리에 대한 헌법소원; 헌재 1995.7.21. 92헌마144, 서신검열 등 위헌확인(인용)).

헌법재판소가 위헌심판절차가 아닌 다른 심판절차(헌법 제111조 제1항 탄핵심판, 권한쟁의심판, 위헌정당해산심판)에서 심판대상을 심리하면서 이의 선결문제로서 법률의 위헌 여부가 문제된다면 그 법률의 위헌 여부의 판단을 회피할 수는 없다. 헌법재판소는 헌법에 대한 최종적인 해석기관이고 법률에 대한 유일한 위헌결정권을 보유한 기관으로서 당해 심판절차에서 헌법에 부합하는 판단을 제시하여야 할 헌법적 권한과 의무를 부여받고 있기 때문이다. 명문의 규정은 없지만 헌법소원심판절차에서 부수적 위헌결정을 할 수 있다는 규정(헌재법 제75조 제5항)을 이 경우에 유추적용할 수 있고 선결문제에 관한 행정소송법의 규정(행정소송법 제11조 제1항, 제2항)도 참고할 수 있다. 문제된 법률이 위헌이라는 판단을 할 경우에는 법률에 대한 위헌결정의 정족수에 따라(헌법 제113조 제1항) 재판관 6인 이상의 찬성이 있어야 한다.

Ⅳ. 위헌법률심판제청의 대상

위헌법률심판제청대상으로서는 형식적 의미의 법률 이외에 실질적 의미의 법률인 긴급명령, 긴급재정·경제명령과 국회의 동의를 얻어 비준된 조약도 포함된다(제3절 헌법재판소의 위헌법률심판에서 상술한다).

Ⅴ. 위헌법률심판제청의 요건: 재판의 전제성

1. 의 의

(ⅰ) 현행 위헌법률심판은 구체적 규범통제제도를 채택하고 있으므로 법원의 위헌법률심판제청 또는 헌법재판소법 제68조 제2항의 헌법소원심판청구가 적법하기 위하여서는 문제된 법률의 위헌여부가 재판의 전제가 되어야 한다(제107조 제1항). 그러므로 심판대상조항의 위헌여부가 아니라 법원의 구체적 판단의 문제로 남게 될 경우에는 위헌법률심판제청은 재판의 전제성이 없다(헌재 2021.2.25. 2013헌가13등, 향토예비군설치법 제15조 제9항 제1호 위헌제청(각하)).

재판의 전제성의 의미에 관하여 헌법과 헌법재판소법은 규정하고 있지 아니하지만, 헌법재판소는 확립된 판례를 통하여 재판의 전제성의 의미를 구체화한다. 즉 재판의 전제성이란 ① 구체적인 사건이 법원에 계속(繫屬) 중이어야 하고, ②

위헌 여부가 문제되는 법률 또는 법률조항이 당해 사건에 적용되어야 하며, ③ 위헌 여부에 따라 당해 법원이 다른 내용의 재판을 하게 되는 경우를 말한다. 여기서 '다른 내용의' 재판을 하게 되는 경우란 재판의 결론이나 주문이 달라지는 경우, 또는 주문이나 결론은 달라지지 않더라도 재판의 내용과 효력에 관한 법률적 의미가 달라지는 경우를 말한다.

(ii) 그 밖에도 재판의 본질상 사건성(구체적 사건성 · 당사자적격 · 소의 이익)도 충족하여야 한다.

2. 재 판

재판은 법원이 실질적 사법권을 행사하여 구체적인 분쟁이나 법 위반 여부를 법규범을 통하여 유권적으로 판단하는 작용을 말한다. 재판은 판결 · 결정 · 명령 등 형식 여하를 불문하고, 종국재판뿐만 아니라 중간재판도 포함한다. 또한 판결절차만이 아니라 이를 실현하는 집행절차도 재판에 포함된다. 소송절차만이 아니라 비송절차 역시 재판작용에 해당한다. 소송절차 안에서의 개별적인 재판작용도 재판에 해당하므로 보정명령(헌재 1994.2.24. 91헌가3), 법관의 제척 · 기피 · 회피의 결정, 구속적부심사(헌재 1995.2.23. 92헌바18), 구속기간갱신결정(헌재 2001.6.28. 99헌가14), 체포 · 구속 · 압수 · 수색영장발부(헌재 1996.2.16. 96헌가2등), 보석허가결정(헌재 1993.12.23. 93헌가2), 증거채부결정(헌재 1996.12.26. 94헌바1), 소송비용에 대한 재판(헌재 1994.2.24. 91헌가3), 재심개시결정(헌재 2000.1.27. 98헌가9)도 재판에 포함된다.

> "재판이라 함은 판결 · 결정 · 명령 등 그 형식 여하와 본안에 관한 재판이거나 소송절차에 관한 재판이거나를 불문하며, 심급을 종국적으로 종결시키는 종국재판뿐만 아니라 중간재판도 이에 포함된다. 법 제295조에 의하여 법원이 행하는 증거채부결정은 당해 소송사건을 종국적으로 종결시키는 재판은 아니라고 하더라도, 그 자체가 법원의 의사결정으로서 헌법 제107조 제1항과 헌법재판소법 제41조 제1항 및 제68조 제2항에 규정된 재판에 해당된다"(헌재 1996.12.26. 94헌바1, 형사소송법 제221조의2 위헌소원(위헌)).
>
> "형사소송법 제201조에 의한 지방법원판사의 영장발부 여부에 관한 재판도 포함된다고 해석되므로 지방법원판사가 구속영장발부단계에서 한 위헌여부심판제청은 적법하다"(헌재 1993.3.11. 90헌가70, 형법 제241조에 관한 위헌심판(합헌)).
>
> "민사소송법 제368조의2에 의하여 제청법원 또는 그 재판장이 하고자 하는 인지첩부(印紙貼付)를 명하는 보정명령(補正命令)은 당해 소송사건의 본안에 관한 판결주문에 직접 관련된 것이 아니라고 하여도 위에서 말한 재판에 해당된다"(헌재 1994.2.24. 91헌가3, 인지첩부및공탁제공에관한특례법 제2조에 대한 위헌심판(합헌)).

3. 재판의 전제성

재판의 전제성의 의미에 관하여 헌법과 헌법재판소법은 규정하고 있지 아니하지만, 헌법재판소는 확립된 판례를 통하여 재판의 전제성의 의미를 구체화하고 있다.

> "재판의 전제성이라 함은 첫째 구체적인 사건이 법원에 현재 계속 중이어야 하고, 둘째 위헌 여부가 문제되는 법률이 당해 소송사건의 재판과 관련하여 적용되는 것이어야 하며, 셋째 그 법률이 헌법에 위반되는지의 여부에 따라 당해 사건을 담당한 법원이 다른 내용의 재판을 하게 되는 경우를 말하고, 여기에서 법원이 '다른 내용의' 재판을 하게 되는 경우라 함은 원칙적으로 법원이 심리중인 당해 사건의 재판의 결론이나 주문에 어떠한 영향을 주는 것뿐만이 아니라, 문제된 법률의 위헌 여부가 비록 재판의 주문 자체에는 아무런 영향을 주지 않는다고 하더라도 재판의 결론을 이끌어내는 이유를 달리하는 데 관련되어 있거나 또는 재판의 내용과 효력에 관한 법률적 의미가 전혀 달라지는 경우도 포함한다"(헌재 1993.5.13. 92헌가10등, 헌법재판소법 제47조 제2항 위헌제청 등(합헌); 헌재 2004.9.23. 2004헌가12, 구 경찰공무원법 제21조 위헌제청(위헌); 헌재 2005.12.22. 2004헌마947, 향토예비군설치법시행규칙 제10조 제3항 제5호 위헌확인(위헌)).

(1) 구체적인 사건이 법원에 계속(繫屬) 중일 것

재판의 전제성이 인정되기 위하여는 구체적인 소송사건이 법원에 계속되어 있어야 한다. 계속이란 특정한 청구에 대하여 법원에 적법하게 재판절차가 현실적으로 존재하는 상태를 말한다. 여기서 법원에 계속 중이란 적법한 계속상태만을 의미하므로 당해 소송사건이 부적법한 청구이어서 법률의 위헌 여부를 판단할 필요 없이 각하될 수밖에 없는 경우에는 재판의 전제성이 흠결된다(헌재 1992.8.19. 92헌바36; 헌재 2007.10.4. 2005헌바71).

> "당해사건이 부적법한 것이어서 법률의 위헌여부를 따져 볼 필요조차 없이 각하를 면할 수 없는 것일 때에는 위헌여부심판의 제청신청은 적법요건인 "재판의 전제성"을 흠결한 것으로서 각하될 수밖에 없고 이러한 경우에는 헌법재판소법 제68조 제2항에 의한 헌법소원심판을 청구할 수 없는 것이다"(헌재 1992.8.19. 92헌바36, 국회의원선거법 제133조 제1항 위헌소원(각하)).

다만, 당해 소송사건이 향후 적법요건을 갖출 가능성이 있는 경우에는 헌법재판소는 재판의 전제성을 인정할 필요가 있다. 예컨대 당해 법원이 각하판결을 선고하고 위헌제청신청도 기각하였더라도 각하판결이 아직 확정되지 아니하였고 부적법사유에 대한 대법원의 확립된 판례도 존재하지 아니하여 적법 여부가 불분명한 경우에는 재판의 전제성판단을 구비한 것으로 보아 본안판단을 진행한다(헌재 2004.10.28. 99헌바91, 금융산업의구조개선에관한법률 제2조 제3호 가목 등 위헌소원(합헌)).

> "금융감독위원회가 주식회사인 보험회사에 대하여 부실금융기관으로 결정하고 증자

및 감자를 명한 처분에 대하여 이 사건의 청구인들인 위 회사의 '주주' 또는 '이사' 등이 그 취소를 구하는 당해소송에서 제1심과 항소심 법원은 '주주' 또는 '이사' 등이 가지는 이해관계를 행정소송법 제12조 소정의 '법률상 이익'으로 볼 수 없다고 하면서 소를 각하하는 판결을 선고하였다. 그러나, 당해사건에 직접 원용할 만한 확립된 대법원 판례는 아직까지 존재하지 않아 해석에 따라서는 당해소송에서 청구인들의 원고적격이 인정될 여지도 충분히 있고, 헌법재판소가 이에 관하여 법원의 최종적인 법률해석에 앞서 불가피하게 판단할 수밖에 없는 경우에는 헌법재판소로서는 일단 청구인들이 당해소송에서 원고적격을 가질 수 있다는 전제하에 재판의 전제성 요건을 갖춘 것으로 보고 본안에 대한 판단을 할 수 있다"(헌재 2004.10.28. 99헌바91, 금융산업의구조개선에관한법률 제2조 제3호 가목 등 위헌소원(합헌)).

"제2차 대전 직후 남한 내 일본화폐 등의 강제예입에 관한 미군정법령 제57호는 국제관습법상 재판권이 면제되는 주권적 행위에 해당한다. 따라서 이 사건 법령이 위헌임을 근거로 한 미합중국에 대한 손해배상 또는 부당이득반환 청구는 그 자체로 부적법하여 이 사건 법령의 위헌 여부를 따져 볼 필요 없이 각하를 면할 수 없으므로, 재판의 전제성이 없어 부적법하다"(헌재 2017.5.25. 2016헌바388, 재조선 미국육군사령부 군정청 법령 제57호 위헌소원(각하)).

당해 사건의 계속요건은 법원의 제청결정시뿐만 아니라 헌법재판소의 심판시에도 존속하여야 한다. 법원이 제청한 경우 당해 소송절차는 정지되므로(헌재법 제42조) 당해 소송이 종료되는 일은 없겠지만 예외적으로 소취하 · 상소취하 또는 공소취소의 경우에는 소송계속이 소급적으로 소멸하므로 재판의 전제성이 흠결된다. 이 경우 제청법원이 제청을 철회하지 아니하면 헌법재판소는 부적법 각하한다. 다만, 예외적으로 심판의 필요성이 긍정되면 심판할 수 있다.

한편, 위헌법률심판을 구하는 헌법소원(헌재법 제68조 제2항)의 경우에는 당해 법원에 위헌법률심판제청을 신청할 때 당해사건이 법원에 계속 중이면 이 요건을 충족한다(제2장 제3절 위헌심사형 헌법소원 부분 참조).

(2) 위헌 여부가 문제되는 법률이 당해 소송사건에 적용될 것

위헌 여부가 문제되는 법률이나 법률조항이 당해 소송사건에 적용되는 조항이어야 한다. 구체적 규범통제형 위헌법률심사제도를 택하는 이상 위헌이 문제되는 조항일지라도 당해 소송사건에 적용되지 아니하면 위헌법률심판을 할 필요가 없기 때문이다.

(가) 직접 적용되는 경우

위헌법률심판에서 심판의 대상이 되는 법률 또는 법률조항은 대부분 직접 적용된다. 공소가 제기되지 아니한 법률조항의 위헌 여부는 당해 형사사건의 재판의 전제가 될 수 없고(헌재 1989.9.29. 89헌마53, 폭력행위등처벌에관한법률의 위헌여부에 관한 헌법소원(합헌, 각하)), 비록 공소장의 '적용법조'란에 적시된 법률조항이라 하더라도 구체적 소송사건에서 법원이 적용하지 아니한

법률조항은 재판의 전제성이 없다(헌재 1997.1.16. 89헌마240, 국가보위입법회의법 국가보안법의 위헌여부에 관한 헌법소원(한정합헌,각하)). 법관은 공소장의 변경 없이도 직권으로 공소장 기재와는 다른 법조를 적용할 수 있으므로 공소장에 적시되지 아니한 법률조항이라고 할지라도 법원이 공소장변경 없이 실제 적용한 법률조항은 재판의 전제성이 있다(헌재 1997.1.16. 89헌마240).

"비록 공소장에 적시된 법률조항이라 하더라도 구체적 소송사건에서 법원이 적용하지 아니한 법률조항은 결국 재판의 전제성이 인정되지 않는다고 보아야 할 것이다. 왜냐하면 헌법재판소에서 그러한 법률조항에 대하여 위헌결정을 한다고 하더라도 다른 특별한 사정이 없는 한 그로 인하여 당해 소송사건의 재판의 주문이 달라지지 않을 뿐만 아니라 재판의 내용과 효력에 관한 법률적 의미가 달라지지도 않기 때문이다"(헌재 1997.1.16. 89헌마240, 국가보위입법회의법, 국가보안법의 위헌 여부에 관한 헌법소원(합헌,한정합헌,각하)).

법률의 적용은 상급법원에 의하여 변경될 수도 있다. 당사자가 항고심에서 법원이 적용한 법률조항에 대하여 위헌법률심판제청 신청을 거쳐 헌법소원심판을 청구하였는데 재항고심인 대법원이 다른 법률조항을 적용하여 재판을 한 경우, 헌법재판소는 대법원이 다른 법률조항을 적용하였다는 이유로 헌법소원의 심판대상이 된 법률조항의 재판의 전제성을 부인하였다(헌재 2008.11.27. 2006헌바48, 신탁업법 제17조의10 위헌소원(각하)).

형사재판의 재심사건은 재심사유의 유무를 판단하는 재심청구에 대한 심판과 재심개시결정 이후 열리는 본안에 대한 심판으로 구별되므로 당해 사건이 재심청구에 대한 심판인지, 본안에 대한 심판인지 여부에 따라 재판의 전제성 판단이 달라진다. 재심개시 여부에 대한 심판이 당해 사건인 경우 원판결에서 유죄판결의 근거가 된 법률조항은 재판의 전제성이 인정되지 아니한다.

"형사소송법은 재심의 절차를 '재심의 청구에 대한 심판'과 '본안사건에 대한 심판'이라는 두 단계 절차로 구별하고 있으므로, 당해 재심사건에서 아직 재심개시결정이 확정된 바 없는 이 사건의 경우 위헌법률심판제청이 적법하기 위해서는 이 사건 법률조항의 위헌 여부가 '본안사건에 대한 심판'에 앞서 '재심의 청구에 대한 심판'의 전제가 되어야 하는데, '재심의 청구에 대한 심판'은 원판결에 형사소송법 제420조, 헌법재판소법 제47조 제3항 등이 정한 재심사유가 있는지 여부만을 우선 결정하는 재판이어서 원판결에 적용된 법률조항일 뿐 '재심의 청구에 대한 심판'에 적용되는 법률조항이라고 할 수는 없으므로 이 사건 법률조항에 대해서는 재판의 전제성이 인정되지 아니한다"(헌재 2010.11.25. 2010헌가22, 구 공유수면관리법 제23조 위헌제청(각하)).

"확정된 유죄판결에서 처벌의 근거가 된 법률조항은 재심의 개시 여부를 결정하는 재판에서는 재판의 전제성이 인정되지 아니하고, 재심의 개시 결정 이후의 '본안사건에 대한 심판'에 있어서만 재판의 전제성이 인정된다. 이 사건 제청법원은 당해 사건인 재심사건에서 재심개시결정을 하지 아니한 채 심판대상조항에 대하여 위헌제청을 하였으므로,

위헌법률심판제청은 재판의 전제성이 인정되지 아니하여 부적법하다"(헌재 2016.3.31. 2015헌가36, 구 폭력행위 등 처벌에 관한 법률 제3조 제1항 위헌제청(각하)).

법률 또는 법률조항이 당해 사건에 적용되지 아니하는 경우를 살펴보면, 헌법재판소는 심판청구인이 국가보안법 제6조(잠입·탈출) 위반으로 공소가 제기된 사건에서 국가보안법과 '남북교류협력에 관한 법률'은 상호 입법목적과 규제대상을 달리하여 공소사실에 '남북교류협력에 관한 법률' 조항은 적용될 여지가 없으므로 당해 형사사건의 재판의 전제가 될 수 없다고 보았고(헌재 1993.7.29. 92헌바48, 남북교류협력에 관한 법률 제3조 위헌소원(각하)), 노동관계법개정법의 국회 통과가 헌법에 위반된다고 주장하면서 회사 노동조합이 파업을 하자 회사가 회사 노동조합을 상대로 쟁의행위금지 가처분신청을 한 사건에서 노동관계법개정법은 당해사건의 재판에 적용되는 법률이 아니라 피신청인(노동조합)의 조합원들이 쟁의행위를 하게 된 계기가 된 것에 불과하다고 보아 재판의 전제성을 부인하였다(헌재 1997.9.25. 97헌가4, 노동조합 및 노동관계조정법 등 위헌제청(각하)).

유류분반환청구는 민사소송으로 진행되는 반면, 기여분결정 심판청구는 가사소송법상 가사비송사건으로 별도의 청구를 해야 하기 때문에 유류분반환청구의 소에서 기여분결정이 행하여질 수 없고, 유류분 산정에 있어서 기여분이 공제되는지 여부 및 기여분과 유류분의 관계에 대한 규정이 없어 유류분산정에서 기여분이 공제될 수 없으므로, 기여분에 관한 법률조항은 당해사건인 유류분반환청구사건에는 적용되지 않아 재판의 전제성이 인정되지 않는다(헌재 2018.2.22. 2016헌바86, 민법 제1008조의2 제4항 위헌소원(각하)).

"이 사건 재심청구 조항은 학교폭력 가해학생이 학교폭력예방법에 따른 징계조치를 받은 이후 그 불복 절차에 관하여 규율하고 있는 조항으로서 징계조치 자체의 적법 여부와는 아무런 관련이 없으므로, 징계조치의 무효확인을 구하는 당해사건의 재판에 적용된다고 볼 수 없다. 따라서 이 사건 재심청구 조항에 대한 심판청구는 재판의 전제성이 인정되지 아니하여 부적법하다"(헌재 2019.4.11. 2017헌바140, 학교폭력예방 및 대책에 관한 법률 제17조 제1항 등 위헌소원(각하,합헌)).

(나) 간접 적용되는 경우

당해 사건에 적용된다는 것은 반드시 직접 적용되는 경우만을 의미하지는 아니하고 당해 사건에 직접 적용되는 법률과 내적 관련성이 있는 경우에는 간접적으로 적용되는 법률조항에 대하여도 재판의 전제성을 인정할 수 있다. 예컨대 '정치자금에관한법률' 중 "후원회"에 대한 정의규정은 "정치자금에관한법률에서 정한 방법에 의하지 아니하고 정치자금을 수수하였다"는 당해 사건의 공소사실에 직접 적용되는 법률조항은 아니지만, 그 위헌여부에 따라 당해 사건의 재판에 직접 적용되는 법률조항의 의미가 달라져 재판에 영향을 미칠 수 있으므로 재판의 전제성이 인정된다(헌재 2001.10.25. 2000헌바5, 정치자금에 관한법률 제30조 제1항 등 위헌소원(각하,합헌)). 의료인이 건강보험상의 요양급여를 제공하고 그 비용을 요양급여기준에 위반하여 과다하게 편취하여 사기죄로 기소된 형사사건에서 헌법재판소는 요양급여의 방법·절차·범위·상한기준을 보건복지부장관이 정하도록 위임한 당시 의료보험법 규정이 당해 사기죄 사건에 적용된다고 보았다(헌재 2000.1.27. 99헌바23, 의료보험법 제29조 제3항 위헌소원(합헌)). 그러나 선거범죄로 징역형을 선고받은 피고인이 100만원 이상의 벌금형을 선고받은 때에는 그 당선을 무효로 한다는 공직선거법 조항에 대하여 헌법재판소법 제68조 제2항 헌법소원심판을 청구한 경우, 해당 공직선거법 조항은 동법 위반 여부에 대한 재판인 당해 사건에 적용되는 것이 아니라 그 재판의 결과에 따라 비로소 형성되는 당선무효라는 법적 효과를 별도로 규정한 조문이어서 재판의 전제성 인정되지 아니한다(헌재 1997.11.27. 96헌바60, 공직선거및 선거부정방지법 제230조제1항제1호(합헌, 각하)). 성폭력범죄로 유죄판결이 확정된 자를 신상정보 등록대상자로 규정한 법률조항이 성폭력범죄에 대한 형사재판에서 재판의 전제성이 부인되는 것도 같은 이유에서다(헌재 2015.12.23. 2015헌가27, 성폭력범죄의 처벌 등에 관한 특례법 제42조 제1항 위헌제청(각하)).

(다) 평등원칙위반과 재판의 전제성

입법자가 특정한 대상만을 한정하여 이들에게 수혜적 조치를 부여한 경우 수혜적 조치로부터 제외된 자들이 평등원칙 위반을 주장하는 경우 당해 사건의 당사자가 해당 법률의 적용대상이 아니라는 이유로 재판의 전제성을 부인할 수 없다. 헌법재판소가 평등원칙 위반을 이유로 위헌결정을 하면 입법자는 그 결정취지에 따라 법률을 개정하여 당해 사건의 당사자들을 수혜적 조치의 대상에 포함시키는 입법을 하여야 하고, 그러한 개선된 입법에 따라 당해 사건의 당사자가 구제될 수 있기 때문이다. 이는 이른바 부진정 입법부작위에 대한 위헌법률심판으로서 헌법재판소가 심판대상조항에 대하여 헌법불합치결정을 선고하고 그에 따른 입법자의 개선입법이 소급적으로 당해 사건에 적용될 수 있으므로 재판의 전제성을 인정한다(헌재 1999.7.22. 98헌바14; 헌재 2000.6.21. 2000헌바47; 헌재 2006.4.27. 2005헌바69).

> "청구인은 당해소송에서 심판대상조항이 평등권, 재산권 등을 침해하여 위헌이라고 하여 이미 납부한 관리비의 반환을 청구하였는데, 심판대상조항이 청구인과 같은 경우를 관리비 반환대상에서 제외하는 것이 평등권 침해로써 위헌이라는 이유로 헌법불합치결정을 하고 입법자가 그 결정취지에 따라 시혜대상을 확대하여 청구인과 같은 경우에도 관리비를 반환하도록 법을 개정할 경우, 법원은 당해사건에 관한 판결을 달리 하여야 할 것이다. 따라서, 심판대상조항의 위헌여부는 당해사건 재판의 주문 또는 내용과 효력에 관한 법률적 의미에 영향을 미치는 것으로서 재판의 전제성이 있다"(헌재 1999.7.22. 98헌바14, 공업배치및공장설립관한법률 부칙 제3조 위헌소원(합헌)).

(3) 법률의 위헌 여부에 따라 다른 내용의 재판을 하게 될 것

심판대상인 법률이나 법률조항의 위헌 여부에 따라 당해 법원이 다른 내용의 재판을 하게 되는 경우란 재판의 주문(결론)이 달라지는 경우, 또는 주문(결론)은 달라지지 아니하지만 재판의 내용과 효력에 관한 법률적 의미가 달라지는 경우를 말한다. 그 밖에 재판의 결론을 이끌어 내는 이유가 달라지는 경우가 포함될 수 있는지가 문제된다.

(가) 주문이 달라지는 경우

(a) 주문변경의 의미 주문이 달라지는 경우는 법원이 다른 내용의 재판을 하게 되는 전형적인 경우이다. 재판의 결론인 주문에 영향을 준다면 재판의 전제성은 인정되므로 그것이 제청신청인의 권리에 어떠한 영향을 미치는지까지 판단할 필요는 없다(헌재 1990.6.25. 89헌가98등, 금융기관의연체대출금에관한특별조치법 제7조의3에 관한 위헌심판(위헌)).

위헌법률심판을 구하는 헌법소원을 제기한 후 심판청구인이 당해 소송에서 승소하여 그 판결이 확정된 경우 당해소송에서 승소한 청구인은 재심을 제기할 수 없고(대판 1993.12.28. 93다47189) 유리한 판결이 확정된 이상 위헌결정이 나더라도 당해 사건의 주문이나 결론에 영향을 줄 수 없으므로 재판의 전제성이 없다(헌재 2000.7.20. 99헌바61, 사립학교교원연금법 제57조 제1항 등 위헌소원(각하)). 그러나 예컨대 직위해제처분을 받은 국립대학교 교수인 제청신청인이 후에 복직명령을 받았더라도 직위해제기간은 승진소요최저연수 계산에서 제외되고 그 기간 중 감봉이라는 불이익이 있어 이를 제거하기 위한 직위해제처분의 취소를 구할 소의 이익이 인정되므로 직위해제처분의 근거가 된 국가공무원법 규정은 여전히 그 위헌 여부에 따라 직위해제처분의 취소 여부가 달라질 수 있어 재판의 결과에 영향을 주므로 재판의 전제성이 인정된다(헌재 1998.5.28. 96헌가12, 구 국가공무원법 제73조의2 제1항 단서 위헌 제청(위헌)).

> "헌법재판소에 판단을 구하여 제청한 법률조문의 위헌여부가 현재 제청법원이 심리중인 당해 사건의 재판결과 즉 재판 결론인 주문에 어떠한 영향을 준다면 그것으로서 재판의 전제성이 성립되어 제청결정은 적법한 것으로 취급될 수 있는 것이고 제청신청인의 권리에 어떠한 영향이 있는가 여부는 헌법소원심판사건이 아닌 위헌법률심판사건에 있어서 그 제청결정의 적법여부를 가리는데 무관한 문제라 할 것이다"(헌재 1990.6.25. 89헌가98등, 금융기관의 연체대출금에 관한 특별조치법 제7조의3에 대한 위헌심판(위헌)).

> "당해 사건에 적용된 민법(1958.2.22. 법률 제471호) 부칙 제25조 제2항이 위헌이 되어 민법(1958.2.22. 법률 제471호) 제정 이전의 구 관습이 적용되는 경우 청구인은 당해 사건에서 문제가 된 상속을 할 수 없게 되어 당해 사건의 주문이 달라지게 되는 것이 원칙이지만, 항소심인 당해 사건의 소송절차에 적용되는 민사소송법 제415조 본문의 불이익변경금지원칙에 의하여 법원은 1심판결의 주문을 유지할 수밖에 없는 경우에는 당해

사건 재판의 주문에 영향을 미치는 경우라고 할 수 없고 내용 및 효력에 관한 법률적 의미가 특별히 달라진다고 보기도 어렵다"(헌재 2010.4.29. 2008헌바113, 구 민법 부칙 제25조 제2항 위헌소원(각하)).

"헌법재판소법 제68조 제2항에 의한 헌법소원심판 청구인이 당해 사건인 형사사건에서 무죄의 확정판결을 받은 때에는 처벌조항의 위헌확인을 구하는 헌법소원이 인용되더라도 재심을 청구할 수 없어, 청구인에 대한 무죄판결을 종국적으로 다툴 수 없게 된다. 이러한 경우 법률의 위헌 여부에 따라 당해 사건 재판의 주문이 달라지거나 재판의 내용과 효력에 관한 법률적 의미가 달라지는 경우에 해당한다고 볼 수 없으므로 더 이상 재판의 전제성이 인정되지 아니하는 것으로 보아야 한다"(헌재 2008.7.31. 2004헌바28, 국가보안법 제3조 제1항 제2호 위헌소원(각하); 헌재 2011.7.28. 2009헌바149, 농업협동조합법 제50조 제3항 등 위헌소원(각하))

"당해 사건 원고가 제1심에서 승소판결을 받은 이후 항소심 계속 중에 피고가 항소를 취하하여 원고의 승소로 사건이 종결된 경우 심판대상 조항에 대한 위헌결정은 당해 사건 재판의 결론이나 주문에 영향을 미치지 아니하므로 재판의 전제성이 인정되지 아니한다"(헌재 2012.7.26. 2011헌가40, 고용보험법 제50조 제5항 위헌제청(각하)).

(b) 불가쟁력이 발생한 후 행정처분의 근거법률에 대한 위헌심판청구 행정처분에 대한 취소소송의 제소기간이 지난 후에 처분의 무효확인의 소를 제기하면서 당해 사건의 당사자가 그 행정처분의 근거가 된 법률을 대상으로 하여 위헌법률심판 제청신청을 한 경우 재판의 전제성이 문제된다. 행정처분의 근거법률이 헌법재판소에 의하여 위헌이라는 결정을 받는 경우 그 행정처분의 하자가 무효사유에 해당하는지, 취소사유에 해당하는지 여부는 원칙적으로 당해 사건을 재판하는 법원이 판단할 사항이다(헌재 1998.4.30. 95헌마93등, 재판취소 등, 토지수용처분취소 등(각하)). 그런데 처분의 무효사유를 이른바 중대명백설에 따라 판단하는 법원의 확립된 판례에 따르면(대판(전합) 1995.7.11. 94누4615) 처분의 근거가 된 법률조항이 헌법에 위반된다는 사정은 중대한 하자임에는 틀림없으나 객관적으로 명백하다고는 볼 수 없어 처분의 취소사유에 불과할 뿐 무효사유로 인정되지 아니한다. 이와 같은 이유에서 헌법재판소는 당해 사건이 취소소송의 제소기간을 도과한 행정처분에 대한 무효소송인 경우 처분의 근거 법률에 대하여 재판의 전제성을 부정한다(5:4)(헌재 2014.1.18. 2010헌바251, 백두대간 보호에 관한 법률 제7조 제1항 제6호 위헌소원(각하)). 이에 대해서는 처분의 하자가 무효사유인지, 취소사유인지는 개별 소송사건에서 법원이 판단할 문제이고, 이른바 중대명백설도 처분의 무효를 판단하는 하나의 기준에 불과하므로 처분의 근거 법률이 위헌인 경우 그 처분이 무효로 판단될 가능성을 부인할 수 없으므로 재판의 전제성을 인정하여야 한다는 반대의견이 있었다(헌재 2014.1.18. 2010헌바251 결정의 반대의견 4인). 헌법재판소는 같은 이유에서 당해 사건이 행정처분의 효력을 선결문제로 하는 민사소송인 경우에도 재판의 전제성을 부인하고 있다(헌재 2016.11.24. 2015헌바

207, 공익사업을 위한 토지 등의 취득 및 보상에 관한 법률 제45조 제1항 위헌소원(각하)).

한편 단계적으로 별개의 법률효과가 발생되는 독립한 행정처분의 경우, 선행처분에 불가쟁력이 생겨 그 효력을 다툴 수 없게 되었다면, 그 처분에 하자가 있더라도 그것이 당연무효의 사유가 아닌 한 후행처분에 승계되지 아니하므로(대판 2005. 4.15. 2004두14915) 후행처분의 취소를 구하는 당해 사건에서 선행처분의 근거가 된 법률의 위헌 여부는 재판의 전제성이 인정되지 아니한다(헌재 2014.3.27. 2011헌바232, 도시개발법 제11조 제6항 등 위헌소원(각하)).

다만, 아직 행정처분의 집행이 종료되지 아니한 경우, 선행 행정처분이 위헌법률에 근거하여 내려지고 행정처분의 목적을 달성하기 위하여서는 후행 행정처분이 필요한데 그 후행 행정처분이 아직 이루어지지 아니한 경우와 같이 행정처분을 무효로 하더라도 법적 안정성을 크게 해치지 아니하는 반면 그 하자가 중대한 경우에는 재판의 전제성을 인정한다(헌재 1994.6.30. 92헌바23, 구 국세기본법 제42조 제1항 단서에 대한 헌법소원(합헌)).

(c) 전소판결의 기판력과 재판의 전제성

전소의 기판력 있는 법률효과가 후소의 선결문제로 작용하는 경우 후소는 전소의 기판력을 받게 되어 전소판결 내용과 다른 판단을 할 수 없는데 그로 인하여 재판의 전제성이 부인되는 경우가 발생한다. 예컨대 종합소득세 부과처분(과세처분)이 무효임을 이유로 그 후행처분인 압류처분에 대해 무효확인을 구하는 당해 사건에서 위 과세처분의 무효 여부는 당해 사건의 판단에 있어 선결문제인데, 전소인 과세처분취소소송에서 확정된 청구기각판결의 기판력은 후소인 당해 사건에도 미치게 되므로 소득세법 조항이 위헌이어서 그에 기초한 과세처분이 무효라고 하더라도 확정된 전소의 기판력에 의하여 당해 사건에서 위 과세처분이 무효라고 판단할 수 없어 심판대상 조항은 재판의 전제성이 없게 된다(헌재 1998. 3.26. 97헌바13, 구 소득세법 제82조 제2항 등 위헌소원(각하)).

"청구인은 이 사건 심판청구의 당해 사건에서 인공조림목에 대한 국가의 환수조치가 무효임을 전제로 임목매각대금의 반환을 청구하고 있으므로 이 사건 인공조림목 소유권이 청구인에게 있는지 여부는 당해 사건에 있어서의 선결문제라 할 것이고, 따라서 전소인 인공조림목에 대한 소유권확인판결의 기판력은 이 사건에도 미친다 할 것이다. 그렇다면 이 사건 심판대상 조항이 위헌이어서 그에 기초한 이 사건 인공조림목 환수조치가 무효라고 하더라도 전소인 인공조림목에 대한 소유권확인판결의 기판력 때문에 당해 사건에서 이 사건 조림목 소유권이 청구인에게 있다고 판단할 수 없고, 결국 이 사건 심판청구는 이 사건 심판대상 조항의 위헌 여부에 따라 당해 사건의 주문이 달라지거나 재판의 내용과 효력에 관한 법률적 의미가 달라지는 경우에 해당한다고 할 수 없으므로 이 사건 심판청구는 재판의 전제성 요건을 갖추지 못하여 부적법하다고 할 것이다"(헌재 2000.6.21. 2000헌바47, 구 산림법 제

40조 제1항 위헌소원(각하)).

"승소판결을 선고받아 그 판결이 확정되었음에도 시효중단을 위하여 다시 동일한 소송을 제기한 경우 후소는 전소의 기판력을 받게 되어 법원은 확정된 전소판결의 내용에 어긋나는 판단을 할 수 없다. 따라서 심판대상조문의 위헌 여부에 따라 당해 사건의 주문이 달라지거나 재판의 내용과 효력에 관한 법률적 의미가 달라지는 경우에 해당한다고 할 수 없으므로 재판의 전제성이 인정되지 아니한다"(헌재 2012.11.29. 2011헌바231, 민법 제414조 등 위헌소원(각하)).

(나) 재판의 내용과 효력에 관한 법률적 의미가 달라지는 경우

당해 사건의 재판주문을 결정하고 그 기판력의 내용을 형성하는 그 자체에 직접 영향을 주는 것은 아니지만 그 재판의 밀접 불가결한 실질적 효력이 달라지는 경우에는 재판의 전제성이 있다고 보아야 하는 경우가 있다. 예컨대 법원이 무죄 등의 판결을 선고하면 구속영장은 효력을 잃게 되는데 심판대상인 구 형사소송법 제331조 단서에 의하면 검사가 사형, 무기 또는 10년 이상의 징역이나 금고를 구형하는 경우에는 법원이 무죄 등의 판결을 선고하더라도 구속영장의 효력이 그대로 유지되고 있었다. 이 경우 심판대상조항의 위헌 여부에 따라 형사판결의 주문이 달라지지는 아니하지만 그 재판의 효력이라고 할 수 있는 구속영장의 효력이 달라지므로 재판의 전제성을 인정할 수 있다(헌재 1992.12.24. 92헌가8, 형사소송법 제331조 단서규정에 대한 위헌심판(위헌)). 반면, 성폭력범죄로 유죄판결이 확정된 자를 신상정보 등록대상자로 규정한 법률조항은 성폭력범죄에 대한 형사재판인 당해 사건에는 적용되는 법률조항이 아니고 그 위헌 여부에 따라 주문(결론)은 물론이고 재판의 내용이나 효력의 법률적 의미도 달라지지 않으므로 재판의 전제성이 부인된다는 것이 헌법재판소의 판단이다. 이에 대해서는 그 법률조항이 위헌으로 결정되면 재판의 효력 중 '신상정보 등록'이라는 법률효과가 사라지게 되므로 재판의 효력에 관한 법률적 의미가 달라져 재판의 전제성을 인정해야 한다는 반대의견이 있었다(헌재 2015.12.23. 2015헌가27, 성폭력범죄의 처벌 등에 관한 특례법 제42조 제1항 위헌제청(각하)).

"이 법 제331조 본문의 규정은, "무죄, 면소, 형의 면제, 형의 선고유예, 형의 집행유예, 공소기각 또는 벌금이나 과료를 과하는 판결이 선고된 때에는 구속영장은 효력을 잃는다."라고 하고 … 제331조 단서는 "단 검사로부터 사형, 무기 또는 10년 이상의 징역이나 금고의 형에 해당한다는 취지의 의견진술이 있는 사건에 대하여는 예외로 한다"라고 본문에 대한 예외규정을 두어 법원의 무죄 등의 판결선고에도 불구하고 구속영장의 효력이 상실되지 않는 예외를 설정함으로써 … 법 제331조 단서규정의 위헌여부에 따라 형사판결의 주문 성립과 내용 자체가 직접 달라지는 것은 아니지만 만약 위 규정이 위헌으로 법적 효력이 상실된다면 이 법 제331조 본문의 규정이 적용되어 제청법원이 무죄 등의 판

결을 선고하게 될 경우에 그 판결의 선고와 동시에 구속영장의 효력을 상실시키는 재판의 효력을 가지게 되며, 이와는 달리 이 단서 규정이 합헌으로 선언되면 검사로부터 피고인들에 대하여 징역 장기 10년의 구형이 있는 위 피고사건에 있어서 당해사건을 담당하는 법원의 판결만으로는 구속영장의 효력을 상실시키는 효력을 갖지 못하게 되는 결과로 인하여 그 재판의 효력과 관련하여 전혀 다른 효과를 가져오는 재판이 될 것이다. 따라서 법 제331조 단서규정의 위헌여부는 … 재판주문을 결정하고 기판력의 내용을 형성하는 그 자체에 직접 영향을 주는 것은 아니라 할지라도 그 재판의 밀접 불가결한 실질적 효력이 달라지는 구속영장의 효력에 관계되는 것이어서 재판의 내용이나 효력 중에 어느 하나라도 그에 관한 법률적 의미가 전혀 달라지는 경우에 해당하는 것이므로 재판의 전제성이 있다"(헌재 1992.12.24. 92헌가8, 형사소송법 제331조 단서규정에 대한 위헌심판(위헌)).

"성폭력 특례법상 일정한 성폭력범죄로 유죄판결이 확정된 자를 신상정보 등록대상자로 정하고 있는 심판대상조항은 성폭력범죄에 대한 형사재판인 당해사건 재판의 결론 및 그 확정 여부에 의하여 비로소 적용되는 것일 뿐, 유죄판결이 확정되기 전 단계인 당해사건 재판에서 적용된다고 볼 수 없다. 성폭력 특례법에 의하면 법원은 신상정보 등록대상자가 된 자에게 등록대상자라는 사실과 신상정보 제출의무가 있음을 알려주어야 하고, 성폭력 특례법상 그 방법이 특정되어 있지 아니하여 실무상 고지의 방법으로 당해 사건 판결 이유 가운데 신상정보 제출의무를 기재하는 경우가 있으나, 그 기재는 판결문의 필수적 기재사항도 아니고, 당해 사건 재판의 내용과 효력에 영향을 미치는 법률적 의미가 있는 것도 아니다. (따라서) 심판대상조항은 당해 사건 재판에 적용되지 아니하고, 그 위헌여부에 따라 당해 사건 재판의 주문이나 내용, 효력에 관한 법률적 의미가 달라진다고 볼 수 없으므로, 재판의 전제성이 인정되지 아니한다"(헌재 2015.12.23. 2015헌가27, 성폭력범죄의 처벌 등에 관한 특례법 제42조 제1항 위헌제청(각하)).

(다) 재판의 이유가 달라지는 경우

재판의 전제성을 인정할 필요가 있는지에 대하여 논의되는 유형으로 '재판의 이유가 달라지는 경우'가 있다. 재판의 결론인 주문에는 영향을 미치지 않지만 그러한 판단을 내리는 이유가 달라지는 경우에도 재판의 전제성을 인정할 수 있는지 문제된다. 재판의 전제성은 위헌법률심판의 적법요건으로서 본안판단을 위한 권리보호필요성 또는 심판의 이익에 상응하는 소송요건임을 고려할 때, 현실적으로 재판의 결과나 법률적 영향이 달라질 수 없는 경우까지 이를 확대하는 것은 부적절하다. 법률 또는 법률조항의 위헌여부가 재판의 결론이나 주문에 대해서는 물론이고 재판의 내용과 효력에 관한 법률적 의미에도 아무런 영향을 미치지 않는다면, 단지 이유를 달리 구성한다는 것만으로 재판의 전제성을 인정할 수는 없다.

4. 전제성 구비 여부의 판단

(1) 제청법원의 판단 존중

사실관계의 인정과 이에 대한 법률의 해석·적용은 당해 사건을 직접 재판하는 법원의 권한이다. 헌법은 법률에 대한 해석·적용과 이를 바탕으로 한 위헌법률심판의 제청권을 법원에 부여하였다. 이와 같은 사정을 고려한다면 재판의 전제성 구비 여부에 관한 판단은 1차적으로 제청법원이 가진다(헌재 2007.4.26. 2004헌가29등, 국민연금법 제3조 제1항 제3호 등 위헌제청 등(합헌)). 따라서 재판의 전제성에 관한 제청법원의 견해는 존중되어야 한다. 헌법재판소는 제청법원의 재판의 전제성에 관한 법률적 견해가 명백히 유지될 수 없는 경우에만 직권으로 이를 조사하여 제청법원과 달리 판단할 수 있다고 하였다(헌재 2009.9.24. 2007헌가15, 예금자보호법 제41조 제2호 등 위헌제청(각하, 합헌)).

> "위헌법률심판이나 법 제68조 제2항의 규정에 의한 헌법소원심판에 있어서 위헌 여부가 문제되는 법률이 재판의 전제성요건을 갖추고 있는지의 여부는 헌법재판소가 별도로 독자적인 심사를 하기보다는 되도록 법원의 이에 관한 법률적 견해를 존중해야 할 것이며, 다만 그 전제성에 관한 법률적 견해가 명백히 유지될 수 없을 때에만 헌법재판소는 이를 직권으로 조사할 수 있다 할 것이다. 왜냐하면 문제되는 법률의 위헌 여부가 재판의 전제가 되느냐 않느냐는 사건기록 없이 위헌 여부의 쟁점만 판단하게 되어 있는 헌법재판소보다는 기록을 갖고 있는 당해 사건의 종국적 해결을 하는 법원이 더 잘 알 것이며, 또 헌법재판소가 위헌 여부의 실체판단보다는 형식적 요건인 재판의 전제성에 관하여 치중하여 나름대로 철저히 규명하려고 든다면 결과적으로 본안사건의 종국적 해결에 커다란 지연요인이 될 것이기 때문이다"(헌재 1993.5.13. 92헌가10등, 헌법재판소법 제47조 제2항 위헌제청 등(합헌)).

다만, 재판의 전제성 유무가 헌법소송의 기능·본질 및 효력 등 헌법재판제도에 관한 헌법적 선결문제의 해명에 따라 전적으로 좌우되는 경우에는 헌법재판소는 법원의 법률적 견해에 구애받지 아니하고 법원의 위헌법률심판제청이 적법한 것인가의 여부를 독자적으로 결정한다. 왜냐하면 실체법에 관한 것이든 절차법에 관한 것이든 헌법 또는 헌법재판제도의 문제에 대한 해명은 헌법재판소의 독자적 판단사항이기 때문이다(헌재 1994.6.30. 92헌가18, 국가보위에 관한 특별조치법 제5조 제4항 위헌제청(위헌)).

(2) 헌법재판소의 전제성 판단의 기속력 여부

당해 사건의 법원이 재판의 전제성이 인정되지 아니한다고 판단하여 제청신청을 기각한 후 위헌법률심판을 구하는 헌법소원이 제기된 경우, 헌법재판소는 당해 사건의 소송기록 없이 심판청구인의 주장만을 바탕으로 판단할 수밖에 없다. 헌법재판소가 당사자의 주장사실이 모두 인정된다는 전제에서 재판의 전제성을 인정하더라도 헌법재판소의 전제성 판단이 사실인정에 관한 당해 법원의 판단을 기속하지는 못한다. 그 결과 헌법재판소가 재판의 전제성을 인정하고 위헌결정을 선고했음에도 불구하고 당해 사건의 법원이 여전히 재판의 전제성을 부인하여 헌법재판소의 위헌결정과는 관계없이 다른 법률조항을 적용하여 재판하는 경우가 발생할 수 있다. 이 경우 헌법재판소는 결과적으로 당해 사건에 적용되지 않는 법률조항에 대하여 위헌여부의 심판을 한 것이 된다.

실제 하급법원이 재판의 전제성을 인정하여 제청한 법률에 대하여 헌법재판소가 위헌결정을 내렸음에도 당해 사건의 상급심인 대법원이 재판의 전제성을 부인하여 다른 법률을 적용한 경우도 있다(헌재 1992.2.25. 90헌가69등, 상속세법 제29조의4 제2항에 대한 위헌심판(위헌); 대판 1993.4.27. 92누9777, 증여세등부과처분 무효확인).

5. 전제성 구비가 요구되는 시기

재판의 전제성은 법률의 위헌여부심판제청 시뿐만 아니라 심판 시에도 갖추어져야 함이 원칙이다(헌재 1993.12.23. 93헌가2, 형사소송법 제97조 제3항 위헌제청(위헌)). 법원이 위헌법률심판을 제청한 이후 법률이 개정되거나 폐지되어 심판대상 조항이 더 이상 당해 사건에 적용되지 않는 경우에는 재판의 전제성이 부인된다. 헌법재판소는 위헌심판제청 이후 사회보호법이 개정되어 신법의 별표에 규정된 죄에 대하여서만 보호감호를 처하도록 개정되면서 신법 시행 당시 계속 중인 사건에 대하여는 신법을 적용하도록 규정하였는데 청구인이 신법의 별표에 해당되지 아니하는 죄로 공소가 제기된 경우라면 보호감호에 대한 법률조항이 더 이상 재판의 전제가 될 수 없게 되어 부적법하다고 보았다(헌재 1989.4.17. 88헌마4, 사회보호법의위헌여부에관한헌법소원(각하)).

법원이 위헌법률심판을 제청한 후 당해 사건의 당사자가 소를 취하하거나 상소를 취하함으로써 재판절차가 존재하지 않게 된 경우에도 재판의 전제성은 부인된다.

6. 심판의 필요성을 이유로 한 예외적 재판의 전제성

헌법재판소는 재판의 전제성 요건을 갖추지 못하였거나 당해 소송절차의 종료 등으로 재판의 전제성이 소멸한 경우에도 객관적인 헌법질서의 수호·유지 또는 당사자의 권리구제를 위하여 심판의 필요성이 인정되는 경우에는 예외적으로 재판의 전제성을 인정하고 있다. 이러한 예외는 문제된 법률조항의 위헌여부에 대한 헌법적 해명의 필요성은 크지만 사실상 또는 규범상의 장애로 인해 재판의 전제성을 인정하기가 쉽지 않은 사건들에서 주로 고려된다.

"위헌여부심판이 제청된 법률조항에 의하여 침해된다는 기본권이 중요하여 동 법률조항의 위헌 여부의 해명이 헌법적으로 중요성이 있는 데도 그 해명이 없거나, 동 법률조항으로 인한 기본권의 침해가 반복될 위험성이 있는데도 좀처럼 그 법률조항에 대한 위헌여부심판의 기회를 갖기 어려운 경우에는 설사 그 심리기간 중 그 후의 사태진행으로 당해 소송이 종료되었더라도 헌법재판소로서는 제청 당시 전제성이 인정되는 한 예외적으로 객관적인 헌법질서의 수호·유지를 위하여 심판의 필요성을 인정하여 적극적으로 그 위헌 여부에 대한 판단을 하는 것이 헌법재판소의 존재이유에도 부합하고 그 임무를 다하는 것이 될 것이다"(헌재 1993.12.23. 93헌가2, 형사소송법 제97조 제3항 위헌제청(위헌)).

"당해 사건에서 무죄판결이 선고되거나 재심청구가 기각되어 원칙적으로는 재판의 전제성이 인정되지 아니할 것이나, 긴급조치의 위헌 여부를 심사할 권한은 본래 헌법재판소의 전속적 관할 사항인 점, 법률과 같은 효력이 있는 규범인 긴급조치의 위헌 여부에 대한 헌법적 해명의 필요성이 있는 점, 당해 사건의 대법원판결은 대세적 효력이 없는 데 비하여 형벌조항에 대한 헌법재판소의 위헌결정은 대세적(對世的) 기속력을 가지고 유죄확정판결에 대한 재심사유가 되는 점, 유신헌법 당시 긴급조치 위반으로 처벌을 받게 된 사람은 재판절차에서 긴급조치의 위헌성을 다툴 수조차 없는 규범적 장애가 있었던 점 등에 비추어 볼 때, 예외적으로 헌법질서의 수호·유지 및 관련 당사자의 권리구제를 위하여 재판의 전제성을 인정함이 상당하다"(헌재 2013.3.21. 2010헌바132등, 구 헌법 제53조 등 위헌소원(위헌)).

Ⅵ. 위헌법률심판제청결정

1. 제청결정에 대한 항고의 불허

법원은 직권으로 또는 당사자의 신청에 의한 결정으로 헌법재판소에 위헌 여부의 심판을 제청한다(헌재법 제41조 제1항). 이 제청에 관한 결정에 대하여는 항고할 수 없다(동법 제41조 제4항). 제청에 관한 결정 중 당사자의 신청에 대한 각하 또는 기각결정에 대하여도 당사자는 항고할 수 없다. 이 경우 당사자는 헌법재판소법 제68조 제2항에 의한 헌법소원심판을 청구할 수 있다(헌재법 제68조 제2항).

2. 제청서의 기재사항

법원이 법률의 위헌 여부를 헌법재판소에 제청할 때에는 제청법원의 표시, 사건 및 당사자의 표시, 위헌이라고 해석되는 법률 또는 법률의 조항, 위헌이라고 해석되는 이유, 기타 필요한 사항을 기재하여야 한다(헌재법 제43조). '제청법원'은 법률 또는 법률의 조항의 위헌 여부 심판을 제청한 법원을 말한다. 제청법원에 계속된 사건 및 당사자를 '사건 및 당사자'로 표시한다. 여기서 말하는 '위헌이라고 해석되는 이유'는 제청법원이 위헌이라고 합리적인 의심을 가지는 경우 그 이유를 말한다. 이와 함께 제청법원은 제청대상인 법률과 법률의 조항이 당해 사건의 재판의 전제가 된다는 점 역시 기재하여야 한다. 제청법원은 당해 사건의 소송기록을 통하여 사실관계를 가장 잘 파악할 수 있는 지위에 있고 법원은 구체적인 사건에서 법의 적용·해석을 그 본질적 업무로 하고 있기 때문이다.

3. 제청의 철회

(1) 원칙적 불허와 예외적 허용

위헌법률심판은 객관소송으로서 성격을 가진다는 점에서 법원이 제청결정을 한 후 자유로이 그 제청을 철회할 수는 없다. 그러나 구체적 규범통제형을 채택하고 있는 현행 위헌법률심판에서 당해 사건의 해결의 필요성이 사후적으로 소멸된 경우에는 제청의 철회를 인정하여 불필요한 헌법판단의 과정을 생략할 필요가 있다.

(2) 철회가 가능한 경우

먼저 당해 사건의 당사자가 소취하와 같은 소송종료적 소송행위를 하는 경우 소송계속이 소급적으로 소멸되므로 재판의 전제성도 소멸한다. 이 경우 제청법원은 제청을 철회할 수 있다. 만약 제청법원이 철회하지 아니하면 헌법재판소는 제청에 대하여 각하결정을 한다. 또한 법원의 제청 이후 다른 사건에서 당해 법률조항에 대한 헌법재판소의 위헌결정이 내려진 경우, 법률의 개정으로 심판대상 법률규정도 개정되고 개정법이 계속 중인 당해 사건에도 적용되도록 규정한 경우에도 제청법원은 역시 제청을 철회할 수 있다. 제청법원이 철회한 경우 헌법재판소는 예외적으로 헌법적 해명이 필요한 경우가 아니라면 다른 재판 없이 위헌심판절차의 종료로 처리한다.

법원의 제청 이후 제청된 법률이 폐지된 경우에는 제청요건이 없어졌다고 판단하면 제청을 철회할 수 있다. 여기에는 헌법재판소의 위헌결정으로 인해 법률이 폐지되는 경우도 포함된다. 위헌심사형 헌법소원의 청구 이후에 당해 소송에서 청구인의 승소판결이 확정된 경우에는, 승소한 청구인은 재심청구권이 없고(대판 1993.12.28. 93다47189; 대판 1998.11.10. 98두11915) 청구인에게 유리한 판결이 확정되어 심판대상 법률조항에 대해 헌법재판소가 위헌결정을 선고하더라도 당해 사건 재판의 주문이나 결론에 영향을 미치지 아니하므로 청구인은 헌법소원심판 청구를 취하할 수 있다. 이 경우 취하가 없으면 재판의 전제성이 부정되어 각하된다(헌재 1989.4.17. 88헌가4, 사회보장법 제5조의 위헌심판(각하)).

(3) 제청 철회의 방식

법원이 위헌법률심판제청 결정을 한 후 위헌제청의 사유가 소멸한 경우 법원은 그 결정을 취소하고 그 취소결정의 정본을 헌법재판소에 송부함으로써 위헌법률심판의 제청을 철회한다(위헌법률심판제청사건의 처리에 관한 예규 제7조제4항).

4. 의견서의 제출

당해 소송사건의 당사자 및 법무부장관은 헌법재판소에 법률의 위헌 여부에 대한 의견서를 제출할 수 있다(헌재법 제44조). 당해 사건의 참가인도 의견서를 제출할 수 있다(심판규칙 제56조). 위헌법률심판을 구하는 헌법소원의 경우에도 마찬가지다(동법 제74조 제2항, 제44조). 제청법원 역시 제청 이후 제청서 이외에 심판에 필요한 의견서나 자료 등을 헌법재판소에 제출할 수 있다(심판규칙 제55조).

Ⅶ. 위헌법률심판제청의 효과

법원이 법률의 위헌 여부의 심판을 헌법재판소에 제청한 때에는 당해 소송사건의 재판은 헌법재판소의 위헌 여부의 결정이 있을 때까지 정지된다(제42조 제1항 본문). 법원은 헌법재판소의 위헌여부심판의 결과를 기다려서 재판하여야 하며, 위헌결정에 따른 개선입법이 있어야만 위헌성이 해결되는 경우에는 개선입법을 기다려 그 개선입법에 따라 재판하여야 한다(헌재 1993.5.13. 90헌바22등, 1980년 해직공무원의보상등에관한특별조치법 제2조 및 제5조에 대한 헌법소원(합헌)). 다만, 법원이 긴급하다고 인정하는 경우에는 종국재판외의 소송절차를 진행할 수 있다(제42조 제1항 단서).

법원의 위헌법률심판 제청으로 당해 사건의 재판이 정지된 경우 그 재판정지기간은 구속기간(형사소송법 제92조 제1항, 제2항, 군사법원법 제132조 제1항, 제2항)과 판결선고기간(민사소송법 제199조)에 산입하지 아니한다.

제 3 절 헌법재판소의 위헌법률심판

Ⅰ. 의 의

법원이 직권 또는 당사자의 신청에 의한 결정으로 법률의 위헌여부에 대한 심판을 제청한 경우(헌법 제107조 제1항, 헌재법 제41조 제1항) 또는 그러한 제청을 신청하였다가 기각결정을 받은 당사자가 법률의 위헌 여부에 대한 심판을 구하는 헌법소원을 제기한 경우(헌재법 제68조 제2항) 헌법재판소는 그 법률의 위헌 여부에 대하여 심판한다. 헌법재판소는 먼저 법원의 제청 또는 당사자의 헌법소원이 적법한지 여부를 판단한 후 법률의 위헌 여부를 판단한다.

Ⅱ. 위헌법률심판의 대상

위헌법률심판제청 대상으로서는 형식적 의미의 법률 및 법률과 동일한 효력을 가지는 긴급명령, 긴급재정・경제명령과 국회의 동의를 얻어 비준된 조약도 포함된다.[1] 나아가서 헌법규범이나 관습법도 위헌심판의 대상이 될 수 있는지 문제된다.

1. 법 률

(1) 현행법률

위헌법률심판의 대상인 법률은 국회에서 제정된 형식적 의미의 법률로서 현재 효력을 가지고 있는 법률을 말한다(헌재 1989.9.29. 89헌가86; 헌재 1994.8.31. 91헌가1; 헌재 1997.1.26. 93헌바54). 여기서 말하는 법률이란 대한민국의 법률을 의미하므로 외국의 법률은 심판대상이 되지 못한다.

형식적 의미의 법률만이 심판의 대상이 되므로 대통령령이나 총리령, 부령 등과 같은 하위규범은 그 대상이 될 수 없다(헌재 2007.4.26. 2005헌바51, 국민건강보험법 제63조 제4항 등 위헌소원(각하, 기각) 헌재 2010.2.25. 2008헌바79, 구 소득세법 제21조 제1항 제10호 등 위헌소원(각하, 합헌)). 지방자치단체의 자치입법인 조례도 법률이 아니어서 위헌법률심판의 대상이 되지 못한다(헌재 1998.10.15. 96헌바77, 경기도립학교설치조례중개정조례 제2조 등 위헌소원(각하)). 명령이나 규칙과 같은 하위법령이 재판의 전제가 된 경우에는 대법원이 이를 최종적으로 심사할 수 있는

1) 권건보, "위헌법률심판의 대상과 관할", 헌법학연구 19-4, 2013, 46면 이하.

권한을 가진다(헌법 제107조 제2항). 시행령 · 규칙 등이 법률과 결합하여 전체로서 하나의 완결된 법적 효력을 발휘하는 경우에도 심판의 대상은 법률이지만 법률의 위임에 의하여 제정된 시행령 · 규칙 등 하위법령의 내용이 심판대상인 법률의 내용을 판단하는 부수적인 자료가 될 수는 있다(실무제요, 158면).

(2) 폐지된 법률

위헌심판의 대상인 법률은 원칙적으로 현행법률이다. 그러나 폐지된 법률이라 할지라도 당해 재판에 적용될 수 있어 재판의 전제가 되는 경우에는 예외적으로 위헌법률심판의 대상이 될 수 있다. 다만, 헌법재판소가 이미 위헌으로 선언하여 그 효력이 상실된 법률은 심판의 대상이 될 수 없다(헌재 1994.8.31. 91헌가1, 지방세법 제31조에 관한 위헌심판(한정합헌))(헌재 1994.6.30. 92헌가18, 국가보위에관한특별조치법 제5조 제4항 위헌제청(위헌)).

> "법률은 원칙적으로 발효시부터 실효시까지 효력이 있고, 그 시행중에 발생한 사건에 적용되기 마련이므로 법률이 폐지된 경우라 할지라도 그 법률이 시행당시에 발생한 구체적 사건에 대하여서는 법률의 성질상 더 이상 적용될 수 없거나 특별한 규정이 없는 한, 폐지된 법률이 적용되어 재판이 행하여질 수밖에 없는 것이고, 이때 폐지된 법률의 위헌여부가 문제로 제기되는 경우에는 그 위헌여부심판은 헌법재판소가 할 수밖에 없는 것이다"(헌재 1989.12.18. 89헌마32등, 국가보위입법회의법 등의 위헌여부에 관한 헌법소원(위헌,각하)).
>
> "보호감호처분에 대하여는 소급입법이 금지되므로 비록 구법이 개정되어 신법이 소급적용되도록 규정되었다고 하더라도 실체적인 규정에 관한 한 오로지 구법이 합헌적이어서 유효하였고 다시 신법이 보다 더 유리하게 변경되었을 때에만 신법이 소급적용될 것이므로 폐지된 구법에 대한 위헌 여부의 문제는 신법이 소급적용될 수 있기 위한 전제문제로서 판단의 이익이 있어 위헌제청은 적법하다"(헌재 1989.7.14. 88헌가5등, 사회보호법 제5조의 위헌심판(합헌)).
>
> 심판대상조항은 '구법령 정리에 관한 특별조치법'에 따라 폐지된 조항이지만 계쟁 토지가 귀속재산인지 여부와 관련하여 현재까지도 여전히 유효한 재판규범으로서 적용되고 있고 그 위헌 여부가 당해 사건의 재판의 전제가 되어 있으므로 헌법소원의 대상이 된다(헌재 2021.1.28. 2018헌바88, 재조선미국육군사령부군정청 법령 제2호 제4조 등 위헌소원(합헌)).

(3) 시행 전 법률

위헌법률심판의 대상이 되는 법률은 현재 시행되고 있는 법률을 의미하므로, 아직 시행되지 아니한 법률은 위헌법률심판의 대상이 될 수 없다고 볼 수도 있지만, 아직 시행 전의 법률에 대한 위헌법률심판은 재판의 전제성을 인정할 여지가 없기 때문에 부적법하다고 보아야 한다. 시행 전의 법률이 직접 기본권을 침해할 것으로 확실히 예상되는 경우 법률이 시행되기 전 단계에서도 헌법재판소법 제68조 제1항에 의한 헌법소원은 허용될 수 있지만(헌재 1994.12.29. 94헌마201, 경기도남양주시등33개도농복합형태의시설치등에관한법률 제4조 위헌확인(기각))

(헌재 1995.3.23. 94헌마175, 경기도남양주시등33개도농복합형태의시설치등에관한법률 제8조 위헌확인(기각)), 이는 위헌법률심판과는 분명히 구별되는 절차이다.

(4) 법률의 해석

과거 헌법재판소는 위헌법률심판은 법률 자체를 대상으로 하여야 하고 법률에 대한 특정한 해석에 대한 위헌법률심판은 원칙적으로 허용되지 아니하는 것으로 보았다. 그러나 이후 판례를 변경하여, 법률의 의미는 법률해석에 의해 확인되는 것이어서 법률과 법률의 해석을 구분할 수 없고 법률에 대한 규범통제는 결국 해석에 의하여 구체화된 법률의 의미와 내용에 대한 헌법적 통제이므로 법률의 특정한 해석이나 적용을 대상으로 하는 위헌법률심판도 가능하다고 판시하였다(헌재 2012.12.27. 2011헌바117, 구 특정범죄가중처벌 등에 관한 법률 제2조 제1항 위헌소원(한정위헌)).

다만, 특정한 법률해석의 위헌성이 문제되는 경우 법원은 위헌법률심판을 제청하기보다는 스스로 합헌적 법률해석을 통해 문제를 해결할 것이므로, 법률해석을 대상으로 하는 위헌법률심판은 헌법재판소법 제68조 제2항에 의한 헌법소원에서 한정위헌결정을 구하는 한정위헌청구의 경우가 될 것이다.

2. 긴급명령 · 긴급재정경제명령

국회가 제정한 형식적 의미의 법률 이외에도 법률과 동일한 효력을 가지는 법규범은 위헌법률심판의 대상이 된다. 현행 헌법상 긴급명령, 긴급재정경제명령도 법률과 동일한 효력을 가지므로(헌법 제76조 제1항, 제2항) 위헌법률심판의 대상이 된다.

그런데 유신헌법이 규정한 대통령의 긴급조치에 대한 위헌심사의 관할이 문제된 바 있다. 대법원은 위헌법률심판의 대상은 법률을 비롯하여 국회의 관여가 있는 법규범에 대하여서만 허용되는 것이고 그 밖의 모든 법규범의 위헌 여부는 법원이 심사할 권한을 가지며, 특히 긴급조치가 그 효력을 발생 또는 유지하는 데 국회의 동의 내지 승인과 같은 절차를 가지지 아니하므로 법률의 효력을 부여할 수 없다고 판단하였다.

"헌법재판소에 의한 위헌심사의 대상이 되는 '법률'이라 함은 '국회의 의결을 거친 이른바 형식적 의미의 법률'을 의미하고, 위헌심사의 대상이 되는 규범이 형식적 의미의 법률이 아닌 때에는 그와 동일한 효력을 갖는 데에 국회의 승인이나 동의를 요하는 등 국회의 입법권 행사라고 평가할 수 있는 실질을 갖춘 것이어야 한다. 유신헌법 제53조 제3항은 대통령이 긴급조치를 한 때에는 지체없이 국회에 통고하여야 한다고 규정하고 있을 뿐, 사전적으로는 물론이거니와 사후적으로도 긴급조치가 그 효력을 발생 또는 유지하는 데 국회의 동의 내지 승인 등을 얻도록 하는 규정을 두고 있지 아니하고, 실제로 국회에서 긴급조치를 승인하는 등의 조치가 취하여진 바도 없다. 따라서 유신헌법에 근거한 긴급조치는 국회의 입법권 행사라는 실질을 전혀 가지지 못한 것으로서 헌법재판소의 위헌심판대상이 되는 '법률'에 해당한다고 할 수 없고, 긴급조치의 위헌 여부에 대한 심사권은 최종적으로 대법원에 속한다"(대판 2010.12.16. 2010도5986).

반면에 헌법재판소는 헌법 제107조 제1항, 제2항이 규범의 효력을 기준으로 법률에 대한 위헌심사권은 헌법재판소에, 법률보다 하위의 규범에 대한 위헌·위법심사권은 법원에 부여하고 있는 것에 비추어 볼 때, 법률과 동일한 효력 또는 그 이상의 효력을 가지는 긴급조치에 대한 위헌심사권은 헌법재판소에 귀속된다고 보았다(헌재 2013.3.21. 2010헌바132등, 구 헌법 제53조 등 위헌소원(위헌)).

생각건대 위헌법률심사는 헌법의 최고규범성을 실현하기 위한 규범통제제도로서 위헌 여부가 문제되는 법규범을 누가 제정하였는지가 중요한 것이 아니라 그 법규범의 효력이 법률과 같다면 위헌법률심사의 대상이 되어야 한다는 점에서 대법원의 입장은 받아들이기 어렵다.

3. 조 약

"헌법에 의하여 체결·공포된 조약과 일반적으로 승인된 국제법규는 국내법과 같은 효력을 가진다"(헌법 제6조 제1항). 따라서 법률과 동일한 효력을 가진 조약이라면 위헌법률심사의 대상이 된다(헌재 2001.9.27. 2000헌바20, 국제통화기금조약 제9조 제3항 등 위헌소원(각하)). 다만, 법률보다 하위의 효력을 가지는 조약의 경우에는 명령·규칙에 대한 위헌·위법심사권이 부여된 법원이 심사한다. 위헌법률심판의 대상이 되는 조약인지 여부는 그 명칭에 구애되지 아니하고 효력을 기준으로 판단하는데, 주로 헌법 제60조에 의하여 체결된 조약이 그 대상이 된다.

"이 사건 조약은 그 명칭이 '협정'으로 되어 있어 국회의 관여 없이 체결되는 행정협정처럼 보이기도 하나 우리나라의 입장에서 볼 때에는 외국군대의 지위에 관한 것이고, 국가에게 재정적 부담을 지우는 내용과 입법사항을 포함하고 있으므로 국회의 동의를 요하는 조약으로 취급되어야 한다. 이 사건 조약은 국회의 비준동의와 대통령의 비준 및 공포를 거친 것으로 인정되므로 이 사건 조약이 국내법적 효력을 가짐에 있어서 성립절차상의 하자로 인하여 헌법에 위반되는 점은 없다"(헌재 1999.4.29. 97헌가14, 대한민국과아메리카합중국간의상호방위조약제4조에의한시설과구역및대한민국에서의합중국군대의지위에관한협정 제2조 제1의 (나)항 위헌제청(합헌)).

일반적으로 승인된 국제법규도 위헌법률심판의 대상이 되는지 문제된다. 헌법이 국내법과 동일한 효력을 부여하고 있으므로, 일반적으로 승인된 국제법규 중에서 법률과 동일한 효력을 가진 국제법규에 대하여는 위헌법률심판의 대상성을 인정할 수 있다는 견해도 있다(허영, 220-221면). 다만, "일반적으로 승인된" 국제법규라면 대체로 그 내용이 헌법규범에 위반될 가능성이 매우 낮다.

4. 헌법규범

헌법조항에 대한 위헌심사가 허용되는지 문제된다. 이는 헌법의 개별규범들 사이에도 효력의 차이가 있다는 전제에서 상위의 헌법규범에 위반되는 하위 헌법규범의 효력을 부인할 수 있는지에 대한 논의이다. 헌법재판소는 그러한 논의가 이념적으로나 논리적으로는 가능하다면서도 헌법규범에 대한 위헌심사는 허용되지 아니한다는 입장이다(헌재 1995.12.28. 95헌바3, 국가배상법 제2조 제1항 등 위헌소원(합헌,각하)).

> "헌법 제111조 제1항 제1호, 제5호 및 헌법재판소법 제41조 제1항, 제68조 제2항은 위헌심사의 대상이 되는 규범을 '법률'로 명시하고 있으며, 여기서 '법률'이라고 함은 국회의 의결을 거쳐 제정된 이른바 형식적 의미의 법률을 의미하므로 헌법의 개별규정 자체는 헌법소원에 의한 위헌심사의 대상이 아니다"(헌재 1996.6.13. 94헌바20, 헌법 제29조 제2항 등 위헌소원(합헌,각하)).
>
> "우리나라의 헌법은 독일기본법처럼 헌법개정의 한계에 관한 규정을 두고 있지 아니하고, 헌법의 개정을 법률의 형식으로 하도록 규정하고 있지도 아니한 점을 감안할 때, 우리 헌법의 각 개별규정 가운데 무엇이 헌법제정규정이고 무엇이 헌법개정규정인지를 구분하는 것이 가능하지 아니할 뿐 아니라, 각 개별규정에 그 효력상의 차이를 인정하여야 할 형식적인 이유를 찾을 수 없다. 이러한 점과 앞에서 검토한 현행헌법 및 헌법재판소법의 명문의 규정취지에 비추어, 헌법제정권과 헌법개정권의 구별론이나 헌법개정한계론은 그 자체로서의 이론적 타당성 여부와 상관없이 우리 헌법재판소가 헌법의 개별규정에 대하여 위헌심사를 할 수 있다는 논거로 원용될 수 있는 것이 아니다. 또한 국민투표에 의하여 확정된 현행헌법의 성립과정과 헌법 제130조 제2항이 헌법의 개정을 국민투표에 의하여 확정하도록 하고 있음에 비추어, 헌법은 그 전체로서 주권자인 국민의 결단 내지 국민적 합의의 결과라고 보아야 할 것으로, 헌법의 규정을 헌법재판소법 제68조 제1항 소정의 공권력행사의 결과라고 볼 수도 없다"(헌재 1995.12.28. 95헌바3, 국가배상법 제2조 제1항 등 위헌소원(합헌,각하)).

헌법전에 규정된 조항들이나 헌법해석상 인정되는 원리들 중에서도 공동체의 근본적인 가치나 핵심적인 원리에 관한 헌법규범과 그 이외의 헌법규범들을 구별하는 것이 어느 정도 가능하므로 근본적인 가치나 핵심적인 원리와 충돌하는 헌법규범의 효력을 부인하여야 한다는 주장도 이론적으로는 충분히 개진될 수 있다. 그러나 실정법으로서의 헌법에 대하여 위와 같은 이론을 그대로 적용하기는 어렵다. 위헌법률심판이 헌법의 최고규범성을 관철하기 위하여 헌법의 하위에 있는 법규범들의 효력을 통제하기 위한 제도라는 점에 비추어 본다면 헌법규범은 위헌법률심판의 대상이 아니라고 볼 수밖에 없다.

5. 관습법

관습법이 위헌법률심판의 대상이 되는지가 문제된다.[1] 법원은 관습법의 위헌 여부를 스스로 판단하고 있지만(대판(전합) 2003.7.24. 2001다48781), 헌법재판소는 법률과 같은 효력을 가지는 관습법은 위헌법률심판이나 헌법재판소법 제68조 제2항에 따른 헌법소원의 대상이 된다고 본다(헌재 2013.2.28. 2009헌바129, 상속에 관한 구 관습법 부분 위헌소원(각하))(헌재 2016.4.28. 2013헌바396등, 상속에 관한 관습법 위헌소원 등(합헌)).

반면에 관습법은 형식적 의미의 법률과 동일한 효력이 없고, 관습법의 위헌 또는 위법 여부는 관습법의 승인 또는 소멸에 대한 법원의 판단과정에서 함께 이루어지므로 관습법에 대한 위헌심사는 법원이 담당하여야 한다는 반대의견이 있다(헌재 2016.4.28. 2013헌바396등, 상속에 관한 관습법 위헌소원(합헌))(헌재 2020.10.29. 2017헌바208, 구 관습법 위헌소원(합헌)).

분묘기지권에 관한 관습법 중 "타인 소유의 토지에 소유자의 승낙 없이 분묘를 설치한 경우에는 20년간 평온·공연하게 그 분묘의 기지를 점유하면 지상권과 유사한 관습상의 물권인 분묘기지권을 시효로 취득하고, 이를 등기 없이 제3자에게 대항할 수 있다"는 부분 및 "분묘기지권의 존속기간에 관하여 당사자 사이에 약정이 있는 등 특별한 사정이 없는 경우에는 권리자가 분묘의 수호와 봉사를 계속하는 한 그 분묘가 존속하고 있는 동안은 분묘기지권은 존속한다"는 부분은 모두 헌법에 위반되지 아니한다(7:2)(헌재 2020.10.29. 2017헌바208, 구 관습법 위헌소원(합헌)).

이 결정에서 헌법재판소는 관습법이 헌법소원심판의 대상이 된다고 본 선례(헌재 2016.4.28. 2013헌바396등)의 입장을 유지하였다. 관습법이 재산권을 침해하였는지 여부에 관한 심사기준을 처음으로 제시하였는바, 재산권 침해 여부를 과잉금지원칙에 따라 심사하되 관습법 성립 전후의 역사적 배경과 관습법으로서 수행하여 온 역할, 재산권의 대상인 토지의 특성 및 헌법 제9조에 따른 전통문화의 보호 등을 고려하여 심사기준을 완화하였다. 관습법은 오랜 세월 우리의 관습으로 형성·유지되어 왔고 현행 민법 시행 이후에도 대법원판결을 통하여 일관되게 유지되어 온 것인바, 장묘문화의 변화, 임야의 경제적 가치 상승 등 그간 변화된 사정에도 불구하고 관습법이 헌법에 위배되지 아니한다고 판단하였다.

민법 시행 이전의 "여호주가 사망하거나 출가하여 호주상속이 없이 절가된 경우, 유산은 그 절가(絕家)된 가(家)의 가족이 승계하고 가족이 없을 때는 출가녀가 승계한다"는 구 관습법은 민법 시행 이전에 상속 등을 규율하는 법률이 없는 상황에서 절가된 가(家)의 재산분배에 관하여 적용된 규범으로서, 비록 형식적 의미의 법률은 아니지만 실질적으로는 법률과 같은 효력을 가진다. 그렇다면 법률과 같은 효력을 가지는 이 사건 관습법도 헌법소원심판의 대상이 되고, 단지 형식적 의미의 법률이 아니라는 이유로 그

---

1) 권건보, "관습법에 대한 헌법재판소의 위헌심사 권한", 헌법재판연구 3-2, 2016, 47면 이하; 윤진수, "상속관습법의 헌법적 통제", 헌법학연구 23-2, 2017, 149면 이하; 허완중, "관습법과 규범통제 - 관습법에 관한 헌법재판소결정과 대법원판결의 정당성을 중심으로", 공법학연구 10-1, 2009, 161면 이하.

예외가 될 수는 없다(헌재 2016.4.28. 2013헌바396등, 상속에 관한 관습법 위헌소원 등(합헌))(관습법의 위헌소원대상성에 대한 비판적 견해로는 윤진수, "상속관습법의 헌법적 통제", 헌법학연구 23-2 참조).

6. 입법부작위

위헌법률심판은 현실적으로 존재하였거나 존재하는 법률이 헌법에 위반되는지 여부를 심판하는 제도이므로, 국회가 입법을 하지 아니하고 있는 것이 헌법에 위반되는지 여부가 심판의 대상이 될 수는 없다. 따라서 '법률의 부존재' 즉, 입법부작위는 헌법재판소법 제68조 제1항에 의한 헌법소원을 통하여 그 위헌성을 확인받을 수는 있을지언정 위헌법률심판 또는 헌법재판소법 제68조 제2항에 의한 헌법소원의 대상은 되지 못한다(헌재 2011.2.15. 2011헌바20, 형법 제50조 제2항 등 위헌소원(각하))(헌재 2009.5.12. 2009헌바69, 민사소송법 제449조 관련 입법부작위 위헌소원(각하)).

다만, 법률이 존재하기는 하지만 그 내용의 불완전 또는 불충분으로 인하여 위헌 여부가 문제되는, 이른바 부진정입법부작위의 경우에는 그 불완전한 법률 자체가 위헌법률심판의 대상이 될 수 있다(헌재 2010.2.25. 2008헌바67, 형사소송법 제366조 위헌소원(합헌)). 이때 재판의 전제성은 심판대상이 된 법률조항의 불완전하거나 불충분한 부분에 대하여 헌법재판소가 위헌으로 결정하고 그 결정에 따른 개선입법이 당해 사건에 적용된다면 법원이 다른 내용의 재판을 하게 되는지를 기준으로 판단한다.

Ⅲ. 위헌법률심판의 요건

위헌법률심판의 요건으로는 법원에 의한 위헌법률심판제청과 재판의 전제성이다. 법률의 위헌 여부는 본안의 판단대상이다.

Ⅳ. 위헌법률심판 대상의 확정

1. 직권에 의한 심판대상의 확정

헌법재판소는 제청된 법률 또는 법률조항의 위헌 여부만을 결정한다(헌재법 제45조). 구체적 규범통제형 위헌법률심사제도를 수용하여 법원의 제청에 따라 법률의 위헌 여부를 심사하여야 하는 우리 위헌심사의 기본구조로부터 볼 때 위헌심판대상의 확정은 제청권자인 법원의 권한에 속한다. 이는 헌법의 권력분립정신이 위헌심사제도에 반영된 것으로 심판대상의 확정에 있어 헌법재판소의 권한에 대한 헌법적 한계로 파악된다.

그러나 위헌법률심판은 전(全) 헌법적 관점으로부터 법률의 위헌 여부를 심사하여 헌법의 최고규범성과 법질서의 통일성을 확보하는 객관소송으로서의 특징을 보여준다는 점에서 제청법원의 신청주의 내지 처분권주의에 좌우될 수 없는 측면이 있다. 그래서 위헌법률심판제도를 도입한 각국의 헌법재판소는 일반적으로 심판대상의 제한과 확장 및 변경을 허용하여 위헌법률심판제도에 있어 직권심리주의를 수용한다. 우리 헌법재판소도 직권으로 심판대상을 제한, 확장, 변경한다.

2. 심판대상의 한정

제청법원이 제청한 법률조항 중 당해 사건에 적용되지 아니하는 부분이 있는 경우 헌법재판소는 심판의 대상을 당해 사건에 관련된 부분으로 한정하여 판단한다. 법원이 제청한 법률조항 중 재판의 전제성이 인정되지 아니하는 부분을 특정하여 각하결정을 선고할 수도 있지만, 헌법재판소는 심판대상의 특정 문제로 본다.

> "이 사건 심판의 대상은 구 지방공무원법 제2조 제3항 제2호 나목 중 동장부분(다만, 청구인들은 같은 호 나목전부에 대하여 헌법소원심판을 청구하였으나 청구인들은 동장으로 재직중 동장의 직무에서 배제된 자들이므로 위 나목 중 '동장'부분에 대하여만 헌법소원심판을 청구한 것이라고 해석되므로 이 부분 심판의 대상을 '동장'부분으로 한정한다) … 이 헌법에 위반되는지 여부이다"(헌재 1997.4.24. 95헌바48, 구 지방공무원법 제2조 제3항 제2호 나목 등 위헌소원(합헌)).

3. 심판대상의 확장

제청법원이 제청한 법률조항과 일정한 관련성을 가지고 있어서 심판대상으로 포함시켜 심판하는 것이 법적 명확성과 법적 통일성 그리고 소송경제의 관점에서 정당화될 수 있는 경우가 있다. 헌법재판소 역시 일정한 유형들에서 심판대상을 확장하고 있다. 예컨대 관세법 위반의 "미수범"에 대하여 미수범 감경을 하지 아니하는 관세법 조항의 위헌 여부를 심판하면서 같은 조문에 규정되어 있고 동일한 심사척도가 적용되는 "예비" 부분에 대하여도 심판대상을 확장하였다(헌재 1996.11.28. 96헌가13, 관세법 제182조 제2항 위헌제청(합헌)). 또한 호주제의 위헌성이 다투어진 사건에서 호주제 위헌 여부에 관한 완전한 헌법적 해명을 위하여 함께 심리하는 것이 타당하다고 보아 처의 부가입적(夫家入籍)을 규정한 조항도 호주제의 골격을 이루고 있는 밀접불가분한 조항이라는 이유로 심판대상을 확장하였다(헌재 2005.2.3. 2001헌가9등, 민법 제781조 제1항 본문 후단 부분 위헌제청(헌법불합치,잠정적용)). 또한 법원이 제청한 법률조항이 아니더라도 심판대상조항의 적용의 전제가 되는 법률조항을 심판대상에 포함하기도 한다(헌재 1999.3.25. 98헌가11등, 지방세법 제188조 제1항 제2호 (2)목 중 고급오락장용 건축물부분 등 위헌제청(위헌)).

4. 심판대상의 변경

헌법재판소는 헌법적 분쟁에 대한 적정하고 효율적인 심리를 위하여 직권으로 심판대상을 변경하기도 한다. 심판대상 변경의 필요성은 법원의 제청사건보다는 위헌법률심판을 구하는 헌법소원사건에서 주로 제기된다. 헌법재판소는 심판청구의 이유, 위헌법률심판제청을 위한 신청사건의 경과, 당해 재판과의 관련성 등을 종합적으로 고려하여 심판대상을 변경한다.

> "헌법재판소는 심판청구서에 기재된 청구취지에 구애됨이 없이 청구인의 주장요지를 종합적으로 판단하여야 하며, 청구인이 주장하는 침해된 기본권과 침해의 원인이 되는 공권력을 직권으로 조사하여 피청구인과 심판대상을 확정하여 판단하여야 하는데, 당해사건에서의 청구인들의 청구취지는 이 사건 토지들이 국유가 아니라 청구인들의 사유토지임을 전제로 그 소유권확인을 구하는 것이므로 당해 사건의 재판에 보다 직접적으로 관련을 맺고 있는 법률조항은 제외지를 하천구역에 편입시키고 있는 '하천법 제2조 제1항 제2호 다목'이라기 보다 오히려 하천구역을 포함하여 하천을 국유로 한다고 규정함으로써 직접 제외지의 소유권귀속을 정하고 있는 동법 제3조라 할 것이므로 직권으로 이 사건 심판의 대상을 위 하천법 제2조 제1항 제2호 다목에서 동법 제3조로 변경한다"(헌재 1998.3.26. 93헌바12, 하천법 제2조 제1항 제2호 다목 위헌소원(합헌)).

V. 심판의 기준 및 관점

1. 심판의 기준

위헌법률심판은 "법률이 '헌법'에 위반되는 여부"에 대한 심판이므로 심판의 기준은 원칙적으로 헌법재판(위헌법률심판)을 할 당시에 규범적 효력을 가진 헌법이다. 여기서 헌법이라 함은 형식적 의미의 헌법전, 즉 헌법전문, 헌법본문, 헌법부칙은 물론이고, 성문의 헌법조항으로 규정되지 아니하였지만 헌법규범으로 인정되는 헌법원리 또는 헌법원칙들도 중요한 심판기준이 된다. 헌법재판소는 관습헌법도 성문헌법과 동일한 효력을 가진다고 보아 관습헌법을 근거로 법률을 위헌으로 결정한 바 있다(헌재 2004.10.21. 2004헌마554등, 신행정수도의건설을위한특별조치법 위헌확인(위헌)).

2. 심판의 관점

위헌법률심판의 대상이 되는 법률의 위헌 여부를 판단함에 있어서는 법률의 형식적 합헌성과 실질적 합헌성을 모두 판단하여야 한다. 이때 헌법재판소는 제청법원이나 제청신청인이 주장하는 법적 관점에서만 아니라 심판대상규범의 법적 효과를 고려하여 모든 헌법적 관점에서 심사한다. 법원의 위헌제청을 통하여 제한되는 것은 심판의 대상이지 위헌심사의 기준이 아니다(헌재 1996.12.26. 96헌가18, 주세법 제38조의7 등 위헌제청(위헌)). 또한 위헌법률심판을 통하여 헌법재판소가 판단하는 것은 제청법원이나 청구인이 주장하는 위헌사유의 타당성 여부가 아니라 법률의 위헌 여부이므로 헌법재판소가 법률을 위헌으로 판단하는 경우 제청법원이나 청구인이 주장하는 위헌사유를 모두 판단할 필요는 없다. 반면에 심판대상 법률조항을 합헌으로 판단하는 경우에는 제청법원이나 청구인이 주장한 위헌사유에 대하여 모두 판단하여야 한다.

Ⅵ. 위헌법률심판의 결정유형과 효력

1. 의 의

헌법재판소법은 위헌법률심판의 결정형식에 관하여 충분한 규정을 두고 있지 아니한다. "헌법재판소는 제청된 법률 또는 법률조항의 위헌 여부만을 결정한다. 다만, 법률조항이 위헌결정으로 인하여 당해 법률 전부를 시행할 수 없다고 인정될 때에는 그 전부에 대하여 위헌의 결정을 할 수 있다"라는 규정만을 두고 있을 뿐이다(헌재법 제45조). 이에 따라 합헌·위헌결정의 두 가지 결정유형을 인정하는 데 이론의 여지가 없지만, 그 중간형식의 결정 혹은 변형결정을 인정할 수 있는지 논란이 있다. 헌법재판소는 합헌결정과 (단순)위헌결정 이외에도 한정합헌, 한정위헌, 헌법불합치 등과 같은 변형결정들을 선고한다. 위헌법률심판이 적법요건을 갖추지 못하여 법률의 위헌 여부에 대한 본안판단에 나아가지 않은 경우에는 각하 결정을 선고한다.

2. 각하결정

헌법재판소는 위헌법률심판제청이 된 사건에 대하여 제청요건을 갖추지 못한 경우 주문에서 "이 사건 위헌법률심판제청을 각하한다"라는 결정을 선고한다. 헌법재판소법 제68조 제2항의 헌법소원의 경우에는 "이 사건 심판청구를 각하한다"라는 주문을 선고한다.

헌법재판소가 이미 위헌으로 결정한 법률조항에 대한 제청 또는 심판청구는 제청 또는 심판의 이익이 없으므로 각하결정을 선고하여야 하지만, 위헌결정 이

전에 당해사건이 확정된 경우에는 청구인의 구제를 위한 재심청구(헌재법 제75조 제7항)가 가능하도록 각하결정 대신 심판대상 법률조항이 위헌임을 확인하는 결정을 선고한다.

> "청구인들이 헌법재판소법 제68조 제2항에 따라 헌법소원심판청구를 한 이 사건 법률조항은 이미 헌법재판소가 1997. 12. 24. 96헌가19 등(병합) 사건에서 헌법에 위반된다는 결정을 선고한 바가 있으므로, 이 사건 법률조항에 대하여는 위헌임을 확인하는 결정을 하기로 한다"(헌재 1999. 6. 24. 96헌바67, 구 상속세법 제9조 제1항 위헌소원(위헌)).

3. 합헌결정

심판대상이 된 법률 또는 법률조항의 위헌 여부를 심사한 결과 헌법에 위반되는 사유를 확인할 수 없을 때, 헌법재판소는 "(심판대상 법률조항은) 헌법에 위반되지 아니한다"라는 주문의 합헌결정을 선고한다. 합헌결정은 심판대상 법률이 헌법에 부합한다는 적극적인 판단이라기보다 헌법에 위반된다고 할 수 없다는 소극적인 판단이다. 따라서 위헌의견이 과반수이지만 법률의 위헌결정에 필요한 6인 이상의 찬성(헌법 제113조 제1항, 헌재법 제23조 제2항 제1호)에는 이르지 못한 경우에도 합헌결정으로서 주문은 동일하다.

과거 헌법재판소는 위헌의견이 과반수이지만 위헌결정 정족수에 미달하는 경우 "헌법에 위반된다고 선언할 수 없다"라는 이른바 '위헌불선언' 주문형식을 취한 바 있으나, 5 · 18특별법사건에 대한 결정(헌재 1996. 2. 16. 96헌가2등, 5 · 18민주화운동등에관한특별법 제2조 제1항 등 위헌제청(합헌))부터는 위헌의견이 과반수인 경우에도 합헌결정을 선고하고 있다.

헌법재판소가 합헌결정을 선고하면 제청법원은 위헌 여부의 심판이 제청되었던 법률을 계속 중인 당해 사건에 적용하여 재판하게 된다. 헌법재판소가 합헌으로 결정한 법률에 대하여 당해 사건의 상소심 법원이 다시 제청할 수 있는지 문제된다. 각 심급의 법원이 독립된 제청권을 가지고 있고 심급의 진행에 따라 헌법재판소 재판관의 구성도 변화될 수 있음을 들어 긍정하는 견해도 있지만(정종섭, 338면), 당사자와 당해 사건이 동일한 사건에서 이미 헌법재판소가 심판한 경우이므로(헌재법 제39조), 적어도 당해 사건의 상급심에서는 다시 제청할 수 없다고 보아야 한다(허영, 243면).

한편, 합헌결정에도 기속력이 인정되는지 문제된다. 헌법재판소법은 후술하는 바와 같이 위헌결정에 대하여서만 기속력을 규정하고 있기 때문이다. 헌법재판소는 이미 합헌으로 결정한 법률에 대한 심판제청이나 헌법소원도 적법한 것으로 인정하여 본안에 대하여 다시 판단하고 있는바, 합헌결정에 대해서는 기속력을 인정하지 아니한다.

4. 위헌결정

(1) 주문형식

헌법재판소가 위헌법률심판의 대상이 된 법률에 대하여 위헌결정을 할 때에는 재판관 6인 이상의 찬성이 있어야 한다(제113조 제1항; 헌재법 제23조 제2항 제1호). 위헌결정은 "(심판대상 법률조항은) 헌법에 위반된다"라는 주문형식을 취한다. 후술할 변형결정과 구별하기 위하여 단순위헌결정으로 부르기도 한다.

(2) 위헌결정의 범위

헌법재판소는 제청된 법률 또는 법률조항의 위헌 여부만을 결정한다. 재판의 전제가 된 법률조항 중 일부만 위헌이고 다른 부분은 합헌인 경우 위헌인 부분에 대하여서만 위헌결정을 하고 합헌인 부분에 대하여는 합헌결정을 한다(헌재 1998.9.30. 98헌가7등, 금융기관의연체대출금에관한특별조치법 제3조위헌제청(한정위헌,합헌)). 다만, 법률조항의 위헌결정으로 인하여 해당 법률 전부를 시행할 수 없다고 인정될 때에는 그 전부에 대하여 위헌결정을 할 수 있다(헌재법 제45조).

법률 전부에 대하여 위헌 결정을 한 예: 헌재 1996.1.25. 95헌가5, 반국가행위자의처벌에관한특별조치법 제2조 제1항 제2호 등 위헌제청(위헌); 헌재 1999.4.29. 94헌바37등, 택지소유상한에관한법률 제2조 제1호 나목 등 위헌소원(위헌)(8:1).

또한 제청된 법률조항과 밀접한 관련성을 가지거나, 일체를 형성하거나 또는 부수적으로 관련되는 조항에 대하여는 제청되지 아니한 조항에 대하여도 위헌결정을 선고할 수 있다.

헌재 1989.11.20. 89헌가102, 변호사법 제10조 제2항에 대한 위헌심판(위헌); 헌재 1996.12.26. 94헌바1, 형사소송법 제221조의2 위헌소원(6:3)(위헌); 헌재 1999.9.16. 99헌가1, 음반및비디오물에관한법률 제17조 제1항 등 위헌제청(위헌,각하); 헌재 2001.1.18. 2000헌바29, 수표법 제28조 제2항 등 위헌소원(합헌,각하); 헌재 2001.7.19. 2000헌마91등, 공직선거법 제146조 제2항 등 위헌확인 등(한정위헌); 헌재 2001.11. 29. 99헌마494, 재외동포의출입국과법적지위에관한법률 제2조 제2호 위헌확인(6:3)(헌법불합치,잠정적용); 헌재 2002.8.29. 2001헌바82, 소득세법 제61조 위헌소원(위헌); 헌재 2003.9.25. 2000헌바94등, 공무원연금법 제47조 제3호 위헌소원 등(위헌).

(3) 위헌결정의 효력

(가) 확정력

헌법재판소의 심판절차에 관하여 민사소송법이 준용되고(헌재법 제40조 제1항), 헌법재판소법 제39조에 의하여 헌법재판소는 이미 심판을 거친 동일한 사건에 대하여는 다시 심판할 수 없다. 따라서 헌법재판소 결정에도 일반 재판과 마찬가지로 확정력이 인정된다. 헌법재판소는 자신이 내린 결정을 철회·변경할 수 없으며(불가변력), 당사자는 그 결정에 불복할 수 없고(불가쟁력), 헌법재판소는 자신이 내린 결정과 모순되는 결정을 할 수 없다(기판력).

(나) 일반적 효력(법규적 효력)

위헌으로 결정된 법률 또는 법률조항은 그 결정이 있은 날부터, 형벌에 관한 조항의 경우에는 소급하여 효력을 상실한다. 다만, 해당 법률 또는 법률의 조항에 대하여 종전에 합헌으로 결정한 사건이 있는 경우에는 그 결정이 있는 날의 다음 날로 소급하여 효력을 상실한다(헌재법 제47조 제2항, 제3항). 구체적 규범통제는 당해사건에서 위헌인 법률의 적용배제에 그치는 것이 보통이지만(개별적 효력), 헌법재판소법은 구체적 규범통제를 취하면서도 위헌으로 결정된 법률의 효력을 무효로 하는 일반적 효력을 부여하고 있다(객관적 규범통제).

위헌결정의 이러한 일반적 효력으로 말미암아 위헌결정이 선고된 법률은 당해 사건에서 적용배제를 넘어 일반적으로 효력을 상실하게 되므로 누구도 그 법률의 유효성을 법적 근거로 원용할 수 없다. 위헌결정의 효력은 당사자나 국가기관뿐만 아니라 일반 국민 모두에게 미친다. 이러한 측면에서 위헌결정은 법규적 효력을 가진다고 할 수 있다.

> "법률 또는 법률조항에 대한 위헌 결정은 일반적 기속력과 대세적·법규적 효력을 가진다. 즉 법규범에 대한 헌법재판소의 위헌결정은 소송 당사자나 국가기관 이외의 일반 사인에게도 그 효력이 미치고, 종전 위헌결정의 기초가 된 사실관계 등의 근본적인 변화에 따른 특별한 정당화 사유가 있어 반복입법이 이루어지는 경우가 아닌 한, 일반 국민은 헌법재판소가 위헌으로 선언한 법규범이 적용되지 않는 것을 수인해야 하고, 위헌으로 선언한 법규범에 더 이상 구속을 받지 않게 된다. 이러한 효력은 법원에서의 구체적·개별적 소송사건에서 확정된 판결이 그 기속력이나 확정력에 있어서 원칙적으로 소송 당사자에게만 한정하여 그 효력이 미치는 것과 크게 다른 것이다. …… 종전 결정에서 이미 위헌 선언되어 효력이 상실된 법률조항 부분이 입법의 결함에 해당한다고 주장하는 이 사건 헌법소원심판청구는 종전의 위헌결정에 대한 불복이거나, 위헌으로 선언된 규범의 유효를 주장하는 것이어서 법률조항에 대한 위헌결정의 법규적 효력에 반하여 허용될 수 없다"(헌재 2012.12.27. 2012헌바60, 구 교통사고처리특례법 제4조 제1항 위헌소원(각하)).

(다) 기속력(羈束力)

(i) "법률의 위헌결정은 법원과 그 밖의 국가기관 및 지방자치단체를 기속

(羈束)한다"(헌재법 제47조 제1항).

다만, 위헌결정이 국회도 기속하는지가 문제된다. 위헌결정의 기속력에도 불구하고 국회는 위헌결정에 기속되지 아니한다는 견해가 있다. 즉 민주주의원리의 실현이나 국회를 통한 헌법재판소의 오류의 시정과 법발전(정종섭, 352면), 또는 기관상호 간 존중의 원칙에 의하여 보완되어야 한다는 이유로 국회는 헌법재판소의 위헌결정에 기속되지 아니한다고 본다(정연주, "위헌결정의 기속력", 헌법논총 제17집, 헌법재판소, 413면).

국회는 자신의 독자적인 헌법해석을 기초로 헌법가치를 실현하기 위한 목적으로 국가정책을 입법화한다는 점에서 광범위한 입법재량권을 보유하고 있다. 헌법재판소의 위헌결정이 선고된 후 입법의 기초가 되는 입법상황과 여건이 변화하지 아니하였음에도 국회가 헌법재판소의 위헌결정의 취지를 정면으로 거스르며 재입법을 시도하는 행위는 헌법재판소의 위헌법률심판권을 무력화시킬 수 있다. 그렇지만 위헌결정 이후 입법상황 내지 입법 여건이 본질적으로 변화하였고 이를 근거로 입법자가 그 입법이 다시 필요하다고 판단하여 재입법하는 경우는 헌법적으로 허용된다고 보아야 한다.

헌법재판소는 입법자인 국회에 대하여도 위헌결정의 기속력이 미치는지 여부, 나아가 결정주문뿐만 아니라 결정이유에까지 그 기속력이 인정되는지 여부 등의 문제와 관련하여, 헌법재판권 내지 사법권의 범위와 한계, 국회의 입법권의 범위와 한계 등을 고려하여 신중하게 접근할 필요가 있다면서, 위헌결정의 결정이유에 기속력을 인정하려면 주문을 뒷받침하는 이유에 대하여 적어도 위헌결정 정족수인 재판관 6인 이상의 찬성이 있어야 하고, 이에 미달하는 경우에는 결정이유에 대하여 기속력을 인정할 여지가 없다고 판시한다(헌재 2008.10.30. 2006헌마1098등, 의료법 제61조 제1항 중 '장애인복지법'에 따른 시각장애인 중 부분 위헌확인(기각)).

(ii) 헌법재판소 자신에게도 이러한 기속력이 미치므로 헌법재판소는 이미 내린 결정을 임의로 변경할 수 없다. 다만, 헌법재판소법 제23조 제2항 제2호에 의하여 판례 변경을 통하여 자신의 결정을 변경할 수 있을 뿐이다.

그런데 헌법재판소의 결정에 대하여 재심(再審)이 허용되는지 여부는 실정법상 명문의 규정이 없기 때문에 논란이 있다. 헌법재판소는 심판절차의 종류에 따라 개별적으로 재심의 허용 여부와 정도를 판단한다. 재심은 재판을 받은 당사자에게 인정되는 특별한 불복절차인데, 위헌법률심판은 법원의 제청에 의한 심판으로서 당사자를 상정할 수 없으므로 위헌법률심판에 대한 재심청구는 부적법하다(실무제요, 124면). 위헌법률심판을 구하는 헌법소원이 인용된 경우(제68조 제2항)에는 인용결정(위헌결정)의 일반적 기속력과 대세적·법규적 효력을 고려할 때, 재심을 허용하지 않음으로써 얻는 법적 안정성의 이익이 재심을 허용함으로써 얻을 수 있는 구체적 타당성의 이익보다 훨씬 크므로 재심이 허용되지 아니한다(헌재 1992.6.26. 90헌아1, 민사소송법 제118조에 대한 헌법소원(각하)).

(라) 위헌결정의 효력발생시기

(a) 원칙적인 장래효와 형벌조항에 대한 소급효 위헌으로 결정된 법률 또는 법률조항은 그 결정이 있는 날부터 효력을 상실한다(헌재법 제47조 제2항). 한편 형벌에 관한 법률 또는 법률의 조항은 소급하여 그 효력을 상실하되, 해당 법률 또는 법률조항에 대하여 종전에 합헌으로 결정한 사건이 있는 경우에는 그 결정이 있는 날의 다음날로 소급하여 효력을 상실한다(헌재법 제47조 제3항). 헌법재판소법은 위헌으로 결정된 법률의 효력에 대하여 소급하여 무효가 되는 것으로 규정하지 아니하고 법적 안정성을 중시하여 장래효만을 인정하고 있다. 반면에 형벌규정에 대하여는 구체적 정의를 중시하여 위헌결정된 형벌조항은 소급하여 무효가 되는 것으로 규정하였다. 다만, 종전에는 형벌조항에 대한 위헌결정의 소급효에 아무런 제한을 두지 아니하였으나 2014년 헌법재판소법을 개정하여 종전에 합헌결정이 있었던 경우에는 형벌조항에 대한 위헌결정도 그 합헌결정의 다음날까지만 소급하도록 하였다. 헌법재판소의 합헌결정을 통하여 과거 일정 시점까지는 합헌이었음이 인정된 형벌조항에 대하여는 위헌결정의 소급효를 제한하여 그동안 쌓아 온 규범에 대한 사회적인 신뢰와 법적 안정성을 확보할 수 있도록 한 것으로서, 헌법재판소는 형벌조항에 대한 이러한 소급효 제한이 평등원칙에 위반되지는 아니한다고 하였다(헌재 2016.4.28. 2015헌바216, 헌법재판소법 제47조 제3항 단서 위헌소원(합헌)).

헌법재판소법 제47조 제2항이 형벌법규 이외의 법률 또는 법률조항에 대한 위헌결정에 대하여 소급효를 인정하지 아니함으로 인하여 구체적 타당성이나 평등의 원칙이 완벽하게 실현되지 아니한다고 하더라도 이를 헌법위반이라 할 수 없고(헌재 2008.9.25. 2006헌바108, 헌법재판소법 제47조 제2항 위헌소원(합헌)), 헌법재판소법 제47조 제3항이 형벌에 관한 법률 또는 법률의 조항에 한하여 위헌결정의 소급효를 인정하였다고 하더라도 이를 자의적인 차별이라고 할 수 없다(헌재 2001.12.20. 2001헌바7등, 헌법재판소법 제47조 제2항 위헌소원(합헌)).

"헌법은 헌법재판소에서 위헌으로 선고된 법률 또는 법률의 조항의 시적 효력범위에 관하여 직접적으로 아무런 규정을 두지 아니하고 하위법규에 맡겨 놓고 있는바, …… 위헌으로 선고된 법률 또는 법률의 조항이 제정 당시로 소급하여 효력을 상실하는가 아니면 장래에 향하여 효력을 상실하는가의 문제는 특단의 사정이 없는 한 헌법적합성의 문제라기보다는 입법자가 법적 안정성과 개인의 권리구제 등 제반이익을 비교형량하여 가면서 결정할 입법정책의 문제 …… '법적 안정성 내지 신뢰보호의 원칙'과 '개별적 사건에 있어서의 정의 내지 평등의 원칙'이라는 서로 상충되는 두 가지 원칙이 대립하게 되는데 이 중 어느 원칙을 더 중요시할 것인가에 관하여는 법의 연혁 · 성질 · 보호법익 등을 고려하여 입법자가 자유롭게 선택할 수 있도록 일임된 사항으로 보여진다"(헌재 1993.5.13. 92헌가10 등, 헌법재판소법 제47조 제2항 위헌제청(합헌))(헌재 2001.12.20. 2001헌바7등, 헌법재판소법 제47조 제2항 위헌소원(합헌)).

위헌으로 결정된 법률 또는 법률의 조항에 근거한 유죄의 확정판결에 대하여는 재심을 청구할 수 있고, 이러한 재심에 대하여는 형사소송법을 준용한다(헌재법 제47조 제4항, 제5항). 형벌에 관한 조항이 위헌으로 결정된 경우 실무에서는 다음과 같이 사건을 처리한다. 먼저, 수사 중인 사건은 혐의없음 결정을 하거나, 가중처벌규정만이 위헌결정이 된 경우에는 기본구성요건을 정한 규정으로 의율하여 처리한다. 재판 계속 중인 사건은 공소를 취소하거나, 공소장변경을 신청하고, 판결이 선고되었지만 상소 제기가 가능한 사건은 피고인을 위하여 상소한다. 재판이 확정된 사건은 재심의 대상이 된다. 한편 헌법재판소는 위헌결정의 소급효와 관련하여 형벌에 관한 법률조항이라 하더라도 불처벌의 특례를 규정한 법률조항에 대한 위헌결정에 대하여는 소급효를 인정하지 아니한다. 만약 이에 대한 소급효를 인정하면 불처벌의 특례에 따라 형사처벌을 받지 아니한 자들에게도 특례의 폐지가 적용되어 형사상의 불이익이 소급적으로 미치게 되기 때문이다(헌재 1997.1.16. 90헌마110 등, 교통사고처리특례법 제4조 등에 대한 헌법소원(기각, 각하)).

헌법재판소법 제47조 제3항에 의하여 소급효가 인정되는 "형벌에 관한 법률 또는 법률의 조항"의 범위는 실체적인 형벌법규에 한정되고 위헌으로 결정된 법률이 형사소송절차의 절차법적인 법률인 경우에는 동 조항이 적용되지 아니하는 것으로 해석하여야 한다(헌재 1992.12.24. 92헌가8, 형사소송법 제331조 단서 규정에 대한 위헌심판(위헌)).

(b) 예외적인 소급효와 판례를 통한 확대 헌법재판소법은 형벌조항의 경우를 제외하고는 위헌결정의 장래효를 규정하고 있지만, 헌법재판소는 형벌조항 이외의 경우에도 판례를 통하여 위헌결정의 소급효를 대폭 확대하고 있다. 즉, ① 위헌결정을 위한 계기를 부여한 사건(당해사건), ② 위헌결정이 있기 전에 이와 동종의 위헌여부에 관하여 헌법재판소에 위헌제청을 하였거나 법원에 위헌제청신청을 한 사건(동종사건), ③ 따로 위헌제청신청을 아니하였지만 당해 법률조항이 재판의 전제가 되어 법원에 계속 중인 사건(병행사건)에 대하여는 구체적 규범통제의 실효성 보장을 위하여 소급효가 인정되어야 한다고 본다. 한편 ④ 위헌결정 이후에 제소된 사건(일반사건)이라도 구체적 타당성의 요청이 현저하고 소급효의

부인이 정의와 형평에 어긋나는 경우에는 예외적으로 소급효를 가진다고 하였다. ①-③의 경우에는 구체적 규범통제의 실효성을 보장하기 위하여 소급효가 인정되어야 하고, ④의 경우에는 개별 사안에 따라 구체적 타당성의 요청이 현저한 경우에 한하여 소급효를 인정할 수 있다는 것이다. 어떤 사안이 ④의 경우에 해당하는지는 헌법재판소가 위헌선언을 하면서 그 주문에서 밝히거나, 일반 법원이 개별 사건에서 해당 법률의 연혁·성질·보호법익 등을 검토하고 제반이익을 형량에서 합리적·합목적적으로 정하여 대처할 문제로 보았다.

> "구체적 규범통제의 실효성의 보장의 견지에서 법원의 제청·헌법소원의 청구 등을 통하여 헌법재판소에 법률의 위헌결정을 위한 계기를 부여한 당해 사건, 위헌결정이 있기 전에 이와 동종의 위헌 여부에 관하여 헌법재판소에 위헌제청을 하였거나 법원에 위헌제청신청을 한 경우의 사건, 그리고 따로 위헌제청신청을 아니하였지만 당해 법률 또는 법률의 조항이 재판의 전제가 되어 법원에 계속중인 사건에 대하여는 소급효를 인정하여야 할 것이다. 또 다른 한 가지의 불소급의 원칙의 예외로 볼 것은, 당사자의 권리구제를 위한 구체적 타당성의 요청이 현저한 반면에 소급효를 인정하여도 법적 안정성을 침해할 우려가 없고 나아가 구법에 의하여 형성된 기득권자의 이익이 해쳐질 사안이 아닌 경우로서 소급효의 부인이 오히려 정의와 형평 등 헌법적 이념에 심히 배치되는 때라고 할 것으로, 이 때에 소급효의 인정은 법 제47조 제2항 본문의 근본취지에 반하지 않을 것으로 생각한다. 어떤 사안이 후자와 같은 테두리에 들어가는가에 관하여는 다른 나라의 입법례에서 보듯이 본래적으로 규범통제를 담당하는 헌법재판소가 위헌선언을 하면서 직접 그 결정주문에서 밝혀야 할 것이나, 직접 밝힌 바 없으면 그와 같은 경우에 해당하는가의 여부는 일반 법원이 구체적 사건에서 해당 법률의 연혁·성질·보호법익 등을 검토하고 제반이익을 형량에서 합리적·합목적적으로 정하여 대처할 수밖에 없을 것으로 본다."(헌재 1993.5.13. 92헌가10등, 헌법재판소법 제47조 제2항 위헌제청(합헌)).

한편 대법원은 위의 ①-③의 경우에 대해 소급효를 인정하는 것은 물론이고, "위헌결정 이후에 위와 같은 이유로 제소된 일반사건에도 미친다"라고 하여, ④의 경우에도 원칙적으로 소급효를 인정함으로써 위헌결정의 소급효를 더 확대하고 있다. 다만, 일반사건의 경우에는 기판력과 행정행위의 확정력 등 다른 법리에 의하여 위헌결정의 소급효가 제한될 수 있다는 입장이다(대판 1994.10.25. 93다42740; 대판 1994.10.28. 92누9463).

> "헌법재판소의 위헌결정의 효력은 위헌제청을 한 당해 사건, 위헌결정이 있기 전에 이와 동종의 위헌 여부에 관하여 헌법재판소에 위헌여부심판을 제청하였거나 법원에 위헌여부심판제청 신청을 한 경우의 당해 사건과, 따로 위헌제청신청은 아니하였지만 당해 법률 또는 법률의 조항이 재판의 전제가 되어 법원에 계속중인 사건뿐만 아니라, 위헌결정 이후에 같은 이유로 제소된 일반사건에도 미친다"(대판 1995.7.28. 94다20402; 대판 2000.2.25. 99다54332).

"위헌결정의 효력은 그 미치는 범위가 무한정일 수는 없고, 법원이 위헌으로 결정된 법률 또는 법률의 조항을 적용하지는 않더라도 다른 법리에 의하여 그 소급효를 제한하는 것까지 부정되는 것은 아니라 할 것이며, 법적 안정성의 유지나 당사자의 신뢰보호를 위하여 불가피한 경우에 위헌결정의 소급효를 제한하는 것은 오히려 법치주의의 원칙상 요청되는 바라 할 것이다." 구 지방공무원법에 의하여 "당연퇴직한 지방공무원이 당연퇴직의 근거가 된 위 규정이 헌법재판소의 2002.8.29. 2001헌마788, 2002헌마173(병합) 결정으로 효력을 상실하자 위헌결정 이후에 같은 이유로 공무원지위확인 등을 구하기 위하여 제소한 일반사건인 이 사건의 경우 원고의 권리구제를 위한 구체적 타당성의 요청이 현저한 경우에 해당한다거나 소급효의 부인이 정의와 형평 등 헌법적 이념에 심히 배치되는 때에 해당한다고 보기 어려우며, 오히려 위헌결정의 소급효를 인정할 경우 구 지방공무원법에 의해 형성된 공무원의 신분관계에 관한 법적 안정성이 심하게 침해될 것으로 보여서, 이 사건은 위헌결정의 소급효를 제한하는 것이 법치주의의 원칙상 요청되는 경우에 해당한다"(대판(전합) 2005.11.10. 2003두14963).

(c) 위헌결정의 소급효와 위헌법률에 근거한 행정행위의 효력 헌법재판소의 위헌결정은 모든 국가기관을 기속하므로 행정청은 헌법재판소가 위헌으로 결정한 법률에 근거하여 행정행위를 할 수 없다. 헌법재판소의 위헌결정에도 불구하고 행정청이 그 법률에 근거한 처분을 하였다면 그 처분은 무효이다. 문제는 헌법재판소의 위헌결정이 있기 전에 이루어진 행정행위도 그 근거 법률의 위헌결정으로 인해 무효가 되는지, 아니면 취소할 수 있는 행정행위에 불과한 것인지이다. 이는 어떤 법률에 근거하여 행정행위가 이루어진 후에 그 근거 법률의 위헌성이 헌법재판소 결정으로 확인된 경우 헌법재판소의 위헌결정 이전에 있었던 행정행위의 효력은 어떻게 되는지에 관한 문제로서, 위헌결정의 소급효를 전제로 한 논의이다. 즉, 위헌결정의 소급효는 당연히 미친다는 전제 하에서 행정행위의 근거가 된 법률이 사후적으로 위헌결정되었다는 하자가 그 행정행위를 무효로 하는 하자인지, 취소할 수 있는 하자인지에 관한 문제이다.[1]

대법원은 행정행위의 무효사유를 판단하는 기준으로 이른바 '중대명백설'을 취하는데, 행정행위의 근거가 된 법률이 헌법에 위반된다는 것은 중대한 하자이기는 하지만 헌법재판소에 의하여 위헌결정이 나기 전에는 그 하자가 명백한 것은

1) 남복현, "형벌법규에 대한 위헌결정의 효력을 둘러싼 쟁점-위헌결정의 소급효 제한과 그 제한시점을 중심으로", 공법연구 43-1; 이성환, 헌법재판소 결정의 효력에 관한 연구, 서울대 박사학위논문, 1994; 최희수, 법률의 위헌결정의 효력에 관한 연구, 고려대 박사학위논문, 2002.2; 김현철, "형벌조항에 대한 위헌결정의 소급효 제한", 헌법재판연구 3-2. 입법으로 해결되기 이전에도 가장 최근에 합헌결정된 이후로 형벌법규의 소급효를 제한하여야 한다는 견해도 있었다: 박진우, "형벌조항에 관한 위헌결정의 소급효에 대한 비판적 연구", 세계헌법연구 17-2; 허완중, "위헌결정의 효력과 행정처분의 효력", 공법연구 47-3; 최승필, "위헌결정과 행정처분의 효력", 공법연구 47-3.

아니므로, 근거 법률이 사후에 위헌으로 결정되었다는 사실은 행정행위의 취소사유에 해당하는 하자일 뿐 무효사유는 아니라는 입장이다. 이에 따르면, 행정행위의 근거가 된 법률에 대해 위헌결정이 선고되더라도 그 행정행위에 대해 무효를 주장할 수는 없고 제소기간 내에 취소소송을 제기하여 취소를 구할 수 있을 뿐이다.

> "위헌인 법률에 근거한 행정처분이 당연무효인지의 여부는 위헌결정의 소급효와는 별개의 문제로서, 위헌결정의 소급효가 인정된다고 하여 위헌인 법률에 근거한 행정처분이 당연무효가 된다고는 할 수 없고, 오히려 이미 취소소송의 제기기간을 경과하여 확정력이 발생한 행정처분에는 위헌결정의 소급효가 미치지 않는다고 보아야 한다"(대판 1994.10.28. 92누9463; 헌재 2004.6.24. 2003헌바30, 지방공무원법 제29조의3 위헌소원(각하)).

5. 변형결정

(1) 의 의

헌법재판소법 제45조 본문은 "헌법재판소는 제청된 법률 또는 법률조항의 위헌 여부만을 결정한다"라고 규정하고 있다. 여기서 "위헌 여부만을"이라는 문구에 주목하여 헌법재판소는 원칙적으로 합헌결정 아니면 위헌결정 둘 중 하나만을 선고할 수 있다는 견해도 있다. 대법원이 헌법재판소의 변형결정의 효력을 따르지 않을 때 제시하는 논리이기도 하다(대판 1996.4.9. 95누11405; 대판 2013.3.28. 2012재두299). 그러나, 위 조항에 곧바로 이어지는 단서에서 "다만, 법률 조항의 위헌결정으로 인하여 해당 법률 전부를 시행할 수 없다고 인정될 때에는 그 전부에 대하여 위헌결정을 할 수 있다"고 한 것을 보면, 위 조항의 의미는 '합헌결정 아니면 위헌결정을 선고해야 한다'는 의미가 아니라 '법원이 제청한 법률 또는 법률조항에 대해서만' 결정하라는 의미로 보인다(전상현, "위헌법률심사의 본질과 한정위헌", 헌법학연구 19-2, 318면). 헌법재판소는 단순합헌이나 단순위헌결정 이외에도 국회입법권의 존중, 법률생활의 안정, 복잡 다양한 헌법상황과 법적 공백·법적 혼란상태의 극복을 위하여 유연하고 신축성 있는 판단을 해야 할 필요성에 따라 변형결정을 하고 있다. 변형결정으로는 헌법불합치결정, 한정합헌결정, 한정위헌결정, 일부위헌결정, 적용위헌결정 등이 있다.[1)]

---

1) 헌법재판소, 헌법재판실무제요(제3개정판), 220면 이하; 공진성, "헌법불합치결정시 합의방식의 개선방안", 헌법학연구 15-3; 김하열, "법률해석과 헌법재판:법원의 규범통제와 헌법재판소의 법률해석", 저스티스 108; 김하열, "헌법불합치 결정의 사유와 효력", 저스티스 128; 김하열, "계속적용 헌법불합치 결정의 의미와 효력: 법률적용 관계를 중심으로", 저스티스 177; 김현철, "한정위헌결정과 한정합헌·헌법불합치결정과의 관계", 법학논총 29-2; 남복현, 헌법불합치결정의 현안, 한국학술정보; 남복현, "한정위헌결정의 실체법적 쟁점에 관한 헌법재판소와 대법원의 견해 비교연구", 헌법실무연구 20;

(2) 허용 여부

(가) 긍정설

학설은 변형결정의 남발을 우려하면서도 변형결정 자체는 허용하고 있다. 그 근거로는 ㉠ 위헌결정이 초래할 법적 공백과 혼란의 방지, ㉡ 복잡하고 다양한 헌법 상황 속에서 유연하고 신축성 있는 판단의 필요성, ㉢ 국회입법권의 존중, ㉣ 외국에서도 변형결정의 인정 등을 들고 있다. 헌법재판소도 그간 다양한 변형결정을 내리고 있다.

> "제45조에 근거하여 한 변형재판에 대응하여 위헌법률의 실효 여부 또는 그 시기도 헌법재판소의 재량으로 정할 수 있는 것으로 보아야 하며 이렇게 함으로써 비로소 헌법재판의 본질에 적합한 통일적, 조화적인 해석을 얻을 수 있을 것이다"(헌재 1989.9.8. 88헌가6, 국회의원선거법 제33조, 제34조의 위헌심판(헌법불합치, 잠정적용)).

(나) 부정설

헌법재판소가 최초로 헌법불합치결정을 선고한 사건에서, 헌법재판소는 변형결정을 선고할 수 없다는 반대의견이 제시된 바 있었다. 헌법재판소는 제청된 법률이 위헌인지 합헌인지를 분명히 결정해야 할 의무가 있고, 위헌으로 결정하면 그 효력은 헌법재판소법이 규정한 대로 정해지는 것이지 헌법재판소가 그 효력을 변경하거나 유보시킬 수 없다는 이유에서다(88헌가6 결정의 재판관 변정수의 반대의견). 같은 취지에서 위헌결정의 효력을 헌법재판소가 유보하는 결정을 할 수 있으려면 헌법재판소법의 개정이 필요하다는 의견도 있었다(88헌가6 결정의 재판관 김진우의 반대의견).

대법원은 헌법재판소의 변형결정에 대해 일반적으로 부인하지는 아니하면서 사안에 따라 달리 판단한다. 헌법불합치결정에 관하여는, 헌법불합치결정이 적용

박경철, "형벌조항에 대한 헌법불합치결정에 관한 헌법적 검토", 헌법학연구 20-2; 박진우, "헌법불합치결정에 대한 비판적 검토", 법학연구 35; 방승주, "헌법불합치결정의 문제점과 그 개선방안", 헌법학연구 13-3; 방승주, "헌법불합치결정과 그에 대한 국회 및 법원의 반응: 2006년 6월 이후의 위헌법률심판("헌가" 및 "헌바")사건을 중심으로", 헌법학연구 17-4; 손인혁, 형벌규정에 대한 헌법불합치결정의 필요성과 허용성에 관한 연구", 헌법학연구 25-4; 이동훈, "헌법재판에서 변형결정의 기속력", 공법학연구 17-2; 이재홍, "한정위헌결정의 종말? -최신 결정례를 계기로 살펴본 한정위헌의 본질: 양적 일부위헌", 법학연구 30-2; 전상현, "위헌법률심사의 본질과 한정위헌", 헌법학연구 19-2; 전상현, "헌법불합치결정의 의미와 근거 및 주문합의방식에 대한 재검토", 헌법학연구 20-1; 정광현, "헌법불합치 결정은 헌법재판소법에 불합치하는가?", 헌법재판연구 11-2; 지성수, "헌법불합치결정과 입법시한", 헌법논총 23; 최희수, "헌법재판소 한정합헌·한정위헌 결정의 기속력", 고려법학 61; 한동훈, "헌법불합치결정의 근거 및 정당화 사유에 대한 비판적 검토", 가천법학 14-1; 한수웅, "위헌법률의 잠정적용을 명한 헌법불합치결정의 효력", 김용준헌법재판소장 회갑기념논문집; 허완중, "한정위헌결정과 일부위헌결정의 관계", 헌법학연구 20-4; 허완중, "한정위헌결정은 변형결정인가?", 헌법학연구 16-3. 허완중, "소급적용 헌법불합치결정 - 입법자에 대한 법률개선의무 부과 없는 헌법불합치결정의 허용 가능성", 법학논총 38-3.

중지 또는 잠정적용을 동반하는 위헌결정의 일종임은 인정하면서도 적용중지나 잠정적용 또는 개선입법의 소급적용 범위에 관하여는 헌법재판소의 판단에 구애받지 않고 독자적으로 판단한다(대판 2011.9.29. 2008두18885; 대판 2020.1.30. 2018두49154). 특히 형벌조항에 대해서는 헌법불합치결정을 단순위헌결정과 같이 취급하여 적용중지 또는 잠정적용 가능성을 부인함으로써 헌법불합치결정을 인정하지 않고 있다(대판(전합) 2011.6.23. 2008도7562; 대판 2018.10.25. 2015도17936). 한편, 한정합헌이나 한정위헌 결정에 대해서는 여러 차례에 걸쳐 그 기속력을 부인하였다(대판 1996.4.9. 95누11405; 대판 2013.3.28. 2012재두299). 그러나 헌법재판소 최초의 한정위헌이라고 할 수 있는 "민법 제764조의 '명예회복에 적당한 처분'에 사죄광고를 포함시키는 것은 헌법에 위반된다"는 결정에 대해서는 별다른 이견 없이 그 결정을 수용하여 이후 법원의 판결에 반영하였고, 헌법재판소의 한정위헌결정을 명시적으로 원용하여 한정위헌결정된 법령의 적용을 배제한 사례도 있다(대결 2005.8.2. 2004마494).

(다) 검 토

법률조항이 규율하는 영역 중에서 일부에 대해서만 위헌성이 인정되거나 다의적인 해석가능성이 있는 법률조항 중 특정한 해석에 위헌성이 인정되는 경우에 그 위헌성이 인정되는 부분에 한정하여 위헌으로 결정하는 것은 허용되어야 할 뿐 아니라, 필요한 것일 수도 있다. 또한 위헌결정으로 인하여 법률조항의 효력이 즉시 상실됨으로써 발생하는 법적 공백이 너무 크거나 오히려 위헌결정의 취지에 반하는 사태가 발생하는 경우라면 위헌결정에도 불구하고 그 법률조항의 효력을 유지시킬 필요가 있다. 따라서 헌법재판소가 사안에 따라 변형결정을 선고하는 것은 필요하다. 그러나, 변형결정은 헌법재판소법이 예정하지 않은 결정형식으로서 위헌결정의 범위와 효력을 헌법재판소 스스로 정한다는 점에서 남용될 우려가 있다. 따라서 변형결정은 단순위헌결정으로는 대처하기 어려운 불가피한 사정이 있는 경우로만 제한되어야 한다. 그리고 변형결정의 선고가 불가피한 이유에 대해 헌법재판소가 분명하게 논증하여야 한다.

(3) 헌법불합치결정

(가) 의 의

헌법불합치결정이란 비록 위헌성이 인정되는 법률이라 하더라도 위헌결정의 효력을 즉시 발생시킬 때 오는 법의 공백을 막아 법적 안정성을 유지하기 위하여 일정기간 당해 법률의 효력을 지속시키는(계속효) 결정형식이다. 헌법불합치결정의 주문형식은 "헌법에 합치되지 아니한다"로 하고 있으며, 이에 부수하여 "위 법률조항은 입법자가 개정할 때까지(또는 일정한 시한을 정하여) 계속 적용된다"고 하거나(계속적용), “법원 기타 국가기관 및 지방자치단체는 위 법률조항의 적용을 중지하여야 한다”는(적용중지) 주문을 덧붙인다.

> “단순위헌의 결정을 하여 그 결정이 있은 날로부터 법률의 효력을 즉시 상실하게 하는 하나의 극에서부터 단순합헌의 결정을 하여 법률의 효력을 그대로 유지시키는 또 하나의 극 사이에서, 문제된 법률의 효력상실의 시기를 결정한 날로부터 곧바로가 아니라 새 법률이 개정될 때까지 일정기간 뒤로 미루는 방안을 택하는 형태의 결정주문을 우리는 ‘헌법에 합치하지 아니한다’로 표현하기로 한다”(헌재 1989.9.8. 88헌가6, 국회의원선거법 제33조·제34조의 위헌심판(헌법불합치,잠정적용)).

이 경우 헌법불합치결정은 위헌결정과 개선입법을 명하는 결정이 결합된 것으로 이해할 수 있다. 그러나 문제의 법률 또는 법률의 조항이 이미 개정되었을 경우에는 그 개정의 취지를 존중하여 따로 개선입법을 명하는 결정을 할 필요는 없다.

헌법재판소의 결정 중에는 주문에서는 헌법에 합치되지 아니한다는 주문만을 선고하고 이유에서 적용중지를 명하는 경우도 있고(헌재 2020. 9. 24. 2018헌가15등; 헌재 2024.7.18. 2022헌가6.), 동일한 법률조항에 대해 이미 헌법불합치결정과 함께 개선입법 및 계속적용을 명하는 결정이 있었음을 이유로 “헌법에 합치되지 아니함을 확인한다”는 주문만을 선고한 사례도 있다(헌재 2022.11.24. 2021헌바301).

(나) 불합치결정의 필요성

단순위헌결정으로 법적 공백과 혼란이 우려되어 법적 안정성을 도모할 필요가 있는 경우, 위헌적 상태를 해결하기 위하여 다양한 방법이 가능하여 그 선택을 입법자의 입법형성권에 맡겨야 하는 경우에 불합치결정이 필요하다(헌재 2002.11.28. 2001헌가28, 국가정보원직원법 제17조 제2항 위헌제청(헌법불합치,잠정적용)).

구체적으로 헌법불합치결정이 인정되는 경우는 다음과 같다(실무제요, 228면 이하 참조).

㉠ 평등원칙에 위반된 법률에 대하여 단순위헌결정을 하게 되면 입법자의 의사와 관계없이 헌법적으로 규정되지 않은 법적 상태를 일방적으로 형성하는 결과를 초래할 경우

> 헌재 2000.8.31. 97헌가12. 국적법 제2조 제1항 제1호 위헌제청(헌법불합치,잠정적용,각하); 헌재 2001.6.28. 99헌마516. 고엽제후유의증환자지원등에관한법률 제8조 제1항 제1호 등 위헌확인(헌법불합치,잠정적용,각하); 헌재 2001.9.27. 2000헌마152. 세무사법중개정법률 중 제3조 제2호를 삭제한다는 부분 등 위헌확인(헌법불합치,잠정적용); 헌재 2001.11.29. 99헌마494, 재외동포의출입국과법적지위에관한법률 제2조 제2호 위헌확인(헌법불합치,잠정적용); 헌재 2006.2.23. 2004헌마675등, 국가유공자등예우및지원에관한법률 제31조 제1항 등 위헌확인(헌법불합치,잠정적용).

㉡ 자유권이라 하더라도 법률의 합헌부분과 위헌부분의 경계가 불분명하여 단순위헌결정으로는 적절하게 구분하여 대처하기가 어렵거나 권력분립원칙과 민주주의원칙에서 입법자에게 위헌적인 상태를 제거할 수 있도록 배려하는 경우

헌재 1989.9.8. 88헌가6, 국회의원선거법 제33조, 제34조의 위헌심판(헌법불합치,잠정적용); 헌재 1991.3.11. 91헌마21, 지방의회의원선거법 제36조 제1항에 대한 헌법소원(헌법불합치,잠정적용,각하); 헌재 1993.3.11. 88헌마5, 노동쟁의조정법에 관한 헌법소원(헌법불합치,잠정적용); 헌재 1994.7.29. 92헌바49, 토지초과이득세법 제10조 등 위헌소원(헌법불합치,적용중지); 헌재 1998.12.24. 89헌마214등, 도시계획법 제21조에 대한 헌법소원(헌법불합치,적용중지); 헌재 2001.5.31. 99헌가18등, 부동산실권리자명의등기에 관한법률 제10조 제1항 위헌제청 등(헌법불합치,적용중지); 헌재 2002.9.19. 2000헌바84, 약사법 제16조 제1항 등 위헌소원(헌법불합치,잠정적용); 헌재 2003.2.27. 2000헌바26, 구 사립학교법 제53조의2 제3항 위헌소원(헌법불합치,적용중지); 헌재 2003.7.24. 2000헌바28, 구 소득세법 제101조 제2항 위헌소원(헌법불합치,적용중지) 등.

㉢ 단순위헌선언을 한다면 법적 공백상태가 야기되고 법적 혼란을 초래할 우려가 있는 경우

헌재 1997.3.27. 95헌가14등, 민법 제847조 제1항 위헌제청 등(헌법불합치,적용중지,형식적존속); 헌재 1999.5.27. 98헌바70, 한국방송공사법 제35조 등 위헌 소원(헌법불합치,잠정적용,합헌); 헌재 1999.10.21. 97헌바26, 도시계획법 제6조 위헌소원(헌법불합치,잠정적용); 헌재 2002.11.28. 2001헌가28, 국가정보원직원법 제17조 제2항 위헌제청(헌법불합치,잠정적용).

㉣ 이미 헌법합치적 입법이 있는 경우

헌재 1995.9.28. 92헌가11등, 특허법 제81조 제1항 등 위헌제청(헌법불합치,잠정적용); 헌재 1995.11.30. 91헌바1등, 소득세법 제60조 등에 대한 헌법소원(헌법불합치,적용중지). 헌재 2020.9.24. 2018헌가15, 공직선거법 제57조 제1항 제1호 다목 위헌제청(헌법불합치,잠정적용).

(다) 불합치결정의 범위

헌법재판소는 법률 전부에 대하여 헌법불합치결정을 할 수도 있으나(헌재 1994.7.29. 92헌바49등, 토지초과이득세법 제10조 등 위헌소원(헌법불합치,잠정적용)), 법률조항의 일부에 대하여 헌법불합치결정을 하기도 한다(헌재 1997.3.27. 95헌가14등, 민법 제847조 제1항 위헌제청 등(헌법불합치,잠정적용)).

(라) 불합치결정의 효력

헌법불합치결정도 위헌결정으로서 기속력을 가지며 확정력과 법규적 효력을 가진다.

(a) **위헌법률의 형식적 존속과 입법개선의무** 단순위헌결정과 달리 헌법불합치결정이 내려지면 법률은 일정 기간 형식적으로 존속한다.

헌재 1994.7.29. 92헌바49등, 토지초과이득세법 제10조 등 위헌소원(헌법불합치,적용중지); 헌재 1997.3.27. 95헌가14등, 민법 제847조 제1항 위헌제청 등(헌법불합치,적용중지).

따라서 불합치결정된 법률에 근거한 처분 등은 그 기간 동안 하자 없는 처분으로 존속하게 된다. 또한 불합치결정은 입법자의 입법형성권을 존중하여 합헌적 상태의 실현을 입법자에게 맡긴다는 것에 그 본질이 있으므로, 입법자는 입법개선의무를 진다.

헌법재판소는 2005헌바33 사건에서 구 공무원연금법 제64조 제1항 제1호가 공무원의 '신분이나 직무상 의무'와 관련이 없는 범죄에 대하여서도 퇴직급여의 감액사유로 삼는 것이 퇴직공무원들의 기본권을 침해한다는 이유로 헌법불합치결정을 하였고, 2008헌가15 결정에서 구 공무원연금법조항을 준용하고 있던 구 사립학교교직원 연금법 제42조 제1항 전문에 대하여도 같은 취지로 헌법불합치결정을 하였다. 사립학교 교원이 '직무와 관련 없는 과실로 인한 경우' 및 '소속상관의 정당한 직무상의 명령에 따르다가 과실로 인한 경우'를 제외하고 재직 중의 사유로 금고 이상의 형을 받은 경우, 퇴직급여 등을 감액하도록 규정한 구 사립학교교직원 연금법 제42조 제1항 전문 중 공무원연금법 제64조 제1항 제1호 준용 부분은 그에 따른 개선입법인바, 교원의 직무와 관련이 없는 범죄라 할지라도 고의범(故意犯)의 경우에는 교원의 법령준수의무, 청렴의무, 품위유지의무 등을 위반한 것으로 볼 수 있으므로 이를 퇴직급여의 감액사유에서 제외하지 아니하더라도 위 헌법불합치결정의 취지에 반한다고 볼 수 없다(헌재 2013.9.26. 2010헌가89등, 사립학교교직원 연금법 제42조 제1항 위헌제청 등(각하,합헌)).

(b) **법률의 적용중지, 절차정지** 헌법불합치결정의 경우 원칙적으로 당해 법률의 적용이 중지되고, 결정 당시 법원 및 행정청에 계속된 모든 유사사건의 절차는 정지되어야 한다. 헌법불합치결정은 위헌결정의 일종으로서 법률이 형식적으로 존속하는 것과는 무관하게 당해 법률의 위헌성은 확인되었으므로 이를 적용함으로써 야기되는 위헌적 상태의 지속은 법치국가원리에 위배될 수 있기 때문이다. 단순위헌결정의 경우에는 절차가 정지되지 아니하고 헌법재판소의 위헌결정에 따라 절차가 진행되고 판결이 내려진다는 점에서 헌법불합치결정과 구별된다.

헌법불합치 · 적용중지 결정

헌재 1994.7.29. 92헌바49등, 토지초과이득세법 제10조 등 위헌소원; 헌재 1995.11.30. 91헌바1등, 소득세법 제60조 등에 대한 헌법소원; 헌재 1997.3.27. 95헌가14등, 민법 제847조 제1항 위헌제청 등; 헌재 1997.7.16. 95헌가6등, 민법 제809조 제1항 위헌제청; 헌재 1997.8.21. 94헌바19등, 근로기준법 제30조의2 제2항 위헌소원; 헌재 1998.8.27. 96헌가22등, 민법 제1026조 제2호 위헌제청;헌재 1998.12.24. 89헌마214등, 도시계획법 제21조에 대한 헌법소원; 헌재 1999.12.23. 99헌가2, 지방세법 제111조 제2항 위헌제청; 헌재 2000.1.27. 96헌바95등, 법인세법 제59조의2 제1항등 위헌소원; 헌재 2001.5.31. 99헌가18등, 부동산실권리자명의등기에 관한법률 제10조 제1항 위헌제청 등; 헌재 2003.2.27. 2000헌바26, 구 사립학교법 제53조의2 제3항 위헌소원; 헌재 2003.7.24. 2000헌바28, 구 소득세법 제101조 제2항 위헌소원; 헌재 2003.9.25. 2003헌바16, 지방세법 제121조 제1항 위헌소원; 헌재 2004.1.29. 2002헌가22등, 민법 부칙 제3항 위헌제청; 헌재 2004.5.27. 2003헌가1등, 학교보건법 제6조 제1항 제2호 위헌제청; 헌재 2006.5.25. 2005헌가17등, 부동산실권리자명의등기에관한법률 제5조 제2항 위헌제청 등; 헌재 2007.8.30. 2004헌가25, 실화책임에 관한 법률 위헌제청; 헌재 2008.5.29. 2006헌바5, 우체국예금·보험에 관한 법률 제45조 위헌소원; 헌재 2008.7.31. 2004헌마1010등, 의료법 제19조의2 제2항 위헌확인 등(구 의료법 제19조의2 제2항 부분); 헌재 2008.7.31. 2007헌가4, 영화진흥법 제21조 제3항 제5호 등 위헌제청(영화진흥법 제21조 제3항 제5호 및 제21조 제7항 후문 중 '제3항 제5호' 부분); 헌재 2008.7.31. 2004헌마1010등, 의료법 제19조의2 제2항 위헌확인 등; 헌재 2009.4.30. 2007헌가8, 국세징수법 제78조 제2항 후문 위헌제청; 헌재 2009.3.26. 2007헌가22, 공직선거법 제261조 제5항 제1호 위헌제청; 헌재 2010.7.29. 2008헌가28, 병역법 제35조 제2항 등 위헌제청; 헌재 2010.7.29. 2008헌가4, 형사보상법 제7조 위헌제청; 헌재 2010.9.2. 2010헌마418, 지방자치법 제111조 제1항 제3호 위헌확인; 헌재 2011.6.30. 2010헌가86, 농업협동조합법 제174조 제4항 위헌제청; 헌재 2011.11.24. 2009헌바146, 구 소득세법 제89조 제3호 등 위헌소원; 헌재 2012.8.23. 2010헌바28, 구 토양환경보전법 제2조 제3호 등 위헌소원; 헌재 2012.8.23. 2010헌바167, 토양환경보전법 제2조 제3호 등 위헌소원; 헌재 2016.12.29. 2015헌마1160등, 공직선거법 제56조 제1항 제2호 등 위헌확인; 헌재 2018.1.25. 2017헌가7, 구 소년법 제67조 위헌제청; 헌재 2019.9.26. 2018헌바218등, 산업재해보상보험법 제37조 제1항 제3호 등 위헌소원; 헌재 2020.11.26. 2019헌바131, 공익사업을 위한 토지 등의 취득 및 보상에 관한 법률 제91조 제1항 위헌소원 등; 헌재 2022.1.27. 2019헌바161, 구 공무원연금법 제47조 제1항 제2호 등 위헌소원(지방의회의원에 대한 퇴직연금의 지급을 정지하는 공무원연금법 조항에 관한 위헌소원 사건); 헌재 2023.3.23. 2020헌가19, 경비업법 제7조 제5항 등 위헌제청(경비원의 비경비업무 수행 금지 및 위반시 경비업 허가 취소 사건); 헌재 2023.3.23. 2021헌가1, 구 집회 및 시위에 관한 법률 제11조 제2호 등 위헌제청(국회의장 공관 인근 집회금지 사건), 헌재 2024.4.25. 2022헌가33, 군인연금법 제27조 제1항 제2호 위헌제청(지방의회의원에 취임한 퇴역연금 수급자의 연금 전부 지급 정지 사건); 헌재 2024.5.30. 2019헌가29, 국민연금법 부칙 제2조 위헌제청(헌법불합치결정에 따른 개선입법을 소급적용하지 않도록 규정한 국민연금법 부칙 조항에 관한 위헌제청 사건); 헌재 2024.6.27. 2020헌마468등, 형법 제328조 제1항 등 위헌확인(친족상도례(형 면제)사건); 헌재 2024.7.18. 2022헌가6, 주식회사 등의 외부감사에 관한 법률 제39조 제1항 위헌제청(허위재무제표작성죄와 허위감사보고서작성죄에 대하여 배수벌금형을 규정하면서도, '그 위반행위로 얻은 이익 또는 회피한 손실액이 없거나 산정하기 곤란한 경우'에 관한 벌금 상한액을 규정하지 아니한 '주식회사 등의 외부감사에 관한 법률'조항에 관한 위헌제청 사건).

헌법불합치결정도 본질적으로 위헌결정의 일종이므로 소급효를 가지며, 그 범위도 단순위헌결정과 같다. 그러나 그 의미와 내용은 단순위헌결정과 같을 수 없다. 즉 단순위헌결정의 경우 소급효가 미치는 당해 사건 등에 대하여 법원은 당해 규정의 무효를 전제로 재판을 하여야 하지만, 불합치결정의 경우(예외적으로 잠정적용이 명하여진 경우가 아니라면) 소급효가 미치는 사건에 대하여서는 입법자의 결정(법률의 개정 또는 폐지 등)을 기다려 그에 따라 재판을 하여야 한다. 한편 대법원은 (단순)위헌결정의 소급효에서와 달리 헌법불합치결정(적용중지) 이후에 제소된 일반사건에 관하여 원칙적으로 개정법률을 소급하여 적용할 수 없다는 입장이다.

어떠한 법률조항에 대하여 헌법재판소가 헌법불합치결정을 하여 그 법률조항을 합헌적으로 개정 또는 폐지하는 임무를 입법자의 형성 재량에 맡긴 이상, 그 개선입법의 소급적용 여부와 소급적용의 범위는 원칙적으로 입법자의 재량에 달린 것이다(대판 2008.1.17. 2007두21563, 과징금부과처분 무효확인등).

적어도 헌법불합치결정을 하게 된 당해 사건 및 위 헌법불합치결정 당시에 위 법률조항의 위헌 여부가 쟁점이 되어 법원에 계속 중인 사건에 대하여는 위 헌법불합치결정의 소급효가 미친다고 하여야 할 것이므로 비록 현행 사립학교법 부칙 제2항의 경과조치의 적용 범위에 이들 사건이 포함되어 있지 않더라도 이들 사건에 대하여는 종전의 법률조항을 그대로 적용할 수는 없고, 위헌성이 제거된 현행 사립학교법의 규정이 적용되는 것으로 보아야 한다(대판 2006.3.9. 2003다52647, 교원재임용제외결정무효확인).

이는 합헌적 상태의 실현을 입법자에게 맡긴다는 불합치결정의 본질에 비추어 당연한 것이다. 그럼에도 개정 전의 사건에 개정법률을 소급적용할 것인지 여부와 관련하여 실무상의 혼선이 있었다. 헌법재판소는 구 소득세법의 위임규정에 대하여 "이 사건 위임조항을 적용하여 행한 양도소득세부과처분 중 확정되지 아니한 모든 사건과 앞으로 행할 양도소득세부과처분 모두에 대하여 위 개정법률을 적용할 것을 내용으로 하는 헌법불합치결정을 하기로 한다"라고 판시하였다(헌재 1995.11.30. 91헌바1등, 소득세법 제60조 등에 대한 헌법소원(헌법불합치, 적용중지)). 이에 따라 개정법률의 적용은 불합치결정의 본질상 당연히 인정되는 효력으로 보아야 한다.

"헌법재판소가 헌법불합치라는 변형결정주문을 선택하여 위헌적 요소가 있는 조항들을 합헌적으로 개정 혹은 폐지하는 임무를 입법자의 형성재량에 맡긴 경우에는, 이 결정의 효력이 소급적으로 미치게 되는 모든 사건이나 앞으로 이 사건 법률조항을 적용하여 행할 부과처분에 대하여는 법리상 이 결정 이후 입법자에 의하여 위헌성이 제거된 새로운 법률조항을 적용하여야" 한다(헌재 2000.1.27. 96헌바95등, 법인세법 제59조의2 제1항 등 위헌소원(헌법불합치, 적용중지, 각하)).

그러나 대법원은 "위의 헌법불합치결정은 그 위헌성이 제거된 개정법률이 시행되기 이전까지는 종전 구 소득세법 제60조를 그대로 잠정 적용하는 것을 허용하는 취지의 결정이라고 이해함이 상당하다"라는 이유로 양도소득세부과처분에 대하여 개정법률을 적용하지 않고 구법을 적용한 바 있다(대판 1997.3.28. 95누17960).

위 결정에서 헌법재판소는 잠정적용이 아니라 적용중지를 명하였다. 따라서 대법원 판결은 헌법재판소의 결정에 정면으로 배치된다.

(c) 예외적 잠정적용 법률이 형식적으로 존속함에도 그 적용이 중지되는 것은 헌법우위의 원리(헌법의 규범력 실현)가 법적 안정성과 입법형성권에 대하여 할 수 있는 최대한의 양보이다. 그러나 헌법불합치결정과 적용중지만으로는 극복할 수 없는 법적 공백상태가 발생할 수 있다. 이러한 경우 예외적으로 법률의 잠정적용이 허용된다. 즉 "위헌적인 법률조항을 잠정적으로 적용하는 위헌적인 상태가 위헌결정으로 말미암아 발생하는 법이 없어 규율없는 합헌적인 상태보다 오히려 헌법적으로 더욱 바람직하다고 판단되는 경우에는, 헌법재판소는 법적 안정성의 관점에서 법치국가적으로 용인하기 어려운 법적 공백과 그로 인한 혼란을 방지하기 위하여 입법자가 합헌적인 방향으로 법률을 개선할 때까지 일정기간 동안 위헌적인 법규정을 존속케 하고 또한 잠정적으로 적용하게 할 필요가 있다"(헌재 1999.10.21. 97헌바26, 도시계획법 제6조 위헌소원(헌법불합치, 잠정적용)).

헌법불합치 · 잠정적용 결정

헌재 1989.9.8. 88헌가6, 국회의원선거법 제33조, 제34조의 위헌심판; 헌재 1991.3.11. 91헌마21, 지방의회의원선거법 제36조 제1항에 대한 헌법소원; 헌재 1993.3.11. 88헌마5, 노동쟁의조정법에 관한 헌법소원; 헌재 1995.9.28. 92헌가11등, 특허법 제186조 제1항 등 위헌심판; 헌재 1999.5.27. 98헌바70, 한국방송공사법 제35조 등 위헌 소원; 헌재 1999.10.21. 97헌바26, 도시계획법 제6조 위헌소원; 헌재 2000.7.20. 99헌가7, 형사소송법 제482조 제1항 위헌제청; 헌재 2000.8.31. 97헌가12, 국적법 제2조 제1항 제1호 위헌심판; 헌재 2001.4.26. 2000헌바59, 지방세법 제233조의9 제1항 제2호 위헌소원; 헌재 2001.6.28. 99헌마516, 고엽제후유의증환자지원등에관한법률 제8조 제1항 제2호 위헌확인; 헌재 2001.6.28. 99헌바54, 구 상속세법 제9조 제1항 위헌소원; 헌재 2001.9.27. 2000헌마152, 세무사법중개정법률 중 제3조 제2호를 삭제한다는 부분 등 위헌확인(세무사법 부칙 제3항); 헌재 2001.10.25. 2000헌마92등, 공직선거및선거부정방지법 [별표1] '국회의원지역선거구 구역표' 위헌확인; 헌재 2001.11.29. 99헌마494, 재외동포의출입국과법적지위에관한법률 제2조 제2호 헌법소원; 헌재 2002.5.30. 2000헌마81, 지적법 제28조 제2항 위헌확인; 헌재 2002.9.19. 2000헌바84, 약사법 제16조 제1항 등 위헌소원; 헌재 2002.11.28. 2001헌가28, 국가정보원직원법 제17조 제2항 위헌제청; 헌재 2003.1.30. 2001헌바64, 구 전통사찰보존법 제6조 제1항 제2호 등 위헌소원; 헌재 2003.12.18. 2002헌바14등, 교원지위향상을위한특별법 제9조 제1항 위헌소원; 헌재 2004.3.25. 2002헌바104, 형사소송법 제214조의2 제1항 위헌소원; 헌재 2005.2.3. 2001헌가9등, 민법 제781조 제1항 본문 후단부분 위헌제청(호주제); 헌재 2005.4.28. 2003헌바40, 정부투자기관관리기본법 제20조 제2항 위헌소원; 헌재 2005.12.22. 2003헌가5등, 민법 제781조 제1항 위헌제청; 헌재 2006.2.23. 2004헌마675, 국가유공자등예우및지원에관한법률 제31조 제1항 등 위헌확인; 헌재 2006.6.29. 2005헌마165등, 신문등의자유와기능보장에관한법률 제16조 등 위헌확인; 헌재 2007.3.29. 2005헌바33, 공무원연금법 제64조 제1항 제1호 위헌소원; 헌재 2007.12.27. 2004헌마1021, 의료법 제2조 등 위헌확인; 헌재 2008.5.29. 2007헌마1105, 국가공무원법 제36조 등 위헌확인; 헌재 2008.7.31. 2004헌마1010등, 의료법 제19조의2 제2항 위헌확인 등; 헌재 2008.7.31. 2007헌가4, 영화진흥법 제21조 제3항 제5호 등 위헌제청; 헌재 2008.9.25. 2007헌가9, 학교용지 확보 등에 관한 특례법 제2조 제2호 등 위헌제청; 헌재 2008.11.13. 2006헌바112, 구 종합부동산세법 제5조 등 위헌소원; 헌재 2008.11.27. 2006헌마352, 방송법 제73조 제5항 등 위헌확인; 헌재 2008.11.27. 2007헌마1024, 공직선거법 제56조 제1항 제1호 위헌확인; 헌재 2009.3.26. 2006헌마67, 경상북도 시・군의회의원 선거구와 선거구별 의원 정수에 관한 조례 [별표] 위헌확인; 헌재 2009.3.26. 2006헌마240등, 충청남도 시・군의회 의원선거구와 선거구별 의원정수에 관한 조례 [별표2] 위헌확인; 헌재 2009.6.25. 2008헌마413, 공직선거법 제200조 제2항 단서 위헌확인; 헌재 2009.9.24. 2008헌가25, 집회 및 시위에 관한 법률 제10조 등 위헌제청; 헌재 2009.7.30. 2008헌가1등, 군인연금법 제33조 제1항 제1호 위헌제청 등; 헌재 2009.12.29. 2008헌가13, 형사소송법 제482조 제1항 등 위헌제청; 헌재 2010.7.29. 2008헌가28, 병역법 제35조 제2항 등 위헌제청; 헌재 2010.7.29. 2009헌가8, 민법 제818조 위헌제청; 헌재 2010.6.24. 2008헌마128, 군인연금법 제23조 제1항 위헌소원; 헌재 2010.12.28. 2009헌가30, 통신비밀보호법 제6조 제7항 단서 위헌제청; 헌재 2011.6.30. 2008헌바166, 국토의 계획 및 이용에 관한 법률 제2조 제6호 등 위헌소원; 헌재 2011.9.29. 2010헌가93, 의료기기법 제32조 제1항 제5호 등 위헌제청; 헌재 2011.11.24. 2009헌바146, 구 소득세법 제89조 제3호 등 위헌소원; 헌재 2012.2.23. 2010헌마601, 공직선거법 제155조 제2항 등 위헌확인; 헌재 2012.5.31. 2009헌바190, 상속세 및 증여세법 제19조 제2항 위헌소원; 헌재 2012.5.31. 2010헌마278, 경찰공무원임용령 제39조 제1항 등 위헌확인; 헌재 2013.7.25. 2011헌가32, 학교용지 확보 등에 관한 특례법 제5조 제1항 제5호 위헌제청; 헌재 2013.8.29. 2011헌마122, 형의 집행 및 수용자의 처우에 관한 법률 제41조 등 위헌확인; 헌재 2013.10.24. 2011헌마724, 독립유공자예우에 관한 법률 제12조 제2항 등 위헌확인; 헌재 2014.1.28. 2012헌마409등, 공직선거법 제18조 제1항 제2호 위헌확인 등; 헌재 2014.4.24. 2013헌가28, 학교용지 확보 등에 관한 특례법 제5조 제1항 단서 제5호 위헌제청; 헌재 2014.7.24. 2009헌마256등, 공직선거법 제218조의4 제1항 등 위헌확인; 헌재 2014.9.25. 2013헌바208, 새마을금고법 제21조 제1항 제8호 등 위헌소원; 헌재 2014.10.30. 2011헌바129등, 지역균형개발 및 지방중소기업 육성에 관한 법률 제18조 제1항 등 위헌소원 등; 헌재 2014.10.30. 2012헌마190등, 공직선거법 제25조 제2항 별표1 위헌확인; 헌재 2015.4.30. 2013헌마623, 민법 제844조 제2항 등 위헌확인; 헌재 2015.5.28. 2013헌바129, 형법 제7조 위헌소원; 헌재 2015.7.30. 2014헌마340등, 성폭력범죄의 처벌 등에 관한 특례법 제42조 제1항 등 위헌확인; 헌재 2015.10.21. 2013헌마757, 숙련기술장려법 시행령 제27조 제1항 등 위헌확인; 헌재 2015.11.26. 2012헌마858, 변호인접견불허 위헌확인; 헌재 2015.12.23. 2013헌가9, 성폭력범죄자의 성충동 약물치료에 관한 법률 제4조 제1항 등 위헌제청; 헌재 2015.12.23. 2013헌마712, 형의 집행 및 수용자의 처우에 관한 법률 제82조 위헌확인; 헌재 2015.12.23. 2014헌바446등, 여객자동차 운수사업법 제24조 제3항 제1호 다목 등 위헌소원; 헌재 2015.12.23. 2013헌바168, 정치자금법 제45조 제1항 등 위헌소원; 헌재 2015.12.23. 2013헌바68, 주민등록법 제7조 제3항 등 위헌소원; 헌재 2016.2.25. 2015헌가15, 사립학교교직원 연금법 제31조 제2항 위헌제청; 헌재 2016.7.28. 2015헌바20, 군인연금법 제33조 제2항 위헌소원; 헌재 2016.9.29. 2014헌가9, 정신보건법 제24조 제1항 등 위헌제청; 헌재 2016.9.29. 2014헌바254, 산업재해보상보험법제37조제1항 제1호 다목 등 위헌소원; 헌재 2016.12.29. 2015헌바182, 국민연금법 제64조 위헌소원; 헌재 2016.12.29. 2015헌바208등, 구 군인연금법 제23조 제1항 등 위헌소원; 헌재 2017.9.28. 2015헌마653, 청원경찰법 제5조 제4항 등 위헌확인; 헌재 2018.4.26. 2015헌가19, 세무사법 제6조 등 위헌제청; 헌재 2018.4.26. 2015헌바370등, 형사소송법 제216조 제1항 제1호 위헌소원; 헌재 2018.5.31. 2012헌바90, 노동조합 및 노동관계조정법 제24조 제2항 등 위헌소원; 헌재 2018.5.31. 2013헌바322등, 집회 및 시위에 관한 법률 제11조 제1호 위헌소원; 헌재 2018.6.28. 2015헌가28등, 집회 및 시위에 관한 법률 제23조 제1호 위헌제청; 헌재 2018.6.28. 2016헌가14, 보훈보상대상자 지원에 관한 법률 제11조 제1항 제2호 등 위헌제청; 헌재 2018.6.28. 2011헌바379등, 병역법 제88조 제1항 등 위헌소원; 헌재 2018.6.28. 2012헌마191등, 통신비밀보호법 제2조 제11호 바목 등 위헌확인; 헌재 2018.6.28. 2012헌마538등, 통신비밀보호법 제13조 제1항 위헌확인 등; 헌재 2018.7.26. 2018헌바137, 집회 및 시위에 관한 법률 제11조 제1호 위헌소원; 헌재 2018.8.30. 2016헌마344등, 디엔에이감식시료채취 영장 발부 위헌확인 등; 헌재 2018.8.30. 2016헌마263, 통신제한조치 허가 위헌확인 등; 헌재 2018.8.30. 2015헌가38, 노동조합 및 노동관계조정법 제5조 단서 등 위헌제청; 헌재 2018.12.27. 2015헌바77등, 형사소송법 제405조 위헌소원; 헌재 2019.2.28. 2018헌마415등, 공직선거법 제26조 제1항 [별표2] 위헌확인; 헌재 2019.2.28. 2018헌마415등, 공직선거법 제26조 제1항 [별표2] 위헌확인 등; 헌재 2019.4.11. 2017헌바127, 형법 제269조 제1항 등 위헌소원; 헌재 2019.12.27. 2018헌마301, 정치자금법 제6조 위헌확인; 헌재 2019.12.27. 2018헌마730, 공직선거법 제79조 제3항 등 위헌확인; 헌재 2020.8.28. 2018헌마927, 입법부작위 위헌확인; 헌재 2020.9.24. 2018헌가15, 공직선거법 제57조

제1항 제1호 다목 위헌제청; 헌재 2020.12.23. 2017헌가22, 장애인활동 지원에 관한 법률 제5조 제2호 본문 위헌제청; 헌재 2021.3.25. 2018헌가6, 국가유공자 등 예우 및 지원에 관한 법률 제13조 제2항 제1호 등 위헌제청; 헌재 2021.6.24. 2018헌가2, 형의 실효 등에 관한 법률 제8조의2 위헌제청; 헌재 2021.6.24. 2017헌바479, 보안관찰법 제2조 등 위헌소원; 헌재 2021.6.24. 2018헌마405, 서울특별시 자치구의회의원 선거구와 선거구별 의원정수에 관한 조례 [별표] 위헌확인 등; 헌재 2021.6.24. 2017헌바479, 보안관찰법 제2조 등 위헌소원(보안관찰처분대상자에 대한 신고의무 부과 사건); 헌재 2021.6.24. 2018헌가2, 형의 실효 등에 관한 법률 제8조의2 위헌제청(법원에서 불처분결정된 소년부송치사건에 대한 수사경력자료의 보존기간 및 삭제에 관하여 규정하지 않은 형실효법 조항에 관한 위헌제청 사건); 헌재 2022.1.27. 2019헌바161, 구 공무원연금법 제47조 제1항 제2호 등 위헌소원(지방의회의원에 대한 퇴직연금의 지급을 정지하는 공무원연금법 조항에 관한 위헌소원 사건); 헌재 2022.1.27. 2020헌마895, 공직선거법 제218조의16 제3항 등 위헌확인(공직선거법 제218조의16 제3항 부진정입법부작위 위헌확인 사건); 헌재 2022.2.24. 2018헌마998등, 입법부작위 위헌확인(초과 구금에 대한 형사보상을 규정하지 않은 형사보상법 사건); 헌재 2022.7.21. 2018헌바504, 의료사고 피해구제 및 의료분쟁 조정 등에 관한 법률 제47조 제2항 등 위헌소원(보건의료기관개설자에 대한 대불비용 부담금 부과 사건); 헌재 2022.7.21. 2016헌마388등, 통신자료 취득행위 위헌확인 등(수사기관 등에 의한 통신자료 제공요청 사건; 헌재 2022.7.21. 2018헌바357등, 공직선거법 제90조 제1항 제1호 등 위헌소원(집회나 모임(향우회 · 종친회 · 동창회 · 단합대회 · 야유회가 아닌 것에 한정) 개최, 현수막 그 밖의 광고물 게시, 광고, 문서 · 도화 첩부 · 게시, 확성장치사용을 금지하는 공직선거법 조항 사건); 헌재 2022.7.21. 2017헌가1등, 공직선거법 제256조 제3항 제1호 아목 등 위헌제청(선거에 영향을 미치게 하기 위한 시설물 설치 등 금지 사건); 헌재 2022.7.21. 2017헌가4, 공직선거법 제255조 제1항 제5호 위헌제청(표시물 사용 선거운동 금지 사건); 헌재 2022.7.21. 2017헌바100등, 공직선거법 제255조 제2항 제4호 등 위헌소원(현수막, 그 밖의 광고물 설치 · 게시, 그 밖의 표시물 착용, 벽보 게시, 인쇄물 배부 · 게시, 확성장치사용을 금지하는 공직선거법 조항 사건); 헌재 2022.10.27. 2018헌바115, 민법 제809조 제1항 등 위헌소원(8촌 이내 혈족 사이의 혼인 금지 및 무효 사건); 헌재 2022.11.24. 2019헌마528등, 정치자금법 제6조 등 위헌확인(지방의회의원의 후원회지정 금지 사건); 헌재 2022.11.24. 2021헌바301, 공직선거법 제58조 제1항 본문 등 위헌소원(선거에 영향을 미치게 하기 위한 광고물게시 등 금지 사건)(헌법불합치 확인 결정); 헌재 2022.11.24. 2020헌마1181, 국가공무원법 제33조 제6의4호 등 위헌확인(아동 성적 학대행위자에 대한 공무원 결격사유 사건); 헌재 2022.12.22. 2018헌바48등, 집회 및 시위에 관한 법률 제11조 제2호 위헌소원(대통령 관저 인근 집회금지 사건); 헌재 2023.3.3. 2021헌마975, 가족관계의 등록 등에 관한 법률 제46조 제2항 등 위헌확인('혼인 중 여자와 남편 아닌 남자 사이에서 출생한 자녀'에 대한 출생신고 사건); 헌재 2023.3.23. 2021헌가1, 구 집회 및 시위에 관한 법률 제11조 제2호 등 위헌제청(국회의장 공관 인근 집회금지 사건); 헌재 2023.3.23. 2018헌바433등, 국민건강보험법

제47조의2 제1항 등 위헌소원(수사기관의 수사결과 사무장병원으로 확인된 의료기관에 대한 요양급여비용 지급보류 사건); 헌재 2023.5.25. 2019헌마1234, 입법부작위 위헌확인(장애인 특별교통수단 사건); 헌재 2023.6.29. 2020헌마1605등, 기본권 침해 위헌확인(아동·청소년이용음란물소지죄로 형이 확정된 자에 대한 공무원 결격사유 사건); 헌재 2023.3.23. 2020헌가1등, 출입국관리법 제63조 제1항 위헌제청(강제퇴거대상자에 대한 보호기간의 상한 없는 보호 사건); 헌재 2023.3.23. 2023헌가4, 공직선거법 제93조 제1항 본문 등 위헌제청(인쇄물 살포를 금지하는 공직선거법 조항 사건); 헌재 2023.6.29. 2023헌가12, 공직선거법 제90조 제1항 제1호 등 위헌제청(화환 설치를 금지하는 공직선거법 조항 사건); 헌재 2023.9.26. 2019헌마1165, 국민건강보험법 제109조 제10항 등 위헌확인(외국인 국민건강보험 지역가입자의 보험료 하한 산정기준, 세대구성, 보험료 체납정보 요청, 보험급여 제한 사건); 헌재 2024.4.25. 2020헌가4등, 민법 제1112조 등 위헌제청(유류분에 관한 위헌제청 및 헌법소원 사건); 헌재 2024.5.30. 2021헌가3, 가축전염병 예방법 제48조 제1항 제3호 단서 위헌제청(가축 살처분 보상금 수급권의 귀속주체 관련 사건); 헌재 2024.6.27. 2021헌가19, 의료급여법 제11조의5 위헌제청(수사기관의 수사결과 사무장병원으로 확인된 의료기관에 대한 의료급여비용 지급보류 사건); 헌재 2024.8.29. 2020헌마389등, 저탄소 녹색성장 기본법 제42조 제1항 제1호 위헌확인(기후위기 대응을 위한 국가 온실가스 감축목표 사건); 헌재 2025.1.23. 2021헌마886, 의료법 제43조 제1항 등 위헌확인(정신병원의 한의과 진료과목 추가 설치·운영 사건); 헌재 2025.4.10. 2024헌가12등, 국가유공자 등 예우 및 지원에 관한 법률 제13조 제2항 제3호 위헌제청(국가유공자의 유족인 자녀 중 연장자 우선 사건); 헌재 2025.10.23. 2022헌마1247, 공직선거법 제26조 제1항 [별표 2] 시·도의회의원지역선거구구역표 중 전라북도 장수군 선거구란 위헌확인(시·도의원 지역구의 인구편차 허용기준에 대한 사건)

다만, 주의할 점은 ㉠ 이러한 잠정적용은 국민의 기본권을 침해하거나 헌법에 위반되는 법률임에도 불구하고 예외적으로 그 효력을 유지시키는 것이라는 점에서 헌법재판소가 명확히 잠정적용을 명한 경우에만 인정되어야 한다. 잠정적용은 제청신청인의 권리구제를 거부하는 결과가 되므로 판결이유와 주문에서 이를 명시하여야 한다. ㉡ 헌법재판소도 안이하게 잠정적용을 명해서는 아니 되며 헌법의 규범력·국민의 기본권침해의 중대성과 법적 안정성의 요구를 엄격히 교량하여 후자가 월등히 우월한 경우에만 잠정적용을 명하여야 한다.

헌법재판소가 잠정적용을 명한 경우에 법률은 형식적으로 유효할 뿐만 아니라 적용이 가능한 것이므로 법원은 위헌으로 선언된 법률을 그대로 적용하여 판결하여야 한다.

헌법재판소가 헌법불합치결정에서 잠정적용을 명한 경우에도 국회가 헌법불합치결정의 취지에 따라 법률을 개정하였을 때 개정된 법률조항의 소급적용 여부 및 그 범위는 여전히 문제된다. 개정된 법률조항이 소급하여 적용되는 범위에 대하여는 원칙적으로 국회가 부칙에서 규정하지만, 위헌법률심판이 가지는 구체적 규범통제로서의 실효성을 보장하기 위하여서는 적어도 당해 사건에 한하여서는 헌법불합치결정에 따라 개정된 법률조항이 소급하여 적용되는 것으로 보아야 한다. 한편 대법원은 헌법불합치결정의 계기를 부여한 당해 사건 및 헌법불합치결정 당시에 그 법률조항의 위헌 여부가 쟁점이 되어 법원에 계속 중인 사건에 대하여는 개정된 법률조항이 소급적용되어야 한다는 입장이다.

> "구법 조항에 대한 이 사건 헌법불합치결정의 취지나 위헌심판에서의 구체적 규범통제의 실효성 보장이라는 측면을 고려할 때, 적어도 이 사건 헌법불합치결정을 하게 된 당해 사건 및 이 사건 헌법불합치결정 당시에 구법 조항의 위헌 여부가 쟁점이 되어 법원에 계속 중인 사건에 대하여는 이 사건 헌법불합치결정의 소급효가 미친다고 하여야 할 것이므로 비록 현행 군인연금법 부칙에 소급 적용에 관한 경과조치를 두고 있지 않더라도 이들 사건에 대하여는 구법 조항을 그대로 적용할 수는 없고, 위헌성이 제거된 현행 군인연금법의 규정이 적용되는 것으로 보아야 할 것이다"(대판 2011.9.29. 2008두18885).

다른 한편 대법원은 잠정적용을 명한 헌법불합치결정의 구체적 적용에 있어서 법적 혼란을 이유로 헌법불합치결정을 한 경우와 수혜적 법률의 평등원칙 위반을 이유로 헌법불합치결정을 한 경우로 구분하여 전자의 경우에는 당해 사건에 위헌성을 포함하는 구법을 그대로 적용하는 반면, 후자의 경우에는 당해 사건에 위헌성을 제거한 개정법률을 소급하여 적용한다.

> "만일 제청을 하게 된 당해 사건에 있어서도 소급효를 인정하지 않는다면, 제청 당시 이미 위헌여부심판의 전제성을 흠결하여 제청조차 할 수 없다고 해석되어야 하기 때문에, 구체적 규범통제의 실효성을 보장하기 위하여서라도 적어도 당해 사건에 한하여는 위헌결정의 소급효를 인정하여야 한다고 해석되고, 이와 같은 해석은 이 사건에 있어서와 같이 헌법재판소가 실질적으로 위헌결정을 하면서도 그로 인한 법률조항의 효력상실시기만을 일정기간 뒤로 미루고 있는 경우에도 마찬가지로 적용된다"(대판 1991.6.11. 90다5450).

한편 대법원은 형벌조항에 대하여는 헌법불합치결정을 독자적인 결정형식으로 인정하지 아니하고 단순위헌결정과 동일하게 취급하여 헌법재판소의 적용중지 또는 잠정적용 명령에도 불구하고 소급하여 효력을 상실하는 것으로 본다. 따라서 형벌조항에 관한 헌법재판소의 헌법불합치결정은 법원의 재판에 있어서는 단순위헌결정과 아무런 차이가 없게 되었다.

"헌법재판소법 제47조 제2항 단서는 형벌에 관한 법률조항에 대하여 위헌결정이 선고된 경우 그 조항이 소급하여 효력을 상실한다고 규정하고 있으므로, 형벌에 관한 법률조항이 소급하여 효력을 상실한 경우에 당해 조항을 적용하여 공소가 제기된 피고사건은 범죄로 되지 아니한 때에 해당하고, 법원은 이에 대하여 형사소송법 제325조 전단에 따라 무죄를 선고하여야 한다. 또한 헌법 제111조 제1항과 헌법재판소법 제45조 본문에 의하면 헌법재판소는 법률 또는 법률조항의 위헌 여부만을 심판·결정할 수 있으므로, 형벌에 관한 법률조항이 위헌으로 결정된 이상 그 조항은 헌법재판소법 제47조 제2항 단서에 정하여진 대로 효력이 상실된다. 그러므로 헌법재판소가 이 사건 헌법불합치결정의 주문에서 이 사건 법률조항이 개정될 때까지 계속 적용되고, 이유 중 결론에서 개정시한까지 개선입법이 이루어지지 아니하는 경우 그 다음날부터 효력을 상실하도록 하였더라도, 이 사건 헌법불합치결정을 위헌결정으로 보는 이상 이와 달리 해석할 여지가 없다" (대판(전합) 2011.6.23. 2008도7562 다수의견).

이러한 대법원의 판례는 잠정적용을 명한 헌법재판소결정의 효력을 잘못 이해하고 있으므로 부당하다.

한편 비형벌조항에 대하여 헌법불합치결정을 선고하였으나 헌법재판소가 제시한 입법시한까지 국회가 개선입법을 하지 아니한 채 개정시한이 지남으로써 해당 법률조항의 효력이 상실된 경우 헌법불합치결정의 효력이 미치는 범위가 문제된다. 이와 관련하여 대법원은 잠정적용의 경우에는 당해 사건을 포함한 모든 사건에서 해당 법률조항의 효력상실 효과는 장래를 향해서만 미칠 뿐이지만, 적용중지의 경우에는 헌법불합치결정 시점과 법률조항의 효력이 상실되는 시점 사이에 아무런 규율도 존재하지 아니하는 법적 공백을 방지할 필요가 있으므로 해당 법률조항은 헌법불합치결정이 있었던 때로 소급하여 효력을 상실하는 것으로 본다.

비형벌조항에 대해 잠정적용 헌법불합치결정이 선고되었으나 위헌성이 제거된 개선입법이 이루어지지 않은 채 개정시한이 지남으로써 그 법률조항의 효력이 상실되었다고 하더라도 그 효과는 장래에 향해서만 미칠 뿐이다. 한편 비형벌조항에 대한 적용중지 헌법불합치결정이 선고되었으나 위헌성이 제거된 개선입법이 이루어지지 않은 채 개정시한이 지난 때에는 헌법불합치결정 시점과 법률조항의 효력이 상실되는 시점 사이에 아무런 규율도 존재하지 않는 법적 공백을 방지할 필요가 있으므로, 그 법률조항은 헌법불합치결정이 있었던 때로 소급하여 효력을 상실한다. 비형벌조항에 대해 잠정적용 헌법불합치결정이 선고된 경우라도 해당 법률조항의 잠정적용을 명한 부분의 효력이 미치는 사안이 아니라 적용중지 상태에 있는 부분의 효력이 미치는 사안이라면, 그 법률조항 중 적용중지 상태에 있는 부분은 헌법불합치결정이 있었던 때로 소급하여 효력을 상실한다(대판 2020.1.30. 2018두49154).

(4) 한정합헌결정

(가) 의 의

법률조항에 대하여 여러 해석가능성이 있는 경우에 최대한 헌법에 부합하는 방식으로 그 법률조항의 의미를 확정함으로써 그 법률조항의 합헌성을 유지하려는 결정형식을 말한다. 주문은 "… 것으로 해석되는 한(이러한 해석하에), 헌법에 위반되지 아니한다"라는 형태를 취한다. 헌법합치적 법률해석이 주문에 반영된 결정형식이다. 제한적인 해석을 전제로 헌법에 합치된다는 것을 선언함으로써 위헌적인 법률의 해석이나 적용을 차단하려는 시도로 볼 수 있지만, 한정적 합헌해석이라는 이름으로 위헌적인 법률을 존치시킴으로써 헌법재판소에게 부여된 규범통제의 기능을 제대로 수행하지 못하는 결과가 될 수도 있다. 2002년에 마지막으로 선고된(헌재 2002.4.25. 99헌바27등, 국가보안법 제7조 위헌소원(한정합헌)) 이후로 지금까지 헌법재판소도 거의 사용하지 않는 주문 형식이다.

> "일반적으로 어떤 법률에 대하여 여러 갈래의 해석이 가능할 때에는 원칙적으로 헌법에 합치하는 해석 즉 합헌해석을 하여야 한다. 왜냐하면 국가의 법질서는 헌법을 최고법규로 하여 그 가치질서에 의하여 지배되는 통일체를 형성하는 것이며 그러한 통일체 내에서 상위규범은 하위규범의 효력근거가 되는 동시에 해석근거가 되는 것이므로, 헌법은 법률에 대하여 형식적인 효력의 근거가 될 뿐만 아니라 내용적인 합치를 요구하고 있기 때문이다"(헌재 1989.7.21. 89헌마38, 상속세법 제32조 2의 위헌 여부에 관한 헌법소원(한정합헌)).
>
> "어떤 법률의 개념이 다의적이고 그 어의의 테두리 안에서 여러 가지 해석이 가능할 때 헌법을 그 최고법규로 하는 통일적인 법질서의 형성을 위하여 헌법에 합치되는 해석 즉 합헌적인 해석을 택하여야 하며, 이에 의하여 위헌적인 결과가 될 해석을 배제하면서 합헌적이고 긍정적인 면은 살려야 한다는 것이 헌법의 일반원리이다. 이러한 합헌적 제한해석과 주문에는 헌법재판제도가 정착된 여러 나라에 있어서 널리 활용되는 것으로서 법률에 일부 합헌적인 요소가 있음에도 불구하고 위헌적 요소 때문에 전면위헌을 선언할 때 생기는 큰 충격을 완화하기 위한 방안이기도 하다"(헌재 1990.4.2. 89헌가113, 국가보안법 제7조에 대한 위헌심판(한정합헌)).

(나) 법률의 합헌적 해석의 허용한계

"법률의 합헌적 해석은 헌법의 최고규범성에서 나오는 법질서의 통일성에 바탕을 두고, 법률이 헌법에 조화하여 해석될 수 있는 경우에는 위헌으로 판단하여서는 아니 된다는 것을 뜻하는 것으로서 권력분립과 입법권을 존중하는 정신에 그 뿌리를 두고 있다. 따라서, 법률 또는 법률의 위 조항은 원칙적으로 가능한 범위 안에서 합헌적으로 해석함이 마땅하나 그 해석은 법의 문구와 목적에 따른 한계가 있다. 즉, 법률의 조항의 문구가 간직하고 있는 말의 뜻을 넘어서 말의 뜻이 완전히 다른 의미로 변질되지 아니하는 범위 내이어야 한다는 문의적 한계와 입법권자가 그 법률의 제정으로써 추구하고자 하는 입법자의 명백한 의지와 입법의 목적을 헛되게 하는 내용으로 해석할 수 없다는 법목적에 따른 한계가 바로 그것이다. 왜냐하면, 그러한 범위를 벗어난 합헌적 해석은 그것이 바로 실질적 의미에서의 입법작용을 뜻하게 되어 결과적으로 입법권자의 입법권을 침해하는 것이 되기 때문이다"(헌재 1989.7.14. 88헌가5등, 사회보호법 제5조의 위헌심판(합헌)).

(다) 한정합헌결정의 본질

헌법재판소는 "한정합헌의견은 질적인 일부위헌"으로 이해하고 있다. 그러나 주문에서 위헌을 선언하는 것도 아니고 위헌인 부분이 특정되는 것도 아니어서 위헌결정의 기속력을 인정하기는 어렵다. 위헌결정으로서의 효력을 부여하기 위해서는 위헌인 부분을 특정하는 한정위헌결정의 형식으로 선고하여야 할 것이다.

"이 사건에 있어서 관여 재판관의 평의의 결과는 단순합헌의견 3, 한정합헌의견 5, 전부위헌의견 1의 비율로 나타났는데, 한정합헌의견(5)은 질적인 일부위헌의견이기 때문에 전부위헌의견(1)도 일부위헌의견의 범위 내에서는 한정합헌의 의견과 견해를 같이한 것이라 할 것이므로 이를 합산하면 헌법재판소법 제23조 제2항 제1호 소정의 위헌결정 정족수(6)에 도달하였다고 할 것이며 그것이 주문의 의견이 되는 것이다(법원조직법 제66조 제2항 참조)" (헌재 1992.2.25. 89헌가104, 군사기밀보호법 제6조 등에 관한 위헌심판(한정합헌)).

"헌법재판소법 제47조에 정한 기속력을 명백히 하기 위하여는 어떠한 부분이 위헌인지 여부가 그 결정의 주문에 포함되어야 하므로, 이러한 내용을 결정의 이유에 설시하는 것만으로서는 부족하고 결정의 주문에까지 등장시켜야 한다"(헌재 1994.4.28. 92헌가3, 보훈기금법 부칙 제5조 및 한국보훈복지공단법 부칙 제4조 제2항에 관한 위헌심판(한정위헌, 한정합헌)).

(5) 한정위헌결정

심판의 대상이 된 법률조항을 특정한 내용으로 해석 · 적용하는 것이 헌법에 위반된다는 결정형식이다. 주문은 "… 것으로 해석하는 한 헌법에 위반된다"라는 형태를 취한다.

"정기간행물의등록등에관한법률 제7조 제1항은 제9호 소정의 제6조 제3항 제1호 및 제2호의 규정에 의한 해당 시설을 '자기소유'이어야 하는 것으로 해석하는 한 헌법에 위반된다"(헌재 1992.6.26. 90헌가23, 정기간행물의등록등에관한법률 제7조 제1항의 위헌심판(한정위헌)).

"공직선거법 제93조 제1항 및 제255조 제2항 제5호 중 제93조 제1항의 각 '기타 이와 유사한 것'에, '정보통신망을 이용하여 인터넷 홈페이지 또는 그 게시판 · 대화방 등에 글이나 동영상 등 정보를 게시하거나 전자우편을 전송하는 방법'이 포함되는 것으로 해석하는 한, 헌법에 위반된다"(헌재 2011.12.29. 2007헌마1001등, 공직선거법 제93조 제1항 등 위헌확인(한정위헌)).

"형법 제129조 제1항 중 "공무원"에 '구 제주특별자치도 설치 및 국제자유도시 조성을 위한 특별법' 제299조 제2항의 통합영향평가 심의위원회 심의위원 중 위촉위원이 포함되는 것으로 해석하는 것은 죄형법정주의 원칙의 유추해석금지에 위배되어 헌법에 위반된다"(헌재 2012.12.27. 2011헌바117, 구 특정범죄가중처벌 등에 관한 법률 제2조 제1항 위헌소원 등(한정위헌)).

한정위헌결정은 법문언의 가능한 해석 중 일부를 법규범의 영역에서 제거한다는 점에서 질적인 일부위헌결정이라고 할 수 있다. 또한 특정한 해석이 법규범으로 적용되는 것을 배제한다는 점에서 적용위헌이라고도 할 수 있다. 이때 주문은 "…에 …을 포함시키는 것은 헌법에 위반된다", "…에 적용하는 것은 헌법에 위반된다"라는 형식을 취한다.

"민법 제764조의 '명예회복에 적당한 처분'에 사죄광고를 포함시키는 것은 헌법에 위반된다"(헌재 1991.4.1. 89헌마160, 민법 제764조의 위헌여부에 관한 헌법소원(한정위헌)).

"국유재산법 제5조 제2항을 동법의 국유재산 중 잡종재산에 대하여 적용하는 것은 헌법에 위반된다"(헌재 1991.5.13. 89헌가97, 국유재산법 제5조 제2항의 위헌심판(한정위헌)).

"1980년해직공무원의보상등에관한특별조치법 제12조 제2항 제1호의 '차관급 상당 이상의 보수를 받은 자'에 법관을 포함시키는 것은 헌법에 위반된다"(헌재 1992.11.12. 91헌가2, 1980년해직공무원의보상등에관한특별조치법 제12조에 대한 위헌심판(한정위헌)).

공직선거법 제86조 제1항 제2호의 '공무원이 선거운동의 기획에 참여하거나 그 기획의 실시에 관여하는 행위'를 공무원의 지위를 이용하지 아니한 행위에까지 적용하는 한 헌법에 위반된다(종전의 합헌결정을 판례변경한 사안)(헌재 2008.5.29. 2006헌마1096, 공직선거법 제86조 제1항 제2호 등 위헌확인(한정위헌)).

고급오락장에 대한 취득세 중과세율을 규정한 구 지방세법 제112조 제2항 제4호는 고급오락장으로 사용할 목적이 없는 취득의 경우에도 적용되는 한 헌법에 위반된다(헌재 2009.9.24. 2007헌바87, 구 지방세법 제112조 제2항 제4호 위헌소원(한정위헌)).

한정합헌결정과 한정위헌결정의 관계가 문제된다. 헌법재판소는 한정합헌결정과 한정위헌결정을 실질적으로 동일한 것이라고 판시한 바 있으나(헌재 1997.12.24. 96헌마172, 헌법재판소법 제68조 제1항 위헌확인 등(한정위헌)), 양자는 의미와 효력 및 실제적 기능 면에서 구별된다. 한정합헌결정이건 한정위헌결정이건 헌법재판소는 당해 사건에서의 법률의 적용과 관련하여 필요한 범위 내에서만 합헌 또는 위헌의 판단을 하는 것이기 때문에 나머지 부분에 대한 판단은 두 경우에 모두 유보한 것이라고 이해하여야 한다(허영, 소송법, 257-258면). 한정합헌결정의 경우에는 합헌으로 해석되는 부분의 나머지 부분이 위헌으로 해석되지만, 한정위헌결정의 경우에는 위헌으로 해석되는 부분의 나머지 부분은 위헌이라고 단정할 수 없다는 것일 뿐이고 합헌으로 판단된 것은 아니다(정종섭, 소송법, 380-390면).

한정위헌결정을 구하는 심판청구, 즉 한정위헌청구가 허용되는지가 문제되는

데, 헌법재판소는 과거 한정위헌결정을 주문형식의 하나로 선고하면서도 한정위헌청구에 대하여는 원칙적으로 부적법하다고 보는 모순적인 태도를 보였으나(헌재 1995.7.21. 92헌바40; 헌재 1997.2.20. 95헌바27), 그 후 명시적으로 선례를 변경하여 한정위헌청구는 원칙적으로 적법하다고 하였다(헌재 2012.12.27. 2011헌바117, 구 특정범죄가중처벌 등에 관한 법률 제2조 제1항 위헌소원 등(한정위헌))(상세는 제3절 위헌심사형 헌법소원 참조).

(6) 변형결정의 기속력(羈束力)

(가) 문제의 소재

독일 연방헌법재판소법이 '헌법재판소의 결정'에 대해 기속력을 인정하고 있는 것과는 달리, 현행 헌법재판소법 제47조 제1항은 "법률의 위헌결정은 법원과 그 밖의 국가기관 및 지방자치단체를 기속한다"라고만 규정하여 변형결정의 허용 여부 및 변형결정의 기속력의 인정 여부에 대하여 논란이 제기된다.

(나) 대법원의 태도

앞에서 보았듯이 대법원은 헌법불합치결정이 적용중지 또는 잠정적용을 동반하는 위헌결정의 일종이라는 것은 인정하면서도, 적용중지나 잠정적용 또는 개선입법의 소급적용 범위에 관하여는 헌법재판소의 결정에 따르지 않고 구체적인 사건들에 따라 독자적으로 판단하려는 태도를 보이고 있다.

특히 문제가 되는 것은 한정합헌 · 한정위헌결정인데, 대법원은 한정합헌 · 한정위헌결정에 대해 여러 차례에 걸쳐 기속력을 부인하였고, 한정위헌결정의 기속력을 부인하는 재판에 대해 헌법재판소가 헌법소원을 인용하기도 하였다(헌재 2022. 7. 21. 2013헌마242 결정에서 '대법원 2013.3.28. 선고 2012재두299 판결'에 대한 재판소원 인용).

대판 1996.4.9. 95누11405: "한정위헌결정에 표현되어 있는 헌법재판소의 법률해석에 관한 견해는 법률의 의미 · 내용과 그 적용범위에 관한 헌법재판소의 견해를 일응 표명한 데 불과하여 이와 같이 법원에 전속되어 있는 법령의 해석 · 적용 권한에 대하여 어떠한 영향을 미치거나 기속력도 가질 수 없다." "[1] 헌법재판소의 결정이 그 주문에서 당해 법률이나 법률조항의 전부 또는 일부에 대하여 특정의 해석기준을 제시하면서 그러한 해석에 한하여 위헌임을 선언하는, 이른바 한정위헌결정의 경우에는 헌법재판소의 결정에 불구하고 법률이나 법률조항은 그 문언이 전혀 달라지지 않은 채 그냥 존속하고 있는 것이므로 이와 같이 법률이나 법률조항의 문언이 변경되지 아니한 이상 이러한 한정위헌결정은 법률 또는 법률조항의 의미, 내용과 그 적용범위를 정하는 법률해석이라고 이해하지 않을 수 없다. 그런데 구체적 사건에 있어서 당해 법률 또는 법률조항의 의미 · 내용과 적용범위가 어떠한 것인지를 정하는 권한, 곧 법령의 해석 · 적용 권한은 바로 사법권의 본질적 내용을 이루는 것으로서, 전적으로 대법원을 최고법원으로 하는 법원에 전속한다. 이러한 법리는 우리 헌법에 규정된 국가권력분립구조의 기본원리와 대법원을 최고법원으로 규정한 헌법의 정신으로부터 당연히 도출되는 이치로서, 만일 법원의 이러한 권한이 훼손된다면 이는 헌법 제101조는 물론이요, 어떤 국가기관으로부터도 간섭받지 않고 오직 헌법과 법률에 의하여 그 양심에 따라 독립하여 심판하도록 사법권독립을 보장한 헌법 제103조에도 위반되는 결과를 초래한다. [2] 법률보다 하위법규인 대통령령의 제정근거가 되는 법률조항(이른바 위임 규정)에 대하여 한정위헌결정이 있는 경우에 있어서도, 앞에서 본 바와 같이 그 법률조항의 문언이 전혀 변경되지 않은 채 원래의 표현 그대로 존속하고 있는 이상 그 법률조항의 의미·내용과 적용범위는, 역시 법령을 최종적으로 해석·적용할 권한을 가진 최고법원인 대법원에 의하여 최종적으로 정하여질 수밖에 없고, 그 법률조항의 해석은 어디까지나 의연히 존속하고 있는 그 문언을 기준으로 할 수밖에 없다 할 것이므로 그 문언이 표현하고 있는 명백한 위임취지에 따라 제정된 대통령령 조항 역시 의연히 존속한다고 보아야 한다. 따라서 이 사건 양도소득세부과처분에 적용된 구 소득세법시행령 제170조 제4항 제2호는 그 위임 근거규정인 구 소득세법 제23조 제4항 단서 및 제45조 제1항 제1호 단서의 각 규정이 헌법재판소의 결정에도 불구하고 그 문언의 표현이 전혀 변경되지 않은 채 존속하고 있는 이상 위 시행령 조항의 헌법위반 여부와 상위법의 위반 여부에 관하여는 대법원이 최종적으로 판단하여 이 사건에 적용할지 여부를 결정하여야 한다”(동지: 대판 2001.4.27. 95재다14; 대판 2008.10.23. 2006다66272).

다만, 앞에서 설명하였듯이 대법원은 헌법재판소의 한정위헌결정의 효과를 이견 없이 수용한 경우도 있고, 헌법재판소의 한정위헌결정을 명시적으로 원용하여 그 법령의 적용을 배제한 결정도 있다(대결 2005.8.2. 2004마494).

(다) 헌법재판소의 입장

헌법재판소는 한정위헌결정이 법률의 해석에 대한 헌법재판소의 단순한 견해가 아니라 위헌결정의 한 유형이며, 따라서 기속력을 포함하여 위헌결정으로서의 효력을 모두 가진다는 입장이다.

“헌법재판소의 법률에 대한 위헌결정에는 단순위헌결정은 물론, 한정합헌, 한정위헌결정과 헌법불합치결정도 포함되고 이들은 모두 당연히 기속력을 가진다. … 합헌적인 한정축소해석은 위헌적인 해석 가능성과 그에 따른 법적용을 소극적으로 배제한 것이고, 적용범위의 축소에 의한 한정적 위헌선언은 위헌적인 법적용 영역과 그에 상응하는 해석 가능성을 적극적으로 배제한다는 뜻에서 차이가 있을 뿐, 본질적으로는 다 같은 부분위헌결정이다”(헌재 1992.2.25. 89헌가104).

“법률에 대한 위헌심사는 당연히 당해 법률 또는 법률조항에 대한 해석이 전제되는 것이고, 헌법재판소의 한정위헌의 결정은 단순히 법률을 구체적인 사실관계에 적용함에 있어서 그 법률의 의미와 내용을 밝히는 것이 아니라 법률에 대한 위헌성심사의 결과로서 법률조항이 특정의 적용영역에서 제외되는 부분은 위헌이라는 것을 뜻한다 함은 이미 앞에서 밝힌 바와 같다. 따라서 헌법재판소의 한정위헌결정은 결코 법률의 해석에 대한 헌법재판소의 단순한 견해가 아니라, 헌법에 정한 권한에 속하는 법률에 대한 위헌심사의 한 유형인 것이다.”

"만일, 대법원의 견해와 같이 한정위헌결정을 법원의 고유권한인 법률해석권에 대한 침해로 파악하여 헌법재판소의 결정유형에서 배제해야 한다면, 헌법재판소는 앞으로 헌법합치적으로 해석하여 존속시킬 수 있는 많은 법률을 모두 무효로 선언해야 하고, 이로써 합헌적 법률해석방법을 통하여 실현하려는 입법자의 입법형성권에 대한 존중과 헌법재판소의 사법적 자제를 포기하는 것이 된다. 또한, 헌법재판소의 한정위헌결정에도 불구하고 위헌으로 확인된 법률조항이 법률문언의 변화없이 계속 존속된다고 하는 관점은 헌법재판소결정의 기속력을 결정하는 기준이 될 수 없다. 헌법재판소의 변형결정의 일종인 헌법불합치결정의 경우에도 개정입법시까지 심판의 대상인 법률조항은 법률문언의 변화없이 계속 존속하나, 법률의 위헌성을 확인한 불합치결정은 당연히 기속력을 갖는 것이므로 헌법재판소결정의 효과로서의 법률문언의 변화와 헌법재판소결정의 기속력은 상관관계가 있는 것이 아니다."

"따라서 이 사건 대법원판결은 헌법재판소가 이 사건 법률조항에 대하여 한정위헌결정을 선고함으로써 이미 부분적으로 그 효력이 상실된 법률조항을 적용한 것으로서 위헌결정의 기속력에 반하는 재판임이 분명하므로 이에 대한 헌법소원은 허용된다. 또한 대법원판결로 말미암아 헌법상 보장된 기본권인 재산권 역시 침해되었으므로 대법원판결은 헌법재판소법 제75조 제3항에 따라 취소되어야 한다"(헌재 1997.12.24. 96헌마172등, 헌법재판소법 제68조 제1항 위헌확인 등(한정위헌, 인용(취소))).

(라) 검 토

헌법재판의 특수성에 비추어 변형결정 자체를 인정함은 불가피하다. 변형결정의 인정은 그에 상응하는 효력을 인정하여야 한다. 그러한 점에서 대법원이 헌법재판소의 한정위헌결정을 무시하고 이를 단순한 견해표명으로 보면서 구체적인 사안에서 독자적인 판단을 하는 것은 시정되어야 한다.

향후 명문으로 변형결정과 그 효력에 관한 조항을 입법화할 필요성이 있다.

(7) 결 어

헌법재판소의 결정유형은 헌법재판의 특수성을 반영한 것이라고 하더라도 지나친 변형결정의 남발은 결국 헌법재판의 회피, 사법편의주의, 헌법해석의 객관성 결여 등으로 헌법재판의 신뢰와 권위를 떨어뜨릴 수 있기 때문에 신중하게 내려져야 한다. 실제로 헌법재판소의 한정합헌결정 또는 한정위헌결정과 같은 변형결정이 법원으로부터 백안시되는 사례도 나타나고 있음에 비추어 헌법재판소 자신이 이러한 우려를 제거해 나가는 노력을 기울여야 한다.

6. 주문의 합의방식

재판관들의 의견이 위헌, 헌법불합치, 한정위헌, 합헌 등으로 분립되어 어느 한 의견만으로는 결정에 필요한 정족수를 충족시킬 수 없는 경우 주문을 어떻게 결정할 것인지 문제된다. 헌법재판소법은 이에 관하여 규정하지 아니하고 있어 민사소송에 관한 법령을 준용하여 해결하여야 한다(헌재법 제40조 제1항). 법원조직법 제66조 제2항은 합의에 관한 의견이 3개 이상의 견해로 나누어지고 어느 견해도 그 과반수에 이르지 못하는 경우 신청인(민사의 경우에는 원고, 형사의 경우에는 검사)에게 가장 유리한 견해를 가진 수에 순차로, 그다음으로 유리한 견해를 가진 수를 더하여 과반수에 이르게 된 때의 견해를 채택하도록 하고 있는데, 헌법재판소는 이 규정을 준용하고 있다(실무제요, 83면 이하).

> "이 사건 법률조항 중 "과점주주"에 관한 부분에 대하여는 재판관 5인이 한정위헌의견, 재판관 1인이 헌법불합치의견, 재판관 3인이 합헌의견인데, 한정위헌의견은 질적인 일부위헌의견이기 때문에 위헌결정의 일종인 헌법불합치의견도 일부위헌의견의 범위내에서는 한정위헌의견과 견해를 같이 한 것이라 할 것이므로, 이를 합산하면 헌법재판소법 제23조 제2항 제1호에 규정된 위헌결정의 정족수에 도달하여 한정위헌결정을 선고하기로 한다. 이 사건 법률조항 중 "임원"에 관한 부분에 대하여는 재판관 5인이 한정위헌의견, 재판관 1인이 헌법불합치의견이고, 재판관 3인이 단순위헌의견인바, 어느 쪽도 독자적으로는 위헌결정의 정족수에 이르지 못하였으나, 단순위헌의견과 헌법불합치의견도 일부위헌의견의 범위내에서는 한정위헌의견과 견해를 같이 한 것이라 할 것이므로, 이를 합산하면 헌법재판소법 제23조 제2항 제1호에 규정된 위헌결정의 정족수에 도달하여 한정위헌결정을 선고하기로 한다"(헌재 2002.8.29. 2000헌가5등, 상호신용금고법 제37조의3 제1항 등 위헌제청(한정위헌)).
>
> "법률조항이 헌법에 위반된다는 점에 있어서는 재판관 이재화, 재판관 조승형을 제외한 그 나머지 재판관 전원의 의견이 일치되었으나, 5인 재판관은 단순위헌결정을 선고함이 상당하다는 의견이고 2인 재판관은 헌법불합치결정을 선고함이 상당하다는 의견으로서, 5인의 의견이 다수의견이기는 하나 헌법재판소법 제23조 제2항 제1호에 규정된 "법률의 위헌결정"을 함에 필요한 심판정족수에 이르지 못하였으므로 이에 헌법불합치의 결정을 선고"(헌재 1997.7.16. 95헌가6등, 민법 제809조 제1항 위헌제청(헌법불합치, 적용중지)).

제 2 장　헌법소원심판

제 1 절　헌법소원제도의 개관

Ⅰ. 의　　의

헌법소원제도(憲法訴願制度, Verfassungsbeschwerde)는 독일기본법에 그 기원을 두고 있으며 현행헌법에서 처음 도입된 제도이다. 현행 헌법 제111조 제1항 제5호는 헌법재판소의 권한으로 "법률이 정하는 헌법소원에 관한 심판"을 규정하고 있으며 제113조 제1항은 헌법소원에 관한 인용결정을 할 때에는 재판관 6인 이상의 찬성이 있어야 함을 규정하고 있다. 따라서 현행 헌법은 헌법소원제도와 관련하여 인용결정 정족수를 제외한 나머지 헌법소원의 구체적인 형태는 입법자의 입법형성의 자유에 맡기고 있다. 이에 따라 헌법재판소법 제68조 내지 제75조는 헌법소원에 관하여 규정하고 있다. 그런데 헌법재판소법에서는 법원의 재판에 대한 헌법소원을 제외한다든가, 가처분제도를 규정하지 아니하는 등의 문제점으로 인하여 이에 대한 입법적 보완이 요구된다.

헌법소원심판은 공권력의 행사 또는 불행사로 인하여 헌법상 보장된 국민의 기본권이 침해된 경우 헌법재판소가 헌법소송절차를 통하여 이를 구제함으로써 국민의 기본권을 보장하고 헌법질서를 수호·유지하는 헌법재판제도이다. 헌법소원심판은 국민의 기본권보장을 직접적·제1차적 목표로 한다는 점에서 헌법재판소가 담당하는 다른 헌법재판제도와 구별된다. 헌법소원제도를 통하여 헌법상의 기본권조항은 단순히 추상적인 선언에만 머무르지 아니하고 공권력작용을 통제하고 헌법의 기본권조항에 합치되도록 공권력작용을 행사하도록 한다. 또한 헌법소원심판은 기본권을 침해하는 위헌적인 공권력의 행사 또는 불행사를 바로잡음으로써 헌법질서를 수호·유지하는 기능을 담당한다. 헌법소원제도가 가지는 이와 같은 기능은 헌법소원의 이중성이라는 법적 성격으로 나타난다.

Ⅱ. 법적 성격: 헌법소원의 이중성

헌법소원은 본질적으로 개인의 주관적인 기본권보장기능과 위헌적인 공권력행사를 통제하는 객관적 헌법질서보장기능을 가진다. 전자와 관련하여 기본권침해의 요건과 권리보호이익(소의 이익)이 요구되는 주관적 쟁송으로서의 성격이 드러나고, 심판의 단계에 접어들면 규범통제절차로서의 객관적 소송의 양상을 띠게 된다. 헌법소원심판은 헌법질서의 수호·유지라는 객관적 헌법질서보장기능도 가지고 있음으로 인하여 주관적 쟁송에서 요구하는 권리보호이익이 소멸한 경우라도 헌법질서의 보장을 위하여 필요한 경우에는 헌법재판소는 헌법소원에 대한 심판을 할 수 있다. 우리 헌법재판소도 헌법소원이 주관적 권리구제에는 별 도움이 아니 되는 경우라도 그러한 침해행위가 앞으로도 반복될 위험이 있거나 당해 분쟁의 해결이 헌법질서의 수호·유지를 위하여 긴요한 사항이어서 헌법적으로 그 해명이 중요한 의미를 지니고 있는 경우에는 심판청구의 이익을 인정할 수 있다는 일관된 입장을 유지하고 있다.

> "헌법소원의 본질은 개인의 주관적 권리구제뿐 아니라 객관적인 헌법질서의 보장도 겸하고 있으므로 헌법소원에 있어서의 권리보호의 이익은 일반법원의 소송사건에서처럼 주관적 기준으로 엄격하게 해석하여서는 아니 된다. 따라서 침해행위가 이미 종료하여서 이를 취소할 여지가 없기 때문에 헌법소원이 주관적 권리구제에는 별 도움이 안 되는 경우라도 그러한 침해행위가 앞으로도 반복될 위험이 있거나 당해 분쟁의 해결이 헌법질서의 수호·유지를 위하여 긴요한 사항이어서 헌법적으로 그 해명이 중요한 의미를 지니고 있는 경우에는 심판청구의 이익을 인정하여 이미 종료한 침해행위가 위헌이었음을 선언적 의미에서 확인할 필요가 있다"(헌재 1992.1.28. 91헌마111, 변호인의 조력을 받을 권리에 대한 헌법소원(인용(위헌확인),위헌))(헌재 1991.3.11. 91헌마21, 지방의회의원선거법제36조 제1항에 대한 헌법소원(헌법불합치,잠정적용,각하))(헌재 1992.10.1. 90헌마5, 면직처분 등에 대한 헌법소원(각하))(헌재 1993.9.27. 92헌바21, 1980년 해직공무원의보상등에관한특별조치법 제4조에 대한 헌법소원(합헌))(헌재 1995.7.21. 92헌마144, 서신검열 등 위헌확인(인용(위헌확인),한정위헌,기각,각하)).

Ⅲ. 유 형

헌법재판소법 제68조에서는 권리구제형 헌법소원(제1항)과 위헌심사형 헌법소원(제2항)을 규정하고 있다. '헌법재판소 사건의 접수에 관한 규칙'(제3조)에서는 헌법재판소법 제68조 제1항에 의한 헌법소원심판사건을 '제1종 헌법소원심판사건'으로, 헌법재판소법 제68조 제2항에 의한 헌법소원심판사건을 '제2종 헌법소원심판사건'으로 명명하고 있다.

1. 권리구제형 헌법소원: 원래 의미의 헌법소원

헌법재판소법 제68조 제1항은 "공권력의 행사 또는 불행사로 인하여 헌법상 보장된 기본권을 침해받은 자는 법원의 재판을 제외하고는 헌법재판소에 헌법소원심판을 청구할 수 있다. 다만, 다른 법률에 구제절차가 있는 경우에는 그 절차를 모두 거친 후에 청구할 수 있다"라고 하여 권리구제형 헌법소원을 규정하고 있다.

권리구제형 헌법소원제도는 오스트리아와 독일의 헌법재판소제도에서 도입된 이래 오늘날 헌법재판소제도의 일반적인 제도로 인정된다.

2. 위헌심사형 헌법소원: 다른 유형의 위헌법률심판

헌법재판소법 제68조 제2항은 "제41조제1항에 따른 법률의 위헌 여부 심판의 제청신청이 기각된 때에는 그 신청을 한 당사자는 헌법재판소에 헌법소원심판을 청구할 수 있다. 이 경우 그 당사자는 당해 사건의 소송절차에서 동일한 사유를 이유로 다시 위헌 여부 심판의 제청을 신청할 수 없다"라고 하여 위헌법률심판을 청구하는 위헌심사형 헌법소원을 규정한다.[1)]

Ⅳ. 헌법소원심판의 청구절차

1. 심판청구서의 제출

헌법소원심판은 원칙적으로 헌법소원심판청구서를 헌법재판소에 제출함으로써 한다. 청구서에는 필요한 증거서류 또는 참고자료를 첨부할 수 있다(법 제26조). 헌법소원심판청구인이 청구서를 헌법재판소에 제출할 때에는 9통의 심판용 부본을 함께 제출하여야 하며 이 경우 송달용 부본은 별도로 제출하여야 한다(헌법재판소 심판 규칙 제9조).

1) 사법심사(위헌법률심사)의 구조: 위헌법률심판(헌가 사건)과 위헌심사형 헌법소원(헌바 사건)

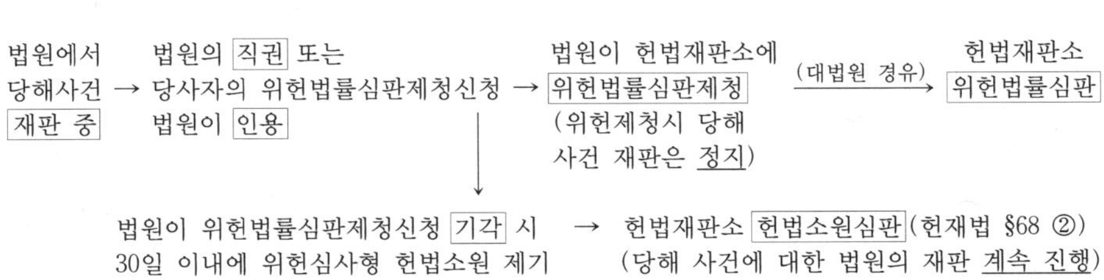

한편 헌법소원심판청구인은 헌법소원심판청구서를 전자문서(컴퓨터 등 정보처리 능력을 갖춘 장치에 의하여 전자적인 형태로 작성되어 송·수신되거나 저장된 정보를 말한다)화하고 이를 정보통신망을 이용하여 헌법재판소에서 지정·운영하는 전자정보처리조직(심판절차에 필요한 전자문서를 작성·제출·송달하는 데에 필요한 정보처리능력을 갖춘 전자적 장치를 말한다)을 통하여 제출할 수 있다(법 제76조). 헌법소원심판청구서를 전자문서로 제출할 경우에는 헌법재판소 심판 규칙에서 정하는 부본 제출의무가 면제된다(헌법재판소 심판절차에서의 전자문서 이용 등에 관한 규칙 제4조 제4항).

2. 심판청구서 기재사항

(1) 권리구제형 헌법소원의 경우

헌법재판소법 제68조 제1항의 권리구제형 헌법소원심판에 있어서 청구서에 필요적으로 기재하여야 할 사항은 다음과 같다(법 제71조).

(가) 청구인 및 대리인의 표시

청구인의 표시란 청구인의 성명, 주소, 전화번호 등의 기재를 의미하며 주소 이외에 별도의 송달장소가 있으면 이를 기재할 수 있다. 대리인의 표시란 변호사 강제주의 원칙에 따라 헌법소원심판을 수행할 변호사인 대리인의 성명, 주소 등을 기재하는 것을 말한다.

(나) 침해된 권리

청구인은 심판청구서에서 침해되었다고 주장하는 헌법상의 기본권을 특정하여야 한다.

(다) 침해의 원인이 되는 공권력의 행사 또는 불행사

청구인은 심판청구서에 기본권침해의 원인이 된 공권력의 행사 또는 불행사를 구체적으로 특정하여 기재하여야 한다.

(라) 청구 이유

청구인은 자신이 주장하는 헌법소원심판의 청구취지를 뒷받침하는 청구 이유를 상세하게 기재하여야 한다. 청구 이유에는 헌법소원심판청구에 이르게 된 경위, 당해 공권력의 행사 또는 불행사가 청구인의 기본권을 침해하는 이유와 헌법에 위반되는 이유 등을 기재한다.

(마) 그 밖에 필요한 사항

헌법재판소 심판 규칙은 헌법소원심판청구서에 기재하여야 할 그 밖에 필요한 사항으로 피청구인, 다른 법률에 따른 구제 절차의 경유에 관한 사항, 청구기간의 준수에 관한 사항을 요구하고 있다(규칙 제68조). 다만, 법령에 대한 헌법소원심판 청구에 있어서는 피청구인의 기재를 요구하지 아니한다.

(2) 위헌심사형 헌법소원의 경우

위헌심사형 헌법소원심판을 청구하는 경우에도 청구인은 원칙적으로 심판청구서를 헌법재판소에 제출하여야 하며 이 경우 전자문서로 청구서를 대신할 수 있음은 권리구제형 헌법소원의 경우와 같다. 위헌심사형 헌법소원심판청구서에 기재하여야 할 사항은 다음과 같다. ① 청구인 및 대리인의 표시, ② 사건 및 당사자의 표시, ③ 위헌이라고 해석되는 법률 또는 법률 조항, ④ 위헌이라고 해석되는 이유, ⑤ 법률이나 법률 조항의 위헌 여부가 재판의 전제가 되는 이유, ⑥ 청구기간의 준수에 관한 사항.

한편 위헌심사형 헌법소원을 제기함에 있어서 청구인은 심판청구서와 함께 ① 위헌법률심판제청신청서 사본, ② 위헌법률심판제청신청 기각결정서 사본, ③ 위헌법률심판제청신청 기각결정서 송달증명원, ④ 당해사건의 재판서를 송달받은 경우에는 그 재판서 사본을 제출하여야 한다(규칙 제69조).

3. 심판청구서의 접수

헌법소원심판청구서가 헌법재판소에 제출되면 접수공무원은 이를 사건으로 접수하여 사건서류에 별표의 접수인을 찍어 접수연월일과 번호를 기입하고, 접수공무원 확인인의 날인 및 접수방법을 표시한 후 표지를 붙여 사건기록을 편성한다. 접수공무원이 사건기록을 편성한 때에는 사건번호 · 사건명 · 청구인 등 사건의 특정에 필요한 사항을 헌법재판소사무관리규칙 제3조 제12호의 규정에 의한 헌법재판정보시스템에 입력하여야 한다(헌법재판소사건의접수에관한규칙 제4조).

4. 보정명령

헌법재판소는 헌법소원심판청구서의 필수 기재사항이 누락되거나 명확하지 아니한 경우에 적당한 기간을 정하여 이를 보정하도록 명할 수 있으며 청구인이 보정기간까지 보정하지 아니한 경우에는 헌법소원심판청구를 각하할 수 있다(규칙 제70조).

5. 헌법소원심판 절차도

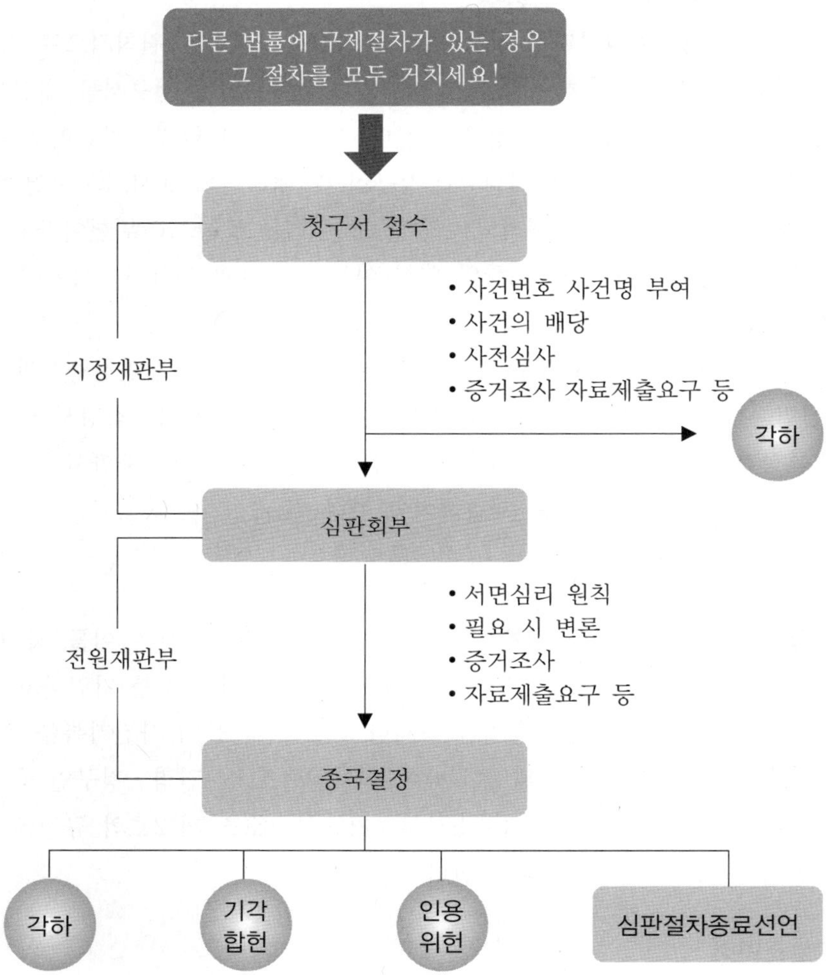
다른 법률에 구제절차가 있는 경우 그 절차를 모두 거치세요!
청구서 접수
지정재판부
• 사건번호 사건명 부여
• 사건의 배당
• 사전심사
• 증거조사 자료제출요구 등
각하
심판회부
전원재판부
• 서면심리 원칙
• 필요 시 변론
• 증거조사
• 자료제출요구 등
종국결정
각하
기각
합헌
인용
위헌
심판절차종료선언

〈헌법소원심판청구서(법령)〉

헌법소원심판청구서

청 구 인 ○ ○ ○
서울 성북구 ○○로 ○○, ○○○호(○○동)
대리인 변호사 ○ ○ ○
서울 서초구 ○○로 ○○, ○○○호(○○동)

청 구 취 지

"구 아동복지법(2014. 1. 28. 법률 제12361호로 개정되고, 2017. 9. 19. 법률 제14887호로 개정되기 전의 것) 제29조의3 제1항 제18호 중 '아동학대관련범죄로 형을 선고받아 확정된 사람'에 관한 부분은 헌법에 위반된다."라는 결정을 구합니다.

침 해 된 권 리

헌법 제11조 평등권, 제15조 직업선택의 자유

침 해 의 원 인

구 아동복지법(2014. 1. 28. 법률 제12361호로 개정되고, 2017. 9. 19. 법률 제14887호로 개정되기 전의 것) 제29조의3 제1항 제18호 중 '아동학대관련범죄로 형을 선고받아 확정된 사람'에 관한 부분

청 구 이 유

1. 심판청구에 이르게 된 경위(사건의 개요)
2. 심판대상조항 및 관련조항(법문 기재)
3. 적법요건의 충족 여부(예: 법적관련성, 청구기간 등)
4. 기본권을 침해하는 이유

첨 부 서 류

1. 각종 입증서류
2. 소송위임장(소속변호사회 경유)

20 . . .

청구인 대리인 변호사 ○○○ (인)

헌법재판소 귀중

〈헌법소원심판청구서(불기소처분-기소유예)〉

헌법소원심판청구서

청 구 인 ○ ○ ○
서울 성북구 ○○로 ○○, ○○○호(○○동)
대리인 변호사 ○ ○ ○
서울 서초구 ○○로 ○○, ○○○호(○○동)
피청구인 ○○지방검찰청 ○○지청 검사

청 구 취 지

"피청구인이 20 . . . ○○지방검찰청 ○○지청 2014년 형제0000호 사건에 있어서 청구인에 대하여 한 기소유예처분은 청구인의 평등권 및 행복추구권을 침해한 것이므로 이를 취소한다."라는 결정을 구합니다.

침 해 된 권 리

헌법 제11조 제1항 평등권
헌법 제10조 행복추구권

침 해 의 원 인

피청구인의 20 . . . ○○지방검찰청 ○○지청 2021년 형제○○○○호 사건의 청구인에 대한 기소유예처분

청 구 이 유

1. 심판청구에 이르게 된 경위(기소유예처분 등 약술)
2. 적법요건의 충족 여부
3. 기소유예(불기소) 처분의 내용
4. 기본권을 침해하는 이유(법리오해, 수사미진, 증거판단 잘못 등)

첨 부 서 류

1. 각종 입증서류
2. 소송위임장(소속변호사회 경유)

20 . . .

청구인 대리인 변호사 ○○○ (인)

헌법재판소 귀중

〈헌법소원심판청구서(부작위)〉

헌법소원심판청구서

청 구 인　　○ ○ ○
서울 성북구 ○○로 ○○, ○○○호(○○동)
대리인 변호사 ○ ○ ○
서울 서초구 ○○로 ○○, ○○○호(○○동)
피청구인　　고용노동부장관

청 구 취 지

"피청구인이 ○○법 제○○조 및 ○○법 시행령 제○○조가 정하는 경우에 관하여 평균임금을 정하여 고시하지 아니한 부작위는 청구인의 재산권을 침해한 것이므로 위헌임을 확인한다."라는 결정을 구합니다.

침 해 된 권 리

헌법 제23조 재산권

침 해 의 원 인

피청구인이 ○○법 제○○조 및 ○○법 시행령 제○○조가 정하는 경우에 관하여 평균임금을 정하여 고시하지 아니한 부작위

청 구 이 유

1. 심판청구에 이르게 된 경위(사건의 개요)
2. 부작위의 내용(입법의무 등의 주체, 작위의무 내용, 의무의 해태)
3. 기본권을 침해하는 이유(작위의무의 근거- 헌법이나 헌법 해석, 행정부작위의 경우 법령상의 근거 포함)

첨 부 서 류

1. 각종 입증서류
2. 소송위임장(소속변호사회 경유)

20 . . .

청구인 대리인 변호사 ○○○ (인)

헌법재판소 귀중

〈헌법소원심판청구서(행정행위)〉

헌법소원심판청구서

청 구 인 ○ ○ ○
서울 성북구 ○○로 ○○, ○○○호(○○동)
대리인 변호사 ○ ○ ○
서울 서초구 ○○로 ○○, ○○○호(○○동)
피청구인 공정거래위원회

청 구 취 지

"피청구인이 20 . . . ○○회사에 대하여 한 무혐의결정은 청구인의 평등권 및 재판절차진술권을 침해한 것이므로 이를 취소한다."라는 결정을 구합니다.

침 해 된 권 리

헌법 제11조 제1항 평등권
헌법 제27조 제5항 재판절차에서의 진술권

침 해 의 원 인

피청구인의 20 . . .자 ○○회사에 대한 무혐의결정

청 구 이 유

1. 심판청구에 이르게 된 경위(사건의 개요)
2. 행정행위의 내용
3. 적법요건의 충족 여부(예: 공권력 행사, 법적관련성, 청구기간 등)
4. 기본권을 침해하는 이유

첨 부 서 류

1. 각종 입증서류
2. 소송위임장(소속변호사회 경유)

20 . . .

청구인 대리인 변호사 ○○○ (인)

헌법재판소 귀중

V. 헌법소원심판의 심리

1. 서면심리의 원칙

헌법소원의 심판은 서면심리에 의한다. "다만 재판부가 필요하다고 인정하는 경우에는 변론을 열어 당사자·이해관계인 그 밖의 참고인의 진술을 들을 수 있다"(헌재법 제30조 제2항).

2. 지정재판부의 사전심사

헌법소원의 남소로 인하여 헌법재판업무가 과중하게 될 우려가 있고 이로 인하여 불필요한 헌법소원사건에 시간과 노력을 투자함으로써 발생할 수 있는 헌법소원심판의 비효율성을 방지하기 위하여 지정재판부에 의한 사전심사제를 도입하고 있다(헌재법 제72조). 헌법재판소장은 재판관 3명으로 구성되는 지정재판부를 두어 헌법소원심판의 사전심사를 담당하게 할 수 있다(제72조 제1항). 헌법재판소법은 지정재판부에 의한 사전심사를 재량사항으로 규정하고 있지만 실무에서는 헌법소원심판의 필수적 절차로 운용하고 있다. 따라서 권리구제형 헌법소원인가, 위헌심사형 헌법소원인가 구별 없이 지정재판부에 의한 사전심사를 우선 받아야 한다.

지정재판부의 구성과 운영에 필요한 사항은 헌법재판소규칙으로 정한다(제72조 제6항). 이에 따라 '지정재판부의구성과운영에관한규칙'이 제정되어 있다. 헌법재판소에는 제1지정재판부, 제2지정재판부 및 제3지정재판부를 두며, 각 지정재판부는 헌법재판소 재판관 3인으로 구성하도록 동 규칙은 규정하고 있다(규칙 제2조).

지정재판부의 구성원은 임기 만료에 의한 재판관 변동이 없는 한 원칙적으로 교체되지 아니한다. 독일연방헌법재판소의 예심재판부의 구성원은 3년마다 교체되는 것과 다른 점이다. 예심재판부 구성원을 주기적으로 교체하도록 정한 독일 제도의 입법취지를 참고할 필요가 있다(허영, 419면).

지정재판부는 심판청구서에 기재된 청구요지와 청구인의 주장에 한정된 판단만을 할 것이 아니라 가능한 한 모든 측면에서 헌법상 보장된 기본권의 침해 유무를 직권으로 심사하여야 한다(헌재 1993.5.13. 92헌마80, 체육시설의설치이용에관한법률시행규칙 제5조에 대한 헌법소원(위헌)). 지정재판부의 사전심사는 헌법소원심판의 본안에 관한 판단이 아니라 헌법소원심판의 적법요건의 구비 여부만을 판단하는 심사이다.

지정재판부는 ① 다른 법률에 따른 구제절차가 있는 경우 그 절차를 모두 거치지 아니하거나 또는 법원의 재판에 대하여 헌법소원의 심판이 청구된 경우, ② 제69조의 청구기간이 지난 후 헌법소원심판이 청구된 경우, ③ 제25조에 따른 대리인의 선임 없이 청구된 경우, ④ 그 밖에 헌법소원심판의 청구가 부적법하고 그 흠결을 보정할 수 없는 경우에는 지정재판부 재판관 전원의 일치된 의견에 의한 결정으로 헌법소원의 심판청구를 각하한다(헌재법 제72조 제3항). 지정재판부는 전원의 일치된 의견으로 위와 같은 각하결정을 하지 아니하는 경우에는 결정으로 헌법소원을 재판부의 심판에 회부하여야 한다. 헌법소원심판의 청구 후 30일이 지날 때까지 각하결정이 없는 때에는 심판에 회부하는 결정이 있는 것으로 본다(헌재법 제72조 제4항).

3. 이해관계인 등의 의견제출

"헌법소원의 심판에 이해관계가 있는 국가기관 또는 공공단체와 법무부장관은 헌법재판소에 그 심판에 관한 의견서를 제출할 수 있다." "제68조제2항에 따른 헌법소원이 재판부에 심판 회부된 경우에는 제27조제2항(법무부장관 및 당해 소송사건의 당사자에게 헌법소원심판청구서의 등본을 송달한다) 및 제44조(당해 소송사건의 당사자 및 법무부장관은 헌법재판소에 법률의 위헌 여부에 대한 의견서를 제출할 수 있다)를 준용한다"(헌재법 제74조).

> 국가인권위원회법 제28조 제1항: "위원회는 인권의 보호와 향상에 중대한 영향을 미치는 재판이 계속중인 경우 … 헌법재판소의 요청이 있거나 필요하다고 인정하는 때에는 … 헌법재판소에 법률상의 사항에 관하여 의견을 제출할 수 있다."

제 2 절 권리구제형 헌법소원

Ⅰ. 심판의 청구권자

“공권력의 행사 또는 불행사로 인하여 헌법상 보장된 기본권을 침해받은 자는 법원의 재판을 제외하고는 헌법재판소에 헌법소원심판을 청구할 수 있다”(헌재법 제68조 제1항). 이때 기본권을 침해받은 자는 기본권의 보유능력이 인정되는 자임을 전제로 한다. 따라서 권리구제형 헌법소원심판의 청구권자는 일단 기본권의 주체성이 인정되는 자이어야 한다.

1. 자연인과 단체

권리구제형 헌법소원심판의 청구권자는 기본권의 주체에서와 마찬가지로 모든 국민을 의미한다. 외국인에게도 인정되는 기본권에 한하여 외국인도 청구권자가 된다. 태아(胎兒)도 제한적으로 인정되지만, 배아(胚芽)는 인정되지 아니한다.

헌법재판소법 제68조 제1항의 헌법소원은 기본권의 주체만 청구할 수 있는데, 단순히 ‘국민의 권리’가 아니라 ‘인간의 권리’로 볼 수 있는 기본권에 대해서는 외국인도 기본권의 주체이다. 청구인이 침해받았다고 주장하는 변호인의 조력을 받을 권리는 성질상 인간의 권리에 해당되므로 외국인도 주체이다. 따라서 청구인의 심판청구는 청구인 적격이 인정된다(헌재 2018.5.31. 2014헌마346, 변호인 접견 불허처분 등 위헌확인(인용)).

‘국민’의 범주에는 자연인뿐만 아니라 법인 중에서 사법인도 포함된다(예컨대 사립학교 법인, 한국영화인협회 등). 이에 따라 성질상 법인이 누릴 수 있는 기본권에 대하여는 법인 명의로 헌법소원을 청구할 수 있다. 또한 권리능력 없는 단체(사단 또는 재단)도 대표자를 통하여 독립된 조직체로서 활동하는 경우에는 성질상 단체가 누릴 수 있는 기본권에 대하여 청구권자가 될 수 있다. 예컨대 한국신문편집인협회, 정당, 노동조합(헌재 1999.11.25. 95헌마154, 노동조합법 제12조 등 위헌확인(각하,위헌))과 같은 단체가 이에 해당한다.

미국산 쇠고기 및 쇠고기제품 수입위생조건 위헌확인에서 침해된다고 하여 문제되는 생명 · 신체의 안전에 관한 기본권은 성질상 자연인에게만 인정되는 것이므로 진보신당은 기본권 행사의 주체가 될 수 없어 청구인능력이 인정되지 아니한다(헌재 2008.12.26. 2008헌마419, 미국산 쇠고기 및 쇠고기제품 수입위생조건 위헌확인(각하,기각); 헌재 1991.3.11. 91헌마21, 지방의회의원선거법 제36조 제1항에 대한 헌법소원(헌법불합치,각하)).

2. 단체의 구성원 · 내부기관

헌법소원의 청구권자가 될 수 있는 단체라고 하더라도 "단체는 원칙적으로 단체 자신의 기본권을 직접 침해당한 경우에만 그의 이름으로 헌법소원심판을 청구할 수 있을 뿐이고 그 구성원을 위하여 또는 그 구성원을 대신하여 헌법소원심판을 청구할 수 없"으므로 자기관련성에 주의가 필요하다(후술하는 자기관련성 참조).

> "한국신문편집인협회는 그 자신의 기본권이 직접 침해당하였다는 것이 아니고 청구인협회의 회원인 언론인들의 언론 · 출판의 자유가 침해당하고 있어 청구인협회는 간접적으로 기본권을 침해당하고 있음을 이유로 하여 이 사건 헌법소원심판을 청구하고 있는 것으로 보이므로 자기관련성을 갖추지 못하여 부적법하다"(헌재 1995.7.21. 92헌마177등, 대통령선거법 제65조 위헌확인(각하)); 전국 시 · 도 교육의원협의회가 그 구성원인 교육의원들을 위하여 또는 교육의원들을 대신하여 헌법소원을 청구할 수는 없다(헌재 2009.3.26. 2007헌마359, 지방교육자치에 관한 법률 제4조 등 위헌확인(각하)); 사단법인 한국기자협회가 그 구성원인 기자들을 대신하여 제기한 헌법소원심판청구는 기본권 침해의 자기관련성을 인정할 수 없어 부적법하다(헌재 2016.7.28. 2015헌마236등, 부정청탁 및 금품등 수수의 금지에 관한 법률 제2조 제1호 마목 등 위헌확인 등(각하, 기각)).

또한 단체 자체가 아닌 단체소속의 분과위원회 또는 단체의 내부기관은 청구권자가 될 수 없다.

> 인천전문대학 기성회 이사회는 인천전문대학 기성회로부터 독립된 별개의 단체가 아니고 인천전문대학 기성회 내부에 설치된 회의 기관 가운데 하나에 불과하므로 인천전문대학 기성회 이사회는 그 이름으로 헌법소원심판을 청구할 수 있는 헌법소원심판 청구능력이 있다고 할 수 없다(헌재 1991.6.3. 90헌마56, 영화법 제12조 등에 대한 헌법소원(각하); 헌재 2010.7.29. 2009헌마149, 재단법인 인천전문대학학사운영회 설립 및 지원에 관한 조례 위헌확인(각하)).

그리고 민법상 권리능력이나 민사소송법상 당사자능력이 없는 자도 청구권자가 될 수 없다(헌재 1993.7.29. 89헌마123, 구 법인세법 제59조의3, 같은 법 시행령 제124조의8에 대한 헌법소원(각하)).

> 사이버대학은 사립학교법 및 고등교육법을 근거로 설립된 교육시설에 불과하여 헌법소원심판을 제기할 청구인능력이 없다(헌재 2016.10.27. 2014헌마1037, 의료기사 등에 관한 법률 제4조 제1항 제1호 위헌확인(각하, 기각)).

3. 국가기관, 공공단체, 공법인

(1) 원칙: 부정

헌법재판소는 공권력의 행사자인 국가, 지방자치단체나 그 기관 또는 조직의 일부나 공법인은 기본권의 수범자이지 기본권의 주체가 아니라고 보아, 지방자치단체(헌재 2006.2.23. 2004헌바50, 구 농촌근대화촉진법 제16조 위헌소원(기각), 헌재 2006.12.28. 2006헌마312, 혁신도시 최종입지 공표행위 위헌확인(각하)), 지방자치단체의 장(헌재 1997.12.24. 96 헌마365, 행정심판법 제37조 제1항 위헌확인(각하)), 지방자치단체의 의결기관(헌재 1998.3.26. 96헌마345, 지방자치단체의행정기구와정원기준등에관한규정 제14조 제1항 등 위헌확인(각하)), 국회의 구성원인 국회상임위원회(헌재 1994.12.29. 93헌마120, 불기소처분취소(각하)), 공법인인 지방자치단체의 교육위원(헌재 1995.9.28. 92헌마23등, 지방교육자치에 관한법률 제13조 제1항에 대한 헌법소원(각하)), 국회의원 등에 대하여 청구인적격을 부인한다.

> 검사가 발부한 형집행장에 의하여 검거된 벌금미납자의 신병에 관한 업무와 관련하여 경찰공무원은 국가기관의 일부 또는 그 구성원으로서 공법상의 권한을 행사하는 공권력행사의 주체일 뿐 기본권의 주체라 할 수 없으므로 헌법소원을 제기할 청구인적격을 인정할 수 없다(헌재 2009.3.24. 2009헌마118, 공권력행사 위헌확인(각하)).
>
> 공직선거법이 지방자치단체장의 직무와 관련된 영역에서 금품제공행위 등을 금지하고 있는 부분은 지방자치단체장 개인의 기본권을 제한하는 것이 아니라 지방자치단체장으로서의 공무집행의 방법을 제한하는 것이므로 이는 헌법소원심판의 대상이 될 수 없다(헌재 2008.5.29. 2005헌마442, 공직선거 및 선거부정방지법 제86조 제3항 위헌확인(각하)).

(2) 예외적 인정

공권력의 주체라고 하더라도 국·공립대학이나 공영방송국과 같이 국가에 대하여 독립성을 가지는 독자적인 기구로서(헌재 1995.2.23. 90헌마125, 입법권침해 등에 대한 헌법소원(각하)), 해당 기본권영역에서 개인들의 기본권실현에도 이바지하는 경우에는 예외적으로 기본권주체가 될 수 있다.

헌법재판소는 국립서울대학교에 대하여 학문의 자유 및 대학의 자치와 관련하여 기본권주체성을 인정한다(헌재 1992.10.1. 92헌마68등, 1994학년도 신입생선발입시안에 대한 헌법소원(기각)). 그리고 국립강원대학교에 대하여도 대학자율권의 주체성을 인정한 바 있다(헌재 2015.12.23. 2014헌마1149, 강원대학교 법학전문대학원 2015학년 모집정지처분등 취소(인용)).

> "헌법 제31조 제4항이 규정하는 교육의 자주성 및 대학의 자율성은 헌법 제22조 제1항이 보장하는 학문의 자유의 확실한 보장을 위해 꼭 필요한 것으로서 대학에 부여된 헌법상 기본권인 대학의 자율권이므로, 국립대학인 청구인도 이러한 대학의 자율권의 주체로서 헌법소원심판의 청구인능력이 인정된다."

즉, 국립대학교의 경우 대법원은 영조물(교육시설)에 불과하다는 이유로 행정소송의 당사자능력을 인정하지 아니하지만(대판 2010.3.11. 2009두23129; 대판 2007.9.20. 2005두6935), 헌법재판소는 대학의 자율성과 학문의 자유라는 기본권 주체성을 긍정하여 독자적인 헌법소원 청구인능력을 인정한다. 반면에 사립대학교나 사립 중·고교의 경우에는 사립학교법 등 관련 법률을 근거로 설립된 교육시설에 불과하므로 헌법소원심판을 제기할 청구인능력이 없고 해당 시설에 관한 권리의무의 주체인 학교법인이 헌법소원을 제기하는 것으로 충분하다는 입장이다(헌재 1993.7.29. 89헌마123, 구 법인세법 제59조의3, 같은 법 시행령 제124조의8에 대한 헌법소원(각하)).

> 사이버대학은 사립학교법 및 고등교육법을 근거로 설립된 교육시설에 불과하여 헌법소원심판을 제기할 청구인능력이 없다(헌재 2016.10.27. 2014헌마1037, 의료기사 등에 관한 법률 제4조 제1항 제1호 위헌확인(각하,기각)).

또한 대통령도 발언내용이 직무 부문과 사적 부문이 경합하는 경우에 사적 부문에 대하여는 기본권주체성을 인정한다.

개인의 지위를 겸하는 국가기관이 기본권의 주체로서 헌법소원의 청구적격을 가지는지 여부는, 심판대상조항이 규율하는 기본권의 성격, 국가기관으로서의 직무와 제한되는 기본권 간의 밀접성과 관련성, 직무상 행위와 사적인 행위 간의 구별가능성 등을 종합적으로 고려하여 결정되어야 한다(헌재 2008.1.17. 2007헌마700, 대통령의 선거중립의무 준수요청 등 조치 취소(기각)).

Ⅱ. 심판청구의 대상: 헌법소원의 대상성

1. 국가기관에 의한 공권력의 행사 또는 불행사(작위의무의 존재)

권리구제형 헌법소원의 대상은 "공권력의 행사 또는 불행사"이다. 공권력의 행사인 이상 입법·사법·행정 등이 적극적인 공권력을 행사한 경우는 물론 부작위에 의한 공권력의 불행사도 포함된다.[1] 여기에서 '공권력'이란 모든 국가기관·공공단체 등에 의하여 이루어지는 고권적 작용으로서, 그 행사 또는 불행사로 국민의 권리와 의무에 대하여 직접적인 법률효과를 발생하여 청구인의 법률관계 내지 법적 지위를 불리하게 변화시키는 것이어야 한다(헌재 2012.8.23. 2010헌마439, 전기통신사업법 제54조 제3항 위헌확인 등(각하)).

전기통신사업자에게 이용자에 관한 통신자료를 수사관서의 장의 요청에 응하여 합법적으로 제공할 수 있는 권한을 부여하고 있는 법률 조항에 근거하여 이루어진 통신자료 취득행위는 강제력이 개입되지 아니한 임의수사에 해당하는 것이어서 헌법재판소법 제68조 제1항에 의한 헌법소원의 대상이 되는 공권력의 행사에 해당하지 아니한다(헌재 2012.8.23. 2010헌마439, 전기통신사업법 제54조 제3항 위헌확인 등(각하))(헌재 2022.7.21. 2016헌마388, 통신자료 취득행위 위헌확인 등(헌법불합치(잠정적용)각하)).

수사기관에 공사단체 등에 대한 사실조회의 권한을 부여한 법률 조항 및 개인정보의 수사기관 제공 여부를 개인정보처리자의 재량사항으로 규정한 법률 조항에 근거해서 이루어진 수사기관의 사실조회행위도 헌법재판소법 제68조 제1항에 의한 헌법소원의 대상

1) 김학성, 헌법소원에 관한 연구, 서울대 박사학위논문, 1990.2; 박종보, 법령에 대한 헌법소원: 그 대상과 요건을 중심으로, 서울대 박사학위논문, 1994.2; 박승호, 헌법재판연구(1), 경인, 1989; 전학선, "행정부작위에 대한 헌법소원", 공법연구 30-3; 정구환, 불기소 헌법소원, 육법사, 2003; 김정태, 헌법소원에 관한 연구: 보충성원칙과 그 예외를 중심으로, 한양대 박사학위논문, 1997; 김하열, "헌법소원사건의 효율적 처리에 관한 고찰", 공법연구 43-1; 정주백, "법률에 대한 헌법소원심판에 있어서의 권리보호이익", 헌법학연구 21-4; 방승주, "사후적으로 위헌선언된 긴급조치에 대한 국가배상책임", 헌법학연구 25-3; 손형섭, "사법제도 개혁을 위한 헌법 구조적 대안 연구-헌법재판소법 개정을 통한 재판소원제도 도입론", 공법연구 48-1; 성기용, "헌법소원의 직접성 요건-헌법재판소 판례의 변천을 중심으로", 헌법재판연구 8-1; 박진영, "헌법소원심판에서 사실인정과 증거조사업무의 문제점과 개선방안", 공법연구 52-2.

이 되는 공권력의 행사에 해당하지 않는다(헌재 2018.8.30. 2014헌마368, 건강보험 요양급여내역 제공 요청 및 제공 행위 등 위헌확인(인용,각하)).

행정청이 우월적 지위에서 일방적으로 강제하는 권력적 사실행위는 헌법소원의 대상이 되지만(헌재 2001.7.19. 2000헌마546, 유치장내화장실설치및관리행위 위헌확인(인용(위헌확인)) 등), 행정지도와 같이 대외적 구속력이 없는 비권력적 사실행위는 헌법소원의 대상이 되지 아니한다(헌재 1994.5.6. 89헌마35, 공권력행사로 인한 재산권침해에 관한 헌법소원 등(각하)).다만, 행정지도라 하더라도 그에 따르지 아니할 경우 일정한 불이익조치를 예정하고 있는 등 사실상 강제적 성격을 띠는 경우에는 예외적으로 헌법소원의 대상이 될 수 있다(헌재 2003.6.26. 2002헌마337등, 학칙시정요구 등 위헌확인(각하)).

> 개성공단 전면중단 조치는 투자기업인 청구인들로 하여금 공권력에 순응케 하여 개성공단의 운영을 중단시키는 결과를 실현한 일련의 행위로 구성되며, 그로 인해 위 청구인들의 개성공단에서의 사업 활동이 중단되고, 개성공단 내 공장, 영업시설이나 자재 등에 접근, 이용이 차단되는 등 법적 지위에 직접적, 구체적 영향을 받게 되었으므로, 위 조치는 피청구인들이 투자기업인 청구인들에 대한 우월적 지위에서 일방적으로 행한 권력적 사실행위로서 공권력의 행사에 해당한다(헌재 2022.1.27. 2016헌마364, 개성공단 전면중단 조치 위헌확인(기각)).
>
> 교육인적자원부장관의 대학총장들에 대한 학칙시정요구는 고등교육법 규정에 따른 것으로서 그 법적 성격은 대학총장의 임의적인 협력을 통하여 사실상의 효과를 발생시키는 행정지도의 일종이지만, 그에 따르지 않을 경우 일정한 불이익조치를 예정하고 있어 사실상 상대방에게 그에 따를 의무를 부과하는 것과 다를 바 없으므로 단순한 행정지도로서의 한계를 넘어 규제적·구속적 성격을 상당히 강하게 갖는 것으로서 헌법소원의 대상이 되는 공권력의 행사라고 볼 수 있다(헌재 2003.6.26. 2002헌마337등, 학칙시정요구 등 위헌확인(각하)).

한편, 공권력의 불행사도 헌법소원의 대상이 될 수 있지만, 이를 위해서는 작위의무가 있을 것이 요구된다.

> "공권력의 불행사에 대한 헌법소원은 공권력의 주체에게 헌법에서 유래하는 작위의무가 특별히 구체적으로 규정되어 있어 이에 의거하여 기본권의 주체가 공권력의 행사를 청구할 수 있음에도 공권력의 주체가 그 의무를 해태(懈怠)하는 경우에 허용되므로, 작위의무가 없는 공권력의 불행사에 대한 헌법소원은 부적법하다"(헌재 2004.8.26. 2003헌마916, 재직기간산입거부처분취소(각하)).

하지만, 현실적으로 구체적 사안에서 공권력의 행사에 해당되는지 여부를 판단하는 것은 그리 쉬운 일이 아니다. 예컨대, 방송통신심의위원회의 시정요구는 공권력의 행사로 보지만, 방송통신심의위원회의 의견제시는 공권력의 행사로 보지 아니한다.

> 방송통신심의위원회의 시정요구는 단순한 행정지도로서의 한계를 넘어 규제적·구속적 성격을 가진 것으로서 헌법소원의 대상이 되는 공권력의 행사라고 봄이 상당하다(헌재 2012.2.23. 2011헌가13, 방송통신위원회의 설치 및 운영에 관한 법률 제21조 제4호 위헌제청(합헌)).

방송통신심의위원회가 방송법 제100조 제1항 단서에 따라 한 '의견제시'는 헌법소원의 대상이 되는 공권력의 행사에 해당하지 아니하고, 위 조항은 기본권 침해의 직접성이 인정되지 아니한다(헌재 2018.4.26. 2016헌마46, 방송법 제100조 제1항 위헌확인 등(각하)).

○○교도소장이 2014.7.30. 외부인으로부터 연예인 사진을 교부받을 수 있는지에 관한 청구인의 문의에 대하여 청구인이 '마약류수용자'로 분류되어 있고 연예인 사진은 처우상 필요한 것으로 인정하기 어려워 불허될 수 있다는 취지로 청구인에게 고지한 행위는 청구인이 외부인으로부터 연예인 사진을 교부받을 수 있는지를 문의한 것에 대하여 피청구인의 담당직원이 형집행법 관련 법령과 행정규칙을 해석·적용한 결과를 청구인에게 알려준 것에 불과할 뿐, 이를 넘어 청구인에게 어떠한 새로운 법적 권리의무를 부과하거나 일정한 작위 또는 부작위를 구체적으로 지시하는 내용이라고 볼 수 없으므로, 헌법소원의 대상이 되는 '공권력의 행사'로 볼 수 없다(헌재 2016.10.27. 2014헌마626, 교도소 내 부당처우행위 위헌확인(각하)).

또한 작위의무가 존재하는 공권력의 불행사로 볼 수 있는지 여부에 관한 판단도 그리 쉬운 문제가 아니다.

헌법소원 사건의 결정서 정본을 국선대리인에게만 송달하고 청구인에게는 송달하지 아니한 부작위의 위헌확인을 구하는 헌법소원 심판청구는 공권력 불행사가 존재하지 아니하는 경우에 해당하여 부적법하다(헌재 2012.11.29. 2011헌마693, 헌법재판소법 제36조 제4항 위헌확인 등(각하)).

2. 공법상 법인과 영조물법인에 의한 공권력의 행사 또는 불행사

헌법소원의 대상이 되는 공권력은 입법·행정·사법 등의 모든 기관뿐만 아니라, 간접적인 국가행정, 예를 들어 공권력을 간접적으로 행사하는 공법상의 사단이나 재단과 같은 공법상 법인, 국립대학교(헌재 1992.10.1. 92헌마68등, 1994학년도 신입생선발입시안에 대한 헌법소원(기각))와 같은 영조물법인 등의 작용도 포함된다.

"대통령선거방송위원회는 공직선거법 규정에 의해 설립되고 동법에 따른 법적 업무를 수행하는 공권력의 주체이므로, 이 사건 결정 및 공표행위는 헌법소원의 대상이 되는 공권력의 행사이다"(헌재 1998.8.27. 97헌마372등, 방송토론회진행사항결정행위 등 취소(기각)).

"법학전문대학원협의회는 교육과학기술부장관으로부터 적성시험의 주관 및 시행업무를 위임받아 매년 1회 이상의 적성시험을 실시하므로, 최소한 적성시험의 주관 및 시행에 관해서는 교육과학기술부장관의 지정 및 권한의 위탁에 의해 관련 업무를 수행하는 공권력 행사의 주체라고 할 것이며, 2010학년도 적성시험의 구체적인 시험 일시는 위 공고에 따라 비로소 확정되는 것으로 위 공고는 헌법소원의 대상이 되는 공권력의 행사에 해당한다"(헌재 2010.4.29. 2009헌마399, 2010학년도 법학적성시험 시행일자 공고 등 위헌확인(각하)).

하지만 정당, 외국, 사립대학, 한국증권거래소, 한국감정평가협회 등은 공권력 행사의 주체가 되지 아니한다.

정당의 법적 성격은 일반적으로 사적·정치적 결사 내지는 법인격 없는 사단으로 파악되므로 정당은 공권력 행사의 주체가 될 수 없다. 또한 정당의 대통령선거 후보선출은 자발적 조직 내부의 의사결정에 지나지 아니하므로 한나라당이 대통령선거 후보경선과정에서 여론조사 결과를 반영한 것을 공권력 행사에 해당한다고 할 수 없다(헌재 2007.10.30. 2007헌마1128, 한나라당 대통령후보 경선시 여론조사 적용 위헌확인(각하)).

이화여자대학교는 사립대학으로서 국가기관이나 공법인, 국립대학교와 같은 공법상의 영조물에 해당하지 아니하고, 일반적으로 사립대학과 그 학생과의 관계는 사법상의 계약관계이므로 학교법인 이화학당을 공권력의 주체라거나 이화학당의 법학전문대학원 모집요강을 공권력의 행사라고 볼 수 없다(헌재 2013.5.30. 2009헌마514, 법학전문대학원 설치인가 중 입학전형계획 위헌확인 등(기각,각하)).

"한국증권거래소의 기본적인 성격은 민법상 사단법인에 준하는 것으로 상장법인인 청구인회사에 대한 한국증권거래소의 상장폐지확정결정은 헌법소원의 대상이 되는 공권력의 행사에 해당되지 아니한다"(헌재 2005.2.24. 2004헌마442, 주권상장폐지확정결정취소(각하)).

토지보상평가지침을 만든 한국감정평가협회는 '부동산가격공시및감정평가에관한법률'에 따라 감정평가업자와 감정평가법인 또는 감정평가사사무소의 소속 감정평가사들이 감정평가제도의 개선 및 업무의 효율적인 수행을 위하여 설립한 사적 임의단체로서 동 협회에 관하여는 원칙적으로 민법 중 사단법인에 관한 규정이 준용된다. 따라서 공권력행사의 주체가 아닌 한국감정평가협회가 제정한 토지보상평가지침은 헌법소원의 대상이 되는 공권력의 행사에 해당하지 아니한다(헌재 2006.7.27. 2005헌마307, 택지개발촉진법시행령 제13조의2 제5항 제4호 등 위헌확인(기각,각하)).

3. 예외(법원의 재판과 사법상 행위)

법원의 재판이 공권력의 행사라는 점에 이의가 없지만, 헌법재판소법 제68조 제1항에서 이를 헌법소원의 대상에서 제외하고 있다. 이에 대하여 위헌론이 제기되었지만 헌법재판소는 일관되게 합헌으로 판시한다. 다만, 헌법재판소도 헌법재판소가 위헌(변형결정 포함)으로 결정한 법률을 적용하여 기본권을 침해한 재판에 대하여는 헌법소원을 인정한다.

행정청의 사법상(私法上) 행위에 대하여 헌법재판소는 헌법소원의 대상성을 부인하지만, 현실적으로 순수한 사법상 행위인지 여부에 관한 판단은 그리 쉬운 문제가 아니기 때문에 가급적 헌법소원을 인정할 필요가 있다.

이하에서는 편의상 입법·행정·사법에 대한 헌법소원의 순서로 나누어 설명한다.

4. 입법작용에 대한 헌법소원

(1) 법 률

입법행위도 공권력의 행사에 포함될 수 있다. 하지만, 법률에 대한 헌법소원의 제기는 추상적 규범통제제도가 아닌 구체적 규범통제제도를 취하는 현행헌법에서 헌법소원으로서의 요건을 갖춘 경우에 한하여 제한적으로 인정될 수 있다. 즉 "모든 법률이 다 헌법소원의 대상이 되는 것이 아니고 그 법률이 별도의 구체적 집행행위를 기다리지 아니하고 직접적으로, 그리고 현재적으로 헌법상 보장된 기본권을 침해하는 경우에 한정됨을 원칙으로" 한다(헌재 1990.6.25. 89헌마220, 지방공무원법 제31조 등에 대한 헌법소원(기각); 헌재 2000.11.30. 2000헌마79, 수도법 제52조의2 위헌확인(각하)).

이에 따라 개별적 처분이 있는 경우에는 법률 자체에 의한 권리침해의 직접성이 인정되지 아니한다(헌재 1989.10.27. 89헌마105등, 사회안전법에 관한 헌법소원(각하)). 다만, "예외적으로 집행행위가 존재하는 경우라도 그 집행행위를 대상으로 하는 구제절차가 없거나 구제절차가 있다고 하더라도 권리구제의 기대가능성이 없고 다만 기본권침해를 당한 청구인에게 불필요한 우회절차를 강요하는 것밖에 되지 않는 경우 등으로서 법률에 대한 전제관련성이 확실하다고 인정되는 때에는 당해 법률을 헌법소원의 직접 대상으로 삼을 수 있다"(헌재 1992.4.14. 90헌마82, 국가보안법 제19조에 대한 헌법소원(위헌)).

"법규 때문에 기본권의 침해를 받았다고 하여 헌법소원의 형태로서 그 위헌여부의 심판을 구하는 법규에 대한 헌법소원은, 구체적인 소송사건에서 전제된 경우도 아니고 법규 때문에 직접적인 기본권의 침해가 있는 경우도 아닌데 단순히 어느 법규가 위헌인가의 여부에 대한 의문이 있어 제기하는 외국의 추상적 규범통제제도와는 근본적으로 다른 별개의 제도인 것이다. 이러한 법규헌법소원은 자기관련성, 현재성 그리고 직접성을 갖추게 되면 그것만으로 적법한 소원심판청구로 되어 허용이 된다"(헌재 1991.3.11. 90헌마28, 지방의회의원선거법 제28조 등에 대한 헌법소원(위헌, 기각); 헌재 1989.7.21. 89헌마12, 형사소송법개정 등에 관한 헌법소원(각하) 참조).

국가기관인 징계위원회의 구성에 관한 사항을 규정한 조직규범에 의한 기본권침해는 심판대상조항 자체에 의하여 직접 발생하는 것이 아니라, 심판대상조항에 의하여 구성된 징계위원회가 징계의결을 현실적으로 행하고 이에 따른 구체적인 집행행위, 즉 법무부장관의 제청으로 대통령이 행하는 해임, 면직, 정직 등의 징계처분이 있을 때 비로소 발생하므로 이 심판청구는 직접성을 갖추지 못하였다(8:1)(헌재 2021.6.24. 2020헌마1614, 검사징계법 제5조 제2항 제2호 등 위헌확인(각하)).

헌법소원의 대상이 되는 법률은 기본적으로 현재 '시행중인 유효한 법률'일 필요가 있다. 하지만, 이미 폐지된 법률이나 개정되기 전의 법률(구 법률) 조항도 그에 대하여 아직 헌법적 해명이 이루어진 바가 없고 여전히 유사한 기본권 침해의 가능성이 남아 있는 경우라면 헌법소원의 대상이 될 수 있다(헌재 1995.5.25. 91헌마67, 지방의회의원선거법 제35조 등에 대한 헌법소원(한정위헌, 기각)).

심판대상조항은 '구법령 정리에 관한 특별조치법'에 따라 폐지된 조항이지만 계쟁 토지가 귀속재산인지 여부와 관련하여 현재까지도 여전히 유효한 재판규범으로서 적용되고 있고 그 위헌 여부가 당해 사건의 재판의 전제가 되어 있으므로 헌법소원의 대상이 된다

(헌재 2021.1.28. 2018헌바88, 재조선미국육군사령부군정청 법령 제2호 제4조 등 위헌소원(합헌)).

한편 헌법소원심판 청구 당시 공포되기만 하고 아직 시행되지는 아니한 법률도 그 효력이 발생하기 이전에 이미 청구인들의 권리관계가 침해될 수 있는 경우에는 헌법소원의 대상이 될 수 있다(헌재 1994.12.29. 94헌마201, 경기도남양주시등33개도농복합형태의시설치등에관한법률(기각)). 심지어 헌법재판소는 국회 본회의 통과 후 아직 공포되지는 아니한 법률도 심판 당시에 공포 후 시행되고 있다면 헌법소원의 대상이 된다고 판시한 바 있다(헌재 2001.11.29. 99헌마494, 재외동포의출입국과법적지위에관한법률 제2조 제2호 위헌확인(헌법불합치)). 이러한 점에서 위헌심사형 헌법소원과 확연한 차이가 있다.

법률안은 대통령이 거부권을 행사하지 않는 한 정부에 이송된 후 15일 이내에 공포하여야 하고 만일 공포하지 않는다면 법률로서 확정되는 바(헌법 제53조 제5항), 법률안이 거부권 행사에 의하여 최종적으로 폐기되었다면 모르되, 그렇지 아니하고 공포되었다면 법률안은 그 동일성을 유지하여 법률로 확정되는 것이라고 보아야 한다. 나아가, 우리 재판소가 위헌제청 당시 존재하지 아니하였던 신법의 경과규정까지 심판대상을 확장하였던 선례(헌재 2000.8.31. 97헌가12, 판례집 12-2, 167, 172)에 비추어 보면, 심판청구 후에 유효하게 공포·시행되었고 그 법률로 인하여 평등권 등 기본권을 침해받게 되었다고 주장하는 이상 청구 당시의 공포 여부를 문제삼아 헌법소원의 대상성을 부인할 수는 없다(헌재 2001.11.29. 99헌마494, 재외동포의출입국과법적지위에관한법률 제2조제2호 위헌확인).

(2) 국회의 입법부작위

(가) 진정입법부작위

법률의 제정 여부는 원칙적으로 입법권자인 국회의 재량사항이다. 그러나 "헌법에서 명문으로 일정한 입법을 하도록 규정한 경우와, 헌법해석상 일정한 입법을 하여야 하는 경우에 국회는 입법의무를 지며 이에 반하는 입법의 부작위는 위헌"이 된다. 이 경우 당사자는 위헌확인소송을 청구할 수 있고, 헌법재판소는 변형결정으로서 입법촉구결정을 할 수도 있다. 즉 헌법재판소는 진정입법부작위에 대하여 헌법소원을 인정한다(헌재 1994.12.29. 89헌마2, 조선철도(주) 주식의 보상금청구에 관한 헌법소원(인용(위헌확인))). 하지만, 진정입법부작위에 대한 위헌을 확인한 조선철도 사례는 매우 예외적이다.

다만, 헌법에 명시적으로 표현된 명백한 위임을 넘어 헌법재판소가 헌법의 해석을 통하여 입법자의 헌법적 의무를 폭넓게 인정하면 할수록 입법자의 입법형성의 자유는 축소된다. 그러므로 입법자의 입법형성의 자유를 보장하기 위하여 헌법의 해석을 통한 입법자의 헌법적 입법의무는 예외적으로만 이를 인정하고 되도록 헌법에 명시적인 위임이 있는 경우만으로 제한되어야 한다(헌재 2006.4.27. 2005헌마968, 입법부작위 위헌확인(각하)).

헌법재판소가 입법개선시한을 정하여 헌법불합치결정을 하였음에도 국회가 입법개선시한까지 개선입법을 하지 아니하여 국회의원의 선거구에 관한 법률이 존재하지 아니하게 된 경우, 국회는 이를 입법하여야 할 헌법상 의무가 있다(헌재 2016.4.28. 2015헌마1177 등, 입법부작위 위헌확인(각하)).

"아무런 입법을 하지 않은 채 방치되어 있는 진정입법부작위가 헌법소원의 대상이 되려면 헌법에서 기본권보장을 위하여 명시적인 입법위임을 하였음에도 입법자가 이를 이행하지 않을 때, 그리고 헌법해석상 특정인에게 구체적인 기본권이 생겨 이를 보장하기 위한 국가의 행위의무 내지 보호의무가 발생하였음이 명백함에도 불구하고 입법자가 아무런 입법조치를 취하고 있지 않은 경우라야 한다"(헌재 1993.3.11. 89헌마79, 의료법시행규칙에 관한 헌법소원(각하). 이 사건에서는 이 요건에 해당되지 않는 것으로 보고 있다).

일반국민이 입법을 하여달라는 취지의 청원권을 향유하고 있음은 별론이로되 입법행위의 소구(訴求)청구권은 원칙적으로 인정될 수 없다. 만일 법을 제정하지 아니한 것이 위헌임을 탓하여 이 점에 관하여 헌법재판소의 위헌판단을 받아 입법당국으로 하여금 입법을 강제하게 하는 것이 일반적으로 허용된다면 결과적으로 헌법재판소가 입법자의 지위에 갈음하게 되어 헌법재판의 한계를 벗어나게 된다. 따라서 입법부작위에 대한 헌법재판소의 재판관할권은 극히 한정적으로 인정할 수밖에 없다(헌재 1989.3.17. 88헌마1, 사법서사법 시행규칙에 관한 헌법소원(기각,각하)).

국회의원선거의 투표소 내에 수화통역인을 배치하도록 하는 내용의 헌법의 명시적인 입법위임이 존재한다고 볼 수 없고, 헌법해석상 그러한 입법의무가 새롭게 발생된다고도 볼 수 없으므로, 그러한 입법부작위의 위헌확인을 구하는 이 사건 심판청구는 작위의무를 인정할 수 없어 부적법하다(헌재 2013.8.29. 2012헌마840, 투표소 내 수화통역인 배치 부작위 위헌확인(각하)).

형사피고인과 달리 형사피의자에 대하여는 국선변호인제도를 규정하지 아니하는 입법부작위는 이 요건에 해당하지 아니하여 헌법소원심판의 대상이 될 수 없다(헌재 2008.7.1. 2008헌마428, 입법부작위 위헌확인(각하)).

지방자치단체장을 위한 별도의 퇴직급여제도를 마련하지 아니하는 것은 진정입법부작위에 해당하나, 헌법소원의 대상이 될 수 없는 입법부작위를 그 심판대상으로 한 것으로 부적법하다(헌재 2014.6.26. 2012헌마459, 입법부작위 위헌확인 등(각하,기각)).

어떠한 사항을 법률로 규율할 것인지 여부는 특별한 사정이 없는 한 입법정책의 문제이다. 따라서 진정입법부작위에 대한 헌법소원은 헌법에서 기본권 보장을 위하여 법령에 명시적인 입법위임을 하였는데도 입법자가 이를 이행하지 아니한 경우이거나, 헌법해석상 특정인에게 구체적인 기본권이 생겨 이를 보장하기 위한 국가의 행위의무 내지 보호의무가 발생하였음이 명백함에도 불구하고 입법자가 아무런 입법조치를 취하지 아니한 경우에 한하여 허용된다(헌재 1989.3.17. 88헌마1; 헌재 2010.10.28. 2008헌마332). 그런데 헌법은 국민 개개인에게 공무원에 대한 탄핵청구권을 보장하도록 법률로 정할 것을 명시적으로 위임하지 아니하고, 달리 헌법해석상 이러한 입법의무가 발생하였다고 보기도 어려우므로, 입법부작위를 대상으로 한 심판청구는 부적법하다(헌법재판소법 제72조 제3항 제4호)(헌재 2017.1.11. 2016헌마1136, 국민의 탄핵 청구권 미보장 위헌확인(각하)).

"헌법 제35조 제1항, 제2항만으로는 헌법이 독서실과 같이 정온(靜穩)을 요하는 사업장의 실내소음 규제기준을 마련하여야 할 구체적이고 명시적인 입법의무를 부과하였다고 볼 수 없고, 다른 헌법조항을 살펴보아도 위와 같은 사항에 대한 명시적인 입법위임은 존재하지 아니한다. 환경권의 내용과 행사는 법률에 의해 구체적으로 정해지므로(헌법 제35조 제2항), 입법자는 환경권의 구체적인 실현에 있어 광범위한 형성의 자유를 가진다"(헌재 2017.12.28. 2016헌마45, 환경정책기본법 제

(12조 제2항 등 위헌확인(각하)).

양심적 병역거부를 이유로 유죄판결을 받은 청구인들의 개인통보에 대하여 자유권규약위원회(Human Rights Committee)가 채택한 견해(Views)에 따른, 전과기록 말소 및 충분한 보상 등 구제조치를 이행하는 법률을 제정할 입법의무가 대한민국 국회에게 발생하였다고 볼 수 없다. 우리나라는 자유권규약의 당사국으로서 자유권규약위원회의 견해를 존중하고 그 이행을 위하여 가능한 범위에서 충분한 노력을 기울여야 한다. 다만, 우리 입법자가 반드시 자유권규약위원회의 견해(Views)의 구체적인 내용에 구속되어 그 모든 내용을 그대로 따라야만 하는 의무를 부담한다고 볼 수는 없으므로, 피청구인(대한민국 국회)에게 이 사건 견해에 언급된 구제조치를 그대로 이행하는 법률을 제정할 구체적인 입법의무가 발생하였다고 보기 어렵다(헌재 2018.7.26. 2011헌마306 등, 입법부작위 위헌확인(각하)).

의료인이 아닌 사람도 문신시술을 업으로 행할 수 있도록 그 자격 및 요건을 법률로 제정하도록 하는 내용의, 명시적인 입법위임은 헌법에 존재하지 않으며, 문신시술을 위한 별도의 자격제도를 마련할지 여부는 여러 가지 사회적 · 경제적 사정을 참작하여 입법부가 결정할 사항으로, 그에 관한 입법의무가 헌법해석상 도출된다고 보기는 어렵다. 의료인 자격에 이르지 않는 문신시술 자격제도는 현행법에 상응하는 정도로 국민의 건강을 보호할 수 없으므로, 이러한 보건위생상 위험을 감수하고 새로운 제도를 도입할지 여부는 입법재량의 영역에 속한다고 하여 선례를 유지한다(5:4)(헌재 2022.3.31. 2017헌마1343등, 의료법 제27조 제1항 본문 전단 위헌확인 등(기각,각하)).

그 밖에 입법의무를 부인한 사례로는 삼청교육 피해자에 대한 피해 보상을 하여야 할 헌법해석상 입법의무(헌재 1996.6.13. 93헌마276, 입법부작위 위헌확인(각하)), 주민투표법을 제정하여야 할 헌법상 의무(헌재 2001.6.28. 2000헌마735, 입법부작위 위헌확인(각하)), 국가가 실시하는 교사임용시험에서 양성평등채용목표제의 실시의무(헌재 2006.5.25. 2005헌마362, 입법부작위 위헌확인(각하)), 북한의료 면허를 가지고 탈북한 의료인에 대한 국내 의료면허를 부여할 입법의무(헌재 2006.11.30. 2006헌마679, 북한 한의사자격 불인정 위헌확인(각하)), 기존의 입법 이외에 양육비 대지급제 등과 같은 구체적 · 개별적 사항에 대한 입법의무(헌재 2021.12.23. 2019헌마168, 입법부작위 위헌확인(각하)) 등이 있다.

(나) 부진정입법부작위

입법을 하였으나 그 입법이 불완전한 부진정입법부작위로 인한 기본권침해의 경우 불완전한 입법이 아닌 입법부작위 자체는 헌법소원의 대상이 될 수 없다(헌재 1989.7.28. 89헌마1, 사법서사법시행규칙에 관한 헌법소원(각하); 헌재 2003.1.30. 2002헌마358, 입법부작위 위헌확인(각하); 헌재 2003.5.15. 2000헌마192등, 입법부작위 위헌확인(각하)).

이 경우 불완전한 법규 자체를 대상으로 헌법소원을 제기할 수 있다. 다만, 헌법재판소법 소정의 제소기간(청구기간)을 준수하여야 한다.

"'부진정입법부작위'를 대상으로 하여, 즉 입법의 내용 · 범위 · 절차 등의 결함을 이유로 헌법소원을 제기하려면 결함이 있는 당해 입법규정 그 자체를 대상으로 하여 그 헌법위반을 내세워 적극적인 헌법소원을 제기하여야" 한다(헌재 2001.12.20. 2001헌마484, 민사소송법 제422조 위헌확인(각하)).

(3) 헌법규범

헌법전에 규정되어 있는 규범 중에는 헌법핵에 해당되는 근본규범이 아닌 헌법률적 가치를 갖는 규범이 있다. 이들 헌법률에 해당하는 규범이 헌법핵에 위반할 경우에 위헌법률심판 혹은 헌법소원심판이 가능한지 여부에 관하여는 이를 인정하려는 학계의 이론도 제시되고 있지만, 헌법재판소는 부정적이다(상세는 제1장 위헌법률심판 참조).

(4) 긴급명령, 긴급재정경제명령

긴급명령, 긴급재정경제명령도 국회의 승인을 얻으면 법률과 동일한 효력을 가지게 되므로 헌법소원심판의 대상이 된다(헌재 1996.2.29. 93헌마186, 긴급재정경제명령 등 위헌확인(기각,각하)). 헌법재판소가 대통령의 '금융실명거래및비밀보장을위한긴급재정경제명령'에 대한 헌법소원사건(헌재 1996.2.29. 93헌마186(기각,각하))에서 내린 결론은 중요한 의의를 가진다. 즉 대통령의 긴급재정경제명령의 발동이 비록 통치행위라 하더라도 국민의 기본권침해와 직접 관련될 경우에는 본안 판단을 하여야 한다는 점을 명확히 한 점에서, 국가긴급권행사가 당연무효인 경우를 제외하고는 사법심사의 대상이 되지 아니한다는 과거 대법원판례의 논리를 극복한 판례로 평가할 수 있다. 대통령의 비상계엄선포행위와 같은 고도의 정치적 행위에 비록 이 사건에서 헌법소원이 기각되었지만 헌법상 긴급재정경제명령의 발동요건에 대한 헌법재판소의 사법적 판단은 의미있는 일이다. 최근 헌법소원사건은 아니지만, 대통령의 비상계엄의 포고령에 대하여 탄핵심판절차에서 위헌성을 심사한 사례가 있다(헌재 2025.4.4. 2024헌나8, 대통령(윤석열) 탄핵(인용(파면))).

(5) 조 약

국회의 비준동의를 얻어 체결된 조약은 헌법소원의 대상이 된다(제1장 위헌법률심판 참조).

(6) 명령·규칙

헌법재판소는 "법원의 제청에 의한 법률의 위헌 여부 심판권"을 가진다(제111조 제1항 제1호). 반면에 "명령·규칙 또는 처분이 헌법이나 법률에 위반되는 여부가 재판의 전제가 된 경우에는 대법원은 이를 최종적으로 심판한다"(제107조 제2항). 그런데 헌법재판소가 당해 법률 그 자체의 위헌 여부와는 별개로 당해 법률의 하위규범인 명령·규칙이 '헌법상 보장된 기본권'을 침해할 경우에는 이에 대한 헌법소원심판이 불가피하다. 이로 인하여 결국 명령·규칙에 대한 규범통제기관이 헌법재판소와 대법원으로 이원화되는 문제점이 발생한다.[1)]

---

1) 정태호, "명령·규칙에 대한 규범통제기관 이원화의 부작용과 헌법 제107조 제2항의 개정방향", 헌법재판연구 창간호; 정남철, "위헌·위법인 조례에 대한 규범통제와 행정소송에 의한 권리구제", 공법연구 47-1.

"헌법 제107조 제2항이 규정한 명령·규칙에 대한 대법원의 최종심사권이란 구체적인 소송사건에서 명령·규칙의 위헌 여부가 재판의 전제가 되었을 경우 법률의 경우와는 달리 헌법재판소에 제청할 것 없이 대법원이 최종적으로 심사할 수 있다는 의미이며, 헌법 제111조 제1항 제1호에서 법률의 위헌 여부 심사권을 헌법재판소에 부여한 이상 통일적인 헌법해석과 규범통제를 위하여 공권력에 의한 기본권 침해를 이유로 하는 헌법소원심판청구사건에 있어서 법률의 하위법규인 명령·규칙의 위헌 여부 심사권이 헌법재판소의 관할에 속함은 당연한 것으로서 헌법 제107조 제2항의 규정이 이를 배제한 것이라고는 볼 수 없다. 그러므로 법률의 경우와 마찬가지로 명령·규칙 그 자체에 의하여 직접 기본권이 침해되었음을 이유로 하여 헌법소원심판을 청구하는 것은 위 헌법 규정과는 아무런 상관이 없는 문제이다. 그리고 헌법재판소법 제68조 제1항이 규정하고 있는 헌법소원심판의 대상으로서의 "공권력"이란 입법·사법·행정 등 모든 공권력을 말하는 것이므로 입법부에서 제정한 법률, 행정부에서 제정한 시행령이나 시행규칙 및 사법부에서 제정한 규칙 등은 그것들이 별도의 집행행위를 기다리지 않고 직접 기본권을 침해하는 것일 때에는 모두 헌법소원심판의 대상이 될 수 있"다(헌재 1990.10.15. 89헌마178, 법무사법시행규칙에 대한 헌법소원(위헌)).

명령·규칙이 구체적 집행절차를 매개로 하지 아니하고 그 자체에 의하여 직접·현재 국민의 기본권을 침해하는 경우에는 헌법소원의 대상이 된다.

"법률의 경우와 마찬가지로 명령·규칙 그 자체에 의하여 직접 기본권이 침해되었음을 이유로 하여 헌법소원심판을 청구"할 수 있다(헌재 1990.10.15. 89헌마178, 법무사법시행규칙에 대한 헌법소원(위헌))(헌재 1995.12.28. 91헌마114, 형사소송규칙 제40조에 대한 헌법소원(기각))(헌재 1993.5.13. 92헌마80, 체육시설의 설치·이용에관한법률시행규칙(문화체육부령) 제5조에 대한 헌법소원(위헌)).

또한 그 형식이 비록 행정규칙으로 되어 있다 하더라도 실질적으로 법규명령의 성격을 가진다면 헌법소원의 대상이 된다(헌재 1992.6.26. 91헌마25, 공무원임용령 제35조의2 등에 대한 헌법소원(각하)).

대법원규칙도 그 자체에 의하여 직접 기본권이 침해되었음을 이유로 하는 때에는 헌법소원심판의 대상이 된다(헌재 1990.10.15. 89헌마178, 법무사법시행규칙에 대한 헌법소원(위헌))(헌재 1995.2.23. 90헌마214, 공탁금의이자에관한규칙에 대한 헌법소원(기각))(헌재 1996.4.25. 95헌마331, 법무사법시행규칙 제35조 제4항 등 위헌확인(기각)).

"헌법재판소법 제68조 제1항이 규정하고 있는 헌법소원심판의 대상으로서의 "공권력"이란 입법·사법·행정 등 모든 공권력을 말하는 것이므로 입법부에서 제정한 법률, 행정부에서 제정한 시행령이나 시행규칙 및 사법부에서 제정한 규칙 등은 그것들이 별도의 집행행위를 기다리지 않고 직접 기본권을 침해하는 것일 때에는 모두 헌법소원심판의 대상이 될 수 있는 것이다"(헌재 1990.10.15. 89헌마178, 법무사법시행규칙에 대한 헌법소원(위헌)).

"헌법재판소법 제68조 제1항에 규정된 헌법소원심판의 대상으로서의 공권력이란 입법·사법·행정 등 모든 공권력을 말하는 것으로서 사법부에서 제정한 규칙도 그것이 별도의 집행행위를 기다리지 않고 직접 기본권을 침해하는 것일 때에는 모두 헌법소원심판의 대상이 될 수 있는 것이므로 헌법 제107조 제2항 등을 근거로 헌법재판소에 이 사건에 대한 재판권이 없다는 주장은 받아들일 수 없다"(헌재 1996.4.25. 95헌마331, 법무사법시행규칙 제35조 제4항 등 위헌확인(기각)).

(7) 조 례

지방자치단체에서 제정하는 조례도 불특정다수인에 대하여 구속력을 가지는 법규이므로 조례제정행위도 입법작용의 일종으로서 헌법소원의 대상이 될 수 있다. 헌법재판소도 "조례는 지방자치단체가 그 자치입법권에 근거하여 자주적으로 지방의회의 의결을 거쳐 제정한 법규이기 때문에 조례 자체로 인하여 기본권을 침해받은 자는 그 권리구제의 수단으로서 조례에 대한 헌법소원을 제기할 수 있다"라고 판시한다(헌재 1995.4.20. 92헌마264등, 부천시담배자동판매기설치금지조례 제4조 등 위헌확인(기각)).

> "조례 자체에 의한 직접적인 기본권침해가 문제될 때에는 그 조례 자체의 효력을 직접 다투는 것을 소송물로 하여 일반법원에 구제를 구할 수 있는 절차가 있는 경우가 아니어서 다른 구제절차를 거칠 것 없이 바로 헌법소원심판을 청구할 수 있는 것이므로 보충성의 원칙에 반하지 아니한다"(헌재 1994.12.29. 92헌마216, 학원의설립·운영에관한법률 제8조 등 위헌확인(각하)).

물론 국민의 권리의무에 직접 관계되지 아니한 조례의 내용에 대한 다툼은 현행 법상 여전히 헌법소원의 대상이 되지 아니한다.

그런데 대법원은 '두밀분교사건'에서 구체적 집행행위의 개입 없이 직접적으로 국민의 권리의무에 영향을 미치는 조례의 처분성을 인정하고 조례 그 자체의 효력을 다투는 행정소송이 적법하다고 판시한 바 있다(대판 1996.9.20. 95누8003). 이에 따라 처분적 조례(구체적 집행행위의 개입 없이 직접적으로 국민의 권리의무에 영향을 미치는 조례)에 대한 헌법소원은 보충성원칙에 대한 예외가 될 수 없으므로 부적법하게 될 가능성이 높다. 또한 행정소송 제기 후 헌법소원을 제기하면, 판결의 기판력이 제거되지 아니하였고 헌법재판소법 제68조 제1항이 재판에 대한 헌법소원을 금지하기 때문에 재판 후 원처분에 대한 헌법소원도 헌법재판소는 부적법하다고 보고 있으므로 이 경우 부적법 판단을 받게 될 수밖에 없다.

> "원행정처분에 대하여 법원에 행정소송을 제기하여 패소판결을 받고 그 판결이 확정된 경우에는 당사자는 그 판결의 기판력에 의한 기속을 받게 되므로, 별도의 절차에 의하여 위 판결의 기판력이 제거되지 아니하는 한, 행정처분의 위법성을 주장하는 것은 확정판결의 기판력에 어긋나므로 원행정처분은 헌법소원심판의 대상이 되지 아니한다고 할 것이며, 뿐만 아니라 원행정처분에 대한 헌법소원심판청구를 허용하는 것은, '명령·규칙 또는 처분이 헌법이나 법률에 위반되는 여부가 재판의 전제가 된 경우에는 대법원은 이를 최종적으로 심사할 권한을 가진다'고 규정한 헌법 제107조 제2항이나, 원칙적으로 헌법소원심판의 대상에서 법원의 재판을 제외하고 있는 헌법재판소법 제68조 제1항의 취지에도 어긋난다"(헌재 1998.5.28. 91헌마98등, 양도소득세등부과처분에 대한 헌법소원(각하)).

(8) 행정입법부작위

대법원은 "행정소송은 구체적 사건에 대한 법률상 분쟁을 법에 의하여 해결함으로써 법적 안정을 기하자는 것이므로 부작위위법확인소송의 대상이 될 수 있는 것은 구체적 권리의무에 관한 분쟁이어야 하고, 추상적인 법령에 관하여 제정의 여부 등은 그 자체로서 국민의 구체적인 권리의무에 직접적 변동을 초래하는 것이 아니어서 행정소송의 대상이 될 수 없다"라고 판시하고 있다(대판 1992.5.8. 91누11261). 이에 따라 행정입법부작위는 다른 구제절차가 없는 경우에 해당하여 헌법소원심판의 대상이 된다(헌재 1998.7.16. 96헌마246, 전문의자격시험 불실시 위헌확인 등(인용(위헌확인)각하)).

(가) 헌법에서 유래하는 작위의무의 존재

"행정권력의 부작위에 대한 헌법소원은 공권력의 주체에게 헌법에서 유래하는 작위의무가 특별히 구체적으로 규정되어 이에 의거하여 기본권의 주체가 행정행위를 청구할 수 있음에도 공권력의 주체가 그 의무를 해태(懈怠)하는 경우에 허용되고(헌재 1996.6.13. 94헌마118등), 특히 행정명령의 제정 또는 개정의 지체가 위법으로 되어 그에 대한 법적 통제가 가능하기 위하여서는 첫째, 행정청에게 시행명령을 제정(개정)할 법적 의무가 있어야 하고 둘째, 상당한 기간이 지났음에도 불구하고 셋째, 명령제정(개정)권이 행사되지 않아야 한다"(헌재 1998.7.16. 96헌마246, 전문의 자격시험불실시 위헌확인 등(인용(위헌확인), 각하)).

특히 작위의무가 비록 직접 헌법에 의한 부여가 아니라 할지라도, "법률이 행정입법을 당연한 전제로 규정하고 있음에도 불구하고 행정권이 그 취지에 따라 행정입법을 하지 아니함으로써 법령의 공백상태를 방치하고 있는 경우에는 행정권에 의하여 입법권이 침해되는 결과가 되"기 때문에, 그러한 행정입법 작위의무는 헌법적 의무라고 보아야 한다(헌재 2002.7.18. 2000헌마707, 평균임금결정 · 고시부작위 위헌확인(인용(위헌확인))).

"행정부가 위임 입법에 따른 시행명령을 제정하지 않거나 개정하지 않은" "정당한 이유가 있었다면 그런 경우에는 헌법재판소가 위헌확인을 할 수는 없다." 그러한 정당한 이유가 인정되기 위하여서는 그 위임입법 자체가 명백히 헌법에 위반되거나, "행정입법 의무의 이행이 오히려 헌법질서를 파괴하는 결과를 가져옴이 명백할 정도는 되어야" 한다(헌재 2004.2.26. 2001헌마718, 입법부작위 위헌확인(인용(위헌확인))).

> "현재까지의 행정입법 부작위로 인한 법령의 공백을 대법원 판례가 대신하고 있어 실질적으로는 평균임금 산정방법이 불가능한 경우가 없게 되었다고 하더라도, 이것은 노동부장관의 행정입법 부작위로 인하여 법령의 공백상태가 발생함으로써 이를 메우기 위하여 부득이 법원의 판례가 형성되었던 것에 불과하므로 그러한 사유로는 노동부장관의 행정입법 작위의무가 면제된다고 볼 수 없다"(헌재 2002.7.18. 2000헌마707, 평균임금결정 · 고시부작위 위헌확인(인용(위헌확인))).

헌법재판소는 치과전문의시험제도와 관련한 행정입법부작위 위헌확인소원 사건에서 행정입법부작위를 위헌선언하였다.

> "보건복지부장관의 작위의무는 의료법 및 위 규정에 의한 위임에 의하여 부여된 것이고 헌법의 명문규정에 의하여 부여된 것은 아니다. 그러나 삼권분립의 원칙, 법치행정의 원칙을 당연한 전제로 하고 있는 우리 헌법하에서 행정권의 행정입법 등 법집행의무는 헌법적 의무라고 보아야 한다. 왜냐하면 행정입법이나 처분의 개입 없이도 법률이 집행될 수 있거나 법률의 시행 여부나 시행시기까지 행정권에 위임된 경우는 별론으로 하고, 이 사건과 같이 치과전문의제도의 실시를 법률 및 대통령령이 규정하고 있고 그 실시를 위하여 시행규칙의 개정 등이 행해져야 함에도 불구하고 행정권이 법률의 시행에 필요한 행정입법을 하지 아니하는 경우에는 행정권에 의하여 입법권이 침해되는 결과가 되기 때문이다. 따라서 보건복지부장관에게는 헌법에서 유래하는 행정입법의 작위의무가 있다"(헌재 1998.7.16. 96헌마246, 전문의 자격시험불실시 위헌확인 등(인용(위헌확인),각하)).

또한 헌법재판소는 서울특별시(교육감) 등이 근로3권이 모두 허용되는 사실상 노무에 종사하는 공무원의 구체적인 범위에 관한 조례를 제정하지 아니한 부작위(헌재 2009.7.30. 2006헌마358, 입법부작위 위헌확인(인용(위헌확인))), 평균임금을 결정하여 고시하지 아니한 노동부장관의 행정입법부작위(헌재 2002.7.18. 2000헌마707, 평균임금결정·고시부작위 위헌확인(인용(위헌확인))), 대통령이 법률의 위임에 따라 군법무관의 봉급과 그 밖의 보수를 법관 및 검사의 예에 준하여 지급하도록 하는 대통령령을 제정하지 아니하는 입법부작위(헌재 2004.2.26. 2001헌마718, 입법부작위 위헌확인(인용(위헌확인))) 등에 대하여 위헌임을 확인한 바 있다.

> '국군포로의 송환 및 대우 등에 관한 법률'에서 대한민국에 귀환하여 등록한 포로에 대한 보수 기타 대우 및 지원만을 규정하고, 대한민국으로 귀환하기 전에 사망한 국군포로에 대하여는 이에 관한 입법조치를 하지 않은 입법부작위에 대한 헌법소원심판 청구는 부진정입법부작위를 대상으로 한 것이므로 부적법하다고 판단하는 한편, 같은 법 제15조의5 제2항의 위임에 따른 대통령령을 제정하지 아니한 행정입법부작위는 청구인의 명예권을 침해하여 위헌이다(헌재 2018.5.31. 2016헌마626, 입법부작위 위헌확인(인용(위헌확인),각하)).

하지만, 입법부작위를 이유로 한 부진정입법부작위에 대한 헌법소원심판청구는 부적법하다. 이 경우에는 불완전한 행정입법에 대하여 적극적인 헌법소원심판을 제기하여야 한다.

> "피청구인이 이 사건 규정에서 직업재활훈련 운영사업에 관하여는 외국인 산재장해자에 관한 규정을 두고 있으면서도 직업훈련비용 지원사업에 관하여는 외국인 산재장해자에 관한 규정을 두고 있지 않은 것은 반대해석에 의하여 직업훈련비용 지원사업에 있어서는 외국인 산재장해자가 그 대상이 되지 아니한다는 내용의 입법을 한 것으로 보아

야 할 것이므로, 이는 입법자가 어떤 사항에 관하여 입법은 하였으나 불완전, 불충분 또는 불공정하게 규율한 경우에 불과하여 이를 '부진정입법부작위'라 할 수 있을지언정 청구인이 심판의 대상으로 삼고 있는 바와 같은 진정입법부작위에 해당한다고 할 수는 없다 할 것이다. 따라서 청구인의 이 사건 심판청구는 존재하지도 않는 진정입법부작위를 심판의 대상으로 삼은 것으로서 부적법하다"(헌재 2008.8.19. 2008헌마505, 입법부작위 위헌확인(각하))."

의무교육인 초 · 중등학교의 교육과목을 규정함에 있어 헌법과목을 필수과목으로 규정하고 있지 않다 하더라도, 입법행위에 결함이 있는 '부진정 입법부작위'에 해당하여 구체적인 입법을 대상으로 헌법소원 심판청구를 해야(헌재 2011.9.29. 2010헌바66, 형법 제298조 위헌소원(합헌,각하))

(나) 행정입법의무의 면제

헌법상 권력분립 및 법치행정의 원리에 비추어 보면 행정권의 행정입법 등 법집행의무는 헌법적 의무로 보아야 한다. 이와 같은 행정입법의 제정이 법률의 집행에 필수불가결한 경우에는 행정입법을 제정하지 아니함으로써 행정권에 의한 입법권 침해의 결과를 초래한다. 하지만 하위 행정입법의 제정 없이 상위 법령의 규정만으로도 집행이 이루어질 수 있는 경우에는 하위 행정입법을 하여야 할 헌법적 작위의무는 인정되지 아니한다.

이에 따라 헌법재판소는 법무부장관이 사법시험의 '성적세부 산출 및 그 밖에 합격결정에 필요한 사항'에 관한 법무부령을 제정하지 아니한 부작위에 대하여 헌법상 작위의무가 인정되지 아니하고 권리보호의 이익도 인정되지 아니하여 부적법하므로 이를 각하한 바 있다(헌재 2005.12.22. 2004헌마66, 입법부작위 위헌확인(각하)).

(9) 행정규칙

행정규칙은 행정청 내부의 의사표시에 불과하기 때문에 원칙적으로 헌법소원의 대상이 될 수 없다(헌재 2001.2.22. 2000헌마29, 한약관련과목의 범위 및 이수인정기준 위헌확인(각하)).

그러나 사실상 많은 행정규칙이 일반국민을 구속하게 되고, 결과적으로 국민의 기본권을 침해할 경우에는 헌법소원의 대상이 된다고 보아야 한다. 행정규칙이 대법원 판례에 의하여 법규성이 인정되는 경우에는 예외적으로 헌법소원의 대상이 될 수 있다. 먼저 이른바 법령보충적 행정규칙, 즉 법령의 규정이 행정청에 법령의 구체적 내용을 보충할 권한을 부여한 경우에는 그것이 상위법령과 결합하여 대외적인 구속력을 갖는 법규명령으로 기능하여 헌법소원의 대상이 될 수 있다. 다음으로 재량권행사의 준칙인 행정규칙도 그대로 반복 적용되어 자기구속의 법리에 따라 대외적 구속력을 가지게 되는 경우에는 예외적으로 헌법소원의 대상이 될 수 있다. 헌법재판소도 형식적으로는 행정규칙이나 실질적으로는 법규명령의 성격을 갖는 경우에는 헌법소원을 인정하고 있다.

"법령의 직접적인 위임에 따라 수임행정기관이 그 법령을 시행하는 데 필요한 구체적 사항을 정한 것이라면, 그 제정형식은 비록 법규명령이 아닌 고시, 훈령, 예규 등과 같은 행정규칙이더라도 그것이 상위법령의 위임한계를 벗어나지 아니하는 한, 상위법령과 결합하여 대외적인 구속력을 갖는 법규명령으로서 기능하게 된다고 보아야 할 것인바, 청구인이 법령과 예규의 관계규정으로 말미암아 직접 기본권침해를 받았다면 이에 대하여 바로 헌법소원심판을 청구할 수 있다"(헌재 1992.6.26. 91헌마25, 공무원임용령 제35조의2 등에 대한 헌법소원(각하); 헌재 2000.6.29. 2000헌마325(각하): 이 사건에서 헌법재판소는 공직선거에 관한사무처리예규는 법규성이 없다고 판시함) (헌재 2004.1.29. 2001헌마894, 정보통신망이용촉진및정보보호등에관한법률 제42조 등 위헌확인(기각, 각하)).

노동부 예규인 '외국인산업기술연수생의 보호 및 관리에 관한 지침'은 대외적인 구속력을 갖는 공권력의 행사로서 헌법소원의 대상이 된다(헌재 2007.8.30. 2004헌마670, 산업기술연수생 도입기준 완화결정 등 위헌확인(위헌)); (헌재 1990.9.3. 90헌마13, 전라남도 교육위원회의 1990학년도 인사원칙(중등)에 대한 헌법소원(각하)).

신규카지노업 허가에 앞서 문화관광부장관이 공고한 '외국인전용 신규카지노업 허가계획'은 상위의 관광진흥법 및 법시행령과 결합하여 대외적인 구속력을 지니므로 법규명령의 기능을 하고 따라서 헌법소원심판청구를 할 수 있다(헌재 2006.7.27. 2004헌마924, 외국인전용카지노업 신규허가계획 위헌확인(합헌)).

'저소득가구 전세자금 지원기준'(헌재 2011.10.25. 2009헌마588, 국민주택기금전세자금 대출자격 부적격자결정 위헌확인(기각)), 검찰 계호근무준칙(헌재 2005.5.26. 2004헌마49, 계호근무준칙 제298조 등 위헌확인(위헌, 인용(위헌확인))) 등도 헌법소원의 대상이 되는 공권력 행사에 해당한다.

공직선거에 관한 사무처리예규(헌재 2000.6.29. 2000헌마325, 공직선거및선거부정방지법 제179조 제3항 제3호 등 위헌확인(각하)), 검찰보존사무규칙(헌재 1998.2.27. 97헌마101, 검찰보존사무규칙 제22조 등 위헌확인(각하)) (헌재 2008.7.22. 2008헌마496, 검찰보존사무규칙 제20조의2 위헌확인(각하)), 중국동포 국적업무처리지침(헌재 2006.3.30. 2003헌마806, 입법부작위 등 위헌확인(각하)), 화재조사관 자격시험에 응시할 수 있는 자를 소방공무원으로 한정한 '화재조사관 자격시험에 관한 규정'(헌재 2016.9.29. 2013헌마821, 소방기본법 제29조 등 위헌확인(각하)), 화재조사관 자격시험에 응시할 수 있는 자를 소방공무원으로 한정'(헌재 2016.9.29. 2013헌마821, 소방기본법 제29조 등 위헌확인(각하))등은 공권력행사가 아니므로 헌법소원의 대상이 되지 아니한다.

(10) 기타 국회의 의결 등

앞에서 설명한 사항들은 실질적 의미의 입법과 관련된 사항이지만, 기관적·형식적 의미의 입법기관인 국회의 의결 등도 여기에서 살펴보고자 한다.

국회의 다양한 의결도 국회의 자율권을 침해하지 아니하는 범위 내에서 헌법소원의 대상이 될 수 있다. 예컨대 국회에서 발생한 입법절차의 하자(瑕疵)도 헌법소원의 대상이 될 수 있다(헌재 1994.12.29. 94헌마201, 경기도 남양주시등33개도농복합형태의시설치에관한법률 제4조 위헌확인(기각)).

그러나 헌재 1998.8.27. 97헌마8등, 노동조합및노동관계조정법 등 위헌확인(각하)사건에서는 그러한 사유만으로 국민의 기본권이 현재·직접 침해받는다고 할 수 없어 부적법하다고 판시한다.

국회의 의결사항 중 예산안 의결 등도 구체적으로 다른 헌법소원의 요건 즉 "헌법상 보장된 기본권"의 침해 여부에 따라 결정될 사안이나, 헌법상 예산은 법률의 형식을 취하지 아니하고 대내적 효력을 가지는 데 불과하다는 점에서 부정적인 견해도 있다.

> "국회의 기관내부의 행위에 불과하여 국민의 권리의무에 대하여 직접적인 법률효과를 발생시키는 행위가 아닌 선거구획정위원회 위원선임 및 선거구획정위원회의 선거구획정안 제출행위를 하지 않은 부작위는 국가기관의 내부적 의사결정행위에 불과하여 그 자체로 국민에 대하여 직접적인 법률효과를 발생시키는 행위가 아니므로 헌법소원의 대상이 되는 헌법재판소법 제68조 제1항 소정의 공권력의 불행사에 해당되지 아니한다"(헌재 2004.2.26. 2003헌마285, 선거구획정위원회위원위촉불이행 등 위헌확인(각하)).

한편 헌법 제64조 제4항에서 규정하고 있는 국회의원의 제명이나 자격심사에 대하여는, 국회의 자율성 존중을 위하여 헌법 자체에서 사법심사를 부정하기 때문에 이에 대한 헌법소원을 부정하는 견해와 긍정하는 견해가 있으나, 이는 헌법률에 대한 헌법소원의 문제와 의결절차상의 하자에 관한 문제를 동시에 고려하여 판단하여야 한다.

5. 행정작용에 대한 헌법소원

헌법소원의 대상으로는 행정청의 공권력의 행사 또는 불행사가 가장 많은 비중을 차지하고 있다.

(1) 통치행위

통치행위에 대한 헌법소원은 통치행위에 대한 사법심사의 인정 여부에 따라 달라질 사안이다. 통치행위 긍정설의 입장에서도 사법심사 자체를 원천적으로 부정하는 입장도 있겠지만 최소한 헌법상의 요건에 관하여는 본안 판단을 하여야 헌법재판소제도를 도입한 취지에 부합한다.

대통령의 긴급재정경제명령의 발동이 비록 통치행위라 하더라도 국민의 기본권침해와 직접 관련될 경우에는 본안 판단을 하여야 한다는 헌법재판소의 판시(헌재 1996.2.29. 93헌마186(기각, 각하))에 비추어 볼 때, 대통령의 긴급재정·경제처분도 긴급재정·경제명령과 마찬가지로 그로 인해 국민의 기본권 침해를 직접 야기할 경우에는 헌법소원의 대상이 될 수 있다.

대통령의 비상계엄선포행위와 같은 고도의 정치적 행위에 최근 헌법재판소는 대통령의 비상계엄선포가 고도의 정치적 결단을 요하는 행위라 하더라도 탄핵심판절차에서 이를 심사할 수 있다고 판시한 바 있다(헌재 2025.4.4. 2024헌나8, 대통령(윤석열) 탄핵(인용(파면))).

(2) 행정처분

(가) 의 의

행정처분에 대하여는 헌법 제107조 제2항에 따라 행정소송을 제기하게 되어 있으므로 보충성의 원칙에 따라 헌법소원은 원칙적으로 인정될 수 없다. 그러나 법원의 재판에 대한 헌법소원이 인정되지 아니하는 현행법에서 행정소송을 거친 경우 법원의 재판이 아닌 원행정처분에 대한 헌법소원을 인정할 수 있는지에 대하여 논란이 있다.

(나) 부정설

헌법재판소는 원행정처분에 대한 헌법소원을 받아들이면서 원행정처분의 취소는 원행정처분을 심판의 대상으로 삼았던 법원의 재판이 예외적으로 헌법소원 심판의 대상이 되어 그 재판 자체까지 취소되는 경우에 한하여 국민의 기본권을 신속하고 효율적으로 구제하기 위하여 가능하고, 이와는 달리 법원의 재판이 취소되지 아니하는 경우에는 확정판결의 기판력으로 인하여 원행정처분은 헌법소원의 대상이 되지 아니한다고 판시한다(헌재 1997.12.24. 96헌마172등, 헌법재판소법 제68조 제1항 위헌확인 등(한정위헌, 인용(취소)))(헌재 1998.5.28. 91헌마98등, 양도소득세 등 부과처분에 대한 헌법소원(각하))(헌재 2001.2.22. 99헌마409, 양도소득세 등 부과처분취소(각하)).

그 이유로서 ㉠ 법원의 재판을 취소하지 아니하고, 원행정처분만을 취소하는 결정은 확정판결의 기판력에 저촉되어 법적 안정성을 해친다는 점, ㉡ 헌법재판소법 제68조 제1항이 헌법소원의 심판대상에서 '법원의 재판'의 제외를 제외하는 것은 위 조항 단서의 보충성의 원칙과 결합하여 법원의 재판 자체뿐만 아니라 재판의 대상이 되었던 원행정처분도 제외하는 것으로 보아야 한다는 점, ㉢ 원행정처분에 대한 헌법소원심판은 단순한 행정작용에 대한 심사가 아니라 헌법소원심판의 대상에서 제외된 사법작용에 대한 심사가 되어 법원의 재판에 대한 헌법소원을 사실상 허용하는 결과가 되기 때문이라는 점, ㉣ 이에 따라 사실상 제4심을 인정하게 된다는 점 등을 들고 있다.

(다) 긍정설

이에 반하여 긍정적인 입장에서는 ㉠ 원행정처분은 공권력의 행사임이 분명하고, ㉡ 헌법 제107조 제2항은 행정처분이 재판의 전제가 된 경우에 한하여 대법원이 최종적인 심판권을 가질 뿐이며, ㉢ 행정처분의 전제가 된 법률이 위헌임에도 불구하고 이를 간과하였을 경우에 헌법재판소의 판단을 받을 수 있어야 하고, ㉣ 행정처분을 헌법소원의 대상에서 제외한다면 헌법재판소법 제75조(인용결정) 제3항・제4항・제5항은 무의미하게 된다는 점을 들고 있다.

헌법재판소의 소수의견도 ㉠ '법원의 재판'에 대한 직접적인 소원과 헌법재판소법 제68조 제1항 단서에서 규정하는 '권리구제절차로서의 재판'을 거친 원공권력작용에 대한 소원은 명백히 구분하여야 하므로 구제절차로서 '재판'을 거친 원공권력작용도 헌법소원의 대상이 될 수 있다는 점, ㉡ 또한 헌법 제107조 제2항은 "명령·규칙 또는 처분이 헌법이나 법률에 위반되는 여부가 재판의 전제가 되는 경우에는 대법원은 이를 최종적으로 심사할 권한을 가진다"라고 규정하고 있는바, 위 헌법조항의 문언에 따르더라도 처분 자체의 위헌·위법성이 재판의 전제가 된 경우만을 규정하고 있으므로 그 경우를 제외하고는 처분 자체에 의한 직접적인 기본권 침해를 다투는 헌법소원이 모두 가능하다는 점 등을 들어 법원의 재판을 거친 원행정처분도 헌법소원의 대상이 된다고 본다.

(라) 검 토

생각건대 법원의 재판에 대한 헌법소원을 인정하지 아니하는 현행 헌법재판소법에 비추어 본다면 부정설을 따를 수밖에 없어 보인다. 입법정책론적으로는 헌법재판소법의 개정을 통해 법원의 재판에 대한 헌법소원을 인정하면 해결될 수 있다고 본다.

(3) 행정부작위

(가) 작위의무의 존재

헌법재판소법 제68조 제1항에 의하면 '공권력의 불행사'는 헌법소원의 대상이 될 수 있다. 따라서 행정권력의 불행사에 해당하는 행정부작위도 원칙적으로 헌법소원의 대상이 된다. 헌법재판소는 행정부작위에 대하여 대법원이 행정소송의 대상에서 제외하고 있음에 비추어 헌법소원을 인정한다. 다만, 작위의무의 존재를 요구한다.

"대법원의 판례를 종합해 보면 행정청 내부의 사실행위나 사실상의 부작위에 대하여 일관하여 그 행정처분성을 부인함으로써 이를 행정쟁송대상에서 제외시켜 왔음을 알 수 있어 본건과 같은 경우도 행정쟁송에서 청구인의 주장이 받아들여질 가능성은 종래의 판례 태도를 변경하지 않는 한 매우 희박함을 짐작하기에 어렵지 않다"(헌재 1989.9.4. 88헌마22, 공권력에 의한 재산권침해에 대한 헌법소원(인용(위헌확인), 기각)).

공정거래위원회의 심사불개시결정은 공권력의 행사에 해당(헌재 2004.3.25. 2003헌마404, 무혐의처분취소 헌법소원(기각, 각하)).

분쟁해결절차로 나아가지 않은 피청구인의 부작위가 청구인들의 기본권을 침해하여 위헌인지 여부는, 침해되는 기본권의 중대성, 기본권침해 위험의 절박성, 기본권의 구제가능성, 작위로 나아갈 경우 진정한 국익에 반하는지 여부 등을 종합적으로 고려하여, 국가기관의 기본권 기속성에 합당한 재량권 행사 범위 내로 볼 수 있을 것인지 여부에 따라 결정된다. 일본국에 의하여 광범위하게 자행된 반인도적 범죄행위에 대하여 일본군위안부 피해자들이 일본에 대하여 가지는 배상청구권은 헌법상 보장되는 재산권일 뿐만 아니라, 그 배상청구권의 실현은 무자비하고 지속적으로 침해된 인간으로서의 존엄과 가치 및 신체의 자유를 사후적으로 회복한다는 의미를 가지는 것이므로 피청구인의 부작위로 인하여 침해되는 기본권이 매우 중대하다. 청구인들이 일본국에 대하여 가지는 일본군위안부로서의 배상청구권이 '대한민국과 일본국 간의 재산 및 청구권에 관한 문제의 해결과 경제협력에 관한 협정' 제2조 제1항에 의하여 소멸되었는지 여부에 관한 한・일 양국 간 해석상 분쟁을 위 협정 제3조가 정한 절차에 따라 해결하여야 할 피청구인의 작위의무는 헌법에서 유래하는 작위의무로서 부작위로 인하여 중대한 기본권의 침해를 초래하였다 할 것이므로, 이러한 분쟁해결절차로 나아가지 아니한 피청구인의 부작위는 헌법에 위반된다(헌재 2011.8.30. 2006헌마788, 대한민국과 일본국 간의 재산 및 청구권에 관한 문제의 해결과 경제협력에 관한 협정 제3조 부작위 위헌확인(위헌확인)).

일본국에 대하여 가지는 원폭피해자로서의 배상청구권이 '대한민국과 일본국 간의 재산 및 청구권에 관한 문제의 해결과 경제협력에 관한 협정'에 의하여 소멸되었는지 여부에 관한 한・일 양국 간 해석상 분쟁을 협정 제3조가 정한 절차에 따라 해결하지 아니하고 있는 피청구인의 부작위는 헌법에 위반된다(헌재 2011.8.30. 2008헌마648, 대한민국과 일본국 간의 재산 및 청구권에 관한 문제의 해결과 경제협력에 관한 협정 제3조 부작위 위헌확인(위헌확인)).

한편, 사할린 한인의 대일청구권이 이른바 한일청구권협정 제2조 제1항에 의하여 소멸하였는지 여부에 관한 한일 양국간 해석상 분쟁을 위 협정 제3조가 정한 절차에 의하여 해결하지 않고 있는 외교부장관의 부작위에 대하여 헌법재판소는 외교부장관의 작위의무는 인정되나, 부작위상태에 있다고 보기 어렵다고 판시한 바 있다(헌재 2019.12.27. 2012헌마939, 대한민국과 일본국 간의 재산 및 청구권에 관한 문제의 해결과 경제협력에 관한 협정 제3조의 분쟁해결 부작위 위헌확인(각하)).

헌법재판소는 비록 상당한 기간이 지나긴 하였지만 작위의무를 이행하였다는 이유로 각하결정을 내렸다. 이에 대하여 부작위가 상당기간 지속된 이후 작위의무를 이행하였다고 보아 각하할 것이 아니라 권리보호이익을 인정하여 본안에서 위헌확인결정을 하여야 한다는 반론도 제기된다(이황희, "행정부작위 헌법소원에서의 작위의무 이행", 세계헌법연구 28-2.).

행정권력의 부작위에 대한 헌법소원이 허용되기 위하여는 공권력의 주체에게 헌법에서 유래하는 작위의무가 특별히 구체적으로 규정되어(작위의무의 존재), 이에 의거하여 기본권의 주체가 행정행위를 청구할 수 있음에도 불구하고(청구가능성), 공권력의 주체가 그 의무를 게을리 하는 경우(작위의무의 불이행)이어야 한다. 여기서 말하는 "공권력의 주체에게 헌법에서 유래하는 작위의무가 특별히 구체적으로 규정되어"가 의미하는 바는 첫째, 헌법상 명문으로 공권력 주체의 작위의무가 규정되어 있는 경우, 둘째, 헌법의 해석상 공권력 주체의 작위의무가 도출되는 경우, 셋째, 공권력 주체의 작위의무가 법령에 구체적으로 규정되어 있는 경우 등을 포괄하고 있다고 볼 수 있다(헌재 2004.10.28. 2003헌마898, 근로기회제공불이행 위헌확인(각하)). 그러므로 기본권의 침해 없는 행정행위의 단순한 부작위는 헌법소원으로 부적법하다(헌재 2005.9.29. 2005헌마437, 토지매수 · 보상 불이행 등 위헌확인(각하)).

"헌법소원은 헌법재판소법 제68조 제1항에 규정한 바와 같이 공권력의 불행사에 대하여서도 그 대상으로 할 수 있지만, 행정권력의 부작위에 대한 소원의 경우에 있어서는 공권력의 주체에게 헌법에서 유래하는 작위의무가 특별히 구체적으로 규정되어 이에 의거하여 기본권의 주체가 행정행위를 청구할 수 있음에도 공권력의 주체가 그 의무를 해태하는 경우에 허용된다고 할 것이며, 따라서 의무위반의 부작위 때문에 피해를 입었다는 단순한 일반적인 주장만으로서는 족하지 않다고 할 것으로 기본권의 침해 없이 행정행위의 단순한 부작위의 경우는 헌법소원으로서는 부적법하다"(헌재 1991.9.16. 89헌마163, 약사관리제도 불법운용과 한약업사업권침해에 대한 헌법소원(각하); 헌재 2007.7.26. 2005헌마501, 토지보상 부작위 위헌확인(각하)).

국방부장관의 국가유공자 유족이 등록하도록 지도하거나 스스로 대리등록하는 등 유가족이 보상금을 받을 수 있도록 조치를 취하여야 할 작위의무는 헌법상으로도 법률상으로도 도출되지 아니하므로 헌법소원심판청구는 작위의무없는 공권력의 불행사에 대한 헌법소원으로서 부적법하다(헌재 1998.2.27. 97헌가10등, 국가유공자예우등에관한법률 제9조 위헌제청 등(합헌)).

국가보훈처장은 청구인인 망부(亡夫) 혹은 친족에 대한 서훈추천(敍勳推薦)을 하여주어야 할 헌법적 작위의무가 없으므로 행정권력의 부작위에 대한 헌법소원으로서 다툴 수 없다(헌재 2005.6.30. 2004헌마859, 서훈추천부작위 등 위헌확인(각하)).

구치소장이 수용자인 청구인의 특정 의약품 지급 요청에 응하지 아니한 행위는 헌법에서 유래하는 작위의무가 없는 행정청의 단순한 부작위에 대한 헌법소원으로서 부적법하다(헌재 2016.11.24. 2015헌마11, 공권력행사 위헌확인(각하)).

환경부장관이 자동차제작자에게 자동차교체명령을 해야 할 헌법상 작위의무가 있다고 볼 수 없으므로 환경부장관에게 헌법에서 유래하는 구체적 작위의무가 인정되지 아니하는 공권력의 불행사를 대상으로 한 것이어서 부적법하다(헌재 2018.3.29. 2016헌마795, 행정부작위 위헌확인(각하)).

재정신청사건의 공소유지담당변호사가 무죄판결에 대하여 상소를 제기하여야 할 작위의무가 없고 공권력의 불행사에 해당되지 아니한다(헌재 2004.2.26. 2003헌마608, 항소부제기 위헌확인(각하)).

그 밖에 군수관리의 임야조사서, 토지조사부에 대한 열람 · 복사 신청에 불응한 부작위(헌재 1989.9.4. 88헌마22, 공권력에 의한 재산권침해에 대한 헌법소원(토지조사부 열람신청불응)(인용(위헌확인),기각)), 공정거래법위반행위에 대하여 공정거래위원회의 고발권 불행사(헌재 1995.7.21. 94헌마136, 고발권불행사 위헌확인(기각)), 불구속피고인에게 형사판결서를 송달하지 아니한 부작위(헌재 2013.9.26. 2012헌마631, 형사사건 판결문 송달 부작위 등 위헌확인(각하)), 법원이 수수료 미납을 이유로 한 판결문 송달 부작위(헌재 2013.9.26. 2012헌마631, 형사사건 판결문 송달 부작위 등 위헌확인(각하)), 독도에 대피시설이나 의무시설, 관리사무소, 방파제 등을 설치하지 아니한 부작위(헌재 2016.5.26. 2014헌마1002, 독도 안전시설 설치 등 부작위 위헌확인(각하)), 공무원연금법에서 예산의 일부를 책임준비금으로 적립하지 아니한 부작위(헌재 2016.6.30. 2015헌마296, 공무원연금 급여비용 지급 및 책임준비금 적립 부작위 위헌확인(각하)) 등이 있다.

도로교통공단 이사장이 운전면허시험장에 제2종 소형 운전면허 취득을 위한 기능시험 응시에 사용할 수 있는 특수제작 · 승인된 이륜자동차를 마련하지 아니한 부작위에 대하여, 평등권을 침해하는 위헌적인 공권력의 불행사라는 위헌의견(5인)과, 구체적 작위의무가 인정되지 아니한 공권력의 불행사를 대상으로 한다는 각하의견(4인)으로 나누어짐에 따라 기각결정을 선고하였다(헌재 2020.10.29. 2016헌마86, 장애인시험용 이륜자동차 미비치 위헌확인(기각)).

과거사정리법에 따른 진실규명사건의 피해자, 가족 및 유족에 대한 피해의 배 · 보상, 명예회복 및 가해자와의 화해를 위한 적절한 조치 이행 의무 관련 사건에서 ① 헌법소원심판절차 계속 중 사망한 진실규명사건의 피해자가 본인의 명예회복 및 가해자와의 화해 권유를 위하여 적절한 조치를 취하지 아니한 부작위의 위헌확인을 구하는 부분에 대하여 심판절차 종료선언을 하고(전원일치), 나머지 심판청구 중 피청구인들이 ② 피해자와 그 가족들의 피해를 회복하기 위하여 금전적 배상 · 보상이나 위로금을 지급하지 아니한 부작위(전원일치), ③ 피해자의 유가족들의 명예를 회복하기 위하여 적절한 조치를 취하지 아니한 부작위(각하6 : 위헌2), ④ 피해자의 유족들과 가해자 간의 화해를 적극 권유하지 아니한 부작위(각하4 : 위헌4)의 위헌확인을 구하는 부분을 모두 각하하는 결정을 선고하였다(심판절차종료선언,각하). 이에 대하여는 ㉮ 피해자의 유가족들에 대한 명예회복 조치가 이루어지지 아니하였다는 명예회복 부작위 부분에 대한 반대의견(2인), ㉯ 피해자 및 그 유족에 대한 화해권유 조치가 이루어지지 아니하였다는 화해권유 부작위 부분에 대한 위헌의견(4인) 및 작위의무 이행여부 판단 기준을 제시한 2인의 위헌의견에 대한 보충의견, ㉰ 각하 4인, 위헌 4인인 경우 주문은 '기각'이 되어야 한다는 주문표시에 대한 반대의견이 있다(3인). 헌법재판소는 과거사정리법 제36조 제1항, 제39조가 정하고 있는 피해자 및 유가족의 명예를 회복시켜야 할 의무, 가해자와 피해자 · 유족 간의 화해를 적극 권유하여야 할 의무가 선언적인 명목상의 의무가 아니라, 헌법에서 유래하는 작위의무임을 인정하였다. 특히 작위의무 이행 여부에 대한 재판부의 판단은 엇갈렸으나, 국가가 피해자 등의 명예를 회복하고 가해자와 피해자의 화해를 적극 권유하기 위하여 적절한 조치를 취하여야 할 구체적 작위의무를 부담한다는 점에 대하여는 관여 재판관 전원의 의견이 일치되었다(헌재 2021.9.30. 2016헌마1034, 행정부작위 위헌확인(각하, 기타)).

한편 헌법기관의 구성에 관한 국회의 권한 불행사에 대하여서도 헌법재판소는 부작위를 다투는 헌법소원을 인정한 바 있다.

피청구인이 선출하여 임명된 재판관 중 공석이 발생한 경우, 피청구인은 공정한 헌법재판을 받을 권리의 보장을 위하여 '상당한 기간' 내에 공석이 된 재판관의 후임자를 선출하여야 할 헌법상 작위의무를 부담한다고 할 것이다. … 다만 … 이 사건 심판청구의 권리보호이익은 소멸하였다(헌재 2014.4.24. 2012헌마2, 퇴임재판관 후임자선출 부작위 위헌확인(각하)).

(나) 행정소송법상 '처분' 또는 '부작위'와의 관계

행정권의 공권력 행사 또는 불행사는 대부분 행정소송의 대상이 된다. 행정소송은 항고소송 · 당사자소송 · 민중소송 · 기관소송으로 나누어지는데, 헌법소원심판의 대상과 항고소송의 대상(처분 또는 부작위: 행정소송법 제2조 제1항)과의 관계가 특히 문제된다.

어떠한 행정청의 공권력 행사 또는 불행사가 항고소송의 대상으로 인정된다면, 이에 대하여는 다른 법률에 의한 구제절차가 존재하기 때문에 헌법소원심판을 청구하기에 앞서 항고소송을 거쳐야 하고, 항고소송을 거쳤다면 이에 대한 헌법소원은 법원의 재판에 대한 헌법소원의 제기이므로 부적법하게 된다(헌재법 제68조 제1항).

따라서 행정소송법상 처분 또는 부작위로 인정된다면 헌법소원심판의 대상이 될 수 없다. 다만, 헌법소원과 항고소송의 구제절차가 상호 택일적이라고는 할 수 없다. 이에 따라 대법원이 어떠한 공권력의 행사 또는 불행사가 행정소송의 대상이라고 판결하였더라도 일정한 경우 헌법재판소에 의하여 보충성의 예외에 해당될 수 있기 때문이다(헌재 2004.6.24. 2003헌마723, 지목변경신청반려처분 취소(기각)).

(4) 검사의 불기소처분 등

(가) 헌법소원의 원칙적 허용에서 부인으로

검찰은 준사법기관이지만 조직체계상 행정부에 속하므로 검찰권 행사도 공권력의 행사이다. 검사의 불기소처분은 전형적인 공권력의 행사에 해당된다.

불기소처분이란 검사가 수사 결과 공소를 제기하지 아니하는 처분을 말한다. 불기소처분에는 종국처분으로서 '혐의없음', '공소권없음', '죄가 안 됨'이 있다. 또한 중간처분으로는 기소유예, 기소중지가 있다.

종래 검사의 불기소처분도 행정처분이므로 행정처분과 마찬가지로 헌법소원의 대상이 되지 아니한다는 견해가 제기된 바 있다. 그러나 형사소송법이 개정되기 전까지 헌법재판소는 이 모든 처분에 대하여 헌법소원을 인정하였다. 이에 따라 헌법소원사건의 약 70% 정도가 검사의 불기소처분에 대한 사건이었다.

헌법재판소가 '혐의없음' 처분을 취소하는 경우에는 평등권과 재판절차진술권을 근거로 하고, 기소유예처분을 취소하는 경우에는 평등권과 행복추구권을 근거로 하는 경우가 많다.

> "불기소처분은 처분의 형식상 피의자를 대상으로 하는 적극적 처분이라고 할 수 있으나, 피해자를 중심으로 생각하여 보면 피해자에 대한 보호를 포기한 소극적인 부작위처분이라는 실질을 함께 가지고 있다." "이 경우 개인의 법익을 직접 침해하는 것은 국가가 아닌 제3자의 범죄행위이므로 위와 같은 원초적인 행위 자체를 기본권침해행위라고 규정할 수는 없으나, 이와 같은 침해가 있음에도 불구하고 이것을 배제하여야 할 국가의 의무가 이행되지 아니한다면 이 경우 국민은 국가를 상대로 헌법 제10조, 제11조 제1항 및 제30조(이 사건과 같이 생명, 신체에 대한 피해를 받은 경우)에 규정된 보호의무위반 또는 법 앞에서의 평등권위반이라는 기본권 침해를 주장할 수 있는 것이다. 즉, 검사의 자의적인 수사 또는 판단에 의하여 불기소처분이 이루어진 경우에는 '같은 것은 같게, 같지 아니한 것은 같지 않게' 처리함으로써 실현되는 헌법 제11조에 정한 법 앞에서의 평

등권을 침해하게 된다 할 것이다. 또한, 헌법은 제27조 제5항을 신설하여 형사피해자의 재판절차에서의 진술권을 규정한다. 위 규정의 취지는 법관이 공평한 재판을 하여야 한다는 것을 뜻할 뿐만 아니라 이에 더 나아가 형사피해자에게 법관으로 하여금 적절한 형벌권을 행사하여 줄 것을 청구할 수 있는 사법절차적 기본권을 보장해 준 적극적 입장에 있는 것이라 할 것이다. 그러므로 검사의 불기소처분이 적절하게 행사되지 못하거나 자의적으로 행사된 경우에는 형사피해자는 헌법 제27조 제5항에 규정된 위와 같은 기본권의 침해와 아울러 제11조에 정한 평등권을 침해했다고 주장할 수 있다"(헌재 1989.4.17. 88헌마3, 검사의 공소권행사에 대한 헌법소원(각하)).

감금의 수단에는 아무런 제한이 없고 반드시 물리적인 강제력이 필요한 것이 아니므로, 만취한 사람을 그 의사에 반하여 차량에 탑승시켜 운행한 행위도 감금죄를 구성할 수 있다. 이 사건 불기소처분은 감금죄의 법리를 오해하고 증거판단을 잘못한 자의적인 검찰권 행사로서 평등권과 재판절차진술권을 침해한다(헌재 2021.11.25. 2021헌마78, 불기소처분취소(인용(취소))).

(나) 재정신청(裁定申請)의 확대와 형사피해자의 예외적 허용

형사소송법이 개정되어 2008년 1월 1일부터 검사의 불기소처분에 대한 재정신청이 전면적으로 허용됨에 따라(제260조) 헌법소원은 예외적으로 가능하게 되었다. 즉 검찰의 불기소처분에 대한 형사피해자인 고소인의 불복방법은 검찰청에 항고를 거친 후 고등법원에 재정신청을 할 수 있을 뿐이다.

헌법재판소는 개정 형사소송법상의 재정신청을 경유한 불기소처분에 대하여 원행정처분에 대한 원칙적 헌법소원심판청구 허용불가의 법리를 마찬가지로 적용하여 헌법소원을 제기할 수 없다고 결정하고 있으며(헌재 2008.7.29. 2008헌마487, 불기소처분취소(각하)), 형사소송법상의 재정신청절차를 거치지 아니한 채 불기소처분의 취소를 구하는 헌법소원심판청구에 대하여 부적법 각하결정을 내린다(헌재 2008.8.12. 2008헌마508, 불기소처분취소(각하)).

진정(陳情)은 그 자체가 법률의 규정에 따른 법률상의 권리행사로 인정되는 것이 아니고 진정을 기초로 하여 수사소추기관의 적의 처리를 요망하는 의사표시에 지나지 아니한 것이므로, 진정에 따라 이루어진 진정사건의 종결처리는 구속력이 없는 진정사건에 대한 수사기관의 내부적 사건처리방식에 지나지 않는바, 진정인은 그 처리결과에 대하여 불만이 있으면 따로 고소나 고발을 할 수 있고 진정사건의 종결은 진정인의 권리행사에 아무런 영향을 미치는 것이 아니라는 점에서 진정종결처분은 헌법소원심판의 대상이 되는 공권력의 행사라고 할 수 없다(헌재 1990.12.26. 89헌마277; 헌재 1991.12.9. 91헌마191; 헌재 1993.9.15. 93헌마209). 따라서 이 사건 '공소권없음'의 진정종결처분은 헌법소원의 대상이 되지 아니한다(헌재 2010.10.19. 2010헌마584, 공소권없음처분취소(각하)).

진정사건 그 자체를 종결처분한 것이 헌법적으로 정당한지 여부를 다투는 것과는 달리 고소사건을 진정사건으로 접수함으로써 정당한 고소사건에 대해서 그 수사를 회피할 목적으로 진정종결처분을 남용한 것은 아닌지 여부가 문제될 수 있기 때문에, 이와 같은

행위는 단순한 각하사항이 아니라 본안 판단의 사항이 된다(헌재 2001.7.19. 2001헌마37, 진정종결처분취소(기각)).

공무원의 직무상 범죄에 관한 죄의 피해자 또는 고발인에 대하여, 재항고권 대신 재정신청권만을 인정하였다고 하여서 고소·고발인의 권리구제에 부족함이 있다고 할 수 없다. 따라서 재정신청을 할 수 있는 고소·고발인에 대하여 재항고권을 부여하지 않은 것에는 합리적인 이유가 있다고 인정되므로, 이 사건 법률조항은 청구인의 평등권을 침해하지 않는다(헌재 2014.2.27. 2012헌마983, 검찰청법 제10조 제3항 위헌확인(기각)).

다만, 고소하지 아니한 형사피해자는 검찰청에 항고를 거쳐 법원에 재정신청을 할 수 없으므로 보충성의 원칙의 예외가 되어 헌법소원을 제기할 수 있다(헌재 2010.6.24. 2008헌마716, 기소유예처분취소 등(인용(취소), 기각)).

(다) 형사피의자에 대한 헌법소원의 원칙적 허용

검사의 기소유예처분은 종국처분이라기보다는 일종의 중간처분에 해당되므로 보충성의 원칙의 예외가 적용되어 헌법소원이 가능하다. 검사의 자의적인 기소유예처분에 대하여 형사피의자는 평등권·행복추구권·재판청구권 침해를 이유로 헌법소원을 제기할 수 있다. 검사의 기소유예처분에 대한 헌법재판소의 인용결정은 궁극적으로 기소유예처분이 '죄 없음'에 대한 판단이 아니다.

의료인이 병원 건물 내부에 지인을 소개한 기존 환자에게 비급여 진료 혜택을 1회 받을 수 있는 상품권을 제공하겠다는 취지의 포스터를 게시한 행위(의료광고행위)가 의료법이 금지하는 환자 유인행위에 해당한다고 보아 한 기소유예처분이 자의적인 검찰권의 행사이므로 평등권, 행복추구권을 침해한다(헌재 2019.5.30. 2017헌마1217, 기소유예처분취소(인용(취소))).

약사법 및 동법 시행규칙에서 금지하는 표시·광고는 엄격하게 해석되어야 하므로, 청구인이 '추석선물 특가'라고 표시·광고하여 의약품을 판매하였다고 하더라도 이를 '다른 약국과 판매의약품의 가격을 비교하는 표시·광고'에 해당한다고 볼 수 없다. 그럼에도 약사법위반 피의사실이 인정됨을 전제로 한 기소유예처분은 자의적인 검찰권 행사로서 청구인의 평등권과 행복추구권을 침해한다(헌재 2021.5.27. 2020헌마1163, 기소유예처분취소(인용(취소))).

공인중개사법에서 허용된 중개보조원의 업무범위를 넘어서 실질적으로 중개업무를 하였거나 이를 지시·묵인하였다고 볼 수 없으므로 기소유예처분이 수사미진 및 증거판단에 중대한 잘못이 있다(헌재 2021.8.31. 2020헌마125, 기소유예처분취소(인용(취소))).

"군검찰관의 기소유예처분(起訴猶豫處分)은 공권력의 행사에 포함되는 것이 명백하므로 이로 인하여 기본권이 침해된 때에는 헌법소원심판청구의 대상이 된다." 범죄혐의가 없음이 명백한 사안인데도 이에 대하여 검찰관이 자의적이고 타협적으로 내린 기소유예처분을 하였다면 평등권, 행복구권을 침해한다(헌재 1989.10.27. 89헌마56, 군검찰관의 공소권행사에 관한 헌법소원(인용(취소))).

검사의 불기소처분을 취소하는 헌법재판소의 결정이 있는 때에는 그 결정에 따라 불기소한 사건을 재기수사하는 검사로서는 헌법재판소가 그 결정의 주문 및 이유에서 밝힌 취지에 맞도록 성실히 수사하여 결정을 하여야 한다. 그럼에도 불구하고 피청구인이 아무런 추가 수사를 함이 없이 단지 죄명만을 방조죄로 변경하여 다시 기소유예처분을 한 것은 헌법재판소 결정의 기속력을 규정한 헌법재판소법 제75조 제1항에 위배되고, 원기소유예처분의 법리오해 및 수사미진의 점은 이 사건 기소유예처분에 있어서도 그대로 남아 있는 것이라고 보지 않을 수 없다(헌재 2011.3.31. 2010헌마312, 기소유예처분취소(인용)).

대통령의 전과와 토지소유에 관하여 명예훼손적 표현을 담고 있는 동영상을 개인블로그에 게시한 청구인에 대하여 '구 정보통신망 이용촉진 및 정보보호 등에 관한 법률' 제70조 제2항에 규정된 명예훼손 혐의를 인정한 기소유예처분이 그 결정에 영향을 미친 중대한 사실오인 내지 법리오해의 잘못이 있다(헌재 2013.12.26. 2009헌마747, 기소유예처분취소(인용(취소))).

직무유기죄는 직무에 관한 의식적인 방임이나 포기에 해당한다고 볼 수 있는 경우에 한하여 성립하는 범죄로서 공무원이 어떠한 형태로든 직무집행의 의사로 자신의 직무를 수행한 경우에는 그 혐의가 인정되지 아니한다(헌재 2020.3.26. 2017헌마1179, 기소유예처분취소(인용(취소))).

기획법관이 직무상 비밀을 누설하였다거나 총무과 직원 등에게 수사상황을 파악하여 보고하게 하였다고 단정하기 어려움에도 불구하고, 공무상 비밀누설 및 직권남용권리행사방해 혐의를 인정한 기소유예처분은 자의적인 검찰권 행사이다(헌재 2022.5.26. 2021헌마1400, 기소유예처분취소(인용(취소))).

일시오락의 정도에 불과하여 사회상규에 위배되지 아니하는 행위에 대하여 도박죄 인정(헌재 2013.12.26. 2011헌마592, 기소유예처분취소(인용(취소))), 폭행하여 상해를 가하고 도주하는 피해자를 쫓아가 제압하는 과정에서 3주 상해를 가한 행위는 적법한 현행범인 체포행위로 정당행위에 해당하므로 위법성이 조각(헌재 2014.4.24. 2013헌마849, 기소유예처분취소(인용(취소))), 전자금융거래법위반 혐의 인정(헌재 2017.6.29. 2017헌마306, 기소유예처분취소(인용(취소))), 의료법위반 혐의 인정(헌재 2017.5.25. 2016헌마213, 기소유예처분취소(인용(취소))), "you are fucking crazy"라는 영어표현을 하였다는 이유로 모욕 혐의 인정(헌재 2017.5.25. 2017헌마1, 기소유예처분취소(인용(취소))), 계좌번호를 알려준 사실만으로 전자금융거래법위반 혐의 인정(헌재 2017.5.25. 2017헌마137, 기소유예처분취소(인용(취소))), 청구인의 특유재산에 대한 재물손괴 혐의 인정(헌재 2017.4.27. 2016헌마160, 기소유예처분취소(인용(취소))), 특수절도의 고의 및 불법영득의사 부인(헌재 2019.6.28. 2018헌마948, 기소유예처분취소(인용(취소))), 사기를 인정할 증거가 부족함에도 불구하고 보험금 편취 인정(헌재 2019.9.26. 2018헌마1176, 기소유예처분취소(인용(취소))), 음주운전 증거 부족에도 음주운전 사실을 전제(헌재 2019.9.26. 2019헌마674, 기소유예처분취소(인용(취소))), PC장에서 휴대전화 충전 행위에 대한 절도의 고의 내지 불법영득의사 인정(헌재 2020.2.27. 2018헌마964, 기소유예처분취소(인용(취소))), 선거운동 사실을 인정할 증거가 부족(헌재 2020.2.27. 2016헌마1071, 기소유예처분취소(인용(취소))), 사기의 고의 증거 부족(헌재 2020.2.27. 2018헌마155, 기소유예처분취소(인용(취소))), 재물손괴 혐의의 증거 부족(헌재 2020.3.26. 2019헌마1254, 기소유예처분취소(인용(취소))), 강제추행을 당하는 상황에서 이루어진 정당방위에 대한 기소유예처분(헌재 2021.2.25. 2019헌마929 기소유예처분취소(인용(취소))), 폭행 사건 현장에서 이탈하지 못하도록 상대방의 옷을 잡은 행위는 정당행위(헌재 2021.3.25. 2020헌마257, 기소유예처분취소(인용(취소))), 청탁금지법 위반 증거 부족함에도 내린 기소유예처분(헌재 2021.12.23. 2020헌마1008, 기소유예처분취소(인용(취소))). 재물손괴혐의 인정을 전제로 한 기소유예처분(헌재 2021.12.23. 2020헌마1620, 기소유예처분취소(인용(취소))). 강원랜드 사외이사 선임 관련 직권남용혐의에 대한 기소유예처분(헌재 2022.5.26. 2018헌마1029, 기소유예처분취소(인용(취소))), 개인정보처리자가 아닌 빌딩 관리단 대표자에 대한 개인정보보호법 위반 처분(헌재 2022.9.29. 2020헌마1204, 기소유예처분취소(인용(취소))), 절도의사 없는 휴대폰 충전기 절도 간주(헌재 2022.9.29. 2022헌마819, 기소유예처분취소(인용(취소))), 이혼 소송 중 아내와 지내던 집에 들어갔다가 주거침입(헌재 2023.9.26. 2021헌마1602, 기소유예처분취소(인용(취소))), 초등학교 교사가 레드카드 옆에 피해아동의 이름표를 붙인 정서적 학대행위에 따른 '아동학대범죄의처벌등에관한특례법' 위반 혐의 인정(헌재 2023.10.26. 2022헌마1119, 기소유예처분취소(인용(취소))) 등.

절도죄가 성립하기 위하여 절도의 고의란 타인의 물건을 가지고 간다는 인식을 의미하는 것이고, 불법영득의사란 권리자를 배제하고 타인의 물건을 자기의 소유물과 같이 그 경제적 용법에 따라 이용 또는 처분하려는 의사를 말한다. 절도죄가 성립하기 위하여 필요한 주관적 구성요건으로서의 절도의 고의와 불법영득의사는 그 성질상 그와 상당한 관련성이 있는 간접사실 또는 정황사실을 증명하는 방법에 의하여 입증할 수밖에 없다(헌재 2020.6.25. 2019헌마1269, 기소유예처분취소(인용(취소))).

피해자가 처음부터 처벌불원 의사를 명시한 이상 이후 피해자가 다시 처벌을 희망하더라도 이미 이루어진 처벌불원의 의사표시의 효력에는 아무런 영향이 없으므로 공소권없음의 처분을 하여야 한다(검찰사건사무규칙 제69조 제3항 제4호 참조). 그럼에도 폭행 피의사실이 인정됨을 전제로 한 기소유예처분을 하였는바, 이에 직권으로 반의사불벌죄의 처벌불원 의사표시 존재 여부를 심리한 결과 기소유예처분에 사실오인 또는 법리오해의 잘못이 있다고 판단하고 이를 취소하였다(헌재 2020.7.16. 2019헌마1120, 기소유예처분취소(인용(취소))).

외국인 여성 이주노동자의 언어적·경제적·사회적·심리적 취약성을 고려하여, 성매매에 이르는 과정에 직접적인 협박이나 적극적인 거부가 존재하지 아니하더라도 '위력에 의하여 성매매를 강요당한 성매매피해자'에 해당할 수 있다. 나아가 성매매 혐의의 수사과정에서 피의자가 성매매피해자임을 주장하는 경우, 피의자가 성매매피해자에 해당하지 않는다는 증거를 검사가 수사하여야 한다(헌재 2020.9.24. 2018헌마1224, 기소유예처분취소(인용(취소))).

다단계판매조직 이사 등과 공모하였음을 인정할 증거가 부족함에도, 이들과 공모하여 미등록 다단계판매조직을 운영하였음을 전제로 한 기소유예처분(헌재 2020.9.24. 2018헌마1028, 기소유예처분취소(인용(취소))), 임대차계약이 적법하게 해지되었음에도 임차인이 퇴거하지 않은 채 운영하고 있는 영업장의 단전(斷電)행위가 정당행위에 해당될 여지가 있음에도 불구하고, 이를 판단하지 않은 채 업무방해 혐의가 인정됨을 전제로 한 기소유예처분(헌재 2020.9.24. 2020헌마130, 기소유예처분취소(인용(취소))), 수사기록상 제출된 증거만으로는 피의사실과 같은 혐의를 인정하기 부족함에도 불구하고 내린 기소유예처분(헌재 2020.12.23. 2020헌마892등, 기소유예처분취소(인용(취소))), 양배추, 양파, 흑마늘 식품에 대한 블로그 광고 글이 식품광고로서의 한계를 벗어난 과대광고에 해당한다고 보기 어려움에도 불구하고, 식품위생법위반 피의사실이 인정됨을 전제로 한 기소유예처분(헌재 2020.11.26. 2017헌마1156 기소유예처분취소(인용(취소))), 재미교포 '토크콘서트' 북한 여행기 발언 사건에서 발언만으로는 국가보안법위반(찬양·고무등) 및 탈북자들에 대한 명예훼손 혐의를 인정할 증거가 부족한 기소유예처분(헌재 2021.9.30. 2015헌마349, 기소유예처분취소(인용(취소))), 사제 전투화가 '군복 및 군용장구의 단속에 관한 법률'에서 정하는 '유사군복'에 해당한다고 인정할 증거가 부족함에도 불구하고, 유사군복을 판매할 목적으로 소지하였다는 피의사실이 인정됨을 전제로 기소유예처분(헌재 2021.11.25. 2019헌마490, 기소유예처분취소(인용(취소))), 남편의 폭행에 대항하여 손톱으로 남편의 팔을 할퀸 행위에 대한 기소유예처분(헌재 2023

8.31. 2021헌마994, 기소유예처분취소(인용(취소))) 등을 취소하였다.

기소유예처분 당시에는 해당 피의사실이 범죄를 구성하였으나 기소유예처분 후 형벌법규의 변경으로 범죄를 구성하지 아니하게 된 경우에, 기소유예처분의 취소를 구하는 헌법소원심판에서 기소유예처분 당시 시행 중이었던 법령(舊法)이 아니라 헌법소원심판 결정 당시 시행 중인 법령(新法)을 기준으로 기소유예처분의 위헌 여부를 판단하여야 한다(8:1)(헌재 2023.2.23. 2020헌마1739, 기소유예처분취소(인용(취소))). [별개의견] 기소유예처분 당시 법률에 의하더라도 피의사실은 범죄의 구성요건에 해당하지 아니한다. [반대의견] 기소유예처분은 처분 당시의 공직선거법에 따른 것으로 그로 말미암아 기본권이 침해되었다고 볼 수 없다.

PC방 종업원에 대하여 게임물 관련사업자로서 또는 PC방 출입 관련 업무를 실제로 집행하는 자로 인정(헌재 2024.7.18. 2022헌마1632. 기소유예처분취소(인용(취소))), 관할 관청의 승인 없이 튜닝된 사실을 알지 못하였다고 주장하였음에도 불구하고 고의가 인정됨을 전제로 한 기소유예처분(헌재 2024.7.18. 2023헌마1273. 기소유예처분취소(인용(취소))), 식당에서 자신의 우산과 외관이 유사한 타인의 우산을 가져간 절도사건(헌재 2024.8.29. 2023헌마79, 기소유예처분취소(인용(취소))).

검사가 기소중지처분을 한 경우 피의자에게는 검사가 다시 사건을 재기하여 수사를 한 후 종국처분을 하지 아니하는 한 '범죄의 혐의자'라는 법적인 불이익상태가 그대로 존속된다고 보아야 하므로, 만약 검사가 자의적으로 기소중지처분을 하였다면 피의자도 헌법상 보장된 평등권과 행복추구권 등이 침해되었음을 이유로 헌법소원을 제기할 수 있다(헌재 1997.2.20. 95헌마362, 기소중지처분취소 등(기각, 각하)).

(라) 검사의 불기소처분 이외의 처분

검사의 재기불요결정(再起不要決定), 부적법한 내사종결처분(內査終結處分) 등은 여전히 계속하여 헌법소원심판을 통하여 구제가 되어야 할 가능성이 있다.

검사가 기소중지처분을 한 사건에 관하여 그 고소인이나 피의자가 그 기소중지의 사유가 해소되었음을 이유로 수사재기신청을 하였는데도 검사가 재기불요결정을 하였다면, 이 재기불요결정은 실질적으로는 그 결정시점에 있어서의 제반사정 내지 사정변경 등을 감안한 새로운 기소중지처분으르 볼 수 있으므로 이 재기불요결정도 헌법소원의 대상이 되는 공권력의 행사에 해당한다(헌재 2009.9.24. 2008헌마210, 재기불요결정취소(기각)).

경찰서장이 고소장을 제출받고도 부적법하게 진정사건으로 접수하여 내사종결처분을 하였으므로 내사종결처분은 수사기관의 내부적 사건처리방식에 지나지 아니한다고 할 수 없고, 헌법소원의 대상인 공권력의 행사에 해당한다(헌재 2014.9.25. 2012헌마175, 재판취소(기각)).

"검사의 공소취소처분에 따라 법원이 공소기각결정을 하여 동결정이 확정된 경우에는 설사 검사의 공소취소처분이 다시 취소된다고 하더라도 이는 형사소송법 제420조 소정의 재심사유에 해당되지 아니하여 원래의 공소제기로 인한 소송

계속상태가 회복될 수 있는 가능성이 없으므로 공소취소처분의 취소를 청구하는 심판청구는 권리보호의 이익이 없어 부적법하다”(헌재 1997.3.27. 96헌마219, 공소취소처분 위헌확인(각하)).

그 밖에도 검사의 기소처분, 구형(求刑), 약식명령, 내사종결처분, 수사재기결정, 형기종료일 지정처분은 헌법소원의 대상이 되지 아니한다.

검사의 공소제기처분(公訴提起處分)은 공소가 제기된 이후에는 법원의 재판절차에 흡수되어 그 적법성에 대하여 충분한 사법적 심사를 받을 수 있으므로 독자적인 합헌성 심사의 필요가 없어 독립하여 헌법소원의 대상이 될 수 없으므로, 위 공소제기처분에 대한 헌법소원심판청구는 부적법하다(헌재 2012.7.26. 2011헌바268, 형법 제156조 위헌소원 등(합헌,각하)).

“내사(內査)는 범죄혐의 유무를 확인하기 위하여 범죄인지 전에 행해지는 수사기관 내부의 조사활동에 불과하므로, 그 과정에서 피내사자의 기본권을 제한하는 별도의 처분이 있었음을 구체적으로 특정하여 다투지 않는 이상, 단지 내사 그 자체만으로는 피내사자에게 어떠한 의무를 부과하거나 피내사자의 기본권에 직접적이고 구체적인 침해를 가한다고 볼 수 없으므로, 헌법소원심판의 대상이 되는 공권력 행사로 보기 어렵다”(헌재 2011.2.15. 2011헌마30, 불기소처분취소 등(각하)). 그러나 고소사건을 진정사건으로 보아서 내린 종결처분에 대하여는 헌법소원을 인정한다(헌재 2000.11.30. 2000헌마356, 진정종결처분취소(기각)).

헌법과 형사소송법 기타 법률의 규정에 의하더라도 피의자가 수사기관에 대하여 특정한 증거방법에 의한 수사를 요구할 권리가 있다고 할 수 없으므로, 수사과정에서 수사기관이 청구인의 요청에도 불구하고 청구인의 친구를 참고인으로 조사하지 아니한 것은 헌법소원의 대상이 되는 공권력의 불행사에 해당하지 아니한다(헌재 2011.9.29. 2010헌바66, 형법 제298조 위헌소원(합헌,각하)).

“검사의 구형은 양형에 관한 의견진술에 불과하여 법원이 그 의견에 구속된다고 할 수 없으므로 검사의 구형 그 자체로는 청구인에게 직접적으로 어떠한 법률적 효과를 발생한다고 할 수 없고, 선고된 형량에 대하여 불복이 있을 경우 형사소송법 규정에 의한 상소를 하여 다툴 수 있는 등 형의 양정에 관하여는 재판절차를 통하여 충분한 사법적 심사를 받게 되므로 검사의 구형 그 자체는 독립하여 헌법소원심판의 청구대상이 될 수 없다”(헌재 2004.9.23. 2000헌마453, 검사의 피의자신문조서 일부내용삭제제출행위 등 위헌확인(각하)).

헌법재판소법 제68조 제1항의 헌법소원은 행정처분에 대하여도 청구할 수 있는 것이나 그것이 법원의 재판을 거쳐 확정된 경우에는 당해 행정처분을 심판의 대상으로 삼았던 법원의 재판이 헌법재판소가 위헌으로 결정한 법령을 적용하여 국민의 기본권을 침해한 결과 헌법소원심판에 의하여 그 재판 자체가 취소되는 경우에 한하여 당해 행정처분에 대한 심판청구가 가능한 것이고, 이와 달리 법원의 재판이 취소될 수 없는 경우에는 당해 행정처분에 대한 헌법소원 심판청구도 허용되지 아니하며 이와 같은 법리는 검사의 형기종료일(刑期終了日) 지정처분에 대하여 법원의 이의신청절차를 거친 경우에도 마찬가지로 적용된다(헌재 2012.5.31. 2010헌마292, 공권력행사 위헌확인(각하)).

(5) 공정거래위원회의 혐의없음 결정 등

공정거래위원회의 무혐의처분 또는 전속적 고발권 불행사는 검사의 불기소처분과 구조가 비슷하면서도 재정신청과 같은 구제수단이 존재하지 아니하므로, 여전히 피해자는 헌법상 보장된 재판절차진술권의 침해를 이유로 헌법소원의 대상이 될 수 있다(헌재 2010.2.25. 2008헌마497; 헌재 1995.7.21. 94헌마136등).

> "피청구인의 고발권 불행사를 검사의 불기소처분과 동일하게 평가할 수는 없을 것이나, 그 구조상으로는 피청구인이 청구외 회사의 범죄사실 즉 형사처벌의 대상이 되는 공정거래법위반사실을 인정하면서도 그 처벌을 위한 고발에 나아가지 아니한다는 점에서 검사가 범죄사실을 인정하면서도 공소의 제기에 나아가지 아니하는 기소유예 불기소처분과 유사하고, 따라서 청구인이 청구외 회사의 불공정거래행위라는 이 사건 범죄의 피해자라면, 검사의 불기소처분에 대한 헌법소원에 있어서와 같이(헌재 1989.12.22. 89헌마145 참조) 피청구인의 고발권 불행사로 인하여 자기 자신의 헌법상 보장된 재판절차진술권이 침해되었다고 주장할 수 있을 것이다"(헌재 1995.7.21. 94헌마136, 고발권불행사 위헌확인(기각)).
>
> 가습기살균제 제품의 표시·광고에 관하여 공정거래위원회가 심사대상에서 제외한 행위는 평등권과 재판절차진술권을 침해한다(헌재 2022.9.29. 2016헌마773, 심의절차 종료결정 위헌확인(인용(위헌확인),각하)).

(6) 권력적 사실행위

헌법재판소는 권력적 사실행위에 대하여도 헌법소원을 인정하고 있다. 권력적 사실행위란 일정한 법률효과의 발생을 목적으로 하지 아니하고, 직접적으로 사실상의 효과만을 가져오는 공권력의 행사를 말한다. 특히 행정상 권력적 사실행위는 특정한 행정목적을 위하여 행정청의 일방적 의사결정에 의하여 국민의 신체, 재산 등에 실력(實力)으로 행정상 필요한 상태를 실현하는 권력적 행정 작용을 의미한다.

행정상 권력적 사실행위에 해당하는지 여부는 i) 당해 행정주체와 상대방과의 관계, ii) 그 사실행위에 대한 상대방의 의사·관여 정도·태도, iii) 그 사실행위의 목적·강제수단의 발동 가부, iv) 그 행위가 행하여질 당시의 구체적 사정 등을 종합적으로 고려하여 개별적으로 판단한다(헌재 1994.5.6. 89헌마35, 공권력행사로 인한 재산권침해에 관한 헌법소원(각하)).

> 헌법재판소는 국제그룹해체사건에서 위헌을 확인한 바 있다: "재무부장관이 제일은행장에 대하여 한 해체준비착수지시와 언론발표지시를 보면 이는 … 일종의 권력적 사실행위로 볼 것이며, 헌법재판소법 제68조 제1항 소정의 헌법소원의 대상이 되는 공권력의 행사에 해당"된다(헌재 1993.7.29. 89헌마31, 공권력행사로 인한 재산권침해에 대한 헌법소원(인용(위헌확인))).
>
> 한국인과 결혼한 중국인 배우자가 한국에 입국하기 위하여 결혼동거목적거주(F-2) 사증발급을 신청함에 있어 주중국 대한민국대사가 전화예약에 의한 방법으로 사증(査證)

신청접수일을 지정한 행위는 공권력의 행사에 해당하지 아니한다. 사증발급을 신청함에 있어 피청구인이 중국인 배우자와의 교제과정, 결혼하게 된 경위, 소개인과의 관계, 교제경비내역 등을 당해 한국인이 직접 기재한 서류를 제출할 것을 요구하는 조치는 권력적 사실행위이다(헌재 2005.3.31. 2003헌마87, 한중국제결혼절차 위헌확인(기각, 각하)).

유치장 수용자에 대한 신체수색은 유치장의 관리주체인 경찰이 피의자 등을 유치함에 있어 피의자 등의 생명·신체에 대한 위해를 방지하고, 유치장 내의 안전과 질서유지를 위하여 실시하는 것으로서 그 우월적 지위에서 피의자 등에게 일방적으로 강제하는 성격을 가진 것이므로 권력적 사실행위라 할 것이며, 이는 헌법소원심판청구의 대상의 되는 헌법재판소법 제68조 제1항의 공권력의 행사에 포함된다(헌재 2002.7.18. 2000헌마327, 신체과잉수색행위 위헌확인(인용(위헌확인))).

그 밖에 헌법재판소가 권력적 사실행위에 대하여 헌법소원을 인정한 사례로 미결수용자의 서신의 지연발송·지연교부행위(헌재 1995.7.21. 92헌마144, 서신검열 등 위헌확인(인용(위헌확인), 한정위헌, 기각, 각하)), 소송기록송부지연행위(헌재 1995.11.30. 92헌마44, 소송기록송부지연 등에 대한 헌법소원(위헌)), 유치장 내 화장실설치 및 관리행위(헌재 2001.7.19. 2000헌마546, 유치장 내 화장실설치 및 관리행위 위헌확인(인용(위헌확인))), 마약류사범에 대한 구치소장의 정밀신체검사(헌재 2006.6.29. 2004헌마826, 항문내 검사 위헌확인(기각, 합헌)), 교도소 수형자에 대한 소변강제채취(헌재 2006.7.27. 2005헌마277, 소변강제채취 위헌확인(합헌)), 국가정보원의 2005년도 7급 제한경쟁시험 채용공고 중 '남자는 병역을 필한 자' 부분(헌재 2007.5.31. 2006헌마627, 군미필자 응시자격제한 위헌확인(기각)), 방송위원회가 주식회사 문화방송에 대하여 한 '경고 및 관계자 경고'처분(헌재 2007.11.29. 2004헌마290, 경고 및 관계자 경고 처분취소(인용)), 서울남대문경찰서장이 법률상 근거 없이 옥외집회신고서를 반려한 행위(헌재 2008.5.29. 2007헌마712, 민원서류 반려 위헌확인(위헌)), 교도소 내 징벌수용자에 대한 처우(헌재 2009.3.31. 2009헌마113, 교도소내 징벌수용자 화장실 관리행위 위헌확인(각하)), 2010학년도 법학적성시험 시행계획 공고(헌재 2010.4.29. 2009헌마399, 2010학년도 법학적성시험 시행일자 공고 등 위헌확인(각하, 기각)), 법학전문대학원 졸업예정자에 한하여 필기전형을 실시하도록 정한 법원행정처장의 '재판연구원 신규 임용 계획' 및 법학전문대학원 졸업예정자에 한하여 실무기록평가를 실시하도록 정한 법무부장관의 '검사 임용 지원안내'(헌재 2015.4.30. 2013헌마504, 재판연구원 등 임용기준 차등적용 위헌확인(각하)), 검찰수사관의 피의자신문 시 변호인에 대한 후방착석요구행위(헌재 2017.11.30. 2016헌마503, 변호인 참여신청서 요구행위 등 위헌확인(인용(위헌 확인), 각하)), 대통령의 지시에 따른 문화체육관광부장관 등의 문화예술계 블랙리스트의 작성 등과 지원사업 배제 지시(헌재 2020.12.23. 2017헌마416, 문화예술인 지원사업 배제행위 등 위헌확인(인용(위헌확인))), 대통령과 통일부장관의 개성공단 운영 전면중단 조치(헌재 2022.1.27. 2016헌마364, 개성공단 전면중단 조치 위헌확인(기각)), 수사기관 등이 전기통신사업자에게 이용자의 성명 등 통신자료의 제공을 요청하여 취득한 행위(헌재 2022.7.21. 2016헌마388등, 통신자료 취득행위 위헌확인 등(헌법불합치)), 육군훈련소장의 훈련병에게 육군훈련소 내 종교행사에 참석하도록 한 행위(헌재 2022.11.24. 2019헌마941, 육군훈련소 내 종교행사 참석 강제 위헌확인(인용(위헌확인))), 금융위원회위원장이 시중 은행을 상대로 투기지역·투기과열지구 내 초고가 아파트에 대한 주택구입용 주택담보대출을 금지한 조치(헌재 2023.3.23. 2019헌마1399, 기획재정부 주택시장 안정화 방안 중 일부 위헌확인(기각)) 등이 있다.

또한 구속된 피의자에 대한 수갑 및 포승사용행위도 헌법소원의 대상이다.

"구속된 피의자가 검사조사실에서 수갑 및 포승을 시용한 상태로 피의자신문을 받도록 한 이 사건 수갑 및 포승 사용행위는 이미 종료된 권력적 사실행위로서 행정심판이나 행정소송의 대상으로 인정되기 어려워 헌법소원심판을 청구하는 외에 달리 효과적인 구제방법이 없으므로 보충성의 원칙에 대한 예외에 해당한다." "청구인에 대한 이 사건 기본권침해는 종료하였다. 그러나 이 사건 계구(戒具)사용행위는 법무부훈령인 계호근무준칙에 의거한 점에서 앞으로도 반복될 것이 확실시될 뿐만 아니라 헌법질서의 수호 · 유지를 위하여 그 해명이 중요한 의미를 가지고 있으므로 심판청구의 이익을 인정할 수 있다." "청구인이 검사조사실에 소환되어 피의자신문을 받을 때 계호교도관이 포승(捕繩)으로 청구인의 팔과 상반신을 묶고 양손에 수갑을 채운 상태에서 피의자조사를 받도록 한 이 사건 계구사용행위는 과잉금지원칙에 어긋나게 청구인의 신체의 자유를 침해하여 위헌인 공권력행사이다"(헌재 2005.5.26. 2001헌마728, 수갑 및 포승 시용(施用) 위헌확인(인용(위헌확인))).

(7) 행정계획(안), 공고, 확인, 회신, 권고 등

(가) 행정계획

행정계획이란 특정한 행정목표를 달성하기 위하여 관련 행정수단을 종합하고 조정함으로써, 장래 일정한 시점에서 일정한 질서를 실현하기 위한 활동기준으로 설정된 계획을 말한다. 행정계획안은 행정청의 내부적 의사표시에 불과하므로 원칙적으로 헌법소원의 대상이 아니다. 하지만, "이러한 사실상의 준비행위나 사전안내라도 그 내용이 국민의 기본권에 직접 영향을 끼치는 내용이고 앞으로 법령의 뒷받침에 의하여" 틀림없이 그대로 실시되리라고 예상될 수 있을 때에는 그로 인하여 직접적으로 기본권침해를 받게 되는 사람에게는 사실상의 규범작용으로 인한 위험성이 이미 발생하였다고 보아야 하므로 이러한 사항도 헌법소원의 대상은 될 수 있다(헌재 1992.10.1. 92헌마68등, 1994학년도 신입생선발입시안에 대한 헌법소원(기각)).

"국립대학인 서울대학교의 '94학년도 대학입학고사주요요강"은 사실상의 준비행위 내지 사전안내로서 행정쟁송의 대상이 될 수 있는 행정처분이나 공권력의 행사는 될 수 없지만, 그 내용이 국민의 기본권에 직접 영향을 끼치는 내용이고 앞으로 법령의 뒷받침에 의하여 그대로 실시될 것이 틀림없을 것으로 예상되어 그로 인하여 직접적으로 기본권 침해를 받게 되는 사람에게는 사실상의 규범작용으로 인한 위험성이 이미 현실적으로 발생하였다고 보아야 할 것이므로 이는 헌법소원의 대상이 되는 헌법재판소법 제68조 제1항 소정의 공권력의 행사에 해당된다고 할 것이며, 이 경우 헌법소원 외에 달리 구제방법이 없다(헌재 1992.10.1. 92헌마68등, 1994학년도 신입생선발입시안에 대한 헌법소원(기각)).

사립대학인 학교법인 이화학당의 법학전문대학원 모집요강은 헌법소원심판의 대상인 공권력의 행사가 아니다. 교육부장관이 학교법인 이화학당에게 한 법학전문대학원 설치인가

중 여성만을 입학자격요건으로 하는 입학전형계획을 인정한 부분이 남성인 청구인의 직업 선택의 자유를 침해하지 아니한다(헌재 2013.5.30. 2009헌마514, 법학전문대학원 설치인가 중 입학전형계획 위헌확인 등(기각,각하)).

그러나 개발제한구역제도개선방안확정발표(헌재 2000.6.1. 99헌마538등, 개발제한구역제도개선방안확정발표 위헌확인(각하); 헌재 2002.10.31. 2002헌마369, 고소사건처리지연 위헌확인(기각,각하)), 국무총리의 새만금간척사업에 대한 정부조치계획의 확정발표(헌재 2003.1.30. 2001헌마579, 새만금간척사업에 대한 정부조치계획의 확정발표 등 취소(각하)), 교육인적자원부장관이 발표한 '학교교육 정상화를 위한 2008학년도 이후 대학입학제도 개선안' 중 '학교생활기록부의 반영 비중 확대' 및 '대학수학능력시험 성적 등급만 제공' 부분(헌재 2008.9.25. 2007헌마376, 학교교육정상화를 위한 2008학년도 이후 대학입학제도 개선안 위헌확인(각하)), 기획재정부장관이 6차에 걸쳐 공공기관 선진화 추진계획을 확정·공표한 행위(헌재 2011.12.29. 2009헌마330, 공공기관 선진화 추진계획 위헌확인(각하)), 국토교통부장관이 발표한 한국토지주택공사 이전방안(헌재 2014.3.27. 2011헌마291, 한국토지주택공사 이전방안 취소(각하)), 2012년도 대학교육역량강화사업 기본계획 중 총장직선제 개선을 국공립대 선진화 지표로 규정한 부분 및 2013년도 대학교육역량강화사업 기본계획 중 총장직선제 개선 규정을 유지하지 아니하는 경우 지원금 전액을 삭감 또는 환수하도록 규정한 부분(헌재 2016.10.27. 2013헌마576, 2012년도 대학교육역량강화사업 기본계획 취소 등(각하)), 어린이헌장의 제정·선포행위(헌재 1989.9.2. 89헌마170, 대한민국어린이헌장에 대한 헌법소원(각하)), 수사기관의 진정사건에 대한 내사종결처리(헌재 1990.12.26. 89헌마277, 진정사건내사종결처리에 대한 헌법소원(각하)), 내부적 감독작용(정부투자기관에 대한 예산편성지침통보행위)(헌재 1993.11.25. 92헌마293, 1993년도 정부투자기관예산편성공동지침 위헌확인(각하)), 경기지방경찰청장이 전기통신사업자에게 통신자료의 제공을 요청하여 취득한 행위(헌재 2012.8.23. 2010헌마439, 전기통신사업법 제54조 제3항 위헌확인 등(각하)), 교도소장의 독거수용 거부(헌재 2013.5.21. 2013헌마339, 독거수용 거부처분 위헌확인(각하)), 공납금 미납으로 졸업증 교부 및 증명서 발급 거부 통보(헌재 2001.10.25. 2001헌마113, 교육기본법 제8조 제1항 등 위헌확인 등(각하)), 교도소 내 두발규제(헌재 2012.4.24. 2010헌마751, 교도소 내 두발규제 위헌확인(각하)), 교도소 구호 제창을 통한 인사 행위(헌재 2012.7.26. 2011헌마332, 계호업무지침 제118조 등 위헌확인(기각,각하)), 계약이행능력의 심사기준인 방위사업청지침(헌재 2013.11.28. 2012헌마763, 방위사업청물품적격심사기준부칙제2조등 위헌확인(각하)), 대학생토론대회 참가 자격으로 재학생과 휴학생으로 한정한 공모 공고(헌재 2015.10.21. 2015헌마214, 전국대학생 토론대회 공모 공고 위헌확인(각하)), 제20대 국회의원 선거 및 제19대 대통령 선거에서 투표지 분류기 등을 이용하도록 하는 행위(헌재 2016.3.31. 2015헌마1056등, 공직선거법 제170조 위헌확인 등(기각,각하)), 대통령이 국회 본회의에서 행한 시정연설에서 정책과 결부하지 아니하고 단순히 대통령의 신임 여부만을 묻는 국민투표를 실시하고자 한 것 등은 헌법소원의 대상이 될 수 없다고 판시한다.

> "발언의 본의는 재신임의 방법과 시기에 관한 자신의 구상을 밝힌 것에 불과하며, 정치권에서 어떤 합의된 방법을 제시하여 주면 그에 따라 절차를 밟아 국민투표를 실시하겠다는 것이어서 이는 법적인 절차를 진행시키기 위한 정치적인 사전준비행위 또는 정치적 계획의 표명일 뿐이다"(헌재 2003.11.27. 2003헌마694, 대통령신임투표를 국민투표에 붙이는 행위 위헌확인, 대통령재신임 국민투표실시계획 위헌확인, 대통령재심임을 국민투표에 붙이는 결정취소(각하)).
>
> 기획재정부장관이 한 2016년도 정부 예산안 편성행위 중 4·16세월호참사 특별조사위원

회에 대한 부분은 헌법재판소법 제68조 제1항의 헌법소원심판의 대상으로서 '공권력의 행사'에 해당하지 아니한다(헌재 2017.5.25. 2016헌마383, 예산편성 부작위 위헌확인(각하)).

변호인에 대한 참여신청서요구행위는 피의자의 변호인임을 밝혀 피의자신문에 참여할 수 있도록 하기 위한 검찰 내부 절차를 수행하는 과정에서 이루어진 비권력적 사실행위에 불과하다. 피의자신문 시 변호인 참여와 관련된 제반 절차를 규정한 검찰청 내부의 업무처리지침 내지 사무처리준칙은 대외적인 구속력을 가지고 있다고 볼 수 없어 헌법소원심판의 대상이 될 수 없다(헌재 2017.11.30. 2016헌마503, 변호인 참여신청서 요구행위 등 위헌확인(인용(위헌확인), 각하)).

(나) 공 고

공고(公告)가 헌법소원의 대상이 되는지 여부에 관하여는 일률적으로 판단하기가 어렵다. 공고가 단순히 법령사항을 확인하는 것에 불과한 경우에는 헌법소원의 대상이 되지 아니한다(예컨대 사법시험 영어대체공고, 사법시험 학점이수 공고). 법무부장관의 '2014년 제3회 변호사시험 합격자는 원칙적으로 입학정원 대비 75%(1,500명) 이상 합격시키는 것으로 한다'라는 공표(헌재 2014.3.27. 2013헌마523, 변호사시험 합격자 결정기준 위헌확인(각하))도 행정관청 내부의 지침을 대외적으로 공표하는 것에 불과하므로 헌법소원의 대상이 되는 공권력의 행사에 해당하지 않는다.

육군참모총장으로부터 학군사관후보생 선발의 실시를 위임받은 학생중앙군사학교장이 육군규정 제105호 '장교획득 및 임관규정'이 정하는 내용과 동일한 내용으로 수능성적의 배점을 정하여 공고한 경우 그 공고는 헌법소원의 대상이 되는 공권력의 행사에 해당하지만, 학군사관후보생 선발에 필요한 세부사항을 정하여 학생중앙군사학교장이 각 대학 학군단에 하달한 문서인 '학군사관후보생모집/선발계획'은 행정청 내부의 해석지침의 성격을 지니는 것으로 헌법소원의 대상이 되는 공권력의 행사에 해당하지 아니한다(헌재 2007.5.31. 2004헌마243, 학군사관 선발요강 및 세부계획 위헌확인(각하)).

하지만, 공고가 새로운 내용을 담고 있거나 이를 통하여 세부 내용들이 비로소 확정되는 경우에는 예외적으로 헌법소원의 대상이 된다. 예컨대 공무원채용시험시행계획공고(헌재 2000.1.27. 99헌마123, 1999년도 공무원채용시험계획 위헌확인(인용(취소))), 사법시험 시험일자 공고(헌재 2001.9.27. 2000헌마159, 제42회 사법시험 제1차시험 시행일자 위헌확인(기각)), 교사임용후보자 선정경쟁시험 시행요강 공고(헌재 2004.3.25. 2001헌마882, 2002학년도 대전광역시 공립중학교 교사임용후보자 선정경쟁시험 시행요강 취소(인용(위헌확인))), 법학전문대학원협의회의 법학적성시험 시행공고(헌재 2010.4.29. 2009헌마399, 2010학년도 법학적성시험 시행일자 공고 등 위헌확인(기각)), 변리사시험시행계획 공고(헌재 2019.5.30. 2018헌마1208, 2019년도 제56회 변리사 국가자격시험 시행계획 공고 중 2. 실무형 문제 출제 위헌확인(각하, 기각)) 등이 있다.

(다) 확 인

단순한 확인에 불과한 통지는 헌법소원의 대상이 되지 아니한다.

청구인은 강제추행죄로 유죄판결이 확정된 자로서 이 사건 등록조항에 따라 당연히 신상정보 등록대상자가 된 것이고(헌재 2014.3.17. 2014헌마164), 이 사건 통지는 신상정보 등록대상자라는 사실을 알려주는 단순한 통지에 불과하여 어떠한 법적인 권리·의무를 부과하거나 일정한 작위나 부작위를 구체적으로 지시하는 내용을 포함하고 있지 않아 공권력 행사에 해당하지 아니하여 부적법하다(헌재 2016.11.24. 2016헌마194, 신상정보 등록 고지 취소 등(기각,각하)).

(라) 회신, 권고 등

회신(回信), 권고(勸告) 등도 헌법소원의 대상이 되지 아니한다.

행정청이 질의에 대하여 법률적 문제에 대한 해석 및 안내를 위한 단순한 회신(헌재 2001.3.21. 2000헌마37, 인터넷선거운동 및 인터넷광고대행행위 제한조치 등 위헌확인(각하)), 단순한 질의 내지 민원성 요청에 대한 법무부 법조인력과의 거부취지답변(헌재 2010.6.24. 2010헌마41, 사법시험실시계획 공고 중 시험일자 부분 위헌확인(기각,각하)), 적용법조에 대한 구문(求問)(헌재 1990.3.28. 90헌마47, 감호의 재집행 등에 대한 헌법소원(각하(4호))) 등은 공권력 행사에 해당하지 아니한다.

권고와 같은 비권력적 행위도 마찬가지이다.

'선거법위반행위에 대한 중지촉구' 공문은 그 형식에 있어서 '안내' 또는 '협조요청'이라는 표현을 사용하고 있으며, 또한 그 내용에 있어서도 청구인이 계획하는 행위가 공선법에 위반된다는, 현재의 법적 상황에 대한 행정청의 의견을 단지 표명하면서, 청구인이 공선법에 위반되는 행위를 하는 경우 피청구인이 취할 수 있는 조치를 통고하고 있을 뿐이다. 따라서 '중지촉구' 공문은 국민에 대하여 직접적인 법률효과를 발생시키지 않는 단순한 권고적, 비권력적 행위로서, 헌법소원의 심판대상이 될 수 있는 '공권력의 행사'에 해당하지 않으므로, '선거법위반행위에 대한 중지촉구'에 대한 이 사건 심판청구는 부적법하다(헌재 2003.2.27. 2002헌마106, 선거법위반행위에 대한 중지촉구 등 위헌확인(각하)).

(8) 행정청의 사법(私法)상 행위

행정청의 권력작용·관리작용뿐만 아니라 국고작용도 헌법소원이 인정될 수 있다.[1] 그러나 행정청의 사법상(私法上) 행위에 대하여 헌법재판소는 헌법소원의 대상성을 부인한다(헌재 1992.11.12. 90헌마160, 하천부지교환에 관한 헌법소원(각하); 헌재 1992.12.24. 90헌마182, 어업권침해에 대한 헌법소원(각하)).

"한국방송공사의 직원 채용관계는 특별한 공법적 규제 없이 한국방송공사의 자율에 맡겨진 셈이 되므로 이는 사법적인 관계에 해당한다. … 이 사건 공고는 헌법소원으로 다툴 수 있는 공권력의 행사에 해당하지 않는다"(헌재 2006.11.30. 2005헌마855, 군미필자 응시자격 제한 위헌확인(각하)).

"서울교통공사는 공익적인 업무를 수행하기 위한 지방공사이나, … 정관은 서울교통공사 직원의 임면, 근무관계라는 사법(私法) 관계를 규정하고 있고, 개정 이전에 비하여 일반직이 증원되어 있는 정원표로서, 대외적인 구속력을 갖지 못하므로, 헌법소원의 대상이 되는 공권력 행사에 해당하지 아니한다"(헌재 2021.2.25. 2018헌마174, 서울교통공사정관 일부개정(안) 중 무기업무직 전면 정규직 전환관련 등 위헌확인(각하)).

---

1) 김학성, "헌법소원의 쟁송대상", 인권과 정의, 1990.7, 77면.

하지만 현실적으로 행정작용이 순전히 사법상 작용인지 아니면 공법상 작용과 뒤섞여 있는지의 판단도 어려울 뿐만 아니라 기관적·형식적 의미의 행정 개념에 의할 경우 행정작용으로 볼 수밖에 없다. 따라서 가급적 사경제적인 사법상 작용이라 할지라도 행정청이 행한 작용이라면 적어도 헌법재판소의 본안판단을 받아야 한다.

(9) 행정기관의 내부적 의사결정 등

행정기관의 내부적 의사결정이나 단순한 사실행위 등은 헌법소원의 대상이 되지 아니한다.

"기본권의 주체가 행정기관의 내부적 의사결정에 불과하여 직접 국민의 권리의무에 영향을 미치지 아니하는 행위를 청구한 것에 대하여 공권력의 주체가 이를 거부하였다 하더라도 그 거부행위는 헌법소원의 대상이 되는 공권력의 불행사에 해당하지 않는"다(헌재 2004.8.26. 2003헌마916, 재직기간산입거부처분취소(각하)).

예산편성 행위는 헌법(제54조 제2항, 제89조 제4호)과 국가재정법에 따른 것으로서, 이는 국무회의의 심의, 대통령의 승인 및 국회의 예산안 심의·확정을 위한 전 단계의 행위로서 국가기관 간의 내부적 행위에 불과하고, 국민에 대하여 직접적인 법률효과를 발생시키는 행위라고 볼 수 없다(헌재 1994.8.31. 92헌마174 참조). 예산편성 행위는 헌법소원의 대상이 되는 '공권력의 행사'에 해당하지 아니한다(헌재 2017.5.25. 2016헌마383, 예산편성 부작위 위헌확인(각하)).

구 통신위원회의 의결 및 방송통신위원회의 의결은 이동전화의 번호 통합과 번호이동에 관한 사항을 내부적으로 결정한 행위이고, 방송통신위원회의 홈페이지 게시는 번호통합정책 및 번호이동제도를 국민들에게 널리 알리고자 한 것일 뿐이어서, 모두 청구인들의 법적 지위에 영향을 미치지 아니하는 것이므로 공권력 행사에 해당한다고 볼 수 없다(헌재 2013.7.25. 2011헌마63등, 이동전화 식별번호 통합추진 위헌확인(기각, 각하)).

국회의원 선거 및 대통령 선거에서 투표지분류기 등을 이용하는 행위는 투표 결과를 집계하기 위한 단순한 사실행위에 불과하여 그 자체로 헌법소원심판의 대상이 되는 공권력행사에 해당한다고 볼 수 없다(헌재 2016.3.31. 2015헌마1056등, 공직선거법 제170조 위헌확인 등(기각, 각하)).

법률안의 제출은 국가기관 상호간의 내부적인 행위에 불과하여 헌법소원의 대상이 되는 공권력의 불행사에 해당되지 아니한다(헌재 2009.2.10. 2009헌마65, 입법부작위 위헌확인 등(각하(4호))).

협의이혼의사확인신청서를 반려한 행위는 '가족관계의 등록에 관한 규칙' 조항에 따른 단순한 사무집행으로서 법원행정상 사실행위에 불과할 뿐, 헌법소원의 대상이 되는 공권력의 행사에 해당한다고 볼 수 없다(헌재 2016.6.30. 2015헌마894, 가족관계의 등록 등에 관한 법률 제75조 등 위헌확인(기각, 각하)).

"건축물대장은 원칙적으로 행정사무집행의 편의와 사실증명의 자료로 삼기 위한 것일 뿐이고 그 등재로 인하여 당해 건축물에 대한 실체상 권리관계에 어떠한 변동을 초래하는 것은 아니므로, 건축물대장에 대한 등재행위 등은 일반적으로 청구인의 권리나 법적 지위에 영향을 미치는 바가 없어서 기본권을 침해할 가능성이 없고, 건축물대장의 말소행위의 경우에도 원칙적으로 건축물 소유자의 권리관계에 영향을 미친다고 보기 어렵기 때문에, 특별한 사정이 없는 이상 이로 인하여 청구인의 기본권이 새로이 제한되는 형성적 효력이 발생한다고 볼 수는 없다"(헌재 2004.1.29. 2002헌마235, 건축물대장직권말소취소(각하)).

(10) 기타 헌법재판소가 대상성을 부인한 사례

헌법재판소는 고소사건에 대한 재항고를 진정으로 받아들여 재기수사를 명할 수 있도록 규정하고 있는 대검찰청 예규인 '재항고사건 처리지침'(헌재 2011.6.28. 2011헌마300, 대검찰청 예규 제526호 제7조 제2항 제1호 등 위헌확인(각하)), 일반대학 졸업자가 교육대학원에서 초등교육을 전공하여 초등교사 자격증 취득이 불가능하다는 내용의 교원자격검정 실무편람 부분(헌재 2013.2.28. 2010헌마438, 교원자격검정 실무편람 부분 위헌확인(각하)) 등에 대하여는 헌법소원의 대상성을 부인한다.

"원래의 불기소처분의 구제절차에서 내려진 결정인 항고기각 및 재항고기각결정에 대하여 그 고유한 위헌사유를 밝히지 아니한 채 불기소처분과 함께 취소를 구하는 데 불과한 경우에는, 항고 또는 재항고기각결정을 별도로 소원심판청구의 대상으로 할 수 없다"(헌재 1993.5.13. 91헌마213, 불기소처분에 대한 헌법소원(기각,각하)).

행정자치부 자치행정과장이 지방자치단체 담당과장에게 "사태종료시까지 전공노 조합원의 병·연가 불허" 등을 내용으로 하는 업무연락공문을 발송한 행위는 행정기관 내부의 행위일 뿐 대외적으로 효력이 있는 명령이나 지시가 아니므로 헌법소원의 대상이 되는 공권력행사에 해당하지 아니한다(헌재 1994.4.28. 91헌마55, 질유질서유지대책에 대한 헌법소원(각하); 헌재 2005.5.26. 2005헌마22, 전공노대책 관련 긴급지시취소(각하)).

"부패방지법이 발효되기 전인 2002.1.17.에 감사원에 위 법상의 국민감사청구를 한 경우 그 감사결과통보불이행이 공권력의 불행사에 해당하지 않는다. 감사원이 부패방지위원회에 감사결과를 통보하는 것은 국가기관간의 내부적 행위에 불과하고 국민에 대하여 직접적인 법률효과를 발생시키는 행위가 아니므로 감사원이 부패방지위원회로부터 이첩받은 신고사항에 대한 감사결과를 위 위원회에 통보하지 않은 행위는 공권력의 불행사라 볼 수 없다. 위와 같은 감사결과통보불이행이 감사원장의 소속공무원에 대한 지휘감독에 대한 태만으로 인한 것이라고 주장하는 경우 감사원장의 이러한 직무유기는 공권력의 불행사로 인정되지 않는다"(헌재 2005.2.3. 2004헌마34, 감사결과통보불이행 위헌확인(각하)).

"전주교도소 교도관이 국가의 소송수행자로서 청구인과의 민사재판 소송수행 중 준비서면을 제출한 행위는 청구인과 국가 간에 사적 주체로서의 소송에서 이루어진 것에 불과하여 공권력의 행사라고 볼 수 없다"(헌재 2011.2.24. 2009헌마209, 공권력행사 위헌확인 등(기각,각하)).

행정심판 재결에 대하여 재결 자체의 고유한 위헌 사유가 있음을 그 이유로 내세우는 경우가 아니면 원처분이 아닌 재결에 대하여 헌법소원심판을 청구할 수 없다(헌재 2016.4.28. 2013헌마870, 행정심판위원회 재결 위헌확인(각하)).

금융위원회가 시중 은행들을 상대로 가상통화 거래를 위한 가상계좌의 신규 제공을 중단하도록 한 조치 및 금융위원회가 가상통화 거래 실명제를 시행하도록 한 조치는 일련의 '가이드 라인'에 해당하므로 헌법소원의 대상이 되는 공권력의 행사에 해당하지 아니하여 그에 관한 심판청구는 각하한다(5:4)(헌재 2021.11.25. 2017헌마1384, 정부의 가상통화 관련 긴급대책 등 위헌확인(각하)). 일반국민을 상대로 한 가상통화공개(ICO)를 금지하기로 한 '가상통화 관계기관 합동 TF'의 방침도 마찬가지이다(전원일치)(헌재 2022.9.29. 2018헌마1169, 가상통화 공개(ICO)금지 방침 등 위헌확인(각하)).

또한 "사법시험관리위원회가 사법시험 제1차시험에 정답개수형 문제를 출제하기로 한 심의·의결이 시험출제위원을 법적으로 구속하는 헌법소원심판청구의 대상이 되는 공권력의 행사"가 아니라고 판시한다.

"행정행위로서 시험출제업무를 담당하는 시험위원은 법령규정의 허용범위 내에서 어떠한 내용의 문제를 출제할 것인가, 어떤 유형의 문제를 출제할 것인가, 특정 문제유형을 어느 정도 출제할 것인가 등 시험문제의 구체적인 내용을 자유롭게 정할 수 있다고 할 것이다. 입법자가 사법시험 제1차시험의 시험방법에 대하여 출제담당시험위원에게 요구하는 것은 논술형이나 면접이 아닌 선택형 또는 선택형과 일부 기입형을 요구하고 있을 뿐이고, 그 외 시험방법에 관한 구체적인 내용, 즉 시험의 난이도, 문항수, 문제유형, 출제비율, 배점비율, 시험시간, 출제범위 등은 시험위원들의 재량에 맡겨져 있다고 할 것이다"(헌재 2004.8.26. 2002헌마107, 제44회사법시험제1차시험출제방향및기준에관한심의사항 취소(각하)).

변호사시험 관리위원회는 변호사시험에 관한 법무부장관의 의사결정을 보좌하기 위하여 법무부에 설치된 자문위원회로서, 일정한 심의사항에 관하여 의결절차를 거쳐 위원회의 의사를 표명하더라도 그것은 단순히 법무부장관에 대한 권고에 불과하여 그 자체로서는 법적 구속력이나 외부효과가 발생하지 아니하는 의견진술 정도의 의미를 가지는 데 지나지 아니하므로, 변호사시험 관리위원회의 의결은 헌법소원의 대상이 되는 공권력 행사로 볼 수 없다(헌재 2012.3.29. 2009헌마754, 법학전문대학원 설치·운영에 관한 법률 제8조 제1항 등 위헌확인(기각)).

6. 사법작용에 대한 헌법소원

(1) 의 의

법원의 재판은 헌법재판소법 제68조 제1항에 따라 헌법소원의 대상에서 제외된다. 또한 헌법재판소의 결정도 헌법소원의 대상이 될 수 없다는 것이 헌법재판소의 일관된 입장이다(헌재 1989.7.10. 89헌마144, 국선대리인선임신청기각결정에 대한 헌법소원(각하)).

한편 헌법재판소는 법원의 행정작용 내지 재판절차와 관련하여 법원행정처장의 민원인에 대한 법령질의회신, 법원재판장의 변론지휘권, 재판의 부작위 또는 재판의 지연에 대한 헌법소원을 부인하고 있다.

법령질의회신: 청구인이 제출한 재심소장을 법원행정처 송무국장이 '민원에 대한 회신'형식으로 반려하였을 경우에 이 '민원에 대한 회신'은 공권력행사에 해당되나, 헌법소원 제기 이후 대법원에서 청구인의 재심소장을 정식으로 접수하여 권리보호이익이 인정되지 아니하여 부적법하다(헌재 1989.7.28. 89헌마1, 사법서사법시행규칙에 대한 헌법소원(각하); 헌재 2007.2.22. 2005헌마645, 재심소장 민원처리 위헌확인(각하)).

변론제한: "재판장의 소송지휘권의 행사에 관한 사항은 그 자체가 재판장의 명령으로서 법원의 재판에 해당하거나, 또는 그것이 비록 재판의 형식이 아닌 사실행위로 행하여졌다고 하더라도 법원의 종국판결이 선고된 이후에는 위 종국판결에 흡수·포함되어 그 불복방법은 판결에 대한 상소에 의하여만 가능하므로, 재판장의 변론지휘권의 부당한 행사를 그 대상으로 하는 헌법소원심판청구는 결국 법원의 재판을 그 대상으로 한 경우에 해당하여 부적법하다"(헌재 1992.6.26. 89헌마271, 변론의 제한에 대한 헌법소원(각하)).

재판지연: "법원은 민사소송법 제184조에서 정하는 기간 내에 판결을 선고하도록 노력해야 하겠지만, 이 기간 내에 반드시 판결을 선고해야 할 법률상의 의무가 발생한다고 볼 수 없으며, 헌법 제27조 제3항 제1문에 의거한 신속한 재판을 받을 권리의 실현을 위해서는 구체적인 입법형성이 필요하고, 신속한 재판을 위한 어떤 직접적이고 구체적인 청구권이 이 헌법규정으로부터 직접 발생하지 아니하므로, 보안관찰처분들의 취소청구에 대해서 법원이 그 처분들의 효력이 만료되기 전까지 신속하게 판결을 선고해야 할 헌법이나 법률상의 작위의무가 존재하지 아니한다"(헌재 1999.9.16. 98헌마75, 재판지연확인(각하)).

이러한 판례의 경향은 사법에 대한 헌법소원의 보충성원칙을 비교적 엄격하게 적용하고 있으므로, 법원의 재판에 대한 헌법소원이 인정되지 아니하는 한 사법작용에 대한 헌법소원이 인정되기는 현실적으로 매우 어렵다.

다른 한편 법원의 일반적인 사법행정작용에 대하여는 행정에 대한 헌법소원과 마찬가지로 헌법소원을 인정하여야 한다.

법원공무원이나 집행관 등에 의한 접수거부처분에 대한 헌법소원을 인정한다. 하지만, 보충성원칙 위배를 이유로 각하결정을 내렸다(헌재 1991.11.25. 89헌마235, 재판청구권 등의 침해에 대한 헌법소원(각하)).

대법원장의 법관 인사처분에 대하여 법원행정처의 소청심사위원회 심사와 행정소송을 제기하여 구제를 받을 수 있으므로 이러한 구제절차를 거치지 아니한 헌법소원심판청구는 보충성 요건을 충족하지 못하여 부적법하다(6:3)(헌재 1993.12.23. 92헌마247, 인사명령취소(각하)).

(2) 법원의 재판에 대한 헌법소원

(가) 의　의

헌법 제111조 헌법재판소의 권한에서는 제1항 제5호에서 "법률이 정하는 헌법소원에 관한 심판"을 규정하고 있다. 이에 따라 헌법재판소법 제68조(청구사유) 제1항은 "공권력의 행사 또는 불행사로 인하여 헌법상 보장된 기본권을 침해받은 자는 법원의 재판을 제외하고는 헌법재판소에 헌법소원심판을 제기할 수 있다"라고 규정하고 있다. 법원의 재판이라 함은 소송법상 법원이 행하는 공권적 법률판단 또는 의사의 표현을 지칭하며, 여기에는 종국판결 외에 본안전 소송판결 및 중간판결이 모두 포함될 뿐 아니라 기타 소송절차의 파생적·부수적인 사항에 대한 공권적 판단도 포함된다(헌재 1992.12.24. 90헌마158, 판결의 저촉여부에 관한 헌법소원(각하)). 따라서 법원의 재판인 판결, 결정, 명령 자체를 대상으로 하여 헌법소원심판을 청구한다면 이는 부적법하게 된다.

> "위헌법률심판제청 불행사는 재판에 관한 법원의 공권적 판단이라 할 것이므로 결국 이 사건 심판청구는 헌법재판소법 제68조 제1항이 금지하고 있는 법원의 재판에 대한 헌법소원으로서 부적법하다"(헌재 2004.8.26. 2003헌마412, 위헌제청불행사 위헌확인(각하)); "소액사건의 판결이유를 설명하지 않은 재판에 대한 헌법소원은 부적법하다"(헌재 2004.9.23. 2003헌마19, 재판 등 위헌확인(각하)); 법원이 위헌제청신청을 기각하는 결정을 하고 당해 사건의 진행을 정지하지 아니하고 진행한 조치에 대한 헌법재판소법 제68조 제1항에 따른 헌법소원은 허용될 수 없다(헌재 2008.9.25. 2006헌바23, 헌법재판소법 제41조 위헌소원 등(각하)); 법원이 '국민의 형사재판 참여에 관한 규칙' 제3조 제1항에 따른 피고인 의사의 확인을 위한 안내서를 송달하지 아니한 부작위에 대한 헌법소원 심판청구는 법원의 재판을 대상으로 한 심판청구에 해당하여 부적법하다(헌재 2012.11.29. 2012헌마53, 국민참여재판 피고인 의사확인 부작위 위헌확인 등(각하)); 통신제한조치에 대한 법원의 허가는 통신비밀보호법에 근거한 소송절차 이외의 파생적 사항에 관한 법원의 공권적 법률판단으로 헌법소원의 대상에서 제외하고 있는 법원의 재판에 해당하므로, 이에 대한 심판청구는 부적법하다(헌재 2018.8.30. 2016헌마263, 통신제한조치 허가 위헌확인 등(헌법불합치,각하)); 이 사건 영장 발부는 검사의 청구에 따라 판사가 디엔에이감식시료채취의 필요성이 있다고 판단하여 이루어진 판으로서, 헌법소원심판의 대상이 될 수 있는 예외적인 재판에 해당하지 아니한다(헌재 2018.8.30. 2016헌마344등, 디엔에이감식시료채취 영장 발부 위헌확인 등(헌법불합치,기각,각하)).

그런데 헌법재판소법과 같은 법률을 통한 헌법소원 대상의 제한이 헌법에 합치하는지 여부에 관하여 논란이 계속되어왔다.

(나) 법원의 재판에 대한 헌법소원의 원칙적 부인

헌법재판소는 헌법 제111조 제1항 제5호의 '법률이 정하는 헌법소원'의 의미에 법원의 재판이 당연히 포함되지는 아니한다고 판시한다.

> "헌법 제111조 제1항 제5호가 '법률이 정하는 헌법소원에 관한 심판'이라고 규정하여 그 구체적인 형성을 입법자에게 위임함으로써, 입법자에게 헌법소원제도의 본질적 내용을 구체적인 입법을 통하여 보장할 의무를 부과하고 있다." "헌법소원은 언제나 '법원의 재판에 대한 헌법소원'을 그 심판의 대상으로 포함하여야만 비로소 헌법소원제도의 본질에 부합한다고 단정할 수 없다"(헌재 1997.12.24. 96헌마172등, 헌법재판소법 제68조 제1항 위헌확인 등(한정위헌,인용(취소)))(대판 1996.4.9. 95누11405; 대판 1997.3.28. 96누15602)(헌재 1999.10.21. 96헌마61등, 양도소득세부과처분취소 등(합헌,각하))(헌재 2001.2.22. 99헌마461등(기각,각하))(헌재 2001.7.19. 2001헌마102, 헌법재판소법 제68조 제1항 위헌확인 등(기각,각하))(헌재 2003.3.27. 2001헌마116(기각,각하))(헌재 2002.5.30. 2001헌마781, 상고심절차에 관한 특례법 제2조 등 위헌확인(기각,각하)).

이에 따라 법률로써 법원의 재판을 헌법소원의 대상에서 제외한다고 하더라도 헌법상 평등권과 재판청구권을 침해하지 아니한다고 판시한다.

> "입법작용과 행정작용의 잠재적인 기본권침해자로서의 기능과 사법작용의 기본권보호자로서의 기능이 바로 법원의 재판을 헌법소원심판의 대상에서 제외한 것을 정당화하는 본질

적인 요소이다." "법원의 재판을 헌법소원심판의 대상이 될 수 있도록 한다면 또 한 번의 기본권구제절차를 국민에게 제공하게 되는 것이므로 더욱 이상적일 수 있다. 그러나 입법자가 헌법재판소와 법원의 관계 기타의 사정을 고려하여 행정작용과 재판작용에 대한 기본권의 보호를 법원에 맡겨 헌법재판소에 의한 기본권구제의 기회를 부여하지 아니하였다 하여 위헌이라 할 수는 없"다. "기본권침해에 대한 구제절차가 반드시 헌법소원의 형태로 독립된 헌법재판기관에 의하여 이루어질 것만을 요구하지는 않는다"; 동지판례(헌재 2018.8.30. 2015헌마784, 재판취소 등(기각,각하))(헌재 2018.8.30. 2015헌마861등, 재판취소 등(기각,각하)).

"헌법재판소법 제68조 제1항은 2016헌마33 사건에서 한정위헌결정을 선고함으로써 위헌 부분이 제거된 나머지 부분으로 이미 그 내용이 축소된 것이어서 청구인들의 기본권을 침해하지 아니하고, 긴급조치 발령 등으로 인한 국가의 배상책임을 부인한 대법원 판결은 헌법재판소가 위헌으로 결정한 법령을 적용한 재판이 아니므로 예외적으로 허용되는 재판소원의 대상이 될 수 없다"는 취지로 판시한 바 있다. 이 사건 법률조항이 헌법에 위반되지 아니하고, 긴급조치 발령 및 그에 수반한 불법행위에 대한 국가배상책임을 부인한 대법원 판결이 헌법소원심판의 대상이 되는 예외적인 법원의 재판에 해당하지 아니한다는 헌재 2018.8.30. 2015헌마861등 결정, 헌재 2019.2.28. 2016헌마56 결정 등의 입장을 재확인한다. 또한 헌법재판소가 법률조항에 대하여 위헌결정을 선고하였다고 할지라도 헌법재판소 결정 이전에 이미 대법원에서 상고가 기각되어 그 판결이 확정된 이상, 위헌결정의 소급효가 이미 확정된 재판에까지 미치는 것이 아니며, 위 법률조항을 적용한 재판이 헌법재판소가 위헌으로 결정하여 그 효력을 상실한 법률을 적용한 재판에 해당한다고도 볼 수 없다(헌재 2019.7.25. 2018헌마827, 재판취소 등(기각,각하)).

법원의 재판에 대한 헌법소원을 금지하는 헌법재판소법 제68조 제1항 본문 중 "법원의 재판을 제외하고는" 부분은 헌법에 위반되지 않고, 긴급조치 관련 국가배상책임을 인정하지 아니한 대법원 판결의 취소를 구하는 헌법소원 심판청구는 부적법하다. [반대의견(2인)] 헌법재판소법 조항 중 국가권력이 국민의 자유와 권리를 '의도적이고 적극적으로' 침해하는 총체적 불법행위를 자행한 경우에 국가의 불법행위 책임을 부인하는 재판에 관한 부분은 헌법에 위반되고, 대법원 판결은 그러한 재판에 해당하므로 취소되어야 한다(헌재 2020.11.26. 2014헌마1175등, 재판취소(각하)).

결론적으로 헌법재판소는 법원의 재판에 대한 헌법소원 인정 여부는 입법정책의 문제로 본다.

"법원의 재판도 헌법소원심판의 대상으로 하는 것이 국민의 기본권보호의 실효성 측면에서 바람직한 것은 분명하다. 그러나 현재의 법적 상태가 보다 이상적인 것으로 개선되어야 할 여지가 있다는 것이 곧 위헌을 의미하지는 않는다. 법원의 재판을 헌법소원심판의 대상에 포함시켜야 한다는 견해는 기본권보호의 측면에서는 보다 이상적이지만, 이는 헌법재판소의 위헌결정을 통하여 이루어질 문제라기보다 입법자가 해결하여야 할 과제이다."

(다) 법원의 재판에 대한 헌법소원의 예외적 인정

헌법재판소는 법원의 재판에 대한 헌법소원을 부인한다. 다만, 예외적으로 헌법재판소 결정의 기속력을 담보하기 위하여 법원의 재판에 대한 헌법소원을 인정한 바 있다(헌재 1997.12.24. 96헌마172등, 헌법재판소법 제68조 제1항 위헌확인 등(한정위헌, 인용(취소))).

또한 '법원의 재판' 중 '헌법재판소가 위헌으로 결정한 법령을 적용함으로써 국민의 기본권을 침해한 재판' 부분에 대하여 한정위헌결정을 한 바 있다. 그러나 이 결정의 효력은 주문에 표시된 부분에 국한되었다.

> 헌법재판소법 제68조 제1항 본문 중 "법원의 재판을 제외하고는" 부분은, 헌법재판소가 위헌으로 결정한 법령을 적용함으로써 국민의 기본권을 침해한 재판이 포함되는 것으로 해석하는 한 헌법에 위반된다(헌재 2016.4.28. 2016헌마33, 평균임금정정불승인처분 취소 등(한정위헌, 각하)).
>
> "헌법재판소법 제68조 제1항의 '법원의 재판'에 헌법재판소가 위헌으로 결정하여 그 효력을 상실한 법률을 적용함으로써 국민의 기본권을 침해하는 재판도 포함되는 것으로 해석하는 한도 내에서 헌법재판소법 제68조 제1항은 헌법에 위반된다"(헌재 2019.2.28. 2018헌마140, 헌법재판소법 제68조 제1항 본문 위헌확인 등(기각, 각하)).

이에 더 나아가 재판소원금지조항의 적용 영역에서 "법률에 대한 위헌결정의 기속력에 반하는 재판" 부분을 모두 제외하기 위하여 '법원의 재판' 가운데 "법률에 대한 위헌결정의 기속력에 반하는 재판" 부분은 헌법에 위반된다고 결정하였다.

> "헌법재판소법 제68조 제1항 본문 중 '법원의 재판' 가운데 '법률에 대한 위헌결정의 기속력에 반하는 재판' 부분은 헌법에 위반되고, 법률에 대한 일부위헌결정에 해당하는 헌재 2012.12.27. 2011헌바117 결정의 기속력을 부인한 법원의 재판(재심기각결정)은" "재판청구권을 침해한 것이므로 이를 취소한다"(헌재 2022.6.30. 2014헌마760등, 헌법재판소법 제68조 제1항 등 위헌확인(위헌, 인용(취소), 각하)). 동지: (헌재 2022.7.21. 2013헌마242, 재판취소 등(인용(취소)각하)) (헌재 2022.7.21. 2013헌마496, 재판취소 등(인용(취소), 각하)) (헌재 2022.7.21. 2013헌마497, 재판취소 등(인용(취소), 각하)).

[해설] 헌재 1997.12.24. 96헌마172등 결정 이후 법원의 재판을 취소한 4개의 결정을 유형별로 분석해보면, 먼저 한정위헌결정 이후에 대법원이 그 위헌결정의 기속력에 반하는 판결을 내렸을 경우 그 확정판결은 예외적으로 재판소원으로 다툴 수 있고 헌법재판소는 그 확정판결을 취소할 수 있다고 한다. 다음으로 헌법재판소의 한정위헌결정이 있기 이전에 이미 대법원의 확정판결이 있었다면, 헌법재판소법 제75조 제7항에 따라 그 확정판결에 대해 재심을 청구할 수 있다. 그럼에도 불구하고 만일 법원이 한정위헌졀정의 기속력에 반하여 그 당사자의 재심청구를 기각한다면, 이 경우 헌법재판소는 재심기각판결을 취소할 수 있다고 한다. 다만, 법률에 대한 한정위헌결정 이전에 확정된 청구인들에 대한 유죄판결

등 재심대상판결은 법률에 대한 위헌결정의 기속력에 반하는 재판에 해당하지 않으므로 그에 대한 심판청구는 부적법하다고 판단하였다.

이와 같은 헌법재판소의 결정은 결국 법원의 재판에 대한 헌법소원을 인정하지 아니하기 때문에 야기되는 문제점을 극복하려는 불가피한 선택으로 보인다. 그러나 이러한 예외적 인정이 대법원과의 관계에서 실효성을 담보할 수 있는 해결책이 될 수 있을지는 의문이다.

96헌마172등 사건에서 반대의견(3인)은 헌법재판소법 제68조 제1항이 합헌인 것과 상관없이 당해 사건 판결은 법원이 스스로 법률에 대한 위헌심판을 하였다는 점에서 헌법 제101조, 제107조, 제111조에 정면으로 반하므로 헌법소원을 인정할 수 있다고 본다.

(라) 소결: 법원의 재판에 대한 헌법소원의 원칙적 인정 필요성

헌법재판소가 적절히 판시하고 있는 바와 같이 법원의 재판에 대한 헌법소원의 인정이 바람직하다. 그러나 헌법재판소는 헌법상 "법률이 정하는 헌법소원"에서 '법률'이라는 자구에 지나치게 묶여 있음을 지적하지 아니할 수 없다.

여기서의 '법률'은 어디까지나 헌법소원의 수식어에 불과하다. 그것은 곧 헌법소원의 구체적인 의미와 내용을 헌법에서 모두 정할 수 없기 때문에 이를 법률로 정한다는 취지이지, 헌법소원의 본질적 내용에 대한 제한을 법률로 정할 수 있다는 취지로 이해하여서는 아니 된다. 헌법소원은 헌법재판소법 제68조 제1항에서 정의하고 있듯이 "공권력의 행사 또는 불행사로 인하여 헌법상 보장된 기본권을 침해받은 자"가 제기하는 권리구제제도이다. 법원의 재판도 "공권력의 행사 또는 불행사"에 해당되므로 헌법상 보장된 기본권을 침해할 수 있다. 헌법재판소는 헌법상 "법률이 정하는"이라는 규정은 입법자에게 부여된 재량의 여지라고 판시한다. 그러나 그 입법자의 판단 내지 입법재량은 헌법소원제도의 본질에 부합하는 방향으로 정립하여야 한다는 기속을 받는다고 보아야 하며, 그 본질과 관계없이 입법자에게 무조건적인 재량 부여로 보아서는 아니 된다.

다만, 법원의 재판을 헌법소원의 대상으로 할 경우 사실상 헌법재판소가 법원의 재판에 대한 최종심으로 작동하는 결과를 초래하여 결국 헌법상 법원과 헌법재판소의 관계에 관하여 본질적인 문제점을 야기한다는 점은 이해가 간다. 그러나 법원의 재판에 대한 헌법소원을 인정함으로써 법원과 헌법재판소 사이의 권한배분 및 역할관계에 관하여 야기되는 문제점이야말로 입법정책·입법기술적으로 해결되어야 할 과제이지 헌법본질적인 문제로 볼 사안은 아니다.

기술적이고 부수적인 문제에 대하여는 남소(濫訴)의 폐해를 방지하기 위하여

현재 대법원이 시행되고 있는 상고심리불속행제도와 유사한 제도를 법원의 재판에 대한 헌법소원 남용을 방지하는 방안으로 고려할 수 있다. 대법원과 헌법재판소는 위헌론이 제기된 대법원의 재판을 받을 권리의 제한에 대하여는 입법정책의 문제로 보고 있고(대판 1976.11.9. 76도3076등; 헌재 1997.12.24. 96헌마172등(한정위헌, 인용(취소))), 상고허가제나 상고심리불속행제도(上告審理不續行制度)에 관하여도 일관되게 합헌이라고 판시한다. 또한 소액사건심판법 제3조의 상고이유제한에 대하여도 공익상의 요청과 신속·간편·저렴을 이유로 평등권 침해가 아니라고 판시한다.

대법원과 헌법재판소는 구 소송촉진등에관한특례법 제11조·제12조에서 규정한 상고허가를 합헌이라고 판시한 바 있다(대판 1989.12.15. 88카75; 헌재 1995.1.20. 90헌바1(합헌)).

그간 상고허가제는 위헌이라는 비판을 받아왔다. 1994년 사법개혁과정에서 결국 '상고심절차에관한특례법'을 제정하여 상고심리불속행제도라는 사실상의 상고허가제를 도입하고 있다. 이에 대하여 대법원은 역시 합헌이라고 판시한다(대판 1995.7.14. 95카기41).

소액사건 상고제한도 합헌으로 판단한다(대판 1989.10.24. 89카55; 헌재 1992.6.26. 90헌바25(합헌); 헌재 2010.1.26. 2010헌마31(각하); 헌재 2009.2.26. 2007헌마1388(기각); 헌재 2005.3.31. 2004헌마933(기각); 헌재 1995.10.26. 94헌바28(합헌)).

하지만, 대법원과 헌법재판소의 판례는 특허법 사건과 관련하여 보건대, 지나치게 사법국가주의적이라는 비판을 면할 수 없다.

대법원은 구 특허법 제186조에 의거한 특허심판·특허항고심판을 거친 후에 바로 대법원에 상고하는 제도는 위헌이라 하여 위헌법률심판제청을 한 바 있고, 헌법재판소도 헌법불합치결정을 내린 바 있다(헌재 1995.9.28. 93헌가8등, 특허법 제186조 제1항 등 위헌제청(헌법불합치, 잠정적용)).

법원은 구체적 사건에 관한 분쟁해결과 권리구제에 그 본질적인 기능이 부여되어 있다면 헌법재판소는 헌법질서의 수호와 국민의 기본권보장에 그 본질적인 기능이 부여되어 있다. 헌법소원제도가 헌법수호와 기본권보호를 위한 제도적 장치이므로, 헌법의 최고규범성과 공권력행사의 기본권기속성을 확보하기 위하여 법원의 재판에 대한 헌법소원을 인정하면 국민의 평등권·재판청구권과 헌법소원심판청구권을 실질적으로 보장할 수 있다.

(3) 기타 사법부작위(司法不作爲)

공권력의 불행사에 대한 헌법소원은 공권력의 주체에게 헌법에서 직접 도출되는 작위의무나 법률상의 작위의무가 특별히 구체적으로 존재하여 이에 의거하여 기본권의 주체가 그 공권력의 행사를 청구할 수 있음에도 불구하고 공권력의 주체가 그 의무를 해태하는 경우에 한하여 허용된다. 그러므로 이러한 작위의무가 없는 공권력의 불행사에 대한 헌법소원은 부적법하다. 이에 관한 한 사법부작위의 경우도 마찬가지이다.

"법원은 민사소송법 제184조에서 정하는 기간 내에 판결을 선고하도록 노력해야 하겠지만, 이 기간 내에 반드시 판결을 선고해야 할 법률상의 의무가 발생한다고 볼 수 없으며, 헌법 제27조 제3항 제1문에 의거한 신속한 재판을 받을 권리의 실현을 위해서는 구체적인 입법형성이 필요하고, 신속한 재판을 위한 어떤 직접적이고 구체적인 청구권이 이 헌법규정으로부터 직접 발생하지 아니하므로, 보안관찰처분들의 취소청구에 대해서 법원이 그 처분들의 효력이 만료되기 전까지 신속하게 판결을 선고해야 할 헌법이나 법률상의 작위의무가 존재하지 아니한다"(헌재 1999.9.16. 98헌마75, 재판지연 위헌확인(각하)) : '재정신청사건의 공소유지 담당변호사가 무죄판결에 대하여 항소를 제기하지 않은 것은 헌법소원의 대상이 되는 공권력의 불행사에 해당하지 않는다'(헌재 2004.2.26. 2003헌마608, 항소부제기 위헌확인(각하)).

(4) 소 결

잘못된 재판에 대한 헌법소원의 인정이 바람직하다. 헌법재판소는 헌법재판소의 결정에 대한 헌법소원을 인정하지 아니한다(헌재 1989.7.10. 89헌마144, 국선대리인 선임신청 기각결정에 대한 헌법소원(각하)). 하지만, 판례변경을 함으로써 사실상 오류나 잘못을 인정한다.

예컨대 헌법재판소는 1997년에 종전의 판례를 변경하여 국회의원과 국회의장 간의 권한쟁의를 인정한다. 헌재 1997.7.16. 96헌라2, 국회의원과 국회의장 간의 권한쟁의(인용(권한침해),기각) : 그 외에도 헌재 1996.3.28. 93헌마198, 약사법 제37조 등 위헌확인(각하) 사건에서 법령에 대한 헌법소원의 청구기간에 관하여 이전까지 유지하여 오던 "상황성숙성이론"을 폐기하였으며, 헌재 2002.8.29. 2001헌마788등(위헌) 사건에서부터 금고 이상의 형의 선고유예판결을 받은 경우를 당연퇴직대상으로 규정하던 지방공무원법 규정에 대하여 종전의 판례를 변경하여 위헌선언하였다.

대법원을 비롯한 각급법원과는 별도로 헌법재판소를 설치한 취지는 헌법을 수호하고 헌법상 기본권을 보장하려는 데 있으므로, 구체적 사건에서의 분쟁해결·권리구제와 관련된 법원의 역할이나 기능과의 차별성을 인정하여야 한다. 비록 현행 헌법재판이 구체적 규범통제제도를 취하지만 결정의 일반적 효력을 부여하는 객관적 규범통제의 성격을 가진다. 또한 헌법재판소도 규범통제 과정에서 현실적이고 구체적인 타당성 확보 방안에 대하여 더욱 성찰하여야 한다.

헌법재판소의 재산권 관련 판례는 지나치게 사인의 재산권 보장과 시장경제라는 고전적인 시각에 편중되어 있다는 비판을 받아왔다. 특히 국유의 잡종재산에 대한 시효취득 인정(헌재 1991.5.13. 89헌가97, 국유재산법 제5조 제2항에 대한 위헌심판(한정위헌); 헌재 1992.10.1. 92헌가6등, 지방재정법 제72조 제2항에 대한 위헌심판(한정위헌)), 토지초과이득세법의 헌법불합치 결정(헌재 1994.7.29. 92헌바49등, 토지초과이득세법 제10조 등 위헌소원, 토지초과이득세법 제8조 등 위헌소원(헌법불합치,적용중지)), 택지소유상한에관한법률 제2조 제1호 나목 등 위헌소원사건에서의 위헌결정(헌재 1999.4.29. 94헌바37(위헌)), 4층 이상 건물에 대한 보험가입강제에 관한 사건(헌재 1991.6.3. 89헌마204, 화재로인한재해보상과보험가입에관한법률 제5조 제1항의 위헌여부에 관한 헌법소원(한정위헌)) 등은 비판의 소지가 있다.

특히 표면적으로는 대법원이 헌법재판소의 변형결정에 대한 기속력을 부인하고 있지만, 실제로는 "시행령조항의 헌법위반 여부와 상위법의 헌법위반 여부에 관하여는 대법원이 최종적으로 판단하여 이 사건에 적용할지 여부를 결정하여야"(대판 1996.4.9. 95누11405, 양도소득세 부과처분 취소사건) 한다는 판시를 살펴보면 대법원의 고뇌는 아마도 헌법 제107조 제2항에 근거한 명령 등에 대한 위헌심사권의 확보에 초점을 맞추고 있어 보인다(헌재 1990.10.15. 89헌마178, 법무사법시행규칙에 대한 헌법소원사건 이래 대법원은 명령·규칙·처분심사에 대한 고유권론에 집착한다).

헌법재판소의 대법원판결 취소결정은 매우 파격적이다. 그러나 일반법원과 다른 헌법재판소를 설치한 헌법의 태도에 비추어 본다면 이러한 갈등은 당연히 예견될 수 있는 문제이다. 헌법소원제도의 본질 및 입법정책적인 차원에서 이러한 갈등을 해소할 수 있는 입법적 보완이 시급하다. 특히 헌법재판소결정의 실효성을 담보할 수 있는 강제집행제도도 차제에 입법화되어야 한다.

헌법재판소는 한정위헌결정으로 야기된 대법원과의 갈등을 다시 한정위헌결정으로 해결하였다. 이와 같은 번잡스러움을 해소하기 위하여서는 위헌선언이 바람직하나, 현실적으로는 입법적 보완이 이루어질 때까지 헌법불합치결정과 입법촉구결정이 오히려 바람직하다고 본다.

Ⅲ. 공권력에 의한 청구인의 기본권 침해

헌법소원은 "공권력의 행사 또는 불행사(不行使)로 인하여 헌법상 보장된 기본권의 침해를 받은 자"가 그 침해를 구제받기 위하여 헌법재판소에 심판을 청구하는 제도이다. 따라서 헌법소원을 적법하게 제기하려면 우선 헌법상 보장되는 기본권이 문제되는 경우이어야 한다. 이와 관련하여 어떤 것이 헌법상 보장되는 기본권에 해당하는지가 문제된다. 다음으로 공권력의 행사 또는 불행사로 인하여 청구인의 기본권 침해가 발생할 경우이어야 한다. 이는 공권력 작용에 의한 기본권 침해의 가능성을 전제로 한다. 그리고 청구인이 해당 공권력의 작용으로 인하여 자신의 기본권을 직접·현재 침해받아야 한다. 이는 청구인적격과 관련된 문제로, 기본권 침해의 주관적(인적) 관련성, 시간적 관련성, 객관적(물적) 관련성으로 논의되고 있다. 이러한 점에서 이 문제는 실무상 '기본권 침해의 법적 관련성'이라고도 불린다.[1)]

---

1) 헌법재판소, 헌법재판실무제요(제2개정판), 2015, 287면; 헌법재판소 헌법재판연구원, 주석 헌법재판소법, 2015, 1074면; 임효준, "헌법소원의 직접성 요건에서 문제되는 '집행행위'의 성격 및 범위", 세계헌법연구 30-1.

1. 기본권의 침해

(1) 헌법상 보장된 기본권

헌법소원심판을 청구하기 위하여서는 "헌법상 보장된 기본권"이 침해되어야 한다. 헌법상 보장된 기본권이란 헌법상 국민에게 부여된 주관적 공권으로서 헌법에 명문으로 규정된 기본권과 헌법해석을 통하여 도출되는 기본권이다.

> 정당설립의 자유는 비록 헌법 제8조 제1항 전단에 규정되어 있지만 국민 개인과 정당의 '기본권'이라 할 수 있고, 당연히 이를 근거로 하여 헌법소원심판을 청구할 수 있다(헌재 2004.10.28. 2004헌마512, 청원기각처분 취소(각하); 헌재 2006.3.30. 2004헌마246, 정당법 제25조 등 위헌확인(기각)).

헌법상 보장되는 제도나 헌법상 기본질서 또는 헌법의 기본원리 등은 주관적 공권성이 인정되지 않으므로 헌법상 보장되는 기본권이 될 수 없다. 또한 법률상의 권리에 불과하거나 헌법상 부여된 권한도 헌법상 보장되는 기본권으로 볼 수 없다. 따라서 제도적 보장이나 헌법원리에 어긋난다는 것을 이유로 하는 헌법소원 또는 지방자치단체 주민으로서의 자치권 또는 주민권, 국회의원의 심의·표결권 등을 침해받았다는 것을 이유로 하는 헌법소원은 허용될 수 없다.

> 주민투표권은 헌법상의 권리가 아닌 법률상의 권리에 불과하여 헌법재판소법 제68조 제1항의 헌법소원을 통하여 그 침해 여부를 다툴 수는 없지만 주민투표권이 법률상의 권리라고 하여 그것이 비교집단 상호간에 차별이 존재할 경우에 헌법상의 평등권심사까지 배제되는 것은 아니다(헌재 2006.3.30. 2003헌마837, 경부고속철도역사명칭결정취소(각하); 헌재 2007.6.28. 2004헌마643, 주민투표법 제5조 등 위헌확인(헌법불합치,잠정적용)).

다른 한편 국회 내부에서 정당 사이에 형성되는 의석분포결정권 내지 국회구성권(헌재 1996.11.28. 96헌마207, 국회구성의무불이행 위헌확인(각하))이나 국회의원의 심의·표결권 등은 헌법상 보장된 기본권으로 볼 수 없다.

또한 헌법재판소는 국회의 입법에 대한 국민의 청문권이나 재정지출에 대한 국민의 감시권(헌재 2005.11.24. 2005헌마579등, 신행정수도 후속대책을 위한 연기·공주지역 행정중심복합도시 건설을 위한 특별법에 대한 위헌확인(각하)), 평화적 생존권도 판례를 변경(헌재 2009.5.28. 2007헌마369, 2007년 전시증원연습 등 위헌확인(각하))하여 헌법상 보장된 기본권이 아니라고 본다.

(2) 기본권 침해 가능성

헌법소원은 기본권을 침해받은 자가 청구할 수 있으므로, 문제의 공권력 작용으로 인하여 그 기본권을 침해받을 가능성이 인정되어야 한다. 가령 어떤 법령조항이 헌법소원을 청구하고자 하는 사람에 대하여 시혜적인 내용을 담고 있는 경우라면, 애당초 기본권 침해의 가능성이나 위험성이 없다 할 것이므로 당해 법령조항을 대상으로 권리구제형 헌법소원을 청구하는 것은 허용되지 아니한다(헌재 2007.7.26. 2004헌마914, 한국철도공사법 부칙 제8조 위헌확인(각하,기각))(헌재 2015.12.23. 2010헌마620, 대일항쟁기 강제동원 피해조사 및 국외강제동원 희생자 등 지원에 관한 특별법 제4조 위헌확인(각하)).

헌법재판소는 대통령이 국민투표부의권을 현실적으로 행사하지 아니한 이상 국민투표권이 침해될 가능성이 없다고 판시한 바 있다.

"1. 헌법 제72조의 국민투표권은 대통령이 어떠한 정책을 국민투표에 부의한 경우에 비로소 행사가 가능한 기본권이다. 한미무역협정에 대한 대통령의 국민투표 부의가 행해지지 않은 이상 헌법 제72조의 국민투표권의 침해 가능성은 인정되지 않는다. 2. 성문헌법의 개정은 헌법의 조문이나 문구의 명시적이고 직접적인 변경을 내용으로 하는 헌법개정안의 제출에 의하여야 하고, 하위규범인 법률의 형식으로, 일반적인 입법절차에 의하여 개정될 수는 없다. 한미무역협정의 경우, 국회의 동의를 필요로 하는 조약의 하나로서 법률적 효력이 인정되므로, 그에 의하여 성문헌법이 개정될 수는 없으며, 따라서 한미무역협정으로 인하여 청구인의 헌법 제130조 제2항에 따른 헌법개정절차에서의 국민투표권이 침해될 가능성은 인정되지 아니한다"(헌재 2013.11.28. 2012헌마166, 대한민국과 미합중국 간의 자유무역협정 위헌확인(각하)).

2. 기본권침해의 자기관련성

(1) 자신의 기본권침해

헌법소원심판청구는 청구인 자신(본인)의 기본권이 침해당하여야 한다. 따라서 공권력의 행사 또는 불행사의 직접적인 상대방 또는 수범자(受範者)일 때 자기관련성(自己關聯性)이 인정될 수 있다. 공권력의 작용에 단순히 간접적·사실적 또는 경제적인 이해관계가 있을 뿐인 제3자인 경우에는 자기관련성이 인정되지 아니한다(헌재 1993.7.29. 89헌마123, 구 법인세법 제59조의3, 같은 법 시행령 제124조의8에 대한 헌법소원(각하)).

"단체의 구성원이 기본권을 침해당한 경우 단체가 구성원의 권리구제를 위하여 그를 대신하여 헌법소원심판을 청구하는 것은 원칙적으로 허용될 수 없다"(헌재 1991.6.3. 90헌마56)(헌재 1994.2.24. 93헌마33)(헌재 1995.7.21. 92헌마177등)(헌재 2002.6.27. 2000헌가642등, 부동산중개업법 제15조 등 위헌확인(기각,각하)).

"생명을 위협하는 중대한 질환을 가진 환자 등에게 임상시험용 의약품을 임상시험 외의 목적으로 사용할 수 있는 예외를 규정하고 있고, 임상시험의 단계에 따라 일정한 환자들이 피험자(被驗者)로서 줄기세포치료제에 의한 치료를 받을 수 있는 가능성도 열려 있으므로, 난치병 환자인 청구인들의 기본권 침해가능성 내지 기본권 침해의 자기관련성이 인정되지 아니한다"(헌재 2013.5.30. 2010헌마136, 약사법 제31조 제8항 등 위헌확인(기각,각하)).

행정구의 구청장이 시장의 지휘·감독을 받아 사무를 처리하도록 하는 권한조항의 수범자는 행정구의 구청장이고, 행정구에 거주하는 주민의 법적 지위나 권리의무에 어떠한 불이익을 준다고 볼 수 없다. 권한조항에 따라 행정구의 구청장이 시장의 지휘·감독을 받음에 따라 주민으로서 행정서비스를 제대로 받지 못할 가능성은 간접적·사실적 이해관계에 불과하므로 자기관련성이 인정되지 아니한다(헌재 2019.8.29. 2018헌마129, 지방자치법 제3조 제3항 등 위헌확인(기각,각하)).

"선거권자인 청구인은 정당후보자 추천을 위한 경선절차에 참여한 자를 적용대상으로 하는 심판대상조항에 대하여 단지 간접적 · 사실적 이해관계만 가지고 있어 자기관련성이 없다"(헌재 2007.9.18. 2007헌마989, 공직선거법 제57조의2 제2항 위헌확인(각하)).

검사가 정당의 당원에게 검사실로 출석할 것을 요구한 행위에 대하여 정당은 출석요구행위와 단지 간접적, 사실적 이해관계만이 있을 뿐이므로, 자기관련성이 인정되지 아니한다(헌재 2014.8.28. 2012헌마776, 통합진보당 당원 소환통지 취소(각하)).

전문대학을 설립 · 운영하고 있는 학교법인이 전문대학 내 간호조무 관련 학과 졸업자를 간호조무사 국가시험 응시자격 대상에서 제외하고 있는 의료법에 대하여 헌법소원심판을 청구할 자기관련성이 없다. 일반 고등학생인 청구인은 전문대학의 간호조무 관련 학과에서 학업할 수 있는 지위를 확정적으로 부여받았다고 볼 수 없으므로, 심판대상조항의 위헌 여부를 다툴 자기관련성이 없다(헌재 2016.10.27. 2016헌마262, 의료법 제80조 제1항 위헌소원(각하)).

재외국민특별전형 지원자격으로 학생의 부모의 해외체류요건을 정한 대학입학전형기본사항 부분에 관한 헌법소원심판에서, 학부모의 심판청구는 기본권침해의 자기관련성이 인정되지 아니하여 부적법하므로 각하하고, 학생의 심판청구는 균등하게 교육받을 권리를 침해하지 아니하므로 기각한다(헌재 2020.3.26. 2019헌마212, 한국대학교육협의회 2021학년도 대학입학전형기본사항 II. 3. 다. (6) 중 세부 지원자격 위헌확인(기각,각하)).

동물보호자인 청구인들은 수의사 또는 수산질병관리사의 처방전 없이는 '동물약국 개설자'로부터 심판대상조항이 규정한 동물용의약품을 구매할 수 없게 되었는바, 이로 인한 불편함이나 경제적 부담은 간접적 · 사실적 · 경제적인 것에 지나지 않으므로 기본권 침해의 자기관련성이 인정되지 아니하여 부적법하다(헌재 2023.6.29. 2021헌마199, 처방대상 동물용의약품 지정에 관한 규정 위헌확인(기각,각하)).

(2) 예외: 제3자의 기본권을 직접적이고 법적으로 침해

그러나 공권력작용의 직접적인 상대방이나 수범자가 아닌 제3자라고 하더라도 공권력작용이 그 제3자의 기본권을 직접적이고 법적으로 침해하고 있는 경우에는 그 제3자에게 자기관련성이 인정된다(헌재 1993.3.11. 91헌마233, 도로부지점용허가처분 등에 대한 헌법소원(각하)). 제3자의 기본권을 직접적이고 법적으로 침해하는 경우인지 여부는 입법의 목적, 실질적인 규율대상, 법규정에서의 제한이나 금지가 제3자에게 미치는 효과나 진지성의 정도 및 규범의 직접적인 수규자(受規者)에 의한 헌법소원제기의 기대가능성 등을 종합적으로 고려하여 판단하여야 한다(헌재 1997.9.25. 96헌마133, 판례집 9-2, 410, 416-417 참조).

"법률 또는 법률조항 자체가 헌법재판소법 제68조 제1항에 의한 헌법소원의 대상이 되기 위해서는 청구인이 그 법률 또는 법률조항에 의하여 구체적인 집행행위를 기다리지 아니하고 직접, 현재 그리고 자기의 기본권을 침해받아야 하는 것이 원칙이나 예외적으로 제3자에게도 자기관련성이 인정될 수 있는데, 어떠한 경우에 제3자의 자기관련성을 인정할 것인지는 법의 목적과 실질적인 규율의 대상, 법률 또는 법률조항의 제한이나 금지가 제3자에게 미치는 효과나 진지성의 정도 등을 종합적으로 고려하여 판단하여야 한다. 뉴스통신진흥에관한법률 제10조 등은 청구인 회사(뉴스통신사)와 서로 경업관계에 있는 연합뉴스사를 국가기간뉴스통신사로 지정하고 이에 대하여 재정지원 등 혜택을 부여함을 그 내용으로 하는바, 그 혜택의 범위에서 제외된 청구인 회사의 경우 영업활동이 부당하게 축소되므로 그러한 범위에서 기본권에 대하여 직접 법적인 제한을 받는 것으로 보아야 한다"(헌재 2005.6.30. 2003헌마841, 뉴스통신진흥에관한법률 제10조 등 위헌확인(기각)).

"법무사법 제4조 제1항 제1호는 신규 법무사의 수요를 충당하는 두 개의 공급원 즉, 하나는 경력공무원이고 다른 하나는 시험합격자라고 하는 두 개의 공급원을 규정하고 있으므로 이 두 개의 공급원은 어떤 형태와 어떤 정도에 의해서든 개념상 서로 상관관계를 가질 수밖에 없다. 따라서 경력공무원에 의한 신규 법무사의 충원이 중단된다면 시험합격자에 의한 충원의 기회는 개념상 늘어날 수밖에 없어서 청구인들의 법적 지위가 상대적으로 향상된다고 볼 여지가 있으므로, 청구인들은 이 사건 법률조항의 위헌 여부에 대하여 자기관련성을 갖는다(헌재 2001.11.29. 2000헌마84, 법무사법 제4조 제1항 제1호 등 위헌확인(기각, 각하)).

"일반소비자인 청구인들에 대해서는 이 사건 고시가 생명 · 신체의 안전에 대한 보호의무를 위반함으로 인하여 초래되는 기본권 침해와의 자기관련성을 인정할 수 있고, 또한 이 사건 고시의 위생조건에 따라 수입검역을 통과한 미국산 쇠고기는 별다른 행정조치 없이 유통 · 소비될 것이 예상되므로, 청구인들에게 이 사건 고시가 생명 · 신체의 안전에 대한 보호의무에 위반함으로 인하여 초래되는 기본권 침해와의 현재관련성 및 직접관련성도 인정할 수 있다"(헌재 2008.12.26. 2008헌마419, 미국산 쇠고기 및 쇠고기제품 수입위생조건 위헌확인(각하, 기각)).

"위 조항의 문언상 직접적인 수범자는 '정보통신서비스 제공자'이고, 정보게재자인 청구인은 제3자에 해당하나, 사생활이나 명예 등 자기의 권리가 침해되었다고 주장하는 자로부터 침해사실의 소명과 더불어 그 정보의 삭제 등을 요청받으면 정보통신서비스 제공자는 지체 없이 임시조치를 하도록 규정하고 있는 이상, 임시조치로 청구인이 게재한 정보는 접근이 차단되는 불이익을 받게 되었으므로, 위 조항으로 인한 기본권침해와 관련하여 청구인의 자기관련성을 인정할 수 있다"(헌재 2012.5.31. 2010헌마88, 정보통신망 이용촉진 및 정보보호 등에 관한 법률 제44조의2 제2항 위헌확인(기각)).

"법률서비스 온라인 플랫폼을 운영하며 변호사등의 광고 · 홍보 · 소개 등에 관한 영업행위를 하고 있는 청구인 회사는 위 규정의 직접적인 수범자인 변호사의 상대방으로서 변호사가 준수해야 하는 광고방법, 내용 등의 제약을 그대로 이어받게 된다. … 위 규정은 청구인 회사의 영업의 자유 내지 법적 이익에 불리한 영향을 주는 것이므로, 기본권 침해의 자기관련성을 인정할 수 있다"(헌재 2022.5.26. 2021헌마619, 변호사 광고에 관한 규정 제3조 제2항 등 위헌확인(위헌, 기각)).

(3) 침익적 법령과 수혜적 법령의 자기관련성

자기관련성의 인정 여부를 판단함에 있어 관련 법령이 침익적(侵益的) 법령인 경우에는 당해 법령의 직접 상대방으로서 그 법령의 적용을 받아 자신의 법익이 침해된 자가 자기관련성을 가지게 된다. 하지만, 관련 법령이 수혜적(受惠的) 법령인 경우에는 당해 법령의 직접 상대방은 아니더라도 수혜범위에서 배제된 자가 평등원칙에 위반하여 수혜대상에서 제외되었다는 주장을 하거나 비교집단에게 혜택을 부여하는 당해 법령이 위헌으로 선고되어 그러한 혜택이 제거된다면 비교집단과의 관계에서 자신의 법적 지위가 향상된다고 볼 여지가 있을 경우에는 자기관련성을 인정할 수 있다(헌재 2010.4.29. 2009헌마340, 병역법 제26조 제1항 제3호 등 위헌확인(각하))(헌재 2020.7.16. 2018헌마319, 소득세법 시행령 제12조 제18호 등 위헌확인(각하)).

> "일반적으로 수혜적 법령의 경우에는 수혜범위에서 제외된 자가 자신이 평등원칙에 반하여 수혜대상에서 제외되었다는 주장을 하거나, 비교집단에게 혜택을 부여하는 법령이 위헌이라고 선고되어 그러한 혜택이 제거된다면 비교집단과의 관계에서 자신의 법적 지위가 상대적으로 향상된다고 볼 여지가 있는 때에는 그 법령의 직접적인 적용을 받는 자가 아니라고 할지라도 자기관련성을 인정할 수 있다." "재학생 방침보류는 예비군 교육훈련에 있어 각급학교 학생에 대한 수혜적 성격의 규정이라 할 수 있는데, 청구인은 학생에게 예비군 교육훈련 일부의 보류혜택을 부여하는 것이 부당하다고 주장할 뿐 자신도 학생과 동일한 보류혜택을 받아야 함에도 평등원칙에 반하여 그 수혜대상에서 제외되었다는 주장은 하지 않고, 나아가 예비군 교육훈련의 대상과 내용 등은 가변적 군사상황, 훈련시설의 수용능력 등을 종합적으로 고려하여 정책적이고 군사과학적인 차원에서 결정되어야 할 문제이므로 청구인에게는 이 사건 재학생 방침보류의 위헌 여부에 관한 헌법소원심판을 구할 자기관련성이 없다"(헌재 2013.12.26. 2010헌마789, 향토예비군설치법 시행규칙 제17조 제3항 위헌확인(각하)).

(4) 자기관련성 여부에 관한 판단

현실적으로 제3자의 자기관련성 여부에 관한 판단은 그리 쉬운 일이 아니다. 실제로 헌법재판소가 자기관련성을 부인한 판례 중에도 논쟁적인 사례가 다수 있다. 헌법재판소는 침해사실의 소명(疏明)이 있으면 자기관련성을 인정한다. '소명'이란 '증명'에 비하여 낮은 개연성, 즉 법관이 일응 확실할 것이라는 추측을 얻은 상태 또는 그와 같은 상태에 이르도록 증거를 제출하는 당사자의 노력을 말한다(헌재 2012.5.31. 2010헌마88, 정보통신망 이용촉진 및 정보보호 등에 관한 법률 제44조의2 제2항 위헌확인(기각))(헌재 2006.6.29. 2005헌마165등, 신문등의자유와기능보장에관한법률 제16조 등 위헌확인 등(위헌, 기각, 각하)).

> 법률조항의 문언상 직접적인 수범자는 '정보통신서비스 제공자'이고, 정보게재자인 청구인은 제3자에 해당하나, 사생활이나 명예 등 자기의 권리가 침해되었다고 주장하는 자로부터 침해사실의 소명과 더불어 그 정보의 삭제 등을 요청받으면 정보통신서비스 제공자는 지체 없이 임시조치를 하도록 규정하고 있는 이상, 위 임시조치로 게재한 정보는 접근이 차단되는 불이익을 받게 되었으므로, 입법목적, 실질적인 규율대상, 제한이나 금지가 제3자에게 미치는 효과나 진지성의 정도를 종합적으로 고려할 때, 기본권침해와 관련하여 자기관련성을 인정할 수 있다(헌재 2012.5.31. 2010헌마88, 정보통신망 이용촉진 및 정보보호 등에 관한 법률 제44조의2 제2항 위헌확인(기각)).

하지만, 청구인이 막연(漠然)하고 모호(模糊)한 사실의 나열만으로는 자기관련성을 인정할 수 없다.

> 헌법소원제도는 공권력작용으로 인하여 헌법상의 권리를 침해받은 자가 그 권리를 구

제받기 위하여 심판을 구하는 이른바 주관적 권리구제절차라는 점을 본질적 요소로 하고 있는 것으로서(헌재 1997.12.24. 96헌마172등 참조), 청구인의 구체적인 기본권 침해와 무관하게 법률 등 공권력이 헌법에 합치하는지 여부를 추상적으로 심판하고 통제하는 절차가 아니다. 그러므로 법률 등 공권력에 대한 헌법소원심판청구가 적법하기 위하여는 청구인에게 당해 권력에 해당되는 사유가 발생함으로써 그 공권력이 청구인 자신의 기본권을 직접 현실적으로 침해하였거나 침해가 확실히 예상되는 경우에 한정된다(헌재 1994.6.30. 91헌마162 참조). 따라서 헌법재판소법 제68조 제1항에 의한 헌법소원의 청구인은 자신의 기본권에 대한 공권력 주체의 침해 행위가 위헌적임을 구체적이고 명확하게 주장하여야 하고, 그와 같이 기본권침해의 가능성을 확인할 수 있을 정도로 구체적인 주장을 하지 아니하고 막연하고 모호한 주장만을 하는 경우 그 헌법소원은 부적법하다(헌재 2005.2.3. 2003헌마544등). 청구인은 심판대상 행위가 국민정서에 반한다는 등 막연하고 모호한 사실을 나열하고 있을 뿐 자신의 기본권침해의 가능성을 확인할 수 있을 정도의 구체적인 주장을 하고 있지 아니하다. 또한 국회가 대통령 탄핵소추안을 가결한 행위는 헌법 제65조에 규정된 국회의 탄핵소추권의 내용을 이루는 절차적 행위로서 일반 국민을 그 행위의 대상으로 하고 있지 아니하다. 따라서 청구인은 이 사건 심판대상 행위에 의하여 자기의 기본권을 직접 침해받는 자가 아니므로 이 사건 심판청구는 자기관련성이 없다(헌재 2013.10.1. 2013헌마631)(헌재 2016.12.27. 2016헌마1073, 대통령 탄핵 가결행위 위헌확인(각하)).

(가) 자기관련성이 인정된 사례

공정거래법위반행위에 대하여 공정거래위원회가 고발권을 불행사한 경우 그 피해자(헌재 1995.7.21. 94헌마136, 고발권불행사 위헌확인(기각)), 주식회사의 주주(헌재 1991.4.1. 90헌마65, 불기소처분에 대한 헌법소원(기각,각하)), 정당의 재물손괴에 대한 검사의 불기소처분에 대한 지구당 부위원장(헌재 1993.7.29. 92헌마262, 불기소처분취소(기각)), 교통사고 사망피해자의 부모(헌재 1993.3.11. 92헌마48, 불기소처분에 대한 헌법소원(기각)), 직권남용죄의 경우 의무 없는 일을 행사하도록 강요받은 사람이나 권리행사를 방해받은 피해자(헌재 1993.7.29. 92헌마234, 불기소처분취소(기각)), 불기소처분에 있어서의 형사피해자(고소인)(헌재 1994.12.29. 93헌마86, 불기소처분취소(기각)) 등은 자기관련성이 있다.

(나) 자기관련성이 부정된 사례

반면에 검사의 불기소처분에 대한 고발인(헌재 1989.12.22. 89헌마145(각하). 그 후 헌재의 일관된 입장), 지역구에 거주하지 않거나 출마한 적이 없는 선거인의 지역구선거에 대한 헌법소원(헌재 1990.9.3. 89헌마90, 동해시 재선거에 관한 헌법소원(각하)), 법인·사단의 이름으로 소속원의 기본권침해를 이유로 한 헌법소원(헌재 1991.6.3. 90헌마56, 영화법 제12조 등에 대한 헌법소원(각하); 헌재 1995.7.21. 92헌마177등, 대통령선거법 제65조 위헌확인(각하)), 의료사고 피해자의 아버지나 남편(피해자가 사망하지 아니한 경우)(헌재 1993.11.25. 93헌마81, 불기소처분취소(기각,각하)), 학교법인재단이사의 학교법인재산의 횡령행위에 있어 대학교수나 교수협의회(헌재 1999.3.25. 98헌마242, 불기소처분취소(각하)), 공무원정원제한에 대한 주민의 헌법소원(헌재 2001.1.18. 2000헌마149, 행정자치부고시 제1999-58호 「지방자치단체 표준정원」 2. 시·군·자치구 중 ③ 자치구 부분 위헌확인(각하)), 신문구독자 혹은 신문판매업자가 신문발행업자의 행위를 제한하는 규정의 위헌 여부를 다투는 경우(헌재 2002.7.18. 2001헌마605, 신문업에있어서의불공정거래행위및시장지배적지위남용행위의유형및기준 제3조 제1항 등 위헌확인(기각,각하)), 대한민국 정부의 이라크전쟁 파병결정에 대한 시민단체대표(헌재 2003.12.18. 2003헌마255등, 이라크전쟁 파병결정 등 위헌확인(각하)), 성매매와 관계없이 건전영업을 하였고 앞으로도 성매매에 관여할 의사가 없는 스포츠맛사지업주가 성매매특별법의 위헌여부를 다투는 경우(헌재 2005.12.22. 2004헌마827, 성매매방지및피해자보호등에관한법률 등 위헌소원(각하)), 교육인적자원부장관의 국·공립대학총장들에 대한 학칙시정요구에 대한 해당 대학의 교수회나 그 소속교수들(헌재 2003.6.26. 2002헌마337등, 학칙시정요구 등 위헌확인(각하)), 서울대학교 총장의 "2009학년도 대학 신입학생 입학전형 안내"에 대하여 학부모 및 사적 결사인 단체(헌재 2008.9.25. 2008헌마456, 2009학년도 대학 신입학생 입학전형 안내 취소 등(각하)), 법학전문대학원 설치 예비인가 배제결정에 대하여 해당 학교법인 소속의 교수(헌재 2008.11.27. 2008헌마372, 법학전문대학원 설치 예비인가 배제결정 취소(각하)), 국립대학법인 서울대학교 설립·운영에 관한 법률에 대하여 다른 대학 교직원, 일반 시민 및 서울대학교 재학생(헌재 2014.4.24. 2011헌마612, 국립대학법인 서울대학교 설립·운영에 관한 법률 위헌확인(각하,기각)), '부정청탁 및 금품등 수수의 금지에 관한 법률'(청탁금지법)에 대하여 전국의 신문·방송·통신사 소속 현직 기자들을 회원으로 두고 있는 사단법인 한국기자협회(헌재 2016.7.28. 2015헌마236등, 부정청탁 및 금품등 수수의 금지에 관한 법률 제2조 제1호 마목 등 위헌확인 등(각하,기각)), 백화점 셔틀버스를 이용하여 오던 소비자(헌재 2001.6.28. 2001헌마132, 여객자동차운수사업법 제73조의2 위헌확인(기각,각하)) 등은 자기관련성이 없다.

청구인 연합회는 구성원인 회원의 직업의 자유 및 평등권 침해를 주장하는 취지로서 연합회 자체의 기본권과는 아무런 관련이 없으므로 자기관련성이 인정되지 아니한다(헌재 2008.11.27. 2006헌마1244, 국유림의 경영 및 관리에 관한 법률 시행령 제21조 제2항 등 위헌확인(각하))(헌재 2019.8.29. 2018헌마297등, 가축분뇨의 관리 및 이용에 관한 법률 부칙 제10조의2 위헌확인(각하,기각)).

고등검사장이 장차 검찰총장에 임명될 가능성이 있다는 사정만으로는 검찰총장이었던 자의 기본권을 제한하고 있는 법률조항이 고등검사장의 직위에 있는 청구인들의 기본권을 직접 그리고 현재 침해하고 있다고 볼 수 없다(헌재 1997.7.16. 97헌마26, 검찰청법 제12조 제4항 등 위헌확인(위헌,각하)).

한편 국립대학에 대한 재정지원행위에 대한 위헌확인을 청구함에 있어서 재정지원이 배제된 사립대학의 학교법인은 자기관련성이 있지만, 사립대학 학생이나 교수(헌재 2003.6.26. 2002헌마312, 국립대학 재정지원행위 위헌확인(각하)), 신문법상의 관련조항에 대하여 독자·신문사의 대표이사·신문사의 기자(헌재 2006.6.29. 2005헌마165등, 신문등의자유와기능보장에관한법률 제16조 등 위헌확인 등(위헌,기각,각하)), 정당의 당내경선에 참여하였다가 탈락한 자는 당해 정당의 대통령 후보자로 등록할 수 없도록 한 공직선거법 관련조항에 대하여 선거권자(헌재 2007.9.18. 2007헌마989, 공직선거법 제57조의2 제2항 위헌확인(각하)) 등은 간접적·반사적 이해관계를 가질 뿐이므로 자기관련성이 없다.

종교인에 대한 비과세는 수혜적 규정이므로 종교인의 심판청구는 기본권침해가능성 요건을 갖추지 못하였고, 일반 국민인 청구인들의 심판청구는 자기관련성 요건을 갖추지 못하였다(헌재 2020.7.16. 2018헌마319, 소득세법 시행령 제12조 제18호 등 위헌확인(각하)).

3. 기본권침해의 직접성

(1) 의 의

헌법소원심판청구는 청구인의 기본권이 직접 침해당하여야 가능하다. 이에 따라 헌법소원심판을 청구하려면 기본권침해의 직접성이 인정되어야 한다. 여기서 기본권침해의 직접성(直接헌법재판소법 제68조 제1항의 헌법소원심판에 있어서 해당 공권력의 행사 또는 불행사와 기본권의 침해 사이에 직접적인 인과관계가 있어야 함을 의미한다(객관적 관련성 또는 물적 관련성). 따라서 다른 공권력작용이 매개되어야만 기본권이 침해되는 경우에는 기본권침해의 직접성이 인정되지 아니한다.

(2) 법령소원에서의 직접성

법령은 구체적인 집행행위를 통하여 국민에 대하여 직접적인 구속력을 가질 수 있다. 따라서 기본권침해의 직접성(直接性)은 법령에 대한 헌법소원(법령소원)에서 특히 문제된다. 법령소원에 있어서 직접성은 구체적 집행행위에 의하지 아니하고 법령 그 자체에 의하여 자유의 제한, 의무의 부과, 권리 또는 법적 지위의 박탈이 초래됨을 의미한다(헌재 2017.8.31. 2015헌마134 형법 제40조 위헌확인(각하)). 집행행위를 매개로 하여 기본권 침해가 발생하는 경우에는 기본권 침해의 일차적 요인이 되는 집행행위를 다투도록 하는 것이 권리구제에 더 실효적일 수 있다. 이러한 점에서 직접성은 일반적·추상적 성격의 법령에 대한 헌법소원에 있어서 보충성의 원리와 관련이 된다(동지: 김하열).

> "법령에 대한 헌법소원에 있어서 '기본권침해의 직접성'을 요구하는 이유는, 법령은 일반적으로 구체적인 집행행위를 매개로 하여 비로소 기본권을 침해하게 되므로 기본권의 침해를 받은 개인은 먼저 일반 쟁송의 방법으로 집행행위를 대상으로 하여 기본권침해에 대한 구제절차를 밟는 것이 헌법소원의 성격상 요청되기 때문이다"(헌재 2003.7.24. 2003헌마3, 동해시개인택시운송사업면허사무처리규정 제4조 제1항 위헌확인(각하)).

> "이 사건 법률조항은 수사기관 등의 전기통신사업자에 대한 통신자료 제공요청이라는 행위를 예정하고 있으나, 통신자료 취득행위에 대한 직접적인 불복수단이 존재하는지 여부가 불분명하고, 청구인들이 영장주의 및 적법절차원칙 위반을 다투고 있는 부분과 관련하여서는 법률 그 자체에 의하여 청구인들의 법적 지위에 영향을 미친다고 볼 수 있으므로 이 사건 법률조항은 직접성이 인정된다. … 직접성을 부정한 헌재 2012.8.23. 2010헌마439 결정은 이 결정과 저촉되는 범위 안에서 이를 변경한다"(헌재 2022.7.21. 2016헌마388, 통신자료 취득행위 위헌확인 등(헌법불합치(잠정적용),각하)).

(가) 원 칙

법령소원에 있어서 직접성은 별도의 구체적인 집행행위의 매개 없이 당해 법령 그 자체에 의하여 직접 헌법상 보장된 기본권을 제한하는 결과로 이어질 때 인정될 수 있다. 만일 법령에서 집행행위를 예정하고 있다면 그 구체적인 집행행위를 통하여 비로소 기본권 침해의 법률효과가 발생한다. 이처럼 집행행위가 존재하거나 집행행위가 예정된 경우에는 원칙적으로 기본권침해의 직접성 요건을 충족하지 못한다(헌재 1998.3.26. 96헌마166, 관세법 [별표] 관세율표 제6부 제31류 위헌확인(각하)).

> "청구인 스스로가 헌법소원의 대상인 법률조항과 법적으로 관련되어 있어야 하며,

"정의규정" 또는 "선언규정" 등과 같이 그 법률조항 자체에 의하여는 기본권의 침해가 발생할 수 없는 경우 또는 법률 또는 법률조항이 구체적인 집행행위를 예정하고 있는 경우에는 직접성의 요건이 결여된다"(헌재 2004.9.23. 2002헌마563, 의문사진상규명에관한특별법 제1조 등 위헌확인(각하); 헌재 2010.9.30. 2009헌마631, 일제강점하 반민족행위 진상규명에 관한 특별법 제2조 제9호 위헌확인(각하)).

교육과학기술부장관의 '2005학년도 대학입학전형기본계획' Ⅱ.1.나.(7)항 '성적통지' 중 '영역별/과목별로 표준점수, 백분위, 등급을 기재하고, 종합등급은 기재하지 않음-표준점수와 백분위는 소수 첫째 자리에서 반올림한 정수로 표기' 부분은 한국교육평가원장의 구체적인 집행행위를 예정하고 있으므로 기본권침해의 직접성이 인정되지 아니한다(헌재 2008.4.24. 2005헌마35, 2005학년도 대학입학전형기본계획 위헌확인(각하)).

미결수용자가 재판에 참석할 때 사복을 착용하기 위하여 자비부담으로 신청할 경우 당해 교도소장이 '부적당한 사유'가 없는 한 허가하도록 규정한 구 행형법 제22조 제2항 중 "재판에 참석할 때" 부분의 경우 당해 소장의 허가 또는 불허가라는 집행행위가 있어야 비로소 청구인들에 대한 기본권 침해 여부가 현실화되는 것이므로 기본권 침해의 직접성이 인정되지 아니한다(헌재 2010.4.29. 2008헌마412, 행형법 제22조 제2항 위헌확인 등(각하)).

교도소장이 엄중격리대상자인 수용자에 대하여 한 처우의 근거규정들에 대한 헌법소원심판청구는 헌법소원의 직접성 요건을 흠결하여 부적법하다(헌재 2011.4.28. 2009헌마305, 특별관리대상자 관리지침 위헌확인(각하)).

직접적으로 청구인들의 자유를 제한하거나 의무를 부과하거나, 권리 또는 법적 지위를 박탈하는 것이 아니라 피청구인의 시정요구라는 구체적인 집행행위를 매개로 하여야만 비로소 청구인들의 권리의무에 영향을 미치는 것이므로 이 부분 심판청구는 직접성 요건을 갖추지 못하여 부적법하다(헌재 2012.2.23. 2008헌마500, 방송통신위원회의 설치 및 운영에 관한 법률 제21조 제4호 위헌확인 등(각하,기각)).

'고등학교 졸업학력 검정고시'에 관하여 필요한 사항은 교육과학기술부령으로 정하도록 하는 초·중등교육법 시행령 제98조 제2항은 고졸검정고시 기존 합격자의 고졸검정고시 응시자격을 직접 제한하는 것은 아니므로 이 부분 심판청구는 기본권침해의 직접성이 없다(헌재 2012.5.31. 2010헌마139등, 전라남도 교육청 공고 제2010-67호 위헌확인 등(각하,위헌확인)).

대형마트와 준대규모점포에 대하여 영업시간 제한을 명하거나 의무휴업일을 지정하여 의무휴업을 명할 수 있다고 규정하면서 영업시간의 제한의 경우 오전 0시부터 오전 10시까지의 범위에서 할 수 있도록 규정한다. 그러므로 기본권 침해의 법률효과는 지방자치단체장이 영업시간 제한 및 의무휴업일 지정에 관한 구체적인 처분을 하였을 때 그 처분에 의하여 비로소 발생하는 것이지, 위 조항들에 의하여 곧바로 발생하는 것이 아니므로 기본권 침해의 직접성을 인정할 수 없다(헌재 2013.12.26. 2013헌마269등, 유통산업발전법 제12조의2 위헌확인(각하)).

사법시험법 시행규칙 제7조 제1항 제2호는 사법시험 실시계획 공고의 간접적인 근거가 되는 법령에 해당할 뿐 그 자체로 직접 사법시험에 응시하는 청구인의 기본권을 제한한다고 볼 수 없어, 사법시험법 시행규칙에 대하여는 기본권 침해의 직접성을 인정할 수 없다(헌재 2014.4.24. 2013헌마341, 사법시험법 시행규칙 제7조 제1항 제2호 위헌확인(기각)).

어떤 장소를 금연구역으로 지정할 것인지 여부는 지방자치단체의 재량에 맡겨져 있으므로 기본권 침해의 효과는 지방자치단체가 조례를 통하여 금연구역을 지정할 때 비로소 발생한다. 따라서 지방자치단체는 조례로 관할 구역 안의 일정한 장소를 금연구역으로 지정할 수 있다고 규정한 국민건강증진법 제9조 제5항에 대한 심판청구는 기본권 침해의 직접성 요건을 갖추지 못하여 부적법하다(헌재 2014.9.25. 2013헌마411등, 국민건강증진법 제9조 제4항 제23호 위헌확인 등(각하,기각)).

청구인들이 주장하는 기본권 침해가 공직선거법 제25조 제1항 본문 중 "자치구" 부분이 아니라 심판대상 선거구구역표에 의하여 비로소 발생하게 되는 이상, 공직선거법 제25조 제1항 본문 중 "자치구" 부분에 대하여 기본권침해의 직접성을 인정할 수 없다(헌재 2014.10.30. 2012헌마190등, 공직선거법 제25조 제2항 별표1 위헌확인 등(각하,헌법불합치,잠정적용)).

시정요구 및 법외노조통보라는 별도의 집행행위를 예정하고 있으므로, 법외노조통보조항에 대한 헌법소원은 헌법상 보장된 기본권 침해의 직접성이 인정되지 아니한다(헌재 2015.5.28. 2013헌마671등, 교원의 노동조합 설립 및 운영 등에 관한 법률 제2조 위헌확인 등(각하,기각,합헌)).

청구인들에 대한 기본권침해는 위 규정에 의하여 직접 초래되는 것이 아니라 교육부장관의 감리행위라는 집행행위가 있을 경우에 비로소 기본권침해가 현실화된다. 따라서 기본권침해의 직접성 요건을 갖추지 못하여 부적법하다(헌재 2016.2.25. 2013헌마692, 사립학교법 제29조 제4항 제1호 등 위헌확인(각하,기각)).

학원의 설립·운영 및 과외교습에 관한 법률 조항은 학원 등의 교습시간 지정에 관하여 조례의 시행을 예정하면서 교습시간 지정이 필요한지 여부부터 지정할 경우 교습시간의 범위 등에 이르기까지 교육감에게 재량권을 부여한다. 청구인들이 주장하는 기본권 침해의 법률효과는 조례 또는 교육감의 교습시간 지정행위에 의하여 비로소 발생하는 것이지, 학원의 설립·운영 및 과외교습에 관한 법률 조항에 의하여 곧바로 발생하는 것이 아니므로 학원의 설립·운영 및 과외교습에 관한 법률 조항에 대한 기본권 침해의 직접성이 인정되지 아니한다(헌재 2016.5.26. 2014헌마374, 학원의 설립·운영 및 과외교습에 관한 법률 제16조 제2항 등 위헌확인(각하,기각)).

세월호피해지원법은 심의위원회의 배상금 등 지급결정이라는 집행행위를 예정하고, 또한 대통령령 제정이라는 집행행위를 예정하고 있으므로, 그 자체로 직접 청구인들의 자유를 제한하거나 의무를 부과한다고 볼 수 없으므로 이 조항들에 대한 심판청구는 기본권 침해의 직접성 요건을 갖추지 못하였다(헌재 2017.6.29. 2015헌마654, 4·16세월호참사 피해구제 및 지원 등을 위한 특별법 제6조 제3항 등 위헌확인(위헌,기각,각하)).

물론 기본권침해의 직접성에서 말하는 집행행위란 공권력행사로서의 집행행위를 의미한다.

법무사의 사무원의 총수는 5인을 초과하지 못하도록 규정한 법무사법시행규칙 제35조 제4항은 "법규범이 구체적인 집행행위를 기다리지 아니하고 직접 기본권을 침해한다고 할 때의 집행행위란 공권력행사로서의 집행행위를 의미하는 것이므로 법규범이 정하고 있는 법률효과가 구체적으로 발생함에 있어 이 사건에서 법무사의 해고행위와 같이 공권력이 아닌 사인의 행위를 요건으로 하고 있다고 할지라도 법규범의 직접성을 부인할 수 없는 것이다"(헌재 1996.4.25. 95헌마331, 법무사법시행규칙 제35조 제4항 위헌확인(기각)).

"법규범이 구체적인 집행행위를 기다리지 아니하고 직접 기본권을 침해한다고 할 때의 집행행위란 공권력 행사로서의 집행행위를 의미하는 것이므로(헌재 1996.4.25. 95헌마331 참조), 법규범이 정하고 있는 법률효과가 구체적으로 발생함에 있어 공기업의 사법상의 행위인 수의계약 체결행위를 예정하고 있다고 할지라도 법규범의 직접성을 부인할 수는 없는 것이다"(헌재 2023.10.26. 2019헌마871, 공공기관의 운영에 관한 법률 제39조 제3항 등 위헌확인(기각)).

(나) 예 외

집행행위가 존재하거나 예정되어 있더라도 예외적으로 법령에 대하여 기본권 침해의 직접성이 인정되는 경우가 있다. 즉 (ⅰ) 집행행위가 존재하는 경우라도 그 집행행위에 대한 구제절차가 없거나, 있다고 하더라도 권리구제의 기대가능성이 없고 다만 기본권 침해를 당한 청구인에게 불필요한 우회절차를 강요하는 것 밖에 아니 되는 경우에는 법령에 대해 직접성이 인정된다(헌재 1997.8.21. 96헌마48, 국가보안법 제19조 위헌확인(기각)). 그리고 (ⅱ) 법규범이 집행행위를 예정하고 있더라도 법규범의 내용이 집행행위 이전에 이미 국민의 권리관계를 직접 변동시키거나 국민의 법적 지위를 결정적으로 정하는 것이어서 국민의 권리관계가 집행행위의 유무나 내용에 의하여 좌우될 수 없을 정도로 확정된 상태인 경우에는 예외적으로 직접성이 인정된다(헌재 1997.7.16. 97헌마38, 종합생활기록부제도개선보완시행지침 위헌확인(기각)). 또한 (ⅲ) "법령의 집행행위를 기다렸다가 그 집행행위에 대한 권리구제절차를 밟을 것을 국민에게 요구할 수 없는 경우에도 예외적으로 기본권침해의 직접성이 인정될 수 있다"(헌재 2003.7.24. 2003헌마3, 동해시개인택시운송사업면허사무처리규정 제4조 제1항 위헌확인(각하)).

"이미 특별검사가 임명되어 수사의 개시가 목전에 있고, 특별검사의 수사가 개시되면 청구인들은 참고인 또는 피의자로서 조사 또는 수사를 받거나 위 특별검사의 출석요구와 동행명령을 받을 개연성이 크고 또한 재판과정에 관여될 가능성도 있다. 한편 이 사건 법률은 특별검사의 피의자나 참고인 지정행위 및 동행명령 자체에 대한 불복수단을 규정하고 있지 않을 뿐 아니라, 그것들이 항고소송의 대상이 되는 처분인지 여부도 불분명하다. 또한 특별검사의 동행명령의 법적 성격이 이 사건 법률 제6조 제8항에 의하여 특별검사의 수사절차에 준용될 형사소송법 제417조(준항고)에서 규정하는 '검사의 구금에 관한 처분'에 해당한다고 보기도 어렵다. 결국 특별검사의 참고인 또는 피의자 지정과 동행명령에 대하여는 구제절차가 없거나 권리구제의 기대가능성이 없어, 구체적 집행행위의 존재에도 불구하고 예외적으로 당해 법률을 직접 헌법소원의 대상으로 삼을 수 있는 경우에 해당하므로 심판대상조항에 의한 기본권침해의 직접성을 인정할 수 있다"(헌재 2008.1.10. 2007헌마1468, 한나라당 대통령후보 이명박의 주가조작 등 범죄혐의의 진상규명을 위한 특별검사의 임명 등에 관한 법률 위헌확인(위헌,기각)).

"이 사건 별표 중 이명 기준 부분은 '국가보훈처장에 의한 상이등급 판정'이라는 별도의 구체적인 집행행위를 예정하고 있다. 그러나 이 사건 별표 중 이명 기준 부분은 이명의 존재 이외에 일정 기준 이상의 난청 증상을 가진 이명환자에게만 7급의 상이등급을 인정하도록 규정하고 있으므로, 국가보훈처장은 이명 환자인 국가유공자등록 신청자가 일정 기준 이상의 난청 증상을 가지고 있는 경우에 한해 상이등급 7급으로 결정할 뿐이고, 이러한 요건을 갖추지 못한 경우에는 곧바로 상이등급 미달 판정을 할 수밖에 없다.

따라서 위 조항의 내용은 국가보훈처장의 집행행위 이전에 이미 국가유공자등록을 하려는 국민의 법적 지위를 결정한다고 할 것이다. 결국 이 사건 별표 중 이명 기준 부분에서 정하는 요건을 갖추지 못한 자는 국가보훈처장에 의한 상이등급 판정이라는 집행행위의 유무 또는 내용에 관계없이 상이등급 미달 판정을 받게 되고 그 결과 국가유공자등록도 할 수 없으므로, 위 조항으로 인한 기본권 침해의 직접성이 인정된다"(헌재 2012.5.31. 2011헌마241, 국가유공자 등 예우 및 지원에 관한 법률 제6조의4 제1항 등 위헌확인(기각,각하)).

상이등급 판정은 재량의 여지없이 심판대상조항을 기계적으로 적용한 결과에 지나지 아니하므로, 청구인의 지위는 심판대상조항에 의하여 이미 확정되었다. 따라서 심판대상조항은 청구인의 기본권을 직접 제한한다(헌재 2015.6.25. 2013헌마128, 국가유공자 등 예우 및 지원에 관한 법률 시행규칙 제8조의3 별표 4 위헌확인(기각)).

"생계보호기준에 따라 일정한 생계보호를 받게 된다는 점에서 직접 대외적 효력을 가지며, 공무원의 생계보호급여 지급이라는 집행행위는 위 생계보호기준에 따른 단순한 사실적 집행행위에 불과하므로, 위 생계보호기준은 그 지급대상자인 청구인들에 대하여 직접적인 효력을 갖는 규정이다"(헌재 1997.5.29. 94헌마33, 1994년 생계보호기준 위헌확인(기각)).

"위 조항은 수사기관 등의 전기통신사업자에 대한 통신자료 제공요청이라는 행위를 예정하고 있으나, 통신자료 취득행위에 대한 직접적인 불복수단이 존재하는지 여부가 불분명하고, 영장주의 및 적법절차원칙 위반을 다투고 있는 부분과 관련하여서는 법률 그 자체에 의하여 청구인들의 법적 지위에 영향을 미친다고 볼 수 있다. 따라서 위 조항은 기본권 침해의 직접성이 인정된다. 직접성을 부정한 헌재 2012.8.23. 2010헌마439 결정은 이 결정과 저촉되는 범위 안에서 이를 변경한다"(헌재 2022.7.21. 2016헌마388등, 통신자료 취득행위 위헌확인 등(헌법불합치,각하)).

(3) 위임입법과 직접성

기본권침해의 직접성에서 말하는 집행행위에는 행정부에 의한 입법작용도 포함된다(헌재 1996.2.29. 94헌마213, 풍속영업의규제에 관한법률 제2조 제6호 등 위헌확인(기각,각하)). 따라서 법률규정이 그 규정의 구체화를 위하여 하위규범의 시행을 예정하고 있는 경우에는 당해 법률의 직접성은 부인된다(헌재 2008.4.24. 2004헌마440, 복권 및 복권기금법 제11조 위헌확인(각하)). 또한 어떤 법령조항이 정한 기준을 강화 또는 완화하는 하위규범이 그 법령조항에 따라 제정되는 경우에도 그 모법(母法)인 법령조항은 직접성을 갖추지 못한다(헌재 2008.4.24. 2007헌마243, 액화석유가스의 안전관리 및 사업법 시행규칙[별표5] 제1항 타목 등 위헌확인(각하,기각)).

"법률 또는 법률조항 자체가 헌법소원의 대상이 될 수 있으려면 그 법률 또는 법률조항에 의하여 구체적인 집행행위를 기다리지 아니하고 직접·현재·자기의 기본권을 침해받아야 하는 것을 요건으로 하고, 여기서 말하는 집행행위에는 입법행위도 포함되므로 법률규정이 그 규정의 구체화를 위하여 하위규범의 시행을 예정하고 있는 경우에는 당해 법률의 직접성은 부인된다." "이 사건 법률조항의 위임에 따라 제정된 공직자윤리법 시행령(2009.2.3. 대통령령 제2189호로 개정된 것) 제3조 제4항 제6호가 등록의무자의 범위에 경사를 규정함으로써 비로소 청구인의 기본권은 직접·현실적으로 침해되는 것이므로, 이 사건 법률조항은 이 사건 시행령조항의 근거가 되는 법률에 해당할 뿐 그 자체로 직접 청구인의 기본권을 침해한다고 볼 수 없어 직접성 요건이 부인된다"(헌재 2010. 10.28. 2009헌마544, 공직자윤리법 제3조 제1항 제13호 등 위헌확인(기각, 각하)).

"이 사건 법률조항의 위임에 따라 제정된 공직자윤리법시행령(2009.2.3. 대통령령 제2189호로 개정된 것) 제3조 제4항 제6호가 등록의무자의 범위에 경사를 규정함으로써 비로소 청구인의 기본권은 직접·현실적으로 침해되는 것이므로, 이 사건 법률조항은 이 사건 시행령조항의 근거가 되는 법률에 해당할 뿐 그 자체로 직접 청구인의 기본권을 침해한다고 볼 수 없어 직접성 요건이 부인된다"(헌재 2010.10.28. 2009헌마544, 공직자윤리법 제3조 제1항 제13호 등 위헌확인(기각, 각하)).

근로자의 임금을 최저임금의 단위기간에 맞추어 환산하는 방법을 대통령령으로 정하도록 위임하고 있을 뿐이다. 그렇다면 기본권침해는 시행령조항에 의하여 비로소 발생하는 것이지 법률조항에 의하여 발생하는 것이 아니므로, 법률조항에 대한 심판청구는 기본권 침해의 직접성을 갖추지 못하여 부적법하다(헌재 2020.6.25. 2019헌마15, 최저임금법 제5조의2 등 위헌확인(기각, 각하)).

다만, ① 다만, 법률조항의 구체화를 위하여 시행령의 시행을 예정하고 있는 경우라 하더라도 법률조항의 의회유보원칙 위배 또는 포괄위임금지원칙 위배를 다투는 경우에는 예외가 인정된다(헌재 2012.11.29. 2011헌마827, 초·중등교육법 제47조 제2항 등 위헌확인(기각)). 또한 ② 수권조항과 시행령조항이 불가분의 관계에서 전체적으로 하나의 규율내용을 형성하고 있는 경우에는 수권조항과 시행령조항 모두에 대하여 직접성이 인정될 수 있다는 것이 헌법재판소의 입장이다(헌재 2002.6.27. 99헌마480, 전기통신사업법 제53조 등 위헌확인(위헌, 각하)).

"이 사건 법률조항의 경우 고등학교의 입학방법 및 절차 전부를 대통령령에 위임함으로써, 하위규정에 그 규정의 구체화를 위임하고 있어 직접성 요건의 충족 여부가 문제되는바, 청구인들은 이 사건 법률조항의 의회유보의 원칙 위반 또는 포괄위임입법금지의 원칙 위반 여부를 다투고 있는데, 의회유보의 원칙 위반 등의 문제는 위 법률조항에 의하여 시원적으로 발생하는 것이어서 결국 위 법률조항의 위헌성 여부가 적법한 심판대상인 이 사건 시행령조항에 영향을 미치게 되므로 그 위헌성을 심사할 수 있다고 보아야 할 것이다"(헌재 2012.11.29. 2011헌마827, 초·중등교육법 제47조 제2항 등 위헌확인(기각)).

"전기통신사업법 제53조 제1항, 제2항, 같은 법 시행령 제16조에 관하여 위 조항들은 서로 불가분의 관계를 가지면서 전체적으로 이른바 불온통신의 내용을 확정하고 이를 금지하는 규정으로서, 전기통신을 이용하는 자들에게 공공의 안녕질서 또는 미풍양속을 해하는 내용의 통신을 하지 말 것을 명하고 있다. 따라서, 전기통신이용자들은 어떠한 집행행위에 의하여 비로소 그러한 불온통신의 금지의무를 지게 되는 것이 아니라, 위 조항들 자체에 의하여 직접 위와 같은 의무를 부담하게 된다고 할 것이므로, 위 조항들은 기본권침해의 직접성의 요건을 갖춘 것으로 보아야 한다"(헌재 2002.6.27. 99헌마480, 전기통신사업법 제53조등 위헌확인(위헌, 각하)).

"구 방송법 제32조 제2항은 '위원회는 제1항의 규정에 불구하고 대통령령정하는 방송광고에 대하여는 방송되기 전에 그 내용을 심의하여 방송 여부를 심의·의결할 수 있다'고 규정하고 있어 마치 이 사건 규정들에 의한 기본권 침해는 방송위원회의 심의·의결이라는 집행행위를 매개로 하여서만 발생하는 것처럼 보이나, … 이 사건 규정들은 서로 불가분적으로 결합하여 그 자체에서 텔레비전 방송광고의 사전심의라는 의무를 부과하고 있는 것이다. 그렇다면 이 사건 규정들은 집행행위 이전에 이미 국민의 권리관계를 직접 확정적으로 정하고 있다고 할 것이고, 따라서 이 사건 규정들의 권리침해의 직접성은 인정된다"(헌재 2008.6.26. 2005헌마506, 방송법 제32조 제2항 등 위헌확인(위헌)).

(4) 제재조항과 직접성

국민에게 일정한 행위의무 또는 행위금지의무를 부과하는 법규정을 정한 후 이를 위반할 경우 제재수단으로서 형벌 또는 행정벌 등을 부과할 것을 정한 경우에, 그 형벌이나 행정벌의 부과를 위 직접성에서 말하는 집행행위라고는 할 수 없다. 국민은 별도의 집행행위를 기다릴 필요 없이 제재의 근거가 되는 법률의 시행 자체로 행위의무 또는 행위금지의무를 직접 부담하는 것이기 때문이다. 따라서 그러한 제재조항의 전제가 되는 구성요건조항이 별도로 존재할 경우 그 제재조항은 원칙적으로 직접성이 부정된다(헌재 1996.2.29. 94헌마213, 풍속영업의규제에관한법률 제2조 제6호 등 위헌확인(기각,각하)).

"이 사건 과태료조항은 그 전제인 의무부과조항(이 사건 금연구역조항)을 위반하는 경우에 과태료를 부과하는 제재조항으로서, 청구인들이 과태료라는 제재가 체계정당성에 어긋난다거나 과다하다는 등 그 자체의 고유한 위헌성을 다투는 것이 아니라, 전제되는 의무부과조항이 위헌이어서 그 제재조항도 위헌이라고 주장하고 있으므로, 이 사건 과태료조항에 대한 심판청구는 기본권침해의 직접성 요건을 갖추지 못하여 부적법하다"(헌재 2013.6.27. 2011헌마315등, 국민건강증진법 제9조 제4항 제23호 등 위헌확인(기각,각하)).

다만, 그 제재조항에 대하여 체계정당성 위배 또는 제재 과잉 등 그 자체의 독자적 위헌성을 주장할 경우에는 예외가 인정될 수 있다(헌재 2009.10.29. 2007헌마1359, 경비업법 제15조제3항 등 위헌확인(기각,각하))(헌재 2008.11.27. 2007헌마860, 영화 및 비디오물의 진흥에 관한 법률 제25조의2 등 위헌확인(기각,각하)).

"벌칙·과태료 조항의 전제가 되는 구성요건 조항이 별도로 규정되어 있는 경우에, 벌칙·과태료 조항에 대하여는 청구인이 그 법정형이 체계정당성에 어긋난다거나 과다하다는 등 그 자체가 위헌임을 주장하고 있지 않는 한 직접성을 인정할 수 없다"(헌재 2014.9.25. 2013헌마424, 변호사법 제21조의2 제1항 위헌확인 등(기각,각하)).

"벌칙·과태료조항의 전제가 되는 구성요건 조항이 별도로 규정되어 있는 경우에, 벌칙·과태료조항에 대하여는 청구인들이 그 법정형 또는 행정질서벌이 체계정당성에 어긋난다거나 과다하다는 등 그 자체가 위헌임을 주장하고 있지 않는 한 직접성을 인정할 수 없다. 이러한 법리는 행정제재조항의 경우에도 마찬가지로 적용된다"(헌재 2016.5.26. 2015헌마248, 공인중개사법 제32조 제3항 등 위헌확인(기각,각하)).

(5) 재량행위와 직접성

법령에 근거한 구체적인 집행행위가 재량행위인 경우에는 법령에 의한 기본권 침해의 직접성이 인정될 여지가 없다(헌재 2003.7.24. 2003헌마3, 동해시개인택시운송사업면허사무처리규정 제4조 제1항 위헌확인(각하)). 법령은 집행기관에게 기본권침해의 가능성만을 부여할 뿐 법령 스스로가 기본권의 침해행위를 규정하고 행정청이 이에 따르도록 구속하는 것이 아니고, 이때의 기본권침해는 집행기관의 의사에 따른 집행행위, 즉 재량권의 행사에 의하여 비로소 이루어지고 현실화되기 때문이다.

그런데 형벌에 관한 법률조항도 엄밀하게 보면 넓은 의미의 재량행위의 일종인 형법조항의 적용행위라는 구체적인 집행행위를 통하여 비로소 국민의 기본권이 제한되는 것이다. 하지만, 국민에게 그 합헌성이 의심되는 형벌조항에 대하여 위반행위를 우선 범하고 그 적용·집행행위인 법원의 판결을 기다려 헌법소원심판을 청구할 것을 요구할 수는 없을 것이다. 이러한 점에서 형벌에 관한 조항의 경우에는 예외적으로 집행행위가 재량행위임에도 불구하고 법령에 의한 기본권침해의 직접성을 인정함이 타당하다(헌재 1998.4.30. 97헌마141, 특별소비세법시행령 제37조 제3항 등 위헌확인(각하)).

4. 기본권침해의 현재성

(1) 의 의

기본권침해의 현재성(現在性)은 공권력의 작용으로 인한 기본권의 침해가 현재 이루어지고 있어야 함을 의미한다. 이는 기본권 침해 관련성이 시간적 측면에서 문제되는 요건이라 할 수 있다(시간적 관련성).

헌법소원심판청구는 청구인의 기본권이 현재 침해되고 있어야 한다. 따라서 기본권이 과거에 침해되었고 현재는 그 침해의 효과가 소멸한 경우라든가, 권리침해의 우려가 있다고 하더라도 그러한 권리침해의 우려는 단순히 잠재적으로 나타날 수도 있는 것에 불과할 경우에는 기본권침해의 현재성을 구비하였다고 할 수 없다(헌재 1989.7.21. 89헌마12, 형사소송법개정 등에 대한 헌법소원(각하)).[1] 즉 기본권침해의 현재성은 원칙적으로 현재 및 미래의 사안에 관하여 논의되고, 과거의 사안은 권리보호의 이익에 관한 문제로 논의된다(김하열).

매수가격 기준조항은 시장·군수·구청장의 농지처분명령과 그에 따른 농지매수청구가

---

1) 다만, 기본권 침해관련성의 시간적 측면은 과거를 제외한 현재 및 미래의 사안에 대하여 주로 검토된다. 과거의 사안, 즉 기본권의 침해가 이미 종료된 경우에 대하여는 주로 '권리보호의 이익'에 관한 문제로 다루어진다: 김하열, 헌법소송법, 박영사, 2016, 503-504면 참조.

있는 경우에 비로소 적용될 수 있다. 그런데 소유 농지의 처분명령을 받은 적이 없고, 농지의 매수청구를 한 사실도 없다면, 매수가격 기준조항에 관하여서는 기본권침해의 현재성을 인정할 수 없으므로 이 부분 심판청구는 부적법하다(헌재 2020.5.27. 2018헌마362, 농지법 제9조 등 위헌확인(기각,각하)).

(2) 현재성의 예외

현재 상황에서 판단할 때 장래 기본권 침해가 확실하게 예측되는 경우에는 예외적으로 기본권 침해의 현재성이 인정된다(상황성숙성이론). 즉 기본권침해가 가까운 장래에 있을 것이 확실하고 그 침해를 기다리게 되면 구제가 곤란하게 될 뿐만 아니라 법익 자체가 중대한 경우에는 현재성을 인정하여야 한다. 다만, 청구인이 고소·고발을 한 사실이 없고 단순히 장래 잠정적으로 나타날 수 있는 권리침해의 우려에 대한 헌법소원청구에 불과하다면 현재성이 인정되지 아니한다(헌재 1989.7.21. 89헌마12, 형사소송법개정 등에 관한 헌법소원(각하)).

예컨대 장래실시가 확실한 대학입시요강(헌재 1992.10.1. 92헌마68등, 1994년도 신입생선발입시안에 대한 헌법소원(기각)), 공포 후 시행 전이지만 시행될 것이 확실한 법률 자체(헌재 1994.12.29. 94헌마201, 경기도남양주시등33개도농복합형태의시설치에관한법률 제4조 위헌확인(기각)), 장래 선거가 실시될 것이 확실한 법률 규정(헌재 1991.3.11. 91헌마21, 지방의회선거법 제36조 제1항에 대한 헌법소원(헌법불합치,잠정적용,각하))에 대하여는 헌법소원의 현재성을 인정한다.

> "고등학교에서 일본어를 배우고 있는 청구인들은 서울대학교 대학별 고사의 선택과목에서 일본어가 제외되어 있는 입시요강으로 인하여 그들이 94학년도 또는 94학년도에 서울대학교 일반계열 입학을 지원할 경우 불이익을 입게 될 수도 있다는 것을 현재의 시점에서 충분히 예측할 수 있는 이상 기본권침해의 현재성을 인정하여 헌법소원심판청구의 이익을 인정하는 것이 옳을 것이다. 기본권 침해가 눈앞에 닥쳐올 때를 기다렸다가 헌법소원을 하라고 요구한다면 기본권구제의 실효성을 기대할 수 없기 때문이다"(헌재 1992.10.1. 92헌마68 등, 1994학년도신입생선발입시안에 대한 헌법소원(기각)).
>
> "심판청구 당시 청구인들은 국가공무원 채용시험에 응시하기 위하여 준비하고 있는 단계에 있었으므로 이 사건 심판대상조항으로 인한 기본권침해를 현실적으로 받았던 것은 아니다. 그러나 청구인들은 심판청구 당시 국가공무원 채용시험에 응시하기 위한 준비를 하고 있었고, 이들이 응시할 경우 장차 그 합격여부를 가리는 데 있어 가산점제도가 적용될 것임은 심판청구 당시에 이미 확실히 예측되는 것이었다. 따라서 기본권침해의 현재관련성이 인정된다"(헌재 1999.12.23. 98헌마363, 제대군인지원에관한법률 제8조 제1항 등 위헌확인(위헌))(헌재 2001.2.22. 2000헌마25, 국가유공자등예우및지원에관한법률 제34조 제1항 위헌확인(기각)).
>
> 장래의 선거에서 부재자투표 여부가 확정되는 선거인명부작성 기간이 아직 도래하지 아니하여 부재자투표를 할 것인지 여부가 확정되지 아니한 상태에서 청구인이 부재자투표소 투표의 기간을 제한하고 있는 법률조항에 대하여 제기한 헌법소원의 경우, 청구인이 비록 장래의 선거에 관하여 아직 부재자투표 여부가 확정되지 아니하였다 하더라도 주기적으로 반복되는 선거의 특성과 기본권 구제의 실효성 측면을 고려할 때 기본권 침해의 현재

성을 갖춘 것으로 보아야 할 것이다(헌재 2010.4.29. 2008헌마438, 공직선거법 제148조 제1항 위헌확인(기각)).

가까운 장래에 심판대상조항들이 시행되면 청구인의 직업수행의 자유 등 기본권이 침해되리라는 것이 확실히 예상되므로 예외적으로 기본권침해의 현재성이 인정된다(헌재 2015.3.26. 2014헌마372, 품질경영 및 공산품안전관리법 시행규칙 제2조 제3항 별표3 제2호 마목 등 위헌확인(기각)).

군법무관들을 원천적으로 배제하고 있는데 "군법무관들도 각종 위원회의 위원직을 수행할 수 있는 법률적 소양과 나름대로의 경험을 지니고 있는 점, 군법무관도 판사・검사・변호사와 동일한 시험을 통해 선발되었고 그 업무도 유사한 점, 대부분의 위원직이 해당 기관의 선정에 의하여 결정되고 여하한 신청권도 인정되지 않는 점, 청구인들에게 입법청원 외에 이 사건 제1법률을 다툴 수 있는 다른 법적 구제수단도 없는 점, 군법무관으로 근무한 기간과 판사・검사・변호사로 근무한 기간의 합산 문제가 개입될 수 있는 점 등을 고려할 때, 이 사건에서는 장래 청구인들의 권리 침해가능성이 현재로서 확실히 예상된다고 보아 청구인들에게 '현재성'을 인정함이 상당하다"(헌재 2007.5.31. 2003헌마422, 국가공무원법 제8조 제2항 등 위헌확인(기각, 각하)).

"청구인의 계모가 생존하고 있으므로 계자를 계모의 상속인에서 제외하는 법률에 의한 청구인의 기본권 침해가 아직 발생하지 않았으나, 계모가 사망하는 경우 기본권침해가 장래에 발생할 것이 확실히 예상되므로 기본권침해의 현재성을 인정할 수 있다"(헌재 2009.11.26. 2007헌마1424, 민법 제1000조 제1항 제1호 위헌확인(기각)).

공기업이 공기업의 업무를 수행하던 비정규직 근로자를 정규직 근로자로 고용한 공기업의 자회사와 수의계약을 체결할 수 있도록 한 조항: "위 조항에 의한 공기업과 자회사의 수의계약 체결 및 그에 따른 일반경쟁입찰의 미실시가 예상되므로, 제한경쟁입찰에 의한 공기업 한수원과의 계약체결 기회를 가질 수 없게 된 청구인들의 기본권 침해의 현재성이 인정된다"(헌재 2023.10.26. 2019헌마871, 공공기관의 운영에 관한 법률 제39조 제3항 등 위헌확인(기각)).

또한 과거에 기본권 침해가 이미 종료된 경우라 하더라도 기본권 침해의 효과가 현재도 지속되고 있다면 기본권침해의 현재성이 인정될 수 있다. 이러한 경우 헌법재판소는 권리보호의 이익이 인정될 수 있는가의 문제로 접근하고 있다(이에 관해서는 Ⅳ. 권리보호의 이익 참조).

Ⅳ. 권리보호의 이익

1. 의　　의

권리보호의 이익은 국가적・공익적 입장에서는 무익한 헌법소송제도의 이용을 통제하는 원리로서, 당사자의 입장에서는 소송제도를 이용할 정당한 이익 또는 필요성을 말하는 것이다. 이는 소송제도에 필연적으로 내재하는 요청으로서, 헌법재판소법 제40조 제1항에 의하여 준용되는 민사소송법 내지 행정소송법 규정들에 대한 해석상 인정되는 적법요건이다(헌재 2001.9.27. 2001헌마152, 헌법재판소법 제70조 등 위헌확인(기각)).

헌법소원제도는 국민의 기본권 침해를 구제하여 주는 제도이므로, 그 제도의 목적상 권리보호의 이익이 있는 경우에 비로소 이를 제기할 수 있다. 그러나 헌법소원의 본질이 주관적 권리구제뿐만 아니라 객관적인 헌법질서의 보장도 겸하고 있다. 이러한 '헌법소원의 양면성' 또는 헌법소원의 이중적 성격을 고려한다면, 주관적 권리구제의 실익만을 고려하여 헌법소원의 적법성을 판단할 수는 없다.

2. 원　칙

헌법소원심판을 적법하게 청구하려면 청구인에게 권리보호이익(訴의 이익·審判請求의 이익)이 있어야 함이 원칙이다. 이러한 권리보호의 이익은 헌법소원을 제기할 때뿐만 아니라 헌법재판소의 결정선고를 할 때에도 존재하여야 한다.

헌법소원심판청구 당시 권리보호이익이 인정되더라도 심판계속 중에 사실관계 또는 법률관계의 변동으로 말미암아 청구인이 주장하는 기본권의 침해가 종료된 경우에는 원칙적으로 권리보호이익이 없으므로 헌법소원이 부적법한 것으로 된다(헌재 2006.1.26. 2005헌마474, 공직선거법 제22조 제1항 등 위헌확인(각하)).

헌법소원심판청구가 적법하려면 심판청구 당시는 물론 결정 당시에도 권리보호이익이 존재해야 하는데, 피청구인이 선거구를 획정함으로써 선거구에 관한 법률을 제정하지 아니하고 있던 피청구인의 입법부작위 상태는 해소되었고, 획정된 선거구에서 국회의원후보자로 출마하거나 선거권자로서 투표하고자 하였던 청구인들의 주관적 목적이 달성되었으므로, 청구인들의 이 사건 입법부작위에 대한 심판청구는 권리보호이익이 없어 부적법하다(헌재 2016.4.28. 2015헌마1177등, 입법부작위 위헌확인 등(각하)).

통고처분 범칙금을 납부하지 아니하여 즉결심판, 나아가 정식재판의 절차로 진행되었다면 당초의 통고처분은 그 효력을 상실한다 할 것이므로 이미 효력을 상실한 통고처분의 취소를 구하는 헌법소원은 권리보호의 이익이 없어 부적법하다(헌재 2003.10.30. 2002헌마275, 통고처분취소(기각, 각하)).

폭행 또는 협박으로 아동·청소년을 추행한 죄에 대하여 형의 선고를 받아 확정된 사람으로부터 디엔에이감식시료를 채취할 수 있도록 규정하고 있다. 이 사건 심판청구 후 청구인이 디엔에이감식시료 채취에 동의하여 채취를 마쳤는바, 기본권 제한상황이 종료되었으므로 권리보호이익이 소멸되었다(헌재 2018.4.26. 2017헌마397, 디엔에이신원확인정보의 이용 및 보호에 관한 법률 제5조 제1항 제10호 위헌확인(각하)).

중학교 역사 및 고등학교 한국사 과목의 교과용도서를 국정도서로 지정한 교육부장관 고시 등의 위헌확인을 구하는 사건에서, 초·중등교육법 등 상위 법령은 기본권 침해의 직접성이 인정되지 않으므로 부적법하고, 역사교과서를 국정도서로 정한 교육부장관 고시는 시행되기도 전에 관련 고시가 재개정됨으로써 폐지되어 권리보호이익이 인정되지 아니하고 헌법적 해명의 필요성 등 예외적인 심판의 이익도 인정되지 아니하여 부적법하므로 심판청구를 각하한다(헌재 2018.3.29. 2015헌마1060등, 초·중등교육법 제29조 제2항 위헌확인 등(각하)).

□□호가 해상에서 기울기 시작한 때부터 대한민국 정부가 행한 구호조치에 대한 헌법소원심판청구는 권리보호이익이 소멸하였고 예외적인 심판청구이익도 인정되지 아니하여 부적법하다(5:4). [반대의견] 예외적인 심판청구이익이 인정되며, 정부의 위 구호조치는 과소보호금지원칙에 반하여 희생자들에 대한 생명권 보호의무를 다하지 않은 것이므로 유가족들의 행복추구권을 침해한다(헌재 2024.5.30. 2014헌마1189등, 신속한 구호조치 등 부작위 위헌확인(각하)).

형사피해자가 검사의 불기소처분의 취소를 구하는 헌법소원심판청구에서, 해당 범죄의 공소시효가 완성된 경우 및 이미 확정판결이 있는 경우(법원에서 유죄가 확정된 범죄사실과 그 기본적 사실관계가 동일하여 공소사실의 동일성이 인정되는 관계에 있는 범죄사실에 대하여는 그 확정판결의 기판력이 미치게 되므로)(헌재 2010.5.27. 2010헌마71, 불기소처분취소(각하,기각))에는 권리보호이익이 인정되지 아니한다.

헌법소원 제기 시에는 공소시효가 완성되지 아니하였더라도 이후 헌법소원심판절차 중에 공소시효가 완성된 경우에도 권리보호의 이익이 없다(헌재 1989.4.17. 88헌마3, 검사의 공소권행사에 대한 헌법소원(각하); 헌재 2003.12.18. 2001헌마163, 계구사용행위 위헌확인(인용(위헌확인),각하)).

"법원이 기피신청(忌避申請)에 대하여 한 각하결정은 법원의 재판을 헌법소원심판의 대상에서 제외하고 있는 헌법재판소법 제68조 제1항에 따라 헌법소원심판의 대상이 되지 아니한다. 기피신청에 대한 재판이 이미 확정되고 그 기피재판의 본안사건에 대하여 이미 종국재판이 내려진 경우, 기피재판의 근거가 된 법률에 대한 헌법소원은 권리보호의 이익이 없어 부적법하다"(헌재 2004.6.24. 2003헌마612, 행정소송법 제8조 제2항 등 위헌확인(각하)).

공소시효완성을 이유로 한 불기소처분에 대한 헌법소원은 시효완성 시 기각한 바 있다(헌재 1992.7.23. 92헌마103(각하); 헌재 1992.12.24. 92헌마186, 불기소처분에 대한 헌법소원(기각,각하); 헌재 1990.12.26. 90헌마2(기각)).

12·12에 대한 불기소처분에 대하여 공소시효완성을 이유로 각하한 바 있다(헌재 1995.1.20. 94헌마246, 불기소처분취소(기각,각하)).

사건의 수사나 처분에 관여한 경찰관과 검사들을 직권남용권리행사방해 또는 직무유기 등의 죄로 고소하고, 청구인의 고소를 각하한 검사를 고소하는 일을 되풀이하면서 각 불기소에 대하여 항고·재항고를 거쳐 헌법소원심판을 청구하는 일을 반복하는 것은 권리남용에 해당됨이 명백하므로 그 일환으로 청구된 헌법소원심판은 권리보호의 이익이 없어 부적법하다(헌재 2007.1.16. 2006헌마1475, 불기소처분취소(각하)).

2020.4.15. 실시하는 제21대 비례대표국회의원선거에 관한 특례를 규정한 공직선거법 부칙 제4조는 "2020.4.15. 실시된 제21대 국회의원선거에만 적용되는 조항이고, 제21대 국회의원선거는 이미 종료하여 당선자도 결정되었으므로, 헌법재판소가 위 조항을 위헌으로 결정한다 하더라도 청구인들의 권리가 구제되기 어렵다. 또한, 위 조항은 제21대 국회의원선거에만 적용되므로 반복침해가능성도 인정되지 않는다. 따라서 위 조항에 대한 심판청구는 심판의 이익이 인정되지 않는다"(헌재 2023.7.20. 2019헌마1443등, 공직선거법 제189조 제2항 등 위헌확인 등(기각,각하)).

"이 사건 수갑사용행위는 이미 종료되었으므로 이에 관하여 심판을 구할 청구인의 주관적 권리보호이익은 더 이상 존재하지 않는다. …. 위와 같이 위 규칙이 개정된 상황에서는 특별한 사정이 없는 한 피청구인이 구속 전 피의자심문에 임의 출석한 피의자에 대하여 수갑을 사용하지 않을 것이므로, 이 사건 수갑사용행위와 동일한 유형의 행위가 반복될 위험이 있다고 보기 어렵고, 이와 관련하여 헌법재판소가 추가적으로 헌법적 해명을 할 필요성이 인정된다고 볼 수도 없어 예외적 심판의 이익 역시 인정되지 않는다"(헌재 2023.7.20. 2020헌마506, 수갑사용 행위 위헌확인(각하)).

그러나 기소유예처분을 받은 피의자가 헌법소원을 제기한 경우 그 피의사실에 대한 공소시효가 완성되었다고 하더라도 검사는 기소유예처분을 취소한 후 '공소권없음'의 처분을 하여야 하고, 공소권없음 처분이 기소유예보다 유리하므로 권리보호의 이익이 있다(헌재 1997.5.29. 95헌마188, 기소유예처분취소(기각)). 마찬가지 이유로 기소유예처분의 대상인 피의사실에 대하여 일반사면이 내려진 경우에도 권리보호의 이익이 인정된다(헌재 1996.10.4. 95헌마318, 기소유예처분취소(인용(취소))).

3. 예 외

헌법소원제도는 주관적 권리구제뿐만 아니라 객관적인 헌법질서 보장의 기능을 겸하고 있다. 이에 따라 비록 청구인의 주관적 권리구제에는 도움이 되지 아니한다고 하더라도 헌법재판소는 일정한 경우 예외적으로 심판청구의 이익을 인정하여 이미 종료한 침해행위가 위헌임을 선언하기도 한다. 즉 "침해행위가 앞으로도 반복될 위험이 있거나 당해 분쟁의 해결이 헌법질서의 수호·유지를 위하여 긴요한 사항이어서 헌법적으로 그 해명이 중대한 의미를 가지고 있는 경우에는 심판청구의 이익을 인정하여야" 한다는 것이 헌법재판소의 확립된 판례이다(헌재 1992.1.28. 91헌마111 참조). 심판청구의 이익이 인정되는 경우에는 예외적으로 권리보호이익의 요건이 충족되는 것으로 보겠다는 취지이다.

옥외집회신고에 대한 서울남대문경찰서장의 반려행위는 관할경찰관서장에 의하여 아무런 법적 근거 없이 반복되어 왔을 뿐 아니라 그 편의성 때문에 앞으로도 반복될 가능성이 높고, 위 반려행위의 법적 성격과 효과에 관하여 아직 법원의 확립된 해석도 없다. 그렇다면 이 사건 반려행위가 부당한 공권력의 행사로서 청구인들의 기본권을 침해하는지 여부에 관하여 헌법적으로 해명할 필요성이 존재한다고 할 것이므로, 이 사건 심판청구는 객관적 권리보호이익이 있는 적법한 청구이다(헌재 2008.5.29. 2007헌마712, 민원서류 반려위헌확인(인용(위헌확인), 각하)).

"이 사건 법률조항은 비록 형벌에 관한 것이기는 하지만 불처벌의 특례를 규정한 것이어서 위헌결정의 소급효를 인정할 경우 오히려 그 조항에 의거하여 형사처벌을 받지 않았던 자들에게 형사상의 불이익이 미치게 되므로 이와 같은 경우까지 헌법재판소법 제47조 제2항 단서의 적용범위에 포함시키는 것은 법적 안정성과 이미 면책받은 가해자의 신뢰보호의 이익을 크게 해치게 되므로 그 규정취지에 반한다. 따라서 이 사건 법률조항에 대하여 위헌선언을 하더라도 그 소급효는 인정되지 아니하므로, 가해자인 피의자들에 대한 불기소처분을 취소하고 그들을 처벌할 수는 없어 이 사건 심판청구는 주관적인 권리보호이익을 결여하고 있다. … 이 사건 법률조항에 대하여 위헌성이 엿보이는 경우에도 주관적 권리보호이익이 없다는 이유로 헌법적 해명을 하지 아니한다면 향후 교통사고 피해자는 헌법소원을 제기할 수 없고, 위헌적인 법률조항에 의한 불기소처분이 반복될 우려가 있으므로 헌법재판소로서는 이 사건 법률조항에 대하여 예외적으로 심판을 할 이익 내지는 필요성이 인정된다"(헌재 2009.2.26. 2005헌마764 등, 교통사고처리특례법 제4조제1항 위헌확인(위헌)).

"한국인과 결혼한 중국인 배우자가 결혼동거목적거주 사증을 신청하고자 하는 경우에 당해 한국인에게 결혼경위 등을 기재하도록 요구하는 제도는 앞으로도 계속 시행될 것이 예상되므로, 청구인과 같이 중국인 배우자와 결혼하려는 자들에게 대하여 침해반복의 위험성이 여전히 존재하고 이에 대하여는 아직 헌법적 해명이 이루어진 바 없어 이에 대한 해명의 필요성이 있는 등 심판의 이익이 있다"(헌재 2005.3.31. 2003헌마87, 한중국제결혼절차 위헌확인(기각, 각하)) ; 사법시험 제2차 시험에서 해당 문제번호의 답안지에 답안을 작성하지 아니한 자에 대하여 그 과목을 영점처리하도록 규정하고 있는 '사법시험법 시행규칙'에 대한 심판청구가 사법시험 제2차 시험일정이 종료된 후 청구되었더라도 사법시험은 매년 반복하여 시행되어 기본권침해가 반복될 가능성이 있으므로 예외적으로 권리보호의 이익이 인정된다(헌재 2008.10.30. 2007헌마1281, 사법시험법 시행규칙 제7조 제3항 제7호 위헌확인(기각)).

검사의 열람·등사 거부처분에 대한 불복절차에 따른 법원의 열람·등사 허용 결정에 대하여 검사가 따르지 아니한 경우, 이후 청구인들의 변호인들이 수사서류에 대하여 이미 열람·등사를 마쳤다 하더라도 이 사건과 유사한 사건에 대하여 헌법적 해명이 이루어진 바 없고 이 사건과 같은 유형의 침해행위가 앞으로도 반복될 가능성이 크다고 할 것이므로, 심판의 이익이 여전히 존재한다(헌재 2010.6.24. 2009헌마257, 열람·등사 거부처분취소(위헌확인)).

후방착석요구행위는 종료되었으나, 수사기관이 이 사건 지침에 근거하여 후방착석요구행위를 반복할 위험성이 있고, 변호인의 피의자신문참여권의 헌법적 성격과 범위를 확인하고 이를 제한하는 행위의 한계를 확정짓는 것은 헌법적 해명이 필요한 문제에 해당하므로, 심판이익을 인정할 수 있다(헌재 2017.11.30. 2016헌마503, 변호인 참여신청서 요구행위 등 위헌확인(인용(위헌확인), 각하)).

이 사건 촬영행위는 이미 종료되어 주관적 권리보호이익은 소멸하였으나, 집회·시위 등 현장에서 경찰의 촬영행위는 계속적·반복적으로 이루어질 수 있고, 그에 대한 헌법적 해명이 필요하므로 예외적으로 심판의 이익이 인정된다(헌재 2018.8.30. 2014헌마843, 채증활동규칙 위헌확인(기각, 각하)).

청구인이 만기 전역하여 병의 신분이 아니지만, 병역의무를 이행하는 병에 대한 선거운동 제한을 규정한 조항들은 "앞으로 계속 시행될 선거에서 청구인과 같이 병으로 복무하는 사람의 기본권을 반복하여 제한할 것이 확실히 예상되고, 병에게도 공직선거에서 정치적 중립 의무를 부과하는 것이 헌법에 위반되는지 여부는 헌법질서 수호·유지를 위하여 긴요한 사항으로서 그 헌법적 해명이 중대한 의미를 지니므로, 심판청구의 이익을 예외적으로 인정할 수 있다"(헌재 2018.4.26. 2016헌마611, 국가공무원법 제65조 등 위헌확인(기각)).

변호사 등록을 신청하는 자에게 등록료 1,000,000원을 납부하도록 정한 대한변호사협회의 '변호사 등록 등에 관한 규칙' 조항 및 '변호사 등록 등에 관한 규정' 조항과 관련, 심판청구 이후 위 규정 조항의 개정으로 등록료의 액수가 변경되었으나 위 규칙 조항은 계속 적용되고 등록료의 다과에 관한 문제가 여전히 남아있는 경우에는 청구인에 대한 개별적 사안의 성격을 넘어 일반적으로 헌법적 해명의 필요성이 있으므로, 예외적으로 위 조항들에 대한 심판의 이익이 인정된다(헌재 2019.11.28. 2017헌마759, 변호사 등록 등에 관한 규정 제9조 제1호 위헌확인(기각)).

여기서 침해행위가 반복될 위험이란 단순히 추상적·이론적인 가능성이 아니라 구체적·실제적이어야 하며 이러한 점에 대한 입증책임은 헌법소원 청구인에게 있다(헌재 2002.7.18. 99헌마592, 현수막철거이행명령취소(각하); 헌재 1997.6.26. 97헌바4, 형법 제314조 위헌소원 등(각하)).

헌법재판소는 종료된 변호인접견 방해행위(헌재 1992.1.28. 91헌마111, 변호인의 조력을 받을 권리에 대한 헌법소원(인용(위헌확인),위헌)), 구속기간이 종료된 구속기간연장허용규정(헌재 1992.4.14. 90헌마82, 국가보안법 제19조에 대한 헌법소원(위헌)), 종료된 기업해체지시(헌재 1993.7.29. 89헌마31, 공권력행사로 인한 재산권침해에 대한 헌법소원(인용(위헌확인))), 정년연령에 이른 자의 공직복직(헌재 1993.9.27. 92헌바21, 1980년해직공무원의복직등에관한특별조치법 제4조에 대한 헌법소원(합헌)), 출소한 미결수용자의 서신의 지연발송·지연교부행위(헌재 1995.7.21. 92헌마144, 서신검열 등 위헌확인(한정위헌, 기각,각하)), 소송기록송부가 이루어진 이후 이와 관련된 형사소송법 규정(헌재 1995.11.30. 92헌마44, 소송기록지연송부 등에 대한 헌법소원(위헌)), 폐지된 법률의 계속 적용(헌재 1995.10.26. 93헌마246, 국채법 제7조 위헌확인(위헌)), 심판계속 중 사망 시 유족이 유죄판결에 대한 재심청구(헌재 1997.1.16. 89헌마240, 국가보위입법회의, 국가보안법의 위헌여부에 관한 헌법소원(한정합헌,각하)), 변호인에게 고소장과 피의자신문조서에 대한 열람 및 등사를 거부한 경찰서장의 정보비공개결정(헌재 2003.3.27. 2000헌마474, 정보비공개결정 위헌확인(인용(위헌확인))), 신체구속을 당하지 아니한 피의자의 신문에 변호인이 참여할 권리 침해(헌재 2004.9.23. 2000헌마138, 변호인의 조력을 받을 권리 등 침해 위헌확인(인용(위헌확인))) 등의 사안에서 헌법적 해명의 필요성을 인정함으로써 권리보호이익을 인정하고 있다. 국민의 기본권 침해에 대한 구제의 범위를 확대한다는 점에서 바람직한 방향이라고 평가할 수 있다.

하지만 헌법적 해명이 필요하지 아니한 경우에는 심판청구의 이익도 인정할 수 없다고 본 사례도 다수 있다.

지방의회 위원회 위원장은 특정 방청신청에 대하여 구체적 사정을 고려하여 허가 여부를 결정하고, 위원회 회의는 논의가 속행되지 아니하는 이상 개별 회의마다 성격이 다르므로 이 사건 방청불허행위(傍聽不許行爲)와 동일한 행위가 반복될 위험성은 없다. 설령 반복 위험성이 있더라도 이 사건에서는 이 사건 방청불허행위가 지방자치법의 적법한 요건을 갖추고 있는가에 관한 위법성이 문제될 뿐이므로, 헌법적으로 해명이 중대한 의미를 지니는 경우로 보기 어렵다. 따라서 이 사건 방청불허행위에 대한 심판청구는 권리보호이익이 없고, 심판청구의 이익도 인정되지 아니한다(헌재 2017.7.27. 2016헌마53, 방청불허처분취소(각하)).

심판청구 후 개정되어 서울광장의 사용이 신고제로 운영되게 됨에 따라 더 이상 피청구인에 의하여 서울광장의 사용거부나 불허처분이 행해질 수 없으므로 동일하거나 유사한 공권력행사가 반복될 우려가 있다고 할 수 없고, 피청구인이 위와 같은 개정조례안 재의

결의 무효확인을 구하는 소를 제기하였다가 이를 취하함으로써 신고제를 취한 개정조례의 효력이 문제될 수 있을 만한 사정도 사라져 버렸으므로 이 사건 불허처분에 대한 위헌여부의 판단은 헌법질서의 수호·유지를 위하여 헌법적 해명이 긴요한 사항이라고 할 수도 없다(헌재 2012.2.23. 2009헌마403, 서울특별시 서울광장 사용허가 불허처분 위헌확인(각하)).

구 'G20 정상회의 경호안전을 위한 특별법' 관련 조항은 부칙에서 정한 유효기간의 종기가 도과하여 실효(失效)된 이상 주관적 권리보호이익이 인정되지 아니하고, 위 조항은 G20 정상회의를 개최함에 따라 행해진 1회적인 입법조치라서 앞으로 이와 동일한 입법이 반복적으로 행해질 것이라고 단정할 수 없고, 이미 실효되었고 반복가능성도 없는 위 조항의 위헌 여부를 판단하는 것은 향후의 헌법질서의 수호·유지에 기여한다고 볼 수도 없으므로 헌법적 해명의 필요성을 인정할 수 없다(헌재 2012.2.23. 2010헌마660등, G20 정상회의 경호안전을 위한 특별법 제5조 등 위헌확인(각하)).

물포운용지침 등 관련규정과 대법원 판례에 의하면, 물포발사행위는 타인의 법익이나 공공의 안녕질서에 대하여 직접적이고 명백한 위험을 초래하는 집회나 시위에 대하여 구체적인 해산사유를 고지하고 최소한의 범위 내에서 이루어져야 하므로, 집회 및 시위 현장에서 청구인들이 주장하는 것과 같은 유형의 근거리에서의 물포 직사살수(直射撒水)라는 기본권 침해가 반복될 가능성이 있다고 보기 어렵고, 설령 물포발사행위가 그러한 법령상의 한계를 위반하면 위법함이 분명하므로, 헌법재판소가 헌법적으로 해명할 필요가 있는 사안이라고 보기도 어렵다(헌재 2014.6.26. 2011헌마815, 물포사용행위 위헌확인 (각하)).

피청구인이 '북한주민 등에 대한 인권유린의 증거조사 및 기록보존을 위한 제도적 장치를 마련하고, 인권유린의 중단 및 예방조치를 강구하기 위한 법률'을 마련하지 않음으로써 자신들의 기본권이 침해되었다는 청구인들의 주장은 위와 같은 북한인권법의 제정으로 모두 해소되었으므로, 이 사건 심판청구의 권리보호이익은 소멸되었고, 달리 헌법적 해명의 필요성도 찾아보기 어렵다(헌재 2016.4.28. 2013헌마266, 입법부작위 위헌확인(각하)).

피청구인 교도소장이 미결수용자인 청구인이 자비로 구매한 흰색 러닝셔츠 1장을 허가 없이 다른 색으로 물들여 소지하고 있던 것을 '형의 집행 및 수용자의 처우에 관한 법률' 소정의 금지물품에 해당한다고 보아 같은 법에 따라 폐기한 행위에 대한 헌법소원 심판청구는 심판청구의 이익이 인정되지 아니한다(헌재 2016.10.27. 2014헌마626, 교도소 내 부당처우행위 위헌확인(각하)).

국립공원관리공단이 국립공원 입장료와 문화재 관람료를 통합징수한 행위를 다투는 헌법소원은 통합징수가 이미 폐지되어 권리보호이익이 없다(헌재 2007.3.29. 2006헌마363, 문화재 관람료 통합징수 행위 취소(각하)).

Ⅴ. 보충성의 원칙

1. 의 의

헌법소원은 기본권침해를 제거할 수 있는 다른 수단이 없거나 헌법재판소에 제소하지 아니하고도 동일한 결과를 얻을 수 있는 법적 절차나 방법이 없을 때에 한하여 예외적으로 인정되는 최후의 기본권보장수단으로 이해되고 있다(헌법소원의 보충성). 이에 따라 헌법소원심판은 법적으로 허용되는 다른 권리구제의 절차를 모두 경료하지 아니하는 한 적법하게 청구할 수 없다. 이러한 헌법소원심판의 적법요건을 보충성의 원칙이라 부른다. 이것은 헌법소원을 예비적 · 최후적 구제수단으로 함으로써 남소(濫訴) 및 민중소송화를 막기 위한 소송법적 장치라 할 수 있다.

2. 원 칙

헌법재판소법 제68조 제1항 단서는 "다른 법률에 구제절차가 있는 경우에는 그 절차를 모두 거친 후에 청구할 수 있다"라고 하여 보충성(補充性)의 원칙을 제시한다. 여기서 말하는 권리구제절차는 공권력의 행사 또는 불행사를 직접대상으로 하여 그 효력을 다툴 수 있는 권리구제절차를 의미하며, 사후적 · 보충적 구제수단인 손해배상청구나 손실보상청구를 의미하지 아니함은 헌법소원제도를 규정한 헌법의 정신에 비추어 명백하다(헌재 1989.4.17. 88헌마3, 검사의 공소권행사에 대한 헌법소원(각하); 헌재 2004.7.15. 2002헌마676, 국유지양여신청거부처분 위헌확인(각하)).

현행범인으로 체포되어서 경찰서 유치장에 구금되어 체포된 때로부터 48시간이 경과하기 전에 석방된 자가 자신에 대한 구금은 불필요하게 장시간 계속된 것으로서 기본권을 침해하였다며 제기한 헌법소원은 "체포에 대하여는 헌법과 형사소송법이 정한 체포적부심사라는 구제절차가 존재함에도 불구하고 체포적부심사절차를 거치지 않고 제기된 헌법소원심판청구는 법률이 정한 구제절차를 거치지 않고 제기된 것으로서 보충성의 원칙에 반하여 부적법하다"(헌재 2010.9.30. 2008헌마628, 유치장 구금행위 위헌확인(각하))(헌재 2011.6.30. 2009헌바199, 형법 제311조 위헌소원 등(합헌,기각)).

피청구인이 청구인에 관한 보도자료를 기자들에게 배포한 행위는 수사기관이 공소제기 이전에 피의사실을 대외적으로 알리는 것으로서, 이것이 형법 제126조의 피의사실공표죄에 해당하는 범죄행위라면 청구인은 이를 수사기관에 고소하고 그 처리결과에 따라 검찰청법에 따른 항고를 거쳐 재정신청을 할 수 있으므로, 위와 같은 권리구제절차를 거치지 아니한 채 제기한 보도자료 배포행위에 대한 심판청구는 보충성 요건을 갖추지 못하여 부적법하다(헌재 2014.3.27. 2012헌마652, 피의사실 언론공표 등 위헌확인(위헌확인,각하)).

교도소장의 이송처분(移送處分)에 대하여는 그 구제절차로서 행정심판 내지 행정소송으로 다툴 수 있으므로 위 구제절차를 거치지 아니한 헌법소원심판청구는 부적법하다(헌재 1992.6.19. 92헌마110, 이송처분에 대한 헌법소원(각하)).

교도소장의 서신발송 불허처분에 대하여는 행정심판법 및 행정소송법에 의한 심판 및 소송이 가능하므로 이러한 절차를 모두 거치지 아니한 채 제기된 헌법소원심판청구는 보충성 요건을 갖추지 못하여 부적법하다(헌재 2016.4.28. 2013헌마870, 행정심판위원회재결 위헌확인(각하)).

공정거래위원회의 경고에 대하여 행정소송을 통한 구제절차를 모두 거치지 아니한 채 제기된 이 사건 헌법소원심판청구는 부적법하다(헌재 2012.6.27. 2010헌마508, 경고의결처분취소(각하)).

"민주화운동관련자명예회복및보상심의위원회의 명예회복신청기각결정에 대하여는 행정소송법에 의하여 행정소송을 제기할 수 있으므로 청구인은 그 절차에 따라 구제를 받았어야 하고 그 절차 없이 제기한 이 사건 헌법소원심판청구는 부적법하다"(헌재 2002.10.31. 2002헌마213 명예회복신청기각 결정취소(각하)).

운전적성판정을 위하여 장애인에 대하여 실시하는 운동능력측정검사에서의 불합격처분은 그 자체가 청구인에게 직접 법률상의 불이익을 초래하는 행위로서 행정처분에 해당하여 그 취소를 구하는 행정소송을 제기하는 것이 가능하다고 할 것이므로 이 부분 심판청구는 헌법소원의 대상이 되지 아니하는 공권력행사에 대한 청구로서 부적법하다(헌재 2005.3.31. 2003헌마746, 장애인운동능력측정검사불합격처분취소 등(각하)).

고용노동부장관의 전국교직원노동조합에 대한 시정요구는 전교조의 권리·의무에 변동을 일으키는 행정행위에 해당하므로, 전교조가 위 시정요구에 대하여 다른 불복절차를 거치지 아니하고 곧바로 헌법소원심판을 청구하였다면 보충성 요건을 결하였다(헌재 2015.5.28. 2013헌마671등, 교원의 노동조합 설립 및 운영 등에 관한 법률 제2조 위헌확인 등(기각,각하,합헌))

코로나19의 예방을 위한 방역조치를 명하는 지방자치단체장의 고시는 항고소송의 대상인 행정처분에 해당하고 그 취소를 구할 소의 이익도 인정되므로, 행정소송 등 사전 구제절차를 거치지 아니하고 그 취소를 구하는 헌법소원심판을 청구하는 것은 보충성 요건을 갖추지 못하여 부적법하다(헌재 2023.5.25. 2021헌마21, 서울특별시고시 제2020-415호 등 위헌확인(각하)).

법원 등에서 장애인전용 주차구역, 장애인용 승강기 또는 화장실을 설치하지 아니한 부작위에 대해서는 장애인이 장애인차별금지법령에 따라 법원에 적극적 조치 판결을 구할 수 있고, 이러한 구제절차를 거치지 아니한 헌법소원심판청구는 보충성 요건을 갖추지 못하였다(헌재 2023.7.20. 2019헌마709, 장애인편의시설 설치 부작위 위헌확인(각하)).

종래 헌법재판소는 국가인권위원회의 진정각하·진정기각 결정에 대하여 확립된 대법원 판례로 행정처분성이 긍정된다고 보기 어렵다는 이유를 들어 헌법소원심판 제기가 적법하다고 함으로써 보충성 요건을 요구하지 않았으나, 이후 국가인권위원회의 진정각하·진정기각 결정은 항고소송의 대상이 되는 행정처분에 해당한다고 선례를 변경하였다(대판 2009.4.9. 2008두16070; 대판 2015.1.29. 2014두42711 등 참조). 따라서 헌법재판소는 국가인권위원회의 진정각하·진정기각 결정에 대하여 행정심판이나 행정소송의 구제절차를 거치지 아니한 이상 보충성 요건을 충족하지 못한다고 판시한다(대판 2009.4.9. 2008두16070; 대판 2015.1.29. 2014두42711 등 참조).

국가인권위원회는 법률상의 독립된 국가기관이고, 피해자인 진정인에게는 국가인권위원회법이 정하고 있는 구제조치를 신청할 법률상 신청권이 있는데 국가인권위원회가 진정(陳情)을 각하 및 기각결정을 할 경우 피해자인 진정인으로서는 자신의 인격권 등을 침해하는 인권침해 또는 차별행위 등이 시정되고 그에 따른 구제조치를 받을 권리를 박탈당하게 되므로, 진정에 대한 국가인권위원회의 각하 및 기각결정은 피해자인 진정인의 권리행사에 중대한 지장을 초래하는 것으로서 항고소송의 대상이 되는 행정처분에 해당하므로, 그에 대한 다툼은 우선 행정심판이나 행정소송 등 사전 구제절차를 거치지 아니하였으므로 보충성 요건을 충족하지 못하였다(헌재 2015.3.26. 2013헌마214등, 진정사건 각하결정 취소 등(각하)).

3. 보충성의 예외

(ⅰ) 청구인이 자신의 불이익으로 돌릴 수 없는 정당한 이유있는 착오로 전심절차를 밟지 아니한 경우 또는 전심절차로 권리가 구제될 가능성이 거의 없거나 권리구제절차가 허용되는지의 여부가 객관적으로 불확실하여 전심절차이행의 기대가능성이 없을 때에는 보충성의 원칙에 대한 예외를 인정하여 헌법소원심판이 적법하게 청구된 것으로 본다(헌재 1989.9.4. 88헌마22, 공권력에 의한 재산권침해에 대한 헌법소원(인용(위헌확인),기각)). 그 취지는 이를 통하여 청구인에게 시간과 노력과 비용의 부담을 지우지 아니하고 헌법소원심판제도의 창설취지를 살리고자 하는 데 있다.

소송에서 패소(敗訴)가 예견(豫見)된다는 점만으로는 전심절차로 권리가 구제될 가능성이 거의 없어 전심절차이행의 기대가능성이 없는 경우에 해당한다고 볼 수 없다(헌재 2010.4.29. 2003헌마283, 임원취임 승인취소 처분 등 취소(각하)).

(가) 피해자의 고소가 아닌 수사기관의 인지 등에 의하여 수사가 개시된 피의사건에서 검사의 불기소처분이 이루어진 경우, 고소하지 아니한 피해자로 하여금 별도의 고소 및 이에 수반되는 권리구제절차를 거치게 하는 방법으로는 종래의 불기소처분 자체의 취소를 구할 수 없고 당해 수사처분 자체의 위법성도 치유될 수 없다는 점에서 이를 본래 의미의 사전 권리구제절차라고 볼 수 없고, 고소하지 아니한 피해자는 검사의 불기소처분을 다툴 수 있는 통상의 권리구제수단도 경유할 수 없으므로 그 불기소처분의 취소를 구하는 헌법소원의 사전 권리구제절차라는 것은 형식적 · 실질적 측면에서 모두 존재하지 아니할 뿐만 아니라 별도의 고소 등은 그에 수반되는 비용과 권리구제가능성 등 현실적인 측면에서 볼 때에도 불필요한 우회절차를 강요함으로써 피해자에게 지나치게 가혹할 수 있으므로 고소하지 아니한 피해자는 예외적으로 불기소처분의 취소를 구하는 헌법소원심판을 곧바로 청구할 수 있다. (나) 검사의 불기소처분에 대한 검찰청법 소정의 항고(抗告) 및 재항고는 그 피의사건의 고소인 또는 고발인만이 할 수 있을 뿐 기소유예처분을 받은 피의자가 범죄혐의를 부인하면서 무고(無辜)함을 주장하는 경우에는 검찰청법이나 다른 법률에 이에 대한 권리구제절차가 마련되어 있지 아니하므로, 기소유예처분을 받은 피의자가 검사의 기소유예처분의 취소를 구하는 헌법소원심판을 청구하는 경우에는 보충성원칙의 예외에 해당한다(헌재 2010.6.24. 2008헌마716, 기소유예처분취소 등(인용,기각)).

(ⅱ) 구제절차가 없거나 구제절차가 있다고 하더라도 권리구제의 기대가능성이 없고 다만 기본권침해를 당한 청구인에게 불필요한 우회절차를 강요하게 되는 경우 등으로서 당해 법률에 대한 전제 관련성이 확실하다고 인정되는 때에는 당해 법률을 헌법소원의 직접 대상으로 삼을 수 있다(헌재 1992.4.14. 90헌마82, 국가보안법 제19조에 대한 헌법소원(위헌)). 이에 따라 헌법

재판소는 법률·행정입법·조례 등 법령 자체에 대한 헌법소원에 대하여 보충성 원칙을 적용하지 아니한다.

"법령 자체에 의한 직접적인 기본권 침해 여부가 문제되었을 경우 그 법령의 효력을 직접 다투는 것을 소송물로 하여 일반 법원에 구제를 구할 수 있는 절차는 존재하지 아니하므로(일반법원에 명령·규칙을 직접 대상으로 하여 행정소송을 제기한 경우에 이것이 허용되어 구제된 예를 발견할 수 없다) 이 경우에는 다른 구제절차를 거칠 것 없이 바로 헌법소원심판을 청구할 수 있는 것이다"(헌재 1990.10.15. 89헌마178, 법무사법시행규칙에 대한 헌법소원(위헌)).

"이 사건 조항은 학교교과교습학원 및 교습소의 교습시간을 제한하고 있을 뿐이므로 비록 그로 인하여 학원 운영자 등이 교습시간을 제한받는다고 하여도 위 조항을 그 상대방과 적용사건이 특정되는 처분적 조례로서 항고소송의 대상이 된다고 볼 수 있을지는 의문이다. 그렇다면 이 사건 조항에 대한 소송을 일반 법원에 제기하더라도 이 사건 조항이 항고소송의 대상이 되는 행정처분에 해당하는지 여부가 객관적으로 불확실하고 이 사건 조항에 대하여 법원에서 항고소송의 대상으로 인정받은 적도 없는바, 청구인들에게 항고소송에 의한 권리구제절차를 거치도록 요구하거나 기대할 수 없으므로 보충성의 예외를 인정하여 헌법소원을 허용함이 상당하다"(헌재 2009.10.29. 2008헌마454, 부산광역시 학원의 설립·운영 및 과외교습에 관한 조례 제9조 위헌확인(기각)).

법률상 구제절차가 없는 경우에 해당하거나 사전에 구제절차를 거칠 것을 기대하기가 곤란한 경우에는 보충성의 요건을 충족한 것이다. 대통령 선거방송토론위원회의 결정이 행정쟁송의 대상인 처분인 여부는 객관적으로 불확실하며, 처분에 해당한다고 하더라도 짧은 법정선거운동기간에 행정쟁송절차가 완료되어 구제될 가능성은 기대하기 어려우므로, 토론위원회의 결정을 다툼에 있어 행정쟁송을 거칠 것을 요구하는 것은 적절치 않다(헌재 1998.8.27. 97헌마372등, 방송토론회진행사항결정행위 등 취소(기각)).

취소·변경 청구의 대상이 되어야 할 접견방해행위는 계속 중인 것이 아니라, 이미 종료된 사실행위여서 취소·변경할 여지가 없기 때문에 법원으로서는 재판할 이익이 없다고 하여 청구를 각하할 수밖에 없을 것이므로 형사소송법 제417조 소정의 불복방법은 이 사건과 같은 수사기관에 의한 접견방해에 대한 구제방법이 될 수 없고 헌법소원의 심판청구이외에 달리 효과있는 구제방법을 발견할 수 없다(헌재 1992.1.28. 91헌마111, 변호인의 조력을 받을 권리에 대한 헌법소원(인용(위헌확인),위헌)).

미결수용자에 대한 서신검열과 서신의 지연발송 및 지연교부행위를 대상으로 한 심판청구 부분은 적법하다(헌재 1995.7.21. 92헌마144, 서신검열 등 위헌확인(인용(위헌확인),한정위헌,기각,각하)).

"교도소내의 수용자 처우는 이른바 권력적 사실행위로서 행정소송의 대상이 된다고 단정하기 어렵고, 가사 행정소송의 대상이 된다고 하더라도 해당 처우가 이미 종료되었으므로 권리보호이익의 소멸로 각하될 가능성이 많은바, 청구인에게 그에 의한 권리구제절차를 밟을 것을 기대하기는 곤란하므로 보충성원칙의 예외로서 헌법소원의 제기가 가능하다"(헌재 2011.4.28. 2009헌마305, 특별관리대상자 관리지침 위헌확인(각하)).

검사의 접견불허행위에 대하여 준항고를 제기하지 않고 헌법소원심판을 청구한 경우: "사건 당일 종료된 검사의 접견불허행위에 대하여 청구인이 형사소송법 제417조에 따라 그 취소를 구하는 준항고를 제기할 경우 법원이 법률상 이익이 결여되었다고 볼 것인지 아니면 실체 판단에 나아갈 것인지가 객관적으로 불확실하여 청구인으로 하여금 전심절차를 이행할 것을 기대하기 어려우므로, 청구인의 위 접견불허행위에 대한 심판청구에 대해서는 보충성원칙의 예외가 인정된다"(헌재 2019.2.28. 2015헌마1204, 변호인 접견불허 위헌확인 등(인용(위헌확인),각하)).

(iii) 헌법재판소는 공무원이 자신에 대하여 발하여진 직무명령(전투경찰의 진압명령)의 취소를 구하는 헌법소원(헌재 1995.12.28. 91헌마80, 전투경찰대 설치법 등에 대한 헌법소원(기각,각하)), 타인의 고소·고발에 따른 불기소처분에 대한 헌법소원(헌재 1992.1.28. 90헌마227, 불기소처분에 대한 헌법소원(각하)), 권력적 사실행위에 대한 헌법소원(헌재 2007.11.29. 2004헌마290, 경고 및 관계자 경고 처분취소(취소,각하)), 감사원장의 국민감사청구기각결정에 대한 헌법소원(헌재 2006.2.23. 2004헌마414, 국민감사청구기각결정취소(기각)) 등에 대하여 보충성의 원칙의 예외를 인정한다.

후방착석(後方着席)요구행위에 대하여 형사소송법 제417조의 준항고로 다툴 수 있는지 여부가 불명확하므로, 보충성 원칙의 예외가 인정된다(헌재 2017.11.30. 2016헌마503, 변호인 참여신청서 요구행위 등 위헌확인(인용(위헌확인),각하)).

"감사원장의 국민감사청구기각결정의 처분성 인정 여부에 대하여 대법원판례는 물론 하급심판례도 아직 없으며 부패방지법상 구체적인 구제절차가 마련되어 있는 것도 아니므로, 청구인들이 행정소송을 거치지 않았다고 하여 보충성 요건에 어긋난다고 볼 수는 없다"(헌재 2006.2.23. 2004헌마414, 국민감사청구기각결정취소(기각)).

한편 헌법재판소는 행정심판법과 행정소송법의 부작위는 행정쟁송의 요건으로 당사자의 신청이 필요함에도 불구하고 신청을 전제로 하지 아니하는 행정부작위를 대상으로 제기한 헌법소원(헌재 1995.7.21. 94헌마136, 고발권불행사 위헌확인(기각))에 대해서도 보충성의 원칙의 예외를 인정한다.

"공정거래법은 고발에 대한 이해관계인의 신청권을 인정할 수 있는 규정을 두고 있지 아니할 뿐만 아니라, 법해석상으로도 공정거래위원회의 고발권행사가 청구인의 신청이나 동의 등의 협력을 요건으로 하는 것이라고 보아야 할 아무런 근거도 없다. 그렇다면 이 사건 심판대상 행정부작위는 더 나아가 살필 여지도 없이 행정심판 내지 행정소송의 대상이 되는 "부작위"로서의 요건을 갖추지 못하였다고 할 것이므로 이러한 경우에도 청구인에게 위와 같은 행정쟁송절차의 사전 경유를 요구한다면 이는 무용한 절차를 강요하는 것으로 되어 부당하다…. 따라서 청구인이 이 사건 심판대상 행정부작위에 대하여 위와 같은 행정쟁송절차의 경유 없이 곧바로 헌법소원심판청구를 한 것은 보충성의 예외로서 적법하다고 보아야 할 것이다"(헌재 1995.7.21. 94헌마136, 고발권불행사 위헌확인(기각)).

(iv) 반면에 헌법재판소는 대법원의 확립된 판례에 비추어 패소가 예견된다는 점만으로는 전심절차로 권리가 구제될 가능성이 거의 없어 전심절차이행의 기대가능성이 없는 경우에 해당한다고 볼 수 없다(헌재 1998.10.29. 97헌마285, 부가가치세부과처분 등 위헌확인(각하))라고 판시한 바 있고, 예비판사임용거부처분에 대하여도 검사임용거부처분과 마찬가지로 항고소송의 대상이 되는 행정처분에 해당된다는 이유로 각하결정을 내렸다(헌재 2001.12.20. 2001헌마245, 예

비판사임용거부처분취소(각하); 헌재 2002.8.29. 2002헌마26, 춘천교육대학교특별전형편입대상자공개경쟁선발시험불합격처분취소(각하)). 하지만, 헌법소원은 예외적이고 최종적인 구제수단이므로, 이 경우도 보충성의 예외가 인정되어야 한다(헌재 2002.10.31. 2002헌마213, 명예회복신청기각결정취소(각하)).

(v) 이와 관련하여 판례상 행정소송의 대상이 되는지 여부가 불분명한 권력적 사실행위에 대하여 학자들의 견해를 수용하여 판례를 변경할 경우 헌법재판소도 보충성원칙을 수용할 수밖에 없다. 이에 권리구제와 소송경제를 위하여 헌법재판소의 보충성원칙에 대한 명확한 기준이 제시되어야 한다. 검사의 불기소처분이라는 특수한 사안이긴 하지만, 헌법재판소는 "헌법재판 계속 중에 대검찰청의 재항고기각결정이 있으면 동 심판청구는 전치요건흠결의 하자가 치유되어 적법하다"라고 판시한다(헌재 1991.4.1. 90헌마194, 불기소처분에 대한 헌법소원(기각,각하)). 하지만 보충성요건 흠결(欠缺)의 치유이론(治癒理論)을 일반적으로 적용할 수는 없다(김철용 · 김문현 · 정재황, 헌법재판절차의 개선을 위한 입법론적 연구, 헌법재판연구 4, 1993).

헌법재판소는 "종전의 대법원판례를 신뢰하여 헌법소원의 방법으로 권리구제를 구하던 중 대법원판례가 변경되고 변경된 대법원판례에 따를 경우 제소기간의 도과로 법원에 의한 권리구제를 받을 수 없게 되는 예외적인 경우라면 그 이전에 미리 제기된 권리구제의 요청, 즉 청구인의 헌법소원심판청구는 헌법상 보장된 실질적인 재판청구권의 형해화를 막기 위하여 허용되어야" 하고 이러한 해석이 기본권침해에 대한 마지막 구제수단으로서 허용된다는 보충성의 원칙에 어긋나지 아니하므로 보충성요건의 흠결이 있다고 할 수 없다고 판시한다.

> "지목변경신청반려행위(地目變更申請返戾行爲)가 항고소송의 대상이 되는 처분행위에 해당한다는 변경된 대법원판례에 따르면 지목변경신청반려행위에 대하여 행정소송을 거치지 않고 제기된 헌법소원심판청구는 보충성의 요건을 흠결하여 각하되어야 한다. 그러나 지목변경신청반려행위의 처분성을 부인하던 종래의 대법원판례가 변경되기 전에 제기된 지목변경신청반려행위에 대한 헌법소원심판청구의 경우에는 변경된 대법원판례에 따라 보충성의 요건을 판례변경 전까지 소급하여 엄격하게 적용하면 헌법재판소로서는 청구인의 청구를 각하해야 될 뿐만 아니라 청구인이 별도로 제기할 지목변경신청반려행위의 취소를 구하는 행정소송에서도 그 청구는 제소기간의 도과로 각하될 것이 분명하므로 청구인으로서는 지목변경신청반려행위에 대하여 더 이상 다툴 수 없게" 되므로 권리를 구제받을 길이 없게 된다(헌재 2004.6.24. 2003헌마723, 지목변경신청반려처분취소(기각))(헌재 2005.9.13. 2005헌마829, 지목정정신청반려처분취소(각하)).

Ⅵ. 청구기간의 준수

헌법재판소법이 헌법소원심판에서 청구기간을 규정하여 이 기간 내에서만 헌법소원심판을 청구할 수 있도록 제한하고 있는 근본적인 이유는 법적 안정성이라는 법치국가적 요청 때문이다. 위헌적인 공권력의 작용을 기간제한 없이 무한정 다툴 수 있도록 한다면 공권력작용으로 인하여 형성된 법률관계에 심각한 불안정을 가져오게 되고 이는 법적 안정성의 훼손이라는 법치국가에서 용인할 수 없는 결과를 초래하기 때문이다. 따라서 권리구제형 헌법소원에 있어서 청구기간은 문제된 공권력 작용을 더 이상 다툴 수 없도록 하여 권리관계를 조속히 확정하기 위한 소송법적 장치라 할 수 있다.

1. 청구기간

(1) 법정기간

헌법재판소법에 의하면 "제68조 제1항에 따른 헌법소원의 심판은 그 사유가 있음을 안 날부터 90일 이내에, 그 사유가 있는 날부터 1년 이내에 청구하여야 한다. 다만, 다른 법률에 의한 구제절차를 거친 헌법소원의 심판은 그 최종결정을 통지받은 날로부터 30일 이내에 청구하여야 한다"(헌재법 제69조 제1항).

헌법소원심판청구의 청구기간을 제한하는 헌법재판소법 제69조 제1항은 재판청구권을 침해하지 아니한다(헌재 2007.10.25. 2006헌마904, 헌법재판소법 제69조 제1항 위헌확인(기각)).

(2) 청구기간의 기준

권리구제형 헌법소원의 심판은 원칙적으로 그 사유가 있음을 안 날부터 90일 이내에, 그 사유가 있는 날부터 1년 이내에 청구하여야 한다(헌재법 제69조 제1항 본문). 여기에서 '사유가 있음을 안 날'이란 공권력의 행사에 의하여 기본권 침해의 사실관계를 안 날을 의미하고 '사유가 있는 날'이란 공권력의 행사에 의하여 기본권에 대한 침해가 현실적으로 발생한 날을 뜻한다.

사인소추(私人訴追)를 금지하는 형사소송법 제246조의 규정에 의한 기본권침해를 안 날은 '고소한 때'로 보아야 한다(반대의견: 검사의 불기소처분 또는 이에 따른, 항고·재항고절차의 종료를 안 때를 기산점)(헌재 2001.1.18. 2000헌마66, 주차장법 제19조 등 위헌확인(각하))(헌재 2005.3.31. 2004헌마436, 형사소송법 제246조 등 위헌확인(각하)).

기본권 침해가 있음을 안 날로부터 90일, 그 사유가 있은 날로부터 1년이 지나지 않아야 청구기간을 준수한 것이 되며, 만일 두 기간 중에 어느 하나라도 경과하면 부적법한 청구가 된다.

(3) 청구기간의 계산

청구기간은 민사소송에 관한 법령을 준용하여 민법상 기간에 관한 조항에 따라 계산한다(헌재법 제40조 제1항; 민사소송법 제170조). 헌법재판소법상 청구기간은 일(日) 또는 년(年)으로 정하여져 있으므로 기간의 초일(初日)은 산입하지 아니하는 것이 원칙이나, 가령 법령의 시행일과 같이 그 기간이 오전 영시로부터 시작하는 때에는 그러하지 아니하다(민법 제157조). 청구기간의 90일 또는 1년은 그 기간말일의 종료로 기간이 만료하며(민법 제159조),[1] 1년의 청구기간은 역(曆)에 의하여 계산한다(민법 제160조). 기간의 말일이 토요일 또는 공휴일에 해당하는 때에는 청구기간은 그 다음날(翌日)로 만료한다(민법 제161조).

2. 법령소원의 기산점

(1) 기산점의 유형

헌법재판소는 법령에 대한 헌법소원의 청구기간을 다음의 두 가지 유형에 따라 기산일을 산정하고 있다.

첫째, 법령의 시행과 동시에 기본권 침해를 받은 경우에는 헌법소원청구인이 그 법령이 시행된 사실을 안 날로부터 90일 이내에, 법령이 시행된 날로부터 1년 이내에 헌법소원심판을 청구하여야 한다.

둘째, 법령의 시행 이후에 그 법령에 해당하는 사유가 발생하여 비로소 기본권 침해를 받은 경우에는 청구인이 법령에 해당하는 사유가 발생하였음을 안 날로부터 90일, 그 사유가 발생한 날로부터 1년 이내에 헌법소원심판을 청구하여야 한다(헌재 2004.4.29. 2003헌마484, 건축법 제21조 제1항 위헌확인(각하) 등).

법령에 대한 헌법소원심판에 있어 청구기간 산정의 기산점이 되는 "법령에 해당하는 사유가 발생한 날"이란 "법령의 규율을 구체적이고 현실적으로 적용받게 된 최초의 날"을 의미한다고 보아야 한다. 즉 일단 법령에 해당하는 사유가 발생하면 그때로부터 당해 법령에 대한 헌법소원의 청구기간의 진행이 개시되며 그 이후에 새로이 법령에 해당하는 사유가 발생한다고 하여 일단 개시된 청구기간의 진행이 정지되고 새로운 청구기간의 진행이 개시된다고 볼 수는 없다(헌재 2001.6.28. 2000헌마111, 공직선거및선거부정방지법 제15조제1항 위헌확인(기각)).

> "헌법소원심판청구에 대한 청구취지변경이 이루어진 경우 청구기간의 준수 여부는 법 제40조 제1항 및 민사소송법 제265조에 의하여 추가 또는 변경된 청구서가 제출된 시점을 기준으로 판단하여야 한다. 청구취지 등 정정서를 낸 경우도 마찬가지이다."

법령 자체에 대한 헌법소원도 마찬가지이다. 다만, 법령에 대한 헌법소원심판

---

1) 민법 제159조(기간의 만료점): "기간을 일, 주, 월 또는 연으로 정한 때에는 기간말일의 종료로 기간이 만료한다."

청구기간을 도과한 후에, 그 법령에 의한 법률효과에 대하여 법원에 재판을 청구할 수 있는 경우 위헌법률심판청구를 할 수는 있다.

"이 사건 법률조항에 의해 당연퇴직한 제청신청인이 헌법소원심판 청구기간을 도과한 채 공무원지위확인을 구하는 당사자소송을 제기하여 소송계속중 당해 법원이 이 사건 법률조항에 대하여 위헌법률심판을 제청한 경우, 제청법원은 당해 사건 본안을 판단함에 있어서 이 사건 법률조항의 위헌 여부에 따라 당해 사건의 재판의 결론이나, 주문, 이유 등을 달리하게 될 것이 명백하므로 재판의 전제성을 인정할 수 있다. 다만, 이미 오래 전에 이 사건 법률조항과 유사한 공무원인사 관련 법률조항에 의하여 당연퇴직된 당사자들이 이 사건과 같이 당사자소송을 통하여 위헌법률심판제청을 다수 하는 경우 법적 안정성이 문제될 수 있는데, 이는 재판의 전제성이 없다는 이유로 위헌법률심판제청 자체를 각하할 것이 아니라 위헌결정의 소급효를 적절히 제한함으로써 해결하여야 한다"(헌재 2004.9.23. 2004헌가12, 구 경찰공무원법 제21조 위헌심판(위헌)).

"청구기간이 헌법소원청구인에게 유리하게 개정되었고, 그러한 사건들에 대해서도 신법상 청구기간을 적용한다고 해서 헌법소원청구인들 간에 심한 형평성문제가 있다거나 법적 안정성이 침해되는 것이라 볼 만한 사정도 없으므로, 그러한 사건들에 대해서도 헌법소원청구인에게 유리한 신법상 청구기간규정이 적용된다고 봄이 상당하다"(헌재 2003.7.24. 2003헌마97, 헌법재판소법 제69조 제1항 위헌확인(각하)).

"헌법재판소의 결정례는, 법령에 대한 헌법소원의 청구기간은 법령이 시행된 후에 비로소 그 법령에 해당하는 사유가 발생한 경우에는 언제나 법령시행일이 아닌 해당 사유 발생일로부터 기산하여야 한다는 것이 아니라, 법령시행일을 청구기간 기산일로 하는 것이 기본권구제의 측면에서 부당하게 청구기간을 단축하는 결과가 되는 경우 등에는, 법령시행일이 아닌 법령이 적용될 해당 사유가 발생하여 기본권침해가 비로소 현실화된 날부터 기산함이 상당하다는 취지이다"(헌재 2002.1.31. 2000헌마274, 교원공무원법 제47조 위헌확인(각하): "청구인은 이 사건 조항의 시행으로 인하여 그 즉시 정년이 62세로 단축된 중등교원의 지위를 갖게 된 것이지, 이후 62세에 달하여 실제 정년퇴직에 이르러서야 비로소 기본권의 제한을 받게 되었다고 할 것은 아니므로, 청구기간의 기산점은 이 사건 조항의 공포일(시행일)로 보는 것이 타당하다").

(2) 특수한 사례

(가) 교원의 정년단축 사례의 경우

헌법재판소는 초·중등교육공무원 정년을 65세에서 62세로 단축한 교육공무원법 제47조에 대한 헌법소원에서 해당 법률조항의 시행일을 기준으로 청구기간을 기산하여야 한다고 판시한 바 있다.

청구인은 이 사건 법률조항의 시행으로 인하여 그 즉시 정년이 62세로 단축된 중등교원의 지위를 갖게 된 것이지, 이후 62세에 달하여 실제 정년퇴직에 이르러서야 비로소 기본권의 제한을 받게 되었다고 할 것은 아니므로, 청구기간의 기산점은 이 사건 법률조항의 공포일(시행일)로 보는 것이 타당하다(헌재 2002.1.31. 2000헌마274, 교육공무원법 제47조 위헌확인(각하)).

(나) 유예기간을 두고 있는 법령의 경우

헌법재판소는 그동안 법령의 시행일 이후 법령에 규정된 일정한 기간이 경과한 후에 비로소 법령의 적용을 받는 청구인들에 대한 헌법재판소법 제68조 제1항의 규정에 의한 법령에 대한 헌법소원심판 청구기간의 기산점을 법령의 시행일이라고 판시하여왔다(헌재 2011.5.26. 2009헌마285, 건설기계관리법 시행령 제2조[별표1] 제27호 위헌확인(각하,기각); 헌재 2013.11.28. 2011헌마372, 연근해어업의 표준어구와 어법에 관한 해석 지침 등 위헌확인(각하); 헌재 2014.5.29. 2013헌마100, 노인복지법 시행규칙 부칙 제3조 등 위헌확인(각하)). 하지만, 헌재 2020.4.23. 2017헌마479 결정에서 유예기간을 두고 있는 법령에 대한 헌법소원심판의 청구기간 기산점을 그 법령의 시행일이 아니라 유예기간 경과일이라고 종전의 판례를 변경하였다.

> "유예기간을 경과하기 전까지 청구인들은 이 사건 보호자동승조항에 의한 보호자동승의무를 부담하지 않는다. 이 사건 보호자동승조항이 구체적이고 현실적으로 청구인들에게 적용된 것은 유예기간을 경과한 때부터라 할 것이므로, 이때부터 청구기간을 기산함이 상당하다. 종래 이와 견해를 달리하여, 법령의 시행일 이후 일정한 유예기간을 둔 경우 이에 대한 헌법소원심판 청구기간의 기산점을 법령의 시행일이라고 판시한 우리 재판소 결정들은, 이 결정의 취지와 저촉되는 범위 안에서 변경한다"(헌재 2020.4.23. 2017헌마479, 여객자동차 운수사업법 제83조 제1항 제2호 등 위헌확인(기각,각하)).

3. 다른 법률에 의한 구제절차를 거친 경우

헌법재판소법 제69조 제1항 단서에 의하면, 다른 법률에 따른 구제절차를 거친 헌법소원의 심판은 그 최종결정을 통지받은 날부터 30일 이내에 청구하여야 한다. 헌법재판소는 30일의 청구기간의 기준일을 청구인이 주장하는 구제절차의 최종결정일로 본다(헌재 1992.6.26. 89헌마161, 증여세 등 부과처분에 대한 헌법소원(각하)).

4. 청구기간의 도과가 문제되지 아니하는 경우

청구기간을 준수하였는지 여부는 이미 기본권침해가 발생한 경우에 비로소 문제될 수 있다. 따라서 아직 기본권의 침해는 없으나 장래 확실히 기본권침해가 예측되므로 미리 앞당겨 현재성을 인정하는 경우에는 청구기간 도과의 문제는 발생할 여지가 없다(헌재 1999.12.23. 98헌마363, 제대군인지원에관한법률 제8조 제1항 등 위헌확인(위헌)).

한편 진정입법부작위의 경우처럼 공권력의 불행사가 계속되는 경우에는 기본권침해가 계속되고 있으므로 청구기간의 제약이 없다(헌재 1994.12.29. 89헌마2, 조선철도(주) 주식의 보상금청구에 관한 헌법소원(인용(위헌확인))). 다만, 부진정입법부작위는 불완전한 입법규정을 대상으로 하여야 하므로 헌법재판소법 제69조 제1항의 청구기간의 적용을 받는다(헌재 1996.10.31. 94헌마204, 입법부작위 위헌확인(각하)).

5. 국선대리인 선임신청을 한 경우

헌법소원심판을 청구하려는 자가 변호사를 대리인으로 선임할 자력(資力)이 없는 경우에는 헌법재판소에 국선대리인을 선임하여 줄 것을 신청할 수 있는데 이 경우 헌법소원심판의 청구기간은 국선대리인의 선임신청이 있는 날을 기준으로 정한다(헌재법 제70조 제1항). 이는 국선대리인 선임신청이 있는 날에 헌법소원심판의 청구가 이루어진 것으로 간주하겠는 취지이며, 국선대리인선임신청일은 청구기간의 기산일로 삼는다는 것이 아님에 주의할 필요가 있다. 따라서 청구인이 헌법소원심판의 청구기간 내에 국선대리인 선임신청을 하였다면 청구기간을 도과하여 헌법소원심판청구서를 제출하더라도 청구기간은 준수한 것이 된다.

헌법재판소가 국선대리인을 선정하지 아니한다는 결정을 한 때에는 지체 없이 그 사실을 신청인에게 통지하여야 하는데 이 경우 신청인이 선임신청을 한 날부터 그 통지를 받은 날까지의 기간은 제69조의 청구기간에 산입하지 아니한다(헌재법 제70조 제4항).

한편 헌법재판소에 의하여 선임된 국선대리인은 선정된 날부터 60일 이내에 헌법소원심판청구서를 헌법재판소에 제출하여야 하는데(헌재법 제70조 제3항), 이는 훈시규정으로 이해된다.

6. 청구기간의 도과에 정당한 사유가 있는 경우

헌법재판소법 제68조 제1항의 헌법소원에는 헌법재판소법 제40조 제1항과 행정소송법 제20조 제2항 단서에 따라 정당한 사유가 있는 경우에는 청구기간을 도과하여도 적법한 청구로 본다. 여기서 '정당한 사유가 있는 경우'라 함은 여러 사정을 종합하여 지연된 헌법소원심판청구를 허용하는 것이 사회통념상 상당하다고 할 수 있는 경우를 뜻한다(헌재 1993.7.29. 89헌마31, 판례집 5-2, 87, 1111 참조).

헌법재판소는 그 출범 초기 헌법소원이 제도적으로 정착되기 전이어서 생소한 상황과 국제그룹 해체와 관련된 공권력행사의 특이성을 고려하여 청구기간의 도과에 정당한 사유가 있다고 보아 적법한 청구로 인정한 바 있다(헌재 1993.7.29. 89헌마31, 공권력행사로 인한 재산권 침해에 대한 헌법소원(인용(위헌확인))). 또한 검사가 기소유예처분을 함에 있어 피의자로부터 반성문도 징구하지 아니하고 피의자에게 그 취지도 통지하지 않은 경우, 피의자라 하더라도 불기소처분이 있음을 알지 못하는 데에 과실이나 책임이 있다고 할 수 없으므로 청구기간의 도과에 정당한 사유가 있다고 인정한 사례도 있다(헌재 2001.12.20. 2001헌마39, 기소유예처분취소(기각)).

Ⅶ. 변호사강제주의

1. 의 의

헌법소원을 제기하는 사인은 변호사를 대리인으로 선임하지 아니하면 청구할 수 없으며 심판수행을 하지 못한다. 다만, 그가 변호사의 자격이 있는 경우에는 그러하지 아니하다(헌재법 제25조 제3항)(헌재 2004.4.29. 2003헌마783, 헌법재판소법 제25조 제3항 등 위헌확인(기각); 헌재 2001.9.27. 2001헌마152, 헌법재판소법 제70조 등 위헌확인(기각)). 헌법소원심판에 변호사강제주의를 도입한 헌법재판소법 제25조 제3항에 대하여 헌법재판소는 일관되게 합헌이라는 입장을 견지하고 있다. 한편 헌법재판소는 변호사강제주의를 완화해 주는 방향으로 나아가고 있다.

> "헌법재판소법 제25조 제3항의 취지는 '재판의 본질을 이해하지 못하고 재판자료를 제대로 정리하여 제출할 능력이 없는 당사자를 보호해 주며 사법적 정의의 실현에 기여'하려는 데 있다고 할 것이고 청구인의 헌법재판청구권을 제한하려는 데 그 본래의 목적이 있는 것이 아니므로 변호사인 대리인에 의한 헌법소원심판청구가 있었다면 그 이후 심리과정에서 대리인이 사임하고 다른 대리인을 선임하지 않았더라도 청구인이 그 후 자기에게 유리한 진술을 할 기회를 스스로 포기한 것에 불과할 뿐, 헌법소원심판청구를 비롯하여 기왕의 대리인에 의하여 수행된 소송행위 자체로서 재판성숙단계에 이르렀다면 기왕의 대리인의 소송행위가 무효로 되는 것은 아니라고 할 것이다. …이 사건심판청구는 적법하며 위 대리인이 2회에 걸쳐 작성제출한 위 헌법소원심판청구이유보충서의 기재범위 내에서 본안 판단하여야 할 것이다"(헌재 1992.4.14. 91헌마156, 불기소처분에 대한 헌법소원(기각)).

2. 국선대리인제도

(1) 선임요건 및 절차

헌법소원심판을 청구하는 자가 변호사를 대리인으로 선임할 자력이 없는 경우에는 헌법재판소에 국선대리인을 선임하여 줄 것을 신청할 수 있다(헌재법 제70조 제1항). 또한 헌법소원심판을 청구하는 자가 비록 무자력 요건에 해당하지 아니하더라도 헌법재판소가 공익상 필요하다고 인정할 때에는 국선대리인을 선임할 수 있다(헌재법 제70조 제2항). 헌법소원의 공익적 소송으로서의 취지를 살리기 위하여 국선대리인의 선임요건으로서 무자력요건 외의 공익상 요건을 추가한 것이다. 이에 따라 헌법재판소는 헌법재판소규칙이 정하는 바에 따라 변호사 중에서 국선대리인을 선정한다. 헌법재판소법 제70조에 의한 국선대리인의 선임 및 보수 등에 필요한 사항을 규정함을 목적으로 「헌법재판소국선대리인의 선임 및 보수에 관한 규칙」이 제정되었다. 국선대리인 선임의 요건으로서 변호사를 대리인으로 선임할 자력이 없는 자는 ① 월평균수입이 300만원 미만인 자, ② 「국민기초생활보장법」에 의한 수급자 및 차상위계층, ③ 「국가유공자 등 예우 및 지원에 관한 법률」에 의한 국가유공자와 그 유족 또는 가족, ④ 「한부모가족지원법」에 따른 지원대상자, ⑤ 「기초연금법」에 따른 기초연금 수급자, ⑥ 「장애인연금법」에 따른 수급자, ⑦ 「북한이탈주민의 보호 및 정착지원에 관한 법률」에 따른 보호대상자, ⑧ 그 밖에 청구인이 시각 · 청각 · 언어 · 정신 등 신체적 · 정신적 장애가 있는지 여부 또는 청구인이나 그 가족의 경제능력 등 제반사정에 비추어 보아 변호사를 대리인으로 선임하는 것을 기대하기 어려운 경우이다(규칙 제4조 제1항).

국선대리인의 선임신청을 하고자 하는 자는 헌법소원사유를 명시하고 위의 요건에 해당하는 자임을 소명하는 서면을 제출하여야 한다(규칙 제4조 제2항).

다만, 헌법소원심판절차에서 국선대리인 제도가 남용되는 일이 발생하지 아니하도록 하기 위하여 헌법재판소법은 예방적 조치도 함께 마련하고 있다. 즉, 헌법재판소는 헌법소원심판청구가 명백히 부적법하거나 이유 없는 경우 또는 권리의 남용이라고 인정되는 경우에는 국선대리인을 선정하지 아니할 수 있다(제70조 제3항). 헌법재판소의 결정에 대한 헌법소원을 인정하지 아니하기 때문에 국선대리인선임신청을 기각하는 헌법재판소의 결정에 대해서는 헌법소원심판을 청구할 수 없다(헌재 1989.7.10, 89헌마144, 국선대리인선임신청기각결정에 대한 헌법소원(각하)).

(2) 국선대리인의 선정

국선대리인은 대한민국에 사무소를 둔 변호사 중에서 이를 선정한다(규칙 제2조). 국선대리인은 청구인마다 1인을 선정한다. 다만, 사건의 특수성에 비추어 필요하다고 인정할 때에는 1인의 청구인에게 수인의 국선대리인을 선정할 수 있다(규칙 제3조 제1항). 한편, 청구인 수인 간에 이해가 상반되지 아니한 때에는 그 수인의 청구인을 위하여 동일한 국선대리인을 선정할 수 있다(규칙 제3조 제2항).

헌법재판소가 국선대리인의 선정에 관한 결정을 한 때에는 지체 없이 그 사실을 당해 국선대리인과 신청인에게 서면으로 통지하여야 한다(규칙 제5조).

(3) 국선대리인 선정의 취소

헌법재판소는 국선대리인 선정을 취소할 수 있는데 여기에는 필요적 취소와 임의적 취소가 있다. 국선대리인 선정을 반드시 취소하여야 하는 필요적 취소사유로는 ① 청구인에게 변호사가 선임된 때, ② 국선대리인이 변호사법에 규정한 자격을 상실한 때, ③ 헌법재판소가 국선대리인의 사임을 허가한 때가 있다(규칙 제6조 제1항). 헌법재판소는 국선대리인이 그 직무를 성실히 수행하지 아니하거나 기타 상당한 이유가 있는 때에는 선정을 취소할 수 있다(규칙 제6조 제2항).

헌법재판소가 청구인에게 변호사가 선임된 경우 이외의 사유로 국선대리인의 선정을 취소한 때에는 지체 없이 다른 국선대리인을 선정하여야 하며(규칙 제6조 제3항), 헌법재판소가 국선대리인의 선정을 취소하거나 개임한 때에는 지체 없이 그 뜻을 당해 국선대리인과 청구인에게 서면으로 통지하여야 한다(규칙 제6조 제4항).

> 청구인은 국선대리인의 무성의를 지적하면서 새로운 국선대리인을 선임해 달라고 요청하고 있으나 국선대리인이 제출한 헌법소원심판청구서에 기재된 청구는 모두 청구인에게 불리한 것으로 보이지 아니하며, 국선대리인 선임 전후에 제출된 청구인의 다른 내용의 청구 및 주장들은 대부분이 이미 당재판소에서 판단된 청구인 제소의 헌법소원심판청구들과 중복된 내용인 것이거나 헌법소원청구기간이 오래 전에 도래된 것들이므로, 국선대리인이 이들을 새로운 추가 심판대상으로 청구하거나 추인하지 아니하였다 하여 그 직무를 성실히 수행하지 아니하였다고는 보여지지 아니하고 따라서 국선대리인 선정을 취소하고 새로운 국선대리인을 선정할 만한 사유가 있었다고는 볼 수 없다(헌재 1995.2.23. 94헌마105, 청원불수리 위헌확인(각하)).

(4) 국선대리인의 사임

국선대리인은 헌법재판소의 허가를 얻어 사임할 수 있는데 사임사유로는 ① 질병 또는 장기여행으로 인하여 국선대리인의 직무를 수행하기 어려울 때, ② 청구인 기타 관계인으로부터 부당한 대우를 받아 신뢰관계를 지속할 수 없을 때, ③ 청구인 기타 관계인으로부터 부정한 행위를 할 것을 종용받았을 때, ④ 기타 국선대리인으로서의 직무를 수행할 수 없다고 인정할 만한 상당한 사유가 있을 때 등이 있다(규칙 제7조).

(5) 국선대리인의 임무

헌법재판소법 제70조 제3항에 따라 선정된 국선대리인은 선정된 날부터 60일 이내에 법 제71조에 규정된 사항을 적은 심판청구서를 헌법재판소에 제출하여야 한다(헌재법 제70조 제5항). 국선대리인이 심판청구서 제출을 지연함으로써 헌법재판소가 심리진행을 신속하게 하지 못하는 것을 방지하려는 목적에서 헌법재판소법이 신설한 조항이다.

(6) 국선대리인의 보수

국선대리인의 보수는 매년 예산의 범위 내에서 재판관회의에서 정한다. 이러한 국선대리인의 보수는 사안의 난이, 국선대리인이 수행한 직무의 내용, 청구인의 수, 변론의 횟수, 기록의 등사나 청구인 면담 등에 지출한 비용 기타 사항을 참작하여 예산의 범위 안에서 재판장이 증액할 수 있다(규칙 제9조).

〈국선대리인 선임신청서〉

사　　건 :
신 청 인 (성 명)
　　　　　(주 소)
　　　　　(전 화)

신청인은 변호사를 대리인으로 선임할 자력이 없으므로 아래와 같이 국선대리인의 선임을 신청합니다.

1. 무자력 내역(해당란에 V표 하십시오)
   - ☐ 월 평균수입이 300만원 미만인 자
   - ☐ 국민기초생활보장법에 따른 수급자 및 차상위계층
   - ☐ 국가유공자 등 예우 및 지원에 관한 법률에 의한 국가유공자와 그 유족 또는 가족
   - ☐ 한부모가족지원법에 따른 지원대상자
   - ☐ 기초연금법에 따른 기초연금 수급자
   - ☐ 장애인연금법에 따른 수급자
   - ☐ 북한이탈주민의 보호 및 정착지원에 관한 법률에 따른 보호대상자
   - ☐ 위 각호에는 해당하지 아니하나, 청구인의 시각・청각・언어・정신 등 신체적・정신적 장애 여부 또는 청구인이나 그 가족의 경제능력 등 제반사정에 비추어 보아 변호사를 대리인으로 선임하는 것을 기대하기 어려운 경우
2. 소명자료(해당란에 V표 하고 소명자료를 신청서에 첨부하십시오. 해당란이 없는 경우에는 '기타'에 V표 하신 뒤 소명자료의 명칭을 기재하고 소명자료를 신청서에 첨부하십시오)
   - ☐ 월 평균수입 300만원 미만 : 국세청 소득금액증명서(소득이 없는 경우 사실증명서), 근로소득원천징수영수증, 봉급액확인서 등
   - ☐ 국민기초생활보장법에 따른 수급자 및 차상위계층 : 수급자 증명서, 차상위계층 확인서 등
   - ☐ 국가유공자 등 예우 및 지원에 관한 법률에 의한 국가유공자 등 : 국가유공자와 그 유족 또는 가족증명서
   - ☐ 한부모가족지원법에 따른 지원대상자 : 한부모가족증명서 등
   - ☐ 기초연금법에 따른 기초연금 수급자 : 기초연금 수급자 확인서 등
   - ☐ 장애인연금법에 따른 수급자 : 장애인연금 수급자 확인서 등
   - ☐ 북한이탈주민의 보호 및 정착지원에 관한 법률에 따른 보호대상자 : 북한이탈주민등록확인서 등
   - ☐ 기타(장애인증명서, 지방세 세목별 과세증명서 등)
3. 국선대리인 선정 희망지역(해당란에 V표를 하십시오)

   ☐ 서울　☐ 부산　☐ 대구　☐ 인천　☐ 광주　☐ 대전　☐ 울산
   ☐ 의정부　☐ 수원　☐ 강원　☐ 충북　☐ 전북　☐ 경남　☐ 제주

   ※ 다만, 신청인의 희망에도 불구하고 신청인과 대리인의 상담 편의나 신청인의 소재지 등 제반 상황을 고려하여 다른 지역이 선정될 수도 있습니다.
4. 헌법소원심판 청구사유(헌법재판소법 제71조에 규정된 침해된 권리, 침해의 원인이 되는 공권력의 행사 또는 불행사, 청구이유 및 그 밖에 필요한 사항을 간단 명료하게 별지에 기재하여 신청서에 첨부하십시오. 기소유예처분·불기소처분의 경우 처분일자, 해당 검찰청 및 사건번호를 기재하십시오. 다만, 이 사건과 관련하여 이미 헌법소원심판청구를 한 경우에는 첨부하지 아니하여도 무방합니다)

20　　.　　.　　.

신 청 인　　(인)

헌법재판소 귀중

〈국선대리인선임 결정문 예시〉

헌 법 재 판 소

제○지정재판부

결 정

사 건 2007헌사000 국선대리인선임신청

신 청 인 ○ ○ ○

서울 성북구 ○○로 ○○, ○○○호(○○동)

결 정 일 0000. 00. 00

주 문

변호사 ○○○을(를) 신청인의 국선대리인으로 선정한다.

이 유

이 사건 신청은 헌법재판소법 제70조 제○항에서 정한 국선대리인 선임요건에 해당되므로 주문과 같이 결정한다.

재 판 장 재 판 관 ○ ○ ○ ______________________

재 판 관 ○ ○ ○ ______________________

재 판 관 ○ ○ ○ ______________________

〈국선대리인 재선정 결정문 예시〉

헌 법 재 판 소

제○지정재판부

결 정

사 건	2007헌사000	국선대리인선임신청
신 청 인	○ ○ ○	
	서울 성북구 ○○로 ○○, ○○○호(○○동)	
결 정 일	0000. 00. 00	

주 문

위 사건에 관하여 변호사 ○○○을(를) 국선대리인으로 선정한 20 . . .자 결정을 취소하고 변호사 ○○○을(를) 신청인의 국선대리인으로 선정한다.

재 판 장 재 판 관 ○ ○ ○ ______________________

재 판 관 ○ ○ ○ ______________________

재 판 관 ○ ○ ○ ______________________

Ⅷ. 종국결정

1. 종국결정의 유형

헌법소원심판의 종국결정 유형은 위헌심사형 헌법소원과 권리구제형 헌법소원에 따라 달라진다. 위헌심사형 헌법소원에 대한 결정유형은 위헌법률심판의 결정유형과 같다. 헌법재판소는 위헌심사형 헌법소원의 결정형식에 있어서도 위헌법률심판의 경우와 마찬가지로 변형결정을 내리고 있다. 이하에서는 권리구제형 헌법소원의 결정유형만을 살펴보고자 한다.

(1) 심판절차종료선언결정

청구인이 사망(헌재 1992.11.12. 90헌마33, 불기소처분에 대한 헌법소원(기타); 헌재 1994.12.29. 90헌바13, 형법 제338조 등에 대한 헌법소원(기타))하였으나 수계할 당사자가 없는 경우 민사소송법 제233조에 의하여 심판절차를 종료하거나, 청구인이 헌법소원청구를 취하(헌재 1995.12.15. 95헌마221등, 불기소처분취소(5·18관련)(취하))하는 경우에 절차를 종료하는 결정을 내린다.

[다수의견] "헌법재판소법이나 행정소송법이나 헌법소원심판청구의 취하와 이에 대한 피청구인의 동의나 그 효력에 관하여 특별한 규정이 없으므로, 소의 취하에 관한 민사소송법 제239조는 검사가 한 불기소처분의 취소를 구하는 헌법소원심판절차에 준용된다고 보아야 한다. 따라서 청구인들이 헌법소원심판청구를 취하하면 헌법소원심판절차는 종료되며, 헌법재판소로서는 헌법소원심판청구가 적법한 것인지 여부와 이유가 있는 것인지 여부에 대하여 판단할 수 없게 된다."

[반대의견(3인)] "헌법소원심판청구 중 주관적 권리구제에 관한 점 이외에, 헌법질서의 수호·유지를 위하여 긴요한 사항으로서 그 해명이 헌법적으로 특히 중대한 의미를 지니고 있는 부분이 있는 경우에는, 비록 심판청구의 취하가 있는 경우라 하더라도, 전자의 부분에 한하여 민사소송법 제239조의 준용에 따라 사건의 심판절차가 종료될 뿐이고, 후자의 부분에 대하여서는 헌법소원심판의 본질에 반하는 위 법률조항의 준용은 배제된다고 할 것이므로 위 취하로 말미암아 사건의 심판절차가 종료되는 것이 아니라 할 것이다. 따라서 청구인이 심판청구를 취하하면, 전자에 부분에 대하여는 심판절차의 종료선언을 하되, 후자의 부분에 대하여는 헌법적 해명을 하는 결정선고를 함이 마땅하다."

[평석] 헌법재판제도의 객관적 규범통제로서의 역할을 고려한다면 다수의견은 타당하다고 할 수 없다; 헌재 2003.2.11. 2001헌마386, 헌법재판소법 제68조 제1항 위헌확인 등(취하) 사건에서도 헌법재판소의 한정위헌결정의 기속력을 부인한 대법원판결의 취소를 구하던 청구인이 청구를 취하하자 소송절차종료선언을 하였다. 하지만 이 결정에

서도 2인의 재판관은 위헌의견을 제시하였다.

소의 취하에 관한 민사소송법 제266조는 헌법소원심판절차에 준용된다(헌재 2005.3.31. 2004헌마911, 종교집회행사 참여금지 위헌확인(취하)). "헌법소원심판청구의 취하는 청구인이 제기한 심판청구를 철회하여 심판절차의 계속을 소멸시키는 청구인의 헌법재판소에 대한 소송행위이고 소송행위는 일반 사법상의 행위와는 달리 내심의 의사보다 그 표시를 기준으로 하여 그 효력 유무를 판정할 수밖에 없는 것인바, 청구인의 주장대로 청구인이 피청구인의 기망에 의하여 이 사건 헌법소원심판청구를 취하하였다고 가정하더라도 이를 무효라 할 수도 없고, 청구인이 이를 임의로 취소할 수도 없다."

그러나 헌법소원의 주관적 권리구제뿐만 아니라 객관적 헌법질서보장의 측면에서 헌법소원청구 취하의 경우에도 본안판단을 하여야 할 것이다(헌재 2003.4.24. 2001헌마386, 헌법재판소법 제68조 제1항 위헌확인 등(취하)(김영일·송인준 재판관의 반대의견)) (허영 856면).

한편 기망(欺罔)에 의한 청구의 취하를 취소할 수 있는지에 대하여 헌법재판소는 소송행위에 있어서 그 표시를 기준으로 하여 의사표시의 효력 유무를 판단할 수밖에 없으므로 기망에 의한 취하였다고 하더라도 이를 무효라 할 수 없다고 판시한 바 있다(헌재 2005.3.31. 2004헌마991, 불기소처분취소(기각)).

(2) 심판청구각하결정

헌법소원심판의 대상이 되지 못하거나 청구요건을 갖추지 못하여 청구가 부적법한 경우에 각하결정을 내린다. 각하결정은 전원재판부에서 내리지만, 지정재판부의 사전심사를 통하여 보충성·출소기간·변호사강제주의위반 기타 요건불비를 이유로 재판관 전원의 일치된 의견으로 내려질 수도 있다. 지정재판부는 헌법소원을 각하한 경우, 그 결정일부터 14일 이내에 청구인 또는 그 대리인 및 피청구인에게 그 사실을 통지하여야 한다(헌재법 제73조 제1항).

각하결정의 사유로는 ① 다른 법률에 의한 구제절차가 있는 경우에 그 절차를 모두 거치지 아니한 경우, ② 헌법재판소법 제68조 제1항에 따라 헌법소원에서 제외되는 법원의 재판에 대하여 헌법소원심판이 청구된 경우, ③ 법 제69조의 규정에 의한 청구기간이 경과한 후 헌법소원심판이 청구된 경우, ④ 법 제25조의 규정에 의한 대리인의 선임 없이 청구한 경우, ⑤ 기타 헌법소원심판의 청구가 부적법하고 그 흠결을 보정할 수 없는 경우 등이 있다. 각하결정에서 판시한 요건의 흠결을 보정하지 않는 한 이에 대한 불복신청은 인정되지 아니한다(헌재 2001.6.28. 98헌마485, 상속세법 시행령 부칙 제2항 위헌확인 등(각하)).

각하결정이 내려질 경우 청구인이 납부한 공탁금의 전부 또는 일부가 헌법재판소의 명령으로 국고에 귀속될 수 있다(헌재법 제37조 제3항 제1호).

(3) 청구기각결정

본안결정으로서의 기각결정은 청구가 이유없을 때 내리는 결정이다. 헌법재판소는 청구기각결정 시 그 심판청구가 권리의 남용이라고 인정되는 경우, 청구인이 납부한 공탁금의 전부 또는 일부를 국고에 귀속시키도록 명할 수 있다(헌재법 제37조 제3항).

(4) 인용결정

본안심리결과 청구가 이유있다고 받아들이는 결정이다. 인용결정을 할 때에는 재판관 6인 이상의 찬성이 있어야 한다(헌법 제113조 제1항). 인용결정을 할 때에는 인용결정서의 주문에 침해된 기본권과 침해의 원인이 된 공권력의 행사 또는 불행사를 특정하여야 한다. 이 경우 헌법재판소는 기본권침해의 원인이 된 공권력의 행사를 취소하거나 그 불행사가 위헌임을 확인할 수 있다(헌재법 제75조 제2항·제3항).

한편 헌법재판소법 제68조 제2항에 따른 헌법소원과 달리 헌법재판소법 제68조 제1항의 헌법소원에 대해서는 헌법재판소법 제45조를 준용하는 규정을 두고 있지 아니한다(헌재법 제75조 제6항 참조). 하지만, 법령소원이 사실상의 규범통제제도로서 기능한다는 점에서 헌법재판소법 제45조가 원용되는 것으로 해석할 필요가 있다. 헌법재판소가 법률에 관한 헌법소원에 대하여 인용결정을 하는 경우에는 객관적 헌법질서의 확립이란 점이 더 부각되어야 하고 법령소원에 대하여는 헌법재판소법 제45조 및 제47조의 규정이 준용된다는 점을 이유로 "침해된 기본권"을 인용결정의 주문에서 특정하지 아니한다(헌재 1990.10.8. 89헌마89, 교육공무원법 제11조 제1항에 대한 헌법소원(위헌,각하))(헌재 1998.12.24. 89헌마214등, 도시계획법 제21조의 위헌여부에 관한 헌법소원(헌법불합치, 적용중지)). 이에 따르면 헌법재판소는 청구된 법률 또는 법률 조항에 대하여서만 위헌결정을 할 수 있으나, 법률 조항의 위헌결정으로 인하여 해당 법률 전부를 시행할 수 없다고 인정될 때에는 그 전부에 대하여 위헌결정을 할 수 있다(헌재법 제45조 원용)(헌재 1990.10.8. 89헌마89, 교육공무원법 제11조 제1항에 대한 헌법소원(위헌,각하))(헌재 1998.12.24. 89헌마214등, 도시계획법 제21조의 위헌여부에 관한 헌법소원(헌법불합치)).

공권력의 작용에 대한 헌법소원을 인용할 경우 헌법재판소는 그 공권력의 행사 또는 불행사가 위헌인 법률 또는 법률의 조항에 기인한 것이라고 인정될 때에는 인용결정에서 해당 법률 또는 법률의 조항이 위헌임을 선고할 수 있다(헌재법 제75조 제5항). 헌법재판소법 제75조 제6항 전단에 의하면 부수적 위헌심사에 따른 법률의 위헌결정의 경우에는 제45조 및 제47조가 준용된다. 따라서 헌법재판소법 제45조에 의하여 위헌선언의 범위가 결정되며, 헌법재판소법 제47조에 따라 위헌결정의 기속력과 장래효 및 소급효, 재심 등이 인정된다.

(5) 법률의 위헌 여부 결정

권리구제형 헌법소원에서 즉 공권력의 행사 또는 불행사가 위헌인 법률 또는 법률의 조항에 기인한 것이라고 인정될 때에는 인용결정에서 해당 법률 또는 법률의 조항이 위헌임을 선고할 수 있다(헌재법 제75조 제2항·제5항). 따라서 헌법재판소법 제45조에 의하여 위헌선언의 범위가 결정되며, 헌법재판소법 제47조에 따라 위헌결정의 기속력과 장래효 및 소급효, 재심 등이 인정된다(헌재법 제75조 제5항·제6항).

2. 인용결정의 효력

(1) 기 속 력

헌법소원의 인용결정은 모든 국가기관과 지방자치단체를 기속한다(헌재법 제75조 제1항). 이에 따라 법령소원에 있어서 법령에 대한 위헌결정은 법원 기타 모든 국가기관과 지방자치단체에 대하여 기속력을 가지게 된다. 따라서 법령에 대한 헌법소원에서 위헌결정이 난 경우 법원은 해당 법령의 효력을 인정하는 재판을 하면 안 된다.

(가) 단순위헌결정의 기속력

헌법재판의 결정은 확정력·일반적 효력·기속력을 가진다. 특히 "법률의 위헌결정은 법원과 그 밖의 국가기관 및 지방자치단체를 기속한다"(헌재법 제47조 제1항). 또한 "헌법소원의 인용결정은 모든 국가기관과 지방자치단체를 기속한다"(헌재법 제75조 제1항).

(나) 한정위헌결정과 같은 변형결정의 기속력(羈束力)

헌법재판소법 제68조 제1항에 따른 법령소원을 인용하는 경우에도 단순위헌결정 이외에도 헌법불합치결정(헌재 2018.1.25. 2016헌마541, 공직선거법 제57조 위헌확인(헌법불합치); 헌재 2012.5.31. 2010헌마278, 경찰공무원임용령 제39조 제1항 등 위헌확인(헌법불합치,각하)), 한정위헌결정(헌재 2012.11.29. 2011헌마786등, 법원조직법 부칙 제1조 등 위헌확인(한정위헌); 헌재 2004.12.16. 2003헌마226등, 화물자동차운수사업법시행규칙 제3조의2 제1항 제1호 등 위헌확인(한정위헌,기각,각하)) 등의 변형결정을 내리는 경우가 있다. 이에 따라 법령소원에 대한 변형결정의 경우 그 기속력을 인정할 것인지 의문이 제기될 수 있다. 헌법재판소는 헌법재판소법 제68조 제2항에 따른 헌법소원의 경우 변형결정도 당연히 기속력을 가진다고 판시하고 있으나, 대법원은 단순위헌·단순합헌 등 헌법재판소의 전형적인 결정에 대한 기속력은 문제가 되지 아니하지만, 헌법재판소의 변형결정은 법원을 기속하지 아니한다고 본다(대판 1996.4.9. 95누11405, 양도소득세부과처분 취소사건)[1] (상세는 제3절 위헌심사형 헌법소원 참조).

권리구제형 헌법소원에 있어서도 변형결정의 기속력에 관하여 위헌심사형 헌법소원의 경우와 마찬가지로 헌법재판소와 대법원이 입장이 대립될 가능성이 높아 보인다.

생각건대 헌법재판소법 제45조 등에 비추어 본다면 헌법재판소의 변형결정은

1) 이 사건에서 제시된 법원행정처장의 견해. 현직 법관들의 논문에서는 전적으로 대법원의 입장을 옹호한다. 사법연구원, 헌법문제와 재판(상), 1996 등 참조.

예외적이다. 특히 헌법재판소가 변형결정을 남발하여 결과적으로 스스로의 권위에도 손상을 입고 있다는 점을 부인할 수 없다(예컨대 국가보안법 사건의 경우). 그러나 헌법재판의 특수성에 비추어 변형결정은 헌법재판제도를 도입한 각국에서 널리 인정된다.[1] 대법원이 강조하는 법률의 해석·적용권한도 법원의 전속적 권한이라고 보기는 어렵다. 또한 그러한 주장은 헌법상 법률의 위헌 여부에 관한 헌법재판소의 위헌심판권에 대한 이해 부족으로부터 기인한다.[2]

(다) 헌법재판소가 법원의 판결을 취소하는 결정의 효력

예외적으로 재판에 대한 헌법소원이 인정되는 경우 헌법재판소는 문제의 법원판결을 취소하는 결정을 내릴 수밖에 없다.

> "이 사건 대법원판결은 헌법재판소가 이 사건 법률조항에 대하여 한정위헌결정을 선고함으로써 이미 부분적으로 그 효력이 상실된 법률조항을 적용한 것으로서 위헌결정의 기속력에 반하는 재판임이 분명하므로 … 이에 대한 헌법소원은 허용된다. … 이 사건 대법원판결로 말미암아 청구인의 헌법상 보장된 기본권인 재산권이 침해되었다. … 이 사건 대법원판결은 헌법재판소법 제75조 제3항에 따라 취소되어야 마땅하다."[3]

그러나 반대의견은 헌법재판소와 법원의 권한 및 상호 간의 독립을 규정한 헌법의 취지와 대법원의 재판을 취소하는 경우의 후속절차에 관하여 아무런 규정이 없어 그 효력을 둘러싸고 법적 혼란이 일어날 우려가 있음을 지적한다.

> "헌법재판소가 위헌으로 결정한 법률을 법원이 위헌결정의 법리를 달리 해석하여 합헌으로 적용한 점에서 위헌이라고 확인만 하고 그 후속조치는 법원에 맡기는 것이 바람직하다"(3인)(헌재 1997.12.24. 96헌마172등).

생각건대 이와 같이 법원의 판결에 대하여 위헌결정과 동시에 동 판결을 취소한 전례도 없을 뿐 아니라 이와 관련된 입법적 정비도 이루어지지 아니한 상황이라 헌법재판소의 반대의견도 일응 수긍이 간다. 그러나 헌법재판소가 법원의 판

---

1) 변형결정의 불가변력·형식적 확정력·기판력·기속력인정에 대하여서는 학계에서는 대체로 이론이 없는 것 같다. 김문현, "위헌법률심판에 있어서의 변형결정", 고시연구 1997.8, 74-87면(84-86면). 김교수는 문제된 법률의 효력도 헌법재판소의 결정에 따라 달라진다고 본다; 황도수, "헌법재판소와 대법원의 관계", 고시계 1997.5(제483호), 81-97면; 남복현, "헌법재판소결정의 효력과 법원의 기속", 공법연구 24-1, 247면 이하; 손상식, "재판소원 금지와 원처분주의", 헌법학연구 29-2; 남복현, "재판소원에 있어 한국과 독일의 비교연구", 헌법학연구 29-3; 박경철, "법률에 대한 위헌결정의 효력과 헌법소원의 대상이 되는 법원 재판", 공법연구 52-2; 장선미, "한정위헌결정의 기속력에 관한 헌법재판소와 대법원의 견해 대립에 대한 비판적 고찰", 헌법학연구 30-2.

2) 김문현, "헌법재판소와 법원의 헌법해석의 불일치", 법정고시 1997.7, 58-72면. 그런 점에서 대법원의 법률해석권은 제한된 법률해석권으로 이해된다. 황도수, 앞의 논문, 81-97면 이하(87면).

3) 헌법재판소는 이 사건 관련 서울고등법원의 판결도 취소하여야 한다는 주장도 있다. 정연주, "헌법재판소법 제68조 제1항에 대한 한정위헌결정의 문제점", 고시계 1998.2, 113-128면(123면).

결을 취소하지 아니하는 한 청구인의 권리구제가 전혀 이루어지지 아니할 뿐 아니라 이루어질 가능성도 없게 된다. 즉 청구인의 권리구제를 위하여 대법원판결은 취소됨이 마땅하다.

그런데 검사의 불기소처분에 대한 헌법소원에 대하여 헌법재판소가 이를 인용하였음에도 불구하고 검찰에서 재수사한 후에 다시금 불기소처분을 내리는 예가 문제된다. 이에 헌법재판소의 인용결정은 재수사명령이 아니라 기소명령으로 이해하여야 한다는 논의가 있으나 실현되지 못하고 있다. 마찬가지로 법원의 재판에 대한 취소결정이 어떠한 효과를 거둘 수 있을지 의문이다.

다른 한편 헌법 제107조 제2항은 "명령·규칙 또는 처분이 헌법이나 법률에 위반되는 여부가 재판의 전제가 된 경우에는 대법원은 이를 최종적으로 심사할 권한을 가진다"라고 규정하므로 행정처분에 대한 최종적인 심사권은 원칙적으로 대법원이 가진다. 하지만 적어도 위 사건에 관한 한 헌법재판소결정의 실효성을 담보하기 위하여 원행정처분에 대하여도 취소결정을 내린다(헌재 1997.12.24. 96헌마172등).

"법원의 재판과 행정처분이 다 같이 헌법재판소의 위헌결정으로 그 효력을 상실한 법률을 적용함으로써 청구인의 기본권을 침해한 경우에는 그 처분의 위헌성이 명백하므로 원래의 행정처분까지 취소하여 보다 신속하고 효율적으로 국민의 기본권을 구제하는 한편, 기본권 침해의 위헌상태를 일거에 제거함으로써 합헌적 질서를 분명하게 회복하는 것이 법치주의의 요청에 부응하는 길이기도 하다."

이에 대한 헌법재판소의 반대의견(3인)은 부정적이다.

"원래의 행정처분에 대한 헌법소원심판을 허용하는 것은 명령·규칙·처분에 대한 최종적인 위헌심판권을 대법원에 부여한 헌법 제107조 제2항과 법원의 재판을 헌법소원심판의 대상에서 제외하고 있는 헌법재판소법 제68조 제1항에 배치될 뿐 아니라, 이 사건에서 처분은 헌법재판소가 문제된 법률에 대하여 위헌결정하기 이전에 행하여진 것이어서 헌법재판소결정의 기속력에 반한 것도 아니므로 이 사건 처분은 헌법소원심판의 대상이 될 수 없다."

대법원판결의 취소가 어떠한 현실적 결과를 초래할지 또는 어떠한 권리구제를 담보할 수 있을지에 관한 의문이 제기되는 상황에서, 행정처분을 내린 원처분청을 기속하는 결정을 동시에 내린 결정도 나름 일리가 있다. 그러나 원처분에 대한 판단은 헌법 제107조 제2항에 비추어 법원에 맡겨야 한다고 본다.

(2) 재처분의무

"제68조제1항에 따른 헌법소원을 인용할 때에는 인용결정서의 주문에 침해된 기본권과 침해의 원인이 된 공권력의 행사 또는 불행사를 특정하여야 한다"(제2항). "제2항의 경우에 헌법재판소는 기본권 침해의 원인이 된 공권력의 행사를 취소하거나 그 불행사가 위헌임을 확인할 수 있다"(제3항). "헌법재판소가 공권력의 불행사에 대한 헌법소원을 인용하는 결정을 한 때에는 피청구인은 결정 취지에 따라 새로운 처분을 하여야 한다"(제4항). "제2항의 경우에 헌법재판소는 공권력의 행사 또는 불행사가 위헌인 법률 또는 법률의 조항에 기인한 것이라고 인정될 때에는 인용결정에서 해당 법률 또는 법률의 조항이 위헌임을 선고할 수 있다"(제5항).

또한 헌법재판소가 공권력의 불행사에 대한 헌법소원을 인용하는 결정을 한 때에는 피청구인은 결정 취지에 따라 새로운 처분을 하여야 한다(헌재법 제75조 제4항).

헌법재판소는 불기소처분을 취소하는 헌법소원 인용결정의 취지를 무시하고 불충분한 수사로 내린 불기소처분을 다시 취소한 바 있다.

> "검사의 불기소처분을 취소하는 헌법재판소의 결정이 있는 때에 그 결정에 따라 불기소한 사건을 재기수사하는 검사로서는 헌법재판소가 그 결정의 주문 및 이유에 설시한 취지에 맞도록 성실히 수사하여 결정을 하여야 할 것이다. …종전의 불기소처분의 이유와 동일한 이유를 들어 만연히 피고소인들에 대하여 다시 불기소처분을 한 것은, 헌법재판소법 제75조 제1항에서 명시된 헌법소원 인용결정의 기속력을 간과하고 거듭 자의적인 증거판단을 한 것이거나 적어도 마땅히 조사하였어야 할 중요한 사항을 조사하지 아니한 무성의하고 자의적인 수사임을 면치 못한다"(헌재 1993.11.25. 93헌마113, 불기소처분취소(인용(취소))).

하지만, 헌법재판소의 인용결정에 따라 검사가 기소하는 경우는 드물다는 현실적인 문제점이 있다. 이에 헌법재판소의 불기소처분에 대한 취소결정의 법적 성격을 기소강제로 이해하여야 한다는 주장도 제기되고 있으나 단순히 재수사명령으로 이해하는 입장도 있다. 이에 대하여 사건별로 판단하여야 한다는 개별적 판단론도 제기되고 있다(권영성, 1188면).

검사의 불기소처분과 헌법재판소의 불기소처분에 대한 취소결정의 법적 성격에 관한 위와 같은 견해의 대립은 개정 형사소송법이 재정신청의 대상 범죄를 모든 범죄로 확대하고 기소강제절차를 도입함으로써 거의 대부분 해소되었다고 보아야 한다. 왜냐 하면 검사의 불기소처분에 대한 통제권한이 원칙적으로 헌법재판소의 헌법소원심판으로부터 법원의 재정신청절차로 이전되었으며 법원은 재정신청이 이유 있는 때에는 사건에 대한 공소제기를 결정하여야 하고 법원으로부터 재정결정서를 송부 받은 관할 지방검찰청 검사장 또는 지청장은 지체 없이 담당 검사를 지정하고 지정받은 검사는 공소를 제기하여야 하기 때문이다(형사소송법 제262조).

(3) 시간적 효력

헌법재판소법 제68조 제2항에 따른 헌법소원과 달리 헌법재판소법 제68조 제1항의 헌법소원에 대해서는 헌법재판소법 제47조를 준용하는 규정을 두고 있지 아니한다(헌재법 제75조 제6항 참조). 이에 따라 법령소원에서도 위헌결정이 소급효를 가질 수 있는지 관하여 의문이 제기될 수 있다. 생각건대 헌법재판소법 제75조 제5항 및 제6항의 취지, 법령소원이 사실상의 규범통제제도로서 기능한다는 사실 등에 비추어 볼 때 헌법재판소법 제47조 제2항 내지 제4항이 원용될 수 있다고 보아야 한다. 헌법재판소도 교통사고처리특례법상 불처벌의 특례조항이 문제된 법령소원 사건에서 헌법재판소법 제47조 제3항이 적용됨을 전제로 권리보호이익의 문제에 대하여 판단한 바 있다(헌재 2009.2.26. 2005헌마764등, 교통사고처리특례법 제4조제1항 위헌확인(위헌))(헌재 1997.1.16. 90헌마110등, 교통사고처리특례법 제4조등에 대한 헌법소원(기각,각하)).

> "이 사건 법률조항은 비록 형벌에 관한 것이기는 하지만 불처벌의 특례를 규정한 것이어서 위헌결정의 소급효를 인정할 경우 오히려 그 조항에 의거하여 형사처벌을 받지 않았던 자들에게 형사상의 불이익이 미치게 되므로 이와 같은 경우까지 헌법재판소법 제47조 제2항 단서의 적용범위에 포함시키는 것은 법적 안정성과 이미 면책받은 가해자의 신뢰보호의 이익을 크게 해치게 되므로 그 규정취지에 반한다. 따라서 이 사건 법률조항에 대하여 위헌선언을 하더라도 그 소급효는 인정되지 아니하므로, 가해자인 피의자들에 대한 불기소처분을 취소하고 그들을 처벌할 수는 없어 이 사건 심판청구는 주관적인 권리보호이익을 결여하고 있다. … 이 사건 법률조항에 대하여 위헌성이 엿보이는 경우에도 주관적 권리보호이익이 없다는 이유로 헌법적 해명을 하지 아니한다면 향후 교통사고 피해자는 헌법소원을 제기할 수 없고, 위헌적인 법률조항에 의한 불기소처분이 반복될 우려가 있으므로 헌법재판소로서는 이 사건 법률조항에 대하여 예외적으로 심판을 할 이익 내지는 필요성이 인정된다"(헌재 2009.2.26. 2005헌마764등, 교통사고처리특례법 제4조제1항 위헌확인(위헌)).

이에 따르면 법령에 대한 헌법소원심판에서도 법률의 위헌결정은 원칙적으로 장래효를 가진다(헌재법 제47조 제2항 원용). 다만, 형벌조항에 대한 위헌결정에 대하여는 소급효가 인정된다(헌재법 제45조 제3항 원용). 물론 비형벌조항의 경우에도 위헌법률심판에서의 위헌결정과 마찬가지로 해석상 소급효가 인정될 수는 있다.

3. 헌법소원심판에 대한 재심

법령에 대한 헌법소원심판에 대하여는 재심에 관한 헌재법 제47조 제4항이 원용된다고 해석할 필요가 있다. 이에 따르면 형벌에 관한 법률 또는 법률의 조항에 대한 헌법소원이 인용되어 소급효가 인정되는 경우 그 법률 또는 법률의 조항에 근거한 유죄의 확정판결에 대하여는 재심을 청구할 수 있다(헌재법 제47조 제4항 원용).

한편 헌법재판소법 제68조 제1항에 의한 헌법소원 가운데 행정작용에 속하는 공권력작용을 대상으로 하는 권리구제형 헌법소원의 경우 헌법재판소는 처음에는 사안의 성질상 헌법재판소의 결정에 대한 재심은 재판부의 구성이 위법한 경우 등 절차상 중대하고 명백한 위법이 있어 재심을 허용하지 아니하면 현저히 정의에 반하는 경우에 한하여 제한적으로 허용될 수 있을 뿐이라고 하여 민사소송법 제451조 소정의 판단유탈은 재심의 사유로 되지 아니한다는 입장이었다(헌재 1995.1.20. 93헌아1, 불기소처분취소(재심)(각하); 헌재 1998.3.26. 98헌아2, 불기소처분취소(재심)(각하)).

그러나 그 후 헌법재판소는 공권력작용에 대한 권리구제형 헌법소원절차에 있어서 헌법재판소의 결정에 영향을 미칠 중대한 사항에 관하여 판단을 유탈한 때를 재심사유로 허용하는 것이 헌법재판의 성질에 반한다고 볼 수 없다고 함으로써 판례를 변경하여 판단누락(判斷漏落)도 헌법재판소 결정에 대한 재심사유로 인정하였다(헌재 2001.9.27. 2001헌아3, 불기소처분취소(재심)(기각)).

따라서 행정작용에 속하는 공권력작용을 대상으로 하는 권리구제형 헌법소원에 있어서 재심의 사유로는 ① 재판부의 구성이 위법한 경우 등 절차상 중대하고 명백한 위법이 있어 사안의 성질상 헌법재판소의 결정에 대한 재심을 허용하지 아니하면 현저히 정의에 반하는 경우, ② 헌법재판소의 결정에 영향을 미칠 중대한 사항에 관하여 판단을 누락한 경우를 들 수 있다.

청구인이 청구기간을 준수하여 헌법소원심판청구를 하였음에도 우편집배원의 착오로 인해 잘못 기재된 우편송달보고서를 근거로 청구기간을 잘못 계산하여 헌법소원심판청구에 대한 본안 판단을 하지 아니한 채 심판청구가 청구기간을 도과하여 부적법하다는 이유로 각하하는 결정을 한 경우, 이러한 재심대상결정에는 헌법재판소 제40조 제1항에 의하여 준용되는 민사소송법 제451조 제1항 제9호의 '판결에 영향을 미칠 중요한 사항에 관하여 판단을 누락한 때'에 준하는 재심사유가 있다고 할 것이다(헌재 2009.6.25. 2008헌아23, 불기소처분취소(재심)(취소, 각하, 기각)).

청구인이 적법한 사전구제절차를 거쳐 불기소처분의 취소를 구하는 헌법소원심판청구를 하였음에도, 본안 판단을 하지 아니한 채 착오로 잘못 기재된 사실조회 결과를 근거로 적법한 사전구제절차를 거치지 아니한 것으로 잘못 판단하여 각하하는 결정을 한 경우, 이러한 재심대상결정에는 헌법재판소 제40조 제1항에 의하여 준용되는 민사소송법 제451조 제1항 제9호의 '판결에 영향을 미칠 중요한 사항에 관하여 판단을 누락한 때'에 준하는 재심사유가 있다(헌재 2011.2.24. 2008헌아4, 불기소처분취소(재심)(취소, 기각)).

헌법재판소법 제68조 제2항에 따른 헌법소원이 인용된 경우 당해 소송사건에만 재심을 허용하는 제75조 제7항, 비형벌조항에 대한 위헌결정의 효력을 장래효 원칙으로 정한 제75조 제6항 중 '제68조 제2항에 따른 헌법소원을 인용하는 경우 제47조를 준용'하는 부분은 헌법에 위반되지 아니한다(5:4). [반대의견] 위 법률조항들은 과거사정리법 제2

조 제1항 제3호, 제4호 사건에서 국가배상청구의 특수성과 헌법의 최고규범력에 의한 국민의 기본권 보장 필요성을 고려하지 아니한 채 재심사유의 범위와 위헌결정의 효력을 불합리하게 제한하므로 재판청구권을 침해한다(헌재 2021.11.25. 2020헌바401, 헌법재판소법 제75조 제7항 등 위헌소원(합헌)).

"헌법재판소법은 형벌법규에 대한 위헌결정의 경우에는 소급효와 재심을 통한 구제를 허용하고 있으나, 비형벌법규에 대한 위헌결정의 경우에는 장래효를 원칙으로 하되 당해 소송사건에 한해서 재심을 허용함으로써, 법적 안정성과 구체적 정의의 실현을 조화시키고 있으므로, 재심사유조항 역시 입법형성권의 한계를 일탈한 것으로 보기 어렵다." 과거사정리법에 규정된 '민간인 집단희생사건'과 '중대한 인권침해·조작의혹사건'은 일반적인 국가 불법행위와 다른 특수성이 있다. "이에 헌법재판소는 2018년 위헌결정(헌재 2018.8.30. 2014헌바148등, 민법 제166조 제1항 등 위헌소원(위헌(일부위헌),합헌))에서, 이러한 사건유형의 국가배상청구에 적용되는 소멸시효의 객관적 기산점 조항(민법 제166조 제1항, 제766조 제2항)을 일부위헌으로 판단한 바 있다. 그러나 청구인들은 2018년 위헌결정 전에 국가를 상대로 손해배상을 청구하여 소멸시효의 객관적 기산점 조항의 적용을 받아 청구기각의 확정판결을 받은 탓에 2018년 위헌결정을 재심사유로 주장할 수 없게 되었는바, 적극적으로 권리를 행사한 것이 오히려 청구인들에게 불리하게 작용되었음을 부인할 수 없다. "그러나 위헌결정의 효력과 재심에 관한 일반조항인 장래효조항과 재심사유조항에서 개별 위헌결정의 소급효와 재심사유를 규정하는 것이 체계상 적절하다고 보기 어렵고, 법적 안정성과 구체적 정의의 실현이라는 대립하는 헌법적 가치의 형량·조화가 필요한 사정을 고려할 때, 위 사건 유형에서의 국가배상청구를 위헌결정의 소급효와 재심사유를 정하는 일반적인 기준으로 삼기는 어렵다." "다만, 입법론으로는 '5·18민주화운동 등에 관한 특별법', '부마민주항쟁 관련자의 명예회복 및 보상 등에 관한 법률', '제주4·3사건 진상규명 및 희생자 명예회복에 관한 특별법' 등에서 재심사유에 관한 특별규정을 두고 있는 것과 같이, 2018년 위헌결정의 효력이 미치지 않는 피해자·유족에 대하여 특별재심을 허용하여 구제하는 방안을 고려해 볼 수 있다."

제 3 절 위헌심사형 헌법소원

1. 다른 유형의 위헌법률심판: 헌법재판소법에 의한 위헌심사형 헌법소원

헌법재판소법 제68조 제2항은 "제41조제1항에 따른 법률의 위헌 여부 심판의 제청신청이 기각된 때에는 그 신청을 한 당사자는 헌법재판소에 헌법소원심판을 청구할 수 있다. 이 경우 그 당사자는 당해 사건의 소송절차에서 동일한 사유를 이유로 다시 위헌 여부 심판의 제청을 신청할 수 없다"라고 하여 위헌법률심판을 청구하는 위헌심사형 헌법소원을 규정한다.

당해 사건의 소송절차라 함은 당해 사건의 전 심급에서 원칙적으로 한 번만 제청신청을 할 수 있다는 의미로 이해한다.

위헌법률심판제청신청이 기각 또는 각하될 경우에 위헌심사형 헌법소원을 제기할 수 있다. 다만, 명시적인 제청신청이나 기각결정이 없었던 경우에도 묵시적인 제청신청 및 기각결정이 있었던 것으로 인정되는 법률조항에 대한 헌법소원은 예외적으로 허용된다.

2. 본질: 규범통제

위헌심사형 헌법소원은 법원의 재판에 대한 헌법소원을 인정하지 아니하면서 위헌법률심판제청신청인의 권리구제와 객관적 규범통제제도를 채택하는 우리나라 특유의 제도이다. 그 법적 성격에 대하여 법원의 기각결정에 대한 헌법소원이라는 견해(불복형 헌법소원)와, 그 본질에 중점을 두어 위헌법률심사라는 견해가 있으나 두 가지 성격을 동시에 가진다고 보아야 한다. 헌법재판소는 헌법재판소법 제68조 제2항에 의한 헌법소원의 적법요건으로 재판의 전제성을 요구함으로써 위헌법률심판이라는 입장이다.

> "헌법재판소법 제68조 제2항의 규정에 의한 헌법소원심판청구의 심판대상은 재판의 전제가 되는 법률이지 규칙은 그 대상이 될 수 없으므로 형사소송규칙 제178조에 대한 헌법소원심판청구는 부적법하다"(헌재 1993.7.29. 92헌바48, 남북교류협력에관한법률 제3조 위헌소원(각하); 헌재 2004.2.26. 2003헌바31, 형사소송법 제93조 등 위헌소원(합헌,각하)).
>
> "법률조항 자체의 위헌 여부를 다투는 것이 아니라 당해 사건 재판의 기초가 되는 사실관계의 인정이나 평가 또는 개별적 · 구체적 사건에서의 법률조항의 단순한 포섭 · 적용에 관한 법원의 재판결과를 다투는 것에 불과하므로 헌법재판소법 제68조 제2항의 헌법소원으로는 부적법하다"(헌재 2018.1.25. 2016헌바357, 채무자 회생 및 파산에 관한 법률 제152조 제1항 등 위헌소원(각하)).

즉 헌법재판소법 제68조 제2항의 헌법소원심판청구는 형식은 비록 법원의 제청신청기각결정에 대한 헌법소원이지만 그 본질은 규범통제이다. 심판의 대상은 법원의 기각결정이 아니라 법률이나 법률조항의 위헌 여부이다.

헌법재판소 역시 규범통제제도로 파악한다. 이에 따라 재판절차의 진행은 위헌법률심판절차의 방식으로 진행된다. 심판청구서의 기재사항(헌재법 제71조 제2항), 심판의 절차(헌재법 제73조 제2항, 제74조 제2항), 주문의 표시, 인용결정의 효력(헌재법 제75조 제6항, 제7항) 등에서 위헌법률심판절차의 규정을 준용한다.

> "법 제68조 제1항에 의한 헌법소원심판은 주관적 권리구제의 헌법소원으로서, 개별적인 공권력의 행사 또는 불행사로 인하여 헌법상 보장된 기본권을 침해받은 자가 청구할 수 있고 이 경우 법 제75조 제2항 및 제5항에 의한 부수적 위헌심판청구도 할 수 있음에 대하여 법 제68조 제2항에 의한 헌법소원심판은 구체적 규범통제의 헌법소원으로서 법 제41조 제1항의 규정에 의한 법률의 위헌여부심판의 제청신청이 법원에 의하여 기각된 때에는 그 신청을 한 당사자는 헌법재판소에 제청신청이 기각된 법률의 위헌 여부를 가리기 위한 헌법소원심판을 청구할 수 있는바, 그렇다면 법 제68조 제1항과 같은 조 제2항에 규정된 헌법소원심판청구들은 그 심판청구의 요건과 그 대상이 각기 다른 것임이 명백하다"(헌재 1994.4.28. 89헌마221 정부조직법 제14조 제1항 등의 위헌여부에 관한 헌법소원(각하,합헌)).

헌법재판소법 제68조 제2항의 헌법소원심판청구를 제1항의 권리구제형 헌법소원으로 변경할 때는 심판청구 변경의 절차를 밟아야 한다(헌재법 제40조, 민사소송법 제262조 제1항). 헌법재판소도 같은 입장이다(헌재 2007.10.25. 2005헌바68, 군인연금법 제21조 제5항 제1호 위헌소원 등(합헌,각하)). 제청신청에 대한 기각결정이 있은 후 당사자가 헌법재판소법 제68조 제1항의 헌법소원심판을 청구한 경우 헌법재판소는 석명(釋明)을 통하여 청구인의 의도가 제68조 제2항의 헌법소원을 청구하기 위한 것으로 확인되면 원래 의도에 따라 심판청구 변경 절차를 통하여 심판청구를 변경하도록 하여야 한다. 또한 헌법재판소는 직권으로 청구인의 의도를 선해(善解)하여 제68조 제2항의 헌법소원으로 볼 수 있다는 입장이다.

> "청구인의 대리인은 헌법재판소법 제68조 제1항의 헌법소원으로 청구하였지만, 청구인이 대법원에 위헌법률심판제청신청을 하였다가 기각되자 국선대리인 선임신청을 한 점에 비추어 보면 청구인의 원래 의도는 헌법재판소법 제68조 제2항의 헌법소원을 제기하려는 것이었다고 보이므로, 이 사건 헌법소원은 청구인의 원래 의도에 따라 헌법재판소법 제68조 제2항의 헌법소원으로 보고 판단하기로 한다"(헌재 2008.10.30. 2006헌마447, 형법 제225조 위헌확인(합헌)).

3. 심판청구의 요건

(1) 청구인적격(청구권자)

당해 사건의 법원에 대한 당사자의 "제청신청이 기각된 때에는 그 신청을 한 당사자는" 헌법재판소법 제68조 제2항에 따라 헌법재판소에 직접 헌법소원심판을 할 수 있다. 이를 통하여 당사자가 헌법재판소에 위헌법률심사를 받을 수 있는 기회를 허용하고 있다는 의미에서 헌법재판소법 제68조 제2항에 의한 헌법소원 청구인은 제청권자와 유사한 지위에 있다.

제68조 제2항의 위헌심사형 헌법소원은 권리구제형 헌법소원과 달리 '기본권의 침해'를 요건으로 하지 아니할 뿐만 아니라 청구인적격을 "법률의 위헌 여부 심판의 제청신청이 기각된 때에는 그 신청을 한 당사자"라고만 규정하므로 위헌심사형 헌법소원의 청구인적격을 가진 당사자는 모든 재판에서의 당사자를 의미한다. 따라서 행정소송에서의 피고인 행정청도 위헌심사형 헌법소원의 청구인적격을 가진다(헌재 2008.4.24. 2004헌바44, 온천법 제2조 등 위헌소원(합헌)). 그런 점에서 국가기관은 청구할 수 없는 권리구제형 헌법소원과 구별된다.

> "헌법재판소법 제41조 제1항 및 법 제68조 제2항 전문을 해석하면 위헌심판 제청신청은 당해사건의 당사자만 할 수 있다." 형사재판의 경우 피고인이 아닌 고소인은 형사재판의 당사자라고 볼 수 없으므로, 위헌제청신청을 할 수 있는 자에 해당하지 않는다. 타인의 위증사건에서 단순히 고소인의 지위에 있는 자가 청구한 헌법소원심판청구는 헌법재판소법 제68조 제2항의 요건을 갖추지 못하여 부적법하다(헌재 2010.3.30. 2010헌바102, 형사소송법 제262조 제6항 위헌소원(각하)).

'당해 사건의 소송절차'란 당해 사건의 상소심 소송절차는 물론이고 대법원에 의하여 파기환송되기 전후의 소송절차까지도 포함한다. 따라서 항고심 소송절차에서 위헌법률심판 제청신청을 하여 그 신청이 기각되었는데도 이에 대하여 헌법소원심판을 청구하지 아니하다가 다시 그 재항고심 소송절차에서 대법원에 같은 이유를 들어 위헌법률심판 제청신청을 하였고 그 신청이 기각되자 이에 대한 헌법소원심판청구는 헌법재판소법 제68조 제2항 후문의 규정에 위배된다(헌재 2007.7.26. 2006헌바40, 민사집행법 제130조 제3항 위헌소원(각하)). 마찬가지로 당해 사건의 1심 재판과정에서 위헌법률심판 제청신청을 하여 그 신청이 기각되자 헌법소원심판을 청구한 당사자가 당해 사건의 항소심 재판과정에서 다시 같은 법률조항에 대하여 위헌법률심판 제청신청을 하여 그 신청이 기각되자 헌법소원심판을 재차 청구한 경우에는 제68조 제2항 후문에 위반되어 부적법하다(헌재 2011.5.26. 2009헌바419, 통신비밀보호법 제16조 제1항 제2호 위헌소원(각하)).

(2) 심판대상

위헌심사형 헌법소원심판청구의 심판 대상은 재판의 전제가 되는 법률이다. 현행 법률뿐만 아니라 폐지된 법률도 심판대상이 될 수 있다.

> 심판대상조항은 '구법령 정리에 관한 특별조치법'에 따라 폐지된 조항이지만 계쟁 토지가 귀속재산인지 여부와 관련하여 현재까지도 여전히 유효한 재판규범으로서 적용되고 있고 그 위헌 여부가 당해 사건의 재판의 전제가 되어 있으므로 헌법소원의 대상이 된다(헌재 2021.1.28. 2018헌바88, 재조선미국육군사령부군정청 법령 제2호 제4조 등 위헌소원(합헌)).

헌법재판소법 제68조 제2항에 따른 헌법소원심판청구의 심판대상은 재판의 전제가 되는 법률이므로 대통령령이나 총리령, 부령 등과 같은 하위규범은 그 대상이 될 수 없다(헌재 2007.4.26. 2005헌바51, 국민건강보험법 제63조 제4항 등 위헌소원(각하,기각))(헌재 2010.2.25. 2008헌바79, 구 소득세법 제21조 제1항 제10호 등 위헌소원(각하,합헌)). 국회가 제정한 형식적 의미의 법률 이외에도 법률과 동일한 효력을 가진 규범이라면 조약이나 명령 등도 대상이 될 수 있으며, 법률과 동일한 효력을 가진 관습법도 그 대상이 된다(헌재 2016.4.28. 2013헌바396등, 상속에 관한 관습법 위헌소원 등(합헌)).[1]

> 분묘기지권에 관한 관습법 중 "타인 소유의 토지에 소유자의 승낙 없이 분묘를 설치한 경우에는 20년간 평온 · 공연하게 그 분묘의 기지를 점유하면 지상권과 유사한 관습상의 물권인 분묘기지권을 시효로 취득하고, 이를 등기 없이 제3자에게 대항할 수 있다"는 부분 및 "분묘기지권의 존속기간에 관하여 당사자 사이에 약정이 있는 등 특별한 사정이 없는 경우에는 권리자가 분묘의 수호와 봉사를 계속하는 한 그 분묘가 존속하고 있는 동안은 분묘기지권은 존속한다"는 부분은 모두 헌법에 위반되지 아니한다(7:2)(헌재 2020.10.29. 2017헌바208, 구 관습법 위헌소원(합헌)). 이 결정에서 헌법재판소는 관습법이 헌법소원심판의 대상이 된다고 본 선례(헌재 2016.4.28. 2013헌바396등)의 입장을 유지하였다. 관습법이 재산권을 침해하였는지 여부에 관한 심사기준을 처음으로 제시하였는바, 재산권 침해 여부를 과잉금지원칙에 따라 심사하되 관습법 성립 전후의 역사적 배경과 관습법으로서 수행하여 온 역할, 재산권의 대상인 토지의 특성 및 헌법 제9조에 따른 전통문화의 보호 등을 고려하여 심사기준을 완화하였다. 관습법은 오랜 세월 우리의 관습으로 형성 · 유지되어 왔고 현행 민법 시행 이후에도 대법원판결을 통하여 일관되게 유지되어 온 것인바, 장묘문화의 변화, 임야의 경제적 가치 상승 등 그간 변화된 사정에도 불구하고 관습법이 헌법에 위배되지 아니한다고 판단하였다.
>
> 민법 시행 이전의 "여호주가 사망하거나 출가하여 호주상속이 없이 절가된 경우, 유산은 그 절가(絶家)된 가(家)의 가족이 승계하고 가족이 없을 때는 출가녀가 승계한다"는 구 관습법은 민법 시행 이전에 상속 등을 규율하는 법률이 없는 상황에서 절가된 가(家)의 재산분배에 관하여 적용된 규범으로서, 비록 형식적 의미의 법률은 아니지만 실질적으로는 법률과 같은 효력을 가진다. 그렇다면 법률과 같은 효력을 가지는 이 사건

---

1) 권건보, "관습법에 대한 헌법재판소의 위헌심사 권한", 헌법재판연구 3-2, 2016, 47면 이하.

관습법도 헌법소원심판의 대상이 되고, 단지 형식적 의미의 법률이 아니라는 이유로 그 예외가 될 수는 없다(헌재 2016.4.28. 2013헌바396등, 상속에 관한 관습법 위헌소원 등(합헌)) (관습법의 위헌소원대상성에 대한 비판적 견해로는 윤진수, "상속관습법의 헌법적 통제", 헌법학연구 23-2 참조).

헌법재판소법 제68조 제2항에 의한 위헌심사형 헌법소원은 '법률'의 위헌성을 적극적으로 다투는 제도이므로 '법률의 부존재' 즉, 입법부작위를 다투는 것은 그 자체로 허용되지 아니한다(헌재 2011.2.15. 2011헌바20, 형법 제50조 제2항 등 위헌소원(각하)) (헌재 2009.5.12. 2009헌바69, 민사소송법 제449조 관련 입법부작위 위헌소원(각하)).

(3) 재판의 전제성

(ⅰ) 위헌심사형 헌법소원심판의 경우에는 위헌법률심판과 마찬가지로 재판의 전제성이 요구된다.

당해 사건 재판에서 승소판결을 받아 그 판결이 확정된 경우 재심을 청구할 법률상 이익이 없고, 심판대상조항에 대하여 위헌결정이 선고되더라도 당해 사건 재판의 결론이나 주문에 영향을 미칠 수 없으므로 그 심판청구는 재판의 전제성이 인정되지 아니하나, 파기환송 전 항소심에서 승소판결을 받았다고 하더라도 그 판결이 확정되지 아니한 이상 상소절차에서 그 주문이 달라질 수 있으므로, 심판대상조항의 위헌 여부에 관한 재판의 전제성이 인정된다(헌재 2013.6.27. 2011헌바247, 구 부가가치세법 제22조 제5항 제1호 위헌소원(각하)) (헌재 2000.6.29. 99헌바66등, 헌법재판소법 제75조 제7항 위헌소원(합헌)).

동일 청구인이 과거에 유사한 취지로 헌법소원심판을 청구한 바 있으나, 과거(헌법재판소법 제68조 제1항에 따른 청구)와는 달리 법원의 위헌제청신청을 거치는 등 헌법재판소법 제68조 제2항의 헌법소원으로 청구유형을 바꾸어 청구한 경우로서, 재판의 전제성을 충족하였다(과거에 제기한 헌법소원과는 헌법소원의 유형이 다른 이상 일사부재리 원칙을 위반하지 아니한다). 귀환하지 아니한 국군포로의 경우 그간의 행적 등을 파악할 수 없는 한계 등을 이유로 억류기간 동안의 보수지급 대상에서 제외한 것은 평등원칙에 위배되지 아니한다(합헌5:각하4) (헌재 2022.12.22. 2020헌바39, 국군포로의 송환 및 대우 등에 관한 법률 제9조 제1항 위헌소원(합헌)).

"헌법재판소법 제68조 제2항에 의한 헌법소원에 있어서 만약 당해사건이 부적법한 것이어서 법률의 위헌 여부를 따져볼 필요조차 없이 각하를 면할 수 없는 것일 때에는 위헌여부심판의 제청신청은 적법요건인 재판의 전제성을 흠결한 것으로서 각하될 수밖에 없"다(헌재 2004.6.24. 2001헌바104, 도시계획법 부칙 제10조 제3항 위헌소원(각하)); 단순히 법률의 구체적 해석·적용을 다투는 경우로서 법률조항 자체의 위헌성을 다투는 것으로 볼 여지가 없는 경우 헌법재판소법 제68조 제2항에 의거한 심판청구로서 부적법하다(헌재 2005.7.21. 2001헌바67, 구 금융산업의구조개선에관한법률 제14조의3 제1항 위헌소원(각하)).

미합중국 군대가 대한민국의 영토 및 그 부근에 배비하는 권리에 관한 '대한민국과 미합중국 간의 상호방위조약' 및 미합중국이 대한민국에서 시설과 구역의 사용을 공여받도록 하고, 합동위원회에 관하여 규정하고 있는 '대한민국과 아메리카합중국 간의 상호방위조약'에 의한 시설과 구역 및 '대한민국에서의 합중국군대의 지위에 관한 협정'에 대한 헌법소원심판 청구에 대하여 제1심 법원은 '이 사건 부지공여승인은 항고소송의 대상이 되는 처분에 해당하지 않고, 피고적격도 인정되지 않는다.'는 이유로 소각하 판결을 하였고, 항소 및 상고하였으나 모두 기각되어 위 판결이 확정되었다. 따라서 심판대상조항의 위헌

여부는 당해사건의 재판의 전제가 되지 아니한다(헌재 2023.5.25. 2022헌바36, 대한민국과 미합중국 간의 상호방위조약 제4조 등 위헌소원(각하)).

(ii) 한편, 위헌법률심판을 구하는 헌법소원(헌재법 제68조 제2항)의 경우에는 당해 법원에 위헌법률심판제청을 신청할 때 당해 사건이 법원에 계속 중이면 이 요건을 충족한다(헌재 1998.7.16. 96헌바33등). 당해 법원이 위헌법률심판제청신청을 배척한 후 재판을 진행하여 당사자가 헌법재판소에 헌법소원심판을 청구하기 전에 당해 사건의 소송계속이 이미 소멸될 수 있지만(판결의 확정 등), 이후 헌법재판소가 위헌결정을 선고하면 청구인은 재심을 청구하여 구제될 수 있기 때문이다(헌재법 제75조 제7항).

헌법재판소법 제68조 제2항에 의한 헌법소원이 인용된 경우에 당해 헌법소원과 관련된 소송사건이 이미 확정된 때에는 당사자는 재심을 청구할 수 있으므로, 대법원이 상고기각판결을 선고함으로써 원심판결이 확정되었더라도 재판의 전제성이 소멸된다고 볼 수는 없다(헌재 1998.7.16. 96헌바33등, 사립학교법 제53조의2 제2항 위헌소원 등(위헌, 각하)).

(4) 제청신청의 기각결정

(i) 헌법재판소법 제68조 제2항의 위헌심사형 헌법소원은 원칙적으로 법률의 위헌여부심판의 제청신청을 하여 그 신청이 기각된 때에만 청구할 수 있으므로, 청구인이 특정 법률조항에 대한 위헌여부심판의 제청신청을 하지 아니하였고 따라서 법원의 기각결정도 없었다면 그 부분 심판청구는 심판청구요건을 갖추지 못하여 부적법하다(헌재 1994.4.28. 89헌마221; 헌재 1997.11.27. 96헌바12; 헌재 2000.7.20. 98헌바74; 헌재 2015.6.25. 2014헌바61).

제청신청이 기각된 경우란 신청이 실체심리 결과 이유 없다고 하여 신청을 배척하는 경우는 물론이고 위헌이라고 주장하는 법률이나 법률조항이 재판의 전제성을 갖추지 못하였다고 판단하여 배척하는 경우도 포함한다. 헌법재판소에 헌법소원을 제기하여 재판의 전제성에 대하여 당해 법원과 다른 판단을 받을 수 있는 가능성을 허용하는 것이 타당하기 때문이다. 재판의 전제성에 대한 판단권한은 원칙적으로 당해사건의 재판을 담당하는 법원에 있다. 하지만, 재판의 전제성이라는 요건은 소송의 경과에 따라 변경될 수 있을 뿐 아니라 재판의 전제성에 대한 법원의 판단이 명백히 부당한 경우도 있으므로 당사자의 위헌법률심판청구를 넓게 보장한다는 차원에서 재판의 전제성 흠결 여부를 포함하여 법률의 위헌 여부에 대하여 헌법재판소의 판단 기회를 보장할 필요가 있기 때문이다.

헌법재판소도 '위헌제청신청이 기각된 때'에는 법원의 합헌판단에 의한 기각결정만을 의미하는 것이 아니라 재판의 전제성 흠결을 이유로 한 기각결정도 포함되는 것으로 해석하고 있다(헌재 1993.7.29. 90헌바35). 또한 당해 법원이 실질적으로 위헌 여부에 대해 판단을 했음에도 각하결정이라는 재판형식으로 배척한 경우에도 헌법재판소법 제68조 제2항의 헌법소원심판의 청구를 허용하고 있다(헌재 1989.12.18. 89헌마32등, 국가보위입법회의법 등의 위헌 여부에 관한 헌법소원(위헌,각하)).

"헌재법 제68조 제2항은 위헌제청신청이 기각된 때에는 그 신청인이 바로 헌법재판소에 법률의 위헌 여부에 관한 심사를 구하는 헌법소원을 제기할 수 있다는 것으로서, 그 경우에"위헌제청신청이 기각된 때"라는 것은 반드시 합헌판단에 의한 기각결정만을 의미하는 것이 아니라 재판의 전제성을 인정할 수 없어 내리는 기각결정도 포함하는 것으로 해석"된다(헌재 1993.7.29. 90헌바35, 반국가행위자의처벌에관한특별조치법 제5조 등 및 헌법재판소법 제41조 등에 대한 헌법소원(위헌,각하)).

(ii) 제청신청에 대한 법원의 기각결정이 없었던 법률조항에 대한 헌법소원은 부적법하다(헌재 1994.4.28. 89헌마221; 헌재 1997.8.21. 93헌바51; 헌재 2006.7.27. 2005헌바19). 제청신청 및 기각결정에 포함되지 아니한 법률조항을 헌법소원에 포함시킨 경우에는 그 법률조항에 대하여만 부적법한 것으로 보아 각하한다(헌재 1997.11.27. 96헌바12; 헌재 2002.5.30. 2001헌바28). 그러나 당사자가 제청신청의 대상으로 제시하지 아니하였고 또한 당해 법원 역시 신청기각결정의 대상으로 삼지 아니하였음이 명백한 법률조항이라 하더라도, 예외적으로 제청신청을 기각한 당해 법원이 당해 조항을 실질적으로 판단하였거나 당해 조항이 명시적으로 제청신청을 한 조항과 필연적 연관관계를 맺고 있어서 당해 법원이 묵시적으로 제청신청된 것으로 판단한 것으로 볼 수 있는 경우에는 헌법재판소법 제68조 제2항의 헌법소원으로서 적법하다고 본다(헌재 2001.2.22. 99헌바93; 헌재 1998.3.26. 93헌바12; 헌재 2005.2.24. 2004헌바24; 헌재 2010.9.30. 2009헌바2).

"법 제68조 제2항에 의한 헌법소원심판의 청구는 법 제41조 제1항의 규정에 의한 적법한 위헌여부심판의 제청신청을 법원이 각하 또는 기각하였을 경우에만 당사자가 직접 헌법재판소에 헌법소원의 형태로써 심판을 청구할 수 있는 것인데 이 사건에 있어서 청구인들의 위헌제청신청사건을 담당하여 이유 없다고 기각한 제청법원의 결정내용에 의하면 청구인들이 이 사건 헌법소원심판청구를 한 국가안전기획부법 제15조 및 제16조에 관하여는 재판 대상으로 삼은 법률조항도 아니어서 이 규정들에 대하여는 제청법원이 위헌제청신청기각의 결정을 한 바 없음을 알 수 있다. 따라서 같은 규정들에 대하여는 법 제68조 제2항에 의한 심판의 대상이 될 수 없는 사항에 대한 것으로서 이 부분 청구인들의 심판청구는 부적법하다 할 것이다"(헌재 1994.4.28. 89헌마221, 정부조직법 제14조 제1항 등의 위헌여부에 관한 헌법소원(각하,합헌)).

"청구인은 당해사건에서 심판대상조항들이 적용된 결과로 유죄판결을 받았다. 그런데 심판대상 조항들 중 학원법 제22조 제1항 제2호에 대해서는 명시적인 위헌법률심판제청신청이 없었고 따라서 위헌제청신청 기각결정에서도 같은 규정을 명시적 판단대상으로 삼지는 않았다. 그러나, 같은 조항은 학원법 제6조 위반행위에 대한 벌칙규정으로서, 학원법 제6조에 대한 위헌법률심판제청신청과 이에 대한 법원의 판단에 위 벌칙규정에 대한 신청과 판단이 실질적으로 포함되어 있는 것으로 볼 수 있다. 그러므로, 같은 조항에 대한 심판청구도 헌법재판소법 제68조 제2항에 따른 적법요건을 갖춘 것으로 본다"(헌재 2001.2.22. 99헌바93, 학원의설립·운영에 관한 법률 제6조 등 위헌소원(합헌)).

"헌법재판소법 제68조 제2항의 헌법소원은 법률의 위헌여부심판의 제청신청을 하여 그 신청이 기각된 때에만 청구할 수 있는 것이므로, 청구인이 특정 법률조항에 대한 위헌여부심판의 제청신청을 하지 않았고 따라서 법원의 기각결정도 없었다면 비록 헌법소원심판청구에 이르러 위헌이라고 주장하는 법률조항에 대한 헌법소원은 원칙적으로 심판청구요건을 갖추지 못하여 부적법한 것이나, 예외적으로 위헌제청신청을 기각 또는 각하한 법원이 위 조항을 실질적으로 판단하였거나 위 조항이 명시적으로 위헌제청신청을 한 조항과 필연적 연관관계를 맺고 있어서 법원이 위 조항을 묵시적으로나마 위헌제청신청으로 판단을 하였을 경우에는 헌법재판소법 제68조 제2항의 헌법소원으로서 적법한 것이다. 그런데, 이 사건에 있어서 청구인은 위헌제청신청을 함에 있어 행형법 제29조의 위헌 여부를 다투고 있을 뿐 이와 필연적 연관관계도 없는 행형법 제28조에 관한 위헌 여부를 명시적으로 다툰 바 없고, 법원의 위헌제청신청 각하결정도 행형법 제29조에 대하여만 판단했을 뿐, 행형법 제28조에 관하여 판단한 바 없으므로, 행형법 제28조에 관한 심판청구는 심판청구의 요건을 갖추지 못한 것으로 부적법하다(헌재 2005.2.24. 2004헌바24, 행형법 제29조 제1항 위헌소원 등(각하)).

(5) 청구기간

헌법재판소법 제68조 제2항의 헌법소원의 경우 청구기간은 위헌심판 제청신청을 기각하는 법원의 결정을 통지받은 날로부터 30일 이내에 청구하여야 한다(헌재법 제69조 제2항). 제청신청에 대한 기각결정의 송달은 당해사건의 공동소송대리인 중 1인에게 하면 적법한 송달이라고 본다(헌재 1993.7.29. 91헌마150, 택지개발예정지구지정 등에 대한 헌법소원(각하)). 비록 송달받은 당해사건의 공동소송대리인 중 1인이 제청신청서에 기재된 대리인이 아니더라도 제청사건은 당해 사건의 부수·파생하는 절차이므로 당해 사건의 공동소송대리인은 제청신청사건의 대리권도 당연히 가지기 때문이다.

4. 심판청구의 절차

위헌법률심판을 구하는 헌법소원의 심판청구서에는 위헌법률심판제청서의 기재사항이 준용된다(헌재법 제71조 제2항, 제43조). 다만, 제청법원의 표시는 청구인 및 대리인의 표시가 되어 ① 청구인 및 대리인의 표시, ② 사건 및 당사자의 표시, ③ 위헌이라고 해석되는 법률 또는 법률의 조항, ④ 위헌이라고 해석되는 이유, ⑤ 기타 필요한 사항을 기재하여야 한다. 또한 법률이나 법률조항의 위헌 여부가 재판의 전제가 되는 이유와 청구기간의 준수에 관한 사항을 추가하여야 한다(심판규칙 제68조 제2항).

위헌법률심판을 구하는 헌법소원에서 심판의 대상은 재판의 전제가 된 법률이 헌법에 위반되는지 여부이므로 심판청구서에 위헌이라고 해석되는 이유를 기재하여야 하고 심판청구의 취지도 재판의 전제가 된 "법률 또는 법률조항이 헌법에 위반된다라는 결정"을 구하는 형식이어야 한다.

위헌법률심판을 구하는 헌법소원은 그 본질이 규범통제제도이지만 그 형식은 헌법소원으로 심판청구되기 때문에 헌법재판소법 제72조가 정하는 지정재판부의 사전심사를 받는다. 여기에는 심판청구서의 필요적 기재상항의 기재여부, 청구기간의 준수여부, 재판의 전제성의 유무 등을 심사한다. 하지만, 헌법재판소법 제68조 제2항의 헌법소원은 그 본질이 규범통제제도라는 점을 고려하면 재판의 전제성은 동법 제41조의 위헌법률심판제청사건과 같이 9인의 전원재판부에서 심리하는 것이 논리적으로 타당하다. 변호사강제주의와 국선대리인에 관한 규정도 적용된다(헌재법 제25조 제3항 · 제4항, 제70조).

5. 한정위헌청구의 허용 여부

위헌법률심판을 구하는 헌법소원에서 심판의 대상은 법률 또는 법률조항이 헌법에 위반되는지 여부이다. 이와 관련하여 법률 또는 법률조항에 대한 특정한 해석이 헌법에 위반된다고 주장하는 심판청구가 허용되는지 문제된다. 이른바 한정위헌청구의 허용 여부이다.

과거에 헌법재판소는 법률조항 자체의 위헌성이 아니라 법률해석의 위헌성을 다투는 심판청구는 원칙적으로 부적법하다고 보았다(헌재 1995.7.21. 92헌바40; 헌재 1997.2.20. 95헌바27). 그 후 헌법재판소는 명시적으로 선례를 변경하여, 법률의 의미는 법률해석에 의해 확인되는 것이므로 법률과 법률해석을 구분할 수 없고 법률에 대한 규범통제는 해석에 의해 구체화된 법률의 의미에 대한 헌법적 통제라는 이유에서, 법률해석의 위헌성을 주장하는 한정위헌청구도 원칙적으로 적법하다고 판시하였다(헌재 2012.12.27. 2011헌바117). 다만, 헌법재판소법이 재판소원을 금지한 취지에 비추어 볼 때, 재판의 기초가 되는 사실관계의 인정이나 평가, 개별적 · 구체적 사건에서 법률조항의 포섭 · 적용, 법원의 법률해석이나 재판의 결과 등에 대한 다툼은 규범통제가 아니므로 여전히 허용될 수 없다고 본다.

> "규범으로서의 법률은 그 적용영역에 속하는 무수한 사례를 포괄적으로 규율해야 하기 때문에 일반적 · 추상적으로 규정될 수밖에 없으므로 개별적 · 구체적인 법적분쟁에 법률을 적용하는 경우에는 당해 사건에 적용할 가장 적합한 규범을 찾아내고 그 규범의 의미와 내용을 확정하는 사유과정인 법률해석의 과정을 거칠 수밖에 없게 되는 것 … '법률 또는 법률조항'과 '법률 또는 법률조항의 해석'은 결코 분리된 별개의 것이 아니며, 따라서 당해 사건 재판의 전제가 되는 법률 또는 법률조항에 대한 규범통제는 결국 해석에 의하여 구체화 된 법률 또는 법률조항의 의미와 내용에 대한 헌법적 통제 … 구체적 규범통제절차에

서 제청법원이나 헌법소원청구인이 심판대상 법률조항의 특정한 해석이나 적용부분의 위헌성을 주장하는 한정위헌청구 역시 원칙적으로 적법한 것으로 보아야 할 것이다. … 헌법재판소 선례들이 한정위헌청구는 원칙적으로 부적법하지만 예외적으로는 적법하다고 보는 입장은 합당하지 못한 것이다. … 구체적 규범통제절차에서 법률조항에 대한 특정적 해석이나 적용부분의 위헌성을 다투는 한정위헌청구가 원칙적으로 적법하다고 하더라도, 재판소원을 금지하고 있는 '법' 제68조 제1항의 취지에 비추어 한정위헌청구의 형식을 취하고 있으면서도 실제로는 당해 사건 재판의 기초가 되는 사실관계의 인정이나 평가 또는 개별적·구체적 사건에서의 법률조항의 단순한 포섭·적용에 관한 문제를 다투거나 의미있는 헌법문제를 주장하지 않으면서 법원의 법률해석이나 재판결과를 다투는 경우 등은 모두 현행의 규범통제제도에 어긋나는 것으로서 허용될 수 없"다(헌재 2012.12.27. 2011헌바117, 구 특정범죄가중처벌 등에 관한 법률 제2조 제1항 위헌소원 등(한정위헌)).

6. 심판청구 이후의 절차

위헌법률심판을 구하는 헌법소원을 제기한 경우 심판청구인의 제청신청을 기각한 당해 법원은 당해 소송사건을 그대로 진행한다. 이에 따라 헌법재판소의 위헌결정이 선고된 시점에 당해 법원의 소송사건이 이미 확정되는 경우가 있는데, 이때 당사자는 헌법재판소의 위헌결정을 근거로 재심을 청구할 수 있다(헌재법 제75조 제7항). 재심에 있어 형사사건에 대하여는 형사소송법의 규정을, 그 외의 사건에 대하여는 민사소송법의 규정을 준용한다(헌재법 제75조 제8항). 이와 같이 당해 사건의 재판이 확정된 후 헌법재판소가 위헌으로 결정하는 경우 재심절차를 통하여 청구인을 구제하여야 하는 번거로움과 법적 안정성을 고려할 때 헌법소원심판 절차에서 헌법재판소가 당해 사건의 재판을 정지시키는 가처분의 필요성이 제기된다.

7. 종국결정

위헌심사형 헌법소원에 대한 결정유형은 위헌법률심판의 결정유형과 같다. 위헌심사형 헌법소원을 인용하는 결정은 원칙적으로 법률에 대한 위헌결정이 된다. 이 경우 위헌법률심판에 관한 헌법재판소법 제45조·제47조의 위헌결정과 위헌결정효력에 관한 규정을 준용한다(제75조 제5항·제6항). 이에 따라 위헌심사형 헌법소원에서의 위헌결정은 법원 기타 모든 국가기관과 지방자치단체에 대하여 기속력을 가지게 된다. 그런데 헌법재판소는 헌법재판소법 제68조 제2항에 따른 헌법소원에서의 변형결정도 법원에 대한 기속력을 인정한다. 그러나 대법원은 단순위헌·단순합헌 등 헌법재판소의 전형적인 결정에 대한 기속력은 문제가 되지 아니하지만, 헌법재판소의 변형결정은 법원을 기속하지 아니한다고 본다(대판 1996.4.9. 95누11405, 양도소득세부과처분 취소사건)[1]

나아가서 대법원은 헌법재판소의 한정위헌결정뿐 아니라 사실상 단순위헌결정과 실질적으로 동일한 헌법불합치결정에 대하여 그 기속력을 인정하지 아니한 경우도 있다(대판 1997.3.28. 96누15602, 양도소득세부과처분 취소사건).[1] 다만, 대법원도 "헌법재판소의 헌법불합치결정은 헌법재판소법 제45조 본문 및 제47조 제1항 소정의 위헌결정임에 틀림없고 이는 다만 같은 법 제47조 제2항 본문의 예외로서 위헌결정으로 인한 법률조항의 효력상실시기만을 일정기간 뒤로 미루고 있음에 불과하다"(대판 1991.6.11. 90다5450)라고 판시함으로써 원칙적으로 헌법불합치결정에 대하여 기속력을 인정한다.

생각건대 헌법재판소법 제45조 등에 비추어 본다면 헌법재판소의 변형결정은 예외적이다. 특히 헌법재판소가 변형결정을 남발하여 결과적으로 스스로의 권위에도 손상을 입고 있다는 점을 부인할 수 없다(예컨대 국가보안법 사건의 경우). 그러나 헌법재판의 특수성에 비추어 변형결정은 헌법재판제도를 도입한 각국에서 널리 인정된다.[2] 대법원이 강조하는 법률의 해석·적용권한도 법원의 전속적 권한이라고 보기는 어렵다. 또한 그러한 주장은 헌법상 법률의 위헌 여부에 관한 헌법재판소의 위헌심판권에 대한 이해 부족으로부터 기인한다.[3]

헌법재판소법 제68조 제2항에 따른 헌법소원이 인용된 경우, 즉 심판대상 법률조항에 대해 헌법재판소가 위헌으로 결정한 경우 당해사건이 이미 확정된 때에는 당사자는 재심을 청구할 수 있다(제75조 제7항). 여기서 위 규정 소정의 "당해 헌법소원과 관련된 소송사건"이라 함은 당해 헌법소원의 전제가 된 당해 소송사건만을 가리키는 것이다(대판 1992.5.12. 91누7101; 대판 1993.7.27. 92누13400). 이에 따른 재심절차에서는 형사사건에 대하여는 형사소송법을 준용하고, 그 외의 사건에 대하여는 민사소송법을 준용한다(제75조 제8항).

---

1) 이 사건에서 제시된 법원행정처장의 견해. 현직 법관들의 논문에서는 전적으로 대법원의 입장을 옹호한다. 사법연구원, 헌법문제와 재판(상), 1996 등 참조.

1) 이에 대한 비판적 분석은, 황치연, "헌법재판소결정의 효력과 대법원의 판결", 인권과 정의 1997.11(제255호), 174-184면 참조.

2) 변형결정의 불가변력·형식적 확정력·기판력·기속력인정에 대하여서는 학계에서는 대체로 이론이 없는 것 같다. 김문현, "위헌법률심판에 있어서의 변형결정", 고시연구 1997.8, 74-87면(84-86면). 김교수는 문제된 법률의 효력도 헌법재판소의 결정에 따라 달라진다고 본다; 황도수, "헌법재판소와 대법원의 관계", 고시계 1997.5(제483호), 81-97면; 남복현, "헌법재판소결정의 효력과 법원의 기속", 공법연구 24-1, 247면 이하; 손상식, "재판소원 금지와 원처분주의", 헌법학연구 29-2; 남복현, "재판소원에 있어 한국과 독일의 비교연구", 헌법학연구 29-3; 박경철, "법률에 대한 위헌결정의 효력과 헌법소원의 대상이 되는 법원 재판", 공법연구 52-2; 장선미, "한정위헌결정의 기속력에 관한 헌법재판소와 대법원의 견해 대립에 대한 비판적 고찰", 헌법학연구 30-2.

3) 김문현, "헌법재판소와 법원의 헌법해석의 불일치", 법정고시 1997.7, 58-72면. 그런 점에서 대법원의 법률해석권은 제한된 법률해석권으로 이해된다. 황도수, 앞의 논문, 81-97면 이하(87면).

〈헌법소원심판청구서(법 제68조 제2항)〉

헌법소원심판청구서

청 구 인 ○ ○ ○
서울 성북구 ○○로○○, ○○○호(○○동)
대리인 변호사 ○ ○ ○
서울서초구○○로○○, ○○○호(○○동)

청 구 취 지

"지방공무원법(2018. 10. 16. 법률 제15801호로 개정된 것) 제61조 제1호 본문 중 제31조 제4호 부분은 헌법에 위반된다."라는결정을 구합니다.

당 해 사 건

서울행정법원 2020구합0000 지방공무원지위확인 청구의 소
원고 ○○○, 피고 ○○○

위헌이라고 해석되는 법률조항

지방공무원법(2018. 10. 16. 법률 제15801호로 개정된 것) 제61조 제1호 본문 중 제31조 제4호 부분

청 구 이 유

1. 심판청구에 이르게 된 경위(사건의 개요)
2. 심판대상조항 및 관련조항(법문 기재)
3. 적법요건의 충족 여부(예: 재판의 전제성, 청구기간 등)
4. 헌법에 위반되는 이유

첨 부 서 류

1. 위헌제청신청서
2. 위헌제청신청기각 결정문 및 동 결정의 송달증명서
3. 당해 사건의 판결문 등 기타 부속서류
4. 소송위임장(소속변호사회 경유)

20 . . .

청구인 대리인 변호사 ○ ○ ○ (인)

헌법재판소 귀중

제 3 장 권한쟁의심판

제 1 절 권한쟁의심판의 의의

Ⅰ. 의 의

현행헌법은 "국가기관 상호간, 국가기관과 지방자치단체간 및 지방자치단체 상호간의 권한쟁의에 관한 심판"(제111조 제1항 제4호)을 헌법재판소의 관할사항으로 규정한다. 즉 권한쟁의심판(權限爭議審判)은 국가기관 상호간 또는 국가기관과 지방자치단체간 그리고 지방자치단체 상호간에 헌법과 법률에 의한 권한과 의무의 범위와 내용에 관하여 다툼이 있는 경우 헌법소송을 통하여 이를 유권적으로 심판함으로써 국가기능의 수행을 원활히 하고, 국가기관 및 지방자치단체 상호간의 견제와 균형을 유지시켜 헌법이 정한 권능질서(權能秩序)의 규범적 효력을 보호하기 위한 제도이다(헌재 2010.12.28. 2009헌라2, 서울특별시 은평구와 기획재정부장관 간의 권한쟁의(각하)).[1)]

현행 헌법은 "국가기관 상호간, 국가기관과 지방자치단체간 및 지방자치단체 상호간의 권한쟁의에 관한 심판"(제111조 제1항 제4호)을 헌법재판소의 관할사항으로 규정하고 있다. 기관 상호간의 "권한의 유무 또는 범위에 관하여 다툼이 있는 때에는" 헌법재판소가 헌법해석을 통하여 이를 명확히 함으로써, 기관 상호간의 원활한 업무

1) 헌법재판연구 3-1 수록논문: 박진영, "공유수면매립지 행정구역 귀속에 관한 권한쟁의심판 결정의 기속력"; 조재현, "법률의 개정과 권한쟁의심판 결정의 기속력"; 이명웅, "권한쟁의심판에서 제3자 소속담당 인정 문제"; 정태호, "국가기관 상호간의 권한쟁의심판절차의 무력화"; 남복현, "기관소송과 권한쟁의심판의 관계", 공법연구 47-3; 임현, "권한쟁의심판과 기관소송 및 지방자치법상의 소송간의 관계에 관한 소고", 공법연구 47-3; 승이도, "지방자치단체 사이의 해상경계 획정에 관한 헌법재판소 권한쟁의심판연구", 헌법학연구 26-2; 이세주, "정치적 권력기관의 권한쟁의와 국회의장과 국회의원 간의 권한쟁의를 중심으로", 세계헌법연구 26-3; 정철, "공유수면 매립지의 관할결정에 대한 헌법재판소의 권한쟁의 심판권-헌재2015헌라3 결정을 중심으로", 세계헌법연구 27-2; 허완중, "헌법재판소는 권한쟁의심판의 당사자가 될 수 있는가", 공법연구 50-1; 손상식, "권한쟁의심판과 당사자에 관한 소고", 헌법학연구 28-2; 윤수정, "법률에 대한 권한쟁의심판의 적법성", 공법연구 51-4; 이황희, "수사권 제한 입법에 대한 검사의 권한쟁의심판청구의 적법성", 공법학연구 23-4; 박진영, "기초지방자치단체가 광역지방자치단체의 위법한 처분의 취소를 구하는 권한쟁의심판청구의 적법성", 헌법학연구 28-4.

수행 및 견제와 균형의 원리(권력분립)를 실현시키는 데 권한쟁의심판의 목적이 있다. 여기에서 권한이란 주관적 권리의무가 아니라 국가나 지방자치단체 등 공법인 또는 그 기관이 헌법 또는 법률에 의하여 부여되어 법적으로 유효한 행위를 할 수 있는 능력 또는 그 범위를 말한다(헌재 2010.12.28. 2009헌라2, 서울특별시 은평구와 기획재정부장관 간의 권한쟁의(각하)). 그러므로 권한쟁의심판은 개인적·주관적 권리 보호를 목적으로 하는 주관적 쟁송으로서의 성격보다는 헌법질서를 수호·유지하기 위한 객관적 소송으로서의 성격을 강하게 가진다.

더 나아가 권한쟁의심판의 청구인을 확장함으로써 소수자보호의 기능도 가진다.

Ⅱ. 연 혁

권한쟁의심판은 독일의 제도에서 그 유래를 찾는 것이 일반적이다. 독일에서 권한쟁의심판제도는 19세기 국사재판소의 심판절차에 그 연원을 두고 있지만 오늘날과 같은 형태로 권한쟁의심판제도가 정립된 것은 독일기본법에서 연방헌법재판소를 규정하고 연방헌법재판소의 관장사항으로 광범위한 헌법재판제도를 규정하면서부터이다(독일기본법 제93조, 연방헌법재판소법 제13조). 독일기본법 제93조 제1항은 기본법이나 연방법률에 의하여 고유한 권리를 가진 각 기관의 권리와 의무의 범위와 내용에 관한 다툼이 발생하였을 경우 이에 관한 심판권은 연방헌법재판소가 가진다고 규정하고 있다. 이러한 기본법 규정을 연방헌법재판소법이 구체화하고 있다.

우리나라에서는 제2공화국 헌법이 권한쟁의심판제도에 대하여 규정을 두면서 처음으로 이 제도를 도입하였다. 즉, 제2공화국 헌법 제83조의3은 헌법재판소의 관장사항 가운데 하나로 국가기관간의 권한쟁의를 규정하였다. 하지만 제2공화국 헌법 아래에서 헌법재판소는 실제로 설치되지 못하였고 당연히 권한쟁의심판제도도 실현되지는 못하였다.

현행 헌법은 제111조 제1항 제4호에서 헌법재판소의 관장사항의 하나로서 "국가기관 상호간, 국가기관과 지방자치단체 간 및 지방자치단체 상호간의 권한쟁의에 관한 심판"을 규정하여 권한쟁의심판을 헌법재판소의 관장사항으로 한다. 제2공화국 헌법이 국가기관간의 권한쟁의심판만을 규정하고 있었던 반면, 현행 헌법은 국가기관간의 권한쟁의심판뿐만 아니라 국가기관과 지방자치단체 간 및 지방자치단체 상호간의 권한쟁의심판도 규정하고 있다. 이러한 권한쟁의심판은 현행 헌법 아래에서 비교적 활발하게 행하여지고 있다.

Ⅲ. 기 능

헌법재판소는 권한쟁의심판을 통하여 국가기관 상호간, 국가기관과 지방자치단체 상호간 및 지방자치단체 사이에 발생하는 권한의 존부 또는 범위에 관한 다툼을 해결함으로써 국가기능의 원활한 수행을 도모하고 기관 상호간의 견제와 균형을 유지하여 헌법질서의 규범적 효력을 수호하는 기능을 하게 된다.

한편, 의회와 행정부가 정당을 매개로 강한 일체감을 형성하고 있는 현대 정당국가에서는 의회와 다른 국가기관 사이의 권한쟁의심판은 주로 야당에 의하여 제기되고 수행된다는 점을 고려한다면 권한쟁의심판은 일정 부분 소수자보호라는 기능을 수행한다고 할 수 있다. 독일 연방헌법재판소가 기관쟁의심판에 소수자보호기능이 있음을 강조하는 것도 이러한 측면에서 이해할 수 있다. 권한쟁의심판이 가지고 있는 소수자보호기능은 권한쟁의심판을 청구할 수 있는 청구인의 범위를 확장하여야 한다는 논의와 깊은 연관성을 가지고 있다.

Ⅳ. 종 류

현행법상 권한쟁의심판의 종류는 다음과 같다. ㉠ 우선 국가기관 상호간의 권한쟁의심판이 있다. 여기서 국가기관에는 입법기관, 행정기관, 사법기관 및 중앙선거관리위원회도 포함된다(헌재법 제62조 제1항 제1호). ㉡ 국가기관과 지방자치단체 간의 권한쟁의심판에는 정부와 특별시·광역시·특별자치시·도 또는 특별자치도 간의 권한쟁의심판과 정부와 시·군·자치구 간의 권한쟁의심판이 있다(제2호). ㉢ 지방자치단체 상호 간의 권한쟁의심판에는 특별시·광역시·특별자치시·도 또는 특별자치도 상호간의 권한쟁의심판, 시·군·자치구 상호간의 권한쟁의심판과 특별시·광역시·특별자치시·도 또는 특별자치도와 시·군·자치구간의 권한쟁의심판이 있다(제3호).

행정각부 상호간의 권한획정은 국무회의의 심의사항이나(헌법 제89조 제10호) 이에 불복할 경우에는 헌법재판소에 제소할 수 있다는 견해도 있다. 그러나 헌법재판소의 결정에 비추어 판단할 때 당사자능력이 인정되어 권한쟁의심판이 성립될 수 있을지 의문이다.

권한쟁의의 유형으로서 적극적 권한쟁의와 소극적 권한쟁의에 관한 논의가 있다. 적극적 권한쟁의가 인정된다는 것은 당연하나, 소극적 권한쟁의 즉 권한의 부존재를 서로 주장하는 경우에는 이의 인정 여부에 관해서 학설상 대립이 있다(후술하는 청구사유 참조).

> 지방자치단체 '상호간'의 권한쟁의심판에서 말하는 '상호간'이란 '서로 상이한 권리주체간'을 의미한다. 그런데 '지방교육자치에 관한 법률'은 교육감을 시 · 도의 교육 · 학예에 관한 사무의 '집행기관'으로 규정하고 있으므로, 교육감과 해당 지방자치단체 상호간의 권한쟁의심판은 '서로 상이한 권리주체간'의 권한쟁의심판청구로 볼 수 없다(헌재 2016.6.30. 2014헌라1, 경상남도 교육청과 경상남도 간의 권한쟁의(각하)).
>
> '국민'인 청구인은 그 자체로는 헌법에 의하여 설치되고 헌법과 법률에 의하여 독자적인 권한을 부여받은 기관이라고 할 수 없으므로, '국민'인 청구인은 권한쟁의심판의 당사자가 되는 '국가기관'이 아니다(헌재 2017.5.25. 2016헌라2, 국민과 대법원장 간의 권한쟁의(각하)).
>
> 지방자치단체의 기관 상호간의 권한쟁의심판은 헌법재판소법에 의하여 헌법재판소가 관장하는 지방자치단체 상호간의 권한쟁의심판에 해당하지 아니하고, 그 밖의 국가기관 상호간의 권한쟁의심판이나 국가기관과 지방자치단체간의 권한쟁의심판에 해당하지도 아니한다(헌재 2018.7.26. 2018헌라1, 거제시의회와 거제시장 간의 권한쟁의(각하)).

V. 헌법재판소의 권한쟁의심판권과 법원의 행정재판권

1. 헌법상 권한쟁의심판제도의 특징

헌법상 권한쟁의심판제도의 특징은 다음과 같다.

첫째, 국가기관 상호간의 권한쟁의뿐만 아니라 상이한 법주체인 국가기관과 지방자치단체 상호간 및 지방자치단체 상호간의 권한쟁의도 인정된다.

둘째, 권한쟁의심판사항과 중첩될 여지가 많은 기관소송에 관하여 헌법재판소 관장사항으로 되는 소송을 기관소송사항에서 제외함으로써(행정소송법 제3조 제4호 단서) 권한쟁의에 관한 한 헌법재판소에 원칙적이고 포괄적인 관할권을 인정하고 있다.

셋째, 권한쟁의대상이 되는 법적 분쟁은 헌법상의 분쟁뿐만 아니라 법률상의 분쟁도 포함된다(헌재법 제61조 제2항). 따라서 헌법재판소의 권한쟁의심판권은 일반법원의 행정소송관할권과 중복될 가능성이 있다.

이에 따라 권한쟁의심판과 행정재판에 관련하여서는 주로 세 가지 면에서 문제가 된다. ㉠ 헌법재판소의 권한쟁의심판권과 행정소송법상의 기관소송의 관할권 문제, ㉡ 지방자치단체가 국가기관 등의 감독작용에 대하여 불복하는 경우 대법원의 지방자치법상의 재판권과 헌법재판소의 권한쟁의심판권 사이의 충돌 문제, ㉢ 헌법재판소의 권한쟁의심판권과 법원의 항고소송 등과의 관할권 문제이다.

2. 권한쟁의심판권과 행정소송법상의 기관소송(機關訴訟)의 관할권

행정소송법에서 기관소송은 "국가 또는 공공단체의 기관상호간에 있어서의 권한의 존부 또는 그 행사에 관한 다툼이 있을 때에 이에 대하여 제기하는 소송"이다. "다만, 헌법재판소법 제2조의 규정에 의하여 헌법재판소의 관장사항으로 되는 소송은 제외한다"(제3조 제4호). 즉 행정소송법 제3조 제4호는 국가 또는 공공단체의 기관상호간의 권한의 존부 또는 그 행사에 관한 다툼이 있을 때 제기하는 소송을 기관소송으로 규정하고 이를 행정법원의 관할을 인정하고 있다.

그러나 헌법 또는 헌법재판소법에 의하여 국가기관 상호간의 권한쟁의는 헌법재판소의 관장사항이므로 이들 권한쟁의는 법원의 기관소송에서 제외된다(단서). 이에 따라 행정소송법 제3조 제4호에 의한 기관소송은 공공단체의 기관 상호간의 권한분쟁에만 적용된다. 따라서 국가기관 상호간의 권한쟁의심판과 기관소송 간에 관할충돌의 문제는 발생하지 아니한다.

3. 권한쟁의심판과 지방자치법상의 소송

(1) 지방자치법 제188조의 소송 문제

국가기관 또는 상급 지방자치단체의 장의 시정명령 등에 이의가 있을 때에는 지방자치단체의 장은 지방자치법 제188조(위법 · 부당한 명령 · 처분의 시정) 제2항에 의하여 대법원에 소를 제기할 수 있다. 또한 위의 감독처분이 지방자치단체의 자치권한을 침해한다고 판단될 경우 당해 지방자치단체는 지방자치단체의 장의 대법원에의 제소와는 별도로 헌법재판소에 권한쟁의심판을 청구할 수도 있다.

따라서 이 경우 헌법재판소와 대법원 사이에 관할권 문제가 발생할 가능성이 있으며, 위 지방자치법 제188조 제2항에 대하여는 헌법 제111조 제1항 제4호에 의한 헌법재판소의 권한쟁의심판권을 침해하므로 위헌이라는 견해도 있다.

(2) 지방자치법 제189조 소송

지방자치법 제188조의 소송과는 달리 제189조(지방자치단체의 장에 대한 직무이행명령)에 의거한 소송은 지방자치단체의 장이 하급행정기관으로서 상급 국가기관 또는 상급 지방자치단체를 상대로 제기하는 소송이므로 기관소송의 성격을 가진다.

(3) 지방자치법 제5조 제9항의 소송

종래 공유수면 매립지의 귀속에 대해 지방자치단체와 국가 상호 간 혹은 지방자치단체 상호 간에 다툼이 있는 경우 헌법재판소는 권한쟁의심판의 대상으로 보아 이를 판단하였다. 공유수면 매립지의 귀속이나 지적공부 등록 누락지 관련 권한쟁의심판이 헌법재판소에 상당히 많이 제기되었다. 그런데 지방자치법이 2009년 4월 1일 개정되어 공유수면 매립지의 귀속을 행정자치부장관이 결정하고 이 결정에 이의가 있으면 지방자치단체의 장은 대법원에 제소할 수 있게 되었다(지방자치법 제5조 제9항). 이런 개정 후에도 공유수면 매립지와 지적공부 누락 지의 귀속과 관련한 지방자치단체의 권한분쟁에 대해 헌법재판소가 권한쟁의심판의 관할을 유지할 수 있느냐가 문제되었다. 이에 대해 헌법재판소는 행정자치부장관이 신규 공유수면 매립지의 관할권이 어느 지방자치단체에 귀속하는지에 관한 결정은 창설적 성격을 가진다고 보아 종전 공유수면에 대한 관할권을 가진 지방자치단체 역시 매립지에 대해 어떠한 권한을 보유한다고 볼 수 없어 청구인들(공유수면의 관할권을 가졌던 지방자치단체)의 자치권한이 침해되거나 침해될 현저한 위험이 있다고 보기 어렵다는 이유로 권한쟁의심판청구를 각하하였다(헌재 2020.7.16. 2015헌라3, 충청남도 등과 정부 등 간의 권한쟁의 등(각하))이 결정으로 종전 공유수면의 관할권을 근거로 공유수면을 매립하여 생긴 신생 매립지의 귀속여부를 결정할 수 있다는 헌법재판소의 결정은 변경되었다.

그런데 개정 지방자치법에서는 제4조 제1항을 "지방자치단체의 명칭과 구역은 종전과 같이 하고, 명칭과 구역을 바꾸거나 지방자치단체를 폐지하거나 설치하거나 나누거나 합칠 때에는 법률로 정한다. 다만, 지방자치단체의 관할 구역 경계변경과 한자 명칭의 변경은 대통령령으로 정한다."고 개정하고, 같은 조 제3항도 개정하여 공유수면 매립지가 속할 지방자치단체는 위 제1항에도 불구하고 행정안전부장관이 결정하는 것으로 정하였다(제1호). 나아가 개정 지방자치법 제4조 제4항에서는 '같은 조 제3항 제1호의 경우 매립면허관청 또는 관련 지방자치단체의 장이 매립공사의 준공검사 전에 행정안전부장관에게 해당 지역이 속할 지방자치단체의 결정을 신청하여야 한다.'고 규정하여 신청 자체를 의무로 규정하였고, 부칙 제2조 제1항에서는 "제4조 제4항의 개정규정은 이 법 시행 전에 「공유수면매립법」 제25조에 따른 준공검사를 받은 매립지에 대하여 시장・군수・구청장이 이 법 시행 후에 지적공부에 등록하는 경우에도 적용한다."고 규정함으로써, 개정 지방자치법 시행 전에 이미 준공검사를 받은 매립지라 하더라도 법 시행 후에 지적공부에 등록하려면 그 전에 행정안전부장관에의 신청 및 결정 절차를 반드시 거치도록 하였다.

그렇다면 개정 지방자치법 제4조 제3항은, 매립지의 관할에 대하여는 앞으로 같은 조 제1항이 처음부터 배제되고, 행정안전부장관의 결정에 의하여 비로소 관할 지방자치단체가 정해지며, 그 전까지 해당 매립지는 어느 지방자치단체에도 속하지 않는다는 의미로 해석함이 타당하다. 한편, 공유수면의 관할 귀속과 매립지의 관할 귀속은 그 성질상 달리 보아야 한다. 매립공사를 거쳐 종전에 존재하지 않았던 토지가 새로이 생겨난 경우 동일성을 유지하면서 단순히 바다에서 토지로 그 형상이 변경된 것에 불과하다고 보기는 어렵다. 일반적으로 공유수면 상의 해상경계선은, 연안 해역을 중심으로 오랜 기간에 걸쳐 형성되고 인근 어민들의 생활터전이 되어 온 연안 어장 등을 중심으로 바다에 인접한 지방자치단체 간의 공평하고 합리적인 어업활동을 규율하기 위한 목적으로 이용되었던 것인데, 공유수면 상의 어장 부분뿐 아니라 그에 접한 다른 공유수면까지 함께 매립된 경우 위 해상경계선은 목적상 및 기능상의 한계로 인하여 매립지에 대한 행정관할구역을 획정하는 기준으로는 적합하지 않게 된다. 바다를 매립하여 육지를 조성하는 경우 매립의 주체와 목적이 명확하게 정해져 있고 매립을 위하여 막대한 비용과 노력이 투입되는 것이 불가피한데, 종전 공유수면에 대한 해상경계선만을 기준으로 매립지에 대한 관할 지방자치단체를 정하여 매립지를 조성한 주체와 목적, 비용부담관계, 매립지의 이용 상황, 인접지와의 연결관계, 행정관할의 효율성 등의 사정이 고려될 여지를 막아버리는 것은, 매립 목적을 달성하기 어렵게 하거나 동일한 토지이용계획 구역을 2개 이상의 지방자치단체 관할구역으로 분리하여 토지이용의 비효율을 초래할 수 있다(헌재 2019.4.11. 2015헌라2 참조). 또한, 공유수면이 매립됨으로써 상실되는 어업권 등은 보상 등을 통해 보전되었으므로, 공유수면의 관할권을 가지고 있던 지방자치단체이든 그 외의 경쟁 지방자치단체이든 새로 생긴 매립지에 대하여는 중립적이고 동등한 지위에 있다 할 것이다. 공유수면의 매립은 막대한 사업비와 장기간의 시간 등이 투입될 뿐 아니라 해당 해안지역의 갯벌 등 가치 있는 자연자원의 상실 내지 환경의 파괴를 동반하는 등 국가 전체적으로 중대한 영향을 미치는 사업이고(헌재 2019.4.11. 2015헌라2), 공유수면의 이용과 매립지의 이용은 그 구체적인 내용에 있어서도 상당히 다르므로, 공유수면의 경계를 그대로 매립지의 '종전' 경계로 인정하기는 어렵다. 헌법재판소 역시 2015.7.30. 2010헌라2 결정을 통하여 국가기본도상의 해상경계선을 공유수면의 불문법상 해상경계선으로 인정해 온 헌법재판소의 기존법리(헌재 2004.9.23. 2000헌라2 등)를 변경하고, 2019.4.11. 2015헌라2 결정을 통하여는 공유수면의 해상경계선을 매립지의 관할경계선으로 인정해 온 헌법재판소의 기존법리(헌재 2011.9.29. 2009헌라3 등)를 변경하여, 기존의 해상경계선에 따른 공유수면의 경계기준을 매립지에까지 그대로 적용할 수는 없고, 여러 가지 요소를 종합하여 형평의 원칙에 따라 합리적이고 공평하게 매립지의 경계를 획정하여야 한다고 보았다. 이와 같이 개정 지방자치법의 취지와 공유수면과 매립지의 성질상 차이 등을 종합하여 볼 때, 신생 매립지는 개정 지방자치법 제4조 제3항에 따라 같은 조 제1항이 처음부터 배제되어 종전의 관할구역과의 연관성이 단절되고, 행정안전부장관의 결정이 확정됨으로써 비로소 관할 지방자치단체가 정해지며, 그 전까지 해당 매립지는 어느 지방자치단체에도 속하지 않는다 할 것이다. 그렇다면 이 사건 매립지의 매립 전 공유수면에 대한 관할권을 가졌을 뿐인 청구인들이, 그 후 새로이 형성된 이 사건 매립지에 대해서까지 어떠한 권한을 보유하고 있다고 볼 수 없으므로, 이 사건에서 청구인들의 자치권한이 침해되거나 침해될 현저한 위험이 있다고 보기는 어렵다(헌재 2020.7.16. 2015헌라3, 충청남도 등과 정부 등 간의 권한쟁의 등(각하)).

4. 권한쟁의심판과 항고소송(抗告訴訟)

헌법 제111조에 의한 헌법재판소의 권한쟁의심판권은 헌법상의 권한분쟁뿐만 아니라 법률상의 권한분쟁도 포함한다. 한편 행정소송법상 법원은 항고소송(제3조 제1호: 행정청의 처분 등이나 부작위에 대하여 제기하는 소송)을 통하여 국가 또는 지방자치단체를 둘러싼 공법상의 분쟁에 관하여 행정재판권을 행사할 수 있다. 따라서 이러한 공법상의 분쟁에 관하여 헌법재판소의 권한쟁의심판권과 법원의 행정재판권이 충돌할 가능성이 있다.

다수설에 의하면 지방자치단체도 항고소송의 원고적격을 인정하므로 국가 또는 상급 지방자치단체의 처분이 위법하다고 판단할 경우에 지방자치단체는 그 처분의 취소를 구하는 항고소송을 제기할 수 있다. 다른 한편 국가 또는 상급 지방자치단체의 당해 처분이 자신의 헌법상 또는 법률상의 권한을 침해한다는 이유로 헌법재판소에 권한쟁의심판을 청구할 수 있으므로, 헌법재판소와 법원 사이에 상이한 결과를 가져올 수 있다.

제 2 절 권한쟁의심판의 청구

Ⅰ. 심판청구서의 제출

권한쟁의심판의 절차는 심판청구서를 헌법재판소에 제출함으로써 개시된다(헌재법 제26조). 심판청구서는 권한쟁의심판의 청구기간 내에 헌법재판소에 도달하여야 한다. 헌법재판소에 심판청구서를 제출할 때 9통의 심판용 부본을 함께 제출하여야 한다. 이 경우 송달용 부본은 별도로 제출하여야 한다(심판규칙 제9조). 권한쟁의심판의 청구권자는 심판청구서를 전자문서화하고 이를 정보통신망을 이용하여 헌법재판소에서 지정·운영하는 전자정보처리조직을 통하여 제출할 수도 있다(헌재법 제76조 제1항).

Ⅱ. 심판청구서의 기재 사항

권한쟁의심판의 청구서에는 청구인 또는 청구인이 속한 기관 및 심판수행자 또는 대리인의 표시, 피청구인의 표시, 심판 대상이 되는 피청구인의 처분 또는 부작위, 청구 이유, 그 밖에 필요한 사항 등을 적어야 한다(헌재법 제64조).

1. 청구인 등의 표시

권한쟁의심판청구서에는 청구인 또는 청구인이 속한 기관 및 심판수행자 또는 대리인을 표시하여야 한다(헌재법 제64조 제1호). 변호사를 선임하여 심판수행을 위임하는 경우 변호사인 소송대리인의 성명과 주소를 기재하여야 하며 변호사 선임 없이 변호사 자격이 있는 소속 직원이 권한쟁의심판을 수행하는 경우에는 그 직원의 성명과 직위를 청구서에 기재하여야 한다. 대리인의 선임을 증명하는 위임장을 청구서에 첨부하여야 한다.

2. 피청구인의 표시

권한쟁의심판의 상대방인 피청구인의 명칭과 대표자의 성명 등 피청구인의 표시가 청구서에 기재되어야 한다.

3. 심판대상

권한쟁의심판의 대상이 되는 피청구인의 처분 또는 부작위를 구체적으로 특정하여 청구서에 기재하여야 한다.

4. 청구취지

청구취지를 권한쟁의심판청구서에 기재하여야 하는지에 관하여 헌법재판소법은 침묵을 지키고 있다. 그러나 청구취지는 당사자가 당해 소송을 통하여 달성하려고 하는 목적 내지 결론에 해당하는 부분인 동시에 심판대상을 특정하는 역할을 담당하므로 권한쟁의심판절차에서도 청구취지는 청구서에 당연히 기재되어야 한다.

기본적으로는 청구인의 권한의 존부 또는 범위의 확인을 구하는 것이 청구취지로 될 것이다. 실제로는 청구인의 처분이나 부작위에 의하여 청구인의 권한이 침해되었음의 확인을 구하는 청구취지가 많다. 또한 청구인의 권한이 이미 침해된 경우에는 피청구인의 처분의 취소 또는 무효확인을 구하는 것도 청구취지로 될 수 있다. 예를 들면 법률안의 상정과 국회의장에 의한 의결과정에서 국회의원의 심의·표결권한의 침해주장과 함께 이런 권한침해를 통해 이루어진 법률안 가결선포행위가 무효임을 주장하는 권한쟁의심판청구가 가능하다(헌재 2009.10.29.2009헌라8등, 국회의원과 국회의장 등 간의 권한쟁의(인용(권한침해),기각,각하); 헌재 2011.8.30. 2009헌라7, 국회의원과 국회의장 간의 권한쟁의(방위사업법 날치기 권한쟁의 사건)(인용(권한침해),기각) 등)

5. 청구 이유

권한쟁의심판청구서에는 청구 이유가 기재되어야 한다(헌재법 제64조 제4호). 청구 이유는 청구취지의 근거를 밝히는 동시에 청구취지의 정당성을 뒷받침하는 부분이다. 청구이유에서 청구인은 청구인과 피청구인의 권한배분에 관한 헌법 및 법률의 규정을 근거로 권한의 소재와 범위를 제시하면서 권한의 존부와 범위에 관한 분쟁이 발생하게 된 경과를 설명할 필요가 있다. 그리고 청구인은 피청구인의 처분 혹은 부작위에 의해서 헌법과 법률에 의하여 청구인이 가지는 구체적인 권한이 피청구인에 의해 침해를 받았거나 침해를 받을 현저한 위험이 있음을 논증해야 한다. 나아가 피청구인의 처분 등의 취소를 요구하거나 무효임을 확인하는 경우 그 처분 등이 헌법과 법률에 위배되어 취소 또는 무효임을 주장하는 이유를 기재해야 한다.

6. 그 밖에 필요한 사항

권한쟁의심판청구서에는 헌법재판소법 제64조 제1호 내지 제5호의 사항 이외에도 권한쟁의심판청구에 필요한 내용을 기재할 수 있다. 청구기간의 준수 여부에 관한 내용 등이 여기에 해당된다. 권한쟁의심판을 청구하는 청구인은 필요한 증거서류 또는 참고자료를 청구서에 첨부할 수 있다(헌재법 제26조 제2항).

Ⅲ. 청구권자

1. 당사자적격

헌법과 법률에 의하여 일정한 권한을 가지는 자가 모두 권한쟁의심판의 청구인이 될 수 있는 것은 아니다. 침해받았다고 주장하는 권한과 일정한 관련성을 가지는 기관만이 구체적인 권한쟁의심판에서 청구인이 될 수 있는 자격 즉 당사자적격을 가지게 된다. 권한쟁의심판의 당사자적격을 판단하기 위한 권한 관련성의 인정여부는 청구인이 주장하는 권한이 헌법 또는 법률에 의하여 그 청구인에게 부여되어 있는 권한의 범위 내에 포함되는지 여부에 따라 판단된다. 다만 이 판단은 종국적이고 구체적인 판단과정일 필요는 없고 개연성에 기초한 추상적 판단으로 충분하다.

당사자적격이란, 구체적 권한쟁의심판 사건에서 당사자로서 소송을 수행하고 본안판단을 받을 수 있는 자격을 의미한다. 국가기관은 헌법과 법률에 의하여 부여받은 자신의 권한을 구제받기 위해서만 권한쟁의심판청구권을 가지는 것이므로, 이를 제3자가 수행하도록 하는 것은 자기책임의 원칙과 권한분할의 원리에 반할 뿐 아니라 헌법질서의 수호와 법적 안정성을 위해서도 바람직하지 않다. 또한 권한쟁의심판의 무한정한 확장은 국가기관이 민주적 방법으로 의견제출과 토론을 통해 의사를 결정하는 것을 등한시하게 하고 모든 문제를 헌법재판소에 제소하여 사법적 수단으로 해결하는 방향으로 남용될 우려가 있으므로, 그 적절한 균형점을 찾기 위해 당사자적격이 요구된다. 헌법재판소법 제61조 제2항은 "(권한쟁의) 심판청구는 피청구인의 처분 또는 부작위가 헌법 또는 법률에 의하여 부여받은 청구인의 권한을 침해하였거나 침해할 현저한 위험이 있는 경우에만 할 수 있다."라고 규정하므로, 피청구인의 처분 또는 부작위로 침해당했다고 주장하는 헌법상 또는 법률상 권한과 적절한 관련성이 인정되는 기관만이 '청구인적격'을 갖고, 그러한 처분 또는 부작위를 야기한 기관으로서 적절한 관련성이 인정되는 기관만이 '피청구인적격'을 가진다. '검사'는 앞서 살펴본 바와 같이 영장신청권을 행사하고(헌법 제12조 제3항, 제16조), 공익의 대표자로서 범죄수사, 공소제기 및 그 유지에 필요한 사항 등에 관한 직무를 담당하여(검찰청법 제4조 제1항), 헌법과 법률에 의해 독자적인 권한을 부여받고 있다. 이 사건 법률개정행위는 이와 같은 검사의 수사 및 공소제기에 관한 권한 중 일부를 조정 · 제한하는 것을 주요 골자로 하고 있으므로, 검사는 이 사건 법률개정행위에 대하여 권한쟁의심판을 청구할 적절한 관련성을 가지고 있다. 따라서 청구인 검사들은 이 사건 권한쟁의심판에서 청구인적격이 인정된다. '법무부장관'의 경우에도, 앞서 살펴본 바와 같이 소관 사무에 관하여 부령을 발할 수 있고(헌법 제95조), 검찰 · 행형 · 인권옹호 · 출입국관리 그 밖에 법무에 관한 사무를 관장하므로(정부조직법 제32조), 헌법과 법률에 의해 독자적인 권한을 부여받고 있다. 그러나 이 사건 법률개정행위는, 법무부장관의 이와 같은 독자적인 권한이 아닌, 수사 및 공소제기에 관한 검사의 독자적인 권한을 일부 제한하는 것을 주요 골자로 하고 있다. 물론 법무부장관에게는 일반적으로 검사를 지휘 · 감독하고 구체적 사건에 대하여는 검찰총장만을 지휘 · 감독할 권한이 있으나(검찰청법 제8조), 이 사건 법률개정행위가 이와 같은 법무부장관의 지휘 · 감독권한을 제한하는 것이 아님은 명백하며, 이 사건 법률개정행위에 대하여 수사권 · 소추권을 직접적으로 행사하는 검사들이 청구인으로서 권한쟁의심판을 청구한 이상, 수사권 · 소추권을 직접적으로 행사하지 아니하는 법무부장관에게 이 사건 법률개정행위에 대하여 권한쟁의심판을 청구할 적절한 관련성이 있다고 보기 어렵다. 따라서 청구인 법무부장관은 이 사건 권한쟁의심판에서 청구인적격이 인정되지 아니한다. 따라서 이 사건 권한쟁의심판에서 청구인 검사들은 청구인적격이 인정되나, 청구인 법무부장관은 청구인적격이 인정되지 아니한다(헌재 2023.3.23. 2022헌라4, 검사의 수사권 축소 등에 관한 권한쟁의(각하)).

공수처장의 대통령 윤석열에 대한 체포 및 수색 영장 청구 행위를 다투는 심판청구는 피청구인적격이 없는 자를 상대로 한 청구로서 부적법하고, 설령 위 심판청구를 수사처 검사를 상대로 한 것으로 선해할 경우에도, 청구인의 권한행사가 정지되어 있는 시점에 발생하였으므로, 헌법 또는 법률에 의하여 부여받은 청구인의 권한이 침해될 가능성이 있다고 볼 수 없다(헌재 2025.11.27. 2025헌라2, 대통령과 고위공직자범죄수사처장 등 간의 권한쟁의(각하)). 같이 제기된 효력정지가처분신청 사건에 대해서도 본안사건이 부적법하여 모두 각하되는 이상, 모두 부적법하다(헌재 2025.11.27. 2025헌사32, 효력정지가처분신청(각하)).

2. 청구권자의 범위

(1) 국가기관 - 예시적

권한쟁의심판을 청구할 수 있는 기관은 국가기관 또는 지방자치단체이다. 여기에서 말하는 국가기관이라 함은 국가의사 형성에 참여하여 국법질서에 대하여 일정한 권한을 누리는 헌법상의 지위와 조직을 말한다. 국가기관 상호간의 권한쟁의심판의 구체적 유형으로 헌법재판소법은 "국회, 정부, 법원 및 중앙선거관리위원회 상호간의 권한쟁의심판"을 규정하고 있다. 과거에 헌법재판소는 이 조항을 열거조항으로 이해하여 청구권자로서의 국가기관의 범위를 매우 좁게 해석하는 입장을 취하였다. 헌법재판소의 이러한 해석은 결과적으로 권한쟁의심판의 종류도 좁히게 된다는 지적을 받은 바 있다.

헌법 제111조 제1항 제4호 및 헌법재판소법 제62조 제1항 제1호가 헌법재판소가 관장하는 국가기관 상호간의 권한쟁의심판을 국회, 정부, 법원 및 중앙선거관리위원회 상호간의 권한쟁의심판으로 한정하고 있으므로, 그에 열거되지 아니한 기관이나 또는 열거된 국가기관 내의 각급기관은 비록 그들이 공권적 처분을 할 수 있는 지위에 있을지라도 권한쟁의심판의 당사자가 될 수 없으며 또 위에 열거된 국가기관 내부의 권한에 관한 다툼은 권한쟁의심판의 대상이 되지 않는다고 볼 수밖에 없다. 따라서 국회의 경우 현행 권한쟁의심판제도에서는 국가기관으로서의 국회가 정부, 법원 또는 중앙선거관리위원회와 사이에 권한의 존부 또는 범위에 관하여 다툼이 있을 때 국회만이 당사자로 되어 권한쟁의심판을 수행할 수 있을 뿐이고, 국회의 구성원이거나 국회 내의 일부기관인 국회의원 및 교섭단체 등이 국회 내의 다른 기관인 국회의장을 상대로 권한쟁의심판을 청구할 수는 없다(헌재 1995.2.23. 90헌라1, 국회의원과 국회의장간의 권한쟁의(각하)).

위 헌법재판소의 결정은 헌법에 의하여 일정한 권리의무의 주체로 설치된 헌법기관뿐만 아니라, 국가기관의 구성부분이라고 할 수 있는 국회의 상임위원회, 원내교섭단체, 국회의원 등에게 폭넓게 당사자능력을 인정하는 독일의 예에 비추어 바람직하지 않다는 비판을 받았다. 이에 헌법재판소는 1997년에 종전의 판례를 변경하여 헌법재판소법 제62조 제1항 제1호의 규정을 한정적, 열거적인 조항이 아니라 예시적인 조항으로 해석하는 것이 헌법에 합치된다고 하면서 국회의원이 국회의장을 상대로 제기한 권한쟁의심판을 적법하다고 판시하고 있다.

헌법 제111조 제1항 제4호에서 헌법재판소의 관장사항의 하나로 "국가기관 상호간, 국가기관과 지방자치단체간 및 지방자치단체 상호간의 권한쟁의에 관한 심판"이라고 규정하고 있을 뿐 권한쟁의심판의 당사자가 될 수 있는 국가기관의 종류나 범위에 관하여는 아무런 규정을 두고 있지 않고, 이에 관하여 특별히 법률로 정하도록 위임하고 있지도 않다. 따라서 입법자인 국회는 권한쟁의심판의 종류나 당사자를 제한할 입법형성의 자유가 있다고 할 수 없고, 헌법 제111조 제1항 제4호에서 말하는 국가기관의 의미와 권한쟁의심판의 당사자가 될 수 있는 국가기관의 범위는 결국 헌법해석을 통하여 확정하여야 할 문제이다.

그렇다면 헌법재판소법 제62조 제1항 제1호가 비록 국가기관 상호간의 권한쟁의심판을 "국회, 정부, 법원 및 중앙선거관리위원회 상호간의 권한쟁의심판"이라고 규정하고 있다고 할지라도 이 법률조항의 문언에 얽매여 곧바로 이들 기관 외에는 권한쟁의심판의 당사자가 될 수 없다고 단정할 수는 없다. …

그런데 헌법이 특별히 권한쟁의심판의 권한을 법원의 권한에 속하는 기관소송과 달리 헌법의 최고해석판단기관인 헌법재판소에 맡기고 있는 취지에 비추어 보면, 헌법 제111

조 제1항 제4호가 규정하고 있는 '국가기관 상호간'의 권한쟁의심판은 헌법상의 국가기관 상호간에 권한의 존부나 범위에 관한 다툼이 있고 이를 해결할 수 있는 적당한 기관이나 방법이 없는 경우에 헌법재판소가 헌법해석을 통하여 그 분쟁을 해결함으로써 국가기능의 원활한 수행을 도모하고 국가권력간의 균형을 유지하여 헌법질서를 수호·유지하고자 하는 제도라고 할 것이다.

따라서 헌법 제111조 제1항 제4호 소정의 '국가기관'에 해당하는지 아닌지를 판별함에 있어서는 그 국가기관이 헌법에 의하여 설치되고 헌법과 법률에 의하여 독자적인 권한을 부여받고 있는지 여부, 헌법에 의하여 설치된 국가기관 상호간의 권한쟁의를 해결할 수 있는 적당한 기관이나 방법이 있는지 여부 등을 종합적으로 고려하여야 할 것이다.

이 사건 심판청구의 청구인인 국회의원은 헌법 제41조 제1항에 따라 국민의 선거에 의하여 선출된 헌법상의 국가기관으로서 헌법과 법률에 의하여 법률안 제출권, 법률안 심의·표결권 등 여러 가지 독자적인 권한을 부여받고 있으며, 피청구인인 국회의장도 헌법 제48조에 따라 국회에서 선출되는 헌법상의 국가기관으로서 헌법과 법률에 의하여 국회를 대표하고 의사를 정리하며, 질서를 유지하고 사무를 감독할 지위에 있고, 이러한 지위에서 본회의 개의시의 변경, 의사일정의 작성과 변경, 의안의 상정, 의안의 가결선포 등의 권한을 행사하게 되어 있다.

따라서 국회의원과 국회의장 사이에 위와 같은 각자 권한의 존부 및 범위와 행사를 둘러싸고 언제나 다툼이 생길 수 있고, 이와 같은 분쟁은 단순히 국회의 구성원인 국회의원과 국회의장간의 국가기관 내부의 분쟁이 아니라 각각 별개의 헌법상의 국가기관으로서의 권한을 둘러싸고 발생하는 분쟁이라고 할 것인데, 이와 같은 분쟁을 행정소송법상의 기관소송으로 해결할 수 없고 권한쟁의심판이외에 달리 해결할 적당한 기관이나 방법이 없으므로(행정소송법 제3조 제4호 단서는 헌법재판소의 관장사항으로 되는 소송을 기관소송의 대상에서 제외하고 있으며, 같은 법 제45조는 기관소송을 법률이 정한 경우에 법률이 정한 자에 한하여 제기할 수 있도록 규정하고 있다) 국회의원과 국회의장은 헌법 제111조 제1항 제4호 소정의 권한쟁의심판의 당사자가 될 수 있다고 보아야 할 것이다. …

그리고 위와 같이 국회의원과 국회의장을 헌법 제111조 제1항 제4호의 '국가기관'에 해당하는 것으로 해석하는 이상 국회의원과 국회의장을 권한쟁의심판을 할 수 있는 국가기관으로 열거하지 아니한 헌법재판소법 제62조 제1항 제1호의 규정도 한정적, 열거적인 조항이 아니라 예시적인 조항으로 해석하는 것이 헌법에 합치된다고 할 것이다. …

국회의원은 국민에 의하여 직접 선출되는 국민의 대표로서 여러 가지 헌법상·법률상의 권한이 부여되어 있지만 그 중에서도 가장 중요하고 본질적인 것은 입법에 대한 권한임은 두 말할 나위가 없고, 이 권한에는 법률안제출권(헌법 제52조)과 법률안 심의·표결권이 포함된다. 국회의원의 법률안 심의·표결권은 비록 헌법에는 이에 관한 명문의 규정이 없지만 의회민주주의의 원리, 입법권을 국회에 귀속시키고 있는 헌법 제40조, 국민에 의하여 선출되는 국회의원으로 국회를 구성한다고 규정하고 있는 헌법 제41조 제1항으로부터 당연히 도출되는 헌법상의 권한이다. 그리고 이러한 국회의원의 법률안 심의·표결권은 국회의 다수파의원에게만 보장되는 것이 아니라 소수파의원과 특별한 사정이 없는 한 국회의원 개개인에게 모두 보장되는 것도 당연하다(헌재 1997.7.16. 96헌라2, 국회의원과 국회의장간의 권한쟁의(인용(권한침해), 기각))(헌재 2003.10.30. 2002헌라1, 국회의원과 국회의장 간의 권한쟁의(기각)).

변경된 헌법재판소 판례에 의하면 국가기관 상호간의 권한쟁의심판의 구체적 청구권자로서 우선 국회의 경우 전체기관으로서의 국회뿐만 아니라 부분기관으로서 국회의장과 부의장, 국회의원, 국회의 위원회 등도 독립한 헌법기관으로서 당사자능력을 가질 수 있다(그런데 헌법재판소는 원내교섭단체는 권한쟁의심판을 청구할 수 없다고 판시한다(헌재 2020.5.27. 2019헌라6등, 국회의원과 국회의장 간의 권한쟁의(기각))). 다만, 청구권자로서의 국회의원이 권한쟁의심판절차 계속 중 국회의원직을 상실한 경우에는 의원직 상실과 동시에 권한쟁의심판절차가 종료된다(헌재 2016.4.28. 2015헌라5, 국회의원과 행정자치부장관 간의 권한쟁의(절차종료, 각하)).

국회의원이 국회의장의 직무를 대리하여 법률안 가결선포행위를 한 국회부의장을 상대로 자신의 법률안 심의·표결권의 침해를 이유로 권한쟁의심판을 청구한 것은 피청구인적격이 인정되지 아니한 자를 상대로 제기한 것으로 부적법하다(헌법재판소는 이 경우 국회의장을 상대로 권한쟁의심판을 청구하여야 한다는 입장이다)(헌재 2009.10.29. 2009헌라8등, 국회의원과 국회의장 등 간의 권한쟁의(각하, 확인, 기각)).

국회의원과 국회 상임위원회 위원장 간의 권한쟁의심판의 성립을 인정한다(헌재 2010.12.28. 2008헌라7, 국회의원과 국회의장 등 간의 권한쟁의(인용(권한침해), 기각, 각하)).

국회 상임위원회가 그 소관에 속하는 의안·청원 등을 심사하는 권한은 법률상 부여된 위원회의 고유한 권한이므로, 국회 상임위원회 위원장이 위원회를 대표해서 의안을 심사하는 권한이 국회의장으로부터 위임된 것임을 전제로 한 국회의장에 대한 권한쟁의심판청구는 피청구인적격이 없는 자를 상대로 한 청구로서 부적법하다(헌재 2010.12.28. 2008헌라7, 국회의원과 국회의장 등 간의 권한쟁의(각하, 권한침해확인, 기각)).

국회 행정안전위원회 제천화재관련평가소위원회 위원장이 국회 행정안전위원회 위원장을 상대로 제기한 권한쟁의심판청구에 대하여, 소위원회 및 그 위원장은 헌법에 의하여 설치된 국가기관에 해당한다고 볼 수 없다. 국회 소위원회 위원장에게 권한쟁의심판의 청구인능력이 인정되지 아니한다. 안건조정소위원회 위원장도 청구인능력이 없다(헌재 2020.5.27. 2019헌라4, 국회 행안위 제천화재관련평가소위 소위원장과 국회 행안위 위원장 간의 권한쟁의(각하)).

헌법 제62조는 국회의 '위원회'를 명시하고 있으나 국회의 '소위원회'를 명시하지 않고 있고, 소위원회의 권한이 위원회로부터 독자적인 것이라고 보기 어렵다. 소위원회 위원장과 그 위원인 국회의원 사이에 권한 분쟁이 생기는 경우 위원회의 심사절차 내에서 해결할 수 있다. 결국 피청구인 국회 운영위원회 국회운영개선소위원회 소위원장은 당사자능력이 부정된다(헌재 2025.9.25. 2024헌라7, 국회의원과 국회 운영위원회 국회운영개선소위원회 소위원장 등 간의 권한쟁의(각하))

법률의 제·개정 행위를 다투는 권한쟁의심판의 경우에는 국회가 피청구인적격을 가지므로, 청구인들이 국회의장 및 국회 기획재정위원회 위원장에 대하여 제기한 이 사건 국회법 개정행위에 대한 심판청구는 피청구인적격이 없는 자를 상대로 한 청구로서 부적법하다(헌재 2016.5.26. 2015헌라1, 국회의원과 국회의장 등 간의 권한쟁의(각하)).

그러나 헌법재판소는 대통령 등 국회 이외의 국가기관에 의하여 국회의원의 심의·표결권이 침해될 수 없다는 입장이다. 이에 따라 국회의원의 심의·표결권을 다투는 경우의 피청구인은 국회의장이, 상임위원회의 의결을 다투는 경우의 피청구인은 상임위원장이, 국회의 법률 제정과 개정을 다투는 경우의 피청구인은 국회가 된다.

국회의원의 심의·표결권은 국회의 대내적인 관계에서 행사되고 침해될 수 있을 뿐 다른 국가기관과의 대외적인 관계에서는 침해될 수 없는 것이므로 피청구인인 대통령이 국회의 동의 없이 조약을 체결·비준하였다 하더라도 국회의원의 심의·표결권이 침해될 가능성은 없다(헌재 2007.7.26. 2005헌라8, 국회의원과 정부간의 권한쟁의(각하), 동지: 헌재 2008.1.17. 2005헌라10, 국회의원과 대통령 등 간의 권한쟁의(각하)).

정부의 경우에도 전체기관으로서의 정부뿐만 아니라 대통령, 국무총리, 행정각부의 장 등도 당사자능력을 가질 수 있다. 대통령 소속의 감사원도 마찬가지다. 그리고 중앙선거관리위원회 역시 헌법상 지위와 헌법 및 선거관리위원회법의 관련 규정들을 종합하여 보면, 헌법과 선거관리위원회법에 의하여 행정부 등 외부기관의 부당한 간섭 없이 선거사무는 물론 인사, 조직운영, 내부규율 등에 관한 각종 사무 등을 독립적으로 수행할 권한이 부여되어 있다는 점에서 권한쟁의 당사자능력이 있다(헌재 2025.2.27. 2023헌라5, 중앙선거관리위원회와 감사원 간의 권한쟁의(인용)).

해양수산부장관의 명을 받아 소관사무를 통할하고 소속공무원을 지휘·감독하는 부산지방해양수산청장은 권한쟁의심판의 당사자가 될 수 없다(헌재 2008.3.27. 2006헌라1, 경상남도 등과 정부 간의 권한쟁의(각하)).

청구인(중앙선거관리위원회)의 헌법상 지위와 헌법 및 선거관리위원회법의 관련 규정들을 종합하여 보면, 청구인에게는 헌법과 선거관리위원회법에 의하여 행정부 등 외부기관의 부당한 간섭 없이 선거사무는 물론 인사, 조직운영, 내부규율 등에 관한 각종 사무 등을 독립적으로 수행할 권한이 부여되어 있다고 할 것이다. 제3차 개정헌법은 3·15 부정선거에 대한 반성적 조치로 선거관리사무 및 그 주체를 정부와 기능적·조직적으로 분리하여 독립된 헌법기관에 맡기도록 규정하였고, 이러한 체계는 현행 헌법에 이르기까지 그대로 견지되고 있다. 이는 선거관리기구가 대의민주제에서 요청되는 독립적·중립적 선거관리라는 헌법적 과제를 제대로 수행하기 위해서는 외부 권력기관, 특히 대통령을 수반으로 하는 정부의 영향력을 제도적으로 차단할 필요가 있고, 이를 위해서는 선거관리사무를 행정부가 아닌 독립된 헌법기관에 맡겨야 한다는 헌법적 결단이 헌법체계에 반영된 결과라고 볼 수 있다(헌재 2025.2.27. 2023헌라5, 중앙선거관리위원회와 감사원 간의 권한쟁의(인용)).

한편 국가기관과 지방자치단체간의 권한쟁의심판에서 국가 측 당사자로 헌법재판소법은 정부를 규정하고 있지만, 이 규정 또한 예시적인 것으로 보아 정부 이외의 여타 국가기관(예를 들어 국회) 또는 그 부분기관(예를 들어 국회의 위원회)도 이러한 권한쟁의심판의 당사자로 될 수 있다고 보아야 한다.

헌재 2006.5.25. 2005헌라4, 강남구등과 국회간의 권한쟁의(각하): 피청구인(국회)은 2005.1.1. 본회의에서 종합부동산세법을 가결·통과시켰으며, 이 법률은 2005.1.5. 법률 제7328호로 공포되었다. 이에 청구인은 위 법률의 제정으로 헌법 제117조, 지방자치법 제126조, 지방세법 제2조, 지방분권특별법 제11조에 의하여 부여된 자신들의 자치재정권이 침해되었다고 주장하며, 이러한 침해의 확인을 구하는 이 사건 권한쟁의심판을 2005.7.1. 헌법재판소에 청구하였다.

이 사건 법률은 2005.1.5. 관보에 게재되었으며 부칙 제1조에 따라 같은 날 시행되었다. 그러므로 이 사건의 경우에 2005.1.5. 청구인들은 자신들의 권한침해 내지 권한침해의 가능성을 충분히 예상했다고 보아야 할 것이다. … 그러므로 이 사건 법률이 공포·시행되어 청구인들이 자신들의 권한침해 여부를 알았음이 분명한 2005.1.5.이 헌법재판소법 제63조 제1항이 정한 '그 사유가 있음을 안 날'에 해당되어, 청구기간은 이때부터 60일 이내인 2005. 3. 5.까지로 보아야 할 것인데, 그 기간이 경과한 2005.7.1. 접수된 이 사건 심판청구는 청구기간을 준수하지 아니한 것이다.

헌재 2008.6.26. 2005헌라7, 강남구 등과 국회 등 간의 권한쟁의(기각,각하): 우리 헌법은 제114조 제1항에서 선거와 국민투표의 공정한 관리 및 정당에 관한 사무를 처리하기 위하여 선거관리위원회를 둔다고 하면서, 제2항에서 제5항까지 중앙선거관리위원회에 대해 규정하고 있는 외에 제6항에서 각급 선거관리위원회의 조직·직무범위 기타 필요한 사항은 법률로 정한다고 규정하여 각급 선거관리위원회의 헌법적 근거 규정을 마련하고 있다. 또한 헌법 제115조 제1항은 각급 선거관리위원회는 선거인명부의 작성 등 선거사무와 국민투표사무에 관하여 관계 행정기관에 필요한 지시를 할 수 있다고 규정하고 있으며, 제2항은 제1항의 지시를 받은 당해 행정기관은 이에 응하여야 한다고 규정하고, 제116조 제1항은 선거운동은 각급 선거관리위원회의 관리하에 법률이 정하는 범위 안에서 하되 균등한 기회가 보장되어야 한다고 규정하여 각급 선거관리위원회의 직무 등을 정하고 있다. 우리 헌법은 중앙선거관리위원회와 각급 선거관리위원회를 통치구조의 당위적인 기구로 전제하고, 각급 선거관리위원회의 조직, 직무범위 기타 필요한 사항을 법률로 정하도록 하고 있는 것이다. 그리고 위 헌법 규정에 따라 제정된 선거관리위원회법은 각각 9인 또는 7인의 위원으로 구성되는 네 종류의 선거관리위원회를 두고 있고, 공직선거법 제13조 제1항 제3호에 의하면, 이 사건 구·시·군 선거관리위원회는 지역선거구 국회의원 선거, 지역선거구 시·도의회의원 선거, 지역선거구 자치구·시·군 의회의원 선거, 비례대표선거구 자치구·시·군 의회의원 선거 및 자치구의 구청장·시장·군수 선거의 선거구선거사무를 담당한다.

그렇다면 중앙선거관리위원회 외에 각급 구·시·군 선거관리위원회도 헌법에 의하여 설치된 기관으로서 헌법과 법률에 의하여 독자적인 권한을 부여받은 기관에 해당하고, 따라서 피청구인 강남구선거관리위원회도 당사자 능력이 인정된다.

다만, 권한쟁의심판의 당사자에 해당하는지 여부를 판단함에 있어서는 ㉠ 그 국가기관이 헌법에 의하여 설치되고, ㉡ 헌법과 법률에 의하여 독자적인 권한을 부여받고 있는지 여부, ㉢ 헌법에 의하여 설치된 국가기관 상호간의 권한쟁의를 해결할 수 있는 적당한 기관이나 방법이 있는지 여부 등을 종합적으로 고려하여 판단하여야 한다. 이에 따라 "그 심판을 담당하는 국가기관으로서 스스로 당사자가 될 수 없는 헌법재판소를 제외"한다(헌재 1995.2.23. 90헌라1, 국회의원과 국회의장간의 권한쟁의심판(각하)). 다른 한편 국가인권위원회는 헌법에 의하여 설치된 기관이 아니고, 정당은 국가기관이 아니기 때문에 역시 권한쟁의심판의 당사자가 될 수 없다.

헌법상 국가에게 부여된 임무 또는 의무를 수행하고 그 독립성이 보장된 국가기관이라고 하더라도 오로지 법률에 설치근거를 둔 국가기관이라면 국회의 입법행위에 의하여 존폐 및 권한범위가 결정될 수 있으므로 이러한 국가기관은 '헌법에 의하여 설치되고 헌법과 법률에 의하여 독자적인 권한을 부여받은 국가기관'이라고 할 수 없다. 따라서 법률에 의하여 설치된 국가인권위원회에게는 권한쟁의심판의 당사자능력이 인정되지 아니한다(헌재 2010.10.28. 2009헌라6, 국가인권위원회와 대통령 간의 권한쟁의(각하)).

국가경찰위원회가 행정안전부장관을 상대로 제기한 '행정안전부장관의 소속청장 지휘에 관한 규칙인 행정안전부령 제348호의 제정행위가 국가경찰위원회의 권한을 침해한다'는 취지의 권한쟁의 심판청구에 대하여, 국가경찰위원회는 법률에 의하여 설치된 국가기관으로서 권한쟁의심판을 청구할 당사자능력이 없다(헌재 2022.12.22. 2022헌라5, 국가경찰위원회와 행정안전부장관 간의 권한쟁의(각하)).

문화재청 및 문화재청장은 정부조직법 제36조 제3항, 제4항에 의하여 행정각부 장의 하나인 문화체육관광부장관 소속으로 설치된 기관 및 기관장으로서, 오로지 법률에 그 설치 근거를 두고 있으며 그 결과 국회의 입법행위에 의하여 그 존폐 및 권한범위가 결정된다. 따라서 문화재청장은 '헌법에 의하여 설치되고 헌법과 법률에 의하여 독자적인 권한을 부여받은 국가기관'이라고 할 수 없다. 결국, 법률에 의하여 설치된 피청구인에게는 권한쟁의심판의 당사자능력이 인정되지 아니한다(헌재 2023.12.21. 2023헌라1, 문화재청과 송파구청 간의 권한쟁의(각하)).

정당은 국민의 자발적 조직으로, 그 법적 성격은 일반적으로 사적·정치적 결사 내지는 법인격 없는 사단으로서 공권력의 행사 주체로서 국가기관의 지위를 갖는다고 볼 수 없다. 정당이 국회 내에서 교섭단체를 구성하고 있다고 하더라도, 헌법은 권한쟁의심판청구의 당사자로서 국회의원들의 모임인 교섭단체에 대해서 규정하고 있지 않고, 교섭단체의 권한 침해는 교섭단체에 속한 국회의원 개개인의 심의·표결권 등 권한 침해로 이어질 가능성이 높아 그 분쟁을 해결할 적당한 기관이나 방법이 없다고 할 수 없다. 따라서 정당은 헌법 제111조 제1항 제4호 및 헌법재판소법 제62조 제1항 제1호의 '국가기관'에 해당한다고 볼 수 없으므로 당사자능력이 인정되지 아니한다(헌재 2020.5.27. 2019헌라6등, 국회의원과 국회의장 간의 권한쟁의(기각)).

(2) 지방자치단체

(가) 지방자치단체 – 열거적

한편 헌법재판소는 권한쟁의심판의 청구권자와 관련하여 헌법재판소법 제62조 제1항 제1호의 '국가기관' 해석과 달리 '지방자치단체 상호간'의 권한쟁의심판을 규정하는 헌법재판소법 제62조 제1항 제3호를 예시적으로 해석할 필요성 및 법적 근거가 없다는 입장이다.

헌법은 '국가기관'과는 달리 '지방자치단체'의 경우에는 그 종류를 법률로 정하도록 규정하고 있으며(헌법 제117조 제2항), 지방자치법은 지방자치단체의 종류를 특별시, 광역시, 특별자치시, 도, 특별자치도와 시, 군, 구로 정하고 있고(지방자치법 제2조 제1항), 헌법재판소법은 이를 감안하여 권한쟁의심판의 종류를 정하고 있다. 즉, 지방자치법은 헌법의 위임을 받아 지방자치단체의 종류를 규정하고 있으므로, 지방자치단체 상호간의 권한쟁의심판을 규정하는 헌법재판소법 제62조 제1항 제3호를 예시적으로 해석할 필요성 및 법적 근거가 없다. 따라서 시·도의 교육·학예에 관한 집행기관인 교육감과 해당 지방자치단체 사이의 내부적 분쟁과 관련된 심판청구는 헌법재판소가 관장하는 권한쟁의심판에 속하지 아니한다(헌재 2016.6.30. 2014헌라1, 경상남도 교육청과 경상남도 간의 권한쟁의(각하)).

권한쟁의심판의 당사자가 될 수 있는 국가기관의 범위에 관하여, 오로지 법률에 의하여 설치된 국가기관으로서 국회의 입법행위에 의하여 존폐 및 권한범위가 정해지는 국가기관까지 포함되는 것은 아니다. 따라서 청구인인 문화재청장은 권한쟁의심판 당사자능력이 인정되지 아니한다(헌재 2023.12.21. 2023헌라1, 서울특별시 송파구와 문화재청장 간의 권한쟁의(각하)).

위와 같이 헌법재판소는 헌법에 적시된 국가기관을 열거적이 아니라 예시적이라고 판시하여 청구권자를 확대하고 있다. 이제 더 나아가 국가기관의 범위를 "헌법에 의하여 설치"된 기관으로 한정할 것이 아니라 법률상 기관으로도 확대할 필요가 있다. 예컨대 국가인권위원회는 비록 헌법상 국가기관은 아니지만 그에 버금가는 역할과 기능을 담당한다. 또한 국회법상 기관인 국회 원내교섭단체 및 상임위원회 소위원회와 그 위원장도 청구권자가 될 수 있어야 한다.

국가기관과 지방자치단체간의 권한쟁의심판에는 정부와 특별시·광역시·특별자치시·도 또는 특별자치도 및 시·군·자치구가 청구권자가 된다. 지방자치단체 상호간의 권한쟁의심판에는 특별시·광역시·특별자치시·도 또는 특별자치도 및 시·군·자치구가 청구권자가 된다.

의무교육 경비의 부담 주체로 국가와 나란히 지방자치단체를 규정한 지방교육자치에 관한법률 제39조 제1항, 서울특별시에게 다른 지방자치단체보다 높은 부담률을 적용한 지방교육재정교부금법 제11조 제1항, 제2항을 제출·의결한 행위는 합헌이다(헌재 2005.12.22. 2004헌라

3. 서울특별시와 정부간의 권한쟁의(기각,각하)).

"지방자치단체의 폐치는 국회의 입법에 의해 이루어지므로 앞으로 청구인들 시, 군이 필연적으로 폐치됨을 전제로 하는 자치권한 침해에 관한 청구는 아직 존재하지 않고, 피청구인들에 의해 이루어질 수도 없는 행위를 대상으로 한다"(헌재 2005.12.22. 2005헌라5, 제주시등과 행정자치부장관등간의 권한쟁의(각하)).

"헌법 제117조 제1항에서 규정하고 있는 '법령'에 법률 이외에 헌법 제75조 및 제95조 등에 의거한 '대통령령', '총리령' 및 '부령'과 같은 법규명령이 포함되는 것은 물론이지만, 헌법재판소의 "법령의 직접적인 위임에 따라 수임행정기관이 그 법령을 시행하는데 필요한 구체적 사항을 정한 것이면, 그 제정형식은 비록 법규명령이 아닌 고시, 훈령, 예규 등과 같은 행정규칙이더라도, 그것이 상위법령의 위임한계를 벗어나지 아니하는 한, 상위법령과 결합하여 대외적인 구속력을 갖는 법규명령으로서 기능하게 된다고 보아야 한다"고 판시 한 바에 따라, 헌법 제117조 제1항에서 규정하는 '법령'에는 법규명령으로서 기능하는 행정규칙이 포함된다. 시간외근무수당의 지급기준 · 지급방법 등에 관하여 필요한 사항은 행정자치부장관이 정하는 범위 안에서 지방자치단체의 장이 정하도록 규정하고 있는 지방공무원수당등에관한규정 제15조 제4항에서 말하는 '행정자치부장관이 정하는 범위'라는 것은 '법규명령으로 기능하는 행정규칙에 의하여 정하여지는 범위'를 가리키는 것이고 법규명령이 아닌 단순한 행정규칙에 의하여 정하여지는 것은 이에 포함되지 않는다고 해석되므로 문제조항은 헌법 제117조 제1항에 위반되는 것이 아니다. 문제조항은 시간외근무수당의 대강을 스스로 정하면서 단지 그 지급기준 · 지급방법 등의 범위만을 행정자치부장관이 정하도록 하고 있을 뿐이므로 청구인은 그 한계내에서 자신의 자치입법권을 행사하여 시간외근무수당에 관한 구체적 사항을 자신의 규칙으로 직접 제정하고 이를 위하여 스스로 예산을 편성, 집행하고 또 이를 토대로 하여 관련된 인사문제를 결정할 수 있는 것이다. 또한 행정자치부장관이 정하게 되는 '범위'라는 것이, 지방자치단체장의 구체적인 결정권 행사의 여지를 전혀 남기지 않는 획일적인 기준을 의미하는 것으로 볼 근거는 전혀 없는 것이므로, 문제조항은 그 형식이나 내용면에서 결코 지방자치단체장의 규칙제정권, 인사권, 재정권 등을 부정하는 것이 아니므로 청구인의 헌법상 자치권한을 본질적으로 침해한다고 볼 수 없다"(헌재 2002.10.31. 2001헌라1, 강남구청과 대통령간의 권한쟁의(기각)).

"2002.1.25.자 지방공무원수당업무처리지침 중에서 "VI. 초과근무수당 5. 초과근무수당 지급대상자 및 초과근무 인정범위 나. 일반대상자(시간외근무수당) · 지급시간수의 계산(영 제15조 제4항) - 평일은 1일 2시간 이상 시간외근무한 경우에 2시간을 공제한 후 4시간 이내에서 매분단위까지 합산함이라는 부분"은 비록 그 제정형식은 법규명령이 아닌 행정규칙이지만 그 내용으로 볼 때 그것이 상위법령의 위임한계, 즉 지급기준과 지급방법 등의 범위를 설정하도록 한 한계를 벗어난 것은 아니라고 인정되므로 이는 상위법령인 위 수당규정과 결합하여 대외적인 구속력을 갖는 법규명령으로서 기능하게 된다고 보아야 할 것이므로, 이 사건 지침부분은 헌법 제117조 제1항을 위반한 것이 아니고 청구인의 권한도 침해하는 것이 아니다. 이 사건 지침부분이 "평일 1일 2시간 이상 시간외근무한 경우에 2시간을 공제한 후 4시간 이내에서 합산"하도록 하여 근무시간 전후 2시간을 공제하도록 한 이유는 실제로 업무를 수행하는 것이 아닌 석식 및 휴게시간 등의 시간을 공제하여, 지방공무원의 시간외수당 지급시간수를 실제에 근접시켜 계산하도록 규정하는 내용이라고 볼 수 있어 그 합리성을 인정할 수 있으며, 이 사건 지침 부분은 지방자치단체가 시간외근무수당에 대한 예산을 자유롭게 편성하고 집행하는 것을 제한하는 측면이 있으나, 그 내용으로 볼 때 지방자치단체의 무분별한 재정운영을 제한하는 정도일 뿐이지 예산편성과 재정지출에 대한 지방자치단체의 고유한 권한을 유명무실하게 할 정도의 지나친 규율이라고는 볼 수 없으므로, 청구인의 자치권을 본질적으로 침해하는 것이 아니다"(헌재 2002.10.31. 2002헌라2, 강남구와 행정자치부장관등간의 권한쟁의(기각)).

지방자치단체의 의결기관인 지방의회를 구성하는 지방의회 의원과 그 지방의회의 대표자인 지방의회 의장 간의 권한쟁의심판은 헌법 및 헌법재판소법에 의하여 헌법재판소가 관장하는 지방자치단체 상호간의 권한쟁의심판의 범위에 속한다고 볼 수 없으므로 부적법하다(헌재 2010.4.29. 2009헌라11, 경기도 안산시 의회 의원과 의회 의장 간의 권한쟁의(각하)).

"지방자치단체의 장은 지방자치단체의 기관에 불과하므로 원칙적으로 권한쟁의 심판청구의 당사자가 될 수 없다. 다만 지방자치단체의 장이 국가위임 사무에 대해 국가기관의 지위에서 처분을 행한 경우에는 권한쟁의 심판청구의 당사자가 될 수 있다"(헌재 2006.8.31. 2003헌라1, 광양시등과 순천시등간의 권한쟁의(각하, 인용(무효확인))).

"헌법 제111조 제1항 제4호는 국가기관 상호 간, 국가기관과 지방자치단체 간 및 지방자치단체 상호 간의 권한쟁의심판에 관하여 정하고 있으며, 헌법재판소법 제62조 제1항 제3호는 지방자치단체 상호 간의 권한쟁의심판 종류로 가. 특별시·광역시 또는 도 상호 간의 권한쟁의심판, 나. 시·군 또는 자치구 상호 간의 권한쟁의심판, 다. 특별시·광역시 또는 도와 시·군 또는 자치구 간의 권한쟁의심판만을 정하고 있다. 따라서 지방자치단체의 장은 원칙적으로 권한쟁의 심판청구의 당사자가 될 수 없다. 다만 ○○ 주식회사에 대한 피청구인 순천시장의 과세처분이 국가위임 사무에 해당하고 피청구인 순천시장이 국가기관의 지위에서 이 사건 세금에 대한 부과처분을 한 것이라면, 이것은 지방자치단체와 국가기관 사이에 발생한 권한의 다툼으로 볼 수도 있을 것이다. 그러나 피청구인 순천시장의 ○○ 주식회사에 대한 세금 부과는 아래에서 보는 바와 같이 국가사무가 아닌 지방자치단체의 권한에 속하는 사항으로, 피청구인 순천시장은 지방자치법 제92조와 제94조에 따라 지방자치단체사무의 집행기관으로서 위 부과처분을 한 것에 불과하므로 지방자치단체 기관의 권한쟁의 심판청구를 허용하고 있지 않은 현행법 하에서는 당사자능력이 없다. 또한 청구인 광양시장도 지방세 부과처분에 있어서는 지방자치단체의 기관으로서의 지위만 가질 뿐 권한쟁의의 당사자가 될 수 있는 지방자치단체가 아니므로 당사자능력이 없다. 따라서 청구인 광양시장의 피청구인들에 대한 심판청구나 청구인 광양시의 피청구인 순천시장에 대한 심판청구는 모두 당사자능력을 결한 청구로서 부적법하다. … 청구인 광양시와 피청구인 순천시는 모두 헌법 제111조 제1항 제4호와 헌법재판소법 제62조 제1항 제3호가 정하고 있는 지방자치단체로서 헌법재판소법 제61조 제1항에 의해 권한쟁의심판을 청구할 수 있는 당사자능력을 갖추었다"(헌재 2006.8.31. 2003헌라1, 광양시등과 순천시등간의 권한쟁의(각하, 인용(무효확인))).

권한쟁의가 '지방교육자치에 관한 법률' 제2조의 규정에 의한 교육·학예에 관한 지방자치단체의 사무에 관한 것인 때에는 교육감이 당사자가 된다(헌재법 제62조 제2항). 이와 관련하여 헌법재판소는 교육·학예에 관한 지방자치단체의 사무에 관한 권한쟁의심판의 경우 교육감이 지방자치단체를 '대표'한다는 것으로 해석하여(헌법실무제요 467면) 당사자를 표시함에 있어서 '청구인 또는 피청구인을 지방자치단체, 대표자 교육감'의 형식을 취한다(헌재 2011.8.30. 2010헌라4, 전라북도와 교육과학기술부 장관 간의 권한쟁의(각하); 헌재 2013.9.26. 2012헌라1, 교육과학기술부장관과 서울특별시교육감 간의 권한쟁의(기각); 헌재 2013.12.26. 2012헌라3등, 전라북도교육감과 교육과학기술부장관 간의 권한쟁의(각하)).

(나) 지방자치단체에 대한 기관위임사무 제외

헌법재판소 결정에 의하면, 지방자치단체는 헌법 또는 법률에 의하여 부여받은 그의 권한, 즉 지방자치단체의 사무에 관한 권한이 침해되거나 침해될 우려가 있는 때에 한하여 권한쟁의심판을 청구할 수 있다(헌재법 제61조 제2항)고 할 것인데, 기관위임사무는 지방자치단체의 사무범위에 속하지 아니므로 이에 대하여 지방자치단체가 제기한 권한쟁의심판은 부적법하다. 지방자치단체는 권한쟁의 심판청구의 당사자능력은 있지만 이 사건에 대한 당사자적격이 없어 권한쟁의심판청구는 부적법하다.

"지방자치단체가 권한쟁의심판을 청구하기 위해서는 헌법 또는 법률에 의하여 부여받은 권한, 즉 지방자치단체의 사무에 관한 권한이 침해되거나 침해될 우려가 있어야 한다. 그런데 지방자치단체의 사무 중 국가가 지방자치단체의 장 등에게 위임한 기관위임사무는 그 처리의 효과가 국가에 귀속되는 국가의 사무로서 지방자치단체의 사무라 할 수 없고, 지방자치단체의 장은 기관위임사무의 집행권한과 관련된 범위에서는 그 사무를 위임한 국가기관의 지위에 서게 될 뿐 지방자치단체의 기관이 아니므로, 지방자치단체는 기관위임사무의 집행에 관한 권한의 존부 및 범위에 관한 권한분쟁을 이유로 기관위임사무를 집행하는 국가기관 또는 다른 지방자치단체의 장을 상대로 권한쟁의심판을 청구할 수 없다 할 것이다. 결국 국가사무로서의 성격을 가지고 있는 기관위임사무의 집행권한의 존부 및 범위에 관하여 지방자치단체가 청구한 권한쟁의심판 청구는 지방자치단체의 권한에 속하지 아니하는 사무에 관한 심판청구로서 그 청구가 부적법하다"(헌재 2011.9.29. 2009헌라3, 인천광역시 중구와 인천광역시 등 간의 권한쟁의(각하,기각)).

"청구인의 피청구인 완도군수에 대한 심판청구는 지방자치단체인 청구인이 국가사무인 지적공부의 등록사무에 관한 권한의 존부 및 범위에 관하여 국가기관의 지위에서 국가로부터 사무를 위임받은 피청구인 완도군수를 상대로 다투고 있는 것임이 분명하므로, 이 부분 심판청구는 그 다툼의 본질을 지방자치권의 침해로 보기 어렵고, 따라서 청구인의 권한에 속하지 아니하는 사무에 관한 권한쟁의심판 청구로서 부적법하다"(헌재 2008.12.26. 2005헌라11, 북제주군과 완도군 등 간의 권한쟁의(각하, 인용)).

헌재 1999.7.22. 98헌라4, 성남시와 경기도간의 권한쟁의(인용(무효확인),인용(권한침해),각하) 사건에서 헌법재판소는 "도시계획사업실시계획인가사무는 건설교통부장관으로부터 시 · 도지사에게 위임되었고, 다시 시장 · 군수에게 재위임된 기관위임사무로서 국가사무라고 할 것이므로, 청구인의 이 사건 심판청구 중 도시계획사업실시계획인가처분에 대한 부분은 지방자치단체의 권한에 속하지 아니하는 사무에 관한 것으로서 부적법하다"라고 판시하였다. 또한 헌재 2004.9.23. 2000헌라2, 당진군과 평택시간의 권한쟁의(인용(권한확인),각하)사건에서 토지대장등록에 관한 사무는 국가사무로서 지방자치단체장에게 위임된 기관위임사무라는 이유로 당진군의 평택시장에 대한 청구부분을 각하하였다. 지방자치법 제9조 제1항은 "지방자치단체는 그 관할구역의 자치사무와 법령에 의하여 지방자치단체에 속하는 사무를 처리한다"라고 규정하였다. 즉, 지방자치단체의 사무는 자치사무(고유사무)와 법령에 의하여 그 단체에 소속된 위임사무이다. 위임사무에는 단체위임사무와 기관위임사무가 있는 바, 기관위임사무란 국가 등이 지방자치단체의 장 기타의 기관에 대하여 위임한 사무이다. 기관위임사무는 국가의 사무가 지방자치단체의 장 등에게 위임된 것이므로 그 처리의 효과가 국가에 귀속되는 국가의 사무이다. 지방자치단체의 장 기타의 기관은 기관위임사무를 처리하는 범위 안에서는 지방자치단체의 기관이 아니고, 그 사무를 위임한 국가 등의 기관의 지위에 서게 된다. 지방자치단체의 장은 기관위임사무의 집행권한과 관련된 범위에서는 그 사무를 위임한 국가기관의 지위에 서게 될 뿐 지방자치단체의 기관이 아니다. 따라서 지방자치단체는 기관위임사무의 집행에 관한 권한의 존부 및 범위에 관한 권한 분쟁을 이유로 기관위임사무를 집행하는 국가기관 또는 다른 지방자치단체의 장을 상대로 권한쟁의심판청구를 할 수 없다.

교육감 소속 교육장 · 장학관 등에 대한 징계사무는 교육감에게 위임된 기관위임사무로서 국가사무이고 지방자치단체의 사무가 아니므로, 그 징계사무에 관하여 2012.12.5. 전라북도교육감과 경기도교육감 소속 교육장 · 장학관 등에 대하여 특별징계위원회에 징계의결을 요구한 피청구인(교육과학기술부장관)의 행위가 헌법과 법률이 청구인들에게 부여한 권한을 침해하거나 침해할 현저한 위험이 있다고 볼 수 없다(헌재 2013.12.26. 2012헌라3, 전라북도교육감과 교육과학기술부장관 간의 권한쟁의(각하)).

군공항이전법 상 예비이전후보지 선정사무가 국가사무임을 전제로 이전건의권이 군공항 이전사업에 대한 국가권한의 행사를 촉구하고 그에 대한 국방부장관의 검토 결과를 통보받을 수 있는 권한에 불과하지만, 절차적 참여를 보장받는다는 의미도 있다고 보았다. 다만, 군공항이전법의 전체 체계에 비추어 보면, 복수의 지방자치단체에 걸쳐 있는 군 공항에 대하여 일부 지방자치단체만의 이전건의권 행사도 가능하고, 이를 기초로 예비이전후보지를 선정하더라도 이전건의권을 행사하지 아니한 지방자치단체의 이전건의권을 침해하는 것이 아니다(헌재 2017.12.28. 2017헌라2, 화성시와 국방부장관 간의 권한쟁의(각하)).

항만명칭결정은 국가사무이며 국가가 결정한다(헌재 2008.3.27. 2006헌라1, 경상남도등과 정부 간의 권한쟁의(각하)).

3. 제3자 소송담당

(1) 의 의

제3자 소송담당이란 일반적으로 권리관계 주체 이외의 제3자가 당사자적격을 갖는 경우를 말한다. 민사소송에서는 법률상 제3자가 소송수행권을 가지거나, 제3자가 고유한 법적 이익 또는 포괄적인 관리처분권을 가지는 경우에 그 제3자의 소송수행이 인정된다. 권한쟁의심판의 경우 행정소송법과 민사소송법이 함께 준용되므로(헌재법 제40조 제1항), 권한쟁의심판에도 제3자 소송담당 관련 규정이 준용될 가능성이 있다. 또한 권한쟁의심판은 객관적 소송이므로 청구인적격을 엄격히 제한할 이유가 크지 않다는 점도 고려할 필요가 있다. 독일 연방헌법재판소법은 기관의 구성부분도 소속기관을 위하여 권한쟁의를 청구할 수 있다는 명문의 규정을 두어 권한쟁의절차에서 제3자 소송담당을 인정하고 있다. 하지만, 우리 헌법재판소법은 이러한 명문 규정을 두고 있지 아니하므로 권한쟁의심판절차에서 제3자 소송담당을 인정할지 여부에 대하여 견해가 대립한다.

(2) 헌법재판소 판례

헌법재판소는 제3자 소송담당을 명시적으로 인정하는 법률의 규정도 없을 뿐만 아니라 다수결원리와 의회주의의 본질에 비추어 이를 부인하고 있다. 그러나 반대의견에서는 권력분립의 원칙과 소수자보호의 이념으로부터 제3자 소송담당이 도출된다고 본다.

> "권한쟁의심판에 있어서의 '제3자 소송담당'은, 정부와 국회가 원내 다수정당에 의해 주도되는 오늘날의 정당국가적 권력분립구조하에서 정부에 의한 국회의 권한침해가 이루어지더라도 다수정당이 이를 묵인할 위험성이 있어 소수정당으로 하여금 권한쟁의심판을 통하여 침해된 국회의 권한을 회복시킬 수 있도록 이를 인정할 필요성이 대두되기도 하지만, 국회의 의사가 다수결에 의하여 결정되었음에도 다수결의 결과에 반대하는 소수의 국회의원에게 권한쟁의심판을 청구할 수 있게 하는 것은 다수결의 원리와 의회주의의 본질에 어긋날 뿐만 아니라, 국가기관이 기관 내부에서 민주적인 방법으로 토론과 대화에 의하여 기관의 의사를 결정하려는 노력 대신 모든 문제를 사법적 수단에 의해 해결하려는 방향으로 남용될 우려도 있다.
>
> 따라서 권한쟁의심판에 있어 '제3자 소송담당'을 허용하는 법률의 규정이 없는 현행법 체계하에서 국회의 구성원인 청구인들은 국회의 조약에 대한 체결·비준 동의권의 침해를 주장하는 권한쟁의심판을 청구할 수 없다 할 것이므로, 청구인들의 이 부분 심판청구는 청구인적격이 없어 부적법하다"(헌재 2007.7.26. 2005헌라8, 국회의원과 정부간의 권한쟁의(각하), 동지: 헌재 2008.1.17. 2005헌라10, 국회의원과 대통령 등 간의 권한쟁의(각하)).
>
> 반대의견: "제3자 소송담당은 헌법의 권력분립원칙과 소수자보호의 이념으로부터 직접 도출될 수 있으므로, 헌법재판소법에 명문의 규정이 없다는 이유만으로 이를 전면 부정할 것은 아니다. …
>
> 정부와 의회가 다수당에 의해 지배되는 경우, 의회의 헌법상 권한이 행정부에 의해 침해되었거나 침해될 위험에 처하였음에도 불구하고 의회의 다수파 또는 특정 안건에 관

한 다수세력이 그에 대한 방어를 제대로 하지 않는 상황이 초래될 수 있다. 다수파나 다수세력이 의회의 권한을 수호하기 위한 권한쟁의심판 등 견제수단을 취하지 않음으로써 헌법이 명령하는 권력의 견제기능을 제대로 수행하지 않는 현상이 나타날 수 있는 것이다.

이와 같이 의회의 헌법적 권한이 제대로 수호되지 못하고 헌법의 권력분립 질서가 왜곡되는 상황하에서는, 의회 내 소수파 의원들의 권능을 보호하는 것을 통하여 궁극적으로는 의회의 헌법적 권한을 수호하기 위하여, 그들에게 일정한 요건하에 국회를 대신하여 국회의 권한침해를 다툴 수 있도록 하는 법적 지위를 인정할 필요가 있고, 그 구체적 방안으로서 이른바 '제3자 소송담당'을 인정할 필요가 있다. …

'제3자 소송담당'은, 헌법이 요구하는 의회의 대정부 견제기능이 의회 내 다수파의 정략적 결정에 의하여 저해되고 그럼으로써 헌법이 명령하는 의회주의가 왜곡 내지 훼손되는 경우에, 그로부터 의회주의를 회복하기 위한 수단으로써 강구되는 것이므로 의회주의의 본질에 반한다고 볼 수 없고, 오히려 의회주의의 본질을 더욱 충실하게 하는 데 기여할 수 있다. …

'제3자 소송담당'을 인정하는 경우 어떤 범위와 어떤 요건하에서 인정할 것인지가 문제인바, 적어도 국회의 교섭단체 또는 그에 준하는 정도의 실체를 갖춘 의원 집단에게는 제3자 소송담당의 방식으로 권한쟁의심판을 제기할 수 있는 지위를 인정하여야 할 것이다" (헌재 2007.7.26. 2005헌라8, 재판관 송두환의 반대의견).

※ 참고 판례: 헌재 1998.7.14. 98헌라1, 대통령과 국회의원간의 권한쟁의(각하)

1998년 김종필에 대한 국무총리임명동의안의 처리가 무산되자 김대중 대통령이 김종필씨를 국무총리서리로 임명하였고, 이에 대해 한나라당소속 국회의원들은 김대중 대통령을 피청구인으로 하여 위 임명처분이 주위적으로는 국무총리임명에 관한 청구인들의 동의권한을, 예비적으로는 국무총리임명동의안에 관한 청구인들의 심의·표결권한을 각 침해하였다고 주장하면서, 그 권한침해의 확인과 아울러 이 사건 임명처분의 무효확인을 구하는 심판청구를 제기하였다. 이 사건은 사법적으로 판단하기에 매우 불명확한 사건이었다. 국무총리를 임명하기 위하여 국회에 임명동의를 구하였으나 국회가 가부에 관한 의사표시를 분명히 하지 아니하였기 때문에 결과적으로 대통령으로서는 국무총리서리를 임명하게 되었다.

헌법재판소의 ㉠ 1인의 재판관은 국회의원들의 당사자적격이 없음을 이유로 각하의견을, ㉡ 2인의 재판관은 국회의원들의 권리보호이익이 없음을 이유로 각하 의견을, ㉢ 2인의 재판관은 청구인적격성이 없음을 이유로 각하 의견을, ㉣ 3인의 재판관은 국무총리서리제도의 위헌성을 이유로 권한침해를 인정하는 인용의견을, 1인의 재판관은 국정공백을 메우기 위한 서리임명의 합헌성을 인정하여 권한침해를 부정하는 기각의견을 냈다. 결국 관여재판관의 과반수인 5인이 이유를 달리하나 결론에 있어서는 각하의견이어서 각하결정이 내려졌으나 각하의견의 이유는 다양하다.

"정부에 의하여 국회의 권한이 침해가 된 때에, 국회가 권한쟁의심판을 청구하는 점에 관하여 다수의원이 찬성하지 아니함으로써 국회의 의결을 거칠 수 없는 경우에는, 침해된 국회의 권한을 회복하고자 하는 소수의원에게도 권한쟁의심판을 통하여 국회의 권한을 회복시킬 수 있는 기회를 주어야만 할 것이다. 그러나 위와 같이 국회의 부분기관에게 국회를 위한 '제3자소송담당'을 허용하는 것은 소수자를 보호하기 위한 것이므로, 일정 수 이상의 소수의원이나 소수의원으로 구성된 교섭단체에게만 국회를 위하여 권한쟁의 심판을 청구할 적격이 인정되는 것이지, 재적의원 과반수를 이루는 다수의원이나 그들 의원으로 구성된 교섭단체의 경우에는 그들 스스로 국회의 의결을 거쳐 침해된 국회의 권한을 회복하기 위한 방법을 강구할 수 있으므로, 이들에게까지 굳이 법률에 규정되어 있지도 아니한 '제3자소송담당'을 허용할 필요성은 없는 것이다."

"국회의원이 국회에서 심의·표결권한을 행사하는 것은 국회의원들 상호간 또는 국회의원과 국회의장 사이에서만 직접적인 법적 연관성을 가질 뿐, 국회의원과 대통령 등 국회 이외의 다른 국가기관과 사이에서는 아무런 직접적인 법적 연관성을 가지지 아니하므로, 대통령이 국회의 동의를 얻지 아니하고 국무총리서리를 임명한 행위가 국회에 대한 관계에서 국무총리의 임명에 관한 국회의 동의권한을 침해한 것인지의 여부는 별론으로 하고, 국회의원인 청구인들과의 관계에서 국무총리 임명동의안에 관한 청구인들의 심의·표결권한의 행사를 불가능하게 하거나 방해함으로써 그 권한을 침해할 가능성이 있다고 볼 수 없다"(헌재 1998.7.14. 98헌라1, 대통령과 국회의원 간의 권한쟁의(각하) 중 재판관 김용준의 의견. 이 사건에서 재판관 5인이 각하의견을 내어 청구가 각하되었으나, 각하의견의 이유는 다양하다).

"대통령이 헌법에 정한 바에 따라 국회에 국무총리 임명동의요청을 한 다음 국회가 그 사정으로 임명동의안을 처리해 주지 아니한 특별한 사정이 있는 경우에 국무총리서리를 임명한 것은, 대통령이 국회에 국무총리 임명동의안을 제출하지 않거나 그 동의안이 부결된 상태에서 국무총리서리를 임명한 경우와는 달리, 실질적으로 국회의 동의를 얻어야 할 국무총리를 임명한 것이 아니라 그 명칭이나 형식에 관계없이 행정부 구성권자인 대통령이 헌법 제87조 제1항, 정부조직법 제23조에 따라 국무총리가 사고로 인하여 직무를 수행할 수 없을 때에 국무위원을 임명하여 국무총리 직무대행자를 지명할 수 있는 것에 준(準)하여 국회가 임명동의안을 의결할 때까지 한시적으로 국무총리 직무대행자를 임명한 것에 불과하다고 할 것이므로 그 임명절차에 하자가 있다고 하더라도 이 사건 국무총리서리 임명행위가 직접적으로 헌법 제86조 제1항에 의한 국회의 국무총리 임명동의권이나 그 임명동의안에 관한 청구인들의 심의·표결권을 침해하였거나 침해할 현저한 위험이 있는 경우에 해당한다고 볼 수 없다. …

국가기관 상호간의 권한쟁의심판은 헌법상의 국가기관 상호간에 권한의 존부나 범위에 관한 다툼이 있고 이를 해결할 수 있는 적당한 기관이나 방법이 없는 경우에 헌법재판소가 헌법해석을 통하여 그 분쟁을 해결함으로써 국가기능의 원활한 수행을 도모하고 국가권력의 균형을 유지하여 헌법질서를 수호·유지하고자 하는 제도인 것이다. …

그런데 이 사건의 경우 국회는 대통령이 이미 국회에 제출한 국무총리 임명동의안에 대한 표결을 하여 가부를 결정할 수 있는 상태에 있고 특히 청구인들은 국회의 다수당인 한나라당 소속 국회의원들로서 그들만으로도 국무총리 임명동의안에 대한 가부를 결정하여 분쟁을 스스로 해결할 수 있는 방법이 있음에도 불구하고, 그 동의안에 대한 의결절차를 마치지도 아니한 채 미리 헌법재판소에 권한쟁의 심판을 청구한 것이므로, 청구인들의 이 사건 심판청구는 권리보호이익이 없어 부적법하다"(헌재 1998.7.14. 98헌라1, 대통령과 국회의원 간의 권한쟁의(각하) 중 재판관 조승

(형, 재판관 고중석의 의견).

"헌법재판소법 제62조 제1항 제1호에 열거되지 아니한 기관이나 또는 열거된 기관내의 각급 기관은 비록 그들이 공권적 처분을 할 수 있는 지위에 있을지라도 권한쟁의심판의 당사자가 될 수 없으며 또 위에 열거된 국가기관 내부의 권한에 관한 다툼은 권한쟁의심판의 대상이 되지 않는다고 볼 수 밖에 없다. 그러므로 국회의 경우 현행 권한쟁의심판제도하에서는 국가기관으로서의 국회만이 당사자로 되어 권한쟁의심판을 수행할 수 있을 뿐이고, 국회의 구성원이나 국회내의 일부기관인 국회의원 및 교섭단체 등이 권한쟁의심판을 청구할 수는 없다고 할 것이다"(헌재 1998.7.14. 98헌라1, 대통령과 국회의원 간의 권한쟁의(각하) 중 재판관 정경식, 재판관 신창언의 의견).

"국회는 국회의원으로 구성되는 합의체 기관으로서(헌법 제41조 제1항 참조) 국회의 의사는 결국 표결 등으로 나타나는 국회의원들의 의사가 결집된 것이므로, 헌법 제86조 제1항에 규정된 국무총리 임명에 대한 국회의 동의권한은 그 속성상 필연적으로 국무총리 임명동의안에 대한 국회의원들의 표결권한을 내포하고 있다. 그렇다면 청구인들은 국회를 구성하는 국회의원으로서 이 사건 임명처분으로 국무총리 임명에 관한 국회의 동의권한 및 자신들의 국무총리 임명동의안에 대한 표결권한을 동시에 침해받았다고 주장하면서 권한쟁의심판을 청구할 자격이 있다 할 것이다.

청구인들이 다수당의 구성원으로서 스스로 이 사건 임명동의안을 처리할 수 있는지의 여부는 이미 행해진 이 사건 임명처분이 청구인들의 권한을 침해하였는지의 여부와는 직접적인 관련이 없다. 따라서 청구인들이 장차 이 사건 임명동의안을 부결시켜 청구외 김종필을 국무총리로 재직하지 못하게 할 수 있다고 하더라도 그것과는 별도로 이 사건 임명처분에 의한 권한침해를 다툴 이익이 있다.

헌법 제86조 제1항은 "국무총리는 국회의 동의를 얻어 대통령이 임명한다."고 명시하여 대통령이 국무총리를 임명함에 있어서는 "반드시 사전에" 국회의 동의를 얻어야 함을 분명히 밝히고 있다. 이는 법문상 다른 해석의 여지없이 분명하고, 이에 더하여 헌법이 국무총리의 임명에 관하여 규정하고 있는 국회동의제도의 취지를 고려하여 보면 국무총리 임명은 대통령의 단독행위에 국회가 단순히 부수적으로 협력하는 것에 그치지 아니하고 국회가 대통령과 공동으로 임명에 관여하는 것이라고 보아야 한다. 그러므로 국회의 동의는 국무총리 임명에 있어 불가결한 본질적 요건으로서 대통령이 국회의 동의 없이 국무총리를 임명하였다면 그 임명행위는 명백히 헌법에 위배되고, 이러한 법리는 국무총리 대신 국무총리"서리"라는 이름으로 임명하였다고 하여 달라지는 것이 아니다. …

정부조직법 제23조는 국무총리가 "사고"로 인하여 직무를 수행할 수 없을 때 직무대행자가 국무총리의 직무를 대행하도록 하고 있는데, 여기서의 "사고"는 국무총리가 직무를 행할 수 없는 일반적인 경우 즉, "사고"와 "궐위"를 포괄하는 넓은 개념으로 해석하는 것이 타당하다. …

이 사건의 경우 국무총리의 사퇴로 인하여 국무총리의 직무를 수행할 사람이 없어 국정공백이 우려되었다면 정부조직법에 따라 국무총리 직무대행자를 지명함으로써 이 사건 임명동의안의 처리시까지 국정공백을 방지할 수도 있었다. 이와 같이 국무총리 직무대행체제가 법적으로 완비되어 있어 헌법에 위반함이 없이도 국정공백을 방지할 수 있음에도 불구하고 헌법상, 법률상의 근거가 전혀 없는 국무총리서리를 임명하였으므로 이를 국정공백의 방지라는 명분으로 정당화할 수 없다"(헌재 1998.7.14. 98헌라1, 대통령과 국회의원 간의 권한쟁의(각하) 중 재판관 김문희, 재판관 이재화, 재판관 한대현의 반대의견).

"국무총리의 궐위는 대통령으로 하여금 새 행정부 구성을 할 수 없게 하고 있는데도 헌법은 궐위된 국무총리의 직무를 누가, 어떤 방법으로 수행하는지에 관하여 아무런 규정을 하지 않고 있다. 헌법제정자는 이와 같은 특수한 경우를 예상하지 못하였고, 이러한 헌법규정의 흠(欠)때문에 대통령의 국무총리서리 임명이 헌법에 합치되는지 여부는 해석에 의하여 가려볼 수 밖에 없다." 그런데 이 사건의 경우와 같은 조건을 갖춘 특수한 경우에 한하여 대통령은 국무총리 임명동의안을 국회가 표결할 때까지 예외적으로 서리를 임명하여 총리직을 수행하게 할 수 있고, 대통령의 이 국무총리서리 임명행위는 헌법 제86조 제1항의 흠을 보충하는 합리적인 해석범위내의 행위이므로 헌법상의 정당성이 있다.

"정부조직법 제23조에는 국무총리가 '사고'로 직무를 수행할 수 없는 경우에 직무대행을 하는 규정을 두고 있을 뿐, '궐위'된 경우에 관한 규정은 없다(제23조). … '사고'와 '궐위'의 개념은 대통령(헌법 제71조), 국회의장(국회법 제12조, 제16조), 대법원장(법원조직법 제13조 제3항), 헌법재판소장(헌법재판소법 제12조 제4항)의 경우에 이를 구분하여 규정하고 있으므로 사고의 개념에 궐위를 포함시키는 해석론은 옳다고 볼 수 없다. 신임 대통령의 취임으로 국무총리와 국무위원은 모두 사직서를 제출한 상태이고 국회는 국무총리 임명동의안을 처리하지 못하고 있는 경우에 사직서를 제출한 종전의 국무총리가 총리의 직무를 수행하거나 국무위원이 그 직무를 대행하여야만 헌법과 정부조직법의 관계조항에 부합한다는 견해는, 현실과 실질적인 면을 도외시한 것이다"(헌재 1998.7.14. 98헌라1, 대통령과 국회의원 간의 권한쟁의(각하) 중 재판관 이영모의 반대의견).

(3) 검 토

제3자 소송담당을 인정하는 견해가 학계의 다수 의견이다(허영·정종섭·한수웅). 제3자 소송담당을 긍정하는 견해는 소수자의 보호와 여·야 사이의 기능적 권력통제를 통한 헌법기능의 보호라는 제3자 소송담당의 헌법상 의의를 고려할 때 이를 인정하는 것이 마땅하며, 입법적인 해결이 이루어질 때까지는 헌법재판소가 긍정적인 방향으로 판례를 변경하는 것이 바람직하다는 입장을 취하고 있다(허영).

생각건대 ㉠ 국회의 판단은 정치적 고려에 좌우될 가능성이 크다는 점, ㉡ 다수결의 원칙이 적용되는 국회에서 다수결에 의하여 국회가 스스로 그 권한이 침해 되어도 방기할 가능성이 높다는 점, ㉢ 이러한 권한침해의 방기는 곧 국회의 소수자의 권한침해로 이어진다는 점, ㉣ 위 결정에서 다수의견은 국회 외부기관에 의한 국회의원 개인의 심의·표결권 침해 또한 성립할 수 없다는 논지를 취하여 결국 이러한 문제를 소수파 국회의원이 다툴 수 있는 방법이 보이지 아니한다는 점 등에 비추어 보건대, 이 사건에서는 제3자 소송담당을 인정하였어야 할 것으로 본다.

Ⅳ. 청구기간

권한쟁의의 심판은 그 사유가 있음을 안 날로부터 60일 이내에(헌재 2001.10.25. 2000헌라3, 강남구청과 행정자치부 간의 권한쟁의(각하)), 그 사유가 있은 날로부터 180일 이내에 청구하여야 한다(헌재법 제63조). 여기서 그 사유가 있음을 안 날이라 함은 다른 국가기관 등의 처분에 의하여 자신의 권한이 침해되었다는 사실을 특정할 수 있을 정도로 현실적으로 인식하고 이에 대하여 권한쟁의심판청구를 할 수 있게 된 때를 말하며 그 처분의 내용이 확정적으로 변경될 수 없게 된 것까지를 요하는 것은 아니다(헌재 2007.3.29. 2006헌라7, 동래구청장과 건설교통부장관 간의 권한쟁의(각하)). 부작위를 대상으로 하는 권한쟁의심판의 경우에는 부작위 상태가 계속되는 한 기간의 제한 없이 권한쟁의심판을 청구할 수 있으며(헌재 2006.8.31. 2004헌라2, 강서구와 진해시간의 권한쟁의(인용)), 장래의 처분을 대상으로 한 권한쟁의심판이 허용되는 경우에는 처분 자체는 아직 내려지지 않은 상태이므로 청구기간의 제한을 받지 아니한다(헌재 2004.9.23. 2000헌라2, 당진군과 평택시간의 권한쟁의(인용,각하)).

이 기간은 불변기간이므로 원칙적으로 청구기간이 도과하게 되면 권한쟁의심판을 청구할 수 없지만 헌법재판소법 제40조 제1항과 행정소송법 제20조 제2항 단서에 의하여 그 청구기간이 경과되었더라도 이에 대하여 정당한 사유가 있는 경우에는 권한쟁의심판을 청구할 수 있다. 여기서 말하는 정당한 사유라 함은 청구기간이 경과된 원인 등 여러 가지 사정을 종합적으로 판단하여 지연된 권한쟁의심판청구를 허용하는 것이 사회통념상 상당한 경우를 뜻한다. 불변기간의 준수 여부는 헌법재판소의 직권조사사항이다.

Ⅴ. 청구사유

"심판청구는 피청구인의 처분 또는 부작위가 헌법 또는 법률에 의하여 부여받은 청구인의 권한을 침해하였거나 침해할 현저한 위험이 있는 때에 한하여 이를 할 수 있다"(헌재법 제61조 제2항).

1. 처분 또는 부작위

헌법재판소법 제61조 제2항에 따라 권한쟁의심판을 청구하려면 피청구인의 처분 또는 부작위가 존재하여야 한다. 처분(處分)이라 함은 입법행위와 같은 법률의 제정과 관련된 권한의 존부 및 행사상의 다툼, 행정처분은 물론 행정입법과 같은 모든 행정작용 그리고 법원의 재판 및 사법행정작용 등을 포함하는 넓은 의미의 공권력 처분을 의미한다(헌재 2006.5.25. 2005헌라4, 강남구 등과 국회 간의 권한쟁의(각하)). 다만, 청구인의 법적 지위에 구체적으로 미칠 가능성이 없는 행위(예컨대 법률안)는 처분이라 할 수 없다.

"헌법재판소법 제61조 제2항에 따라 권한쟁의심판을 청구하려면 피청구인의 처분 또는 부작위가 존재하여야 하고, 여기서 '처분'이란 법적 중요성을 지닌 것에 한하므로, 청구인의 법적 지위에 구체적으로 영향을 미칠 가능성이 없는 행위는 '처분'이라 할 수 없어 이를 대상으로 하는 권한쟁의심판청구는 허용되지 않는다. 정부가 법률안을 제출하였다 하더라도 그것이 법률로 성립되기 위해서는 국회의 많은 절차를 거쳐야 하고, 법률안을 받아들일지 여부는 전적으로 헌법상 입법권을 독점하고 있는 의회의 권한이다. 따라서 정부가 법률안을 제출하는 행위는 입법을 위한 하나의 사전 준비행위에 불과하고, 권한쟁의심판의 독자적 대상이 되기 위한 법적 중요성을 지닌 행위로 볼 수 없다"(헌재 2005.12.22. 2004헌라3, 서울특별시와 정부간의 권한쟁의(기각,각하)).

지방자치단체의 권한에 부정적인 영향을 주어서 법적으로 문제되는 경우에는 사실행위나 내부적인 행위도 권한쟁의심판의 대상이 되는 처분에 해당한다고 할 것이므로, 건설교통부장관의 역명(驛名) 결정은 권한쟁의심판의 대상이 되는 처분에 해당한다(헌재 2006.3.30. 2003헌라2, 아산시와 건설교통부장관간의 권한쟁의(각하)).

강남구선거관리위원회가 2006년 지방선거를 앞두고 강남구의회가 다음해 예산을 편성할 때 지방선거에 소요되는 비용을 산입하도록 예상되는 비용을 미리 통보한 행위는 서울특별시 강남구의 법적 지위에 어떤 변화도 가져온다고 볼 수 없으므로 권한쟁의심판의 대상이 되는 처분에 해당한다고 볼 수 없다(헌재 2008.6.26. 2005헌라7, 강남구 등과 국회 등 간의 권한쟁의(기각,각하)).

국가사무인 사립대학의 신설이나 학생정원 증원에 관한 피청구인(교육과학기술부장관)의 '2011학년도 대학 및 산업대학 학생정원 조정계획'이 청구인(경기도)의 권한을 침해하거나 침해할 현저한 위험이 있다고 할 수 없으므로, 이 사건 심판청구는 부적법하다(헌재 2012.7.26. 2010헌라3, 경기도와 국회 등 간의 권한쟁의(각하)).

사회보장위원회의 '지방자치단체 유사·중복 사회보장사업 정비 추진방안'을 의결한 행위(정비지침)는 각 지방자치단체가 자율적으로 사회보장사업을 정비·개선하도록 한 것이고, 통보행위상 정비계획 제출은 각 지방자치단체가 정비가 필요하고 가능하다고 판단한 사업에 대하여만 정비계획 및 결과를 제출하라는 의미이며, 실제로 각 지방자치단체들은 자율적으로 사회보장사업의 정비를 추진하였다. 통보행위를 강제하기 위한 권력적·규제적인 후속조치가 예정되어 있지 아니하고, 통보행위에 따르지 아니한 지방자치단체에 대하여 이를 강제하거나 불이익을 준 사례도 없으므로 통보행위는 권한쟁의심판의 대상이 되는 '처분'이라고 볼 수 없다(헌재 2018.7.26. 2015헌라4, 경기도 성남시 등과 국무총리 등간의 권한쟁의(각하)).

국회법 제85조 제1항 각 호의 심사기간 지정사유는 국회의장의 직권상정권한을 제한하는 역할을 할 뿐 국회의원의 법안에 대한 심의·표결권을 제한하는 내용을 담고 있지는 아니한다. 국회법 제85조 제1항의 지정사유가 있다 하더라도 국회의장은 직권상정권한을 행사하지 아니할 수 있으므로, 청구인들의 법안 심의·표결권에 대한 침해위험성은 해당 안건이 본회의에 상정되어야만 비로소 현실화된다. 따라서 이 사건 심사기간 지정 거부행위로 말미암아 청구인들의 법률안 심의·표결권이 직접 침해당할 가능성은 없다(헌재 2016.5.26. 2015헌라1, 국회의원과 국회의장 등 간의 권한쟁의 (각하)).

"이 사건 강남자원회수시설(소각장)은 피청구인 서울특별시가 서울시비 867억 원을 들여 단독으로 설치한 것이고 따라서 그 운영권한은 폐기물관리법 제5조 제1항에 의하여 피청구인에게 있고, 같은 법 제5조의2 제1항에 의하여 이 사건 시설에의 반입수수료의 결정·부과징수권한 또한 피청구인에게 있다고 할 것이다. 그리고 이 경우 그 구체적인 반입수수료 금액은 같은 조 제3항에 의하여 피청구인 조례로 정하게 된다.

이 소각장의 운영권한은 피청구인에게 있다고 인정되므로 피청구인의 이 사건 조례개정으로 인하여 폐기물관리법 제4조에서 청구인에게 부여한 적정하게 폐기물처리시설을 운영할 수 있는 권한을 침해하는 것이라고 할 수 없다"(헌재 2004.9.23. 2003헌라3, 강남구와 서울특별시간의 권한쟁의(기각)).

"감사원법은 지방자치단체의 위임사무나 자치사무의 구별 없이 합법성 감사뿐만 아니라 합목적성 감사도 허용하고 있는 것으로 보이므로, 감사원의 지방자치단체에 대한 이 사건 감사는 법률상 권한 없이 이루어진 것은 아니다.

헌법이 감사원을 독립된 외부감사기관으로 정하고 있는 취지, 중앙정부와 지방자치단체는 서로 행정기능과 행정책임을 분담하면서 중앙행정의 효율성과 지방행정의 자주성을 조화시켜 국민과 주민의 복리증진이라는 공동목표를 추구하는 협력관계에 있다는 점을 고려하면 지방자치단체의 자치사무에 대한 합목적성 감사의 근거가 되는 이 사건 관련규정은 그 목적의 정당성과 합리성을 인정할 수 있다.

또한 감사원법에서 지방자치단체의 자치권을 존중할 수 있는 장치를 마련해두고 있는 점, 국가재정지원에 상당부분 의존하고 있는 우리 지방재정의 현실, 독립성이나 전문성이 보장되지 않은 지방자치단체 자체감사의 한계 등으로 인한 외부감사의 필요성까지 감안하면, 이 사건 관련규정이 지방자치단체의 고유한 권한을 유명무실하게 할 정도로 지나친 제한을 함으로써 지방자치권의 본질적 내용을 침해하였다고는 볼 수 없다"(헌재 2008.5.29. 2005헌라3, 강남구청등과 감사원간의 권한쟁의(각하, 기각)).

피청구인의 부작위(不作爲)로 인하여 청구인의 권한이 침해되었다는 권한쟁의 심판이 허용되기 위하여는 피청구인에게 헌법상 또는 법률상 유래하는 작위의무가 있음에도 피청구인이 그러한 의무를 다하지 아니한 경우이어야만 한다.

"국회의장은 표결이 적법하게 진행되어 정상적으로 종결된 경우에는 개표절차를 진행하여 표결결과를 선포할 의무가 있다. 그러나 국무총리 임명동의안에 대한 투표가 진행되던 중 투표의 유효성을 둘러싸고 여·야간에 말다툼과 몸싸움이 벌어져 정상적인 투표가 이루어지지 않은 끝에 자정의 경과로 상당수의 국회의원들이 투표를 마치지 못한 가운데 본회의가 자동산회되었고, 이미 행하여진 투표가 과연 적법하게 진행되어 정상적으로 종결된 것인지 관련 법규나 국회의 의사관행에 비추어도 분명하지 않은 사정이라면 그 투표절차를 둘러싼 여러 문제는 국회가 여・야의 합의를 통하여 자율적으로 처리할 수 있다고 할 것이나, 여・야간에 타협과 절충이 실패하였다면 투표절차에 관한 최종적 판단권은 국회의장인 피청구인에게 유보되어 있다. 피청구인으로서는 이미 행해진 투표의 효력 여하, 투표의 종결 여부, 개표절차의 진행 여부 등 의사절차를 어떻게 진행할 것인지에 관한 선택권을 가진다고 할 것인데, 피청구인이 이와 같이 논란의 여지가 많은 사실관계하에서 개표절차를 진행하여 표결결과를 선포하지 아니하였다 하여 그것이 헌법이나 법률에 명백히 위배되는 행위라고는 인정되지 않으므로 다른 국가기관은 이를 존중하여야 한다. 따라서 투표가 정상적으로 종결되었는지에 관하여 헌법재판소가 독자적으로 판단하는 것은 바람직하지 않으며, 그 결과 피청구인에게 개표절차를 진행하여 표결결과를 선포할 의무가 있음을 인정할 수 없고, 그러한 작위의무가 인정되지 않는 이상 피청구인의 부작위에 의한 권한침해를 다투는 권한쟁의심판은 허용되지 않는다"(헌재 1998.7.14. 98헌라3, 국회의장과 국회의원간의 권한쟁의(각하)).

그런데 국회선출 헌법재판관 임명과 관련하여 논란이 제기되었다. 즉 대통령 권한대행이 국회선출 헌법재판관 후보 중 2인을 임명하고 1인에 대하여는 국회에서 합의가 이루어지지 않았다는 이유로 임명을 보류하였다. 이에 국회의장이 임명을 요청하는 권한쟁의심판을 제기하였다. 헌법재판소는 국회선출 후보자 임명거부는 위헌이라고 판시하였다(헌재 2025.2.27. 2025헌라1, 국회와 대통령 간의 권한쟁의(인용(권한침해),각하)). 하지만, 헌법재판관 선출 관례에 따른 교섭단체의 의사를 제대로 반영하지 않았다는 비판을 받는다.

청구인 국회가 피청구인 대통령 권한대행 기획재정부장관을 상대로 ① 청구인이 재판관으로 선출한 마은혁을 임명하지 아니한 부작위가 청구인의 헌법상 또는 법률상 권한을 침해한 것임을 확인하고(권한침해확인 부분), ② 마은혁이 재판관의 지위에 있음을 확인하거나, 또는 피청구인에게 마은혁을 재판관으로 임명하라는 결정을 구하는(지위확인 등 부분) 권한쟁의심판 청구에 대하여, 임명부작위는 청구인의 헌법재판소 재판관 선출을 통한 헌법재판소 구성권을 침해한다고 보아 권한침해확인 부분을 인용하고, 지위확인 등 부분은 부적법 각하하였다. [판시사항] 국회의 재판관 선출권은 독자적이고 실질적인 것이고, 대통령은 국회가 재판관으로 선출한 사람의 임명을 임의로 거부하거나 선별하여 임명할 수 없고, 다만 헌법과 법률이 정한 자격요건을 갖추지 못한 사람이 재판관으로 선출되거나 그 선출과정에 의회민주주의를 원칙으로 하는 헌법 및 국회법 등 법률을 위반한 하자가 있는 경우에 한하여 임명을 보류하고 재선출을 요구할 수 있을 뿐이며, 대통령의 재판관 임명권 행사는 그의 권한인 동시에 헌법기관인 헌법재판소가 구성되어 그 기능을 다할 수 있도록 할 헌법상 의무에 해당한다. ○ 피청구인 장관에게는 대통령의 권한을 대행하게 된 때부터 국회가 선출한 사람을 재판관으로 임명하여 재판관의 공석 상태를 해소하여야 할 구체적 작위의무가 있다. ○ 피청구인은 마은혁의 재판관 임명에 관하여 교섭단체 간의 합의를 확인할 수 없어 그 임명을 보류한 것이라는 취지로 주장하였다. 국회에는 그 동안 재판관의 정치적 중립성을 담보하기 위하여 다수당이 일방적으로 재판관

3인 모두를 선출하지 않도록 하는 정치적 관행이 있었다고 하면서도, 교섭단체의 재판관 후보자 추천에 관하여 특정한 내용의 추천방식이 관행으로 굳어졌다거나 각 교섭단체가 추천하는 특정 후보자에 대해 다른 교섭단체가 합의를 한 경우에 한해 선출하는 관행이 있었음을 인정할 자료는 없다. ○ 재판관 후보자 추천부터 본회의 의결에 이르기까지의 과정을 종합하여 살펴보면, 교섭단체들이 재판관 후보자 추천에 관하여 의견조율을 거쳐 협의 결과에 따라 국회의장에게 재판관 후보자를 추천하고, 선출절차가 진행된 것으로 봄이 타당하다. ○ 권한침해확인 청구 부분에 관하여(주문 제1항 관련), 이와 같은 권한쟁의심판을 청구하기 위하여 청구인의 본회의 의결이 필요한지에 관하여는 재판관의 견해가 나뉘었다. [법정의견(5인)] 청구인이 "권한쟁의심판을 통해 보호하고자 하는 권한과 관련하여 이미 본회의 의결을 통해 그 권한 실현 의사를 결정하고 나아가 그와 같이 결정된 의사가 다른 국가기관에 의하여 침해되었음을 확인한 경우에는, 청구인을 대표하는 국회의장은 그 대표권에 기하여 청구인의 권한침해에 대한 방어적 행위로서 해당 국가기관을 상대로 권한쟁의심판을 청구할 수 있고, 권한쟁의심판을 청구하기 위한 별도의 본회의 의결은 필요하지 않다고 보는 것이 타당하다." 이유에서 본 바와 같은 사정을 종합하면 이 부분 심판청구에 대하여 별도의 본회의 의결이 필요하지 않다. [별개의견(3인)] 심판청구를 위해서는 본회의의 의결이 필요하다는 것을 전제로, 다만 청구인이 심판 계속 중이던 2025.2.14. 본회의에서 "이 사건 심판청구를 지지하고, 이 사건 심판청구와 그에 따른 소송행위가 유효 · 적법함을 확인한다"라는 취지의 결의안을 가결하여 이 사건 심판청구를 추인하는 의사를 결정 · 표시함으로써 그 절차적 흠결을 보완함에 따라 이 사건 심판청구가 사후적으로 적법하게 되었다. ○ 이 사건은 임명부작위라는 '부작위'를 대상으로 한 권한쟁의심판 사건이다. 헌법재판소법 제66조 제2항은 헌법재판소가 부작위에 대한 심판청구를 인용하는 결정을 한 때에는 피청구인은 결정 취지에 따른 처분을 하여야 한다고 규정하고 있다.

헌법재판소는 법률에 대한 권한쟁의심판도 허용되지만, 권한쟁의심판과 위헌법률심판이 구분되어야 하므로 법률 그 자체가 아니라 법률제정행위를 권한쟁의심판의 대상으로 하여야 한다고 보고 있다(헌재 2006.5.25. 2005헌라4, 강남구 등과 국회 간의 권한쟁의(각하)).

2. 권한의 침해

(1) 의 의

'권한의 침해'란 피청구인의 처분 또는 부작위로 인한 청구인의 권한침해가 과거에 발생하였거나 현재까지 지속되는 경우를 의미한다. "권한을 침해할 현저한 위험"이란 아직 침해라고는 할 수 없으나 조만간 권한침해에 이르게 될 개연성이 상당히 높은 상황, 즉 현재와 같은 상황의 발전이 중단되지 아니한다면 조만간에 권한침해의 발생이 거의 확실하게 예상되며, 이미 구체적인 법적 분쟁의 존재를 인정할 수 있을 정도로 권한침해가 그 내용에 있어서나 시간적으로 충분히 구체화된 경우를 말한다. 권한에는 헌법상 권한과 법률상 권한을 포괄한다.

"권한쟁의심판은 권한이 침해되었다고 주장하는 청구인과 청구인의 권한행사에 부정적인 영향을 미친 것으로 추정되는 피청구인 간에 대립적인 소송구조를 취하기 때문에 주관적 쟁송으로서의 성격을 띨 수밖에 없으나, 이는 분쟁 당사자 간의 권한의 존부 또는 범위에 대한 다툼을 대상으로 하고(헌법재판소법 제61조 제1항), 그 결정 또한 심판의 대상이 된 국가기관 또는 지방자치단체의 권한의 존부 또는 그 범위를 내용으로 하고 있으므로, 궁극적으로는 수평적 또는 수직적 권력분립주의에 입각해 헌법과 법률이 설정한 객관적 권한질서를 유지하기 위한 법적 수단으로 이해되고 있다. 그리고 여기에서 권한이란 주관적 권리의무가 아니라 국가나 지방자치단체 등 공법인 또는 그 기관이 헌법 또는 법률에 의하여 부여되어 법적으로 유효한 행위를 할 수 있는 능력 또는 그 범위를 말한다"(헌재 2010.12.28. 2009헌라2, 서울특별시 은평구와 기획재정부장관 간의 권한쟁의(각하)).

검사의 수사권 축소 등에 관한 권한쟁의 사건에서 국회가 검찰청법 및 형사소송법을 개정한 국회의 입법행위에 대하여 국회 밖의 국가기관인 법무부장관과 검찰청법상 검사가 제기한 권한침해확인 및 그 행위의 무효확인 권한쟁의심판청구는 각하한다. [반대의견] 심판청구의 적법성이 모두 인정되고, 권한침해가 확인되므로, 헌법재판소법 제67조 제2항을 적용하여 법률개정행위를 취소하여야 한다(5:4)(헌재 2023.3.23. 2022헌라4, 법무부장관 등과 국회 간의 권한쟁의(각하)).

"이 사건 심판청구가 적법하려면 이 사건 시행령조항의 내용으로 인하여 실제로 청구인에게 권한침해가 발생하였거나 적어도 권한 침해의 현저한 위험이 인정되어야 한다. 그런데 이 사건 시행령조항 및 모법인 지방교부세법 제11조 제2항은 '지방자치단체가 협의·조정을 거치지 않거나 그 결과를 따르지 아니하고 경비를 지출한 경우 지방교부세를 감액하거나 반환하도록 명할 수 있다.'는 것에 불과하므로 실제로 지방교부세가 감액되거나 반환되지 않는 이상 권한침해가 현실화되었다고 보기는 어렵고, 그 전에는 조건 성립 자체가 유동적이므로 권한침해의 현저한 위험, 즉 조만간에 권한침해에 이르게 될 개연성이 현저하게 높은 상황이라고 보기도 어렵다. 따라서 이 사건 개정행위 자체로써 지방자치단체의 자치권한의 침해가 확정적으로 현실화되었다거나 자치권한을 침해할 현저한 위험이 인정된다고 보기는 어렵다"(헌재 2019.4.11. 2016헌라3, 서울특별시와 대통령 간의 권한쟁의(각하)).

사개특위 위원이 아닌 청구인들은 사개특위에서 이루어진 이 사건 각 개선행위에 의하여 그 권한을 침해받았거나 침해받을 현저한 위험성이 있다고 보기 어렵다. 사개특위 위원도 개선행위만으로는 권한의 침해나 침해의 위험성이 발생한다고 보기 어렵고, 사개특위가 개회되어 신속처리안건 지정동의안에 관한 심의·표결 절차에 들어갔을 때 비로소 그 권한의 침해 또는 침해의 위험성이 존재하므로 심판청구는 부적법하다. 법률안 수리행위에 대한 권한쟁의심판청구가 법률안에 대한 위원회 회부나 안건 상정, 본회의 부의 등과는 별도로 오로지 전자정보시스템으로 제출된 법률안을 접수하는 수리행위만을 대상으로 하는 한, 그러한 법률안 수리행위만으로는 사개특위 및 정개특위 위원들의 법률안 심의·표결권을 침해하지 아니하므로 심판청구는 부적법하다(헌재 2020.5.27. 2019헌라3, 국회의원과 국회의장 등 간의 권한쟁의(기각, 각하)).

경기도가 특별조정교부금 배분에서 특정시를 제외한 행위가 헌법 및 지방자치법에 의하여 부여된 남양주시의 지방재정권을 침해하지 아니한다(7:2)(헌재 2022.12.22. 2020헌라3, 남양주시와 경기도 간의 권한쟁의(기각)).

이 사건 가결선포행위가 단순히 국회의 재량 사항인 탄핵소추안의 법제사법위원회 회부 절차를 거치지 않은 채 이루어졌다는 이유만으로, 청구인들의 이 사건 탄핵소추안에 관한 심의·표결권이 침해될 가능성이 있다고 볼 수 없다. 청구인들은 이 사건 가결선포행위가 헌법 제65조 제2항 본문의 의결정족수를 기준으로 이루어짐에 따라, '가중된 의결정족수'에서 표결할 기회가 상실되었다거나, 부결표 행사의 가치가 희석되어 궁극적으로 이 사건 탄핵소추안에 대한 심의·표결권을 침해받았다고도 주장한다. 그러나 이는 결국 '일반 의결정족수'에 따라 이 사건 탄핵소추안이 가결됨으로써 이루어진 국회의 탄핵심판청구가 부적법하다는 취지에 불과할 뿐, 심의·표결권 침해 가능성을 인정할 근거는 될 수 없다. 청구인들의 주장 취지를 이와 달리 본다고 하더라도, 헌법과 국회법은 개별 국회의원이 원하는 특정 의결정족수를 기준으로 심의·표결권을 행사할 기회를 보장하거나, 의결 결과와 연계하여 심의·표결권 행사의 가치를 인정하는 규정을 두고 있지 않다. 헌법 제49조의 다수결 원칙을 고려할 때, 심의·표결권을 행사하는 개별 국회의원의 의사가 반드시 국회의 최종 의사로 귀결되어야 한다고 볼 수도 없다. 청구인들은 피청구인이 권한 없이 '일반 의결정족수'를 임의로 적용함으로써 청구인들의 심의·표결권이 침해되었다고도 주장한다. 대통령 권한대행 국무총리에 대한 탄핵소추 의결정족수는 헌법 제65조 제2항의 해석에 관한 문제여서 국회의 심의·표결로 결정할 사안이 아닌바, 최종 판단은 헌법재판소에 달려 있음은 별론으로 하고, 그에 관한 확립된 해석이 없는 상황에서 피청구인이 일정한 의견수렴을 거쳐 '일반 의결정족수'를 적용한 것을 두고 헌법이나 법률을 명백히 위반한 흠이 있다거나 그로 인해 청구인들의 심의·표결권이 침해될 가능성이 있다고까지 단정하기는 어렵다. 게다가 청구인들 대부분이 본회의 표결 과정에 자유롭게 참여할 기회가 보장되었음에도 이를 스스로 행사하여 반대에 투표하지 아니한 이상, 만에 하나 피청구인이 의결정족수를 잘못 판단하여 적용함으로써 그에 따라 가결 선포가 이루어졌다고 하더라도, 청구인들의 이 사건 탄핵소추안에 대한 심의·표결권이 침해될 가능성이 있다고 볼 수 없다(6:2)(헌재 2025.4.10. 2024헌라8, 국회의원과 국회의장 간의 권한쟁의(대통령 권한대행 국무총리 탄핵소추안 의결에 관한 권한쟁의 사건)(각하)).

헌법 제97조는 피청구인에게 '국가'를 대상으로 한 회계검사권과 '행정기관'을 대상으로 한 직무감찰권을 부여하고 있다. 선거관리가 그 사무의 성격상 행정작용에 해당한다고 하더라도, 선거관리위원회를 독립된 헌법기관으로 설치함으로써 선거관리에 정부가 영향력을 행사할 수 없도록 하여 선거관리의 독립성과 중립성을 보장하고자 하는 것이 헌법개정권자의 의사인 점을 고려하면, 헌법상 대통령 소속으로 행정부에 속한 피청구인의 직무감찰 대상에 청구인이 당연히 포함된다고 볼 수 없다. 또한 피청구인의 직무감찰권은 행정부 내부의 통제장치로서의 성격을 갖는다고 볼 수 있는바, 정부와 독립된 헌법기관인 국회, 법원, 헌법재판소는 물론 이들 헌법기관과 마찬가지로 독립된 헌법기관으로 설치된 선거관리위원회도 헌법 제97조가 정한 피청구인의 직무감찰 대상에 포함되지 않는다고 봄이 타당하다. 더욱이 피청구인은 대통령에 소속된 행정부 기관이고 그 구성에 있어서도 대통령이 감사원장과 감사위원을 임명하고 있으며, 감사원법 제42조 제1항은 피청구인이 감사 결과 중요하다고 인정되는 사항을 대통령에게 보고하도록 규정하고 있다. 대통령은 정당민주주의 하에서 특정 정당의 당원으로서 해당 정당의 정책이나 이익과 밀접하게 관련될 가능성이 있는바, 대통령 소속기관인 피청구인이 청구인에 대하여 직무감찰을 할 수 있게 된다면 선거관리의 공정성과 중립성에 대한 국민의 신뢰가 훼손될 위험이 있다. 따라서 헌법 제97조가 정한 피청구인의 직무감찰 대상인 '행정기관 및 공무원'에 청구인과 그 소속 공무원은 포함되지 않는다고 봄이 타당하다. 위에서 살핀 헌법 제97조를 구체화한 감사원법 제24조 제1항 제1호의 '행정기관 및 그 소속 공무원'에도 청구인과 그 소속 공무원은 제외된다고 보는 것이 합헌적 법률해석의 원칙상 명백하다. 한편 감사원법 제24조 제3항은 "제1항의 공무원에는 국회 · 법원 및 헌법재판소에 소속한 공무원은 제외한다."라고 규정하여 청구인 소속 공무원을 직무감찰 제외대상으로 명시하고 있지 않다. 그러나 정부와 독립된 헌법기관인 국회, 법원, 헌법재판소가 피청구인의 직무감찰 대상에 해당하지 않음은 앞서 본 바와 같으므로, 이들 헌법기관 소속 공무원을 직무감찰 대상에서 제외한 감사원법 제24조 제3항은 예시적 · 확인적 규정에 불과하다고 할 것이다. 따라서 감사원법 제24조 제3항이 청구인을 직무감찰 제외대상으로 명시하지 않았다고 하더라도 청구인이 피청구인의 직무감찰 대상에 포함되지 않는다는 결론에는 아무런 차이가 없다. 이상에서 살핀 우리 헌법의 체계 및 헌법 제97조와 감사원법 제24조의 해석 등을 종합하면, 피청구인에게는 청구인에 대한 직무감찰권이 부여되어 있다고 볼 수 없다. 피청구인에게 청구인에 대한 직무감찰권이 부여되어 있지 않은 이상, 이 사건 직무감찰은 헌법 및 법률상 권한 없이 이루어진 것으로서 헌법과 선거관리위원회법에 의하여 부여받은 청구인의 독립적인 업무 수행에 관한 권한을 침해한다(6:2) (헌재 2025. 2. 27. 2023헌라5, 중앙선거관리위원회와 감사원 간의 권한쟁의(인용)).

권한의 침해와 관련하여 지방자치단체 사이에서 관할 구역을 둘러싼 분쟁이 증가하고 있다. 종래 헌법재판소는 해상경계 확정 방법과 관련하여, 국토지리정보원이 제작한 국가기본도상의 해상경계선을 기준으로 결정하여야 한다는 입장(헌재 2004. 9. 23. 2000헌라2, 당진군과 평택시간의 권한쟁의(각하, 확인))이었으나 등거리 중간선 원칙, 지리상의 자연적 조건, 관련 법령의 현황, 연혁적인 상황, 행정권한 행사 내용, 사무 처리의 실상, 주민들의 사회 · 경제적 편익 등을 종합하여 형평의 원칙에 따라 합리적이고 공평하게 해상경계선을 획정하여야 한다고 판례를 변경(헌재 2015. 7. 30. 2010헌라2, 홍성군과 태안군 등 간의 권한쟁의(인용(권한확인), 인용(무효확인), 기각, 각하)) (헌재 2015. 7. 30. 2010헌라2, 홍성군과 태안군 등 간의 권한쟁의(인용(권한확인), 인용(무효확인), 기각, 각하))하였다.

"지방자치법 제4조 제1항은 지방자치단체의 관할구역 경계를 결정함에 있어서 '종전'에 의하도록 하고 있고, 지방자치법의 개정연혁에 비추어 보면 위 '종전'이라는 기준은 최초로 제정된 법률조항까지 순차 거슬러 올라가게 되므로 1948. 8. 15. 당시 존재하던 관할구역의 경계가 원천적인 기준이 된다. 그런데 지금까지 우리 법체계에서는 공유수면의 행정구역 경계에 관한 명시적인 법령상의 규정이 존재한 바 없으므로, 공유수면에 대한 행정구역 경계가 불문법상으로 존재한다면 그에 따라야 한다. 그리고 만약 해상경계에 관한 불문법도 존재하지 않으면, 주민, 구역과 자치권을 구성요소로 하는 지방자치단체의 본질에 비추어 지방자치단체의 관할구역에 경계가 없는 부분이 있다는 것을 상정할 수 없으므로, 헌법재판소가 지리상의 자연적 조건, 관련 법령의 현황, 연혁적인 상황, 행정권한 행사 내용, 사무 처리의 실상, 주민의 사회 · 경제적 편익 등을 종합하여 형평의 원칙에 따라 합리적이고 공평하게 해상경계선을 획정할 수밖에 없다"(헌재 2015.7.30. 2010헌라2, 홍성군과 태안군 등 간의 권한쟁의.).

한편 공유수면매립지 경계확정 방법과 관련하여, 이미 소멸되어 사라진 종전 공유수면의 해상경계선을 매립지의 관할경계선으로 인정하여야 한다는 입장(헌재 2011. 9.29. 2009헌라3, 인천광역시 중구와 인천광역시 등 간의 권한쟁의(각하, 기각))이었다. 그러나 판례를 변경하여 매립 목적, 그 사업목적의 효과적 달성, 매립지와 인근 지방자치단체의 교통관계나 외부로부터의 접근성 등 지리상의 조건, 행정권한의 행사 내용, 사무 처리의 실상, 매립 전 공유수면에 대한 행정권한의 행사 연혁이나 주민들의 사회적 · 경제적 편익 등을 모두 종합하여 형평의 원칙에 따라 합리적이고 공평하게 그 경계를 획정하여야 한다고 판례를 변경하였다(헌재 2019.4.11. 2016헌라8등, 고창군과 부안군 간의 권한쟁의(인용(권한확인), 인용(무효확인), 각하)). 그런데 헌법재판소는 다시 판례를 변경하여 공유수면에 대한 신생매립지의 경우에는 지방자치법 제5조 제7항에 따라 행정자치부장관이 귀속결정을 함으로써 비로소 신생매립지에 대한 관할이 창설되므로 비록 종전의 공유수면에 대한 관할을 가졌던 지방자차단체라 하더라도 신설 매립지에 대해 어떤 권한을 보유한다고 볼 수 없어 그 자치권이 침해되거나 침해될 위험이 없음을 들어 관련 지방자치단체의 권한쟁의심판청구를 각하하였다(헌재 2020.7.16. 2015헌라3, 충청남도 등과 정부 등 간의 권한쟁의 등(각하)). 이 결정에도 불구하고 공유수면에 대한 해상경계 또는 지적공부 등록 누락지의 귀속문제는 지방자치단체의 자치권의 범위에 관한 분쟁이어서 여전히 헌법재판소의 권한쟁의심판의 대상이 되고 종래의 헌법재판 결정들은 유지되고 있다.

"지방자치법 제4조 제1항은 지방자치단체의 관할구역 경계를 결정함에 있어서 '종전'에 의하도록 하고 있고, 지방자치법의 개정연혁에 비추어 보면 위 '종전'이라는 기준은 최초로 제정된 법률조항까지 순차 거슬러 올라가게 되므로, 1948.8.15. 당시 존재하던 관할구역의 경계가 원천적인 기준이 된다고 할 수 있다. 이러한 지방자치단체의 관할구역 경계는 각 법령이 관할구역을 정하는 기준으로 삼고 있는 법률 또는 대통령령에 의하여 달리 정하여지지 않은 이상 현재까지 유지되고 있음이 원칙이다.

공유수면에 대한 지방자치단체의 관할구역 경계 역시 위와 같은 기준에 따라 1948.8.

15. 당시 존재하던 경계가 먼저 확인되어야 할 것인데, 이에 관한 명시적인 법령상의 규정이 존재한다면 그에 따르고, 명시적인 법령상의 규정이 존재하지 않는다면 불문법에 따라야 한다. 그리고 이에 관한 불문법마저 존재하지 않는다면, 주민, 구역과 자치권을 구성요소로 하는 지방자치단체의 본질에 비추어 지방자치단체의 관할구역에 경계가 없는 부분이 있다는 것은 상정할 수 없으므로, 권한쟁의심판권을 가지고 있는 헌법재판소가 지리상의 자연적 조건, 관련 법령의 현황, 연혁적인 상황, 행정권한 행사 내용, 사무 처리의 실상, 주민의 사회·경제적 편익 등을 종합하여 형평의 원칙에 따라 합리적이고 공평하게 해상경계선을 획정할 수밖에 없다"(헌재 2019.4.11. 2016헌라8등, 고창군과 부안군 간의 권한쟁의(인용(권한확인), 인용(무효확인), 각하)).

대규모 공유수면의 매립은 막대한 사업비와 장기간의 시간 등이 투입될 뿐 아니라 해당 해안지역의 갯벌 등 가치 있는 자연자원의 상실 내지 환경의 파괴를 동반하는 등 국가 전체적으로 중대한 영향을 미치는 사업이다. 그러한 사업으로 새로이 확보된 매립지는 본래 사업목적에 적합하도록 최선의 활용계획을 세워 잘 이용될 수 있도록 하여야 할 것이어서, 매립지의 귀속 주체 내지 행정관할 등을 획정함에 있어서도 사업목적의 효과적 달성이 우선적으로 고려되어야 한다. 매립 전 공유수면을 청구인이 관할하였다 하여 매립지에 대한 관할권한을 인정하여야 한다고 볼 수는 없고, 공유수면의 매립 목적, 그 사업목적의 효과적 달성, 매립지와 인근 지방자치단체의 교통관계나 외부로부터의 접근성 등 지리상의 조건, 행정권한의 행사 내용, 사무 처리의 실상, 매립 전 공유수면에 대한 행정권한의 행사 연혁이나 주민들의 사회적·경제적 편익 등을 모두 종합하여 형평의 원칙에 따라 합리적이고 공평하게 그 경계를 획정할 수밖에 없다.

신생 매립지의 경우, 매립 전 공유수면에 대한 관할권을 가진 지방자치단체는 그 후 새로이 형성된 매립지에 대해서까지 어떠한 권한을 보유하고 있다고 볼 수 없으므로, 그 지방자치단체의 자치권한이 침해되거나 침해될 현저한 위험이 있다고 보기 어려워, 이와 관련된 권한쟁의심판이 부적법하다. 지방자치법 제4조 제8항(현행 제5조 제9항)에 의하면 관계 지방자치단체의 장은 행정안전부장관이 한 매립지가 속할 지방자치단체의 결정에 이의가 있으면 대법원에 소송을 제기하여 다툴 수 있다(헌재 2020.7.16. 2015헌라3, 충청남도 등과 행정자치부장관 등 간의 권한쟁의(각하)).

지방자치단체 사이의 해상경계에 관한 권한쟁의심판은 '㉠ 성문법상 해상경계 확인, ㉡ 불문법상 해상경계 확인, ㉢ 형평원칙상 해상경계 획정'이란 순서로 결론에 이른다. 쟁송해역을 둘러 싼 도서의 존재, 행정권한 행사 연혁, 주민들의 생업과 편익, 관련 행정구역의 관할 변경, 지리상의 자연적 조건 등을 종합적으로 고려하여 해상경계를 획정한다(5:4). [반대의견] 쟁송해역에서 형평의 원칙에 따른 해상경계를 획정함에 있어 무인도인 구돌서를 기점에 포함시키더라도 그 가중치를 다른 유인도들과 다르게 부여함으로써 잠정적인 등거리·중간선을 조정해야 한다(헌재 2024.8.29. 2022헌라1, 경상남도 남해군과 경상남도 통영시 간의 권한쟁의(인용(권한확인))).

(2) 적극적 권한쟁의

권한쟁의심판에서는 피청구인의 처분 또는 부작위에 의하여 청구인의 권한이 침해되었는지 여부가 심판의 대상으로 된다. 그러므로 특정 권한에 대하여 청구인과 피청구인이 서로 자기의 관할임을 주장하는 적극적 권한쟁의가 권한쟁의심판의 원칙적인 모습이다.

한편 권한쟁의심판의 대상이 되는 권한이라 함은 헌법 또는 법률이 특정한 국가기관에 대하여 부여한 독자적인 권능을 말한다. 따라서 국가기관의 행위라 할지라도 헌법과 법률에 의하여 부여된 독자적인 권능을 행사하는 경우가 아니라면 국가기관이 그 행위를 함에 있어 제한을 받더라도 권한쟁의심판을 청구할 수 없다(헌재 2010.7.29. 2010헌라1, 국회의원과 법원 간의 권한쟁의(각하)).

"권한쟁의심판에서 다툼의 대상이 되는 권한이란 헌법 또는 법률이 특정한 국가기관에 대하여 부여한 독자적인 권능을 의미하므로, 국가기관의 모든 행위가 권한쟁의심판에서 의미하는 권한의 행사가 될 수는 없으며, 국가기관의 행위라 할지라도 헌법과 법률에 의해 그 국가기관에게 부여된 독자적인 권능을 행사하는 경우가 아닌 때에는 비록 그 행위가 제한을 받더라도 권한쟁의심판에서 말하는 권한이 침해될 가능성은 없는바, 특정 정보를 인터넷 홈페이지에 게시하거나 언론에 알리는 것과 같은 행위는 헌법과 법률이 특별히 국회의원에게 부여한 국회의원의 독자적인 권능이라고 할 수 없고 국회의원 이외의 다른 국가기관은 물론 일반 개인들도 누구든지 할 수 있는 행위로서, 그러한 행위가 제한된다고 해서 국회의원의 권한이 침해될 가능성은 없다.

청구인은 이 사건 가처분재판과 이 사건 간접 강제재판으로 인해 입법에 관한 국회의원의 권한과 국정감사 또는 조사에 관한 국회의원의 권한이 침해되었다는 취지로 주장하나, 이 사건 가처분재판이나 이 사건 간접강제재판에도 불구하고 청구인으로서는 얼마든지 법률안을 만들어 국회에 제출할 수 있고 국회에 제출된 법률안을 심의하고 표결할 수 있어 입법에 관한 국회의원의 권한인 법률안 제출권이나 심의·표결권이 침해될 가능성이 없으며, 이 사건 가처분재판과 이 사건 간접강제재판은 국정감사 또는 조사와 관련된 국회의원의 권한에 대해서도 아무런 제한을 가하지 않고 있어, 국정감사 또는 조사와 관련된 국회의원으로서의 권한이 침해될 가능성 또한 없다. 따라서 이 사건 권한쟁의심판청구는 청구인의 권한을 침해할 가능성이 없어 부적법하다"(헌재 2010.7.29. 2010헌라1, 국회의원과 법원 간의 권한쟁의(각하)).

국가는 영토고권을 가지지만, 지방자치단체에게 자신의 관할구역 내에 속하는 영토, 영해, 영공을 자유로이 관리하고 관할구역 내의 사람과 물건을 독점적, 배타적으로 지배할 수 있는 권리가 부여되어 있지 아니하다(헌재 2006.3.30. 2003헌라2, 아산시와 건설교통부장관간의 권한쟁의(각하)).

지방자치단체와 다른 지방자치단체의 관계에서 어느 지방자치단체가 특정한 행정동 명칭을 독점적·배타적으로 사용할 권한을 가지지 아니한다(헌재 2009.11.26. 2008헌라4, 서울특별시 강남구와 관악구간의 권한쟁의(각하)). 헌법재판소는 2015.11.26. 2013헌라3 결정에서, "국회의원의 심의·표결권은 국회의 대내적인 관계에서 행사되고 침해될 수 있을 뿐 다른 국가기관과의 대외적인 관계에서는 침해될 수 없다"는 취지로 판단한 바 있다. 따라서 나머지 청구인들이 국민안전처 등을 이전대상 제외 기관으로 명시할 것인지에 관한 법률안에 대하여 심의를 하던 중에 피청구인이 국민안전처 등을 세종시로 이전하는 내용의 이 사건 처분을 하였다고 하더라도 국회의원인 청구인들의 위 법률안에 대한 심의·표결권이 침해될 가능성은 없으므로, 나머지 이 부분심판청구 역시 모두 부적법하다(헌재 2016.4.28. 2015헌라5, 국회의원과 행정자치부장관 간의 권한쟁의(절차종료,각하)).

(3) 소극적 권한쟁의

앞에서 본 바와 같이 헌법재판소법은 권한쟁의의 청구사유로서 권한의 침해 또는 그 위험성을 요구하고 있으므로 적극적 권한쟁의만을 규정하고 있다. 그런데 특정한 권한과 관련하여 청구인과 피청구인이 서로 자신의 권한이 아니라고 주장하면서 청구하는 소극적 권한쟁의에 대하여는 이를 인정할 수 있는지 여부에 대하여 견해의 대립이 있다. 즉, 헌법재판소법 제61조 제1항은 '권한의 유무 또는 범위에 관하여 다툼이 있을 때' 헌법재판소에 권한쟁의심판을 청구할 수 있다고 규정함으로써 소극적 권한쟁의도 권한쟁의심판에 포함될 수 있는 여지를 남겨두었지만 곧바로 제2항에서 "청구인의 권한을 침해하였거나 침해할 현저한 위험이 있는 경우에만" 권한쟁의심판청구를 할 수 있다고 함으로써 우리 헌법재판소법의 해석상 소극적 권한쟁의를 인정할 수 있을 것인가에 대하여 견해가 대립한다.

(가) 긍정설

현행법 아래에서 적극적 권한쟁의심판뿐만 아니라 소극적 권한쟁의심판도 인정된다는 입장을 취하는 긍정설은 다음과 같은 논거를 통해 소극적 권한쟁의를 긍정한다. 즉, 긍정설은 ① 헌법재판의 국민의 자유와 권리보호기능, 객관적 질서유지기능을 통한 국가업무의 지속적 수행을 위하여 모든 권한쟁의는 헌법재판의 대상이 되어야 한다는 점, ② 헌법 제111조 제1항 제4호의 규정은 모든 유형의 권한쟁의를 포함한다는 취지로 해석하는 것이 타당하다는 점, ③ 헌법재판소법 제61조 제1항의 '권한의 유무 또는 범위에 관하여 다툼이 있을 때'라는 표현은 소극적 권한쟁의를 포함하는 것으로 보아야 한다는 점, ④ 만약 소극적 권한쟁의를 인정하지 않는다면 국가기관 또는 지방자치단체 사이에서 서로 책임회피가 있게 되고 이는 결과적으로 국민의 피해로 귀속되는 점 등을 근거로 우리 현행법 아래에서 소극적 권한쟁의가 인정된다고 주장한다.

(나) 부정설

이에 대하여 부정설은 ① 소극적 권한쟁의는 권한이나 의무의 유무만이 문제되고 상대방의 부작위로 청구인의 권한이 침해되지 아니한다는 점, ② 헌법재판소법은 소극적 권한쟁의를 고려한 규정으로 볼 수는 없다는 점, ③ 헌법 제111조 제1항 제4호를 소극적 권한쟁의를 인정하는 근거규정으로 보는 것은 무리라는 점, ④ 소극적 권한쟁의가 문제되는 경우에는 우리 법체계상 행정소송법이 규정하는 부작위위법확인소송을 비롯한 다른 방법으로 해결할 수 있다는 점 등을 근거로 소극적 권한쟁의를 인정할 수 없다는 입장을 취하고 있다.

(다) 헌법재판소의 태도

소극적 권한쟁의심판을 인정할 것이냐에 대하여 헌법재판소가 지금까지 이에 대하여 명시적으로 입장을 밝힌 결정은 없다. 다만 소극적 권한쟁의심판으로 볼 여지가 있는 두 사건에서 헌법재판소는 소극적 권한쟁의 사건으로 판단하지 아니하고 다른 방식으로 사건을 해결하였다.

"이 사건 분쟁의 본질은 어업면허의 유효기간연장의 불허가처분으로 인한 어업권자에 대한 손실보상금채무를 처분을 행한 청구인이 부담할 것인가, 그 기간연장에 동의하지 아니한 피청구인이 부담할 것인가의 문제로서, 이와 같은 다툼은 유효기간연장의 불허가처분으로 인한 손실보상금 지급권한의 존부 및 범위 자체에 관한 청구인과 피청구인 사이의 직접적인 다툼이 아니라, 그 손실보상금 채무를 둘러싸고 어업권자와 청구인, 어업권자와 피청구인 사이의 단순한 채권채무관계의 분쟁에 불과하므로, 이 사건 심판청구는 청구인이 피청구인을 상대로 권한쟁의심판을 청구할 수 있는 요건을 갖추지 못한 것으로서 부적법하다"(헌재 1998.6.25. 94헌라1, 영일군과 정부 간의 권한쟁의(각하).).

시화공업단지내의 공공시설은 특별히 공업단지의 기능을 유지하기 위하여 설치된 것이 아니라 일반행정구역에서도 설치되어 사용되고 있는 것으로서 불특정 다수의 사용에 제공되고 있는 공공시설이므로 이를 관리하는 것은 공업단지의 기능을 유지하기 위한 업무라기보다는 일반적인 행정업무라고 하여야 할 것이다. 따라서 이 사건 공공시설의 관리권자는 일반 행정구역의 공공시설에 적용되는 관련 법규를 적용하여 결정하여야 할 것이므로, 청구인(시흥시)은 도로법, 하천법, 하수도법, 수도법 등에 따라 이 사건 공공시설을 관리하여야 할 것이다. 그렇다면 청구인(시흥시)이 이 사건 공공시설의 관리권자이므로 피청구인(정부)이 이 사건 공공시설을 관리하지 아니하고 있다고 하여 청구인의 권한이 침해되거나 침해될 위험이 있다고 할 수 없을 것이다. [반대의견(3인)] "이 사건 공공시설의 관리권한이 청구인과 피청구인 중 누구에게 있는지에 관계없이 피청구인의 부작위에 의하여 청구인의 권한이 침해되었거나 침해될 현저한 위험이 있다고 할 수 없으므로, 이 사건 심판청구는 헌법재판소법 제61조 제2항 소정의 적법요건을 갖추지 못한 것이라고 할 것이다. 따라서 이 사건 심판청구는 부적법하므로 이를 각하하여야 할 것이다"(헌재 1998.8.27. 96헌라1, 시흥시와 정부 간의 권한쟁의(기각)).

(라) 검 토

생각건대 적어도 현행법상으로는 소극적 권한쟁의를 인정하기 어렵다고 할 것이다. 하지만 권한쟁의심판이 국가기능의 원활한 수행을 도모하고 국가권력 간의 균형을 유지함으로써 헌법질서를 수호하는 기능을 담당하고 있음을 고려할 때 청구인과 피청구인이 특정 권한과 의무에 대하여 서로 자신의 권한과 의무가 아니라고 주장함으로써 생기게 되는 소극적 권한쟁의 사건의 경우 국가기능의 원활한 수행을 저해하며 헌법질서에 장애를 가져올 위험성이 높을 뿐만 아니라 이로 인한 피해는 국민에게 귀착될 것이 분명하므로 입법론적으로는 소극적 권한쟁의를 인정하여야 한다고 본다. 따라서 앞으로 헌법재판소법의 개정을 통하여 소극적 권한쟁의를 도입하는 방향으로 나아가야 한다.

(4) 장래처분

장래처분은 원칙적으로 권한쟁의심판의 대상이 되지 아니하지만, 장래처분이 확실하게 예정되어 있고 장래처분에 의해서 청구인의 권한이 침해될 위험성이 있어서 청구인의 권한을 사전에 보호해 주어야 할 필요성이 매우 큰 예외적인 경우에는 권한쟁의심판을 청구할 수 있다.

> "피청구인의 장래처분에 의해서 청구인의 권한침해가 예상되는 경우에 청구인은 원칙적으로 이러한 장래처분이 행사되기를 기다린 이후에 이에 대한 권한쟁의심판청구를 통해서 침해된 권한의 구제를 받을 수 있으므로, 피청구인의 장래처분을 대상으로 하는 심판청구는 원칙적으로 허용되지 아니한다.
>
> 그러나 피청구인의 장래처분이 확실하게 예정되어 있고, 피청구인의 장래처분에 의해서 청구인의 권한이 침해될 위험성이 있어서 청구인의 권한을 사전에 보호해 주어야 할 필요성이 매우 큰 예외적인 경우에는 피청구인의 장래처분에 대해서도 권한쟁의심판을 청구할 수 있다고 할 것이다. 왜냐하면 권한의 존부와 범위에 대한 다툼이 이미 발생한 경우에는 피청구인의 장래처분이 내려지기를 기다렸다가 권한쟁의심판을 청구하게 하는 것보다는 사전에 권한쟁의심판을 청구하여 권한쟁의심판을 통하여 권한다툼을 사전에 해결하는 것이 권한쟁의심판제도의 목적에 더 부합되기 때문이다. …
>
> 처분이 아직 존재하지 않더라도, 권한의 존부 및 범위에 대한 다툼이 있으므로, 장래처분에 대한 권한쟁의심판청구를 허용함으로써 이 사건 제방에 대한 관할권한분쟁을 사전에 해결하여 청구인의 권한을 사전에 보호해야 할 필요성이 매우 크다고 할 것이다" (헌재 2004.9.23. 2000헌라2, 당진군과 평택시 간의 권한쟁의(인용(권한확인),각하). 동지: 헌재 2009.7.30. 2005헌라2, 옹진군과 태안군 등 간의 권한쟁의(각하,확인)).

쟁송매립지에 대한 헌법상 및 법률상 자치권한을 가지고 있다고 인정할 가능성이 있다면 앞으로 행사할 장래처분으로 인하여 자치권한이 침해될 현저한 위험성이 존재한다고 할 수 있다. 장래처분에 의한 권한침해 위험성이 발생하는 경우에는 장래처분이 내려지지 아니한 상태이므로 청구기간의 제한이 없다(헌재 2009.7.30. 2005헌라2, 옹진군과 태안군 등 간의 권한쟁의(각하,확인); 헌재 2011.9.29. 2009헌라3, 인천광역시 중구와 인천광역시 등 간의 권한쟁의(각하,기각)). 공유수면 매립지에 관한 분쟁에서 종래 헌법재판소는 이미 소멸되어 사라진 종전 공유수면의 해상경계선을 매립지의 관할경계선으로 인정하여왔다. 그러나 선례(先例)의 법리를 변경(變更)하여, 형평의 원칙에 따라 매립지의 관할경계를 획정하여야 한다고 보면서, 공유수면의 매립 목적, 그 사업목적의 효과적 달성, 매립지와 인근 지방자치단체의 교통관계나 외부로부터의 접근성 등 지리상의 조건, 행정권한의 행사 내용,

사무 처리의 실상, 매립 전 공유수면에 대한 행정권한의 행사 연혁이나 주민들의 사회적·경제적 편익 등을 모두 종합하여 합리적이고 공평하게 그 경계를 획정하여야 한다 쟁송매립지에서 행사할 장래처분으로 인하여 헌법상 및 법률상 부여받은 청구인의 자치권한이 침해될 현저한 위험성이 존재한다고 볼 수 없다(헌재 2019.4.11. 2015헌라2, 경상남도 사천시와 경상남도 고성군 간의 권한쟁의(기각)).

욕지풍력(욕지풍력주식회사)은 향후 사업 추진과정에서 쟁송해역의 해상풍력발전소 설치를 위한 공유수면 점용·사용허가, 상세설계를 위한 지반조사 목적의 공유수면 점용·사용허가 등을 득하여야 하는바, 욕지풍력은 기존에 허가를 득하였던 피청구인(통영시)에게 허가신청을 할 것이고, 쟁송해역의 일부가 청구인의 관할임을 인정하지 않는 피청구인은 2021.9.28.자 허가처분 및 2021.12.30.자 연장처분과 같은 장래처분을 할 것이 명백하다. 또한 피청구인은 2021.9.28.자 허가처분에 대한 청구인(남해군)의 강한 이의제기를 받고도 이를 무시하고 2021.12.30.자 연장처분을 하였는바, 이러한 피청구인의 태도를 감안하면 향후에도 피청구인은 쟁송해역에 일방적인 관할권을 행사할 것이 충분히 예상되므로, 피청구인의 장래처분으로 인하여 청구인의 권한이 침해될 위험성이 있다(헌재 2024.8.29. 2022헌라1, 경상남도 남해군과 경상남도 통영시 간의 권한쟁의(인용)).

종전 헌법재판소는 국가가 대국민적 의무를 이행하지 아니하였다는 이유로 지방자치단체가 제기한 권한쟁의심판에서, 국가의 부작위에 의하여 "헌법 또는 법률에 의하여 부여받은 청구인의 권한을 침해하였거나 침해할 현저한 위험이 있는 경우"(헌재법 제61조 제2항)라는 소정의 요건을 갖추지 못하였다고 하여 기각하였다. 헌법재판소는 헌법재판소법 제61조 제2항 소정의 요건을 본안요건, 즉 청구를 이유 있게 하는 사유로 보았다. 이에 대하여 그 요건은 권한쟁의심판의 적법요건이라는 반대의견도 있다(헌재 1998.8.27. 96헌라1, 시흥시와 정부 간의 권한쟁의(기각)). 하지만, 최근 헌법재판소는 피청구인의 처분 또는 부작위가 헌법 또는 법률에 따라 부여받은 청구인의 권한을 침해할 가능성이 없는 경우에 제기된 권한쟁의심판청구는 부적법하다고 하여 각하결정을 선고하였다(헌재 2014.3.27. 2012헌라4, 서울특별시와 행정안전부장관 간의 권한쟁의(각하); 동지: 헌재 2013.12.26. 2012헌라3등).

"이 사건 과세권 귀속 결정의 근거가 되는 구 지방세기본법(2010.3.31. 법률 제10219호로 제정되고, 2013.3.23. 법률 제11690호로 개정되기 전의 것) 제12조는 피청구인이 관계 지방자치단체의 장으로부터 과세권 귀속 여부에 대한 결정의 청구를 받았을 때 60일 이내에 결정하여 지체 없이 그 뜻을 관계 지방자치단체의 장에게 통지하여야 한다고 규정하고 있을 뿐, 그 결정을 통지받은 관계 지방자치단체의 장이 반드시 그 결정사항을 이행하여야 할 법적 의무를 부담하는지, 그 결정을 이행하지 아니하면 피청구인이 그 이행을 강제할 수 있는지, 그 결정에 대하여 관계 지방자치단체의 장이 불복할 수 있는지 등에 대해서는 아무런 규정을 두고 있지 않다. 또한 그 결정과정에서 지방자치법상의 분쟁조정제도에서와 같이 지방자치단체중앙분쟁조정위원회나지방자치단체지방분쟁조정위원회의 의결에 따르도록 하는 등의 절차적 보장에 대한 규정 역시 두고 있지 아니한다.

따라서 이 사건 과세권 귀속 결정은 지방세 과세권의 귀속 여부 등에 대하여 관계 지방자치단체의 장의 의견이 서로 다른 경우 피청구인의 행정적 관여 내지 공적인 견해 표명에 불과할 뿐, 그 결정에 법적 구속력이 있다고 보기 어렵다. 청구인은 피청구인의 이 사건 과세권 귀속 결정에도 불구하고, 이 사건 리스회사에 대하여 과세처분을 할 수 있으며, 이미 한 과세처분의 효력에도 아무런 영향이 없다. 따라서 피청구인의 이 사건 과세권 귀속 결정으로 말미암아 청구인의 자치재정권 등 자치권한이 침해될 가능성이 없으므로 이 사건 권한쟁의심판청구는 부적법하다"(헌재 2014.3.27. 2012헌라4, 서울특별시와 행정안전부장관 간의 권한쟁의(각하)).

생각건대, 기본권의 제한은 헌법소원의 적법요건이나 기본권의 침해는 그 본안요건인 것처럼, 피청구인의 처분 또는 부작위로 청구인의 권한이 침해될 가능성이 있다는 요건은 권한쟁의심판의 적법요건이고, 침해가 현실적으로 발생한 것은 본안요건으로 보아야 한다.

피청구인인 안전행정부장관의 2012.11.19.자 대여용 차량에 대한 지방세(취득세) 과세권 귀속 결정으로 말미암아 청구인(서울시)의 자치재정권 등 자치권한이 침해될 가능성이 없으므로 이 사건 권한쟁의심판청구는 부적법하다(헌재 2014.3.27. 2012헌라4, 서울특별시와 행정안전부장관 간의 권한쟁의(각하)).

3. 권리보호이익

헌법재판소는 권리보호이익을 권한쟁의심판의 요건으로 본다. 이에 따라 권리보호이익이 없으면 부적법 각하하여야 하지만, 예외적으로 인정하기도 한다.

"현재의 제16대 국회는 2000.4.13. 실시된 총선거에 의하여 선출된 국회의원으로 구성되어 4년 임기중 전반기를 이미 마쳤고, 후반기 들어 2002.7.경 새로이 각 상임위원회의 위원배정이 이루어졌다. 국회사무처에서 보내온 2002.9.30.자 '상임위원회 위원명단'을 보면, 청구인은 다시 보건복지위원회에 배정되어 현재까지 동 위원회에서 활동하고 있다. 그러므로 청구인이 이 사건 권한쟁의심판청구에 의하여 달성하고자 하는 목적은 이미 이루어져 청구인이 주장하는 권리보호이익이 소멸하였다.

그러나 헌법소원심판과 마찬가지로 권한쟁의심판도 주관적 권리구제뿐만 아니라 객관적인 헌법질서 보장의 기능도 겸하고 있으므로, 청구인에 대한 권한침해 상태가 이미 종료하여 이를 취소할 여지가 없어졌다 하더라도 같은 유형의 침해행위가 앞으로도 반복될 위험이 있고, 헌법질서의 수호·유지를 위하여 그에 대한 헌법적 해명이 긴요한 사항에 대하여는 심판청구의 이익을 인정할 수 있다고 할 것이다(헌재 1997.11.27. 94헌마60 참조). 이 사건과 같이 상임위원회 위원의 개선, 즉 사·보임행위는 국회법 규정의 근거하에 국회관행상 빈번하게 행해지고 있고 그 과정에서 당해 위원의 의사에 반하는 사·보임이 이루어지는 경우도 얼마든지 예상할 수 있으므로 청구인에게 뿐만 아니라 일반적으로도 다시 반복될 수 있는 사안이어서 헌법적 해명의 필요성이 있으므로 이 사건은 심판의 이익이 있다고 할 것이다" (헌재 2003.10.30. 2002헌라1, 국회의원과 국회의장간의 권한쟁의(기각)).

개선행위는 자유위임원칙에 위배된다고 보기 어렵고, 국회법 규정에도 위배되지 않으므로, 청구인의 법률안 심의 · 표결권을 침해하였다고 볼 수 없다. 따라서 청구인의 법률안 심의 · 표결권을 침해하지 않으므로, 개선행위는 무효로 볼 수 없다. [별개의견(2인)] 권한침해를 확인하는 결정만으로도 피청구인의 행위의 위헌성을 해명하고 향후 유사한 행위의 반복을 억제하는 데에는 충분하므로, 개선행위에 대해서는 그 무효를 확인하지 않는 것이 타당하다. [반대의견(4인)] 개선행위로 인한 청구인의 권한 침해를 확인하는 것만으로는 향후 동일한 유형의 행위의 반복을 억제하는 데에 한계가 있으며, 그 위헌성이 중대한 것이라면 무효임을 밝히는 것이 필요하다(헌재 2020.5.27. 2019헌라1, 국회의원과 국회의장 간의 권한쟁의(기각)). 2002헌라1 사건은 국회법 제48조 제6항이 적용되지 아니하였기 때문에 이와 관련된 최초의 결정이다.

국회법 제106조의2 제8항은 무제한토론의 대상이 다음 회기에서 표결될 수 있는 안건임을 전제하고 있다. 그런데 '회기결정의 건'은 해당 회기가 종료된 후 소집된 다음 회기에서 표결될 수 없으므로, '회기결정의 건'이 무제한토론의 대상이 된다고 해석하는 것은 국회법 제106조의2 제8항에도 반한다. [4인의 반대의견] 무제한토론은 특별한 사정이 없는 한 모든 의안에 대해서 인정되어야 한다. 만일 무제한토론을 배제하기 위해서는 명문의 규정 또는 무제한토론을 배제할 만한 합리적인 이유가 있어야 한다. 그런데 현행 국회법상으로는 '회기결정의 건'과 관련하여 무제한토론 또는 찬반토론을 배제하는 명문의 규정이 없고, 국회에서 '회기결정의 건'에 대해서 토론을 실시하지 아니하였던 관행이 존재한다고 볼 만한 자료도 없다. '회기결정의 건'은 성격상 해당 회기에만 적용되므로, '무제한토론을 실시한 해당 안건은 바로 다음 회기에 지체 없이 표결하여야 한다'는 국회법 제106조의2 제8항 제2문이 적용될 수 없다. 국회법 제106조의2 제8항 제2문이 적용될 수 없다고 하여 '회기결정의 건'이 무제한토론에 성격상 부적합하다고 볼 수 없다(헌재 2020.5.27. 2019헌라6등, 국회의원과 국회의장 간의 권한쟁의(기각)).

지방교육자치에 관한 법률 제28조 제1항 제1문이 규정한 교육 · 학예에 관한 시 · 도의회의 의결사항에 대한 교육감의 재의요구 권한과, 같은 항 제2문이 규정한 교육부장관의 재의요구 요청 권한은 중복하여 행사될 수 있는 별개의 독립된 권한이다. 지방의회의 조례안 의결에 대하여 재의요구를 한 교육감은 지방의회가 재의결을 하기 전까지 재의요구를 철회할 수 있다. 그렇다면, 서울특별시교육감의 재의요구 철회가 교육부장관의 재의요구 요청권한을 침해하지 아니한다.

지방교육자치에 관한 법률 제28조 제1항과 헌법이 지방자치를 보장하는 취지 등을 종합하여 보면, 교육부장관의 재의요구 요청과 관계없이 교육감이 재의요구를 할 수 있는 기간은 '시 · 도의회의 의결사항을 이송받은 날부터 20일 이내'이다. 이 기간이 지난 뒤의 재의요구 요청은 부적법하므로, 부적법한 재의요구 요청이 있다고 하여 서울특별시교육감이 조례안에 대하여 재의요구를 하여야 할 헌법이나 법률상의 작위의무가 있다고 볼 수 없다. 또한 재의요구가 철회된 이상, 처음부터 재의요구가 없었던 것과 같게 되므로, 서울특별시교육감은 조례안을 공포할 권한이 있다. 그렇다면 서울특별시교육감이 조례안 재의요구를 하지 않은 부작위 및 서울특별시교육감이 조례를 공포한 행위는 교육부장관의 재의요구 요청권한을 침해하지 아니한다(헌재 2013.9.26. 2012헌라1, 교육과학기술부장관과 서울특별시교육감 간의 권한쟁의(기각)).

Ⅵ. 심판청구의 취하

비록 권한쟁의심판이 객관적 소송으로서의 성격을 갖고 있다고 하더라도, 소의 취하에 관한 민사소송법 제266조의 준용에 따라 당사자는 스스로의 의사에 의하여 자유롭게 심판청구를 취하할 수 있다(헌재 2001.5.8. 2000헌라1, 국회의장등과 국회의원 간의 권한쟁의(취하)). 다만, 권한쟁의심판은 국가기관 또는 지방자치단체 상호간의 권한에 관한 분쟁의 해결을 통하여 헌법질서를 수호하는 객관적 소송으로서의 성격도 가지고 있으므로 권한쟁의심판절차에서의 소의 취하는 당사자 사이에서 발생한 권한에 관한 기존의 다툼이 해소되어 더 이상 보호할 이익 내지 권한쟁의심판이익이 없는 경우에 한정하여 인정하는 것이 바람직하다.

※ 참고 판례: 헌재 2001.5.8. 2000헌라1, 국회의장등과 국회의원간의 권한쟁의

"비록 권한쟁의심판이 개인의 주관적 권리구제를 목적으로 삼는 것이 아니라 헌법적 가치질서를 보호하는 객관적 기능을 수행하는 것이고, 특히 국회의원의 법률안에 대한 심의·표결권의 침해 여부가 다투어진 이 사건 권한쟁의심판의 경우에는 국회의원의 객관적 권한을 보호함으로써 헌법적 가치질서를 수호·유지하기 위한 쟁송으로서 공익적 성격이 강하다고는 할 것이다. 그러나 법률안에 대한 심의·표결권의 행사 여부가 국회의원 스스로의 판단에 맡겨져 있는 사항일 뿐만 아니라, 그러한 심의·표결권이 침해당한 경우에 권한쟁의심판을 청구할 것인지 여부도 국회의원의 판단에 맡겨져 있어서 심판청구의 자유가 인정되고 있는 만큼, 권한쟁의심판의 공익적 성격만을 이유로 이미 제기한 심판청구를 스스로의 의사에 기하여 자유롭게 철회할 수 있는 심판청구의 취하를 배제하는 것은 타당하지 않다."

[반대의견(2인)] "소의 취하에 관한 규정을 권한쟁의심판절차에 준용할 것인지 여부는 권한쟁의심판을 관장하는 헌법재판소가 구체적인 권한쟁의심판에 있어서 당해 심판청구 취하의 효력을 인정함으로써 분쟁의 자율적 해결을 도모할 수 있다는 측면과 심판청구의 취하에도 불구하고 당해 심판청구에 대하여 심판을 함으로써 헌법적 가치질서를 수호·유지할 수 있다는 측면을 교량하여 판단·결정하여야 할 문제라고 할 것이다. 따라서 만약 헌법질서의 수호·유지를 위하여 긴요한 사항으로서 그 해명이 헌법적으로 특히 중대한 의미를 가지고 있는 경우에 해당하는 경우라면 예외적으로 당해 권한쟁의 사건에 대하여는 처분권주의를 제한하여 소의 취하에 관한 규정의 준용을 배제할 수 있다 할 것이다.

특히 당해 권한쟁의심판 사건에 대한 실체적 심리가 이미 종결되어 더 이상의 심리가 필요하지 아니한 단계에 이르고, 그 때까지 심리한 내용을 토대로 당해 사건이 헌법질서의 수호·유지를 위하여 긴요한 사항으로서 그 해명이 헌법적으로 특히 중대한 의미를

가지고 있는 경우에 해당한다고 판단되는 경우라면, 헌법재판소는 소의 취하에 관한 규정의 준용을 배제하여 심판청구의 취하에도 불구하고 심판절차가 종료되지 않은 것으로 보아야 할 것이다."

권한쟁의심판청구서

청 구 인 국회의원 ○ ○ ○
대리인 변호사 ○ ○ ○
피청구인 국회의장 ○ ○ ○

심판대상이 되는 피청구인의 처분 또는 부작위

피청구인이 20 . . . 국회 본회의에서 ○○○ 법률안을 가결처리한 행위

침해된 청구인의 권한

헌법 및 국회법에 의하여 부여된 청구인의 법률안 심의·표결권

청 구 취 지

피청구인이 20 . . . 국회 본회의에서 ○○○법률안을 가결선포한 행위가 헌법 및 국회법에 의하여 부여된 청구인의 법률안 심의·표결의 권한을 침해한 것이라는 확인을 구하며, 또한 피청구인의 위 행위가 무효임을 확인하여 줄 것을 청구합니다.

청 구 이 유

1. 헌법 또는 법률에 의하여 부여된 청구인의 권한의 유무 또는 범위
2. 권한다툼이 발생하여 심판청구에 이르게 된 경위
3. 피청구인의 행위에 의한 청구인의 권한의 침해
4. 피청구인의 처분이 취소 또는 무효로 되어야 하는 이유
5. 청구기간의 준수 여부 등

첨 부 서 류

1. 각종 입증서류
2. 소송위임장

20 . . .

청구인 대리인 변호사 ○ ○ ○ (인)

헌법재판소 귀중

권한쟁의심판청구서

청 구 인 서울특별시 ○○구
대표자 구청장 ○ ○ ○
대리인 변호사 ○ ○ ○
피청구인 ○ ○ ○ 부 장관

심판대상이 되는 피청구인의 처분 또는 부작위

피청구인이 20 . . . 자 ○○○업무처리지침 중에서 ………라고 규정한 것

침해된 청구인의 권한

헌법 및 국회법에 의하여 부여된 청구인의 예산편성 및 집행권

청 구 취 지

피청구인이 20 . . .자 ○○○업무처리지침 중에서 ………라고 규정한 것은 헌법 및 국회법에 의하여 부여된 청구인의 ○○에 대한 예산편성 및 집행의 권한을 침해한 것이라는 확인을 구하며, 또한 피청구인의 위 행위가 무효임을 확인하여 줄 것을 구합니다.

청 구 이 유

1. 헌법 또는 법률에 의하여 부여된 청구인의 권한의 유무 또는 범위
2. 권한다툼이 발생하여 심판청구에 이르게 된 경위
3. 피청구인의 행위에 의한 청구인의 권한의 침해
4. 피청구인의 처분이 무효로 되어야 하는 이유
5. 청구기간의 준수 여부 등

첨 부 서 류

1. 각종 입증서류
2. 소송위임장

20 . . .

청구인 대리인 변호사 ○ ○ ○ (인)

헌법재판소 귀중

제 3 절 권한쟁의심판의 절차

Ⅰ. 사건의 접수

당사자로부터 권한쟁의심판청구서를 접수하게 되면 헌법재판소는 사건기록을 편성하고 사건번호 · 사건부호(헌라) 및 사건명을 부여한다. 즉, 권한쟁의심판청구서가 헌법재판소에 제출되면 접수공무원은 이를 사건으로 접수하여야 한다(헌법재판소사건의접수에관한규칙 제4조 제1항). 접수공무원은 사건서류에 별표의 접수인을 찍어 접수연월일과 번호를 기입하고, 접수공무원 확인인의 날인 및 접수방법을 표시한 후 표지를 붙여 사건기록을 편성한다(제2항). 접수공무원은 사건서류 제출자의 요청이 있을 때에는 즉석에서 접수증을 교부하여야 한다(제3항). 사건기록을 편성한 때에는 사건번호 · 사건명 · 청구인 등 사건의 특정에 필요한 사항을 헌법재판소사무관리규칙 제3조 제12호의 규정에 의한 헌법재판정보시스템에 입력하여야 한다(제4항).

Ⅱ. 심리의 방식

권한쟁의심판은 **구두변론**에 의하는데, 재판부가 변론을 열 때에는 기일을 정하여 당사자와 관계인을 소환하여야 한다(헌재법 제30조).

Ⅲ. 소송참가

민사소송법과 행정소송법이 인정하고 있는 소송참가를 권한쟁의심판절차에서도 인정할 수 있는지 여부가 문제된다. 이 문제와 관련하여 헌법재판소는 명시적인 입장을 표명한 적은 없다. 다만, 학설 가운데 권한쟁의심판제도는 구체적 권리보호뿐만 아니라 객관적 소송으로서의 성격을 가지고 있으므로 다른 기관의 소송참가를 허용하자는 견해가 있다(허영, 938면).

생각건대 권한쟁의심판이 청구인과 피청구인 간에 상호 대립하는 대심적 구조를 취하고 있지만 헌법재판소의 권한쟁의심판의 결정은 모든 국가기관과 지방자치단체를 기속하기 때문에 당해 권한쟁의심판에 대하여 이해관계가 있는 국가기관 또는 지방자치단체에게 그 절차에 참가할 수 있는 기회를 보장하여야 할 필요성은 충분히 존재한다. 또한 소송참가에 관한 행정소송법과 민사소송법 관련 규정을 준용하는 것이 헌법재판의 성질에 반하는 것으로 보기도 어렵다. 따라서 권한쟁의심판절차에도 제3자의 소송참가를 허용할 수 있다고 할 것이다.

제3자의 소송참가가 허용된다고 할 때 소송참가에 관해서는 행정소송법 제17조가 우선적으로 적용된다. 그러므로 헌법재판소는 다른 국가기관 또는 지방자치단체를 권한쟁의심판절차에 참가시킬 필요가 있다고 인정할 때에는 직권 또는 당사자의 신청에 의한 결정으로 그 제3자를 권한쟁의심판에 참가시킬 수 있다(행소법 제17조 제1항). 헌법재판소가 소송참가의 허용 여부에 관한 결정을 하고자 할 때에는 당사자 및 소송참가를 희망하는 국가기관 또는 지방자치단체의 의견을 들어야 한다(행소법 제17조 제2항). 헌법재판소가 소송참가를 허용한 경우 제3자는 독립한 당사자의 자격이 아니라 권한쟁의심판의 한 쪽 당사자(피참가인)를 돕기 위해서 계속 중인 권한쟁의심판에 참가할 수 있다. 여기서 참가인은 권한쟁의심판에 관하여 공격·방어·이의·그 밖의 모든 행위를 할 수 있다. 다만, 참가할 때의 절차의 진행정도에 따라 할 수 없는 행위는 그러하지 아니하다. 또한 참가인의 행위가 피참가인의 행위에 어긋나는 경우에는 그 참가인의 행위는 효력을 가지지 아니한다(행소법 제17조 제3항, 민소법 제76조).

Ⅳ. 가 처 분

헌법재판소가 권한쟁의심판의 청구를 받았을 때에는 직권 또는 청구인의 신청에 의하여 종국결정의 선고 시까지 심판 대상이 된 피청구인의 처분의 효력을 정지하는 결정을 할 수 있다(헌재법 제65조). 헌법재판소법 제65조는 가처분결정의 대표적 내용을 예시적으로 표현한 것으로 보는 것이 타당하며 따라서 헌법재판소는 가처분신청의 목적을 달성함에 필요한 다른 내용의 가처분결정도 할 수 있다고 보아야 한다. 왜냐하면 헌법재판소가 처분의 효력을 정지하는 가처분결정만을 할 수 있다고 해석한다면 권한쟁의심판절차에서 가처분제도는 그 실효성을 발휘할 수 없을 것이기 때문이다.

> "권한쟁의심판에서의 가처분결정은 피청구기관의 처분 등이나 그 집행 또는 절차의 속행으로 인하여 생길 회복하기 어려운 손해를 예방할 필요가 있거나 기타 공공복리상의 중대한 사유가 있어야 하고 그 처분의 효력을 정지시켜야 할 긴급한 필요가 있는 경우 등

이 그 요건이 되고, 본안사건이 부적법하거나 이유없음이 명백하지 않은 한, 가처분을 인용한 뒤 종국결정에서 청구가 기각되었을 때 발생하게 될 불이익과 가처분을 기각한 뒤 청구가 인용되었을 때 발생하게 될 불이익에 대한 비교형량을 하여 행한다. 이 사건 진입도로에 관한 피신청인의 도시계획입안과 지정·인가처분의 효력을 정지시키는 가처분결정을 하였다가 신청인에게 불리한 종국결정을 하였을 경우, 처분의 상대방에게는 공사 지연으로 인한 손해가 발생하고 또 골프연습장을 이용하려는 잠재적 수요자의 불편이 예상된다는 점 외에 다른 불이익은 없는 반면, 가처분신청을 기각하였다가 신청인의 청구를 인용하는 종국결정을 하였을 경우, 피신청인의 직접처분에 따른 처분의 상대방의 공사 진행으로 교통 불편을 초래하고 공공공지를 훼손함과 동시에 이의 원상회복을 위한 비용이 소요되는 등의 불이익이 생기게 되므로, 종국결정이 기각되었을 경우의 불이익과 가처분신청을 기각한 뒤 결정이 인용되었을 경우의 불이익을 비교형량할 때 이 사건 가처분신청은 허용함이 상당하다"(헌재 1999.3.25. 98헌사98, 직접처분 효력정지 가처분신청(인용)).

신청인은 2022.5.24. 이 사건 가처분신청과 동시에 국회의장을 상대로 이 사건 징계안 가결선포행위가 법률안 심의·표결권 등 국회의원의 권한을 침해하여 무효라고 주장하며 권한쟁의심판을 청구하였고(2022헌라3), 국회의원에 대한 30일의 출석정지 처분을 권한쟁의심판으로 다툴 수 있는지 여부, 신청인이 법률안 심의·표결권 등을 침해받았는지 여부는 본안심판에서 심리를 거쳐 판단될 필요가 인정된다. 따라서 이 사건 가처분신청은 본안심판이 명백히 부적법하거나 이유 없는 경우에 해당한다고 보기 어렵다. 국회의원은 국민에 의하여 직접 선출되는 국민의 대표로서 여러 가지 헌법상·법률상의 권한을 부여받고 있지만 그중에서도 가장 중요하고 본질적인 것은 입법에 대한 권한이고, 이 권한에는 법률안 심의·표결권이 포함되어 있다(헌재 2009.10.29. 2009헌라8등 참조). 한편, 국회의원의 법률안 심의·표결권은 본회의에서 뿐만 아니라 소관 상임위원회에서도 보장되어야 한다. 신청인에 대한 징계처분의 효력은 본회의의 의결에 의하여 국회의장이 선포한 때부터 발생하고, 출석정지의 기간은 그 의결의 선포가 있는 날부터 기산하여 휴회·폐회의 일수도 산입하여 계산하므로, 출석정지기간 중에는 폐회 중에 개회되는 위원회에도 참석할 수 없다. 그러므로 신청인에 대한 출석정지 처분의 효력이 그대로 유지되면 신청인은 30일의 출석정지기간(2022.5.20.~6.18.) 동안 회기 중 여부와 관계없이 국회의 모든 회의에 참석할 수 없게 되어 사실상 국회의원으로서의 활동이 정지되는바, 신청인은 국회의원의 가장 중요하고 본질적인 권한에 속하는 법률안 심의·표결권에 회복하기 어려운 중대한 손해를 입게 된다. 또한 신청인에 대한 30일의 출석정지 처분은 2022.6.18. 그 집행이 종료되므로, 손해를 방지할 긴급한 필요도 인정된다. 가처분을 인용한 뒤 종국결정에서 권한쟁의심판청구가 각하 또는 기각되면 그때부터 신청인에 대한 30일의 출석정지 처분 중 잔여기간에 대한 집행이 다시 진행되므로, 이 사건 가처분신청의 인용은 신청인에 대한 징계처분의 집행을 본안심판의 종국결정 선고 시까지 미루는 것에 불과하다. 반면 가처분을 기각한 뒤 종국결정에서 권한쟁의심판청구가 인용되는 경우에는 이미 신청인에 대한 징계처분의 집행이 종료된 이후이므로 신청인은 출석정지기간 동안 침해받은 법률안 심의·표결권을 회복하여 행사할 방법이 없게 된다. 따라서 가처분을 인용한 뒤 종국결정에서 청구가 기각되었을 때 발생하게 될 불이익보다 가처분을 기각한 뒤 청구가 인용되었을 때 발생하게 될 불이익이 더 크다(헌재 2022.6.3. 2022헌사448 국회위원 출석정지징계안 효력정지 가처분신청(인용)).

제 4 절 권한쟁의심판의 결정

Ⅰ. 결정정족수: 일반정족수

권한쟁의심판은 헌법재판소 재판관 전원으로 구성되는 재판부에서 관장한다(헌재법 제22조 제1항). 재판부는 재판관 7명 이상의 출석으로 사건을 심리하며 종국심리에 관여한 재판관 과반수의 찬성으로 권한쟁의사건에 관한 결정을 한다(제23조). 즉 특별정족수가 적용되지 아니한다. 다만, 종전에 헌법재판소가 판시한 헌법 또는 법률의 해석 적용에 관한 의견을 변경하는 경우 재판관 6명 이상의 찬성이 있어야 한다(제23조 제2항 제2호)(헌재 1997.7.16. 96헌라2, 국회의원과 국회의장 간의 권한쟁의(인용(권한침해),기각)).

Ⅱ. 종국결정의 유형

헌법재판소의 권한쟁의심판에 관한 종국결정의 유형은 각하결정, 기각결정 및 인용결정으로 구분할 수 있다. 그 밖에 예외적인 유형으로 심판절차종료선언결정이 있다.

1. 심판절차종료선언결정

청구인이 기존에 제기한 권한쟁의심판청구를 취하하는 경우 헌법재판소가 내리는 결정 유형이다. 심판절차종료선언결정의 주문은 '이 사건 권한쟁의심판절차는 청구인의 심판청구의 취하로 ○○년 ○월 ○일 종료되었다'라는 형식으로 표시한다.

"이 사건 권한쟁의심판절차는 청구인들의 심판청구의 취하로 2001.5.8. 종료되었다"(헌재 2001.5.8. 2000헌라1, 국회의장등과 국회의원 간의 권한쟁의(취하)).

"청구인은 법률안 심의 · 표결권의 주체인 국가기관으로서의 국회의원 자격으로 이 사건 권한쟁의심판을 청구한 것인바, 국회의원의 법률안 심의 · 표결권은 성질상 일신전속적인 것으로 당사자가 사망한 경우 승계되거나 상속될 수 있는 것이 아니다. 따라서 그에 관련된 이 사건 권한쟁의심판절차 또한 수계될 수 있는 성질의 것이 아니므로, 위 청구인의 이 사건 심판청구는 위 청구인의 사망과 동시에 당연히 그 심판절차가 종료되었다고 할 것이다"(헌재 1992.11.12. 90헌마33; 헌재 1994.12.29. 90헌바13 참조).

따라서, 이 사건 권한쟁의심판절차는 2010.1.20. 청구인의 사망으로 종료되었으므로, 이를 명확하게 하기 위하여 심판절차종료를 선언함이 상당하다(헌재 2010.11.25. 2009헌라12, 국회의원과 국회의장 간의 권한쟁의(종료, 기각)).

청구인이 "헌법재판소에 이 사건 권한쟁의심판절차가 계속 중이던 2015.12.24. 징역 6월에 집행유예 1년 등의 형이 확정됨으로써 국회의원직을 상실하였음은 당 재판소에 현저한 사실이다.

위 청구인은 입법권의 주체인 국회의 구성원으로서, 또한 법률안 심의·표결권의 주체인 국회의원 자격으로서 이 사건 권한쟁의심판을 청구한 것인바, 국회의원의 국회에 대한 소송수행권(이는 아래에서 보는 바와 같이 인정되지 아니한다) 및 국회의원의 법률안 심의·표결권은 성질상 일신전속적인 것으로서 국회의원직을 상실한 경우 승계되거나 상속될 수 있는 것이 아니다. 따라서 그에 관련된 이 사건 권한쟁의심판절차 또한 수계될 수 있는 성질의 것이 아니므로, 위 청구인의 이 사건 심판청구는 위 청구인의 국회의원직 상실과 동시에 당연히 그 심판절차가 종료되었다고 할 것이다"(헌재 2010.11.25. 2009헌라12 참조).

따라서 권한쟁의심판절차는 2015.12.24. 청구인의 국회의원직 상실로 종료되었으므로, 이를 명확하게 하기 위하여 심판절차종료를 선언한다(헌재 2016.4.28. 2015헌라5, 국회의원과 행정자치부장관 간의 권한쟁의(종료, 각하)).

헌법재판소는 2022.6.3. '30일 국회 출석정지 처분'의 효력정지를 구하는 가처분신청에 대한 인용 결정(2022헌사448)을 하여, 출석정지 처분은 정지된 상태이었다. 그런데 권한쟁의심판청구의 심판절차 중 제21대 국회의원 임기가 만료되어 그 심판절차가 종료되었음을 선언하였다(헌재 2024.6.27. 2022헌라3, 국회의원과 국회의장 간의 권한쟁의(기타)).

2. 각하결정

청구인의 권한쟁의심판청구가 당사자적격의 흠결, 부적격한 심판대상을 대상으로 한 청구, 청구기간의 미준수 등 권한쟁의심판청구에서 요구되는 형식적 요건을 구비하지 않았을 때 헌법재판소가 내리는 결정 유형이다. '이 사건 심판청구를 각하한다'라는 형식으로 주문을 표시한다.

3. 기각결정

청구인의 권한쟁의심판청구가 형식적 요건을 구비하여 적법하지만, 본안 심리의 결과 청구인의 주장이 이유 없는 경우 또는 인용결정에 필요한 정족수에 달하지 않는 경우 헌법재판소는 기각결정을 한다. '이 사건 심판청구를 기각한다'라는 형식으로 주문을 표시한다.

4. 인용결정

심리에 관여한 헌법재판소 재판관 과반수가 '권한의 유무 또는 범위'에 관한 청구인의 주장이 이유 있다고 인정할 때 헌법재판소가 내리는 결정 유형이다. 일반적으로 '피청구인의 처분(또는 부작위)은 헌법(또는 법률)에 의한 청구인의 ○○ 권한을 침해한다'라는 형식으로 주문을 표시한다. 이러한 인용결정을 할 때에 헌법재판소는 부가적으로 '처분의 취소결정', '무효확인결정'을 할 수 있다(헌재법 제66조 제2항).

Ⅲ. 결정의 내용

헌법재판소는 심판의 대상이 된 국가기관 또는 지방자치단체의 권한의 유무 또는 범위에 관하여 판단한다. 이 경우 헌법재판소는 권한침해의 원인이 된 피청구인의 처분을 취소하거나 그 무효를 확인할 수 있고, 헌법재판소가 부작위에 대한 심판청구를 인용하는 결정을 한 때에는 피청구인은 결정취지에 따른 처분을 하여야 한다(헌재법 제66조). 헌법재판소의 권한쟁의에 대한 결정은 피청구인에게 권한이 있는지 유무와 그 범위에 관하여 내리는 것이므로 기본적으로 확인결정의 성격을 가진다. 여기에서 더 나아가 헌법재판소가 권한쟁의심판결정을 통하여 권한침해의 원인이 된 피청구인의 처분을 취소하거나 그 무효를 확인하게 되면 그 결정은 형성결정으로서의 성격을 가진다.

> 지방자치단체의 지방자치사무에 관하여 단체장이 행한 처분은 지방자치단체의 대표이자 집행기관인 단체장이 지방자치법 제9조 소정의 지방자치단체의 사무 처리의 일환으로 당해 지방자치단체의 이름과 책임으로 행한 것이므로 지방자치단체를 피청구인으로 한 권한쟁의심판절차에서 단체장의 처분을 취소할 수 있다(헌재 2006.8.31. 2004헌라2, 강서구와 진해시 간의 권한쟁의(인용(취소), 인용(권한)).

헌법재판소는 국회의원과 국회의장간의 권한쟁의심판사건에서 국회의원의 법률안 심의·표결권한의 침해를 확인하였으나 법률안 가결선포행위에 대하여는 심의·표결권을 침해하여 위헌이나 무효가 아니라고 하였다.

> 설사 피청구인(국회의장)이 "주장하는 대로의 통지가 있었다 하더라도 그러한 통지는 야당소속 국회의원들의 본회의 출석을 도저히 기대할 수 없는 것으로서 국회법 제76조 제3항에 따른 적법한 통지라고 할 수 없다. 따라서 이 사건 본회의의 개의절차에는 위 국회법의 규정을 명백히 위반한 흠이 있다고 아니할 수 없다. …
>
> 그렇다면 피청구인이 국회법 제76조 제3항을 위반하여 청구인들에게 본회의 개의일시를 통지하지 않음으로써 청구인들은 이 사건 본회의에 출석할 기회를 잃게 되었고 그 결과 이 사건 법률안의 심의·표결과정에도 참여하지 못하게 되었다. 따라서 나머지 국회법 규정의 위반여부를 더 나아가 살필 필요도 없이 피청구인의 그러한 행위로 인하여 청구인들이 헌법에 의하여 부여받은 권한인 법률안 심의·표결권이 침해되었음이 분명하다. …
>
> 국회의 입법절차는 법률안의 제출로부터 심의·표결 및 가결선포와 정부에의 이송에

이르기까지 여러과정을 거쳐 진행되며, 그 과정에 국회의 구성원인 다수의 국회의원들이 참여하여 국민의 의사나 상충하는 이익집단간의 이해를 반영하게 된다. 이와 같은 국회 입법절차의 특성상 그 개개의 과정에서 의도적이든 아니든 헌법이나 법률의 규정을 제대로 준수하지 못하는 잘못이 있을 수 있다. 그러한 잘못이 현실로 나타날 경우 그로 인하여 일부 국회의원들의 입법에 관한 각종의 권한이 침해될 수 있는데, 이러한 사정만으로 곧바로 법률안의 가결선포행위를 무효로 한다면 이는 곧 그 법률의 소급적 무효로 되어 국법질서의 안정에 위해를 초래하게 된다.

따라서 국회의 입법과 관련하여 일부 국회의원들의 권한이 침해되었다 하더라도 그것이 입법절차에 관한 헌법의 규정을 명백히 위반한 흠에 해당하는 것이 아니라면 그 법률안의 가결선포행위를 무효로 볼 것은 아니라고 할 것인바, 우리 헌법은 국회의 의사절차에 관한 기본원칙으로 제49조에서 '다수결의 원칙'을, 제50조에서 '회의공개의 원칙'을 각 선언하고 있으므로, 이 사건 법률안의 가결선포행위의 효력 유무는 결국 그 절차상에 위 헌법규정을 명백히 위반한 흠이 있는지 여부에 의하여 가려져야 할 것이다.

그러므로 나아가 이 사건 기록과 변론에 나타난 자료를 토대로 이 사건 법률안의 의결절차에 과연 위 헌법규정을 명백히 위반한 흠이 있는지에 관하여 보건대, 이 사건 법률안은 재적의원의 과반수인 국회의원 155인이 출석한 가운데 개의된 본회의에서 출석의원 전원의 찬성으로(결국 재적의원 과반수의 찬성으로) 의결처리되었고, 그 본회의에 관하여 일반국민의 방청이나 언론의 취재를 금지하는 조치가 취하여지지도 않았음이 분명하므로, 그 의결절차에 위 헌법규정을 명백히 위반한 흠이 있다고는 볼 수 없다.

청구인들은 위 본회의의 소집과정에서 상당수 국회의원들에 대하여 적법한 개회통지가 이루어지지 않았고 또 전격적인 개의로 말미암아 일반국민의 방청이나 언론의 취재도 사실상 곤란하였다는 점을 들어 이 사건 법률안이 입법절차에 관한 헌법의 규정을 위반하여 가결선포된 것이라고 주장하고 있으나, 이러한 문제는 모두 의사절차상의 국회법위반 여부나 의사절차의 적정성 여부에 관련된 것에 불과한 것으로 보아야 할 것이다.

그렇다면 피청구인의 이 사건 법률안의 가결선포행위에는 위에서 본 바와 같은 국회법위반의 하자는 있을지언정 입법절차에 관한 헌법의 규정을 명백히 위반한 흠이 있다고 볼 수 없으므로, 이를 무효라고 할 수는 없다"(헌재 1997.7.16. 96헌라2, 국회의원과 국회의장간의 권한쟁의(인용(권한침해)기각)).

'한국정책금융공사법안' 및 '신용정보의 이용 및 보호에 관한 법률 전부개정법률안(대안)'은 위원회의 심사를 거친 안건이지만 청구인으로부터 적법한 반대토론 신청이 있었으므로 원칙적으로 피청구인(국회의장)이 그 반대토론 절차를 생략하기 위해서는 반드시 본회의 의결을 거쳐야 할 것인데(국회법 제93조 단서), 피청구인은 청구인의 반대토론 신청이 적법하게 이루어졌음에도 이를 허가하지 않고 나아가 토론절차를 생략하기 위한 의결을 거치지도 않은 채 이 사건 법률안들에 대한 표결절차를 진행하였으므로, 이는 국회법 제93조 단서를 위반하여 청구인의 법률안 심의·표결권을 침해하였다.

"국회의 의결을 요하는 안건에 대하여 의장이 본회의 의결에 앞서 소관위원회에 안건을 회부하는 것은 국회의 심의권을 위원회에 위양하는 것이 아니고, 그 안건이 본회의에 최종적으로 부의되기 이전의 한 단계로서, 소관위원회가 발의 또는 제출된 의안에 대한 심사권한을 행사하여 사전 심사를 할 수 있도록 소관위원회에 송부하는 행위라 할 수 있다. 상임위원회는 그 소관에 속하는 의안, 청원 등을 심사하므로, 국회의장이 안건을 위원회에 회부함으로써 상임위원회에 심사권이 부여되는 것이 아니고, 심사권 자체는 법률상 부여된 위원회의 고유한 권한으로 볼 수 있다(국회법 제36조, 제37조 참조).

따라서 국회 상임위원회 위원장이 위원회를 대표해서 의안을 심사하는 권한이 국회의장으로부터 위임된 것임을 전제로 한 국회의장에 대한 이 사건 심판청구는 피청구인적격이 없는 자를 상대로 한 청구로서 부적법하다."

피청구인(국회 외교통상통일위원회 위원장)이 "회의장 출입문의 폐쇄상태를 이 사건 회의 직전부터 이 사건 회의가 종료될 때까지 위법하게 유지하여 회의의 주체인 소수당 소속 위원들의 출입을 봉쇄한 상태로 이 사건 회의를 개의하여 행한 이 사건 상정 · 회부행위는 다수결의 원리, 의사공개의 원칙 및 국회법 제54조, 제75조 제1항에 위배하여 청구인들의 이 사건 동의안에 대한 심의권을 침해하였다고 할 것이다. …

피청구인이 질서유지권을 위법하게 행사하여 이 사건 회의를 개의할 무렵부터 회의가 종료할 때까지 소수당 소속 외통위 위원인 청구인들의 출입을 일체 봉쇄한 상태에서 이 사건 회의를 개의하여 이 사건 동의안을 상정하고 법안심사소위원회에 회부한 행위에는, 국회의원의 조약비준동의안 심의 · 표결의 전제가 되는 회의장 출석 자체를 봉쇄함으로써 의안 심의권의 한 내용을 이루는 대체토론권을 침해한 잘못이 있고, 그러한 절차상의 하자는 결코 가볍다고 할 수 없다.

헌법재판소법 제66조 제2항이 권한침해의 원인이 된 처분의 취소나 무효확인에 관하여 헌법재판소에 재량적 판단의 여지를 부여하고 있는 이상, 권한쟁의심판의 종국결정 당시를 기준으로 보아 청구인들의 권한을 침해한 처분을 취소하거나 무효로 확인하는 것이 도리어 현저히 공공의 복리에 적합하지 않은 예외적인 사정이 있는 경우에는 행정소송에서의 사정판결의 법리를 유추 적용하여, 위헌 · 위법한 처분의 권한침해는 확인하면서도 그 처분의 취소나 무효확인을 하지 아니하여 처분의 효력을 유지하도록 할 수도 있다 할 것이다. …

이 사건에서 권한침해만을 확인하더라도 국회가 그 취지를 존중하여 본회의에서 내실 있고 진지한 대화와 토론을 통한 표결에 이를 경우, 이 사건 동의안 심의과정에 존재한 절차상 하자들이 종국적으로는 치유되는 효과를 기대할 수 있을 것으로 보이는 점 등, 심판대상 처분이 있은 이후 이 사건 종국결정에 이르기까지 전개된 여러 가지 상황들을 감안하여 볼 때, 현재의 시점에서 이 사건 상정 · 회부행위를 무효로 선언함으로써 이 사건 동의안에 대하여 상임위의 최초 심사절차부터 원점에서 다시 거치도록 하거나, 혹은 이 사건 동의안 상정 · 회부행위의 유효를 전제로 진행된 일련의 후속절차들 전부의 법적 효력을 근저에서부터 흔들리게 하는 것은 공공복리에 현저히 반하는 결과를 초래할 것으로 보인다.

그렇다면, 비록 이 사건 동의안의 상정 · 회부행위가 청구인들의 조약비준동의안 심의권을 침해하는 중대한 하자를 지니고 있기는 하지만, 이 사건 동의안에 대한 이후의 진행경과, 이 사건 동의안과 관련한 현재의 제반 상황, 이 사건 각 처분에 존재하는 하자가 국회 본회의 심사과정에서 치유될 가능성 등을 감안하여, 청구인들의 이 사건 동의안의 상정 · 회부 행위에 대한 무효확인청구는 이를 기각함이 상당하다"(헌재 2010.12.28. 2008헌라7, 국회의원과 국회의장 등 간의 권한쟁의(각하, 인용(권한침해), 기각)).

"국회의 입법과 관련하여 일부 국회의원들의 권한이 침해되었다 하더라도 그것이 다수결의 원칙(헌법 제49조)과 회의공개의 원칙(헌법 제50조)과 같은 입법절차에 관한 헌법의 규정을 명백히 위반한 흠에 해당하는 것이 아니라면 그 법률안의 가결 선포행위를 곧바로 무효로 볼 것은 아닌데, 피청구인의 이 사건 법률안들에 대한 가결 선포행위는 그것이 입법절차에 관한 헌법규정을 위반하였다는 등 가결 선포행위를 취소 또는 무효로 할 정도의 하자에 해당한다고 보기는 어렵다"(헌재 2011.8.30. 2009헌라7, 국회의원과 국회의장 간의 권한쟁의(인용(권한침해), 기각)).

반면 성남시와 경기도간의 권한쟁의에서는 권한의 침해를 확인하면서 경기도의 처분이 무효임을 확인하였다.

청구인 성남시는 인용재결내용에 포함되지 아니한 이 사건 진입도로에 대한 도시계획사업시행자지정처분을 할 의무는 없으므로, 피청구인 경기도지사가 이 사건 진입도로에 대하여까지 청구인의 불이행을 이유로 행정심판법 제37조 제2항에 의하여 도시계획사업시행자지정처분을 한 것은 인용재결의 범위를 넘어 청구인의 권한을 침해한 것으로서, 그 처분에 중대하고도 명백한 흠이 있어 무효라고 할 것이다(헌재 1999.7.22. 98헌라4, 성남시와 경기도 간의 권한쟁의(인용(무효확인), 인용(권한침해), 각하)).

결정서에는 심판에 관여한 재판관의 의견이 표시되어야 한다(제36조 제3항). 권한쟁의심판을 통하여 법률의 무효확인을 할 경우 위헌법률심판의 의결정족수, 결정의 효력이 준용되어야 하는지에 관해서는 논란이 있다.

Ⅳ. 결정의 효력

헌법재판소의 권한쟁의심판의 결정은 모든 국가기관과 지방자치단체를 기속한다(헌재법 제67조 제1항).

권한침해확인결정의 기속력과 그로 인한 작위의무의 존부 및 내용에 대한 헌법재판소의 판단(헌재 2010.11.25. 2009헌라12, 국회의원과 국회의장 간의 권한쟁의(기각,기타): [각하의견(4인)] "헌법재판소의 권한쟁의심판의 결정은 모든 국가기관과 지방자치단체를 기속하는바, 권한침해의 확인결정에도 기속력이 인정된다. 그러나 그 내용은 장래에 어떤 처분을 행할 때 그 결정의 내용을 존중하고 동일한 사정 하에서 동일한 내용의 행위를 하여서는 아니 되는 의무를 부과하는 것에 그치고, 적극적인 재처분의무나 결과제거의무를 포함하는 것은 아니다. 재처분의무나 결과제거의무는 처분 자체가 위헌 · 위법하여 그 효력을 상실하는 것을 전제하는데, 이는 처분의 취소결정이나 무효확인 결정에 달린 것이기 때문이다.

헌법재판소법은 헌법재판소가 피청구인이나 제3자에 대하여 적극적으로 의무를 부과할 권한을 부여하고 있지 않고, 부작위에 대한 심판청구를 인용하는 결정을 한 때에 피청구인에게 결정의 취지에 따른 처분의무가 있음을 규정할 뿐이다. 따라서 헌법재판소가 권한의 존부 및 범위에 관한 판단을 하면서 피청구인이나 제3자인 국회에게 직접 어떠한 작위의무를 부과할 수는 없고, 권한의 존부 및 범위에 관한 판단 자체의 효력으로 권한침해행위에 내재하는 위헌·위법상태를 적극적으로 제거할 의무가 발생한다고 보기도 어렵다.

그러므로 2009헌라8등 사건에서 헌법재판소가 권한침해만을 확인하고 권한침해의 원인이 된 처분의 무효확인이나 취소를 선언하지 아니한 이상, 종전 권한침해확인결정의 기속력으로 피청구인에게 종전 권한침해행위에 내재하는 위헌·위법성을 제거할 적극적 조치를 취할 법적 의무가 발생한다고 볼 수 없으므로, 이 사건 심판청구는 부적법하다."

[기각의견(1인)] "모든 국가기관과 지방자치단체는 헌법재판소의 권한쟁의심판에 관한 결정에 기속되는바, 헌법재판소가 국가기관 상호간의 권한쟁의심판을 관장하는 점, 권한쟁의심판의 제도적 취지, 국가작용의 합헌적 행사를 통제하는 헌법재판소의 기능을 종합하면, 권한침해확인결정의 기속력을 직접 받는 피청구인은 그 결정을 존중하고 헌법재판소가 그 결정에서 명시한 위헌·위법성을 제거할 헌법상의 의무를 부담한다.

그러나 권한쟁의심판은 본래 청구인의 「권한의 존부 또는 범위」에 관하여 판단하는 것이므로, 입법절차상의 하자에 대한 종전 권한침해확인결정이 갖는 기속력의 본래적 효력은 피청구인의 이 사건 각 법률안 가결선포행위가 청구인들의 법률안 심의·표결권을 위헌·위법하게 침해하였음을 확인하는 데 그친다. 그 결정의 기속력에 의하여 법률안 가결선포행위에 내재하는 위헌·위법성을 어떤 방법으로 제거할 것인지는 전적으로 국회의 자율에 맡겨져 있다. 따라서 헌법재판소가 「권한의 존부 또는 범위」의 확인을 넘어 그 구체적 실현방법까지 임의로 선택하여 가결선포행위의 효력을 무효확인 또는 취소하거나 부작위의 위법을 확인하는 등 기속력의 구체적 실현을 직접 도모할 수는 없다.

일반적인 권한쟁의심판과는 달리, 국회나 국회의장을 상대로 국회의 입법과정에서의 의사절차의 하자를 다투는 이 사건과 같은 특수한 유형의 권한쟁의심판에 있어서는, 「처분」이 본래 행정행위의 범주에 속하는 개념으로 입법행위를 포함하지 아니하는 점, 권한침해확인결정의 구체적 실현방법에 관하여 국회법이나 국회규칙에 국회의 자율권을 제한하는 규정이 없는 점, 법률안 가결선포행위를 무효확인하거나 취소하는 것은 해당 법률 전체를 무효화하여 헌법 제113조 제1항의 취지에도 반하는 점 때문에 헌법재판소법 제66조 제2항을 적용할 수 없다. 이러한 권한침해확인결정의 기속력의 한계로 인하여 이 사건 심판청구는 이를 기각함이 상당하다."

[인용의견(3인)] "2009헌라8등 권한침해확인결정의 기속력에 의하여 국회는 이 사건 각 법률안에 대한 심의·표결절차 중 위법한 사항을 시정하여 청구인들의 침해된 심의·표결권한을 회복시켜줄 의무를 부담한다. 따라서 국회는 이 사건 각 법률안을 다시 적법하게 심의·표결하여야 한다. 이를 위하여 필요한 경우에는 이 사건 각 법률안에 대한 종전 가결선포행위를 스스로 취소하거나 무효확인할 수도 있고, 신문법과 방송법의 폐지법률안이나 개정법률안을 상정하여 적법하게 심의할 수도 있고, 적법한 재심의·표결의 결과

에 따라 종전의 심의·표결절차나 가결선포행위를 추인할 수도 있을 것이다.

2009헌라8등 결정이 신문법안과 방송법안에 대한 가결선포행위의 무효확인청구를 기각하였지만, 그것이 권한침해확인 결정의 기속력을 실효시키거나 배제하는 것은 아니고, 위법한 심의·표결절차를 시정하는 구체적인 절차와 방법은 국회의 자율에 맡기는 것이 바람직하다고 본 것일 뿐이다.

2009헌라8등 권한침해확인결정에도 불구하고, 국회가 이 사건 각 법률안에 대한 심의·표결절차의 위법성을 바로잡고 침해된 청구인들의 심의·표결권을 회복시켜줄 의무를 이행하지 않는 것은 헌법재판소의 종전 결정의 기속력을 무시하고 청구인들의 심의·표결권 침해상태를 계속 존속시키는 것이므로, 이 사건 심판청구를 받아들여야 한다. [인용의견(1인)] "헌법재판소법 66조 제1항에 의한 권한침해확인 결정의 기속력은 모든 국가기관으로 하여금 헌법재판소의 판단에 저촉되는 다른 판단이나 행위를 할 수 없게 하고, 헌법재판소의 결정 내용을 자신의 판단 및 조치의 기초로 삼도록 하는 것이며, 특히 피청구인에게는 위헌·위법성이 확인된 행위를 반복하여서는 안 될 뿐만 아니라 나아가 헌법재판소가 별도로 취소 또는 무효확인 결정을 하지 않더라도 법적·사실적으로 가능한 범위 내에서 자신이 야기한 위헌·위법 상태를 제거하여 합헌·합법 상태를 회복하여야 할 의무를 부여하는 것으로 보아야 한다.

국회의 헌법적 위상과 지위, 자율권을 고려하여 헌법재판소는 국회의 입법과정에서 발생하는 구성원 간의 권한침해에 관하여는 원칙적으로 피청구인의 처분이나 부작위가 헌법과 법률에 위반되는지 여부만을 밝혀서 그 결정의 기속력 자체에 의하여 피청구인으로 하여금 스스로 합헌적인 상태를 구현하도록 함으로써 손상된 헌법상의 권한질서를 다시 회복시키는 데에 그쳐야 하고, 이를 넘어 법 제66조 제2항 전문에 의한 취소나 무효확인의 방법으로 처분의 효력에 관한 형성적 결정을 함으로써 국가의 정치적 과정에 적극적으로 개입하는 것은 바람직하지 않다.

2009헌라8등 사건의 주문 제2항에서 피청구인이 청구인들의 위 법률안에 대한 심의·표결권을 침해하였음이 확인된 이상, 주문 제4항에서 위 법률안 가결선포행위에 대한 무효확인 청구가 기각되었다고 하더라도, 피청구인은 위 권한침해확인 결정의 기속력에 의하여 권한침해처분의 위헌·위법 상태를 제거할 법적 작위의무를 부담하고, 그 위헌·위법 상태를 제거하는 구체적 방법은 국회나 국회를 대표하는 피청구인의 자율적 처리에 맡겨져야 한다. 그런데 피청구인은 위 주문 제2항의 기속력에 따른 법적 작위의무를 이행하지 아니할 뿐만 아니라 위 주문 제4항에서 무효확인 청구가 기각되었음을 이유로 법적 작위의무가 없다는 취지로 적극적으로 다투고 있으므로, 이 사건 청구는 인용되어야 한다."

국가기관 또는 지방자치단체의 처분을 취소하는 결정은 그 처분의 상대방에 대하여 이미 생긴 효력에 영향을 미치지 아니한다(장래효)(헌재법 제67조).

헌법재판소법 제67조 제2항은 당해 처분의 유효성을 믿은 제3자의 법적 안정성을 보호하기 위하여 처분의 상대방에 대한 관계에서는 헌법재판소의 취소결정의 소급효를 제한하기 위한 것이므로, 법률관계가 청구인·피청구인·제3자라는 관계가 형성된 경우 청구인과 피청구인 간의 권한분쟁으로 인하여 선의의 제3자가 피해를 받지 않도록 배려를 한다는 규정이다. 따라서 당해 처분의 상대방이 청구인인 경우 법 제67조 제2항은 적용되지 아니한다고 보아야 한다(소급효 인정).

제 4 장 탄핵심판

제 1 절 탄핵심판의 의의

Ⅰ. 탄핵심판의 개념

탄핵제도는 고위공직자의 직무상 중대한 위법행위에 대하여 일반적인 사법절차가 아닌 특별한 절차를 통하여 처벌하거나 파면하는 제도를 말한다. 현행 헌법이 수용한 탄핵제도는 일반적인 사법절차에 따라 처벌을 하거나 징계절차에 의하여 징계하기도 곤란한 대통령을 포함한 고위공직자나 헌법상 신분이 보장된 공직자가 헌법과 법률에 위반한 행위를 하였을 때 그 법적 책임추궁을 할 수 있도록 마련된 헌법상의 제도로서 이로써 헌법을 보호하는 헌법재판제도이다.[1] 국가에 따라서는 포괄적인 사유로 책임을 추궁하는 나라도 있지만 우리 헌법은 "헌법과 법률에 위반한 행위"로 그 책임요건을 한정하여 정치적 책임이 아닌 법적 책임으로서의 특징을 보여준다. 그렇지만 탄핵의 효과를 공직으로부터의 파면으로 한정하여 형벌까지 가하는 방식을 수용하지는 아니한다. 또한 우리 헌법은 탄핵의 소추는 국민대의기관인 국회가 담당하도록 하여 탄핵제도가 국민주권주의의 산물임

---

1) 김하열, 탄핵심판에 관한 연구, 고려대 박사학위논문, 2006.2; 박진우, "탄핵제도에 관한 입법론적 연구", 공법연구 38-1-2; 임종훈, "탄핵심판제도에 대한 평가-탄핵사유의 중대성과 적용할 증거법 등을 중심으로", 공법연구 46-1; 김선택, "대통령의 국민주권주의 위반-2016헌나1 사건에서 비선실세의 국정농단의 위헌성 판단", 헌법학연구 23-3; 윤정인, "대통령 탄핵사유의 범위-2016헌나1 대통령(박근혜) 탄핵사건을 중심으로", 공법연구 45-3; 방승주, "박근혜 대통령 탄핵심판에 있어서 생명보호의무 위반여부", 헌법학연구 23-1; 표명환, "현행법상의 탄핵관련 규정의 몇 가지 문제점과 개선 입법방향", 법제연구 54; 윤정인 · 김선택, "법관 탄핵의 요건과 절차", 공법연구 47-3; 박성태, "탄핵심판절차에 관한 연구", 헌법재판연구 7-1; 손상식, "현행 헌법상 탄핵심판의 본질과 그 책임의 성격에 대한 일고찰", 헌법학연구 26-1; 손인혁, "국민통합의 관점에서 본 탄핵심판절차의 문제점-대통령 탄핵을 중심으로", 세계헌법연구 26-3; 김재영, "임기만료로 퇴직한 공무원에 대한 탄핵심판의 절차적 쟁점에 관한 소고", 헌법학연구 27-3; 장영수, "퇴직한 법관에 대한 탄핵심판은 정당한가?", 세계헌법연구 28-1; 정주백, "탄핵심판의 당사자", 헌법논총 33; 전학선, "프랑스 공화국 재판소에 관한 연구", 헌법학연구 30-1; 김진욱, 대통령 탄핵 보고서, RHK, 2025.

을 상징적으로 보여주지만 탄핵결정은 국회가 아닌 국회로부터 독립된 헌법기관인 헌법재판소가 하도록 함으로써 탄핵제도의 형성에 있어서도 헌법상의 권력분립과 견제의 원리를 도입하였다. 여기에다 탄핵결정권을 정치적 기관에 부여하지 아니하고 모두 법관의 자격을 가진 자로 구성된 헌법재판소가 행사하도록 함으로써 탄핵제도를 법치주의적으로 순화하여 탄핵심판이 정치적이고 당파적인 판단으로 흐를 가능성을 차단하였다.

대통령제 국가의 경우 의원내각제와 달리 내각불신임제도가 없는 대신 행정부의 국무총리 또는 국무위원에 대한 해임건의제도(헌법 제63조 제1항, 제2항)를 가지고 있다. 그렇지만 해임건의제도에서 해임건의사유에는 헌법과 법률에 대한 위반 여부만이 아니라 정책수행상의 정치적 책임까지 포함되어 있고 그 효과 역시 대통령에 대한 해임을 건의하는 데 그쳐 탄핵과는 구별된다. 해임건의가 가진 위와 같은 한계 때문에 대통령제국가에서 탄핵제도는 의원내각제국가보다 그 헌법적 기능이 부각될 수밖에 없다.

정부형태에 따라 탄핵제도가 달라질 수 있다는 견해도 제기되고 있으나, 의원내각제 국가에서는 정부가 정치적 책임(내각 불신임)을 지므로 '정부직'에 대한 탄핵이 그 실제나 효과면에서 의의를 가지지 못한다는 탄핵의 '대상'에 따른 차이에 불과하다.

탄핵제도는 의회가 정부의 고위직에 대한 책임 추궁수단의 하나로 발전되었다. 오늘날 국민주권주의가 정착된 민주주의 국가에서도 탄핵제도는 여전히 존재한다. 순전히 법적 책임을 묻는 법치주의 모델(입헌주의 모델)은 탄핵사유를 위법행위에 한정하고 의회가 소추를 하지만 사법기관이 최종 판단을 내린다. 반면에 정치적 책임 추궁의 의미가 강한 모델(민주주의 모델)은 의회 중심의 탄핵심판을 구축한다. 하지만, 오늘날 두 모델은 혼용되어 있기 때문에 그 구별은 특별한 의미를 가지지 못한다.

오늘날 탄핵제도의 구별 축은 탄핵사유와 탄핵기관에 따른 차이가 존재한다. 영국·미국은 하원이 소추하고 상원이 심판한다. 일본·프랑스에서는 의회에서 선출한 의원이 소추와 심판을 한다는 점에서 영국 등과 유사하다. 다만, 프랑스에서는 대통령에 대한 탄핵심판은 상·하원의원으로 구성된 고등탄핵재판소(Haute Cour de Justice)에서 담당하고, 그 외 탄핵 대상자들에 대하여는 공화국탄핵재판소(Cour de justice de la République)가 맡는다. 독일에서는 의회(양원이 각기)가 소추하고 연방헌법재판소가 심판한다는 점에서 한국의 제도와 유사한 측면이 있다.

미국헌법의 아버지들은 탄핵을 정치적 제도로 설계하였다. 미국헌법상 탄핵소추의 대상자는 대통령, 부통령 및 모든 연방공무원이다. 탄핵심판의 장은 대통령·부통령이 피소추자인 경우에 심리와 사회는 연방대법원장이 맡고 상원의원 3분의 2 이상의 찬성이 있어야 한다. 나머지 연방공무원이 피소추자인 경우에는 상원의장인 부통령이 사회권을 가진다. 헌정사상 탄핵소추는 18건 발의되었다. 4건은 대통령(앤드류 존슨(제17대 대통령), 리처드 닉슨(제37대 대통령), 빌 클린턴(제42대 대통령), 도널드 트럼프(제45대 대통령)), 12건은 연방법관에 대한 탄핵소추이다. 대통령에 대한 탄핵소추는 상원에서 모두 부결되었다(닉슨은 탄핵심판 전 자진사임). 7건의 연방법관에 대한 탄핵소추는 상원에서 가결되어 파면되었다.

Ⅱ. 탄핵심판의 연혁과 입법례

탄핵제도의 기원을 그리스나 로마에서 찾기도 하지만 일반적으로 근대적 의미의 탄핵제도의 성립은 영국에서 이루어졌다고 보고 있다. 14세기 말 영국 헨리 4세가 헨리4세법(The Statute I. Henry Ⅳ. c.14)으로 탄핵제도를 정리하여 "하원이 소추하고 상원이 이를 심리한다"는 탄핵심판의 원칙을 확립하였고 실제 1805년까지 70여건의 탄핵소추가 이뤄졌다고 한다. 이렇게 영국에서 발전한 탄핵심판제도가 1787년 미국헌법에 수용되어 실정헌법화되었고 그 후 다시 유럽대륙에 수용되었는데 이후 다른 나라에도 영향을 주었다.[1)]

영국의 경우 의회권력이 강화되어가면서 국왕의 측근 고위관료에 대한 의회의 형사소추의 의미로 탄핵이 이루어졌다. 탄핵대상자는 주로 각료와 고위관리, 법관, 의원, 군인, 주교였고 탄핵의 사유는 명문으로 규정되어 있지 아니하였지만 반역죄나 중죄(felony), 직권남용, 수뢰죄, 살인, 폭력죄까지 다양하였다. 탄핵의 소추는 평민원(하원)이 하고 심판은 귀족원(상원)이 맡아 철저히 의회에서 이루어졌다. 탄핵결정의 효과는 형벌의 부과가 중심이었고 공직파면 선고도 가능하였다. 영국의 경우 주로 의회에서 국왕의 측근에 대한 형사소추적 측면이 강하였는데 점차 의원내각제가 확립되어가자 탄핵제도의 효용은 줄어들어 이제는 무용지물이라는 지적도 있지만 아직도 그 효용성이 주장되기도 한다.

미국의 경우 헌법의 기초자들이 영국의 탄핵제도에 관심을 보여 나름의 탄핵제도를 형성하였다. 도입과정에서 대통령과 의회가 엄격한 권력분립을 이루어야 함에도 불구하고 대통령의 탄핵권을 의회가 보유하게 되면 의회의 탄핵이 당파와 정치적 선동의 도구로 전락할 것이라는 비판도 있었지만 임기제 대통령의 권한남용으로부터 국가의 보호가 필요하다는 주장이 받아들여져 대통령을 포함한 정부 고위관료의 탄핵은 정당화되었다. 결국 미국은 "하원이 소추하고 상원이 결

1) 헌법재판소, 탄핵심판제도에 관한 연구, 헌법재판연구 제12권, 헌법재판소, 2001, 4면 이하 참조. 아래 영국, 미국, 프랑스의 입법례 역시 14면 이하 참조.

정한다"는 영국의 전통을 받아들였다. 이런 과정을 거쳐 성립된 헌법규정을 보면, 탄핵대상은 대통령과 부통령 및 연방의 모든 공무원이고 탄핵사유는 반역죄, 수뢰죄 기타의 중대한 범죄와 비행(high crimes and misdemeanors)이다. 다만, 대통령이 탄핵소추된 경우에는 연방대법원장이 상원의장을 맡도록 하였다. 탄핵의 효과는 파면과 공직취임 제한이다. 상원의 탄핵결정 정족수는 출석의원 2/3 이상의 찬성이다. 이런 간단한 헌법조문은 많은 불분명함을 내포하였다. 첫째로 탄핵대상자에 연방법원 판사도 포함되는지에 대하여 논란이 있었는데 건국 당시에는 논란되지 아니하였지만 해석을 통하여 이를 포함시켰다. 둘째로, 탄핵사유를 대통령과 그 밖의 탄핵대상자 특히 법관 사이에 차이를 두어야 하는지에 대한 논란이 아직도 계속되고 있다. 실제 법관에 대한 탄핵결정에서는 법관직에 대한 엄격한 기준을 요구함으로써 실제로 폭넓은 탄핵사유를 적용하여 탄핵결정이 이루어졌다. 그리고 탄핵사유로 규정된 "기타 중대한 범죄와 비행"의 개념은 기소할 수 있는 범죄 이외의 행위까지 포함될 수 있는가인데 현재는 기소가능 범죄보다는 넓게 보고 있다. 살피건대, 미국의 탄핵제도는 의회의 특히 대통령에 대한 권력통제를 염두에 둔 것이 원래의 헌법제정자들의 의도였지만, 실제 탄핵제도는 연방법원 법관에 대한 통제수단으로 변모하였고 오히려 지금까지 18건 중 4차례만 대통령에 대한 탄핵소추가 이루어졌다. 이는 엄격한 권력분립을 기초로 한 미국 대통령제와 충돌하는 기능적 모순을 보여 원래 의도한 대통령에 대한 의회의 통제제도로서는 제 기능을 발휘하지 못하고 있다고 본다.

한편 프랑스도 영국의 전통을 수용하여 의회에서 소추하고 탄핵결정을 하다가 제4공화국 이후 탄핵절차가 이원화되었다. 즉 대통령에 대한 탄핵심판권은 상·하원의원으로 구성된 고등탄핵재판소(Haute Cour de Justice)에서 담당하고 그 외 탄핵 대상자들에 대해서는 공화국탄핵재판소(Cour de Justice de la République)가 맡는다. 탄핵사유를 보면 대통령의 경우에는 대역죄로 한정되고 정부구성원은 직무수행 중 형법상의 중죄와 경죄를 범한 경우로 광범위하게 보고 있다. 대통령에 대한 탄핵소추는 양원에서 절대다수의 의결이 있어야 하고 의결되면 바로 탄핵심판기관으로 가지 아니하고 예심위원회가 중간에 양원에서의 탄핵소추과정의 절차적 하자만을 우선 심리하여 고등탄핵재판소에 제소할지 여부를 결정한다. 실제 제소결정이 이뤄지면 검찰총장이 청구인이 되고 절대다수의 의결로 탄핵이 이뤄지면 공직파면 외에 형벌까지 부과할 수 있도록 되어 있다. 정부구성원의 경우에는 의회가 아닌 조사위원회(Commission des requêtes)에서 피해자의 제소를 통하여 조사를 한 후 탄핵소추를 발의할 수 있도록 간이화하였다. 공화국탄핵재판소는 형사소송절차를 준용하여 절차를 진행하고 그 결과에 대해서는 대통령에 대한 탄핵결정과 달리 대법원(La Cour de Cassation)에 상소가 가능하도록 하였다. 결국 프랑스는 탄핵사유와 탄핵절차를 이원화하고 탄핵효과에 대한 불복도 이원화하여 대통령의 경우에는 이를 인정하지 아니하는 면을 보여준다. 그리고 대통령에 대한 탄핵소추가 이루어져도 탄핵심판기관이 바로 심판절차로 들어가지 아니하고 예심위원회를 두어 양원에서의 절차적 하자를 살피게 하여 고등탄핵재판소의 심리부담을 줄이고 탄핵사유에 집중할 수 있도록 한 점이 특징이다. 또한 절차 일반을 형사적 성격으로 파악하여 무죄추정의 원칙을 적용함으로써 탄핵소추에도 불구하고 직무권한이 정지되지 아니하도록 하고 있다.

Ⅲ. 탄핵심판의 본질과 기능

탄핵제도는 민주주의발전의 초기단계에서 반대파에 대한 숙청책의 일환으로 자행되기도 하였으나, 오늘날 세계 각국 헌법에서는 탄핵제도가 갖는 정치적 평화유지기능을 인정하여 널리 채택하고 있다. 즉 탄핵제도는 주권자인 국민을 대신하여 대의기관인 의회가 국민주권주의에 반하여 권력을 남용하는 행정부와 사법부의 신분이 보장된 고위공직자를 공직에서 배제함으로써 헌법상의 권력분립원리를 실현할 수 있다는 데 그 본질이 있다. 대통령제적인 현행헌법상 대통령은 임기 동안 형사상 특권을 통하여 신분이 보장되고(헌법 제84조) 그가 임명한 고위공직자들 역시 형사소추하기 어렵다는 현실을 고려하면 탄핵제도가 가지는 권력통제적 성격은 부각될 필요가 있다. 또한 탄핵심판은 국민대표기관인 국회가 신분이 보장된 대통령과 행정부의 고위공직자들에 대해서 헌법위반을 들어 공직에서 파면함으로써 국민이 부여한 민주적 정당성을 회수하여 공직에서 축출하는 제도라는 점에서 민주주의적 본질을 가지고 있다. 국민이 직접 소환의 형식으로 대통령을 포함한 고위공직자를 공직에서 물러나게 할 수 있지만 현행 헌법은 이를 국민대표기관인 국회가 맡도록 하여 간접적인 형태를 취하고 있다. 또한 탄핵제도의 연혁에서 보았듯이 탄핵제도는 대통령을 포함한 고위공직자라 할지라도 법을 위반할 수 없고 법 앞에는 모두가 평등하다는 사실을 정치권력의 차원에서 실제 구현하는 제도라는 점에서 법치주의와 관련이 있다.

그리고 탄핵제도는 국가권력의 사실상 행사자인 고위공직자에 의한 헌법침해를 방지함으로써 헌법을 보호하는 기능도 수행하게 된다. 탄핵제도의 운영에서는 이런 측면들이 모두 고려될 수 있어야 하고 헌법은 실제로 탄핵소추는 민주적 정당성을 가진 국민의 대표기관이 수행하고 탄핵심판은 법치주의적 고려를 반영하여 독립된 재판소인 헌법재판소가 수행하도록 한다. 이런 태도는 헌법보장기관으로서의 헌법재판소의 성격에 비추어 보아도 그러하다(김하열). 그러므로 탄핵심판의 이런 권력통제적 측면과 민주주의적 측면 그리고 법치주의적 특징을 고려하면 순수한 형사재판과 같은 판단구조를 가질 수는 없음을 알 수 있다. 더욱이 우리의 경우 탄핵결정의 효과로 형벌을 배제하고 공직파면만을 규정하고 있다는 점을 보면 오히려 미국형에 속하고 실제 미국은 탄핵의 모든 절차가 모두 의회에서 진행되고 있다. 결국 우리 헌법이 탄핵심판과정을 국회로부터 독립된 헌법재판소로 하여금 담당하게 하지만 그 심판과정에서 이런 탄핵의 본질을 고려할 필요가 있다.

탄핵제도를 사법부와 관련하여 볼 때 사법부의 법관을 탄핵대상으로 하는 경우 사법권의 독립을 이유로 사법권을 남용하는 법관을 견제할 수 있는 의회의 수단이 된다. 특히 법관의 임기를 종신제로 하는 경우 그 법관이 헌법에 위반되는 행위를 하는 경우 사법권의 독립을 내세워 이를 통제하지 못하는 사태를 해결하여 줄 수 있는 것이 탄핵제도이다. 실제 미국에서 탄핵제도의 운영은 주로 연방법원의 법관에 대하여 활용되고 있다. 다만, 법관의 임기제를 두고 있는 우리의 경우 법관에 대한 탄핵은 오히려 법관의 신분을 보장하는 기능을 하게 된다.

> "탄핵심판절차는 행정부와 사법부의 고위공직자에 의한 헌법위반이나 법률위반에 대하여 탄핵소추의 가능성을 규정함으로써, 그들에 의한 헌법위반을 경고하고 사전에 방지하는 기능을 하며, 국민에 의하여 국가권력을 위임받은 국가기관이 그 권한을 남용하여 헌법이나 법률에 위반하는 경우에는 다시 그 권한을 박탈하는 기능을 한다. 즉 공직자가 직무수행에 있어서 헌법에 위반한 경우 그에 대한 법적 책임을 추궁함으로써, 헌법의 규범력을 확보하고자 하는 것이 바로 탄핵심판절차의 목적과 기능인 것이다"(헌재 2004. 5.14. 2004헌나1, 대통령(노무현) 탄핵(기각)).

Ⅳ. 탄핵심판의 운용실제

제12대 국회 제128회 정기국회 회기 중이던 1985년 10월 18일 유태흥 당시 대법원장에 대한 탄핵소추발의가 있었으나 부결된 바 있다. 또한 제15대 국회에서는 김태정 검찰총장에 대한 탄핵소추가 제기되었으나 부결되었다(1998.5.26; 1999.2.4). 제16대 국회 제246회 국회(임시회) 회기 중 2004년 3월 12일 노무현 대통령에 대한 탄핵소추안이 상정되어 재적의원 271인 중 193인의 찬성으로 가결된 바 있었다. 하지만 이에 대한 탄핵심판에서 헌법재판소는 대통령의 법위반행위가 인정되나 그것이 파면하여야 할 정도로 중대하지는 아니하다고 하여 기각결정을 내렸다.

그 후, 제20대 국회 제346회 정기회 회기 중이던 2016년 12월 3일 야 3당(더불어민주당, 국민의당, 정의당)과 무소속 의원 171인은 박근혜 대통령에 대한 탄핵소추안을 발의하여 12월 9일 국회에서 표결한 결과 찬성 234, 반대 56, 기권 2, 무효 7표로 가결되었다. 이후 2017년 3월 10일 헌법재판소 재판관 8명 전원일치의 탄핵인용결정으로 파면되었다.

제21대 국회에서는 2021년 2월 4일 현행 헌법에서 최초로 일반법관에 대한 탄핵소추안이 국회에서 가결되었다. 그런데 헌법재판소의 본안심리 진행 중 해당 법관이 임기만료로 퇴임함에 따라 퇴임한 공직자에 대한 탄핵심판의 적법 여부에 관한 논란은 각하로 종결되었다(헌재 2021.10.28. 2021헌나1, 법관(임성근)탄핵(각하)). 한편 2023년 2월 6일 이상민 행정안전부장관(헌재 2023.7.25. 2023헌나1, 행정안전부장관(이상민) 탄핵(기각)), 9월 19일 안동완 검사(헌재 2024.5.30. 2023헌나2, 검사(안동완) 탄핵(기각)), 11월 28일 손준성 검사(헌재 2025.7.17. 2023헌나3, 검사(손준성) 탄핵(기각)), 이정섭 검사(헌재 2024.8.29. 2023헌나4, 검사(이정섭) 탄핵(기각))에 대한 탄핵소추안이 각각 발의되었고 이후 심판은 모두 기각되었다.

제22대 국회에서는 2024년 12월 3일 윤석열 대통령이 비상계엄을 선포하자 12월 4일 국회에서 탄핵소추안이 발의되었으나 투표가 불성립하였고 12월 12일 다시 탄핵소추안이 발의되어 12월 14일 찬성 204, 반대 85, 기권 3, 무효 8표로 가결되었다. 이후 2025년 4월 4일 헌법재판소 재판관 8명 전원일치의 탄핵인용결정으로 대통령은 파면되었다(헌재 2025.4.4. 2024헌나8, 대통령(윤석열) 탄핵(인용)). 한편, 2024년 12월 12일 조지호 경찰청장에 대하여 탄핵소추안이 발의되어 2025년 12월 18일에 경찰청장에 대한 파면 결정이 선고되었다(헌재 2025.12.18. 2024헌나7, 경찰청장(조지호) 탄핵(인용)). 그 밖에 2024년 8월 1일 이진숙 방송통신위원회 위원장(헌재 2025.1.23. 2024헌나1, 방송통신위원회 위원장(이진숙) 탄핵(기각)), 12월 2일 최재해 감사원장(헌재 2025. 3.13. 2024헌나2, 감사원장(최재해) 탄핵(기각)), 이창수 검사(헌재 2025.3.13. 2024헌나3, 검사(이창수) 탄핵(기각)), 조상원 검사(헌재 2025.3.13. 2024헌나4, 검사(조상원) 탄핵(기각)), 최재훈 검사(헌재 2025.3.13. 2024헌나5, 검사(최재훈) 탄핵(기각)), 12월 10일 박성재 법무부장관(헌재 2025.4.10. 2024헌나6, 법무부장관(박성재) 탄핵(기각)), 12월 26일 한덕수 국무총리 겸 대통령 권한 대행(헌재 2025.3.24. 2024헌나9, 국무총리(한덕수) 탄핵(기각))에 대하여 각각 탄핵소추안이 발의되었고, 이후 심판은 모두 기각되었다.

각국의 경험을 볼 때 탄핵제도를 통하여 공직에서 추방되는 경우는 매우 이례적이고 드물기 때문에 그 실효를 제대로 거두지 못하고 있다. 그런데 2017년 헌법재판소는 박근혜 대통령에 대한 탄핵인용결정을 함으로써 헌정사상 최초로 현직 대통령을 탄핵절차에 의하여 파면하였고 이어 2025년에도 윤석열 대통령에 대한 탄핵인용결정을 함으로써 헌법상 탄핵심판제도가 현실에서 작동할 수 있음을 보여주었다.

제 2 절 국회의 탄핵소추권

현행 헌법에서 “국회는 탄핵의 소추를 의결할 수 있다”(제65조 제1항)라고 하여 국회를 탄핵소추기관으로 규정하고 있다. 이는 국민대표기관으로서의 국회로 하여금 국민을 대신하여 책임을 추궁할 수 있는 권능을 부여한다.

Ⅰ. 탄핵소추의 발의

1. 탄핵소추 대상자

현행 헌법이 규정하는 탄핵소추의 대상자는 대통령, 국무총리, 국무위원, 행정각부의 장, 헌법재판소 재판관, 법관, 중앙선거관리위원회 위원, 감사원장, 감사위원 기타 법률이 정한 공무원이다(헌법 제65조 제1항). 헌법상 “기타 법률이 정하는 공무원”에 관한 단일법률은 제정되어 있지 않다. 법률상 탄핵소추대상자로 정하여야 할 직위로는 검찰총장, 각군 참모총장, 각 처장, 정부위원(차관 포함) 등이 있고, 그 외에도 고위외교관이나 정무직 또는 별정직 고급공무원도 포함시킬 수 있다.

검찰청[1)]법에서 “검사는 탄핵이나 금고 이상의 형을 선고받은 경우를 제외하고는 파면되지 아니하며, 징계처분이나 적격심사에 의하지 아니하고는 해임·면직·정직·감봉·견책 또는 퇴직의 처분을 받지 아니한다”(제37조)라고 규정하므로 법률이 정한 탄핵소추대상자의 한 예라 할 수 있다. 국가경찰과 자치경찰의 조직 및 운영에 관한 법률에서도 경찰청장이나 국가수사본부장이 직무를 집행하면서 헌법이나 법률을 위배하였을 때에는 국회는 탄핵 소추를 의결할 수 있다”(제14조 제5항, 제16조 제5항)라고 규정한다. 방송통신위원회 위원장(방송통신위원회의 설치 및 운영에 관한 법률 제6조 제5항), 각급선거관리위원회의 위원(선거관리위원회법 제9조 제2호), 원자력안전위원회 위원장(원자력안전위원회의 설치 및 운영에 관한 법률 제6조 제5항)도 탄핵소추의 대상이 될 수 있다. ‘고위공직자범죄수사처 설치 및 운영에 관한 법률’(공수처법)에서도 “처장, 차장, 수사처검사는 탄핵이나 금고 이상의 형을 선고받은 경우를 제외하고는 파면되지 아니하며”(제14조)라고 규정하고 있으므로 이들은 탄

---

1) 법률 제21065호로 2025.10.1. 개정된 정부조직법에서는 검찰청을 폐지하고, 법무부장관 소속으로 공소청(제35조 제2항)과 행정안전부장관 소속으로 중대범죄수사청(제37조 제9항)을 신설하였는데, 이는 공포 후 1년이 경과한 날부터 시행된다.

핵소추의 대상이 될 수 있다.

> 헌법에서 최고위 사법관이 아닌 일반 법관에 대하여도 탄핵소추의 대상으로 한다. 그러나 일반 법관이나 검사에 대한 탄핵에 대하여는 신중한 재검토가 필요하다. 일반 공무원과 달리 법관은 사법권독립의 원칙과 법관이라는 신분적 특성을 충분히 고려하여 법관징계법이 제정되어 있다. 검사 또한 준사법관이라는 점에서 검사징계법을 따로 제정하고 있다. 그런데 법관과는 달리 검사는 헌법사항이 아니므로 평검사는 검찰청법 개정으로 탄핵소추대상자에서 제외될 수 있다. 특히 종래 검사징계는 검찰총장만 할 수 있도록 되어 있었으나 법무부장관도 징계심의를 청구할 수 있도록 개정되었다. 공수처 검사도 마찬가지다.

한편 탄핵심판기관인 헌법재판소의 재판관을 탄핵소추 대상자로 포함시킨 것은 탄핵심판기관(심판자)의 중립성을 요구하는 헌법상 적법절차원리와 부합하지 아니하며 실제로도 3인 이상의 헌법재판관들에 대한 탄핵소추가 이루어지는 경우 탄핵심판의 정족수를 갖출 수도 없어(헌재법 제23조 제1항) 탄핵심판이 불가능하다는 문제점이 지적된다. 또한 국회의원은 탄핵소추기관이지 탄핵소추의 대상자가 되지 아니한다. 다만, 국무위원의 직을 겸하고 있는 국회의원에 대하여 탄핵소추의 대상자로 포함될 수 있을지 문제될 수 있는데 국무위원의 지위에서 행한 직무행위를 이유로 탄핵소추가 가능하다고 보아야 한다.

2. 탄핵소추의 사유

탄핵소추의 사유는 헌법과 헌법재판소법은 탄핵대상을 구별하지 않고 포괄적으로 "그 직무집행에 있어서 헌법이나 법률을 위배한 때" 또는 "그 직무집행에서 헌법이나 법률을 위반한 경우"로 규정하고 있다(헌법 제65조 제1항; 헌재법 제48조).

(1) 직무집행에 있어서

탄핵소추사유가 되는 '직무'란, 법제상 소관 직무에 속하는 고유 업무 및 통념상 이와 관련된 업무를 말한다. 따라서 직무상의 행위란, 법령·조례 또는 행정관행·관례에 의하여 그 지위의 성질상 필요로 하거나 수반되는 모든 행위나 활동을 의미한다(헌재 2004.5.14. 2004헌나1, 대통령(노무현) 탄핵(기각)). 또한 직무집행이란 소관 직무에 관한 의사결정과 그 직무집행, 그리고 직무통제 등을 포함하여 그 직무와 관련하여 외부로 표출되고 현실화된 작용을 말한다. 또한 순수한 직무행위 그 자체만이 아니라 직무행위의 외형을 갖춘 행위도 포함된다.

문제는 직무취임 전이나 퇴직 후의 행위가 탄핵소추의 사유가 될 수 있는가이다. 원칙적으로 직무취임 전이나 퇴직 후의 행위는 현재의 직무와 관련되지 아니하는 한 직무에 포함될 수 없다. 그러므로 대통령에 당선된 후 취임 전의 대통령 당선자의 지위에서 이루어진 행위는 대통령이 된 후 대통령에 대한 탄핵사유가 될 수 없다(헌재 2004.5.14. 2004헌나1, 대통령(노무현) 탄핵(기각)).

그렇지만 탄핵대상자가 전직되어 현직에 있는 경우 전직(轉職) 전의 직무집행과 관련한 위법행위는 탄핵소추사유에 포함된다. 소추대상자가 전직 이전의 직에서 이미 떠났으므로 그 직을 수행하지 못하게 하는 효과는 발생하지 아니하겠지만 이런 자를 공직에서 추방할 필요가 있고 임명권자의 탄핵소추 면탈을 위한 전직에 대처할 필요가 있기 때문이다. 이런 자에 대하여 현직에서 파면이 이루어지면 공직취임 제한의 효과가 발생하게 된다(헌재법 제54조 제2항). 다만, 탄핵소추 의결이 있기 전에는 사직하거나 해임할 수 있는데(국회법 제134조 제2항) 사임이나 해임되어 현재 직무집행상태에 있지 아니한 자는 소추대상이 되지 아니한다.

가령 대통령의 직무집행에는 각종 단체 · 산업현장 등 방문행위, 준공식 · 공식만찬 등 각종 행사에 참석하는 행위, 대통령이 국민의 이해를 구하고 국가정책을 효율적으로 수행하기 위하여 방송에 출연하여 정부의 정책을 설명하는 행위, 기자회견에 응하는 행위 등이 모두 포함될 수 있다(헌재 2004.5.14. 2004헌나1, 대통령(노무현) 탄핵(기각)).

"당선 후 취임시까지의 기간에 이루어진 대통령의 행위도 소추사유가 될 수 없다. 비록 이 시기 동안 대통령직인수에관한법률에 따라 법적 신분이 '대통령당선자'로 인정되어 대통령직의 인수에 필요한 준비작업을 할 수 있는 권한을 가지게 되나, 이러한 대통령당선자의 지위와 권한은 대통령의 직무와는 근본적인 차이가 있고, 이 시기 동안의 불법정치자금 수수 등의 위법행위는 형사소추의 대상이 되므로, 헌법상 탄핵사유에 대한 해석을 달리할 근거가 없다"(헌재 2004.5.14. 2004헌나1, 대통령(노무현) 탄핵(기각)).

(2) 헌법이나 법률을 위배

탄핵소추 대상자의 직무행위가 헌법이나 법률에 위배하여야 한다. 먼저 직무행위의 위법성을 판단하는 기준은 헌법과 법률이다. 여기서 말하는 헌법은 명문의 헌법규정뿐만 아니라 헌법재판소의 결정에 의하여 형성되어 확립된 불문헌법을 포함한다(헌재 2004.5.14. 2004헌나1, 대통령(노무현) 탄핵(기각)). 법률은 형식적 의미의 법률뿐만 아니라 법률과 동등한 효력을 가지는 국제조약, 일반적으로 승인된 국제법규 그리고 긴급명령 · 긴급재정경제명령 등을 포함한다.

헌법이나 법률에 위배할 것을 요구하기 때문에 대통령의 위법한 행위가 아닌 부당한 정책결정이나 정치적 무능력과 같은 사유는 탄핵소추사유가 되지 아니한다. 헌법이나 법률에 위배한다는 의미는 대통령이나 고위공직자의 행위가 위법하여야 한다는 의미이다. 여기서 말하는 위법이란 헌법이나 법률에 비춰볼 때 전체적으로 위법하다는 가치판단을 의미하기 때문에 위법성의 중대성이나 현저한 위법이란 관념은 있을 수 없다. 위법행위의 중대성은 탄핵소추 의결된 자를 파면할지 여부를 결정할 때 고려될 수 있는 문제이다. 또한 헌법이나 법률에 위배하는 행위는 반드시 고의에 의한 직무집행행위만이 아니라 과실이나 법의 무지에 의한 행위도 포함된다. 헌법이나 헌법재판소는 고의에 한정하지 아니하고 있으며 고위공직자로서 그 직무집행에 있어 직무상 요구되는 주의의무를 다하지 못한 경우도 제외시킬 이유가 없기 때문이다. 부작위에 의하여서도 헌법이나 법률에 위배될 수 있음은 물론이다. 헌법이나 법률의 명문의 규정이나 해석에 의해 구체적인 작위의무가 발생하였음에도 이를 하지 아니한 부작위 역시 작위와 동가치로 평가할 수 있기 때문이다.

'헌법'에는 명문의 헌법규정뿐만 아니라 헌법재판소의 결정에 따라 형성되어 확립된 불문헌법도 포함되고, '법률'에는 형식적 의미의 법률과 이와 동등한 효력을 가지는 국제조약 및 일반적으로 승인된 국제법규 등이 포함된다(헌재 2017.3.10. 2016헌나1, 대통령(박근혜)탄핵(인용(파면))).

(3) 탄핵사유의 차별화 필요성

헌법과 헌법재판소법은 탄핵대상자별로 개별적인 탄핵사유를 제시하지 아니하고 통일적인 탄핵사유를 제시한다. 그렇지만 국민에 의하여 직접 선출되어 집행부의 수반으로서 국가를 대표하는 대통령의 탄핵사유와 선출되지 아니하고 대법원장에 의하여 임명된 일반 법관의 탄핵사유가 동일하다는 점은 문제가 있어 보인다. 국가의 최고권력자라 할지라도 법을 준수하고 법 앞에는 평등하다는 법의 지배의 원리를 강조할 수도 있지만 민주적 정당성을 국민으로부터 직접 수여받은 국가수반인 대통령이 탄핵소추의 의결에 따라 그 권한행사가 정지된다는 사실을 고려하면 탄핵결정 즉 파면단계뿐만 아니라 탄핵소추의 단계에서도 특히 대통령에 대한 탄핵사유와 기타 고위공직자들의 탄핵소추사유는 구별될 필요가 있다. 앞서 살펴보았던 프랑스의 경우에는 대통령에 대한 탄핵사유를 대역죄로 한정하는 명문의 규정을 두고 있고, 미국 역시 헌법에는 탄핵사유를 구분하지 아니하고 있지만 실제 탄핵심판 과정에서는 탄핵제도의 본질에 비추어 탄핵사유를 이원화하는 경향을 보인다. 이렇게 대통령에 대한 탄핵사유를 기타 고위공직자의 경우와 달리 개별화하는 경우 대통령에 대한 탄핵소추 사유는 대통령의 직무집행위가 헌법과 법률에 위반하여 자유민주적 기본질서를 위협함으로써 헌법의 법치국가원리와 민주국가원리를 구성하는 기본원칙을 저버릴 정도로 중대한 위법행위가 있어야 한다고 볼 수 있다.[1] 헌법재판소는 이와 같은 중대한 위법행위 외에 이에 해당하지 아니하더라도 국민의 신임을 배반한 것으로 평가될 수 있는 뇌물수수, 부정부패, 국가의 이익을 명백히 해하는 행위 등도 대통령에 대한 탄핵소추의 소유가 될 수 있다고 보았다(헌재 2004.5.14. 2004헌나1, 대통령(노무현) 탄핵(기각)). 구체적으로 살펴보면, 대통령이 헌법상 부여받은 권한과 지위를 남용하여 뇌물수수, 공금의 횡령 등 부정부패행위를 하는 경우, 공익실현의 의무가 있는 대통령으로서 명백하게 국익을 해하는 활동을 하는 경우, 대통령이 권한을 남용하여 국회 등 다른 헌법기관의 권한을 침해하는 경우, 국가조직을 이용하여 국민을 탄압하는 등 국민의 기본권을 침해하는 경우, 선거의 영역에서 국가조직을 이용하여 부정선거운동을 하거나 선거의 조작을 꾀하는 경우를 그 예로 들었다.

"헌법 제65조 제1항은 탄핵사유를 '헌법이나 법률에 위배한 때'로 제한하고 있고, 헌법재판소의 탄핵심판절차는 법적인 관점에서 단지 탄핵사유의 존부만을 판단하는 것이므로, … 정치적 무능력이나 정책결정상의 잘못 등 직책수행의 성실성 여부는 그 자체로서 소추사유가 될 수 없어, 탄핵심판절차의 판단대상이 되지 아니한다"(헌재 2004.5.14. 2004헌나1, 대통령(노무현) 탄핵(기각)).

"'대통령을 파면할 정도로 중대한 법위반이 어떠한 것인지'에 관하여 일반적으로 규정하는 것은 매우 어려운 일이나, 한편으로는 탄핵심판절차가 공직자의 권력남용으로부터 헌법을 수호하기 위한 제도라는 관점과 다른 한편으로는 파면결정이 대통령에게 부여된 국민의 신임을 박탈한다는 관점이 함께 중요한 기준으로 제시될 것이다. 즉, 탄핵심판절차가 궁극적으로 헌법의 수호에 기여하는 절차라는 관점에서 본다면, 파면결정을 통하여 헌법을 수호하고 손상된 헌법질서를 다시 회복하는 것이 요청될 정도로 대통령의 법위반행위가 헌법수호의 관점에서 중대한 의미를 가지는 경우에 비로소 파면결정이 정당화되며, 대통령이 국민으로부터 선거를 통하여 직접 민주적 정당성을 부여받은 대의기관이라는 관점에서 본다면, 대통령에게 부여한 국민의 신임을 임기 중 다시 박탈해야 할 정도로 대통령이 법위반행위를 통하여 국민의 신임을 저버린 경우에 한하여 대통령에 대한 탄핵사유가 존재하는 것으로 판단된다. 구체적으로, 탄핵심판절차를 통하여 궁극적으로 보장하고자 하는 헌법질서, 즉 '자유민주적 기본질서'의 본질적 내용은 법치국가원리의 기본요소인 '기본적 인권의 존중, 권력분립, 사법권의 독립'과 민주주의원리의 기본요소인 '의회제도, 복수정당제도, 선거제도' 등으로 구성되어 있다는 점에서(헌재 1990.4.2. 89헌가113, 판례집 2, 49, 64), 대통령의 파면을 요청할 정도로 '헌법수호의 관점에서 중대한 법위반'이란, 자유민주적 기본질서를 위협하는 행위로서 법치국가원리와 민주국가원리를 구성하는 기본원칙에 대한 적극적인 위반행위를 뜻하는 것이고, '국민의 신임을 배반한 행위'란 '헌법수호의 관점에서 중대한 법위반'에 해당하지 않는 그 외의 행위유형까지도 모두 포괄하는 것으

1) 비슷한 취지로 허진성, "대통령의 국가긴급권 행사와 법치주의의 이상 - 정치와 사법의 관계를 중심으로", 외법논집 49-4 참조.

로서, 자유민주적 기본질서를 위협하는 행위 외에도, 예컨대, 뇌물수수, 부정부패, 국가의 이익을 명백히 해하는 행위가 그의 전형적인 예라 할 것이다"(헌재 2004.5.14. 2004헌나1, 대통령(노무현) 탄핵(기각)).

3. 탄핵소추의 발의

(1) 발의의 요건

탄핵소추의 발의에 필요한 정족수는 대통령과 기타 고위공직자 사이에 차이가 존재한다. 일반 탄핵소추 대상자에 대한 탄핵소추는 국회 재적의원 3분의 1 이상의 발의로 가능하지만 대통령에 대한 탄핵소추의 발의에는 국회 재적의원 과반수의 협력이 필요하다(헌법 제65조 제2항). 탄핵소추의 발의에는 일정한 자료의 제시가 있어야 한다. 즉 피소추자의 성명·직위와 탄핵소추의 사유·증거 기타 조사상 참고가 될 만한 자료를 제시하여야 한다(국회법 제130조 제3항). 구체적이고 신빙성 있는 증거 등이 제시되어야 하고 단순한 소문 등에 의존한 탄핵소추의 발의는 허용될 수 없다.

현행법상 탄핵사유에 시효가 규정되어 있지 아니하므로 국회는 탄핵소추대상자가 공직에 재직하고 있는 한 언제든지 탄핵소추의 발의를 할 수 있다. 생각건대 독일의 입법례(연방대통령은 3개월, 법관은 2년)를 참고하여 국회법에 탄핵소추에 대한 시효기간을 규정할 필요가 있다. 이 경우 대통령직의 중요성 및 민주적 정당성에 비추어 다른 고위공직과 차별이 필요하므로 대통령은 6개월, 기타 탄핵대상자는 2년의 시효기간의 설정이 바람직하다고 본다. 또한 이미 헌법재판소가 탄핵심판을 한 동일한 사건에 대해서는 일사부재리의 원칙상 다시 심판할 수 없다(헌재법 제39조).

실질적으로 주요 소추사유에 변동이 없는 탄핵소추안의 재발의는 제한될 필요가 있고, 입법자는 탄핵소추의 성격과 본질, 국회의사의 조기 확정과 그 직무집행에 있어서 헌법이나 법률을 위반한 고위공직자를 탄핵소추한다는 공익 사이의 형량 등을 고려하여 국회에서 탄핵소추안이 부결될 경우 다른 회기 중에도 다시 발의하는 횟수를 제한하는 규정을 마련할 필요가 있다(헌재 2025.4.4. 2024헌나8, 대통령(윤석열) 탄핵(인용), 재판관 정형식의 보충의견).

"공직자의 법 위반행위에 대하여 탄핵소추가 가능함에도 불구하고 탄핵소추가 이루어지지 아니한 채 해당 공직자가 상당한 기간 동안 계속하여 공직을 수행하였다면, 그 행위로 인하여 손상된 헌법질서는 이미 시간의 경과로 회복되었을 가능성이 높은 반면, 관련 증거는 산일·멸실되어 적정한 심판을 기대하기 어렵다. 따라서 일정한 시간의 경과로 인하여 발생한 사실상태를 존중하여 공직수행의 안정을 도모할 필요가 있다." … "독일과 일본은 검사를 탄핵대상으로 삼고 있지는 않지만, 다른 공직자들에 대한 탄핵소추 기간을 제한하고 있다. 독일은 연방대통령에 대한 탄핵소추의 경우 소추권이 있는 기관이 탄핵소추의 기초가 되는 사실을 안 때로부터 3개월 이내에 제기하도록 규정하고 있고, 연방법관이 직무를 위반한 경우에는 연방법관이 위반하였다고 주장된 재판절차의 확정력 있는 종결로부터 6개월, 직무 외의 위반을 한 경우에는 위반을 한 때로부터 2년이 각 경과하면 탄핵소추를 허용하지 않고 있다. 일본은 재판관(법관)에 대하여 탄핵소추사유가 있은 후 3년이 경과한 때에는 원칙적으로 탄핵소추를 할 수 없도록 하면서, 동일한 사유에 대하여 형사소추가 있는 때에는 사건의 판결이 확정된 후 1년이 경과할 때까지 탄핵소추를 할 수 있도록 하는 등의 예외사유를 규정하고 있다." … "탄핵심판제도의 실효성을 제고하기 위해서는 탄핵절차에도 소추기간을 제한할 필요성이 인정되므로, 입법자는 징계시효에 관한 규정(국가공무원법 제83조의2, 검사징계법 제25조 등 참조) 및 공소시효에 관한 규정(형사소송법 제249조 등 참조) 등과의 체계적 정합성, 소추대상 공직자의 종류, 소추사유의 경중 등을 종합적으로 고려하여 탄핵소추시효 또는 탄핵심판의 청구기간에 관한 규정을 마련할 필요가 있다"(헌재 2024.5.30. 2023헌나2, 검사(안동완) 탄핵(기각), 기각의견에 대한 4인 보충의견).

국회의 의사절차에 헌법이나 법률을 명백히 위반한 흠이 있는 경우가 아니면 국회 의사절차의 자율권은 권력분립의 원칙상 존중되어야 하고, 국회법 제130조 제1항은 탄핵소추의 발의가 있을 때 그 사유 등에 대한 조사 여부를 국회의 재량으로 규정하고 있으므로, 국회가 탄핵소추사유에 대하여 별도의 조사를 하지 아니하였다거나 국정조사결과나 특별검사의 수사결과를 기다리지 아니하고 탄핵소추안을 의결하였다고 하여 그 의결이 헌법이나 법률을 위반한 것이라고 볼 수 없다. 탄핵소추절차는 국회와 대통령이라는 헌법기관 사이의 문제이고, 국회의 탄핵소추의결에 따라 사인으로서 대통령 개인의 기본권이 침해되는 것이 아니다. 국가기관이 국민에 대하여 공권력을 행사할 때 준수하여야 하는 법원칙으로 형성된 적법절차의 원칙을 국가기관에 대하여 헌법을 수호하고자 하는 탄핵소추절차에 직접 적용할 수 없다(헌재 2017.3.10. 2016헌나1, 대통령(박근혜) 탄핵(인용(파면))).

대통령 권한대행에 대한 탄핵소추가 제기될 경우에 발의 및 의결정족수에 대하여 논란이 있다. 즉 권한대행에 대하여 대통령과 같은 특별정족수를 요구할 것인지 아니면 권한대행은 국무총리 또는 법률이 정하는 본직이 있기 때문에 일반적인 탄핵소추 정족수로 충분한지에 관한 논쟁이다. ① 대통령 권한대행은 대통령과 같은 신분이기 때문에 대통령과 같은 요건이 필요하다는 견해(이인호: 헌법재판연구원, 주석 헌법재판소법), ② 대통령은 국민적 정당성을 직접 확보하고 있기 때문에 국정안정을 위하여 특별정족수를 규정하지만, 권한대행은 본직이 있기 때문에 가중요건이 필요하지 않다는 견해가 있다(권건보·신옥주·이장희·임지봉·차진아). 이와 관련하여 일반요건으로 권한대행에 대한 탄핵소추가 의결되었을 경우에는 권한쟁의심판청구가 가능하다는 견해도 제기된다. 다른 한편 ③ 탄핵소추사유가 권한대행의 본직 재임 중 행한 것이면 일반요건으로, 대통령 권한대행 재임 중 행한 것이면 대통령과 같은 가중요건이 필요하다는 견해도 있다(김하열·이헌환). 즉 권한대행 체제가 가동될 경우 권한대행에 대한 경호도 대통령에 준하는 경호를 제공할 뿐만 아니라 대통령의 형사상 특권(제84조)이 권한대행에게도 적용된다고 해석하여야 하므로 대통령 탄핵소추 정족수가 적용된다고 본다(박진우). ④ 권한대행은 어디까지나 본직이 있고 대행일 뿐이다. '사고'인 경우 대통령이 엄연히 존재하는 상황에서 권한대행에 대하여 대통령과 같은 요건을 요구하기는 어렵다. 하지만, 대통령이 '궐위'된 경우에는 권한대행은 유일한 실질적인 대통령이므로 대통령과 같은 가

중요건이 필요하다는 견해도 있다. 다만 이 경우 60일 이내에 후임자를 선출하여야 하는 시간의 급박성 때문에 가중요건의 실효성이 떨어진다. ⑤ 생각건대 현직 대통령이 존재하는 사고의 경우와 대통령이 유고인 경우를 구별하는 견해가 타당한 측면이 있다. 그러나 권한대행의 행위는 곧바로 대통령의 행위와 같은 법적 효과를 가지기 때문에 권한대행의 행위에 대한 탄핵에는 불가피하게 대통령과 같은 가중요건이 필요하다고 보아야 한다. 이외에도 헌법재판소에서 탄핵이 인용되었을 경우, (권한대행으로서의) 위헌·위법 행위가 인정된 마당에 대행의 신분을 유지한다는 것은 고위공직자의 위헌·위법행위로부터 헌법질서를 수호·유지한다는 탄핵제도의 취지에 비추어 바람직하지 않으므로 권한대행뿐만 아니라 본직에서도 파면된다고 보아야 한다(박진우). 그런데 2024년 12월 27일 국회의장은 직권으로 한덕수 대통령 권한대행에 대한 탄핵소추 의결정족수를 국무총리와 같이 재적의원 과반수 찬성으로 결정하였다. 연이은 표결에서 출석의원 192인 전원 찬성으로 탄핵소추안이 가결되었다. 이에 따라 헌정사상 최초로 최상목 부총리 겸 재정경제부 장관이 대통령 권한대행(정부조직법상 후순위 권한대행자)으로 취임하였다.

대통령과 구별되는 민주적 정당성의 크기와 해당 공직의 박탈을 통하여 국민으로부터 위임된 권한을 환수함으로써 헌법을 수호하고자 하는 탄핵심판 제도의 취지 등을 종합하면, 대통령 권한대행 중인 국무총리에 대한 탄핵소추 시 그 의결정족수는 헌법 제65조 제2항 본문에 따라 국회재적의원 과반수의 찬성으로 족하다. [기각4] 특별검사 임명 법률안에 대한 재의요구권 행사, 비상계엄 선포 및 내란행위 관련, 공동 국정운영 관련, 특별검사 후보자 추천 의뢰 관련에 대하여는 청구인의 주장을 뒷받침하는 증거나 객관적 자료가 없다. 국회가 선출하도록 되어 있는 3인의 재판관을 임명하지 아니한 것은 헌법과 법률에 따른 구체적 작위의무를 위반한 것이다. 다만, 재판관 임명 거부가 현직 대통령에 대한 탄핵심판을 진행하는 헌법재판소를 무력화시키기 위한 목적 또는 의사에 기인하였다고까지 인정할 증거나 객관적 자료는 발견되지 않는 점 등을 고려하면, 대통령을 통하여 간접적으로 부여된 국민의 신임을 배반한 경우에 해당한다고 단정할 수 없다. [기각1] 헌법재판관 임명 부작위에 대해서도 헌법과 법률 위반을 인정할 수 없다. [인용1] 특별검사 후보자 추천 의뢰 및 헌법재판관 임명 부작위와 관련하여 헌법과 법률 위반이 인정되고 그 위반의 정도가 파면을 정당화할 수 있을 정도로 중대하다. 5인이 기각의견, 1인이 인용의견, 2인이 각하의견이므로 헌법재판소법 제23조 제2항 본문에 따라 기각한다(헌재 2025.3.24. 2024헌나9. 국무총리(한덕수) 탄핵(기각)).

피청구인(국회의장)이 국회 본회의에 상정된 '국무총리(한덕수) 탄핵소추안'을 가결 선포한 행위 및 소추의결서 등본을 피소추자 한덕수에게 송달한 행위가, 헌법 및 법률에 따라 부여된 청구인들(국회의원)의 위 탄핵소추안에 관한 심의·표결권을 침해할 가능성이 인정되지 아니한다(6:2)(헌재 2024.3.27. 2024헌라8, 국회의원과 국회의장 간의 권한쟁의(각하)). [반대의견2] "탄핵소추안의 가결 여부를 좌우하는 핵심 쟁점은 결국 의결정족수였음에도, 헌법과 국회법에는 별도의 명확한 규정이 마련되어 있지 않고, 이로 인해 국회 안팎으로 논란이 끊이지 않았다. 헌법재판소의 관련 해석조차 없는 상황에서 국회의원들 사이에서도 의견이 일치하지 않았으며, 이는 국가적·사회적 파급력이 매우 큰 사안이므로, 이 사건 탄핵소추안에 대하여 어떤 의결정족수를 적용할지 결정하기 전에 표결에 참여하는 국회의원들이 서로 의견을 교환하고 토론을 거쳐 숙의하는 과정을 반드시 거칠 필요가 있었다. 따라서 국회의장이자 본회의 주재자인 피청구인에게는, 이 사건 탄핵소추안에 대한 표결이 이루어지는 과정에서 의결정족수와 관련하여 국회의원들에게 충분한 의견 제출 및 질의와 토론의 기회 등을 보장하고, 이를 통해 갈등과 분쟁을 최소화할 방법을 모색해야 할 헌법상 책무가 있었다." 피청구인의 위 가결선포행위가 헌법상 다수결의 원리 및 의회민주주의를 위반하여 청구인들의 심의 · 표결권을 침해하였다. [해설] 대통령 권한대행인 국무총리에 대한 탄핵소추안과 관련하여 국회의장이 헌법 제65조 제2항 본문의 의결정족수를 전제로 가결을 선포한 행위 및 소추의결서 등본을 피소추자에게 송달한 행위에 대하여, 그 의결정족수 적용에 반대하는 국회의원들의 위 탄핵소추안에 관한 심의 · 표결권을 침해할 가능성이 인정되는지 여부에 대하여 판단한 사건이다. 국무총리의 경우 재적의원 과반수의 찬성으로 탄핵소추의결이 가능하지만, 대통령 권한대행의 경우에는 대통령의 탄핵소추의결 정족수를 충족하여야 한다고 보아야 한다.

(2) 본회의 보고와 조치

탄핵소추의 발의가 있는 경우 국회의장은 탄핵소추가 발의된 후 처음 개의하는 본회의에 보고하고, 본회의는 의결로 법제사법위원회에 회부하여 조사하게 할 수 있다. 법제사법위원회로 하여금 조사를 하게 할지 여부는 본회의의 재량에 속한다. 본회의가 법제사법위원회에 회부하기로 의결하지 아니한 때에는 본회의에 보고된 때로부터 24시간 이후 72시간 이내에 탄핵소추의 여부를 무기명투표로 표결하여야 한다. 이 기간 내에 표결하지 아니한 때에는 그 탄핵소추안은 폐기된 것으로 본다(국회법 제130조 제1항, 제2항).[1] 하지만 "법제사법위원회가 제130조제1항의 탄핵소추안을 회부받았을 때에는 지체 없이 조사 · 보고하여야 한다"(제131조 제1항)라고 규정할 뿐 해당 탄핵소추안에 대한 국회의 의결시한에 관하여는 명문의 규정이 없다. 생각건대 법제사법위원회를 경유한 경우와 경유하지 아니하고 직접 본회의에서 의결하는 경우와 본질적인 차이점이 존재하지 아니한다는 점, 탄핵소추안은 공직의 정상적인 운용과 피소추자에게 심대한 영향을 미치기 때문에 즉각적인 의사결정이 이루어져야 한다는 점 등을 고려하여 법제사법위원회에 회부할 경우에도 본회의 의결시한에 관한 규정을 두어야 한다.

한편, 국회는 본회의 의결을 위하여 국회법 제93조에 따른 질의와 토론절차를 생략할 수 있는지가 논의된다. 국회법 제93조는 국회의 의사결정에 있어 일반규정의 성격을 가지므로 탄핵소추의결과 같이 중대한 사안에서 질의와 토론을 생

---

1) 제15대 국회에서 김태정 검찰총장에 대한 탄핵소추안이 폐기(1998.5.26.)되었다. 제20대 국회에서 정종섭 행정자치부장관, 제21대 국회에서는 2019년 · 2020년 홍남기 기획재정부장관, 2020년 추미애 법무부장관에 대한 탄핵소추안이 폐기되었다.

략할 수는 없다. 헌법재판소는 국회법 제130조 제2항을 탄핵소추에 대한 특별규정으로 해석하여 국회법 제93조에 따른 질의와 토론 없이 표결할 수 있다고 보았으나(헌재 2004.5.14. 2004헌나1, 대통령(노무현) 탄핵(기각)) 이는 받아들이기 어렵다.

탄핵소추안은 해임건의안과 달리 안이 본회의에 보고되면 법제사법위원회 회부 여부에 관한 본회의 의결을 거쳐야 한다. 이에 따라 2023.11.9. 이동관 방송통신위원장과 2명의 검사에 대한 탄핵소추안을 더불어민주당이 철회한 데에 대한 논쟁이 제기되었다. 즉 국회 본회의 보고 그 자체만으로 탄핵소추안이 의안으로 성립되었다고 볼 수 없다는 견해와, 반면에 국회 본회의 보고만으로 의안이 성립된다는 견해가 제기된다.

권한쟁의심판절차 계속 중 국회의원직을 상실한 국회의원 2명의 권한쟁의심판절차는 종료되었다는 선언을 하고, 피청구인 국회의장이 2023.11.10. 방송통신위원회 위원장 및 검사 2명에 대한 탄핵소추안의 철회요구를 수리한 행위 및 피청구인 국회의장이 2023.12.1. 위 탄핵소추안과 동일한 내용으로 다시 발의된 위 검사 2명에 대한 탄핵소추안을 국회 본회의에서 안건으로 상정하여 표결을 실시한 후 가결을 선포한 행위는 모두 국회의원인 청구인들의 심의 · 표결권을 침해할 가능성이 없으므로, 위 행위들을 다투는 권한쟁의심판청구는 모두 부적법하다(헌재 2024.3.28. 2023헌라9, 국회의원과 국회의장 간의 권한쟁의(각하, 기타)).

"다음으로 질의 및 토론절차를 생략한 것에 관하여 본다. 국회법 제93조는 '본회의는 안건을 심의함에 있어서 질의 · 토론을 거쳐 표결할 것'을 규정하고 있으므로 탄핵소추의 중대성에 비추어 국회 내의 충분한 질의와 토론을 거치는 것이 바람직하다. 그러나 법제사법위원회에 회부되지 않은 탄핵소추안에 대하여 "본회의에 보고된 때로부터 24시간 이후 72시간 이내에 탄핵소추의 여부를 무기명투표로 표결한다."고 규정하고 있는 국회법 제130조 제2항을 탄핵소추에 관한 특별규정인 것으로 보아, '탄핵소추의 경우에는 질의와 토론 없이 표결할 것을 규정한 것'으로 해석할 여지가 있기 때문에, 국회의 자율권과 법해석을 존중한다면, 이러한 법해석이 자의적이거나 잘못되었다고 볼 수 없다" (헌재 2004.5.14. 2004헌나1, 대통령(노무현) 탄핵(기각)).

(3) 법제사법위원회의 조사

본회의에서 의결로 법제사법위원회에 회부하여 조사하게 한 경우(국회법 제130조 제1항 후단) 조사회부 받은 법제사법위원회는 지체 없이 조사하여 그 결과를 보고하여야 한다. 발의된 탄핵안에 대하여 국회가 탄핵소추의 의결을 하기 위한 준비과정이라는 점에서 국회는 특별한 사정이 없는 한 법제사법위원회로 하여금 조사하도록 할 필요가 있다. 이런 조사과정은 탄핵심판기관의 심리와 달리 국회의 탄핵소추 의결 과정을 국회 차원에서 정당화함과 동시에 절차적 숙고를 할 수 있는 장치라는 점에서 필요하다. 그리고 이 조사에 있어서는 '국정감사 및 조사에 관한 법률'이 규정하는 조사의 방법 및 조사상의 주의의무규정을 준용한다(국회법 제131조 제1항, 제2항). 법제사법위원회는 이후 본회의에서 탄핵소추의 의결을 위한 기초자료가 된다는 점에서 탄핵발의에서 제시된 탄핵사유와 그 증거 등을 철저하게 조사하여야 한다. 조사를 받는 국가기관은 그 조사를 신속히 완료시키기 위하여 충분한 협조를 하여야 한다(국회법 제132조).

Ⅱ. 탄핵소추의 의결

1. 의결정족수와 의결방식

탄핵소추의 의결에는 국회 재적의원 과반수의 찬성이 있어야 한다. 다만, 대통령에 대한 탄핵소추의 의결에는 국회 재적의원 3분의 2 이상의 찬성으로 가중되어 있다(헌법 제65조 제2항).[1)2)]

국회가 탄핵소추사유가 존재한다고 하더라도 탄핵소추의결을 하지 아니할 수 있는지에 대해서는 의문이 있을 수 있다. 탄핵재판제도가 고위 공직자의 헌법과 법률 위배행위로부터 헌법을 보호하는 제도라는 점을 상기하면 구체적인 탄핵소추 사유가 드러난 이상 소추의무가 발생한다고 볼 여지도 있다. 그렇지만, 헌법규정이 탄핵여부에 대한 선택권을 국회에 부여하고 있는 점(헌법 제65조 제1항), 탄핵소추권한을 국회에 부여한 이상 정치적 해결의 여지를 허용하고 있다고 볼 수 있다는 점에서 탄핵소추여부는 국회의 재량에 속한다고 보아야 한다.

> "국회에게 대통령의 헌법 등 위배행위가 있을 경우에 탄핵소추의결을 하여야 할 헌법상의 작위의무가 있다거나 청구인에게 탄핵소추의결을 청구할 헌법상 기본권이 있다고 할 수 없다. 왜냐하면 헌법은 "대통령 … 이 그 직무집행에 있어서 헌법이나 법률을 위배한 때에는 국회는 탄핵의 소추를 의결할 수 있다."(제65조 제1항)라고 규정함으로써 명문규정상 국회의 탄핵소추의결이 국회의 재량행위임을 밝히고 있고 헌법해석상으로도 국정통제를 위하여 헌법상 국회에게 인정된 다양한 권한 중 어떠한 것을 행사하는 것이 적절한 것인가에 대한 판단권은 오로지 국회에 있다고 보아야 할 것이며(중략)"(헌재 1996.2.29. 93헌마186 긴급재정명령

1) 1999년 4월에 한나라당이 제기한 김태정 검찰총장 탄핵소추안은 의결정족수인 재적의원 과반수에는 4표가 모자랐지만, 찬성표가 반대표보다 더 많이 나왔다.

2) 제12대 국회에서 유태흥 대법원장에 대한 탄핵소추안(1985.10.18.), 제15대 국회에서 김태정 검찰총장에 대한 탄핵소추안(1999.2.4.), 21대 국회에서 추미애 법무부장관에 대한 탄핵소추안(2020)이 부결되었다. 2002년 대통령 노무현, 2016년 대통령 박근혜, 2021년 임성근 판사, 2023년 이상민 행정안전부장관, 안동완·손준성·이정섭 검사, 2024년 이진숙 방송통신위원장, 최재해 감사원장, 이창수 서울중앙지검장, 조상원 4차장, 최재훈 반부패2부장에 대한 탄핵소추안이 가결되었다. 특히 2024.12.3. 윤석열 대통령이 비상계엄을 선포하자 국회는 탄핵소추안을 제기하였으나 1차에서 "투표불성립 이후 기간경과로 폐기"된 후, 12.14. 2차에서 찬성 204, 반대 85, 기권 3, 무효 8로 가결되었다. 이후 박성재 법무부장관, 조지호 경찰청장, 한덕수 국무총리 겸 대통령 권한대행에 대한 탄핵소추안도 가결되었다.

등 위헌확인(기각)).

탄핵소추사유가 여러 개인 경우 소추사유별로 표결할지 여부가 문제되는데, 헌법재판소는 표결할 안건의 제목 설정권을 가지고 있는 국회의장의 판단에 달려 있다고 보았다(헌재 2004.5.14. 2004헌나1, 대통령(노무현) 탄핵(기각)). 탄핵소추사유가 직무집행행위의 위법성에 있다는 점을 고려하면 행위별로 표결하는 것이 국회의원의 표결권을 제대로 보장한다고 할 수 있다. 또한 헌법재판소의 소추사유의 심리에서도 탄핵소추사유별로 판단이 이루어져 그중 인정되는 사유에 의하여 탄핵결정이 날 수 있다는 점에서 볼 때도 탄핵사유별로 각각 깊이 있는 심사보고와 질의·토론을 거쳐 표결하는 것이 요구된다. 다만, 최종 표결할 안건의 사전조율 과정에서 이런 개별적 검토 과정이 포함될 수도 있다는 점에서 이는 국회의 자율권에 속한다고 볼 수 있다.

> "탄핵소추의결은 개별 사유별로 이루어지는 것이 국회의원들의 표결권을 제대로 보장하기 위해서 바람직하나, 우리 국회법상 이에 대한 명문 규정이 없으며, 다만 제110조는 국회의장에게 표결할 안건의 제목을 선포하도록 규정하고 있을 뿐이다. 이 조항에 따르면 탄핵소추안의 안건의 제목을 어떻게 잡는가에 따라 표결범위가 달라질 수 있으므로, 여러 소추사유들을 하나의 안건으로 표결할 것인지 여부는 기본적으로 표결할 안건의 제목설정권을 가진 국회의장에게 달려있다고 판단된다. 그렇다면 이 부분 피청구인의 주장은 이유가 없다고 할 것이다"(헌재 2004.5.14. 2004헌나1, 대통령(노무현) 탄핵(기각)).
>
> "국회 재적의원 과반수에 해당하는 171명의 의원이 여러 개 탄핵사유가 포함된 하나의 탄핵소추안을 마련한 다음 이를 발의하고 안건 수정 없이 그대로 본회의에 상정된 경우에는 그 탄핵소추안에 대하여 찬반 표결을 하게 된다. 그리고 본회의에 상정된 의안에 대하여 표결절차에 들어갈 때 국회의장에게는 '표결할 안건의 제목을 선포'할 권한만 있는 것이지(국회법 제110조 제1항), 직권으로 이 사건 탄핵소추안에 포함된 개개 소추사유를 분리하여 여러 개의 탄핵소추안으로 만든 다음 이를 각각 표결에 부칠 수는 없다. 그러므로 이 부분 피청구인의 주장도 받아들일 수 없다"(헌재 2017.3.10. 2016헌나1, 대통령(박근혜) 탄핵(인용)).

2. 소추의결의 형식

국회가 본회의에서 탄핵소추를 의결할 때에는 피소추자의 성명, 직위, 탄핵소추의 사유를 표시한 '소추의결서'라는 형식의 문서로 하여야 한다(국회법 제133조).

3. 소추의결서의 송달

탄핵소추의 의결이 있은 때에는 의장은 지체 없이 소추의결서의 정본을 법제사법위원장인 소추위원에게, 그 등본을 헌법재판소·피소추자와 그 소속기관의 장에게 송달한다(국회법 제134조 제1항). "소추위원은 헌법재판소에 소추의결서의 정본을 제출하여 탄핵심판을 청구하며, 심판의 변론에서 피청구인을 심문할 수 있다"(헌재법 제49조 제2항).

Ⅲ. 탄핵소추의결의 효과

1. 피소추자 권한행사의 정지

국회에서 탄핵소추가 의결되어 소추의결서가 피소추자에게 송달된 때에는 그 피소추자의 직무에 관한 권한은 헌법재판소의 심판이 있을 때까지 정지된다(헌법 제65조 제3항, 헌재법 제50조; 국회법 제134조 제2항). 권한행사 정지시점은 국회의 소추결의시가 아니라 소추의결서가 피소추자에게 송달된 때이다. 권한행사정지의 효력이 종료하는 시기는 헌법재판소의 탄핵심판에 대한 종국결정의 선고 시이다. 종국결정의 내용에 따라 정지된 권한의 회복 또는 종국적인 파면의 효과가 발생한다. 국회의 탄핵소추의결서를 송달받은 피소추자가 소추의결에도 불구하고 직무를 수행한 경우에는 그 직무행위는 권한 없는 자의 행위가 되어 무효가 된다. 탄핵소추된 자라 할지라도 직무의 계속수행의 필요가 있다며 탄핵소추의 효력을 정지시키는 가처분의 필요성이 논의된 적이 있었다. 그렇지만 우리의 경우 영국이나 프랑스와 달리 탄핵절차에서 형벌을 부과하지 아니하는 징계절차의 성격을 가진다는 점을 고려하면 무죄추정의 원칙을 여기서 고려할 수는 없으므로 그런 가처분은 우리 탄핵제도에서 허용되지 아니한다.

2. 임명권자의 사직원 접수와 해임의 금지

소추의결서가 송달된 때에는 임명권자는 피소추자의 사직원을 접수하거나 해임할 수 없다(국회법 제134조 제2항). 이에 위반하여 사직원을 접수하거나 해임한 경우 그 행위는 무효가 된다. 사직이나 해임을 통한 탄핵면탈을 방지하기 위한 장치이다. 그러나 임명권자는 헌법재판소의 탄핵심판결정 선고 이전이라도 피소추자를 파면할 수 있다. "피청구인이 결정 선고 전에 해당 공직에서 파면되었을 때에는 헌법재판소는 심판청구를 기각하여야 한다"(헌재법 제53조 제2항).

대통령의 경우 국민으로부터 선출되기 때문에 임명권자가 존재하지 아니하므로 탄핵 이외에는 파면이 불가능하다. 또한 헌법재판소법의 규정만으로 본다면 탄핵심판을 회피하기 위한 대통령의 사임은 불가능하다고 보아야 한다. 다만, 대통령이 탄핵심판 중에 스스로 사임하면 현실적으로 이를 거부하기는 어렵다. 결국 실질적 임명권자인 국민이 원하고 본인이 사임하면 이를 받아들여야 한다. 이 경우에도 탄핵심판결정을 목전에 두고 파면을 모면하기 위한 사임은 차단되어야 한다.

한편 탄핵심판의 실효성을 담보하기 위하여 대통령이 사임하더라도 탄핵심판은 계속되어야 한다는 주장도 있다. 즉 당사자가 사망한 경우가 아닌 사임의 경우에는 탄핵심판이 가지는 헌법수호 기능에 비추어 탄핵심판은 계속되어야 한다고 본다. 하지만, 공직으로부터의 추방이라는 탄핵심판 본래의 제도적 특성을 고려하건대, 사임을 수용한 이상 탄핵심판은 더 이상 계속될 필요가 없으므로 헌법재판소는 기각결정을 통하여 탄핵심판을 종료하여야 한다. 탄핵심판절차에서 다른 심판 절차와 달리 헌법재판소법에 특별한 규정이 없으면 "형사소송에 관한 법령을 준용"하는 규정도 탄핵심판이 고위공직자 개인의 형사사법적인 제재에 따른 기본권보장의 강화에 있다고 보아야 한다. 더 나아가 현행헌법상 탄핵심판이 사법기관인 헌법재판소의 권한사항이지만, 미국을 비롯한 일부 나라들에서는 정치적 대의기관인 상원이 탄핵심판기관이라는 점도 함께 고려하여야 한다. 그 어떤 이유이든 간에 공직으로부터 추방된 자에 대하여 헌법재판소가 탄핵심판을 굳이 계속할 이유가 없다.

〈탄핵소추의결서 서식례〉

○○○ 탄핵소추의결서

주　문

제○○○회 국회(임시회) 제○차 본회의에서 헌법 제65조제2항의 규정에 의한 찬성을 얻어 ○○○의 탄핵을 소추한다.

피소추자

성　명 :

직　위 :

탄핵소추사유

제 3 절 헌법재판소의 탄핵심판

Ⅰ. 탄핵심판의 청구

1. 청 구 인

탄핵심판청구는 소추위원이 소추의결서의 정본을 헌법재판소에 제출함으로써 청구한다. 탄핵심판에 있어서는 국회 법제사법위원회의 위원장이 소추위원이 된다(헌재법 제49조).

2. 소추의결서 정본의 제출

소추의결서의 정본 제출로 별도의 심판청구서의 제출을 갈음한다(헌재법 제26조 제1항). 소추의결서에는 피소추자의 성명, 직위, 탄핵사유를 기재한다(국회법 제133조). 소추의결서에는 필요한 증거서류와 참고자료를 첨부할 수 있다(헌재법 제26조 제2항).

현행 국회법에는 탄핵소추의 의결이 있은 후 소추위원이 언제까지 소추의결서 정본을 헌법재판소에 제출하여야 하는가에 대한 규정이 없다. 소추위원이 헌법재판소에 소추의결서 정본(正本)을 제출하는 시기가 늦어지면 헌법재판소의 탄핵심판 결정도 늦어질 개연성이 높다. 그러므로 현행법의 해석론상 국회는 탄핵소추 의결 후 지체 없이 정본을 헌법재판소에 제출하여야 한다.

생각건대 소추위원이 탄핵소추의결서 정본을 헌법재판소에 제출함으로써 탄핵심판절차가 비로소 개시된다는 점, 탄핵심판절차의 심리기간은 탄핵소추의결서 제출시점에 따라 절대적 영향을 받는다는 점, 탄핵심판의 심리기간의 장·단은 피소추자의 권한행사정지 기간에 영향을 미치는 점 등을 고려할 때, 국회의 "탄핵소추의결 시부터 72시간 이내에"(독일의 입법례(연방헌법재판소법 제49조 제2항)는 1월 이내) 탄핵소추의결서의 정본을 헌법재판소에 제출하여야 한다고 규정할 필요가 있다.

3. 심판청구의 효과

국회 법제사법위원장이 소추의결서 정본을 헌법재판소에 제출하고 헌법재판소가 이를 접수하면 헌법재판소에 탄핵심판절차가 계속된다. 이에 따라 헌법재판소는 탄핵사건에 대하여 심판할 권리와 의무를 가지고 피소추자는 피청구인의 지위를 가지게 되어 형사소송법 등에 의한 당사자의 권리를 행사할 수 있게 된다(헌재법 제40조 제1항, 제2항). 헌법재판소는 소추의결서가 접수되면 지체 없이 그 등본을 피청구인에게 송달한다.

탄핵심판이 청구된 후 국회의 입법기가 종료되어 새로운 국회가 구성되었더라도 기존 탄핵심판청구는 계속 유효하다. 또한 소추위원인 국회 법제사법위원장이 그 자격을 상실한 경우에는 새로 그 위원장이 된 사람이 탄핵심판절차를 수계한다. 다만, 소추위원이 대리인이 있는 경우에는 탄핵심판절차는 중단되지 아니한다(헌법재판소 심판규칙 제58조).

4. 탄핵소추 의결의 철회 및 심판청구의 취하

탄핵심판절차는 헌법재판소의 종국결정으로 마무리된다. 그러나 여야의 지위변동과 같은 정치적 사정변경(예컨대 탄핵소추의결 후 실시된 총선거에서 종전의 여당과 야당이 서로 교체되는 경우) 또는 여론의 추이 반영을 위한 국회의 반성적 고려 등을 이유로 탄핵심판절차 진행 중에 국회가 종전에 자신이 행한 탄핵소추의결을 철회하여 헌법재판소에 계속된 탄핵심판청구를 취하할 수 있는지 여부 및 탄핵소추의 철회에 필요한 의결정족수가 문제될 수 있다. 국회법과 헌법재판소법에는 위와 같은 철회 내지 취하에 대하여 아무런 규정이 없다.

이와 관련하여 국회는 헌법재판소에 계속(繫屬)된 탄핵심판사건에서 탄핵심판청구를 취하할 수 없다는 부정설[1]도 있지만, 일반적으로는 헌법재판소법 제40조에 의거한 형사소송법상의 공소취소규정(형소법 제255조)을 준용하여 헌법재판소의 탄핵심판결정의 선고이전까지는 탄핵심판청구의 취하가 가능하다고 본다.[2] 국민의 유일한 대의기관인 국회가 재량적 권한으로서 탄핵소추권을 발동할 수 있는 것과 마찬가지로, 국회가 탄핵소추권의 발동으로 인한 정치적 혼란을 수습하기 위한 방안의 하나로 탄핵심판 청구를 철회 또는 취하할 수 있다고 보아야 하는 것이다. 왜냐하면 탄핵심판이 헌법재판을 통한 사법적 판단을 구하는 장이기는 하지만, 동시에 탄핵을 소추한 국회도 정치적 판단의 재량을 가져야 하기 때문이다.

---

1) 김현성, "탄핵심판청구 취하에 관한 비판적 고찰", 저스티스 98, 2007, 80-84면: 국회의 소추권남용을 통제하여야 할 필요성, 법치주의형 탄핵제도를 취하고 있는 이상 국회의 권한을 최소한으로 축소해석하여야 한다는 점, 객관적 소송절차로서 직권주의 소송구조를 지니는 탄핵심판절차에서는 처분권주의가 배제된다는 점, 탄핵심판의 종료 여부는 객관적 심판의 이익 유무에 따라 헌법재판소가 독자적으로 결정하여야 한다는 점, 독일과 달리 철회 내지 취하가능 여부에 대하여 명문의 규정을 두지 아니한다는 점 등을 근거로 탄핵심판절차에서 심판청구의 취하는 허용되지 아니한다고 본다.

2) 헌법재판소(이성환 외 공저), 현행 헌법상 헌법재판제도의 문제점과 개선방안, 2005, 319면.

특히 대통령에 대한 탄핵소추는 대통령의 사직의사와 국회의 탄핵소추 철회 또는 취하를 통하여 정치적 합의의 장을 마련하면 국정의 안정을 기할 수 있다.

탄핵심판청구를 취하하기 위하여서는 국회에서 탄핵소추의 의결을 철회하여야 한다. 이 경우 철회를 위하여 필요한 의결정족수가 문제된다. 탄핵소추의결의 철회에도 탄핵소추의결에서 요구되는 의결정족수가 필요하다는 견해도 있고, 재적 과반수의 찬성이 최소한 요구된다는 견해도 있다.

생각건대 탄핵소추는 국회의 의결로 시작되므로 국회는 탄핵소추기관으로서 탄핵심판절차를 계속할지 여부에 관하여도 결정권을 가진다고 보아야 한다. 이에 따라 국회는 자신이 행한 탄핵심판청구를 헌법재판소의 탄핵심판결정이 선고되기 이전까지 취하할 수 있다고 본다. 현행법상으로는 형사소송법상의 공소취소규정을 준용함으로써 가능하다. 그러나 탄핵심판절차의 명확성을 강화하기 위하여 명시적 규정이 마련되어야 한다.

탄핵심판청구의 취하는 국회가 기존의 탄핵소추의결을 철회하는 (재)의결을 하고 그 의결서를 헌법재판소에 제출하여야 성립한다. 이 경우 국회의 탄핵소추 철회에는 재적의원 과반수의 찬성이 필요하다(독일 연방헌법재판소법 제52조).

Ⅱ. 탄핵심판의 절차

1. 탄핵심판의 적법요건

탄핵심판청구가 이유 있는지 여부를 심사하기 전에 탄핵심판청구가 적법한지 여부를 우선적으로 심사하여야 한다. 탄핵심판청구의 심사는 적법한 탄핵소추를 전제로 하고 탄핵소추의 적법성이 인정되지 아니하면 그 소추의결로 인하여 권한행사가 정지된 피청구인의 권한행사를 조속히 회복시켜야 할 필요가 있기 때문이다. 우선 국회에서의 탄핵소추가 적법한 탄핵소추 대상자를 상대로 적법하게 이루어졌는지를 직권으로 심사하여야 한다. 피청구인이 헌법과 법률에 의하여 적법한 탄핵소추 대상자인지를 심사하고(헌법 제65조, 헌재법 제48조) 국회에서의 탄핵소추 의결절차가 헌법과 법률에 따라 이루어졌는지를 심사한다. 헌법이 정한 탄핵소추 발의 정족수와 소추의결 정족수가 준수되었는지 또한 본회의의 보고와 조치 그리고 법제사법위원회의 소추대상자에 대한 조사활동이 이루어졌는지 여부, 법이 정한 의결시한과 의결형식(서면주의) 그리고 적법한 소추의결서의 송달이 이루어졌는지 여부에 대하여 심사하여야 한다. 다만, 이런 사항들 중 국회의 자율권에 관련된 부분에 대해서는 국회의 판단을 최대한 존중할 필요가 있다. 헌법재판소도 국회가 탄핵소추사유와 그 증거를 충분히 조사하였는지 여부에 대하여 조사의 여부는 국회의 재량이라고 하였고(국회법 제130조 제1항), 탄핵소추안 심의과정에서 질의 및 토론이 필요한지 여부에 대하여 국회의 자율권과 법해석을 존중하여 탄핵소추의 경우에는 질의와 토론 없이 표결할 것으로 해석할 여지가 있다고 하였으며(국회법 제130조 제2항), 탄핵소추의결을 탄핵사유별로 개별적으로 하여야 하는지 여부는 기본적으로 표결할 안건의 제목설정권을 가진 국회의장에게 달려있다고 판단하였다(헌재 2004.5.14. 2004헌나1, 대통령(노무현) 탄핵(기각)).

끝으로, 소추위원이 탄핵심판을 헌법재판소에 청구하였는지 여부와 그 소추의 결서의 정본이 헌법재판소에 제출되었는지(헌재법 제49조) 여부도 직권으로 심사한다.

> "국회가 탄핵소추를 하기 전에 소추사유에 관하여 충분한 조사를 하는 것이 바람직하다는 것은 의문의 여지가 없다. 그러나 국회의 의사절차에 헌법이나 법률을 명백히 위반한 흠이 있는 경우가 아니면 국회 의사절차의 자율권은 권력분립의 원칙상 존중되어야 하고, 국회법 제130조 제1항은 탄핵소추의 발의가 있을 때 그 사유 등에 대한 조사 여부를 국회의 재량으로 규정하고 있으므로, 국회가 탄핵소추사유에 대하여 별도의 조사를 하지 않았다거나 국정조사결과나 특별검사의 수사결과를 기다리지 않고 탄핵소추안을 의결하였다고 하여 그 의결이 헌법이나 법률을 위반한 것이라고 볼 수 없다(헌재 2004.5.14. 2004헌나1). 따라서 이 부분 피청구인의 주장은 받아들이지 아니한다"(헌재 2017.3.10. 2016헌나1, 대통령(박근혜) 탄핵(인용)).
>
> "대통령의 계엄 선포권은 전시 · 사변 또는 이에 준하는 국가비상사태에 있어서 병력으로써 군사상의 필요에 응하거나 공공의 안녕질서를 유지할 필요가 있을 때 발동되는 국가긴급권으로, 그 행사에 대통령의 고도의 정치적 결단을 요한다고 볼 수 있다.
>
> 그러나 국가긴급권은 평상시의 헌법질서에 따른 권력행사방법만으로는 대처할 수 없는 중대한 위기상황에 대비하여 헌법이 중대한 예외로서 인정한 비상수단이므로, 헌법이 정한 국가긴급권의 발동요건 · 사후통제 및 국가긴급권에 내재하는 본질적 한계는 엄격히 준수되어야 한다(헌재 2015. 3. 26. 2014헌가5 참조). 계엄의 선포에 관해서는 헌법 제77조 및 계엄법에서 그 요건과 절차, 사후통제 등에 대하여 규정하고 있고, 탄핵심판절차는 고위공직자가 권한을 남용하여 헌법이나 법률을 위반하는 경우 그 권한을 박탈함으로써 헌법질서를 지키는 헌법재판이라는 점을 고려하면(헌재 2017. 3. 10. 2016헌나1 참조), 비록 이 사건 계엄 선포가 고도의 정치적 결단을 요하는 행위라 하더라도 탄핵심판절차에서 그 헌법 및 법률 위반 여부를 심사할 수 있다고 봄이 상당하다"(헌재 2025.4.4. 2024헌나8, 대통령(윤석열) 탄핵(인용)).

2. 탄핵심판의 본안심사

(1) 직무집행행위의 위법성

헌법재판소는 피청구인에 대한 탄핵심판이 이유 있는지 여부를 판단하기 위하여 우선 피청구인이 헌법과 법률을 위반하는 직무집행행위를 하였는지 여부를 심사한다. 탄핵심판기관인 헌법재판소는 탄핵소추기관인 국회의 탄핵소추 의결서에 기재된 탄핵소추사유에 구속을 받으므로 소추의결서에 기재되지 아니한 소추사유를 판단의 대상으로 삼을 수는 없다. 그렇지만 이 경우 헌법재판소는 피청구인의 행위의 위법성에 대해서는 청구인이 주장하는 헌법의 특정조문이나 법률의 규정에만 얽매이지 아니하고 헌법이나 법률의 다른 규정 또는 헌법상의 권력분립원칙을 비롯한 법치국가원칙 등 헌법질서에 대한 준수여부를 기준으로 종합적으로 판단한다.

"헌법재판소는 사법기관으로서 원칙적으로 탄핵소추기관인 국회의 탄핵소추의결서에 기재된 **소추사유**에 의하여 구속을 받으므로 헌법재판소는 탄핵소추의결서에 기재되지 아니한 소추사유를 판단의 대상으로 삼을 수 없으나", "탄핵소추의결서에서 그 위반을 주장하는 '**법규정의 판단**'에 관하여 헌법재판소는 원칙적으로 구속을 받지 않으므로, 청구인이 그 위반을 주장한 법규정 외에 다른 관련 법규정에 근거하여 탄핵의 원인이 된 사실관계를 판단할 수 있다"(헌재 2004.5.14. 2004헌나1, 대통령(노무현) 탄핵(기각)).

"피청구인은 청구인이 이 사건 소추의결서에서는 피청구인의 이 사건 계엄 선포를 비롯한 일련의 행위에 대하여 형법상 내란죄(제87조, 제91조) 등 형법 위반 행위로 구성하였다가 이 사건 탄핵심판청구 이후에 이를 별도의 의결절차를 거치거나 '소추사실변경서' 등을 제출하지 아니하고 헌법 위반 행위로 포섭하여 주장하는 것은 소추사유의 철회 내지 변경에 해당하여 이 사건 탄핵심판청구가 부적법하다는 취지로도 주장한다.

국회가 탄핵심판을 청구한 뒤 별도의 의결절차 없이 소추사유를 추가하거나 기존의 소추사유와 동일성이 인정되지 않는 정도로 소추사유를 변경하는 것은 허용되지 아니한다(헌재 2017.3.10. 2016헌나1; 헌재 2025.1.23. 2024헌나1 참조). 그런데 헌법재판소는 소추의결서에서 그 위반을 주장하는 '법규정의 판단'에 관하여는 원칙적으로 구속을 받지 않고 청구인이 그 위반을 주장한 법규정 외에 다른 관련 법규정에 근거하여 탄핵의 원인이 된 사실관계를 판단할 수 있으므로(헌재 2004.5.14. 2004헌나1; 헌재 2017.3.10. 2016헌나1 참조), 동일한 사실에 대하여 단순히 적용법조문을 추가·철회·변경하는 것은 '소추사유'의 추가·철회·변경에 해당하지 아니한다. 살피건대, 청구인이 형법 위반 행위로 구성하였던 사실관계를 헌법 위반으로 포섭하는 것은 소추의결서에 기재하였던 기본적 사실관계는 동일하게 유지하면서 그 위반을 주장하는 법조문을 철회 또는 변경하는 것에 지나지 않으므로 위에서 본 허용되지 않는 소추사유의 철회 내지 변경에 해당한다고 볼 수 없고, 이를 전제로 한 특별한 절차를 거쳐야 한다고 보기도 어렵다"(헌재 2025.4.4. 2024헌나8, 대통령(윤석열) 탄핵(인용)).

청구인(국회)은 이 사건 탄핵심판청구 이후 제출한 서면에서 피청구인이 국회의원의 불체포특권 역시 침해하였다고 주장하였다. 그러나 국회가 탄핵심판을 청구한 뒤 별도의 의결절차 없이 소추사유를 추가하거나 기존의 소추사유와 동일성이 인정되지 않는 정도로 소추사유를 변경하는 것은 허용되지 아니하는바(헌재 2017.3.10. 2016헌나1; 헌재 2025.1.23. 2024헌나1 참조), 국회의원에 대한 체포와 관련된 사항은 이 사건 소추의결서에 기재되지 아니한 새로운 사실이므로, 이를 전제로 한 국회의원의 불체포특권 침해 여부는 별도의 소추사유로서 판단하지 않기로 한다(헌재 2025.12.18. 2024헌나7, 경찰청장(조지호) 탄핵(인용)).

(2) 심판청구의 이유 여부

헌법재판소는 탄핵심판청구가 이유 있는 때에 피청구인을 파면하는 결정을 선고한다(헌재법 제53조 제1항). 여기서 "탄핵심판청구가 이유 있는 때"란 무엇인지가 문제된다. 피청구인의 직무집행행위가 위법한 경우 바로 탄핵심판청구가 이유 있는 경우에 해당하여 파면결정을 선고하여야 하는지 아니면 다른 합목적적 고려를 하여 심판청구의 이유 유무를 판단할 수 있는지에 관한 문제이다. 이에 대하여 탄핵심판은 재판작용과 달리 헌법보호기능을 하는 최후의 보충적 권력통제수단임을 들어 탄핵사유를 헌법과 법률에 대한 중대한 위반으로 제한적으로 해석하여야 한다는 입장이 있다.[1] 대통령과 같이 민주적 정당성을 직접 수여받은 헌법기관을 직무집행행위의 위법성이 확인된다고 하여 바로 탄핵결정을 내리게 되면 헌법보호수단인 탄핵제도가 오히려 국론분열을 야기하여 헌법질서를 쉽게 파괴할 수 있는 수단으로 전화될 수 있음을 보여준다. 그리하여 탄핵심판사유가 이유 있기 위해서는 고위공직자의 직무집행행위가 파면을 정당화할 수 있을 정도로 중대한 위법행위인 경우로 한정함이 타당하다. 헌법재판소도 탄핵이 이유 있음은 모든 법위반의 경우가 아니라 법위반 행위가 탄핵을 정당화할 정도로 중대한 경우라고 하면서 이를 그 자체로서 인식할 수 없으므로 결국 파면결정을 할지의 여부는 공직자의 법위반행위의 중대성과 파면결정으로 인한 효과 사이의 법익형량을 통하여 결정된다고 보았다. 그리하여 대통령과 같이 직접적인 민주적 정당성을 받고 정치적 기능과 비중이 큰 경우 파면의 효과에서도 다른 탄핵대상 공무원보다 비교할 수 없을 정도로 크기 때문에 법위반 정도 역시 이에 상응하는 중대한 위반이 존재하여야 한다고 보면서 노무현 대통령의 탄핵사유는 이런 정도의

1) 헌법재판소, 탄핵심판제도에 관한 연구, 헌법재판연구 제12권, 헌법재판소, 2001, 146면 이하 특히 155-156면.

중대한 법위반에 이르지 못하였다고 판단한 후 탄핵을 정당화하는 사유가 없다고 보아 기각결정을 내렸다(헌재 2004.5.14. 2004헌나1, 대통령(노무현) 탄핵(기각)).

"헌법재판소법 제53조 제1항은 헌법 제65조 제1항의 탄핵사유가 인정되는 모든 경우에 자동적으로 파면결정을 하도록 규정하고 있는 것으로 문리적으로 해석할 수 있으나, 이러한 해석에 의하면 피청구인의 법위반행위가 확인되는 경우 법위반의 경중을 가리지 아니하고 헌법재판소가 파면결정을 해야 하는바, 직무행위로 인한 모든 사소한 법위반을 이유로 파면을 해야 한다면, 이는 피청구인의 책임에 상응하는 헌법적 징벌의 요청, 즉 법익형량의 원칙에 위반된다. 따라서 헌법재판소법 제53조 제1항의 '탄핵심판청구가 이유 있는 때'란, 모든 법위반의 경우가 아니라, 단지 공직자의 파면을 정당화할 정도로 '중대한' 법위반의 경우를 말한다. …

'대통령을 파면할 정도로 중대한 법위반이 어떠한 것인지'에 관하여 일반적으로 규정하는 것은 매우 어려운 일이나, 한편으로는 탄핵심판절차가 공직자의 권력남용으로부터 헌법을 수호하기 위한 제도라는 관점과 다른 한편으로는 파면결정이 대통령에게 부여된 국민의 신임을 박탈한다는 관점이 함께 중요한 기준으로 제시될 것이다. 즉, 탄핵심판절차가 궁극적으로 헌법의 수호에 기여하는 절차라는 관점에서 본다면, 파면결정을 통하여 헌법을 수호하고 손상된 헌법질서를 다시 회복하는 것이 요청될 정도로 대통령의 법위반행위가 헌법수호의 관점에서 중대한 의미를 가지는 경우에 비로소 파면결정이 정당화되며, 대통령이 국민으로부터 선거를 통하여 직접 민주적 정당성을 부여받은 대의기관이라는 관점에서 본다면, 대통령에게 부여한 국민의 신임을 임기 중 다시 박탈해야 할 정도로 대통령이 법위반행위를 통하여 국민의 신임을 저버린 경우에 한하여 대통령에 대한 탄핵사유가 존재하는 것으로 판단된다.

구체적으로, 탄핵심판절차를 통하여 궁극적으로 보장하고자 하는 헌법질서, 즉 '자유민주적 기본질서'의 본질적 내용은 법치국가원리의 기본요소인 '기본적 인권의 존중, 권력분립, 사법권의 독립'과 민주주의원리의 기본요소인 '의회제도, 복수정당제도, 선거제도' 등으로 구성되어 있다는 점에서(헌재 1990.4.2. 89헌가113), 대통령의 파면을 요청할 정도로 '헌법수호의 관점에서 중대한 법위반'이란, 자유민주적 기본질서를 위협하는 행위로서 법치국가원리와 민주국가원리를 구성하는 기본원칙에 대한 적극적인 위반행위를 뜻하는 것이고, '국민의 신임을 배반한 행위'란 '헌법수호의 관점에서 중대한 법위반'에 해당하지 않는 그 외의 행위유형까지도 모두 포괄하는 것으로서, 자유민주적 기본질서를 위협하는 행위 외에도, 예컨대, 뇌물수수, 부정부패, 국가의 이익을 명백히 해하는 행위가 그의 전형적인 예라 할 것이다. 따라서 예컨대, 대통령이 헌법상 부여받은 권한과 지위를 남용하여 뇌물수수, 공금의 횡령 등 부정부패행위를 하는 경우, 공익실현의 의무가 있는 대통령으로서 명백하게 국익을 해하는 활동을 하는 경우, 대통령이 권한을 남용하여 국회 등 다른 헌법기관의 권한을 침해하는 경우, 국가조직을 이용하여 국민을 탄압하는 등 국민의 기본권을 침해하는 경우, 선거의 영역에서 국가조직을 이용하여 부정선거운동을 하거나 선거의 조작을 꾀하는 경우에는, 대통령이 자유민주적 기본질서를 수호하고 국정을 성실하게 수행하리라는 믿음이 상실되었기 때문에 더 이상 그에게 국정을 맡길 수 없을 정도에 이르렀다고 보아야 한다. 결국, 대통령의 직을 유지하는 것이 더 이상 헌법수호의 관점에서 용납될 수 없거나 대통령이 국민의 신임을 배신하여 국정을 담당할 자격을 상실한 경우에 한하여, 대통령에 대한 파면결정은 정당화되는 것이다"(헌재 2004.5.14. 2004헌나1, 대통령(노무현) 탄핵(기각)).

"대통령을 탄핵하기 위하여서는 대통령의 법 위배 행위가 헌법질서에 미치는 부정적 영향과 해악이 중대하여 대통령을 파면함으로써 얻는 헌법 수호의 이익이 대통령 파면에 따르는 국가적 손실을 압도할 정도로 커야 한다. 즉, '탄핵심판청구가 이유 있는 경우'란 대통령의 파면을 정당화할 수 있을 정도로 중대한 헌법이나 법률 위배가 있는 때를 말한다"(헌재 2017.3.10. 2016헌나1, 대통령(박근혜) 탄핵(인용)).

3. 탄핵심판절차의 진행

(1) 탄핵심판절차의 성격과 준용규정

탄핵사건의 심판은 변론의 전 취지와 증거조사의 결과를 종합하여 정의 및 형평의 원리에 입각하여 구두변론주의에 따라 행한다(헌재법 제30조). "피청구인에 대한 탄핵심판 청구와 동일한 사유로 형사소송이 진행되고 있는 경우에는 재판부는 심판절차를 정지할 수 있다"(헌재법 제51조).[1]

"헌법재판소의 심판절차에 관하여는 이 법에 특별한 규정이 있는 경우를 제외하고는 헌법재판의 성질에 반하지 아니하는 한도에서 민사소송에 관한 법령을 준용한다. 이 경우 탄핵심판의 경우에는 형사소송에 관한 법령을 준용하고, 권한쟁의심판 및 헌법소원심판의 경우에는 행정소송법을 함께 준용한다." "제1항 후단의 경우에 형사소송에 관한 법령 또는 행정소송법이 민사소송에 관한 법령에 저촉될 때에는 민사소송에 관한 법령은 준용하지 아니한다"(헌재법 제40조 제1항, 제2항).

탄핵심판절차를 어떤 방식으로 진행하느냐는 탄핵심판절차의 성질과 관련된다. 탄핵심판의 의의에서 보았듯이 탄핵심판절차는 일반 형사재판절차와는 달리 고위공직자의 권력남용으로부터 헌법을 보호하는 절차라는 점에서 고유한 목적과 기능을 가진 헌법재판의 하나이다. 그렇지만 그 절차의 진행방식은 소추제기자의 탄핵소추사실을 전제로 직무집행행위의 위법성을 판단하여 그를 공직으로부터 파면하는 불이익을 결정하는 절차라는 점에서 형사소송절차와 유사하다. 또한 헌법재판소법 역시 탄핵심판절차에는 1차적으로 형사소송에 관한 법령을 우

1) 헌법재판소는 탄핵심판 심리 중에 동일한 사유로 법원의 형사재판이 진행 중이라는 이유로 재판을 정지시켜 달라는 피청구인 손준성 검사의 요청에 따라 탄핵심판절차를 정지한 바 있다(2024.4.3.).

선적으로 준용하도록 하고 있고(헌재법 제40조 제1항, 제2항) 형사소송절차의 절차적 권리를 통하여 피청구인의 방어권을 충실히 보장할 수 있게 된다는 점에 비추어 일차적으로는 형사소송법의 규정을 준용하고 헌법재판의 일반규정과 민사소송의 법리를 필요한 경우 준용할 수 있다고 하겠다.

(2) 피청구인의 방어권의 보장

탄핵심판절차를 통하여 피청구인은 공직으로부터 파면이라는 불이익한 결정을 받을 수 있다는 점에서 심판절차에서 피청구인의 방어권을 충분히 보장할 필요가 있다. 이는 헌법상의 적법절차 원리의 요청이므로 피청구인의 방어권의 보장은 탄핵심판절차에서도 이루어져야 한다.

우선 국회가 제출한 탄핵사실의 특정과 관련하여 피청구인의 자신의 방어권을 충분히 행사할 수 있도록 가능한 탄핵사실은 구체적으로 특정되어야 할 필요가 있다. 헌법재판소의 입장에서도 심판대상을 확정할 필요가 있다는 점에서 형사소송의 공소사실의 특정 수준까지는 이르지 아니하더라도 다른 탄핵사실과 구분될 수 있도록 특정되어야 한다는 것이 헌법재판소의 입장이다.

> "헌법 제65조 제1항이 정하고 있는 탄핵소추사유는 '공무원이 그 직무집행에 있어서 헌법이나 법률을 위배한' 사실이고, 여기에서 법률은 형사법에 한정되지 아니한다. 그런데 헌법은 물론 형사법이 아닌 법률의 규정이 형사법과 같은 구체성과 명확성을 가지지 않은 경우가 많으므로 탄핵소추사유를 형사소송법상 공소사실과 같이 특정하도록 요구할 수는 없고, 소추의결서에는 피청구인이 방어권을 행사할 수 있고 헌법재판소가 심판대상을 확정할 수 있을 정도로 사실관계를 구체적으로 기재하면 된다고 보아야 한다. 공무원 징계의 경우 징계사유의 특정은 그 대상이 되는 비위사실을 다른 사실과 구별될 정도로 기재하면 충분하므로(대법원 2005.3.24. 선고 2004두14380 판결), 탄핵소추사유도 그 대상 사실을 다른 사실과 명백하게 구분할 수 있을 정도의 구체적 사정이 기재되면 충분하다. 이 사건 소추의결서의 헌법 위배행위 부분은 사실관계를 중심으로 기재되어 있지 않아 소추사유가 분명하게 유형별로 구분되지 않은 측면이 없지 않지만, 소추사유로 기재된 사실관계는 법률 위배행위 부분과 함께 보면 다른 소추사유와 명백하게 구분할 수 있을 정도로 충분히 구체적으로 기재되어 있다"(헌재 2017.3.10. 2016헌나1, 대통령(박근혜) 탄핵(인용)).

앞서 보았듯이, 헌법재판소는 청구인이 제시한 탄핵소추사실에 기속되어 판단을 하여야 하지만 탄핵소추사실을 바탕으로 피청구인이 헌법과 법률에 위배한 여부를 판단하는 과정에서는 헌법재판소가 법적 관점 선택의 자유를 가진다. 헌법재판소 역시 탄핵소추사실을 기초로 이에 대한 헌법과 법률 위반여부를 청구인의 주장에 얽매이지 아니하고 직권으로 판단할 수 있다는 입장이다(헌재 2004.5.14. 2004헌나1, 대통령(노무현) 탄핵(기각); 헌재 2017.3.10. 2016헌나1, 대통령(박근혜) 탄핵(인용); 헌재 2025.4.4. 2024헌나8, 대통령(윤석열) 탄핵(인용)). 이런 헌법재판소의 입장은 헌법재판이 가지고 있는 직권심사주의의 귀결이라고 할 수 있지만, 피청구인의 파면을 목표로 대심적 구조의 탄핵심판에서 피청구인의 방어권에 지장을 초래할 가능성이 있다. 형사소송과 같은 공소장 변경요구 절차를 거칠 필요까지는 없다고 하더라도 헌법재판소는 자신이 탄핵사실을 기초로 어떤 법적 관점에서 위법성 판단을 하는지를 피청구인에게 시사하거나 적절히 석명할 필요가 있다(형사소송규칙 제141조; 민사소송법 제136조). 그리하여 탄핵심판의 당사자들 역시 헌법재판소가 법적 관점으로 채택한 구체적인 헌법과 법률 위배의 점을 중심으로 변론을 진행하여 각자의 공격과 방어를 충실히 할 수 있도록 헌법재판소는 원활한 소송진행을 할 필요가 있다.

탄핵사유의 인정을 위한 증거들 역시 피청구인의 방어권 보장을 위하여 피청구인 앞에서 개시되고 그 동의여부에 관한 의견진술 기회가 보장되어야 한다(헌법재판소 심판규칙 제62조). 헌법재판소는 탄핵심판절차는 엄격한 형사소송절차의 증거법을 따를 필요는 없다는 전제 하에서 형사소송법의 전문법칙의 준용을 인정하면서도 ① 진술과정이 전부 영상으로 녹화된 경우, ② 진술과정에 변호인이 입회를 하고 그 변호인이 진술과정에 문제가 없다고 확인한 조서에 대해서도 증거로 채택할 수 있다는 입장을 취하여 형사소송법의 전문법칙을 완화하는 입장이다.

> "탄핵심판절차의 성격과 탄핵심판절차와 형사소송절차의 차이, 신속한 절차 진행의 필요성 등을 종합적으로 고려하면, 탄핵심판절차에서 전문법칙에 관한 형사소송법 조항들을 반드시 엄격하게 적용하여야 하는 것은 아니고 이를 완화하여 적용할 수 있다고 보는 것이 '탄핵심판의 성질에 반하지 아니하는 한도'에서 형사소송에 관한 법령을 준용하도록 한 헌법재판소법 제40조의 취지에 부합한다고 할 것이다. …
>
> 형사소송법상 전문법칙을 완화하여 적용할 수 있다고 하더라도 성립의 진정과 임의성은 담보할 수 있어야 한다. 따라서 수사기관이 작성한 피청구인이 아닌 사건 관련자들에 대한 피의자신문조서나 진술조서는 절차의 적법성이 담보되는 조서, 즉 진술과정이 영상녹화된 조서 또는 진술과정에 변호인이 입회하였고 그 변호인이 진술과정에 아무런 문제가 없었다고 확인한 조서에 대해서는 증거로 채택할 수 있다고 할 것이다. 헌법재판소는 헌재 2017. 3. 10. 2016헌나1 사건의 변론과정에서 이와 같은 기준을 밝혔고, 이는 … 2020. 2. 4. 법률 제16924호로 형사소송법 제312조 제1항이 개정된 것과 관계없이 여전히 적용된다고 보아야 한다"(헌재 2025.4.4. 2024헌나8, 대통령(윤석열) 탄핵(인용), 재판관 이미선, 재판관 김형두의 보충의견).
>
> "대통령 탄핵심판의 경우 그 중대성과 파급력의 측면, 피청구인의 방어권 보장의 측면에서 형사소송법상 전문법칙을 최대한 엄격하게 적용하는 것이 바람직하다. 한편으로는 탄핵심판이 진행되는 동안 대통령의 권한행사가 정지되고, 국정의 공백이 발생하므로 가급적 심판절차를 신속히 진행하여 이러한 국정 공백 상태와 국가적 혼란을 해소할

것이 요청된다.

헌법재판소가 현재 채택하고 있는 완화된 전문법칙을 적용하는 경우보다 전문법칙을 엄격히 적용하는 경우 증거조사에 오랜 시간이 소요될 것임은 충분히 예측되며, 특히 국가의 최고 지도자인 대통령의 탄핵심판 기간의 장기화로 발생하는 국가적 손해의 크기는 실로 막대할 것이라는 점에서, 그동안 대통령 탄핵심판에 있어 공정성의 요청이 신속성의 요청에 의하여 다소 후퇴되어 왔다.

그러나 대통령 탄핵결정의 영향력과 파급력이 중대한 점, 탄핵심판절차에 공판중심주의를 강화하고 피청구인에게 반대신문 기회를 부여하는 것이 반드시 탄핵심판의 신속성의 요청에 반하거나, 그보다 덜 중요하다고 보기 어렵고, 오히려 탄핵심판절차의 구조에 부합하는 측면이 있는 점, 게다가 헌법재판소는 탄핵심판절차에서 당사자의 신청이나 직권으로 증인을 채택하여 그들에 대한 신문을 통해 증거가 심판정에 직접 현출되도록 하여 공정한 재판을 실현해가고 있는 점, 탄핵심판절차의 공정성 강화는 탄핵심판에 대한 국민의 신뢰를 제고하고, 탄핵심판결정으로 인한 국가적 혼란을 최소화할 수 있는 점에 비추어, 이제는 탄핵심판절차에 요청되는 신속성과 공정성, 두 가지 충돌되는 가치를 보다 조화시킬 방안을 모색할 시점이다"(헌재 2025.4.4. 2024헌나8, 대통령(윤석열) 탄핵(인용), 재판관 김복형, 재판관 조한창의 보충의견).

(3) 구두변론주의와 직권증거조사

탄핵사건의 심판은 **구두변론주의**에 따라 진행한다(헌재법 제30조 제1항). 재판부가 변론을 열 때에는 기일을 정하고 당사자와 관계인에게 출석을 요구하여야 한다(헌재법 제30조 제3항). 당사자가 변론기일에 출석하지 아니한 때에는 다시 기일을 정하여야 한다. 다시 정한 기일에도 당사자가 출석하지 아니하면 그 출석 없이 심리할 수 있다(헌재법 제52조 제1항, 제2항). 변론기일은 사건과 당사자의 이름을 부름으로써 시작된다(심판규칙 제59조). 먼저 소추위원은 소추의결서를 낭독하여야 한다. 이 경우 재판장은 원활한 심리를 위하여 필요하다고 인정하면 소추사실의 요지만을 진술하게 할 수 있다(심판규칙 제60조). 재판장은 피청구인에게 소추에 대한 의견을 진술할 기회를 주어야 한다(심판규칙 제61조). 피청구인은 변호사를 대리인으로 선임하여 변론과 변론의 준비를 하여야 한다. 다만, 피청구인이 변호사의 자격이 있는 때에는 그러하지 아니하다(헌재법 제25조 제3항). 피청구인은 공무원의 신분에 있지만 국가기관으로서의 권한을 행사할 수 없다는 점에서 헌법재판소법 제25조 제3항의 사인(私人)에 해당하기 때문이다. 변론은 공개하지만 예외적인 비공개는 일반 헌법재판절차의 규정에 따른다(헌재법 제34조).

재판장은 사건의 심리를 위하여 필요하다고 인정하는 경우에는 당사자의 신청 또는 직권에 의하여 당사자본인신문, 증인신문, 증거자료의 제출요구, 감정, 검증과 같은 증거조사를 할 수 있다(헌재법 제31조 제1항). 증거제출에 있어 당사자의 신청권을 인정하지만 재판장은 직권으로 증거조사를 할 수 있도록 하였다. 소추위원과 피청구인은 증거로 제출된 서류를 증거로 하는 것에 동의하는지 여부에 관한 의견을 진술하여야 한다(심판규칙 제62조). 그리고 모든 증거조사가 끝나면 소추위원은 탄핵소추에 관하여 의견을 진술할 수 있고, 재판장은 피청구인에게 최종 의견을 진술할 기회를 주어야 한다(심판규칙 제63조).

(4) 심판절차의 정지

피청구인에 대한 탄핵심판청구와 동일한 사유로 형사소송이 진행되고 있는 경우에는 재판부는 심판절차를 정지할 수 있다(헌재법 제51조). 심판절차의 정지기간과 재개여부의 판단은 재판부의 재량에 속한다. 심판절차의 정지를 통해 탄핵심판사유와 동일한 사유를 심판의 대상으로 하는 형사소송의 결과를 기다려서 판단의 일관성을 확보하기 위함이다. 만약 탄핵심판절차를 정지하지 아니하고 그대로 심리를 진행한 결과 법원의 형사소송의 결론과 다른 탄핵심판의 결과가 나올 가능성도 존재한다.

제 4 절 탄핵결정

Ⅰ. 심리와 결정

1. 탄핵심판의 기간과 정족수

헌법재판소는 심판사건을 접수한 날부터 180일 이내에 종국결정의 선고를 하여야 한다(헌재법 제38조). 그런데 탄핵심판의 경우에는 국회에서 탄핵소추의결된 사람은 직무가 정지된다. 헌법과 법률에서 규정된 중요한 직책을 가진 탄핵심판 대상자의 직무를 오랜 기간 정지시키는 것은 바람직하지 아니하다. 따라서 탄핵의 경우에는 집중심리를 통하여 90일 이내로 선고기일을 단축할 필요가 있다.[1)]

탄핵의 결정에는 재판관 7인 이상의 출석으로 사건을 심리하고, 재판관 6인 이상의 찬성이 있어야 한다(헌법 제113조 제1항)(헌재법 제23조)(헌재 2017.3.10. 2016헌나1, 대통령(박근혜) 탄핵(인용)).

> "헌법 제111조 제2항과 제3항은 대통령이 임명하는 3인, 국회가 선출하는 3인, 대법원장이 지명하는 3인 등 모두 9인의 재판관으로 헌법재판소를 구성한다고 규정하고 있다. 이와 같이 입법 · 사법 · 행정 3부가 동등하게 참여하는 헌법재판소의 구성방식에 비추어 볼 때, 헌법재판은 9인의 재판관으로 구성된 재판부에 의하여 이루어지는 것이 원칙임은 분명하다.
>
> 그러나 현실적으로는 재판관의 공무상 출장이나 질병 또는 재판관 퇴직 이후 후임 재판관 임명까지 사이의 공백 등 다양한 사유로 일부 재판관이 재판에 참여할 수 없는 경우가 발생할 수밖에 없다. 이럴 때마다 헌법재판을 할 수 없다고 한다면 헌법재판소의 헌법 수호 기능에 심각한 제약이 따르게 된다. 이에 헌법과 헌법재판소법은 재판관 중 결원이 발생한 경우에도 헌법재판소의 헌법 수호 기능이 중단되지 않도록 7명 이상의 재판관이 출석하면 사건을 심리하고 결정할 수 있음을 분명히 하고 있다. … 헌법재판관 1인이 결원이 되어 8인의 재판관으로 재판부가 구성되더라도 탄핵심판을 심리하고 결정하

---

1) 노무현 대통령 탄핵심판은 탄핵소추의결부터 탄핵심판 결정까지 63일이 소요되었고, 박근혜 대통령 탄핵심판은 91일이 걸렸다. 이후 이상민 행정안전부장관에 대한 탄핵심판은 167일, 이진숙 방송통신위원회 위원장에 대한 탄핵심판은 174일이 각각 소요되었으며, 임성근 법관에 대한 탄핵심판은 267일, 안동완 검사에 대한 탄핵심판은 251일, 이정섭 검사에 대한 탄핵심판은 272일, 손준성 검사에 대한 탄핵심판은 591일이 소요되었다. 한편, 2024년 말부터 2025년에 걸쳐 연속적으로 제기된 탄핵 사건들 가운데에서는 최재해 감사원장, 이창수·조상원·최재훈 검사에 대한 탄핵심판이 모두 98일 만에 종결되었고, 한덕수 국무총리에 대한 탄핵심판은 87일, 윤석열 대통령에 대한 탄핵심판은 112일, 박성재 법무부장관에 대한 탄핵심판은 115일이 각각 소요되었으며, 조지호 경찰청장에 대한 탄핵심판은 366일이 소요되었다.

는 데 헌법과 법률상 아무런 문제가 없다"(헌재 2017.3.10. 2016헌나1, 대통령(박근혜) 탄핵(인용)).

"국회의 탄핵소추의 의결을 받은 자는 헌법재판소의 탄핵심판이 있을 때까지 그 권한행사가 정지된다(헌법 제65조 제3항, 헌법재판소법 제50조). 따라서 탄핵심판은 신중하면서도 신속하게 진행되어야 한다. 그런데 3명 이상의 재판관이 임기만료로 퇴직하여 재판관의 공석 상태가 된 경우에도 헌법재판소법 제23조 제1항에 따라 사건을 심리조차 할 수 없다고 한다면 이는 사실상 재판 외의 사유로 재판절차를 정지시키는 것이고 탄핵심판사건 피청구인의 신속한 재판을 받을 권리에 대한 과도한 제한이다. 또한 신청인의 권한행사 정지상태가 그만큼 장기화되면서 방송통신위원회 위원장으로서의 업무수행에도 중대한 장애가 발생할 수 있다. 결국 신청인으로서는 헌법재판소법 제23조 제1항으로 인하여 회복하기 어려운 중대한 손해를 입을 위험이 있다. 또한, 3명의 재판관 퇴임이 임박한 만큼 손해를 방지할 긴급한 필요도 인정된다. …

임기제를 두고 있는 우리 법제에서 임기만료로 인한 퇴임은 당연히 예상되는 것임에도 재판관 공석의 문제가 반복하여 발생하는 것은 국민 개개인의 주관적 권리보호 측면에서뿐만 아니라 헌법재판의 객관적 성격의 측면에서도 심각한 문제이다. 헌법재판소법 제23조 제1항에서 재판관 7명 이상이 출석하여야만 사건을 심리할 수 있다고 하면서도 직무대행제도와 같은 제도적 보완 장치는 전무하다. 국회가 선출하여 임명된 재판관 중 공석이 발생한 경우, 국회가 상당한 기간 내에 공석이 된 재판관의 후임자를 선출하여야 할 헌법상 작위의무가 존재하고, 이러한 작위의무의 이행을 지체하였다고 판시한 사례(헌재 2014.4.24. 2012헌마2)가 있음에도 사정은 달라지지 않았다. 따라서 헌법재판소법 제23조 제1항이 위헌이라고 볼 여지가 있다. 결국 이 사건에서 가처분을 인용한 뒤 종국결정에서 청구가 기각되었을 때 발생하게 될 불이익보다 가처분을 기각한 뒤 청구가 인용되었을 때 발생하게 될 불이익이 더 크다. …

사정이 이러하다면 신청인의 이 사건 가처분신청은 허용함이 상당하다. 다만 이 사건에서는 재판관이 임기만료로 퇴직하여 재판관의 공석 상태가 된 경우가 문제되는 것이고 신청인이 실질적으로 다투고자 하는 바도 이와 같으므로 헌법재판소법 제23조 제1항 중 재판관이 임기만료로 퇴직하여 재판관의 공석 상태가 된 경우에 적용되는 부분에 한하여 그 효력을 정지함이 상당하다"(헌재 2024.10.14. 2024헌사1250, 헌법재판소법 제23조 제1항 효력정지 가처분(인용)).

2. 탄핵심판결정에 소수의견 표시

탄핵심판절차에서 소수의견을 밝힐 수 있는지와 관련하여 헌법재판소법에 명문의 규정이 없었다. 헌법재판소는 2004년 대통령 탄핵심판의 특수성과 관련하여 소수의견을 밝히지 아니하기로 결정한 바 있다.

"헌법재판소 재판관들의 평의를 공개하지 아니한다는 의미는 평의의 경과뿐만 아니라 재판관 개개인의 개별적 의견 및 그 의견의 수 등을 공개하지 아니한다는 뜻이다. 그러므로 개별 재판관의 의견을 결정문에 표시하기 위해서는 이와 같은 평의의 비밀에 대해 예외를 인정하는 특별규정이 있어야만 가능하다. 그런데 법률의 위헌심판, 권한쟁의심판, 헌법소원심판에 대하여는 평의의 비밀에 관한 예외를 인정하는 특별규정이 헌법재판소법 제36조 제3항에 있으나, 탄핵심판에 관해서는 평의의 비밀에 대한 예외를 인정하는 법률규정이 없다. 따라서 이 탄핵심판사건에 관해서도 재판관 개개인의 개별적 의견 및 그 의견의 수 등을 결정문에 표시할 수는 없다고 할 것이다"(헌재 2004.5.14. 2004헌나1, 대통령(노무현) 탄핵(기각)).

이는 대통령 탄핵심판의 특수성과 관련하여 소수의견을 개진한 헌법재판관의 정치적 어려움을 고려한 것으로 보인다. 하지만, 대통령 탄핵심판에만 유독 소수의견이 실명으로 밝혀지지 아니한 데 대한 비판도 제기되어 왔다. 이에 따라 개정된 헌법재판소법에서는 "심판에 관여한 재판관은 결정서에 의견을 표시하여야 한다"(제36조 제3항)라고 규정한다. 이에 따라 소수의견을 피력한 재판관도 그 의견을 표시할 의무를 부담하게 되었다.

3. 탄핵심판의 종국결정

종국결정에는 각하결정, 기각결정, 탄핵결정의 세 가지가 있다.

(1) 각하결정

재판부가 탄핵소추의 적법요건을 심사하여 부적법하다고 인정할 때 내리는 결정이다. 각하결정의 주문은 '이 사건 심판청구를 각하한다'라고 표시한다.

한편 탄핵심판 대상자가 탄핵심판 진행 중에 임기만료로 퇴임한 경우에도 헌법재판소는 각하결정을 내렸다(각하5:심판절차종료1:인용3)(헌재 2021.10.28. 2021헌나1, 법관(임성근) 탄핵(각하)).

국회의 소추의결 이후 헌법재판소의 탄핵심판 중 임기만료로 피청구인이 법관의 직에서 퇴직한 사안에서, 재판관 5인의 각하의견으로, 이미 임기만료로 퇴직한 피청구인에 대해서는 본안판단에 나아가도 파면결정을 선고할 수 없으므로 탄핵심판청구는 부적법하다고 결정하였다. 이에 대하여 피청구인이 임기만료로 퇴직한 경우 더 이상 탄핵심판의 피청구인이 될 자격을 보유하지 아니하므로 탄핵심판절차를 종료하여야 한다는 1인의 심판절차종료의견, 헌법적 해명의 필요성을 인정하여 본안판단에 나아가 피청구인의 행위가 직무집행에 있어서 중대한 헌법위반행위임을 확인한다는 3인의 인용의견, 피청구인의 행위로 인한 법치주의 훼손을 확인하면서 탄핵심판의 제도적 한계를 극복하기 위한 노력을 강조한 1인의 인용의견에 대한 보충의견이 있다.

[4인의 각하 의견] "헌법 제65조 제4항 전문은 "탄핵결정은 공직으로부터 파면함에 그친다."라고 규정하고, 헌법재판소법 제53조 제1항은 "탄핵심판 청구가 이유 있는 경우에는 헌법재판소는 피청구인을 해당 공직에서 파면하는 결정을 선고한다."라고 규정하여 탄핵심판이 피청구인을 해당 공직에서 파면할 것인지 여부를 판단하는 절차임을 명확히 하고 있다. …

탄핵심판청구의 적법요건으로서 탄핵심판의 이익은 헌법 제65조 제4항 전문 및 헌법재판소법 제53조 제1항에서 규정한 바와 같이 '탄핵심판청구가 이유 있는 경우에 피청구인을 해당 공직에서 파면하는 결정을 선고'할 수 있는 가능성을 상정하여 탄핵심판의 본안심리에 들어가서 그 심리를 계속할 이익이다. 이것은 본안판단에 나아가는 것이 탄핵심판절차의 제도적 목적에 기여할 수 있는지 여부에 관한 문제로서 본안판단에서 상정할 수 있는 결정의 내용과 효력을 고려하여 판단되는 탄핵심판의 적법요건이다. … 이것은 무익한 탄핵심판절차의 진행을 통제하고 탄핵심판권 행사의 범위와 한계를 설정하는 기능을 수행한다. …

헌법재판소는 선례의 탄핵심판에서 심판대상을 '대통령이 직무집행에 있어서 헌법이나 법률에 위반했는지의 여부' 및 '대통령에 대한 파면결정을 선고할 것인지의 여부'로 특정하였으나, 그 양자를 구별하여 각각에 대응하는 주문을 선고하지 않았다. 헌법재판소 역사상 두 번에 걸쳐 대통령에 대한 탄핵심판을 하면서 두 사건 모두 대통령이 직무집행에 있어서 헌법이나 법률에 위반하였다고 판단하였으나, 그 판단에 대응한 '직무집행의 위헌 · 위법 확인' 주문을 별도로 내지 않았다. 단지 '심판청구기각' 또는 '파면' 주문만을 선고하였을 뿐이다. 즉 두 사건 모두 '직무집행에 있어서 헌법 또는 법률에 위반'한 점을 인정하면서도 그것이 '파면을 정당화할 정도의 중대성'이 있는지 여부를 판단하여 그 결론에 따라 하나의 주문으로서 '심판청구기각' 또는 '파면'의 결정을 선고하였을 뿐이다(헌재 2004.5.14. 2004헌나1; 헌재 2017.3.10. 2016헌나1). …

공무담임권은 선거권 및 피선거권, 정당 활동의 자유 등과 마찬가지로 국민이 국정에 참여하는 '정치적 기본권'에 속하므로, 탄핵결정에 의한 파면의 부수적 효력으로서 공직취임의 제한은 "모든 국민은 소급입법에 의하여 참정권의 제한을 받거나 재산권을 박탈당하지 아니한다."라고 규정한 헌법 제13조 제2항의 적용 영역에 있다는 점에서 그 요건과 한계를 엄격하게 해석해야 한다. …

헌법재판소법 제54조 제2항이 헌법질서 수호 · 보장을 위한 규정이라는 이유로 파면결정 선고 후 5년 동안 공무원이 되는 자격을 정지시키는 제재의 대상을 확장하기 위해서, 헌법재판소법 제53조 제1항에서 정한 '해당 공직에서 파면하는 결정'을 '임기만료로 퇴직하여 해당 공직에 있지 않은 사람'에 대하여도 할 수 있도록 유추해석하거나, 헌법재판소법 제54조 제2항에서 정한 '탄핵결정에 의하여 파면된 사람' 이외에 '임기만료로 퇴직한 사람에게 탄핵사유가 있었던 것으로 확인되는 경우'에까지 공직 취임 제한 조항을 적용하도록 유추해석하는 것은 법률조항에서 명문으로 규정되지 않은 범위까지 공직취임이 제한될 수 있는 경우를 확장하여 형사적 제재에 준하는 불이익을 가하는 것이다. 이것은 공무담임권의 자의적 배제 또는 부당한 박탈에 해당될 뿐만 아니라 의심스러울 때에는 국민의 기본권을 우선해야 한다는 입헌주의 원칙의 근간을 흔드는 것이다. …

탄핵제도 중 '공직자 개인에 대한 법적 책임의 추궁'이 아니라 '국가기관 사이의 권한질서에 관한 문제'의 성격을 가지는 것은 '국회의 탄핵소추의결' 절차이다. 국회의 탄핵소추의결은 권력분립원칙에 따라 국가기관인 국회가 행정부나 사법부에 소속된 다른 국가기관의 권한을 정지시키는 견제 수단의 성격이 있다.

그런데 헌법재판소의 탄핵심판절차에서 탄핵심판 계속 중 공직 임기만료의 경우와 같이 헌법과 헌법재판소법 등 명문의 규정과 취지 및 공직 박탈과 민주적 정당성의 박탈의 관점에서 탄핵심판의 이익을 인정할 수 없는 사안임에도 파면 여부와 상관없이 오로지 탄핵사유의 유무에 대한 객관적 해명만을 목적으로 청구인의 주장처럼 '피청구인 행위의 중대한 위헌 · 위법이 있는지 여부'를 심리하여 그에 대한 위헌 · 위법 확인결정을 한다면, 이는 실질적으로 국회의 탄핵소추의결이 그 실체적 요건을 갖추었는지에 대하여 판단하여 결정하는 것이 되어버린다. 이것은 국회의 의결로써 피청구인의 권한 행사를 정지한 것이 적법하였는지에 대해서만 판단하는 것과 다름없는 것으로서, 국가기관인 국회가 다른 국가기관인 피청구인의 권한을 침해하였는지에 관하여 권한쟁의심판을 하는 것과 같은 내용이 되므로, 탄핵심판과 권한쟁의심판을 달리 규정한 현행 헌법과 헌법재판소법의 체계상 이것이 허용된다고 보기 어렵다."

(2) 기각결정

탄핵소추사유가 심리결과 위법하지 아니한 경우, 탄핵소추사유의 위법성은 인정할 수 있으나 법익형량의 결과 파면을 정당화할 정도의 중대한 위법행위가 아니라고 인정할 경우도 탄핵결정할 이유가 없는 경우이어서 기각결정을 내린다. 이와 같은 사유에 대하여 재판관 사이에 의견이 나뉘어 파면결정에 필요한 정족수인 재판관 6인 이상의 찬성을 얻지 못한 경우에 실제적으로 기각결정을 내리게 된다. 또한 피청구인이 결정선고 전에 해당 공직에서 파면되었을 때에는 심판의 이익이 없으므로 역시 심판청구를 기각하여야 한다(헌재법 제53조 제2항). 기각결정의 주문은 "이 사건 심판청구를 기각한다"라고 표시한다.

헌정사 최초의 '행정안전부장관(행정각부의 장이자 국무위원)에 대한 탄핵심판청구' 사건이자 현행헌법에서 네 번째 탄핵심판에서 헌법재판소는 기각결정을 내렸다. 재난 및 안전에 관한 정책의 수립 · 총괄 · 조정을 관장하는 행정안전부의 장으로, 다중밀집으로 인한 인명피해사고인 이 사건 참사와 관련하여 사전 예방 · 대비, 사후 재난대응 조치 및 관련 발언을 함에 있어 헌법과 법률을 위반하였는지가 문제되었다. 사전예방조치에 관하여는 기각에 의견이 일치하였으나, 사후 조치 및 사후 발언에 대하여는 국가공무원법상 품위유지 및 성실의무 위반이라는 소수의견이 있다. [법정의견(5인)] 재난대응 과정에서 최적의 판단과 대응을 하지 못하였다 하더라도, 헌법과 법률의 관점에서 보았을 때 재난대응기구의 설치 · 운영 및 재난관리 총괄 · 조정 등에 관한 재난안전법, 공무원의 성실의무 등을 규정한 국가공무원법, 국민의 기본권 보호에 관한 헌법 규정을 위반한 것으로 보기는 어렵다. [3인의 별개의견(3인)] 사후대응이 국가공무원법상 성실의무를 위반하였고, 참사원인, 골든타임에 관한 발언 및 재난관리주관기관에 관한 일부 사후 발언이 국가공무원법상 품위유지의무를 위반하였으나, 파면을 정당화하는 사유가 존재하지는 않는다. [1인의 별개의견(1인)] 참사원인, 골든타임에 관한 발언 및 재난관리주관기관에 관한 일부 사후발언이 품위유지의무에 위반되나 법 위반행위가 중대하여 파면을 정당화하는 사유로는 볼 수 없다(헌재 2023.7.25. 2023헌나1, 행정안전부장관(이상민) 탄핵(기각)).

피청구인이 외국환거래법위반 혐의로 공소를 제기하고, 공소권남용에 해당한다는 이유로 그 공소를 기각한 항소심판결에 대하여 상고한 행위가 법률을 위반하였다는 이유로 한 탄핵심판청구를 기각한다. 공소제기가 형법 제123조, 구 검찰청법 제4조 제2항, 국가공무원법 제56조를 위반한 것으로 볼 수 없다(3인). 공소제기가 구 검찰청법 제4조 제2항 및 국가공무원법 제56조를 위반한 것이지만, 형법 제123조 위반은 인정하지 아니하고, 피청구인에 대한 파면결정을 정당화하는 사유가 존재하지 아니한다(2인). 상고와 관련하여 피청구인의 헌법 또는 법률 위반을 인정할 수 없다. 5:4 [공소제기에 관한 4인의 반대인용의견] 공소제기는 형법 제123조, 구 검찰청법 제4조 제2항, 국가공무원법 제56조를 위반하였고, 이는 피청구인의 파면을 정당화할 수 있을 정도로 중대한 법률 위반이다(헌재 2024.5.30. 2023헌나2, 검사(안동완) 탄핵(기각)).

소추사유 중 범죄경력조회 무단열람 등, 부정청탁금지법위반 부분, 골프장 예약 편의제공, 수사 무마 의혹의 소추사유는 특정되었다고 볼 수 없다. 헌법 제65조 제1항에 따라 직무집행에 관련된 행위여야 탄핵소추사유 헌법 제65조 제1항에 따라 직무집행에 관련된 행위여야 탄핵소추사유가 될 수 있는데 소추사유 중 집합금지명령위반 부분 및 위장전입은 직무집행에 관련된 것이 아니어서 탄핵사유가 될 수 없다. 사전면담증인신문 전 증인 면담은 헌법 제27조 제1항, 구 검찰청법 제4조 제2항을 위반하지 않았다. 2인의 별개의견은 법정의견과 달리 증인신문 전 증인 면담이 국가공무원법 제56조의 성실의무 및 헌법 제7조 제1항의 공익실현의무를 위반하였음을 인정하면서도 그 헌법 및 법률위반이 파면을 정당화할 정도에는 이르지 않았다고 보았다(헌재 2024.8.29. 2023헌나4, 검사(이정섭) 탄핵(기각)).

① 재적위원 2인에 의하여 의결한 것, ② 방송문화진흥회 임원 임명에 관한 안건에 대하여 회피하지 않은 것, ③ 자신에 대한 기피신청에 대한 의결에 참여하여 각하한 것, ④ 한국방송공사 이사를 추천하고 방송문화진흥회 이사를 임명한 것이 헌법이나 법률을 위반하였다고 볼 수 없다. [법정의견] "'재적(在籍)'은 '어떤 단체에 적을 두고 있는 것'이라는 사전적 의미를 가지므로, 방통위의 의결정족수를 규정한 방통위법 제13조 제2항의 '재적위원'은 문제되는 의결의 시점에 방통위에 적을 두고 있는 위원을 의미하는 것으로 해석하여야 한다. 헌법재판소는 이러한 해석을 바탕으로, 텔레비전방송수신료 분리징수에 관한 방통위의 의결이 재적위원 3인 중 2인의 찬성으로 이루어진 것으로서 방통위법 제13조 제2항에 위반되지 아니한다고 판단한 바 있다(헌재 2024.5.30. 2023헌마820등 참조). 또한 방통위법은 제13조 제2항에서 의결정족수를 명시하고 있을 뿐 적법한 개의를 위하여 필요한 최소한의 위원 수인 의사정족수에 관하여는 어떠한 규정도 두고 있지 아니하다. 이 사건 의결 당시 방통위의 재적위원은 피청구인과 김태규 총 2인이었으므로, 재적위원 전원의 출석 및 찬성으로 이루어진 이 사건 의결이 방통위법상 정족수를 충족하지 못하였다고 보는 것은 법규범의 문리적 한계를 넘는 해석이다. … 헌법은 공무원에게 국민전체에 대한 봉사자이며 국민에 대하여 책임을 진다고 규정하고(제7조 제1항), 국가공무원법은 공무원은 법령을 준수하며 성실히 직무를 수행하여야 한다고 규정하고 있는바(제56조), 만약 방통위가 위와

같이 중요하고 시급한 현안들을 장기간 처리하지 않고 방치했다면 헌법 및 국가공무원법에 규정된 공무원의 성실의무에 위반되는 결과가 발생할 수 있었다. … 피청구인이 재적위원 2인의 출석 및 찬성으로 이 사건 의결을 한 것이 방통위법 제13조 제2항에 위반된다고 볼 수 없다. …

방통위법 제14조 제4항은 회피사유가 있는 경우 위원이 해당 사안에 대하여 '회피할 수 있다'고 규정하고 있을 뿐이고, 방통위법은 위원에게 제척사유가 있는 경우 직권 또는 당사자의 신청에 의하여 그 직무집행에서 제척되도록 함과 더불어(제14조 제1항, 제2항) 심의·의결의 공정을 기대하기 어려운 사정이 있는 경우 방통위가 당사자의 신청에 의하여 기피의결을 할 수 있도록 규정함으로써(제14조 제3항, 본문) 회피사유가 있는 위원이 스스로 회피하지 아니하는 경우에도 해당 사안에 대한 심의·의결의 공정성을 확보하기 위한 수단을 마련하고 있다.

따라서 방통위법 제14조 제4항에 따라 피청구인에게 스스로 회피할 의무가 인정된다고 볼 수 없으므로, 이를 전제로 하는 이 부분 소추사유는 회피사유의 존부에 대해 나아가 살펴볼 필요 없이 이유 없다. …

기피신청에 의하여 방통위의 구성이 불가능하게 되거나 심의·의결 절차가 지연될 것이라는 사정이 현저한 경우 그러한 기피신청은 그 자체로서 절차 지연을 목적으로 한 기피신청권 남용에 해당하여 부적법한 것으로 볼 수 있으므로, 이러한 경우에는 기피신청의 대상이 된 위원이 그 의결에 참여하는 것이 금지된다고 볼 수 없고(대법원 2015.11.27. 선고 2015다34154 판결 참조), 기피신청이 그 외의 사유로 부적법함이 명백한 경우에도 마찬가지다. … 피청구인에 대한 강○○, 박○○, 윤○○의 기피신청은 당사자가 아닌 자에 의한 기피신청에 해당하여 부적법하고, 조○○, 송○○의 기피신청은 그 자체로서 위원회의 구성을 불가능하게 하는 기피신청권 남용에 해당하여 부적법하므로, 이러한 경우에는 기피신청의 대상자인 피청구인이 자신에 대한 기피신청에 대한 의결에 참여하는 것이 방통위법상 금지된다고 보기 어렵다. 따라서 피청구인이 이 사건 기피신청에 대한 의결에 참여하여 이를 각하한 것이 방통위법 제14조 제3항을 위반하였다고 볼 수 없다. …

방송법과 방문진법은 … 입법자가 공영방송에 대한 관리·감독권을 행사하는 방통위에 한국방송공사 및 방문진 이사의 추천·임명에 관한 폭넓은 재량을 부여한 것으로 해석할 수 있다. … 피청구인이 이 사건 심의·의결로써 한국방송공사 이사 및 방문진 이사를 추천·임명함에 있어서 방송법 제46조 제3항 및 방문진법 제6조 제4항을 위반하였다고 보기 어렵다." [4인의 인용의견] "방통위의 심의·의결이 적법하게 이루어지기 위해서는 방통위가 합의제 기관으로서 실질적으로 기능하기 위한 최소한의 위원 즉, 2인을 초과하는 3인 이상의 위원이 재적하는 상태에서 재적위원 과반수의 찬성이 필요하다고 보아야 할 것이다. 이와 달리 방통위법 제13조 제2항의 문언만을 들어 재적위원이 2인이므로 '2인 체제' 하에서도 의결할 수 있다고 해석하는 경우, 방통위를 합의제 기관으로 설치한 입법취지가 형해화되고 경우에 따라서는 의도적으로 '2인 체제'를 유지함으로써 방통위를 실질적으로 독임제 기관으로 운영하는 상황을 방치하는 결과를 야기할 우려가 있다. … 피청구인이 위원 2인만 재적한 상태에서 이 사건 의결을 강행한 것은 방송의 자유와 공적 기능을 보장하는 헌법 제21조의 취지를 구체화한 방통위법 제13조 제2항에 위반된다. … 피청구인은 재적위원 2인에 의한 의결이 방통위법에 위반될 가능성이 있음을 인식하고 용인한 상태에서 이 사건 회의를 개최하고 이 사건 심의 · 의결을 강행하였다. 이로써 피청구인은 방송의 자유와 공적 기능을 보장하는 헌법 제21조의 취지를 구체화한 방통위법 제13조 제2항을 위반하였고, 더 나아가 방통위원장의 권한 행사 및 방송의 공익성과 공공성에 대한 국민의 신뢰를 심각하게 훼손하였다. … 이러한 피청구인의 법 위반은 나머지 소추사유에 대한 구체적인 판단에 나아갈 필요 없이 그 자체로서 임명권자인 대통령을 통하여 피청구인에게 간접적으로 부여된 국민의 신임을 박탈하여야 할 정도로 중대하다."

① 감사원의 독립성 훼손, ② 국민권익위원회 위원장 등에 대한 표적감사, ③ 감사원장으로서의 의무를 위반, ④ 국회 법제사법위원회에 대한 자료제출거부와 관련한 소추사유가 헌법이나 법률을 위반하지 않았다. 다만, 권익위원장 등에 대한 표적감사와 관련한 소추사유 중 피청구인이 전산부서로 하여금 주심위원의 열람 없이 감사보고서의 시행이 가능하도록 전자문서 시스템을 변경하게 한 행위와 자료제출거부에 관한 소추사유 중 피청구인이 법사위 현장검증 시 회의록 열람을 거부한 행위는 각각 국가공무원법 제56조와 국회증언감정법 제10조 제4항, 제4조 제1항을 위반한 것이기는 하나, 피청구인의 법위반이 헌법질서에 미치는 부정적 영향이나 해악의 정도가 중대하여 피청구인에게 간접적으로 부여된 국민의 신임을 박탈하여야 할 정도에까지 이르렀다고 단정하기 어렵다. 따라서 피청구인의 파면을 정당화하는 사유가 존재한다고 볼 수는 없다. [3인의 보충의견] 훈령 개정으로 국무총리에게 공익감사청구권을 부여한 행위 역시 헌법, 감사원법 및 국가공무원법 등에 위반된다고 할 것이나, 피청구인의 법위반이 임명권자를 통하여 간접적으로 부여된 국민의 신임을 박탈하여야 할 정도로 국민의 신임을 배반한 경우에 해당한다고 인정하기 어려우므로, 피청구인에 대한 파면결정을 정당화하는 사유가 존재한다고 볼 수 없다(헌재 2025.3.13. 2024헌나2. 감사원장(최재해) 탄핵(기각)).

① 도이치모터스 주가조작 사건 수사의 지휘 · 감독 및 수사, ② 기자회견 및 백브리핑 과정에서의 발언, 보도참고자료의 배포 및 국정감사에서의 발언, ③ 검사 김○○를 서울중앙지방검찰청의 도이치모터스 주가조작 사건 수사에 참여하게 한 것과 관련하여 피청구인이 그 직무집행에 있어 헌법이나 법률을 위반하였다고 볼 수 없다(헌재 2025.3.13. 2024헌나3. 검사(이창수) 탄핵(기각))(헌재 2025.3.13. 2024헌나4. 검사(조상원) 탄핵(기각))(헌재 2025.3.13. 2024헌나5. 검사(최재훈) 탄핵(기각)).

대통령의 비상계엄 선포에 가담하였다고 인정할 증거 또는 객관적 자료가 부족하므로, 이 부분 소추사유는 인정되지 않는다. 국회 위원회의 서류 등의 제출 요구가 적법하기 위해서는 서류 등의 제출 요구에 대하여 위원회의 의결이 있거나 위원회 재적위원 3분의 1 이상의 요구가 있어야 하고, 위 요구서는 늦어도 제출 요구일 7일 전에 송달되어야 한다. 이러한 요건을 갖추지 못한 위원회의 서류 제출 요구를 거절한다고 하더라도 국회증언감정법 위반죄가 성립한다고 보기 어렵다(헌재 2025.3.13. 2024헌나2 참조). 따라서 국회 법제사법위원회의 대전지방검찰청 10년간 특수활동비 사용내역 관련 자료의 제출 요구는 국회증언감정법이 정한 적법한 절차에 따른 요구라고 보기 어려우므로, 이에 대한 피청구인의 거부행위가 국회증언감정법에 위반된다고 볼 수 없다. 국회의 자료 제출 요구의 내재적 한계 분석 문건을 작성·배포한 행위, 국회 본회의 중 퇴장한 행위가 헌법이나 법률을 위반하였다고 볼 수 없다. '장○○ 서울구치소 출정기록' 관련 국회 법제사법위원회의 자료 제출 요구에 대한 거부 행위는 국회증언감정법 제4조 제1항 및 제12조 제1항을 위반하였으나, 법위반의 정도가 중대하여 피청구인에게 간접적으로 부여된 국민의 신임을 박탈하여야 할 정도에 이르렀다고 보기 어렵다(헌재 2025.4.10. 2024헌나6, 법무부장관(박성재) 탄핵(기각)).

국무총리는 헌법 제86조에 따라 그 임명에 국회의 동의를 얻어 대통령이 임명하기는 하지만, 이는 국민으로부터 직접 선출된 대통령의 민주적 정당성과 비교하여 상당히 축소된 간접적인 민주적 정당성만을 보유하고 있으므로, 가사 국무총리가 대통령의 모든 업무를 수행한다고 하더라도 대통령 권한대행자로서 국무총리는 대통령과는 확연히 구분되는 지위에 있다. … 해당 공직의 박탈을 통하여 국민으로부터 위임된 권한을 환수함으로써 헌법을 수호하고자 하는 탄핵심판 제도의 취지에 비추어 보아도 본래의 신분상 지위에 따라 탄핵소추 의결정족수를 적용함이 타당하다. 이처럼 피청구인은 대통령이 일시적으로 직무를 수행할 수 없는 상황에서 예비적·보충적으로 대통령 직무를 대행하는 국무총리의 지위에 있는 자로서 대통령의 지위와 동일하다고 볼 수 없고, 탄핵심판은 해당 공직의 박탈 절차라는 점 등을 종합하여 보면, 피청구인에 대한 탄핵소추 의결에는 헌법 제65조 제2항 본문에 따라 피청구인의 본래 신분상 지위인 국무총리에 대한 탄핵소추 의결정족수를 적용함이 타당하다. 대통령 권한대행 중인 국무총리에 대한 탄핵소추 시 그 의결정족수는 헌법 제65조 제2항 본문에 따라 국회재적의원 과반수의 찬성, 특별검사 임명 법률안에 대한 재의요구권 행사, 비상계엄 선포 및 내란행위, 공동 국정운영, 특별검사 후보자 추천 의뢰와 관련한 피청구인의 행위가 헌법과 법률에 위반된다고 볼 수 없다. 국회에서 선출된 3인에 대한 헌법재판관 임명 부작위는 재판관 임명에 관하여 규정한 헌법 제111조를 위반하였을 뿐만 아니라, 대통령의 헌법 수호 책무를 규정한 헌법 제66조 및 공무원의 성실의무를 규정한 국가공무원법 제56조 등을 위반한 것이고, 이는 헌법상 탄핵소추 사유인 '그 직무집행에 있어서 헌법이나 법률을 위배한 때'에 해당한다고 할 것이나, 그러한 헌법 및 법률 위반이 임명권자인 대통령을 통하여 간접적으로 부여된 국민의 신임을 배반한 경우에 해당한다고 단정할 수 없으므로, 피청구인에 대한 파면 결정을 정당화하는 사유가 존재한다고 볼 수 없다. [1인의 기각의견] 헌법재판관 임명 부작위와 관련하여서도 헌법 또는 법률 위반을 인정할 수 없다. 헌법재판관 임명 부작위에 대해서도 헌법과 법률 위반을 인정할 수 없다. [1인의 인용의견] 특별검사 후보자 추천 의뢰 및 헌법재판관 임명 부작위와 관련하여 헌법과 법률 위반이 인정되고 그 위반의 정도가 파면을 정당화할 수 있을 정도로 중대하다. 특별검사 후보자 추천 의뢰 및 헌법재판관 임명 부작위와 관련하여 헌법과 법률 위반이 인정되고 그 위반의 정도가 파면을 정당화할 수 있을 정도로 중대 5인이 기각의견, 1인이 인용의견, 2인이 각하의견이므로 헌법재판소법 제23조 제2항 본문에 따라 기각한다(헌재 2025.3.24. 2024헌나9, 국무총리(한덕수) 탄핵(기각)).

피청구인이 대검찰청 수사정보정책관으로서 ① 제21대 국회의원 선거를 앞두고 총선 정보를 수집하거나 ② 제보자 지○○에 관한 실명 판결문 검색 등을 지시함으로써 직무집행에 있어 헌법이나 법률을 위반하였다는 탄핵소추사유는 인정되지 않는다. 피청구인이 미래통합당 국회의원 후보자 김웅에게 위 실명 판결문 및 범여권 인사들을 피고발인으로 하는 고발장을 전달한 것과 관련하여 일부 직무집행행위가 헌법과 법률을 위반한 것이기는 하나, 법률 위반 행위가 헌법질서에 미치는 부정적 영향이나 해악의 정도가 중대하여 피청구인에게 간접적으로 부여된 국민의 신임을 박탈하여야 할 정도에 이르렀다고 보기는 어려우므로, 파면을 정당화하는 사유가 존재한다고 볼 수는 없다(헌재 2025. 7.17. 2023헌나3, 검사(손준성) 탄핵(기각)).

탄핵심판사건의 결과가 기각결정 또는 각하결정으로 내려졌을 때 탄핵심판과정에서 피청구인이 자신의 결백함을 입증하기 위하여 들인 노력과 비용은 보상하여 줄 필요가 있다.

(3) 인용(파면)결정

"탄핵심판청구가 이유있는 때"에 대하여 단순히 '법위반'의 경우에 언제나 탄핵심판청구가 이유있는 것으로 볼 것인지 견해가 대립하나 적어도 대통령의 경우에는 헌법수호의 관점에서 **중대한 법위반**이 있는 경우만을 의미한다고 봄이 타당함은 이미 살펴보았다.

"헌법재판소법 제53조 제1항은 헌법 제65조 제1항의 탄핵사유가 인정되는 모든 경우에 자동적으로 파면결정을 하도록 규정하고 있는 것으로 문리적으로 해석할 수 있으나, 이러한 해석에 의하면 피청구인의 법위반행위가 확인되는 경우 법위반의 경중을 가리지 아니하고 헌법재판소가 파면결정을 해야 하는바, 직무행위로 인한 모든 사소한 법위반을 이유로 파면을 해야 한다면, 이는 피청구인의 책임에 상응하는 헌법적 징벌의 요청, 즉 법익형량의 원칙에 위반된다. 따라서 헌법재판소법 제53조 제1항의 **'탄핵심판청구가 이유 있는 때'란, 모든 법위반의 경우가 아니라, 단지 공직자의 파면을 정당화할 정도로 '중대한' 법위반의 경우**를 말한다. … 대통령의 직을 유지하는 것이 더 이상 헌법수호의 관점에서 용납될 수 없거나 대통령이 국민의 신임을 배신하여 국정을 담당할 자격을 상실한 경우에 한하여, 대통령에 대한 파면결정은 정당화되는 것이다.

대통령의 파면을 요청할 정도로 **'헌법수호의 관점에서 중대한 법위반'**이란, 자유민주적 기본질서를 위협하는 행위로서 법치국가원리와 민주국가원리를 구성하는 기본원칙에 대한 적극적인 위반행위를 뜻하는 것이고, **'국민의 신임을 배반한 행위'**란 '헌법수호의 관점에서 중대한 법위반'에 해당하지 않는 그 외의 행위유형까지도 모두 포괄하는 것으로서, 자유민주적 기본질서를 위협하는 행위 외에도, 예컨대, 뇌물수수, 부정부패, 국가의 이익을 명백히 해하는 행위가 그의 전형적인 예라 할 것이다. 따라서 예컨대, 대통령이 헌법상 부여받은 권한과 지위를 남용하여 뇌물수수, 공금의 횡령 등 부정부패행위를 하는 경우, 공익실현의 의무가 있는 대통령으로서 명백하게 국익을 해하는 활동을 하는 경우, 대통령이 권한을 남용하여 국회 등 다른 헌법기관의 권한을 침해하는 경우, 국가조직을 이용하여 국민을 탄압하는 등 국민의 기본권을 침해하는 경우, 선거의 영역에서 국가조직을 이용하여 부정선거운동을 하거나 선거의 조작을 꾀하는 경우에는, 대통령이 자유민주적 기본질서를 수호하고 국정을 성실하게 수행하리라는 믿음이 상실되었기 때문에 더 이상 그에게 국정을 맡길 수 없을 정도에 이르렀다고 보아야 한다"(헌재 2004.5.14. 2004헌나1, 대통령(노무현) 탄핵(기각)).

"대통령을 탄핵하기 위하여서는 대통령의 법 위배 행위가 헌법질서에 미치는 부정적 영향과 해악이 중대하여 대통령을 파면함으로써 얻는 헌법 수호의 이익이 대통령 파면에 따르는 국가적 손실을 압도할 정도로 커야 한다. 즉, '탄핵심판청구가 이유 있는 경우'란 대통령의 파면을 정당화할 수 있을 정도로 중대한 헌법이나 법률 위배가 있는 때를 말한다"(헌재 2017.3.10. 2016헌나1, 대통령(박근혜) 탄핵(인용)).

위와 같이 탄핵심판청구가 이유 있는 때에는 헌법재판소는 피청구인을 당해 공직에서 파면하는 결정을 선고한다(헌재법 제53조 제1항). 탄핵결정의 주문은 "피청구인 ○○○를 ○○○직에서 파면한다"라고 표시한다. 이에 따라 대통령 노무현에 대한 탄핵은 기각되었다. 하지만, 대통령 박근혜는 탄핵이 인용되었다.

"헌법 제7조 제1항은 국민주권주의와 대의민주주의를 바탕으로 공무원을 '국민 전체에 대한 봉사자'로 규정하고 공무원의 공익실현의무를 천명하고 있고, 헌법 제69조는 대통령의 공익실현의무를 다시 한 번 강조하고 있다. 대통령은 '국민 전체'에 대한 봉사자이므로 특정 정당, 자신이 속한 계급 · 종교 · 지역 · 사회단체, 자신과 친분 있는 세력의 특수한 이익 등으로부터 독립하여 국민 전체를 위하여 공정하고 균형 있게 업무를 수행할 의무가 있다. 대통령의 공익실현의무는 국가공무원법 제59조, 공직자윤리법 제2조의2 제3항, '부패방지 및 국민권익위원회의 설치와 운영에 관한 법률' 제2조 제4호 가목, 제7조 등 법률을 통하여 구체화되고 있다. … 이 사건 헌법과 법률 위배행위는 국민의 신임을 배반한 행위로서 헌법수호의 관점에서 용납될 수 없는 중대한 법 위배행위라고 보아야 한다. 이 사건에서 대통령의 법 위배행위가 헌법질서에 미치게 된 부정적 영향과 파급 효과가 중대하므로, 파면함으로써 얻는 헌법수호의 이익이 대통령 파면에 따르는 국가적 손실을 압도할 정도로 크다고 인정된다"(헌재 2017.3.10. 2016헌나1, 대통령(박근혜) 탄핵(인용)). 헌법재판소가 적시한 그 구체적인 사유를 살펴보면 다음과 같다.

"대통령의 재정 · 경제 분야에 대한 광범위한 권한과 영향력, 비정상적 재단 설립 과정과 운영 상황 등을 종합하여 보면, 피청구인의 요구는 임의적 협력을 기대하는 단순한 의견제시나 권고가 아니라 사실상 구속력 있는 행위라고 보아야 한다. 공권력 개입을 정당화할 수 있는 기준과 요건을 법률로 정하지 않고 대통령의 지위를 이용하여 기업으로 하여금 재단법인에 출연하도록 한 피청구인의 행위는 해당 기업의 재산권 및 기업경영의 자유를 침해한 것이다. … 아무런 법적 근거 없이 대통령의 지위를 이용하여 기업의 사적 자치 영역에 간섭한 피청구인의 행위는 해당 기업의 재산권 및 기업경영의 자유를 침해한 것이다.

피청구인의 지시와 묵인에 따라 최○원에게 많은 문건이 유출되었고, 여기에는 대통령의 일정 · 외교 · 인사 · 정책 등에 관한 내용이 포함되어 있다. 이런 정보는 대통령의 직무와 관련된 것으로, 일반에 알려질 경우 행정 목적을 해할 우려가 있고 실질적으로 비밀로 보호할 가치가 있으므로 직무상 비밀에 해당한다. 피청구인이 최○원에게 위와 같은 문건이 유출되도록 지시 또는 방치한 행위는 국가공무원법 제60조의 비밀엄수의무를 위반한 것이다.

피청구인은 행정부의 수반으로서 국가가 국민의 생명과 신체의 안전 보호의무를 충실하게 이행할 수 있도록 권한을 행사하고 직책을 수행하여야 하는 의무를 부담한다. 하지만 국민의 생명이 위협받는 재난상황이 발생하였다고 하여 피청구인이 직접 구조 활동에 참여하여야 하는 등 구체적이고 특정한 행위의무까지 바로 발생한다고 보기는 어렵다. 세월호 참사에 대한 피청구인의 대응조치에 미흡하고 부적절한 면이 있었다고 하여 곧바로 피청구인이 생명권 보호의무를 위반하였다고 인정하기는 어렵다.

대통령의 '직책을 성실히 수행할 의무'는 헌법적 의무에 해당하지만, '헌법을 수호해야 할 의무'와는 달리 규범적으로 그 이행이 관철될 수 있는 성격의 의무가 아니므로 원칙적으로 사법적 판단의 대상이 되기는 어렵다. 세월호 참사 당일 피청구인이 직책을 성실히 수행하였는지 여부는 그 자체로 소추사유가 될 수 없어, 탄핵심판절차의 판단대상이 되지 아니한다. …

피청구인은 최○원의 국정 개입을 허용하면서 이 사실을 철저히 비밀에 부쳤고, 그에 관한 의혹이 제기될 때마다 이를 부인하며 의혹 제기 행위만을 비난하였다. 따라서 권력분립원리에 따른 국회 등 헌법기관에 의한 견제나 언론 등 민간에 의한 감시 장치가 제대로 작동될 수 없었다. 이와 같은 피청구인의 일련의 행위는 대의민주제의 원리와 법치주의의 정신을 훼손한 것으로서 대통령으로서의 공익실현의무를 중대하게 위반한 것이다."

대통령 윤석열도 파면되었다(헌재 2025.4.4. 2024헌나8, 대통령(윤석열) 탄핵(인용)).

"헌법과 계엄법에서 계엄 선포에 관한 요건과 절차 등을 규정하고 있고, 탄핵심판은 고위공직자가 헌법 및 법률을 위반하는 경우 그 권한을 박탈하여 헌법질서를 지키는 헌법재판이라는 점을 고려하면, 비상계엄 선포가 고도의 정치적 결단을 요하는 행위라 하더라도 탄핵심판절차에서 이를 심사할 수 있다. 제419회 국회 임시회 회기 중 발의된 이 사건 탄핵소추안은, 제418회 국회 정기회 회기에 투표 불성립된 1차 탄핵소추안과 같은 회기 중에 다시 발의된 것이 아니므로, 이 사건 탄핵소추안의 의결은 일사부재의 원칙에 위반되지 않는다. 청구인이 형법 위반 행위로 구성하였던 사실관계를 헌법 위반으로 포섭하는 것은, 기본적 사실관계는 동일하게 유지하면서 그 위반을 주장하는 법조문을 철회·변경하는 것에 지나지 않으므로, 소추사유의 철회·변경에 해당하지 않는다.

헌법상 국가긴급권의 인정 취지와 관련 규정들을 종합하여 보면, 비상계엄 선포가 헌법 및 계엄법이 정한 실체적 요건을 충족하기 위해서는, ① 전시·사변 또는 이에 준하는 국가비상사태로 적과 교전 상태에 있거나 사회질서가 극도로 교란되어 행정 및 사법 기능의 수행이 현저히 곤란한 상황이 현실적으로 발생하여야 하고, ② 병력으로써 군사상의 필요에 응하거나 공공의 안녕질서를 유지할 필요가 있어야 하며, ③ 비상계엄 선포의 목적이 군사상 필요에 따르거나 공공의 안녕질서를 유지하기 위한 것이어야 한다. 따라서 비상계엄은 위기상황이 발생할 우려가 있다는 이유만으로 사전적·예방적으로 선포할 수는 없고, 공공복리의 증진과 같은 적극적 목적을 위하여 선포할 수도 없다. '전시·사변에 준하는 국가비상사태'란 전쟁에 해당되지 아니하는 외적의 침입, 국토를 참절하거나 헌법질서를 문란하게 할 목적이 없는 무장 또는 비무장의 집단 또는 군중에 의한 사회질서교란, 자연적 재난으로 인한 사회질서교란 등으로 인하여, 국가의 존립이나 헌법질서의 유지가 위태롭게 되어 평상시의 헌법질서에 따른 권력행사방법으로는 대처할 수 없는 중대한 위기상황을 말한다. 이러한 상황이 현실적으로 발생하였는지에 관하여는 피청구인에게 일정 정도의 판단재량이 인정되나, 객관적으로 피청구인의 판단을 정당화할 수 있을 정도의 위기상황이 존재하여야 하고, 그 판단이 현저히 비합리적이거나 자의적인 경우에는 헌법 제77조 제1항 및 계엄법 제2조 제2항을 위반한 것으로 보아야 한다. 피청구인은 야당이 다수의석을 차지한 국회의 이례적인 탄핵소추 추진, 일방적인 입법권 행사, 예산 삭감 시도 등으로 인하여 중대한 위기상황이 발생하였다고 주장한다. 그러나 이 사건 계엄 선포 당시에는 검사 1인 및 방송통신위원회 위원장에 대한 탄핵심판절차만이 진행 중이었고, 피청구인이 문제가 있다고 주장하는 법률안들은 피청구인이 재의를 요구하거나 공포를 보류하여 그 효력이 발생되지 않은 상태였다. 2025년도 예산안은 2024년 예산을 집행하고 있었던 이 사건 계엄 선포 당시 상황에 영향을 미칠 수 없고, 위 예산안에 대하여 국회 예산결산특별위원회의 의결이 있었을 뿐 본회의의 의결이 있었던 것도 아니다. 피청구인은 부정선거 의혹을 해소할 필요가 있었다고도 주장하지만, 어떠한 의혹이 있다는 것만으로 중대한 위기상황이 현실적으로 발생하였다고 볼 수는 없다. 결국 피청구인이 주장하는 사정을 모두 고려하더라도, 피청구인의 판단을 객관적으로 정당화할 수 있을 정도의 위기상황이 이 사건 계엄 선포 당시 존재하였다고 볼 수 없다. 한편, 피청구인이 주장하는 국회의 권한행사로 인한 국정 마비 상태나 부정선거 의혹은 정치적·제도적·사법적 수단을 통하여 해결하여야 할 문제이므로, 병력을 동원할 필요가 있었다고 볼 수 없다. 또한 피청구인은 이 사건 계엄이 야당의 전횡과 국정 위기상황을 국민에게 알리기 위한 '경고성 계엄' 또는 '호소형 계엄'이라고 주장하나, 피청구인이 단순히 그러한 목적만으로 비상계엄을 선포하였다고 볼 수 없고 경고나 호소는 그 자체로도 비상계엄 선포의 목적이 될 수 없다. 따라서 이 사건 계엄 선포는 비상계엄 선포의 실체적 요건을 갖추지 못하였다. 피청구인이 이 사건 계엄 선포 직전 국무총리 및 일부 국무위원들에게 비상계엄 선포의 취지를 간략히 설명한 사실은 인정되나, 적법한 국무회의 소집 통지를 하였다고 인정하기 어려운 점, 계엄의 필요성, 시행일시, 계엄사령관 등 이 사건 계엄의 구체적인 내용을 설명하지 않은 점, 국무회의 구성원들에게 이 사건 계엄 선포에 관하여 의견을 진술할 기회를 부여하지 않은 점 등을 고려하면, 피청구인은 국무회의의 심의를 거치지 않은 채 이 사건 계엄을 선포하고 계엄사령관을 임명한 것이다. 또한 피청구인은 국무총리와 관계 국무위원이 비상계엄 선포문에 부서하지 않았음에도 이 사건 계엄을 선포하였고, 그 시행일시, 시행지역 및 계엄사령관을 공고하지 않았으며, 지체 없이 국회에 통고하지도 않았다. 따라서 이 사건 계엄 선포는 비상계엄 선포의 절차적 요건도 갖추지 못하였다.

피청구인은 국회에 군경을 투입하여 비상계엄해제요구 결의안을 심의하기 위해 국회로 모이고 있던 국회의장 및 국회의원들의 국회 출입을 통제하는 한편 이들을 끌어내라고 지시하였는바, 이는 국회에 계엄해제요구권을 부여한 헌법 제77조 제5항, 대의민주주의, 권력분립원칙 등을 위반하고, 국회의원의 심의 · 표결권, 불체포특권 등을 침해한 것이다. 또한 피청구인은 각 정당의 당원들에 대하여 상당한 영향력을 행사할 수 있는 각 정당 대표 등에 대하여 필요시 체포할 목적으로 행해진 위치 확인 지시에 관여하였는바, 이는 정당활동의 자유를 침해한 것이다. 한편, 피청구인은 야당이 중심이 된 국회의 권한행사를 막으려는 정치적 목적으로 군인들을 동원함으로써 일반 시민들과 대치하는 상황을 발생시킨바, 국군의 정치적 중립성에 반하여 국군통수권을 행사하였으므로 헌법 제5조 제2항 및 제74조 제1항을 위반하였다.

피청구인은 이 사건 포고령을 통하여 국회, 지방의회, 정당의 활동 및 일체의 정치활동을 금지하였는바, 이는 국회에 계엄해제요구권을 부여한 헌법 제77조 제5항, 대의민주주의, 권력분립원칙, 정당제도를 규정한 헌법 제8조, 국민주권주의, 자유민주적 기본질서 등을 위반하고, 국회의원의 심의 · 표결권, 지방자치의 본질적 내용 등을 침해한 것이다. 또한 피청구인은 이 사건 포고령을 통하여 광범위한 행위를 금지하고 그 위반자에 대하여 영장 없이 체포 · 구금 · 압수 · 수색을 할 수 있도록 하였는바, 이는 비상계엄하에서 기본권을 제한하기 위한 요건을 정한 헌법 제77조 제3항과 계엄법 제9조 제1항 및 영장주의를 위반하여 국민의 정치적 기본권, 언론 · 출판 · 집회 · 결사의 자유, 정당의 자유, 단체행동권, 직업의 자유, 신체의 자유 등을 침해한 것이다.

피청구인은 행정부 수반의 지위에서 영장주의의 예외에 해당하는 사유가 없음에도 독립된 헌법기관인 선거관리위원회에 대하여 병력을 동원하여 영장 없는 압수 · 수색을 하도록 지시하였는바, 이는 영장주의를 위반하고 선거관리위원회의 독립성을 침해한 것이다.

피청구인은 행정부 수반의 지위에서 전 대법원장 및 전 대법관에 대하여 행해진 필요시 체포할 목적의 위치 확인 지시에 관여하였는바, 이는 현직 법관들로 하여금 언제든지 행정부에 의한 체포 대상이 될 수 있다는 압력을 받게 하므로 사법권의 독립을 침해한 것이다.

피청구인은 위와 같은 헌법 · 법률 위반 행위로 국민주권주의 및 민주주의를 부정하고 헌법이 정한 통치구조를 무시하였으며 국민의 기본권을 광범위하게 침해하였다. 이는 법치국가원리와 민주국가원리의 기본원칙들을 위반한 것으로서, 헌법질서를 침해하고 민주공화정의 안정성에 심각한 위해를 끼쳤으므로 헌법수호의 관점에서 용납될 수 없는 중대한 법 위반에 해당한다. 국회가 신속하게 비상계엄해제요구 결의를 할 수 있었던 것은 시민들의 저항과 군경의 소극적인 임무 수행 덕분이었으므로, 피청구인의 법 위반이 중대하지 않다고 볼 수는 없다. 피청구인은 국가긴급권 남용의 역사를 재현하여 국민을 충격에 빠트리고, 사회적 · 경제적 · 정치적 · 외교적으로 엄청난 파장을 불러일으켰으며, 대통령으로서의 권한행사에 대한 불신을 초래하였다. 피청구인의 이 사건 헌법과 법률 위배 행위는 국민의 신임을 배반한 행위로서, 헌법수호의 관점에서 용납될 수 없는 중대한 법 위배 행위에 해당한다. 피청구인의 법 위배 행위가 헌법질서에 미친 부정적 영향과 파급 효과가 중대하므로, 피청구인을 파면함으로써 얻는 헌법수호의 이익이 대통령 파면에 따르는 국가적 손실을 압도할 정도로 크다고 인정된다. 피청구인은 야당이 중심이 된 국회의 권한행사가 권력 남용이라거나 국정 마비를 초래하는 행위라고 판단하였더라도, 민주주의의 본질과 조화될 수 있는 범위에서 보다 적극적인 대화와 타협에 나서는 한편 헌법이 예정한 자구책을 통해 견제와 균형이 실현될 수 있도록 하였어야 한다. 그러나 피청구인은 국민의 대표인 국회를 협치의 대상이 아닌 배제의 대상으로 삼음으로써 민주정치의 전제를 허물었을 뿐만 아니라, 국민 모두의 대통령으로서 자신을 지지하는 국민을 초월하여 사회공동체를 통합시켜야 할 책무를 위반하였다.

결국 피청구인은 헌법과 법률을 위배하여, 헌법수호의 책무를 저버리고 민주공화국의 주권자인 대한국민의 신임을 중대하게 배반하였다. 그러므로 피청구인을 대통령직에서 파면한다.

[재판관 이미선, 재판관 김형두의 보충의견] 탄핵심판절차의 성격, 탄핵심판절차와 형사소송절차의 차이, 신속한 절차 진행의 필요성 등을 종합적으로 고려하면, 탄핵심판절차에서는 전문법칙에 관한 형사소송법 조항들을 완화하여 적용할 수 있다고 보는 것이 헌법재판소법 제40조의 취지에 부합한다. 따라서 사건 관련자들에 대한 피의자신문조서나 진술조서는 절차의 적법성이 담보되는 범위에서 증거로 채택할 수 있고, 사건 관련자들의 진술을 기재한 국회 회의록은 형사소송법 제315조 제3호의 '기타 특히 신용할 만한 정황에 의하여 작성된 문서'에 준하여 당연히 증거능력이 인정된다.

[재판관 김복형, 재판관 조한창의 보충의견] 탄핵심판의 중대성, 피청구인의 방어권 보장 등을 고려할 때, 헌법재판소가 앞으로는 탄핵심판절차에서 형사소송법상 전문법칙을 보다 엄격하게 적용할 필요가 있다. 소추사유의 인정은 가급적 형사소송절차와 같이 공개된 재판관의 면전에서 직접 조사한 증거를 기초로 하고, 전문증거에 대해서는 반대신문의 기회를 보장하는 것이 바람직하다. 따라서 피청구인의 반대신문권이 보장되지 아니한 조서는 증거능력이 부인될 수 있고, 국회 회의록에 대하여도 형사소송법 제315조 제3호를 그대로 적용하기는 곤란하다.

[재판관 정형식의 보충의견] 소추사유에 대한 사정변경의 가능성이 낮음에도 불구하고 탄핵소추안에 대한 무제한적 반복 발의를 허용할 경우, 고위공직자 지위의 불안정과 국가기능의 저하, 탄핵제도의 정쟁도구화 등의 문제가 발생할 수 있다. 따라서 입법자는 국회에서 탄핵소추안이 부결될 경우 다른 회기 중에도 다시 발의하는 횟수를 제한하는 규정을 입법할 필요가 있다."

그런데 법위반 중에서 '중대한' 법위반의 판단에 있어서는 대통령과 다른 공직자(예컨대 국무위원)는 그 정도에 있어서 차이가 있을 수 있다(헌재 2023.7.25. 2023헌나1, 행정안전부장관(이상민) 탄핵(기각)). 대통령 이외의 자에 대하여는 경찰청장에 대한 파면을 선고한 사례가 있다(헌재 2025.12.18. 2024헌나7, 경찰청장(조지호) 탄핵(인용)).

> 계엄 당시 국회 봉쇄 및 출입 통제를 한 행위는 헌법 제77조 제5항, 대의민주주의와 권력분립원칙에 위배되고 국회의원의 심의 · 표결권 등 헌법상 권한을 침해한 것이며, 중앙선관위 과천청사 및 수원 선거연수원에 대한 경찰 배치는 선관위의 독립성을 침해한 것이므로 법 위반이 파면을 정당화할 수 있을 정도로 중대하다.

탄핵소추사유가 여러 개인 경우 일부만 이유가 있고 다른 사유는 그렇지 아니한 경우 인정되는 부분만을 고려하여 파면이 정당할 수 있는지를 판단하여 파면결정 혹은 기각결정을 내린다. 그러므로 탄핵사유로 인정되는 부분에 대하여는 파면하고 인정되지 아니하는 부분에 대하여는 기각하는 방식으로 주문을 표시할 필요는 없다. 탄핵사유로 인정되지 아니하는 부분은 이유에서 밝히는 것으로 충분하다.

Ⅱ. 탄핵결정의 효과

1. 공직 파면

탄핵결정으로 피청구인은 공직으로부터 파면된다(헌법 제65조 제4항). 피청구인의 공직파면의 시점은 파면결정의 선고 시이다.

2. 민 · 형사상 책임

탄핵의 결정으로 민사상의 책임이나 형사상의 책임이 면제되지 아니한다(헌법 제65조 제4항). 즉 현행헌법에서 탄핵은 민 · 형사상의 책임을 부과하지 아니하고 공직에서 파면함에 그치는 징계적 성격을 가지므로, 탄핵심판과 민 · 형사재판 사이에는 일사부재리의 원칙이 적용되지 아니한다(헌재법 제54조 제1항).

3. 공직취임의 제한

그런데 헌법재판소법 제54조 제2항에서는 "탄핵결정에 의하여 파면된 사람은 결정선고가 있은 날부터 5년이 지나지 아니하면 공무원이 될 수 없다"라고 하여 공직취임제한 규정도 두고 있다. 이것은 헌법이 탄핵결정의 효력을 공직파면에 그치게 하였음에도 하위법에서 공직취임제한을 규정한 것은 헌법상 공무담임권을 침해하여 위헌이라는 견해도 있을 수 있으나, 헌법이 파면에 그친다고 한 것은 파면 외에 '형벌(예: 영국, 프랑스)'을 가하지 아니한다는 의미이지 그 밖의 탄핵제도의 취지에 따른 불이익까지 모두 금지시킨다는 의미로는 해석되지 아니하고 탄핵제도의 실효성과 공직사회 정화의 차원에서 합헌이라고 보아야 한다. 또한 탄핵결정을 받은 자에 대하여 대통령이 사면할 수 있는지 여부에 관한 명문의 금지규정(미국의 경우)은 없지만, 제도의 취지상 사면은 불가능하다고 본다.

또한 '전직 대통령 예우에 관한 법률'에서는 전직 대통령이 "재직 중 탄핵결정을 받아 퇴임한 경우"(제7조 제2항 제1호)에는 "필요한 기간의 경호 및 경비(警備)"(제6조 제4항 제1호)를 제외하고는 "이 법에 따른 전직대통령으로서의 예우를 하지 아니한다"(제7조 제2항).

Ⅲ. 탄핵결정에 대한 재심

1. 재심의 가능 여부

헌법재판소법에서 재심에 관한 규정이 없으므로 탄핵심판절차에서도 재심이 허용되는지 여부가 논란이 된다. 왜냐하면 헌법재판소 재판관들이 잘못된 결정을 내릴 가능성이 없다고 단정할 수 없으며 헌법재판소 탄핵결정 이후 탄핵결정에서 결정적으로 작용한 증거의 오류성이 입증될 수 있기 때문이다. 이에 헌법재판소법 제40조에 따라 형사소송법상의 재심제도와 연관하여 허용 여부를 검토하여야 한다.

2. 탄핵심판 기각 또는 각하결정

헌법재판소의 탄핵심판 기각 또는 각하결정에 대하여는 헌법재판의 확정력 내지 일사부재리의 원칙에 따라 재심이 허용되지 아니한다. 이는 헌법재판소법 제40조에 의하여 준용되는 형사소송법 제420조와의 관계에 비추어 분명하다.

3. 탄핵인용결정

문제는 탄핵인용결정에 대한 재심의 허용 여부이다. 생각건대 탄핵제도가 가지는 헌법적 의미와 기능, 법적 안정성 등의 관점에서 탄핵인용결정에 대한 재심은 원칙적으로 허용되지 아니한다고 보아야 한다. 다만, 예외적으로 형사소송법 제420조에 열거된 사유가 있는 경우와 헌법재판소에서의 탄핵심판절차와 별도로 형사사건이 진행되어 각각 서로 다른 판결 즉, 형사사건에는 무죄로 확정되고 탄핵심판에서는 인용결정이 있는 경우에도 헌법재판소의 탄핵인용결정의 주요한 이유가 형사법원에서 무죄로 인정한 사실에 본질적으로 근거한 경우에는 재심이 허용될 수 있다고 본다.

그런데 재심이 허용된다고 하더라도 헌법상 탄핵대상 공직자를 고려할 때 탄핵인용결정에 대하여 재심이 허용되는 공직자는 대법원장·대법관을 제외한 일반법관에 한정되어야 한다. 예컨대 대통령의 경우 탄핵인용결정이 내리지면 공직으로부터 파면되고 대통령권한대행체제로 되어 최장 60일 이내에 후임 대통령을 선출하도록 되어 있는데 재심이 받아들여져 기존의 탄핵인용결정을 취소하게 되면 대통령이 두 명 존재하는 국정혼란이 야기된다. 이러한 점은 법관을 제외한 헌법 제65조의 모든 탄핵대상공직자의 경우에도 같은 문제가 제기된다.

독일 연방헌법재판소법 제61조는 탄핵대상자 가운데 연방대통령을 제외한 법관에 대하여서만 재심절차를 마련하고 있다.

Ⅳ. 탄핵심판절차에서의 입법론적 문제점

탄핵심판절차와 관련하여 헌법재판소법에서 보완하여야 할 입법적 흠결 또는 미비점과 관련된 문제점은 다음과 같다.

1. 탄핵인용결정을 받은 자에 대한 사면 금지

헌법재판소로부터 탄핵인용결정을 선고받으면 공직으로부터 파면되며 결정선고가 있은 날부터 5년을 경과하지 아니하면 공무원이 될 수 없다. 그런데 탄핵인용결정을 선고받은 사람에 대하여 대통령이 헌법 제79조의 사면권을 행사할 수 있는가에 대하여는 현행법은 명문의 규정을 두지 아니한다.

탄핵결정을 선고받은 자에 대하여 사면권행사가 가능한지에 대하여 미국은 헌법에서 명문으로 대통령의 사면권행사를 금지한다(미국헌법 제2조 제2항). 반면에 영국은 하원에 의하여 탄핵이 소추되면 국왕은 사면권행사를 통하여 피소추자를 보호할 수 없지만 상원에 의하여 탄핵결정이 선고된 다음에는 국왕이 사면권을 행사할 수 있다.

탄핵제도는 엄격한 절차와 요건을 거쳐 탄핵대상공직자를 공직으로부터 파면함으로써 고위공직자의 위헌·위법행위를 통한 헌법침해를 차단하고 헌법질서를 수호·유지하려는 데 있다. 그런데 헌법재판소가 탄핵결정을 선고한 사람에 대하여 대통령이 사면을 하게 된다면 탄핵결정의 법적 효과를 무력화시키기 때문에 탄핵제도의 존재목적과 기능에 어긋난다. 비록 현행법상 명문의 규정이 없지만 탄핵결정을 선고받은 자에 대한 대통령의 사면권행사는 불가능하다고 보아야 한다. 이러한 논란을 종식시키기 위하여 탄핵인용결정을 받은 사람에 대한 대통령의 사면권행사는 불가능하다는 규정을 마련하여야 한다.

2. 탄핵심판이 기각 또는 각하되었을 때 피청구인에 대한 비용보상

탄핵심판사건의 결과가 기각결정 또는 각하결정으로 내려졌을 때 탄핵심판과정에서 피청구인이 자신의 결백함을 입증하기 위하여 들인 노력과 비용은 보상하여 주어야 한다. 특히 국회 다수파에 의한 탄핵제도의 정치적 남용을 방지하기 위하여도 비용보상규정이 필요하다. 그러나 헌법재판소법에는 이에 관한 규정이 없다. 다만, 헌법재판소법 제40조에 의거하여 준용될 수 있는 형사소송법에서 도입한 "무죄판결과 비용보상"제도를 고려할 수 있다(제194조의 2 제1항). 그렇지만 형사소송에서의 무죄판결과 탄핵심판사건에서의 기각 또는 각하결정은 동일하게 볼 수 없다.

제 5 장 위헌정당해산심판

제 1 절 위헌정당해산심판 의의

Ⅰ. 위헌정당해산심판의 본질

위헌정당해산심판이란 정당의 목적이나 활동이 민주적 기본질서에 위배될 때 정부의 제소와 헌법재판소의 심판을 통해 당해 정당을 해산시키는 헌법재판을 말한다(헌법 제8조 제4항). 이는 민주주의의 적에 대해서는 관용을 베풀 필요 없이 적극적으로 민주주의의 방어를 위한 적극적 조치를 취해야 한다는 방어적 민주주의의 소산으로 이해되고 있다.

정당은 오늘날 정당민주주의의 중심 요소로서 국민의 정치적 의사형성에 참여하여 민주주의를 작동하게 하지만 이런 지위를 남용하여 국민의 정치적 의사형성을 왜곡할 수도 있다. 정당이 정치적 의사형성 과정을 왜곡하게 되면 이는 민주주의의 외관을 통하여 민주주의를 파괴할 수 있게 된다. 2차 세계대전 전의 독일의 나치스 정당의 경우는 이런 민주주의의 파괴자로서의 정당의 모습을 보여주었다. 헌법이 규정하는 위헌정당해산제도는 이처럼 민주주의의 적으로 변신한 정당을 헌법질서로부터 배제하여 헌법을 보호하기 위한 제도이다.

그러나 정당은 민주주의 정치과정에서 국민의 선택을 통하여 그 생존의 토대가 형성된다는 점에서 위헌정당심판을 통한 정당의 강제적 배제는 자제되어야 할 필요가 있다. 국민이 정당을 창설하여 정치적 의사형성에의 참여 역시 국민의 기본적 자유이고 위헌정당해산제도 역시 남용되어 소수세력의 정치적 참여를 봉쇄하는 수단으로 변질될 가능성도 있다는 점에서 위헌정당해산제도는 불가피한 경우에 한정되어야 할 필요가 있다.

그러므로 헌법 제8조 제4항을 적용함에 있어서 해산의 요건에 대한 엄격한 해석이 요구되고 나아가 그로 인한 효과에서도 헌법이 정하는 비례의 원칙을 준수하여야 할 필요가 있다.[1] 헌법은 법치국가원리에 따라 위헌정당심판제도의 형성에서도 정부의 제소권과 헌법재판소의 심판권으로 각각의 권한을 배분하여 위헌정당해산심판이 민주주의의 방어를 위한 수단으로서 헌법을 보호하는 역할을 충실히 할 수 있도록 하고 있다.

Ⅱ. 위헌정당해산심판의 연혁과 입법례

1. 위헌정당해산심판의 연혁과 전개

1960년 헌법(제2공화국) 제13조 제2항에서 처음으로 정당해산심판제도가 도입되었다. 제헌헌법은 정당에 대하여 아무런 규정을 두지 아니하고 정당과 일반결사를 동일하게 취급하였다. 해방 후 이념적 대립 속에서 정당의 자유가 일반결사의 수준에서 제한을 받게 되었는데 실제로 1958년 '진보당'이 당시 공보실장의 등록취소라는 일반 행정절차를 통해 강제해산되는 사건이 발생하였다. 이후 자유당 정권이 4·19 민주운동에 의하여 몰락한 후 정당에 대한 헌법수준의 보호필요성이 설득력을 얻어 1960년 헌법(제2공화국)에서 정당해산심판제도가 규정되기에 이르렀다(헌법 제13조 제2항). 제3공화국 헌법에서는 정당해산의 판결을 대법원에서 담당하도록 규정하고 있었고 특히 정당해산의 제소는 국무회의의 심의를 거치도록 하였다(헌법 제7조 제3항 단서; 제86조 제14호). 대법원은 대법원 법관 정수의 5분의 3 이상의 찬성을 얻어야 정당해산을 명할 수 있는 판결을 할 수 있었다(헌법 제103조). 제4공화국 헌법 제7조 제3항 단서는 "정당의 목적이나 활동이 민주적 기본질서에 위배되거나 국가의 존립에 위해가 될 때에는 정부는 헌법위원회에 그 해산을 제소할 수 있고, 정당은 헌법위원회의 결정에 의하여 해산된다"라고 규정하고 있어서 당시 정당해산의 사유와 그 해산 심판의 관할은 헌법위원회이었으며 "국가의 존립에 위해가 될 때"라는 사유가 추가되었다. 제5공화국 헌법에서는 "정당의 목적이나 활동이 민주적 기본질서에 위배될 때에는 정부는 헌법위원회에 그 해산을 제소할 수 있고, 정당은 헌법위원회의 결정에 의하여 해산된다"라고 규정하여(헌법 제7조 제4항) 정당해산의 사유와 그 해산심판의 관할을 헌법위원회로 정하였다. 제4공화국 헌법에서 추가되었던 "국가의 존립에 위해가 될 때"라는 정당 사유는 삭제되었다. 그리고 제6공화국 현행 헌법은 헌법재판 전반에 대한 관할을 담당하는 헌법재판소를 두어 당

1) 헌법재판소, 정당해산심판제도에 관한 연구, 헌법재판연구 제15권, 2004, 19면.

해 헌법재판소가 정당해산심판 역시 담당하도록 하였다(정재황, 1608-1609면)

위와 같이 정당해산심판제도가 헌법에 도입된 배경을 보면 독일의 경우와는 사뭇 다른 점이 있다. 독일의 경우 나치스와 같은 전체주의 정당이 출현하여 민주주의를 파괴한 역사적 경험에 기초하였지만, 우리의 경우는 정당의 강제해산을 다른 일반결사와 다르게 헌법에서 규정하고 헌법재판소의 헌법재판을 통해서만 해산되도록 함으로써 정당의 자유를 오히려 헌법수준에서 두텁게 보장하려는 의도에서 출발하였다.

2. 위헌정당해산심판의 입법과 심판례

위헌정당해산제도를 헌법재판의 하나로 인정하고 있는 나라는 소수에 불과하다. 실제로 위헌정당해산 결정이 이루어진 나라는 독일과 튀르키예 그리고 대한민국 정도이다. 대부분의 자유민주주의 국가에서는 정당에 관한 특별한 규정이 없이 일반적인 결사의 차원에서 다루거나 그렇지 아니할 경우에는 정당이나 선거에 관한 법률에서 그 설립요건이나 정당의 일정한 행위를 금지하거나 선거참여의 요건으로 일정한 정당을 규정하고 있을 뿐이다. 프랑스의 경우 종교적, 인종적, 민족적 성향을 이유로 차별, 증오, 폭력을 조장하는 정당을 금지하고 있다. 일본의 경우에도 파괴활동방지법을 통하여 정당을 포함한 일반 결사의 폭력주의적 파괴활동을 금지하고 해산의 지정까지 포함하는 조치를 허용하고 있다. 미국의 경우에는 연방차원의 정당에 관한 법률이 없고 주차원에서 정당이 선거에 참여할 수 있는 자격을 규정함으로써 간접적으로 정당을 규제하고 있는 경우가 대부분이다. 이처럼 자유민주주의 국가의 경우에는 정부형태가 의원내각제이든 대통령제이든 상관 없이 정당에 대한 적극적인 강제해산과 같은 극단적인 조치가 실제로 법상 인정된다고 하더라도 자유민주주의가 작동하고 있는 시기에는 실제로 이를 사용하지 아니한다. 이는 정당의 자유에 대한 제한에도 비례의 원칙이 적용되어 강제해산과 같은 극단적인 조치는 최후에 남겨지고 그 이전에는 다양하고 단계적인 입법적 대응이 가능함을 의미한다.

실제로 정당해산심판이 작동한 대표적인 나라로는 우선 독일을 들 수 있다. 독일은 연방헌법에 정당해산제도(제21조 제2항)와 기본권 실효제도를 도입하여 전후 전체주의의 부활을 헌법차원에서 방지하고자 하였다. 그리고 실제로 정당해산심판이 두 차례 이루어졌다.

독일 연방헌법재판소는 1952년 사회주의제국당(SRP)을 위헌정당으로 인정

후 해산결정하고 그 소속 연방의회 및 주의회 의원의 의원직 역시 상실시켰다. 연방정부는 1951년 11월 사회주의제국당에 대하여 당내부질서가 영도자원리를 바탕으로 하여 민주주의의 제원리에 합치하지 아니한다는 이유로 해산심판을 신청하였다. 이에 대하여 사회주의제국당은 당내부질서가 민주주의 원칙에 부합하고 기본법 제21조 제1항과 제2항은 그 시행법률이 제정되기까지 직접 적용될 수 없으며 자진해산한 경우에는 위헌심사가 진행될 수 없다고 반박하였다. 그렇지만 연방헌법재판소는 사회주의제국당의 당내부질서가 자유민주적 기본질서에 반하며 정당의 성립요건과 그 해산요건 및 관할을 규정한 기본법 제21조 역시 위헌정당해산심판에 직접 적용될 수 있는 조항이며 정당이 위헌심판이 제기된 후 민주적 절차 없이 내리는 자진해산 결정은 기본법 제21조 제1항의 정당조항에 위반하여 무효라고 판단하였다.

또한 독일 연방헌법재판소는 1956년에 독일공산당(KPD)에 대하여 위헌정당으로 해산되어야 한다고 결정하였다. 연방정부는 1951년 11월에 독일공산당의 목적과 그 당원의 활동이 자유민주적 기본질서를 해치고 기본법 전문에 규정된 독일재통일의 요청을 남용하고 있다며 위헌심판을 제기하였다. 당시 독일공산당은 서독의 재군비반대, 평화조약의 체결 및 독일의 재통일을 주장하고 있었다. 연방정부의 위헌심판 제기에 대하여 독일공산당은 미군정의 정식인가를 받은 정당이며 마르크스·레닌주의이론은 기본권의 하나인 세계관의 자유에 속하므로 증거조사의 대상이 될 수 없고 자신들이 평화적 재통일을 주장할 뿐 기본권 전문을 위반하지 아니하였다고 주장하였다. 연방헌법재판소는 자유민주주의 기본질서를 인정하지 아니한다고 하여 그것만으로는 위헌이 되지는 아니하지만, 기본법 제21조 제2항의 경우 형법의 경우처럼 구체적인 기도를 요건으로 하지는 아니하고 당의 정치노선이 원칙적이고 영속적으로 자유민주적 기본질서에 대항할 의도에 따라 결정된다는 점만으로 충분하다고 보았다. 위 소송과정은 앞선 사회주의제국당의 사건심리보다 긴 시간이 소요되었는데 여기에는 독일공산당에 대한 해산심판이 기본법 제21조 제2항이 원래 의도한 나치당에 대한 방어와 무관하다는 여론의 흐름이 있었기 때문이라고도 한다.[1] 당시 헌법재판소장은 아데나워 연방수상에게 독일공산당에 대한 해산심판청구를 취하할 의향이 없는지를 질의하기도 하였는데 아데나워가 답변을 거부하여 심사는 계속되었다.

1) 헌법재판소, 정당해산심판제도에 관한 연구, 헌법재판연구 제15권, 2004, 54면.

독일 통일이 이루어진 후에 치러진 선거에서 동독공산당인 독일사회주의통일당(SED)의 후신인 민주사회주의당(PDS)에 대한 정당해산심판을 청구하라는 여론이 일부 형성되었다. 그렇지만 분단 후 정치적 통합을 위하여 해산심판보다 오히려 동독기반 정당에 대해서는 최초선거에서 비례대표 배분에 있어 저지조항을 적용하지 아니하는 쪽으로 입법이 이루어졌다.

반면 극우정당에 대해서는 독일 연방정부가 지속적으로 주목을 하였는데 2001년 신나치주의 정당인 독일민족민주당에 대하여 해산심판을 청구하였다. 나치범죄에 대한 기억으로부터 자유롭지 못한 독일이 신나치즘에 대한 민감한 반응은 당연할 뿐만 아니라 유럽연합을 주도하고 있는 상황에서 이런 강경한 대응은 오히려 요청되는 측면도 있었다. 그렇지만 핵심적인 증인신청과 관련하여 증인이 국가정보원의 신분으로 증언을 할 수 있는지가 문제되면서 피청구인의 심판정지신청을 받아들여 정당해산심판 절차를 정지하는 결정을 하였다.

한편, 위헌정당해산제도를 활발히 적용한 나라로는 튀르키예가 있다. 튀르키예는 유럽과 아시아의 중간에 위치하는 지정학적 상황 속에서 정교분리와 세속화를 바탕으로 공화주의, 개혁주의를 국가의 기본원리로 채택하여 중동의 이슬람 국가들과는 다른 정치적 지향을 보여주었다. 이런 입장을 헌법에 반영하여 튀르키예는 국가의 일체성과 영토의 불가분성, 정교분리의 원칙을 헌법전문에 명문화하였다. 튀르키예의 경우 정당해산심판의 청구권자는 검찰총장이고 그 심판권자는 헌법재판소이다. 위헌정당으로 결정되면 해산결정 외에 해산 대신 전부 또는 일부 국가보조를 박탈하는 결정을 할 수도 있다. 지금까지 정당해산 사건들은 좌파정당들이거나 쿠르드족의 분리·독립운동과 관련된 정당들이었다.

Ⅲ. 위헌정당해산심판제도의 기능

1. 헌법의 보호

정당은 헌법의 민주주의원리를 실현하는 중요한 주체이다. 정당이 없는 선거, 정당이 없는 민주주의를 생각하지 못할 정도로 우리 민주주의 정치과정에서 정당은 헌법질서의 중심에 있다. 정당은 국민여론을 국정에 전달하는 통로이기도 하지만 국민여론을 일정한 방향으로 형성하는 기능도 한다. 이와 같은 정당이 헌법이 규정한 자유민주주의라는 기본원리 안에서 국민들의 정치적 의사 형성을 넘어 자신들이 정한 특정한 정치적 목적을 달성하기 위한 수단으로서 정당을 결성하여 헌법질서 그 자체를 부정하거나 파괴한다면 헌법은 그 자신을 보호하는 수단을 가져야만 한다. 헌법은 자신이 기초로 하는 자유민주주의의 원리를 실현하는 주체로서 정당을 보호하고 지원하지만, 오히려 정당이 자유민주주의를 부정하고 파괴한다면 그런 정당을 헌법질서에서 배제하는 수단을 지녀야 한다. 돛이 배의 순항을 도울 때만 배의 중심에 있을 수 있는 것이지 오히려 배의 무게중심에서 배를 침몰시키려 한다면 선원들은 그 돛을 잘라야 하는 이치와 같다. 정당이 헌법질서가 보장한 그 권한을 남용하여 헌법질서를 침해한 경우 위헌정당으로 선언 후 이를 해산시키는 제도가 위헌정당해산심판이라는 점에서 이는 헌법을 지키는 보호수단이 된다.

> "그러나 우리 사회가 다원적 민주주의를 추구할지라도 다원적 민주주의 자체를 부정하는 세력에 대해서는 관용을 유보할 수 있으며, 민주적 기본질서를 훼손하고 폐지하고자 하는 이념을 추구하는 정당을 지지할 정치적 자유는 그와 같은 범위 안에서 제한될 수 있는 것이다. 헌법상 정당보호도 중요한 가치이기는 하나 그 정당을 보호하는 헌법마저 부정하고 헌법에 기초한 현 체제의 변혁을 꾀하는 정당에 대해서까지 상대적·다원적 가치를 이유로 보호한다는 것은 정당보호의 근거인 헌법 질서를 파괴하거나 국가의 정체성을 침해하는 것이어서 허용될 수 없다"(헌재 2014.12.19. 2013헌다1 통합진보당 해산심판(인용)).

2. 정당의 보장

위헌정당해산심판을 통하여 특정 정당에 대한 강제해산은 정당이 위헌정당해산심판을 통해서만 해산될 수 있다는 점에서 일반결사에 대비하여 볼 때 정당에 대한 그 존속에 있어 높은 수준의 보호를 의미한다. 해산심판제도를 우리와 같이 해산청구권한과 해산심판권한으로 나누어 정부와 헌법재판소에 각각 맡기는 경우 정부 단독으로 해산시킬 수 있는 일반 결사와는 다른 법적 취급이 가능하다. 나아가 이런 위헌정당해산제도가 형식적 헌법에 규정된다면 정당의 보장은 정치적 다수결주의에 기초한 입법적 보장을 넘어 헌법적 보장으로 상향된다. 현행 헌법은 이런 수준에서 정당을 보호한다. 나아가 헌법은 정당의 복수형태를 보장함으로써 정치적 세계관의 다양성을 전제로 전체주의나 독재주의를 지향하는 정당을 배격한다. 정당내부 활동의 민주화를 요구하는 규정과 더불어(헌법 제8조 제2항) 위헌정당해산심판제도는 정당내부의 민주적 의사결정을 견인하는 역할을 할 수 있음을 우리의 통합진보당 해산결정과 독일의 사회주의제국당 해산결정에서 확인할 수 있다.

Ⅳ. 위헌정당해산제도의 운용실제

박근혜 정부는 2013.11.5. 통합진보당에 대하여 그 목적과 활동이 민주적 기본질서에 위배된다고 주장하면서 해산 및 소속 국회의원의 의원직 상실을 구하는 위헌정당해산심판을 청구하였다. 헌법재판소는 2014.12.19. 정당의 목적이나 활동이 민주적 기본질서에 위배함이란 진리의 상대성과 다원적 세계관에 입각한 폭력적 지배를 배제하는 것으로 종래의 자유민주주의의 구성요소를 민주적 기본질서로 제시하면서 정당의 존립을 제약하여야 할 만큼 그 정당의 목적이나 활동이 우리 사회의 민주적 기본질서에 대하여 실질적인 해악을 끼칠 수 있는 구체적 위험성을 초래하는 경우를 말한다고 보았다. 여기에는 기본권 제한의 한계이론인 비례원칙을 준수하여야 할 뿐 아니라 남북한이 대립하고 있는 한국사회의 특수성까지 고려하여야 하는데 통합진보당의 경우 그 목적이나 활동이 민주적 기본질서에 위배된다고 볼 수 있고 당을 강제해산하는 결정이 비례원칙을 위배하지 아니한다고 판단하였다. 헌법재판소는 구체적인 법적 근거가 없는 상황에서 통합진보당 소속 국회의원의 의원직까지 위헌정당해산제도의 실효성을 확보하기 위한 차원에서 상실시키는 결정을 하였다(헌재 2014.12.19. 2013헌다1 통합진보당 해산심판(인용)). 현재까지 유일한 위헌정당해산결정으로 남아 있다.

제 2 절 위헌정당해산심판의 청구

Ⅰ. 청구권자

1. 정 부

위헌정당해산심판을 청구할 수 있는 주체는 정부이다. 즉 정부는 정당의 목적이나 활동이 민주적 기본질서에 위배될 때에는 국무회의의 심의를 거쳐 헌법재판소에 해산을 제소할 수 있다(헌법 제8조 제4항, 제89조 제14호, 헌재법 제55조). 여기서 말하는 정부는 입법부·사법부와 대등한 지위에 있는 정부를 의미한다. 헌법은 정당해산의 제소를 국무회의의 심의사항으로 규정하고 있으므로 국무회의의 심의를 거치지 아니한 심판청구는 위헌이라고 보아야 한다. 대통령이 해외순방 중인 경우 그 직무는 국무총리가 대행하므로 국무총리가 주재한 국무회의에서 심의한 정당해산심판청구서의 제출안은 적법하다(헌재 2014.12.19. 2013헌다1 통합진보당 해산심판(인용))

위헌적 정당의 해산제소는 정부의 정치적 판단에 따른 자유재량으로 보는 견해도 있고, 정부의 제소의무를 인정하는 견해도 있다. 생각건대 정부의 제소 여부는 법원의 위헌법률심판제청 여부와 비슷한 정부의 재량사항으로 볼 수 있다. 헌법상 위헌정당의 해산제소 여부는 정부의 전속적 권한사항으로 되어 있기 때문에 정부의 해산제소는 엄격하고 신중하게 결정되어야 한다. 해산제소권의 남용은 자칫 헌법상 정당에 대한 특별보호의 의미를 무력화시킬 소지가 있으며, 반대로 해산제소권의 불행사가 궁극적으로 민주적 기본질서를 어지럽히는 결과를 초래하여서도 아니 되기 때문이다. 정부의 책임성이 강조되는 이유가 바로 여기에 있다.

2. 정당 자신의 해산심판청구 인정 여부

헌법 제8조 제4항의 문언상 정당은 자기 자신의 해산청구를 헌법재판소에 청구할 수 없으며 정부의 위헌정당해산심판청구에 대한 반소의 형식으로도 제기할 수 없다. 헌법 제8조 제4항은 정부에게만 해산심판청구권을 부여하고 있기 때문이다.

3. 해산청구의 내용

위헌정당해산심판청구에서 청구권자인 정부는 민주적 기본질서에 위배되는 정당의 해산을 청구할 수 있을 뿐 정당의 합헌성의 확인을 구하는 청구, 정당해산결정의 취소를 구하는 청구 또는 금지된 정당의 복권을 구하는 청구는 허용되지 아니한다.

또한 정부가 정당에 대한 해산심판청구 이외에 그 정당의 목적이나 활동이 민주적 기본질서에 위배되는지 여부의 확인을 구하는 청구도 할 수 없다(부정설).

4. 청구취하에 따른 문제점

(1) 청구취하의 가능성

일단 정부가 위헌정당해산심판을 헌법재판소에 제소한 이후 청구를 취하할 수 있는가에 대해서는 긍정적으로 보아야 한다.

(2) 청구취하에 대한 피청구인의 동의 요부

이에 대해서는 민사소송에 관한 법령에 따라 피청구인이 본안에 관하여 답변서를 제출하였거나 변론준비기일에 진술하였거나 변론을 한 후에는 피청구인인 당해 정당의 동의를 받아야만 취하의 효력이 있으며 심판청구취하의 서면이 피청구인에게 송달된 날부터 2주 이내에 이의제기가 없으면 정부의 청구취하에 대한 동의로 간주된다. 위헌정당해산심판에서 피청구인인 정당 역시 심판절차의 속행에 대해 법적 이해관계가 있다고 보아야 한다. 기왕에 제기된 심판절차에서 자기 정당의 목적과 활동이 민주적 기본질서에 위배되지 아니한다는 점을 확인받을 이익이 있기 때문이다.

(3) 청구취하에 대한 국무회의 심의의 필요 여부

정당해산심판청구가 국무회의의 필수적 심의사항이므로 그 청구를 취하하기 위해서도 국무회의의 심의를 거쳐야 한다.[1)]

---

1) 이성환 외, 정당해산심판제도에 관한 연구, 헌법재판소, 2004; 김현철, "정당해산심판의 목적 및 해산사유-헌재 2014.12.19. 2013헌다1 결정에 대한 평석을 겸하여", 헌법학연구 22-2.

Ⅱ. 피청구인

1. 정 당

정당해산심판의 피청구인은 정당이다. 여기서 정당은 정당법상의 요건을 구비하고 중앙선거관리위원회에 등록을 한 정당을 의미한다. 정당의 방계조직이나 위장조직은 피청구인이 되지 못한다. 대체정당 역시 정당해산절차가 아닌 행정절차를 통해 해산된다. 피청구인이 확정되는 시기는 정부가 헌법재판소에 정당해산심판을 청구한 시점이다.

정당해산심판의 피청구인은 정당이다. 해산대상으로서의 정당은 원칙적으로 정당으로서의 등록을 필한 정당(기성정당)에 한한다. 그런데 정당해산과 마찬가지로 창당준비위원회(결성단계의 정당)의 강제해산도 정부의 제소에 의하여 헌법재판소의 심판을 통하여서만 가능한지 아니면 정부의 행정처분만으로 해산될 수 있는지 논란이 있다. 법리상으로 본다면 헌법상 정당은 중앙선거관리위원회에 등록을 마친 다음에 비로소 정당의 특권을 누릴 수 있다. 따라서 정당의 내부조직(시·도당, 연수원 등)·방계조직·위장조직은 정당으로서의 보호 대상에서 제외된다. 방계조직·위장조직은 헌법상 보호받는 정당이 아니므로 헌법 제21조 결사의 자유에 따라 행정처분으로 해산된다. 또한 창당준비위원회와 같이 결성단계에 있는 정당도 헌법상 보호를 받는 정당이 아니다. 그러나 오늘날 정당국가 경향에 따라 정당에 헌법상 특권을 부여한 취지에 비추어 본다면, 결성단계에 있는 정당 중에서 정당법 제17조·제18조의 요건을 이미 구비하고, 등록절차를 준비 중인 경우에는 실질적으로 정당에 해당하는 준정당(準政黨)으로 보아 해산요건과 해산절차는 등록된 정당에 준하여 보호할 필요가 있다. 그런 의미에서 정치자금법에서도 중앙당창장준비위원회의 정치활동에 소요되는 비용을 정치자금으로 인정한다(정치자금법 제3조 제1호). 다만, 현실적으로 창당준비위원회는 아직 정당으로서의 본격적인 활동을 개시하지는 아니하였다는 점에서 그 영향력이 실제적이라고 볼 수는 없고 이에 따라 설령 그 심판대상성이 인정되더라도 해산 사유인 실질적 위험성을 인정하는 것이 힘들 것이라는 점에서 이와 관련한 논의의 실익이 분명하다고 볼 수는 없다(정재황, 1610면).

피청구인이 확정되는 시기는 정부가 헌법재판소에 정당해산심판을 청구한 시점이다.

2. 심판청구 후 정당의 자진해산

(i) 정당해산심판 청구가 이루어진 후 피청구인인 정당이 자발적으로 해산결의를 할 수 있는지가 문제된다. 실제로 독일의 사회주의제국당(SRP)의 해산심판에서도 피청구인측은 자진해산하였으므로 정당해산심판 절차는 종료되어야 한다고 주장하였다. 심판청구 후 정당의 자진해산 가능성을 판단하기 위하여서는 정당의 자유의 보장의 측면과 위헌정당해산제도의 실효성 확보의 측면이 고려되어야 하고 또한 법치국가의 신뢰보호의 원칙의 한계 역시 음미되어야 한다.

첫째, 심판청구 후 자진해산을 금지하는 규정이 없는 한 피청구인 정당은 관련법과 내부규율에 따라 자진해산을 결의할 수 있고 이런 경우 헌법재판소는 해산심판절차의 종료를 선언하여야 한다는 입장이 있다(제1설). 이 견해에 따를 경우 그 정당의 활동 및 정당이 누린 특권 역시 심판청구 이후 자진해산이 이루어질 때까지 판단되지 못하고 특권 역시 반사적으로 그 정당에게 유지되는 결과에 이른다. 이렇게 되면 정당의 자유는 최대한 확보되고 그 정당이 가지는 정당특권에 대한 신뢰는 보호되겠지만 헌법이 헌법을 보호하기 위하여 위헌정당해산제도를 도입한 취지가 몰각되어 버릴 수 있다. 또한 정당위헌판단의 소급효가 인정될 수 있다면 자진해산에도 불구하고 심판절차의 속행이 필요하다는 점도 문제이다.

둘째, 심판청구 후 피청구인 정당이 자진해산 결의를 할 경우 이를 무효로 보아야 하므로 헌법재판소는 심리를 속행하여야 한다는 입장이 있다(제2설). 심판청구 후 자진해산 결의는 정당해산결정에 따른 불이익을 사전에 면탈하려는 시도로 밖에 볼 수 없어서 이를 인정할 수 없으므로 선거관리위원회 역시 해산신고를 수리할 수 없다고 본다. 이 입장에 따르면 헌법보호 수단으로서의 위헌정당해산제도의 취지를 살릴 수 있지만 위헌정당이라고 합리적 의심을 받지만 아직은 위헌정당이 아닌 피청구인 정당의 자진해산을 법률의 근거 없이 헌법 제8조 제4항의 해산조항으로부터 직접 금지할 수 있는지 의문이 있다. 더욱이 위헌정당해산심판에서는 사전에 가처분 규정을 두고 있는 점을 보면, 오히려 심판청구 후 정당이 스스로 노선이나 조직을 변화할 수 있는 가능성을 인정한다고 볼 수도 있다.

(ii) 생각건대 우리나라에서는 위헌정당해산결정의 기초가 되는 위헌정당확인결정이 독일의 경우와 달리 정당해산심판의 주문에서 확인되지 아니하고 해산결정의 전제로 그친다. 또한 해산결정의 효력은 장래효이다. 이에 따라 위헌확인 판

단의 소급효를 논의하기 어려운 구조이다. 또한 소급효를 인정할 만한 구체적인 법적 이익을 주장할 수 있는 구조가 위헌법률심판의 경우와 다르다.

결국 위헌정당의 해산결정 전까지 피청구인 정당이 누리는 정당으로서의 특권이 임시적인지 아니면 법치국가원리에 입각한 신뢰보호의 대상인지가 문제된다. 생각건대 청구권자인 정부에게 사전에 가처분제도를 통하여 현상을 고정하는 수단을 부여하였으므로 그 이전의 단계에서는 정당의 자유가 우선하여야 하고 이런 방식이 법치국가의 신뢰보호의 원칙에도 어긋나지 아니한다는 점에서 제1설이 타당하다.

Ⅲ. 청구서의 기재사항

정당해산심판의 청구서에는 해산을 요구하는 정당의 표시, 청구의 이유를 적어야 한다(헌재법 제56조). 그리고 정당해산의 제소와 관련하여 국무회의의 의결을 거쳤음을 증명하는 서류를 붙여야 하고, 중앙당등록대장 등본 등 피청구인이 정당해산심판의 대상이 되는 정당임을 증명할 수 있는 자료를 붙여야 한다(심판규칙 제65조).

〈정당해산심판청구서 예시〉

정당해산심판청구서

청 구 인 : 대한민국 정부

법률상 대표자 법무부장관 ○ ○ ○

피청구인 : ○ ○ 정당

주소(중앙당 소재지) : 서울 영등포구 여의도동 ○번지

대표자 ○ ○ ○

청구취지 : ○ ○ 정당의 해산결정을 구합니다.

청구이유 : 가. 사건의 개요

나. 정당의 목적, 활동의 민주적 기본질서 위배 내용

다. 기타 필요사항

첨부서류 : 각종 입증서류

20 . . .

대한민국 정부

법률상 대표자 법무부장관 ○ ○ ○ (인)

헌법재판소 귀중

제 3 절 위헌정당해산심판의 절차

Ⅰ. 심리의 방식

정당해산의 심판은 구두변론에 의한다(헌재법 제30조). 재판부가 변론을 열 때에는 기일을 정하고 당사자와 관계인에게 출석을 요구하여야 하며(헌재법 제30조 제3항), 변론은 공개한다(헌재법 제34조 제1항). 재판부는 정당해산심판의 심리를 위하여 필요하다고 인정하는 경우에는 직권 또는 당사자의 신청에 의하여 증거조사를 할 수 있다(헌재법 제31조). 또한 재판부는 다른 국가기관 또는 공공단체의 기관에 대하여 심판에 필요한 사실을 조회하거나, 기록의 송부나 자료의 제출을 요구할 수 있다(헌재법 제32조).

Ⅱ. 가 처 분

헌법재판소는 정당해산심판의 청구를 받은 때에는 청구인(정부)의 신청 또는 직권으로 종국결정의 선고시까지 피청구인의 활동을 정지하는 결정을 할 수 있다(헌재법 제57조).

이와 같은 가처분제도는 민주적 기본질서에 반하는 정당의 활동을 조속히 차단함으로써 방어적 민주주의원리를 실현하고 국법질서의 안정에 기여할 수 있다. 그러나 일단 한번 가처분결정을 받은 정당은 사실상 그 기능을 상실하게 되고 설사 합헌결정이 나더라도 정치적 회복이 어렵기 때문에, 가처분결정은 매우 신중하게 하여야 한다. 정당해산심판 청구 후 피청구인 정당이 자진해산을 할 가능성이 높은 경우 청구권자인 정부는 자진해산의 결의를 금지하는 가처분 또는 포괄적으로 정당 활동의 정지를 명하는 가처분을 통하여 헌법재판소의 결정의 효과를 면탈하고자 하는 시도를 저지할 수 있다. 통합진보당 사건에서 정부는 통합진보당의 활동이 민주적 기본질서에 미칠 해악을 우려하여 통합진보당의 활동을 정지하는 가처분신청을 헌법재판소에 제소하였으나, 헌법재판소는 결정을 미루다가 본안 결정과 같은 날 이를 기각한 바 있다(헌재 2014.11.19. 2013헌사907, 정당활동정지가처분신청(기각)).

하지만 정당해산심판에서 가처분의 허용은 헌법에 위반되지 아니한다. 즉 헌법재판소법 제57조가 청구인의 정당 활동의 자유를 침해한다고 볼 수 없다(헌재 2014.

2.27. 2014헌마7, 헌법재판소법 제40조 제1항 등 위헌확인(기각)).

Ⅲ. 청구의 통지 및 송달

정당해산심판의 청구가 있는 때, 가처분결정을 한 때 및 그 심판이 종료한 때에는 헌법재판소장은 그 사실을 국회와 중앙선거관리위원회에 통지하여야 한다(헌재법 제58조 제1항).

Ⅳ. 정당해산심판절차에서 민사소송에 관한 법령 준용의 문제점

정당해산심판절차에서는 헌법재판소법에서 규율하고 있지 아니한 사항에 대하여 헌법재판의 성질에 반하지 아니하는 한 민사소송에 관한 법령을 준용한다(헌재법 제40조 제1항).

그러나 위헌정당해산제도는 사적 분쟁의 해결절차인 민사소송보다는 오히려 국가의 형벌권 내지 징계권의 발동을 통한 객관적 법질서유지의 기능을 수행하는 형사소송절차와 유사하다. 따라서 소송절차를 지배하는 지도원리도 상이하다. 즉 민사소송에서는 변론주의가 원칙이지만 위헌정당해산절차에서는 직권탐지주의가 원칙이다(법 제31조 제1항).

이와 같이 민사소송과 위헌정당해산심판절차 사이에 유사성이 많지 아니함에도 불구하고 헌법재판소법 제40조에서 민사소송관련법령을 정당해산절차에 준용하게 함으로써 정당의 목적이나 활동이 민주적 기본질서에 위배된다는 청구인인 정부의 주장을 입증하기 위한 증거자료확보에 커다란 결함을 보이게 되었다.

따라서 위헌정당해산심판절차에 민사소송관련법령이 아닌 형사소송관련법령을 준용하도록 헌법재판소법 제40조를 개정함으로써 강제적인 압수·수색 등 형사소송법상의 강제적 증거확보수단을 활용할 수 있도록 하여야 한다.

> "정당해산심판절차에 민사소송에 관한 법령을 준용할 수 있도록 규정한 헌법재판소법 제40조 제1항 전문 중 '정당해산심판의 절차'에 관한 부분은 청구인의 공정한 재판을 받을 권리를 침해한다고 볼 수 없다"(헌재 2014.2.27. 2014헌마7, 헌법재판소법 제40조 제1항 등 위헌확인(기각)).

제 4 절 정당해산의 사유

Ⅰ. 정당해산의 요건 및 절차의 엄격화 필요성

제1공화국헌법에는 정당해산에 관한 특별보호조항이 없었으나, 제2공화국헌법 이래 위헌정당해산에 관하여 헌법상 특별조항을 두고 있다. 이는 방어적 민주주의 이론에 따라 정당해산의 요건 및 권한을 헌법이 인정함과 동시에, 정당을 일반 결사에 비하여 특별히 보호한다.

진보당은 합헌적인 정당이라고 판시하였으나, 당시에는 헌법상 특권규정이 없었기 때문에 공보실장의 명령에 의하여 등록이 취소되었다(대판 1959.2.27. 4291형상559).

제1공화국시절에 대법원은 진보당의 혁신적인 강령·정책에 대하여 합헌판결을 내린 바 있다. 당시 진보당은 평화통일론·자본주의를 지양한 복지정책론 외에 "우리는 자유민주주의를 폐기·지양하고 주요산업과 대기업의 국유 내지 국영을 위시한 급속한 경제건설, 사회적 생산력의 제고 및 사회적 생산물의 공정분배를 완수하기 위하여 계획과 통제의 제원칙을 실현하여야 한다"는 취지의 사실상 계획경제체제를 도입하는 정강·정책을 취하고 있음에도 불구하고 합헌성을 인정한 것은 매우 진보적인 판결이라고 아니할 수 없다. 그러나 당시 헌법에 정당해산에 관한 조항이 없었으므로 대법원의 판결에도 불구하고 공보실장의 행정처분에 의하여 강제로 해산되었다.

우리나라는 남과 북이 대치하고 있는 상황에서 모든 양태의 정당을 인정할 수는 없으므로 정당해산제도를 도입하였다. 그러나 정당해산제도의 남용을 방지하기 위하여 그 요건 및 절차를 엄격히 규정하고 있다.

정치적 결사는 상법상 회사가 아니고 특별법상 결사도 아니기 때문에 일반적으로 민법의 규율을 받는다. 정치적 사회단체가 법인격 있는 사단인 경우, 주무관청은 허가를 취소할 수 있으나, 허가를 취소하여도 법인격 없는 사단으로 존속할 수 있으므로 허가의 취소가 사단의 존속에 결정적인 요인은 되지 아니한다. 정당의 법적 성격도 법인격 없는 사단이므로 주무관청의 허가를 필요로 하지도 아니하고 허가의 취소도 정당의 존속문제에 있어서는 논의될 여지가 없다. 그런데 정당이 행정청의 자의적인 처분만으로 등록취소를 당한다면, 정당이 존속할 수는 있다고 하더라도, 헌법상·법률상 '정당'으로서의 지위를 누릴 수 없게 되고, 결과적으로 정당으로서의 본래적 기능을 수행할 수 없다. 헌법 제8조 제4항의 위헌정당해산제도는 바로 행정청의 자의적 처분에 의한 정당해산을 방지하기 위한 제도적 장치이다. 즉 "정당의 목적이나 활동이 민주적 기본질서에 위배될 때에는 정부는 헌법재판소에 그 해산을 제소할 수 있고, 정당은 헌법재판소의 심판에 의하여 해산된다"(제8조 제4항).

Ⅱ. 정당의 목적이나 활동의 민주적 기본질서 위배

1. 정당의 목적이나 활동

해산대상인 정당은 원칙적으로 정당으로서의 등록을 필한 정당(기성정당)에 한한다. 그런데 정당해산과 마찬가지로 창당준비위원회(결성단계의 정당)의 강제해산도 정부의 제소에 의하여 헌법재판소의 심판을 통해서만 가능한지 아니면 정부의 행정처분만으로 해산될 수 있는지에 대해서도 논란이 있다. 법리상으로 본다면 헌법상 정당은 중앙선거관리위원회에 등록을 마친 다음에 비로소 정당의 특권을 누릴 수 있다. 따라서 정당의 방계조직·위장조직은 물론 창당준비위원회와 같이 결성단계에 있는 정당은 헌법상 보호를 받는 정당이 아니다. 그러나 오늘날 정당국가 경향에 따라 정당에 헌법상 특권을 부여한 취지에 비추어 본다면 결성중의 정당에 대한 일률적인 정당의 특권 부여는 무리라 하더라도, 적어도 결성단계에 있는 정당 중에서 정당법 제25조·제27조의 요건을 이미 구비하고, 등록절차를 준비중인 경우에는 실질적으로 정당에 해당하는 준정당으로 보아 해산요건과 해산절차는 등록된 정당에 준하여 보호할 필요가 있다.

헌법 제8조 제4항의 문언상 정당의 목적과 활동 모두가 민주적 기본질서에 위배되어야 한다. 헌법재판소는 동 조항의 규정형식에 비추어 볼 때, 정당의 목적이나 활동 중 어느 하나라도 민주적 기본질서에 위배된다면 정당해산의 사유가 될 수 있다고 해석한다(헌재 2014.12.19. 2013헌다1, 통합진보당 해산 청구 사건(인용(해산))).

위배 여부의 판단자료로는 정당의 강령·당헌·기관지 등이 있다. 정당의 당수·당 간부 등 기관의 행위는 정당의 행위로 보아도 무방하다. 그러나 정당의 일반 당원이 정당의 정책노선과 달리 개별적으로 행한 행위는 정당이 이러한 행위를 의도적으로 묵인 또는 방임하였거나 지원하였을 때 또는 출당 등 조치를 취할 수 있음에도 불구하고 하지 아니한 경우를 제외하고는 정당의 행위로 간주할 수 없다.

"정당 소속의 국회의원 등은 비록 정당과 밀접한 관련성을 가지지만 헌법상으로는 정당의 대표자가 아닌 국민 전체의 대표자이므로 그들의 행위를 곧바로 정당의 활동으로 귀속시킬 수는 없겠으나, 가령 그들의 활동 중에서도 국민의 대표자의 지위가 아니라 그 정당에 속한 유력한 정치인의 지위에서 행한 활동으로서 정당과 밀접하게 관련되어 있는 행위들은 정당의 활동이 될 수도 있을 것이다. 그 밖의 정당에 속한 개인이나 단체의 활동은 그러한 활동이 이루어진 구체적인 경위를 살펴서 그것을 정당의 활동으로 볼 수 있는 사정이 있는지를 판단해야 한다. 예컨대, 활동을 한 개인이나 단체의 지위 등에 비추어 볼 때 정당이 그러한 활동을 할 권한을 부여하거나 그 활동을 독려하였는지 여부, 설령 그러한 권한의 부여 등이 없었다 하더라도 사후에 그 활동을 적극적으로 옹호하는 등 그 활동을 사실상 정당의 활동으로 추인한 것과 같다고 볼 수 있는 사정이 있는지 여부, 혹은 사전에 그 정당이 그러한 활동의 계획을 알았더라도 이를 정당 차원에서 지원하고 지지했을 것이라고 가정적으로 판단할 수 있는 사정이 있는지 여부 등을 구체적으로 살펴 전체적이고 종합적으로 판단해야 한다. 반면, 정당대표나 주요 관계자의 행위라 하더라도 개인적 차원의 행위에 불과한 것이라면 이러한 행위에 대해서까지 정당해산심판의 심판대상이 되는 활동으로 보기는 어렵다"(헌재 2014.12.19. 2013헌다1, 통합진보당 해산 청구 사건(인용(해산))).

목적의 위헌성 여부를 판단함에 있어서는 단지 주관적인 측면에만 그치지 아니하고 목적을 추구하는 객관적 강도를 함께 고려하여야 한다.

활동의 위헌성에 대한 주관적 인식이 요구되는가에 대해서는 정당해산제도가 개인의 처벌보다는 헌법의 보장을 위한 것이라는 점에서 위헌성에 대한 주관적 인식은 요구하지 아니한다고 보아야 한다.

2. 민주적 기본질서 위배

(1) 민주적 기본질서와 자유민주적 기본질서

헌법 제8조 제4항에서는 민주적 기본질서라고 표현하고 있지만 전문 및 제4조(평화통일)에서는 "자유민주적 기본질서"라는 상이한 표현을 사용하고 있다. 하지만 헌법이 지향하는 기본적인 질서가 자유민주주의에 입각한 사회복지국가원리를 도입하고 있으므로 민주적 기본질서와 자유민주적 기본질서는 상호 별개의 충돌하는 개념이 아니라 상호융합적인 개념으로 이해하여야 한다.

정당의 해산에 관한 헌법규정은 "민주주의를 파괴하려는 세력으로부터 민주주의를 보호하려는 소위 '방어적 민주주의'의 한 요소이고, 다른 한편으로는 헌법 스스로가 정당의 정치적 성격을 이유로 하는 정당금지의 요건을 엄격하게 정함으로써 되도록 민주적 정치과정의 개방성을 최대한으로 보장하려는 데 있다. 즉, 헌법은 정당의 금지를 민주적 정치과정의 개방성에 대한 중대한 침해로서 이해하여 오로지 제8조 제4항의 엄격한 요건하에서만 정당설립의 자유에 대한 예외를 허용하고 있다. 이에 따라 자유민주적 기본질서를 부정하고 이를 적극적으로 제거하려는 조직도, 국민의 정치적 의사형성에 참여하는 한, '정당의 자유'의 보호를 받는 정당에 해당하며, 오로지 헌법재판소가 그의 위헌성을 확인한 경우에만 정당은 정치생활의 영역으로부터 축출될 수 있다"(헌재 1999.12.23. 99헌마135, 경찰법 제11조 제4항 위헌확인(위헌, 각하)).

헌법재판소의 결정은 대체로 그간 국내학자에 의하여 제시된 민주적 기본질서의 내용을 수용한 것일 뿐만 아니라 독일 헌법 제21조 제2항에 근거한 독일공산당(KPD) 위헌판결에서 나타난 독일 연방헌법재판소의 자유민주적 기본질서의 의미와도 대체로 상통한다. "자유민주적 기본질서에 위해를 준다 함은 모든 폭력적 지배와 자의적 지배, 즉 반국가단체의 일인독재 내지 일당독재를 배제하고 다수의 의사에 의한 국민의 자치·자유·평등의 기본원칙에 의한 법치주의적 통치질서의 유지를 어렵게 만드는 것이고, 이를 보다 구체적으로 말하면 기본적 인권의 존중, 권력분립, 의회제도, 복수정당제도, 선거제도, 사유재산과 시장경제를 골간으로 한 경제질서 및 사법권의 독립 등 우리의 내부체제를 파괴·변혁시키려는 것으로 풀이할 수 있다"(헌재 1990.4.2. 89헌가113, 국가보안법 제7조에 대한 위헌심판(한정합헌))(헌재 1990.6.25. 90헌가11, 국가보안법 제7조 제5항의 위헌심판(한정합헌)). 헌법재판소의 결정내용은 대체로 그간 국내학자에 의하여 제시된 민주적 기본질서의 내용을 수용한 것일 뿐만 아니라 독일 헌법 제21조 제2항에 근거한 독일공산당(KPD) 위헌판결에서 나타난 독일 연방헌법재판소의 자유민주적 기본질서의 의미와도 대체로 상통한다(BVerfGE 5, 85. 1956.8.17. KPD Urteil). 독일 연방헌법재판소는 "자유민주적 기본질서란 모든 폭력과 자의적 지배를 배제하고 그때그때의 다수의 의사에 따른 국민자결과 자유 및 평등에 기초한 법치국가적 통치질서를 말한다. 이 질서의 기본원리로는 최소한 다음의 요소들이 포함되어야 한다: 기본법에 구체화된 기본적 인권, 무엇보다도 생명과 그 자유로운 발현을 위한 인격권의 존중, 국민주권, 권력의 분립, 정부의 책임성, 행정의 합법성, 사법권의 독립, 복수정당의 원리와 헌법적인 야당의 구성권과 행동권을 가진 모든 정당의 기회균등"이라고 판시하고 있다. 우리 헌법재판소의 판시사항과 비교해 보면 사유재산과 시장경제를 골간으로 하는 경제질서를 언급하고 있지 아니한 반면에, 국민주권을 명시하고 있다.[1]

정당의 목적이나 활동의 기본전제인 민주적 기본질서란 한국헌법의 기본질서 및 한국적 특수상황까지를 고려한 민주적 기본질서의 의미로 이해하여야 하며, 일반론적인 가치관에 입각한 민주적 기본질서일 수는 없다. 헌법재판소도 통합진보당 해산심판에서 유사한 입장을 보여주었다(헌재 2014.12.19. 2013헌다1, 통합진보당 해산 청구 사건(인용(해산))). 따라서 미국·프랑스·이탈리아·일본 등 자유민주주의국가에서 허용되고 있는 공산당이, 구

1) 최희수, "위헌정당해산제도에 관한 연구", 정당과 헌법질서, 계희열교수화갑기념논문집, 1995, 444-479면 참조.

서독이나 한국에서는 민주적 기본질서에 반하는 정당이므로 허용될 수 없다. 이에 통일 전 서독 연방헌법재판소는 방어적 민주주의이론을 제시하면서 사회주의제국당(SRP), 독일공산당(KPD) 등에 대하여 위헌판결을 내린 바 있다.

독일에서 위헌정당해산제도는 헌법이념인 (자유)민주적 기본질서를 위배하는 목적이나 활동을 하는 정당에 대하여 헌법재판을 통하여 강제해산함으로써 민주주의의 적으로부터 민주주의를 방어하기 위한 제도이다(독일기본법 제21조 제2항). 즉 독일 연방헌법재판소는 민주주의국가에서 정당의 해산은 정당의 특수한 지위로 말미암아 정당이 합법적 수단으로 헌법상 제도를 침해하였다고 해산되지는 아니하고, 자유롭고 민주적인 헌법국가의 최고 기본가치를 침해하였을 경우에만 해산된다고 판시하고 있다.[1)]

당의 목적이 복수정당제를 부인하고, 당내조직과 운영이 지도자원리에 기초하고 있고, 당원의 활동이 기본권을 경시하고 있다고 판시하고 있다. 이에 따라 소속의원은 의원직상실, 대체정당결성금지 및 당소유재산은 몰수되었다(BVerfGE 2, 1, 1952. 10.23. SRP Urteil).

자유민주적 기본질서를 파괴하는 것을 목적으로 하는 정당은 헌법질서에 대한 명백한 도전이다(BVerfGE 5, 85, 1956. 8. 17. KPD Urteil).

(2) 민주적 기본질서 위배의 정도

정당해산제도는 헌법을 보장하는 최후수단이지만 오·남용의 경우에는 오히려 민주주의에 해악이 될 수 있으므로 목적이나 활동이 민주적 기본질서에 위배되는 정도를 고려하고 민주적 기본질서에 대한 위험의 정도를 고려할 필요가 있다. 따라서 정당의 조직·범위·당원의 수·활동정도를 고려할 때 국민의 정치적 의사형성에 미치는 영향이 미세한 경우에는 해산할 필요가 없다고 보아야 한다. 헌법재판소는 통합진보당 해산심판사건에서 민주적 기본질서의 위배란, 민주적 기본질서에 대한 단순한 위반이나 저촉을 의미하는 것이 아니라, 민주 사회의 불가결한 요소인 정당의 존립을 제약하여야 할 만큼 그 정당의 목적이나 활동이 우리 사회의 민주적 기본질서에 대하여 실질적인 해악을 끼칠 수 있는 구체적 위험성을 초래하는 경우를 가리킨다고 보았다(헌재 2014.12.19, 2013헌다1, 통합진보당 해산 청구 사건(인용(해산))).

"헌법 제8조 제4항은 정당해산심판의 사유를 "정당의 목적이나 활동이 민주적 기본질서에 위배될 때"로 규정하고 있는바, 이 "위배될 때"의 해석 여하에 따라서는 정당의 목적이나 활동이 민주적 기본질서에 단순히 저촉되는 때에도 그 정당이 해산될 수 있다고 볼 수도 있을 것이다. 그러나 이러한 해석에 의하면 극단적인 경우 정당의 목적이나 활

1) 박병섭, "독일기본법상의 자유롭고 민주적인 기본질서", 공법연구 23-3, 125면.

동이 민주적 기본질서와 부합하지 않는 부분이 경미하게라도 존재하기만 한다면 해산을 면할 수 없다는 결론도 가능한데, 이는 민주주의 사회에서 정당이 차지하는 중요성에 비추어 볼 때 쉽게 납득하기 어려운 결론이다. 정당에 대한 해산결정은 민주주의 원리와 정당의 존립과 활동에 대한 중대한 제약이라는 점에서, 정당의 목적과 활동에 관련된 모든 사소한 위헌성까지도 문제 삼아 정당을 해산하는 것은 적절하지 않다"(헌재 2014.12.19. 2013헌다1, 통합진보당 해산 청구 사건(인용(해산))).

(3) 비례원칙의 적용

정당해산심판을 통한 정당의 강제적 해산은 자유민주주의원리의 중요한 실현 주체로서 정당의 활동의 자유에 대한 중대한 제한이 된다. 그런데 정당활동의 자유는 헌법상 핵심적인 정치적 기본권이라는 점이다. 그러므로 헌법재판소는 민주적 기본질서에 대한 위배된다고 하더라도 바로 해산결정을 내릴 수 없고 헌법상 정당화 사유로서 비례원칙의 준수 여부를 검토하여야 한다.

"일반적으로 비례원칙은 우리 재판소가 법률이나 기타 공권력 행사의 위헌 여부를 판단할 때 사용하는 위헌심사 척도의 하나이다. 그러나 정당해산심판제도에서는 헌법재판소의 정당해산결정이 정당의 자유를 침해할 수 있는 국가권력에 해당하므로 헌법재판소가 정당해산결정을 내리기 위해서는 그 해산결정이 비례원칙에 부합하는지를 숙고해야 하는바, 이 경우의 비례원칙 준수 여부는 그것이 통상적으로 기능하는 위헌심사의 척도가 아니라 헌법재판소의 정당해산결정이 충족해야 할 일종의 헌법적 요건 혹은 헌법적 정당화 사유에 해당한다. 이와 같이 강제적 정당해산은 우리 헌법상 핵심적인 정치적 기본권인 정당 활동의 자유에 대한 근본적 제한이므로 헌법재판소는 이에 관한 결정을 할 때 헌법 제37조 제2항이 규정하고 있는 비례원칙을 준수해야만 하는 것이다.따라서 헌법 제37조 제2항의 내용, 침익적 국가권력의 행사에 수반되는 법치국가적 한계, 나아가 정당해산심판제도의 최후수단적 성격이나 보충적 성격을 감안한다면, 헌법 제8조 제4항의 명문규정상 요건이 구비된 경우에도 해당 정당의 위헌적 문제성을 해결할 수 있는 다른 대안적 수단이 없고, 정당해산결정을 통하여 얻을 수 있는 사회적 이익이 정당해산결정으로 인해 초래되는 정당의 정당활동 자유 제한으로 인한 불이익과 민주주의 사회에 대한 중대한 제약이라는 사회적 불이익을 초과할 수 있을 정도로 큰 경우에 한하여 정당해산결정이 헌법적으로 정당화될 수 있다"(헌재 2014.12.19. 2013헌다1, 통합진보당 해산 청구 사건(인용(해산))).

3. 보충성원칙의 적용

민주주의국가에서의 정당의 위상과 그 활동의 중요성을 감안한다면 정당의 활동이 민주적 기본질서에 위배된다고 하더라도 먼저 위헌법률심판, 헌법소원심판 등과 같은 그 구체적인 활동 자체에 대한 교정 수단을 통하여 합헌성 회복의 노력을 경주하여야 할 것이고 그러함에도 중대한 위배가 지속되는 경우 정당의 강제해산절차를 통한 정당해산을 선언하여야 할 것이다(정재황, 1616-1617면).

제 5 절 위헌정당해산결정

Ⅰ. 결정정족수 및 결정 범위

헌법재판소가 정당해산을 결정하는 경우에는 헌법재판소 재판관 9인 중에서 6인 이상의 찬성이 있어야 한다(헌법 제113조 제1항).

정당의 일부에 대한 해산청구가 가능하면 청구된 일부에 대한 해산결정은 가능하다고 본다. 문제는 정당 전체에 대한 해산청구의 경우에 피청구인 정당의 일부에 대하여만 해산결정을 할 수 있는가이다. 해산결정이 가지는 정치적 효과와 기본권 제한효과를 감안할 때 청구범위 내에서 축소판단이 가능하면 정당의 일부에 대하여만 해산결정이 비례원칙에 부합한다. 독일 연방헌법재판소법의 경우 법적으로 또는 조직상으로 정당의 독립적인 부분에 대하여 해산할 수 있다는 규정이 있으나(제46조 제2항, 제3항) 이런 규정이 없는 상황에서 이런 판단이 가능할지에 대하여는 논란이 있을 수 있다. 해산되는 정당의 일부가 가분적이고 해산사유가 여기에 한정된 경우 정당의 일부에 대하여서만 해산결정을 내릴 수 있다고 본다.

Ⅱ. 결정서의 송달

해산을 명하는 결정서는 피청구인인 정당 외에도 국회·정부 및 중앙선거관리위원회에도 송달하여야 한다(헌재법 제58조 제2항). 결정서를 정부에 송달하는 경우 이를 법무부장관에게 송달하여야 한다(헌재심판규칙 제66조 제2항). 위 결정은 중앙선거관리위원회가 정당법에 따라 집행한다(헌재법 제60조). 해산결정의 통지를 받은 "당해 선거관리위원회는 그 정당의 등록을 말소하고 지체 없이 그 뜻을 공고하여야 한다"(헌재법 제60조; 정당법 제47조).

Ⅲ. 일사부재리의 원칙

헌법재판소가 정당의 위헌 여부를 심리한 결과, 위헌정당이 아니라는 결정이 내려진 경우에는, 일사부재리의 원칙에 따라 동일한 정당에 대하여 동일한 사유로 다시 제소할 수 없다(헌재법 제39조). 그러나 기각 결정 후 새로운 사실을 기초로 하여 동일한 정당에 대한 해산심판의 청구는 가능하다.

Ⅳ. 재심의 가능성

정당해산결정에 대한 재심의 가능성 여부에 대하여 헌법재판소는 긍정하고 있다. 통합진보당 해산 결정이 있은 후 재심청구사건 결정에서 헌재는 이를 분명히 했다. 당해 사건에서 재심청구인은 재심사유로서의 재심대상결정이 내란음모 등의 형사사건에서 지하혁명조직과 내란음모행위의 존재를 전제로 하고 있음에도, 대법원이 2014도10978 판결에서는 지하혁명조직의 존재 및 내란음모죄의 성립을 부정하였기 때문에 재심대상결정은 결국 판결의 기초된 재판이 다른 재판에 따라 바뀐 경우라고 주장하였고 이에 따라 재심대상결정에서 소속 국회의원의 의원직을 상실시킨 것 그리고 재심대상결정 중 경정 대상이 아닌 내용을 경정한 것이 모두 위법하다고 주장하였다. 헌재는 당해 정당해산결정에서 재심이 가능함을 긍정하고 이 재심절차에서는 원칙적으로 민사소송법 규정이 준용된다고 하였지만 위 청구 사유가 민사소송법 제451조 제1항의 재심사유 어디에도 해당하지 않는다고 하면서 청구를 각하하였다(정재황, 1630면).

"정당해산심판은 원칙적으로 해당 정당에게만 그 효력이 미치며, 정당해산결정은 대체정당이나 유사정당의 설립까지 금지하는 효력을 가지므로 오류가 드러난 결정을 바로잡지 못한다면 장래 세대의 정치적 의사결정에까지 부당한 제약을 초래할 수 있다. 따라서 정당해산심판절차에서는 재심을 허용하지 아니함으로써 얻을 수 있는 법적 안정성의 이익보다 재심을 허용함으로써 얻을 수 있는 구체적 타당성의 이익이 더 크므로 재심을 허용하여야 한다. 한편, 이 재심절차에서는 원칙적으로 민사소송법의 재심에 관한 규정이 준용된다"(헌재 2016.5.26. 2015헌아20, 통합진보당 해산(재심)(각하)).

제 6 절 위헌정당해산결정의 효력

헌법재판소가 정당의 위헌 여부를 심리한 결과, 위헌정당이 아니라는 결정이 내려진 경우에는, 일사부재리의 원칙에 따라 동일한 정당에 대하여 동일한 사유로 다시 제소할 수 없다(헌재법 제39조). 한편 위헌정당이라는 이유로 해산을 결정할 경우 그 효력은 다음과 같다.

Ⅰ. 창설적 효력

헌법재판소가 정당의 해산을 명하는 결정을 선고한 때에는 그 정당은 해산된다(헌재법 제59조). 정당해산결정은 일종의 창설적 효력을 가진다. 헌법재판소의 결정에 의하여 위헌정당으로 확정되고 위헌결정된 정당은 자동적으로 해산된다(헌재법 제59조). 따라서 중앙선거관리위원회의 해산공고는 선언적·확인적 효력밖에 없다. 정당의 해산을 명하는 헌법재판소의 결정은 중앙선거관리위원회가 정당법에 따라 집행한다(헌재법 제60조).

위헌정당해산결정은 창설적 효력을 가지므로 헌법재판소의 결정에 의하여 비로소 정당해산의 효과가 발생하는 것이고 중앙선거관리위원회의 등록말소 공고는 단순한 사후적 행정조치에 불과하다. 그런 의미에서 헌법재판소의 해산결정은 형성적 효력을 가진다. 해산결정 전까지 피청구인 정당이 누렸던 정당으로서의 특권과 이에 대한 신뢰에 기초한 행위는 위헌적 평가를 받지 아니한다. 또한 소속 국회의원의 국회에서의 의결 등의 입법 활동 역시 위헌이 되지 아니한다. 다만, 이와는 별개로 해산결정의 전제가 된 피청구인 정당의 활동의 위헌성에 관련된 자들의 법적 책임은 사법기관에 의하여 개별적으로 판단되게 된다.

Ⅱ. 정당으로서의 특권상실

해산결정의 통지를 받은 중앙선거관리위원회는 그 정당의 등록을 말소하고 지체없이 그 뜻을 공고하여야 한다(정당법 제47조). 이 공고행위는 단순한 선언적·확인적 효력을 가지는 데 불과하다. 헌법재판소의 해산선고를 받은 정당은 선고와 동시에 정당으로서의 모든 특권을 상실하게 되고 그 때부터 불법결사가 되어 행정처분으로 그 존립과 활동이 금지될 수 있다. 이에 따라 누구든지 "헌법재판소의 결정에 의하여 해산된 정당의 목적을 달성하기 위한 집회 또는 시위"를 주최하여서는 아니 된다(집시법 제5조 제1항 제1호).

Ⅲ. 대체정당의 설립 금지

"정당이 헌법재판소의 결정으로 해산된 때에는 해산된 정당의 강령(또는 기본정책)과 동일하거나 유사한 것으로 정당을 창당하지 못한다"(정당법 제40조). 또한 "해산된 정당의 명칭과 같은 명칭은 정당의 명칭으로 다시 사용하지 못한다"(동법 제41조 제2항). 대체정당이 설립된 경우 그 정당은 더 이상 정당의 특권을 부여받지 못하기 때문에 정부의 행정처분만으로도 해산된다.

Ⅳ. 유사명칭의 사용 금지

해산된 정당의 명칭과 같은 명칭은 정당의 명칭으로 다시 사용되지 못한다(헌재법 제41조). 또한 정당이 해산되었으므로 해산된 정당의 당원자격도 상실된다.

Ⅴ. 잔여재산의 국고귀속

"헌법재판소의 해산결정에 의하여 해산된 정당의 잔여재산은 국고에 귀속한다"(정당법 제48조 제2항). 이는 정당법 제44조에 의거한 중앙선거관리위원회의 등록취소 및 정당법 제45조에 의거한 자진해산의 경우 잔여재산은 먼저 당헌이 정하는 바에 따라 처분하고(동법 제48조 제1항), 그래도 처분되지 아니한 잔여재산이 국고에 귀속되는 것(동법 제48조 제2항)과 대비된다. 보조금을 받은 정당이 해산하거나 그 등록이 취소된 때 보조금의 잔액이 있는 때에는 이를 반환하여야 한다(정치자금법 제30조).

Ⅵ. 소속의원의 자격상실 여부

1. 의 의

헌법재판소의 해산결정에 따라 강제해산된 정당의 소속의원은 의원직을 계속 유지할 수 있는지, 아니면 해산결정과 동시에 의원직을 상실하는지에 관하여는 명문의 규정이 없다. 다만, 1962년 헌법은 제38조에서 "국회의원은 소속정당이 해산된 때에는 그 자격이 상실된다"라는 규정을 두고 있었다. 그리고 공직선거법에서 "비례대표국회의원 또는 비례대표지방의회의원이 소속정당의 합당·해산 또는 제명 외의 사유로 당적을 이탈·변경하거나 2 이상의 당적을 가지고 있는 때에는 국회법 제136조(퇴직) 또는 지방자치법 제78조(의원의 퇴직)의 규정에 불구하고 퇴직한다"(제192조 제4항)라는 규정을 두고 있을 뿐이다.

2. 학 설

① **의원직유지설** 현행법상 국회의원의 무소속입후보 및 무소속 지위를 인정하므로 해산정당의 소속의원은 의원직을 그대로 유지한 채 무소속의원이 된다는 견해가 있다.

② **의원직상실설** 현대적인 정당국가 경향에 비추어 유권자는 선거에서 후보자 개인에 대한 판단과 더불어 정당에 대하여 투표하는 경향이 강하기 때문에 해산정당 소속의원의 의원직 유지는 정당제 민주주의원리에도 부합하지 아니할 뿐만 아니라 방어적 민주주의의 원리에도 어긋나기 때문에 의원직은 상실된다고 보는 견해도 있다.

③ **지역구·비례대표의원분리설(절충설)** 비례대표의원은 정당을 바탕으로 하는 국민의 의사에 의하여 선출되므로 정당이 해산되는 경우에 의원직을 상실하게 되지만, 지역구 의원은 정당보다 개인적인 자질을 기준으로 국민적 의사가 부여되므로 자유위임의 원칙에 따라 의원직을 상실하지 아니한다는 절충적인 견해도 있다.

3. 헌법재판소 결정과 대법원 판결

① **국회의원 의원직 상실** 헌법재판소는 정당해산결정으로 소속 국회의원의 자격이 상실되는지 여부에 대하여, 엄격한 요건 아래 위헌정당으로 판단한 정

당에 대한 해산명령은 헌법을 수호한다는 방어적 민주주의 관점에서 비롯되므로 이러한 비상상황에서는 국회의원의 국민대표성은 부득이 희생될 수밖에 없고, 해산정당 소속 국회의원의 의원직유지는 결국 정당해산제도가 가지는 헌법수호 기능이나 방어적 민주주의 이념과 원리에 어긋나고 정당해산결정의 실효성을 확보할 수 없게 된다는 점을 강조하면서, 헌법재판소의 해산결정으로 해산되는 정당 소속 국회의원의 의원직 상실은 위헌정당해산 제도의 본질로부터 인정되는 기본적 효력이므로 위헌정당해산심판을 통하여 정당이 강제해산되는 경우 지역구국회의원이냐 비례대표국회의원이냐를 불문하고 해당 정당소속 국회의원은 자격이 상실된다고 판시한다(헌재 2014.12.19. 2013헌다1, 통합진보당 해산청구 사건(인용(해산))).

> "만일 해산되는 위헌정당 소속 국회의원들이 의원직을 유지한다면 그 정당의 위헌적인 정치이념을 정치적 의사 형성과정에서 대변하고 또 이를 실현하려는 활동을 계속하는 것을 허용함으로써 실질적으로는 그 정당이 계속 존속하여 활동하는 것과 마찬가지의 결과를 가져오게 될 것이다. 따라서 해산정당 소속 국회의원의 의원직을 상실시키지 않는 것은 결국 위헌정당해산제도가 가지는 헌법수호의 기능이나 방어적 민주주의 이념과 원리에 어긋나는 것이고, 나아가 정당해산결정의 실효성을 제대로 확보할 수 없게 된다. 이와 같이 헌법재판소의 해산결정으로 해산되는 정당 소속 국회의원의 의원직 상실은 정당해산심판제도의 본질로부터 인정되는 기본적 효력으로 봄이 상당하므로, 이에 관하여 명문의 규정이 있는지 여부는 고려의 대상이 되지 아니하고, 그 국회의원이 지역구에서 당선되었는지, 비례대표로 당선되었는지에 따라 아무런 차이가 없이, 정당해산결정으로 인하여 신분유지의 헌법적인 정당성을 잃으므로 그 의원직은 상실되어야 한다" (헌재 2014.12.19. 2013헌다1, 통합진보당 해산청구 사건(인용)).

② **헌법재판소: 지방의회의원 지역구 의원직유지 · 비례대표 의원직상실** 강제해산된 정당소속 지방의회의원의 자격도 당연히 상실되는가에 대하여는 헌법재판소가 통합진보당 해산 청구 사건에서 명시적인 입장을 밝히지 아니하였다. 왜냐하면 청구인 측에서 지방의회의원의 자격상실 여부의 심판을 청구하지 아니하였기 때문이다. 그런데 헌법재판소는 공직선거법 제192조 제4항이 규정하는 '해산'의 의미를 정당이 '자진 해산'하는 경우에만 비례대표 국회의원은 퇴직되지 아니한다는 의미라고 해석함으로써 위헌정당소속 비례대표지방의회의원은 위헌정당해산결정으로 의원직을 당연히 상실한다고 본다. 이러한 헌법재판소 결정의 취지를 반영하여 중앙선거관리위원회는 위헌정당으로 해산된 통합진보당 소속 비례대표 지방의회의원의 자격을 상실하는 결정을 내렸다. 다만, 위헌정당소속 지역구지방의회의원의 경우에는 명문의 규정이 없다는 이유로 의원직을 유지한다고 본다. 하

지만, 지역구의원의 경우 국회의원과 지방의원 사이에 차별적 결과의 초래는 바람직하지 아니하다.

③ 대법원: 비례대표지방의회의원도 의원직유지　그런데 대법원은 비례대표국회의원과 달리 비례대표지방의회의원도 위헌정당해산결정으로 의원직을 상실하지 아니한다고 판시한다.

> "위헌정당 해산결정의 효과로 그 정당의 추천 등으로 당선되거나 임명된 공무원 등의 지위를 상실시킬지 여부는 헌법이나 법률로 명확히 규정하여야 하지만, 그와 같은 명문의 규정이 없더라도 위헌정당 해산결정에 따른 효과로 위헌정당 소속 국회의원은 그 국회의원직을 상실한다고 보아야 한다"(대판 2021.4.29. 2016두39856, 국회의원지위확인).
>
> "지방의회의원은 국회의원과 그 역할, 헌법·법률상 지위 등에 있어 본질적인 차이가 있고 비례대표지방의회의원의 의원직 상실이 헌법재판소의 정당해산결정 취지에서 곧바로 도출된다고 할 수 없는 점, '해산'의 문언적 의미, 정당의 해산에 관한 정당법과 공직선거법의 규정 체계, 공직선거법 제192조 제4항의 입법 연혁 등에 비추어, 공직선거법 제192조 제4항은 소속 정당이 헌법재판소의 위헌정당 해산결정에 따라 해산된 경우 비례대표지방의회의원의 퇴직을 규정하는 조항이라고 할 수 없으므로 비례대표 지방의회의원의 지위를 상실하였다고 볼 수 없다"(대판 2021.4.29. 2016두39825, 비례대표지방의회의원 퇴직처분 취소 등).

4. 검　토

독일에서는 연방헌법재판소가 판결로 해산된 정당에 소속된 연방의회 또는 주의회의원은 의원자격을 상실한다고 판시함에 따라(BVerfGE 2, 73; BVerfGE 5, 392), 연방선거법 제46조 제1항 제5호에 의원직 상실에 관한 명문규정을 두기에 이르렀다.

생각건대 해산정당소속 의원의 의원직의 유지 여부에 관하여 헌법과 법률이 침묵하고 있는 입법의 공백 상태에서 헌법재판소가 위헌정당해산심판사건 결정을 통하여 소속의원의 자격을 상실하게 한 결정은 정당해산결정의 효력을 담보하기 위하여 불가피한 선택으로 보인다. 앞으로 새로운 입법을 통하여 헌법재판소로부터 위헌정당해산결정을 받은 정당 소속 국회의원뿐만 아니라 지방의회의원의 의원직 상실 여부에 관하여 이를 명시적으로 밝힐 필요가 있다.

부 록

대한민국헌법

헌법재판소법

대한민국헌법

전 문

유구한 역사와 전통에 빛나는 우리 대한국민은 3·1운동으로 건립된 대한민국임시정부의 법통과 불의에 항거한 4·19민주이념을 계승하고, 조국의 민주개혁과 평화적 통일의 사명에 입각하여 정의·인도와 동포애로써 민족의 단결을 공고히 하고, 모든 사회적 폐습과 불의를 타파하며, 자율과 조화를 바탕으로 자유민주적 기본질서를 더욱 확고히 하여 정치·경제·사회·문화의 모든 영역에 있어서 각인의 기회를 균등히 하고, 능력을 최고도로 발휘하게 하며, 자유와 권리에 따르는 책임과 의무를 완수하게 하여, 안으로는 국민생활의 균등한 향상을 기하고 밖으로는 항구적인 세계평화와 인류공영에 이바지함으로써 우리들과 우리들의 자손의 안전과 자유와 행복을 영원히 확보할 것을 다짐하면서 1948년 7월 12일에 제정되고 8차에 걸쳐 개정된 헌법을 이제 국회의 의결을 거쳐 국민투표에 의하여 개정한다.

1987년 10월 29일

제1장 총 강

제1조 ① 대한민국은 민주공화국이다.
② 대한민국의 주권은 국민에게 있고, 모든 권력은 국민으로부터 나온다.

제2조 ① 대한민국의 국민이 되는 요건은 법률로 정한다.
② 국가는 법률이 정하는 바에 의하여 재외국민을 보호할 의무를 진다.

제3조 대한민국의 영토는 한반도와 그 부속도서로 한다.

제4조 대한민국은 통일을 지향하며, 자유민주적 기본질서에 입각한 평화적통일 정책을 수립하고 이를 추진한다.

제5조 ① 대한민국은 국제평화의 유지에 노력하고 침략적 전쟁을 부인한다.
② 국군은 국가의 안전보장과 국토방위의 신성한 의무를 수행함을 사명으로 하며, 그 정치적 중립성은 준수된다.

제6조 ① 헌법에 의하여 체결·공포된 조약과 일반적으로 승인된 국제법규는 국내법과 같은 효력을 가진다.
② 외국인은 국제법과 조약이 정하는 바에 의하여 그 지위가 보장된다.

제7조 ① 공무원은 국민전체에 대한 봉사자이며, 국민에 대하여 책임을 진다.
② 공무원의 신분과 정치적 중립성은 법률이 정하는 바에 의하여 보장된다.

제8조 ① 정당의 설립은 자유이며, 복수정당제는 보장된다.
② 정당은 그 목적·조직과 활동이 민주적이어야 하며, 국민의 정치적 의사형성에 참여하는데 필요한 조직을 가져야 한다.
③ 정당은 법률이 정하는 바에 의하여 국가의 보호를 받으며, 국가는 법률이 정하는 바에 의하여 정당운영에 필요한 자금을 보조할 수 있다.
④ 정당의 목적이나 활동이 민주적 기본질서에 위배될 때에는 정부는 헌법재판소에 그 해산을 제소할 수 있고, 정당은 헌법재판소의 심판에 의하여 해산된다.

제9조 국가는 전통문화의 계승·발전과 민족문화의 창달에 노력하여야 한다.

제2장 국민의 권리와 의무

제10조 모든 국민은 인간으로서의 존엄과 가치를 가지며, 행복을 추구할 권리를 가진다. 국가는 개인이 가지는 불가침의 기본적 인권을 확인하고 이를 보장할 의무를 진다.

제11조 ① 모든 국민은 법 앞에 평등하다. 누구든지 성별·종교 또는 사회적 신분에 의하여 정치적·경제적·사회적·문화적 생활의 모든 영역에 있어서 차별을 받지 아니한다.
② 사회적 특수계급의 제도는 인정되지 아니하며, 어떠한 형태로도 이를 창설할 수 없다.
③ 훈장등의 영전은 이를 받은 자에게만 효력이 있고, 어떠한 특권도 이에 따르지 아니한다.

제12조 ① 모든 국민은 신체의 자유를 가진다. 누구든지 법률에 의하지 아니하고는 체포·구속·압수·수색 또는 심문을 받지 아니하며, 법률과 적법한 절차에 의하지 아니하고는 처벌·보안처분 또는 강제노역을 받지 아니한다.
② 모든 국민은 고문을 받지 아니하며, 형사상 자기에게 불리한 진술을 강요당하지 아니한다.
③ 체포·구속·압수 또는 수색을 할 때에는 적법한 절차에 따라 검사의 신청에 의하여 법관이 발부한 영장을 제시하여야 한다. 다만, 현행범인인 경우와 장기 3년 이상의 형에 해당하는 죄를 범하고 도피 또는 증거인멸의 염려가 있을 때에는 사후에 영장을 청구할 수 있다.
④ 누구든지 체포 또는 구속을 당한 때에는 즉시 변호인의 조력을 받을 권리를 가진다. 다만, 형사피고인이 스스로 변호인을 구할 수 없을 때에는 법률이 정하는 바에 의하여 국가가 변호인을 붙인다.
⑤ 누구든지 체포 또는 구속의 이유와 변호인의 조력을 받을 권리가 있음을 고지받지 아니하고는 체포 또는 구속을 당하지 아니한다. 체포 또는 구속을 당한자의 가족등 법률이 정하는 자에게는 그 이유와 일시·장소가 지체없이 통지되어야 한다.
⑥ 누구든지 체포 또는 구속을 당한 때에는 적부의 심사를 법원에 청구할 권리를 가진다.
⑦ 피고인의 자백이 고문·폭행·협박·구속의 부당한 장기화 또는 기망 기타의 방법에 의하여 자의로 진술된 것이 아니라고 인정될 때 또는 정식재판에 있어서 피고인의 자백이 그에게 불리한 유일한 증거일 때에는 이를 유죄의 증거로 삼거나 이를 이유로 처벌할 수 없다.

제13조 ① 모든 국민은 행위시의 법률에 의하여 범죄를 구성하지 아니하는 행위로 소추되지 아니하며, 동일한 범죄에 대하여 거듭 처벌받지 아니한다.
② 모든 국민은 소급입법에 의하여 참정권의 제한을 받거나 재산권을 박탈당하지 아니한다.
③ 모든 국민은 자기의 행위가 아닌 친족의 행위로 인하여 불이익한 처우를 받지 아니한다.

제14조 모든 국민은 거주·이전의 자유를 가진다.

제15조 모든 국민은 직업선택의 자유를 가진다.

제16조 모든 국민은 주거의 자유를 침해받지 아니한다. 주거에 대한 압수나 수색을 할 때에는 검사의 신청에 의하여 법관이 발부한 영장을 제시하여야 한다.

제17조 모든 국민은 사생활의 비밀과 자유를 침해받지 아니한다.

제18조 모든 국민은 통신의 비밀을 침해받지 아니한다.

제19조 모든 국민은 양심의 자유를 가진다.

제20조 ① 모든 국민은 종교의 자유를 가진다.
② 국교는 인정되지 아니하며, 종교와 정치는 분리된다.

제21조 ① 모든 국민은 언론·출판의 자유와 집회·결사의 자유를 가진다.
② 언론·출판에 대한 허가나 검열과 집회·결사에 대한 허가는 인정되지 아니한다.
③ 통신·방송의 시설기준과 신문의 기능을 보장하기 위하여 필요한 사항은 법률로 정한다.
④ 언론·출판은 타인의 명예나 권리 또는 공중도덕이나 사회윤리를 침해하여서는 아니된다. 언론·출판이 타인의 명예나 권리를 침해한 때에는 피해자는 이에 대한 피해의 배상을 청구할 수 있다.

제22조 ① 모든 국민은 학문과 예술의 자유를 가진다.
② 저작자·발명가·과학기술자와 예술가의 권리는 법률로써 보호한다.

제23조 ① 모든 국민의 재산권은 보장된다. 그 내용과 한계는 법률로 정한다.
② 재산권의 행사는 공공복리에 적합하도록 하여야 한다.
③ 공공필요에 의한 재산권의 수용·사용 또는 제한 및 그에 대한 보상은 법률로써 하되, 정당한 보상을 지급하여야 한다.

제24조 모든 국민은 법률이 정하는 바에 의하여 선거권을 가진다.

제25조 모든 국민은 법률이 정하는 바에 의하여 공무담임권을 가진다.

제26조 ① 모든 국민은 법률이 정하는 바에 의하여 국가기관에 문서로 청원할 권리를 가진다.
② 국가는 청원에 대하여 심사할 의무를 진다.

제27조 ① 모든 국민은 헌법과 법률이 정한 법관에 의하여 법률에 의한 재판을 받을 권리를 가진다.
② 군인 또는 군무원이 아닌 국민은 대한민국의 영역 안에서는 중대한 군사상 기밀·초병·초소·유독음식물공급·포로·군용 물에 관한 죄 중 법률이 정한 경우와 비상계엄이 선포된 경우를 제외하고는 군사법원의 재판을 받지 아니한다.
③ 모든 국민은 신속한 재판을 받을 권리를 가진다. 형사피고인은 상당한 이유가 없는 한 지체없이 공개재판을 받을 권리를 가진다.
④ 형사피고인은 유죄의 판결이 확정될 때까지는 무죄로 추정된다.
⑤ 형사피해자는 법률이 정하는 바에 의하여

당해 사건의 재판절차에서 진술할 수 있다.

제28조 형사피의자 또는 형사피고인으로서 구금되었던 자가 법률이 정하는 불기소처분을 받거나 무죄판결을 받은 때에는 법률이 정하는 바에 의하여 국가에 정당한 보상을 청구할 수 있다.

제29조 ① 공무원의 직무상 불법행위로 손해를 받은 국민은 법률이 정하는 바에 의하여 국가 또는 공공단체에 정당한 배상을 청구할 수 있다. 이 경우 공무원 자신의 책임은 면제되지 아니한다.
② 군인·군무원·경찰공무원 기타 법률이 정하는 자가 전투·훈련등 직무집행과 관련하여 받은 손해에 대하여는 법률이 정하는 보상 외에 국가 또는 공공단체에 공무원의 직무상 불법행위로 인한 배상은 청구할 수 없다.

제30조 타인의 범죄행위로 인하여 생명·신체에 대한 피해를 받은 국민은 법률이 정하는 바에 의하여 국가로부터 구조를 받을 수 있다.

제31조 ① 모든 국민은 능력에 따라 균등하게 교육을 받을 권리를 가진다.
② 모든 국민은 그 보호하는 자녀에게 적어도 초등교육과 법률이 정하는 교육을 받게 할 의무를 진다.
③ 의무교육은 무상으로 한다.
④ 교육의 자주성·전문성·정치적 중립성 및 대학의 자율성은 법률이 정하는 바에 의하여 보장된다.
⑤ 국가는 평생교육을 진흥하여야 한다.
⑥ 학교교육 및 평생교육을 포함한 교육제도와 그 운영, 교육재정 및 교원의 지위에 관한 기본적인 사항은 법률로 정한다.

제32조 ① 모든 국민은 근로의 권리를 가진다. 국가는 사회적·경제적 방법으로 근로자의 고용의 증진과 적정임금의 보장에 노력하여야 하며, 법률이 정하는 바에 의하여 최저임금제를 시행하여야 한다.
② 모든 국민은 근로의 의무를 진다. 국가는 근로의 의무의 내용과 조건을 민주주의원칙에 따라 법률로 정한다.
③ 근로조건의 기준은 인간의 존엄성을 보장하도록 법률로 정한다.
④ 여자의 근로는 특별한 보호를 받으며, 고용·임금 및 근로조건에 있어서 부당한 차별을 받지 아니한다.
⑤ 연소자의 근로는 특별한 보호를 받는다.
⑥ 국가유공자·상이군경 및 전몰군경의 유가족은 법률이 정하는 바에 의하여 우선적으로 근로의 기회를 부여받는다.

제33조 ① 근로자는 근로조건의 향상을 위하여 자주적인 단결권·단체교섭권 및 단체행동권을 가진다.
② 공무원인 근로자는 법률이 정하는 자에 한하여 단결권·단체교섭권 및 단체행동권을 가진다.
③ 법률이 정하는 주요방위산업체에 종사하는 근로자의 단체행동권은 법률이 정하는 바에 의하여 이를 제한하거나 인정하지 아니할 수 있다.

제34조 ① 모든 국민은 인간다운 생활을 할 권리를 가진다.
② 국가는 사회보장·사회복지의 증진에 노력할 의무를 진다.
③ 국가는 여자의 복지와 권익의 향상을 위하여 노력하여야 한다.
④ 국가는 노인과 청소년의 복지향상을 위한 정책을 실시할 의무를 진다.
⑤ 신체장애자 및 질병·노령 기타의 사유로 생활능력이 없는 국민은 법률이 정하는 바에 의하여 국가의 보호를 받는다.
⑥ 국가는 재해를 예방하고 그 위험으로부터 국민을 보호하기 위하여 노력하여야 한다.

제35조 ① 모든 국민은 건강하고 쾌적한 환경에서 생활할 권리를 가지며, 국가와 국민은 환경보전을 위하여 노력하여야 한다.
② 환경권의 내용과 행사에 관하여는 법률로 정한다.
③ 국가는 주택개발정책등을 통하여 모든 국민이 쾌적한 주거생활을 할 수 있도록 노력하여야 한다.

제36조 ① 혼인과 가족생활은 개인의 존엄과 양성의 평등을 기초로 성립되고 유지되어야 하며, 국가는 이를 보장한다.
② 국가는 모성의 보호를 위하여 노력하여야 한다.
③ 모든 국민은 보건에 관하여 국가의 보호를 받는다.

제37조 ① 국민의 자유와 권리는 헌법에 열거되지 아니한 이유로 경시되지 아니한다.
② 국민의 모든 자유와 권리는 국가안전보장·질서유지 또는 공공복리를 위하여 필요한 경우에 한하여 법률로써 제한할 수 있으며, 제한하는 경우에도 자유와 권리의 본질적인 내용을 침해할 수 없다.

제38조 모든 국민은 법률이 정하는 바에 의하여 납세의 의무를 진다.

제39조 ① 모든 국민은 법률이 정하는 바에 의하여 국방의 의무를 진다.
② 누구든지 병역의무의 이행으로 인하여 불이익한 처우를 받지 아니한다.

제3장 국 회

제40조 입법권은 국회에 속한다.

제41조 ① 국회는 국민의 보통·평등·직접·비밀선거에 의하여 선출된 국회의원으로 구성한다.
② 국회의원의 수는 법률로 정하되, 200인 이상으로 한다.
③ 국회의원의 선거구와 비례대표제 기타 선거에 관한 사항은 법률로 정한다.

제42조 국회의원의 임기는 4년으로 한다.

제43조 국회의원은 법률이 정하는 직을 겸할 수 없다.

제44조 ① 국회의원은 현행범인인 경우를 제외하고는 회기중 국회의 동의없이 체포 또는 구금되지 아니한다.
② 국회의원이 회기전에 체포 또는 구금된 때에는 현행범인이 아닌 한 국회의 요구가 있으면 회기중 석방된다.

제45조 국회의원은 국회에서 직무상 행한 발언과 표결에 관하여 국회외에서 책임을 지지 아니한다.

제46조 ① 국회의원은 청렴의 의무가 있다.
② 국회의원은 국가이익을 우선하여 양심에 따라 직무를 행한다.
③ 국회의원은 그 지위를 남용하여 국가·공공단체 또는 기업체와의 계약이나 그 처분에 의하여 재산상의 권리·이익 또는 직위를 취득하거나 타인을 위하여 그 취득을 알선할 수 없다.

제47조 ① 국회의 정기회는 법률이 정하는 바에 의하여 매년 1회 집회되며, 국회의 임시회는 대통령 또는 국회재적의원 4분의 1 이상의 요구에 의하여 집회된다.
② 정기회의 회기는 100일을, 임시회의 회기는 30일을 초과할 수 없다.
③ 대통령이 임시회의 집회를 요구할 때에는 기간과 집회요구의 이유를 명시하여야 한다.

제48조 국회는 의장 1인과 부의장 2인을 선출한다.

제49조 국회는 헌법 또는 법률에 특별한 규정이 없는 한 재적의원 과반수의 출석과 출석의원 과반수의 찬성으로 의결한다. 가부동수인 때에는 부결된 것으로 본다.

제50조 ① 국회의 회의는 공개한다. 다만, 출석의원 과반수의 찬성이 있거나 의장이 국가의 안전보장을 위하여 필요하다고 인정할 때에는 공개하지 아니할 수 있다.
② 공개하지 아니한 회의내용의 공표에 관하여는 법률이 정하는 바에 의한다.

제51조 국회에 제출된 법률안 기타의 의안은 회기중에 의결되지 못한 이유로 폐기되지 아니한다. 다만, 국회의원의 임기가 만료된 때에는 그러하지 아니하다.

제52조 국회의원과 정부는 법률안을 제출할 수 있다.

제53조 ① 국회에서 의결된 법률안은 정부에 이송되어 15일 이내에 대통령이 공포한다.
② 법률안에 이의가 있을 때에는 대통령은 제1항의 기간 내에 이의서를 붙여 국회로 환부하고, 그 재의를 요구할 수 있다. 국회의 폐회중에도 또한 같다.
③ 대통령은 법률안의 일부에 대하여 또는 법률안을 수정하여 재의를 요구할 수 없다.
④ 재의의 요구가 있을 때에는 국회는 재의에 붙이고, 재적의원과반수의 출석과 출석의원 3분의 2 이상의 찬성으로 전과 같은 의결을 하면 그 법률안은 법률로서 확정된다.
⑤ 대통령이 제1항의 기간 내에 공포나 재의의 요구를 하지 아니한 때에도 그 법률안은 법률로서 확정된다.
⑥ 대통령은 제4항과 제5항의 규정에 의하여 확정된 법률을 지체없이 공포하여야 한다. 제5항에 의하여 법률이 확정된 후 또는 제4항에 의한 확정법률이 정부에 이송된 후 5일 이내에 대통령이 공포하지 아니할 때에는 국회의장이 이를 공포한다.
⑦ 법률은 특별한 규정이 없는 한 공포한 날로부터 20일을 경과함으로써 효력을 발생한다.

제54조 ① 국회는 국가의 예산안을 심의·확정한다.
② 정부는 회계연도마다 예산안을 편성하여 회계연도 개시 90일전까지 국회에 제출하고, 국회는 회계연도 개시 30일전까지 이를 의결하여야 한다.
③ 새로운 회계연도가 개시될 때까지 예산안이 의결되지 못한 때에는 정부는 국회에서 예산안이 의결될 때까지 다음의 목적을 위한 경비는 전년도 예산에 준하여 집행할 수 있다.
1. 헌법이나 법률에 의하여 설치된 기관 또는 시설의 유지·운영
2. 법률상 지출의무의 이행
3. 이미 예산으로 승인된 사업의 계속

제55조 ① 한 회계연도를 넘어 계속하여 지출할 필요가 있을 때에는 정부는 연한을 정하여 계속비로서 국회의 의결을 얻어야 한다.
② 예비비는 총액으로 국회의 의결을 얻어야 한다. 예비비의 지출은 차기국회의 승인을 얻어야 한다.

제56조 정부는 예산에 변경을 가할 필요가 있을 때에는 추가경정 예산안을 편성하여 국회

에 제출할 수 있다.

제57조 국회는 정부의 동의없이 정부가 제출한 지출예산 각항의 금액을 증가하거나 새 비목을 설치할 수 없다.

제58조 국채를 모집하거나 예산외에 국가의 부담이 될 계약을 체결하려 할 때에는 정부는 미리 국회의 의결을 얻어야 한다.

제59조 조세의 종목과 세율은 법률로 정한다.

제60조 ① 국회는 상호원조 또는 안전보장에 관한 조약, 중요한 국제조직에 관한조약, 우호통상항해조약, 주권의 제약에 관한 조약, 강화조약, 국가나 국민에게 중대한 재정적 부담을 지우는 조약 또는 입법사항에 관한 조약의 체결·비준에 대한 동의권을 가진다.
② 국회는 선전포고, 국군의 외국에의 파견 또는 외국군대의 대한민국 영역안에서의 주류에 대한 동의권을 가진다.

제61조 ① 국회는 국정을 감사하거나 특정한 국정사안에 대하여 조사할 수 있으며,이에 필요한 서류의 제출 또는 증인의 출석과 증언이나 의견의 진술을 요구할 수 있다.
② 국정감사 및 조사에 관한 절차 기타 필요한 사항은 법률로 정한다.

제62조 ① 국무총리·국무위원 또는 정부위원은 국회나 그 위원회에 출석하여 국정처리상황을 보고하거나 의견을 진술하고 질문에 응답할 수 있다.
② 국회나 그 위원회의 요구가 있을 때에는 국무총리·국무위원 또는 정부위원은 출석·답변하여야 하며, 국무총리 또는 국무위원이 출석요구를 받은 때에는 국무위원 또는 정부위원으로 하여금 출석·답변하게 할 수 있다.

제63조 ① 국회는 국무총리 또는 국무위원의 해임을 대통령에게 건의할 수 있다.
② 제1항의 해임건의는 국회재적의원 3분의 1 이상의 발의에 의하여 국회재적의원 과반수의 찬성이 있어야 한다.

제64조 ① 국회는 법률에 저촉되지 아니하는 범위 안에서 의사와 내부규율에 관한 규칙을 제정할 수 있다.
② 국회는 의원의 자격을 심사하며, 의원을 징계할 수 있다.
③ 의원을 제명하려면 국회재적의원 3분의 2 이상의 찬성이 있어야 한다.
④ 제2항과 제3항의 처분에 대하여는 법원에 제소할 수 없다.

제65조 ① 대통령·국무총리·국무위원·행정각부의장·헌법재판소 재판관·법관·중앙선거관리위원회 위원·감사원장·감사위원 기타 법률이 정한 공무원이 그 직무집행에 있어서 헌법이나 법률을 위배한 때에는 국회는 탄핵의 소추를 의결할 수 있다.
② 제1항의 탄핵소추는 국회재적의원 3분의 1 이상의 발의가 있어야 하며, 그 의결은 국회재적의원 과반수의 찬성이 있어야 한다. 다만, 대통령에 대한 탄핵소추는 국회재적의원 과반수의 발의와 국회재적의원 3분의 2 이상의 찬성이 있어야 한다.
③ 탄핵소추의 의결을 받은 자는 탄핵심판이 있을 때까지 그 권한행사가 정지된다.
④ 탄핵결정은 공직으로부터 파면함에 그친다. 그러나, 이에 의하여 민사상이나 형사상의 책임이 면제되지는 아니한다.

제4장 정 부

제1절 대 통 령

제66조 ① 대통령은 국가의 원수이며, 외국에 대하여 국가를 대표한다.
② 대통령은 국가의 독립·영토의 보전·국가의 계속성과 헌법을 수호할 책무를 진다.
③ 대통령은 조국의 평화적 통일을 위한 성실한 의무를 진다.
④ 행정권은 대통령을 수반으로 하는 정부에 속한다.

제67조 ① 대통령은 국민의 보통·평등·직접·비밀선거에 의하여 선출한다.
② 제1항의 선거에 있어서 최고득표자가 2인 이상인 때에는 국회의 재적의원 과반수가 출석한 공개회의에서 다수표를 얻은 자를 당선자로 한다.
③ 대통령후보자가 1인일 때에는 그 득표수가 선거권자 총수의 3분의 1 이상이 아니면 대통령으로 당선될 수 없다.
④ 대통령으로 선거될 수 있는 자는 국회의원의 피선거권이 있고 선거일 현재 40세에 달하여야 한다.
⑤ 대통령의 선거에 관한 사항은 법률로 정한다.

제68조 ① 대통령의 임기가 만료되는 때에는 임기만료 70일 내지 40일전에 후임자를 선거한다.
② 대통령이 궐위된 때 또는 대통령 당선자가 사망하거나 판결 기타의 사유로 그 자격을 상실한 때에는 60일 이내에 후임자를 선거한다.

제69조 대통령은 취임에 즈음하여 다음의 선서를 한다. "나는 헌법을 준수하고 국가를 보위하며 조국의 평화적 통일과 국민의 자유와 복리의 증진 및 민족문화의 창달에 노력하여 대통령으로서의 직책을 성실히 수행할 것을 국민 앞에 엄숙히 선서합니다."

제70조 대통령의 임기는 5년으로 하며, 중임할 수 없다.

제71조 대통령이 궐위되거나 사고로 인하여 직무를 수행할 수 없을 때에는 국무총리, 법률이 정한 국무위원의 순서로 그 권한을 대행한다.

제72조 대통령은 필요하다고 인정할 때에는 외교·국방·통일 기타 국가안위에 관한 중요정책을 국민투표에 붙일 수 있다.

제73조 대통령은 조약을 체결·비준하고, 외교사절을 신임·접수 또는 파견하며, 선전포고와 강화를 한다.

제74조 ① 대통령은 헌법과 법률이 정하는 바에 의하여 국군을 통수한다.
② 국군의 조직과 편성은 법률로 정한다.

제75조 대통령은 법률에서 구체적으로 범위를 정하여 위임받은 사항과 법률을 집행하기 위하여 필요한 사항에 관하여 대통령령을 발할 수 있다.

제76조 ① 대통령은 내우·외환·천재·지변 또는 중대한 재정·경제상의 위기에 있어서 국가의 안전보장 또는 공공의 안녕질서를 유지하기 위하여 긴급한 조치가 필요하고 국회의 집회를 기다릴 여유가 없을 때에 한하여 최소한으로 필요한 재정·경제상의 처분을 하거나 이에 관하여 법률의 효력을 가지는 명령을 발할 수 있다.
② 대통령은 국가의 안위에 관계되는 중대한 교전상태에 있어서 국가를 보위하기 위하여 긴급한 조치가 필요하고 국회의 집회가 불가능한 때에 한하여 법률의 효력을 가지는 명령을 발할 수 있다.
③ 대통령은 제1항과 제2항의 처분 또는 명령을 한 때에는 지체없이 국회에 보고하여 그 승인을 얻어야 한다.
④ 제3항의 승인을 얻지 못한 때에는 그 처분 또는 명령은 그때부터 효력을 상실한다. 이 경우 그 명령에 의하여 개정 또는 폐지되었던 법률은 그 명령이 승인을 얻지 못한 때부터 당연히 효력을 회복한다.
⑤ 대통령은 제3항과 제4항의 사유를 지체 없이 공포하여야 한다.

제77조 ① 대통령은 전시·사변 또는 이에 준하는 국가비상사태에 있어서 병력으로써 군사상의 필요에 응하거나 공공의 안녕질서를 유지할 필요가 있을 때에는 법률이 정하는 바에 의하여 계엄을 선포할 수 있다.
② 계엄은 비상계엄과 경비계엄으로 한다.
③ 비상계엄이 선포된 때에는 법률이 정하는 바에 의하여 영장제도, 언론·출판·집회·결사의 자유, 정부나 법원의 권한에 관하여 특별한 조치를 할 수 있다.
④ 계엄을 선포한 때에는 대통령은 지체없이 국회에 통고하여야 한다.
⑤ 국회가 재적의원 과반수의 찬성으로 계엄의 해제를 요구한 때에는 대통령은 이를 해제하여야 한다.

제78조 대통령은 헌법과 법률이 정하는 바에 의하여 공무원을 임면한다.

제79조 ① 대통령은 법률이 정하는 바에 의하여 사면·감형 또는 복권을 명할 수 있다.
② 일반사면을 명하려면 국회의 동의를 얻어야 한다.
③ 사면·감형 및 복권에 관한 사항은 법률로 정한다.

제80조 대통령은 법률이 정하는 바에 의하여 훈장 기타의 영전을 수여한다.

제81조 대통령은 국회에 출석하여 발언하거나 서한으로 의견을 표시할 수 있다.

제82조 대통령의 국법상 행위는 문서로써 하며, 이 문서에는 국무총리와 관계 국무위원이 부서한다. 군사에 관한 것도 또한 같다.

제83조 대통령은 국무총리·국무위원·행정각부의 장 기타 법률이 정하는 공사의 직을 겸할 수 없다.

제84조 대통령은 내란 또는 외환의 죄를 범한 경우를 제외하고는 재직중 형사상의 소추를 받지 아니한다.

제85조 전직대통령의 신분과 예우에 관하여는 법률로 정한다.

제 2 절 행 정 부

제 1 관 국무총리와 국무위원

제86조 ① 국무총리는 국회의 동의를 얻어 대통령이 임명한다.
② 국무총리는 대통령을 보좌하며, 행정에 관하여 대통령의 명을 받아 행정각부를 통할한다.
③ 군인은 현역을 면한 후가 아니면 국무총리로 임명될 수 없다.

제87조 ① 국무위원은 국무총리의 제청으로 대통령이 임명한다.
② 국무위원은 국정에 관하여 대통령을 보좌하며, 국무회의의 구성원으로서 국정을 심의한다.
③ 국무총리는 국무위원의 해임을 대통령에게 건의할 수 있다.
④ 군인은 현역을 면한 후가 아니면 국무위원으로 임명될 수 없다.

제2관 국무회의

제88조 ① 국무회의는 정부의 권한에 속하는 중요한 정책을 심의한다.
② 국무회의는 대통령·국무총리와 15인 이상 30인 이하의 국무위원으로 구성한다.
③ 대통령은 국무회의의 의장이 되고, 국무총리는 부의장이 된다.

제89조 다음 사항은 국무회의의 심의를 거쳐야 한다.
1. 국정의 기본계획과 정부의 일반정책
2. 선전·강화 기타 중요한 대외정책
3. 헌법개정안·국민투표안·조약안·법률안 및 대통령령안
4. 예산안·결산·국유재산처분의 기본계획·국가의 부담이 될 계약 기타 재정에 관한 중요사항
5. 대통령의 긴급명령·긴급재정경제처분 및 명령 또는 계엄과 그 해제
6. 군사에 관한 중요사항
7. 국회의 임시회 집회의 요구
8. 영전수여
9. 사면·감형과 복권
10. 행정각부간의 권한의 획정
11. 정부안의 권한의 위임 또는 배정에 관한 기본계획
12. 국정처리상황의 평가·분석
13. 행정각부의 중요한 정책의 수립과 조정
14. 정당해산의 제소
15. 정부에 제출 또는 회부된 정부의 정책에 관계되는 청원의 심사
16. 검찰총장·합동참모의장·각군참모총장·국립대학교총장·대사 기타 법률이 정한 공무원과 국영기업체관리자의 임명
17. 기타 대통령·국무총리 또는 국무위원이 제출한 사항

제90조 ① 국정의 중요한 사항에 관한 대통령의 자문에 응하기 위하여 국가원로로 구성되는 국가원로자문회의를 둘 수 있다.
② 국가원로자문회의의 의장은 직전대통령이 된다. 다만, 직전대통령이 없을 때에는 대통령이 지명한다.
③ 국가원로자문회의의 조직·직무범위 기타 필요한 사항은 법률로 정한다.

제91조 ① 국가안전보장에 관련되는 대외정책·군사정책과 국내정책의 수립에 관하여 국무회의의 심의에 앞서 대통령의 자문에 응하기 위하여 국가안전보장회의를 둔다.
② 국가안전보장회의는 대통령이 주재한다.
③ 국가안전보장회의의 조직·직무범위 기타 필요한 사항은 법률로 정한다.

제92조 ① 평화통일정책의 수립에 관한 대통령의 자문에 응하기 위하여 민주평화통일자문회의를 둘 수 있다.
② 민주평화통일자문회의의 조직·직무범위 기타 필요한 사항은 법률로 정한다.

제93조 ① 국민경제의 발전을 위한 중요정책의 수립에 관하여 대통령의 자문에 응하기 위하여 국민경제자문회의를 둘 수 있다.
② 국민경제자문회의의 조직·직무범위 기타 필요한 사항은 법률로 정한다.

제3관 행정각부

제94조 행정각부의 장은 국무위원 중에서 국무총리의 제청으로 대통령이 임명한다.

제95조 국무총리 또는 행정각부의 장은 소관사무에 관하여 법률이나 대통령령의 위임 또는 직권으로 총리령 또는 부령을 발할 수 있다.

제96조 행정각부의 설치·조직과 직무범위는 법률로 정한다.

제4관 감 사 원

제97조 국가의 세입·세출의 결산, 국가 및 법률이 정한 단체의 회계검사와 행정기관 및 공무원의 직무에 관한 감찰을 하기 위하여 대통령 소속하에 감사원을 둔다.

제98조 ① 감사원은 원장을 포함한 5인 이상 11인 이하의 감사위원으로 구성한다.
② 원장은 국회의 동의를 얻어 대통령이 임명하고, 그 임기는 4년으로 하며, 1차에 한하여 중임할 수 있다.
③ 감사위원은 원장의 제청으로 대통령이 임명하고, 그 임기는 4년으로 하며,1차에 한하여 중임할 수 있다.

제99조 감사원은 세입·세출의 결산을 매년 검사하여 대통령과 차년도 국회에 그 결과를 보고하여야 한다.

제100조 감사원의 조직·직무범위·감사위원의 자격·감사대상공무원의 범위 기타 필요한 사항은 법률로 정한다.

제5장 법 원

제101조 ① 사법권은 법관으로 구성된 법원에 속한다.
② 법원은 최고 법원인 대법원과 각급법원으로 조직된다.
③ 법관의 자격은 법률로 정한다.

제102조 ① 대법원에 부를 둘 수 있다.
② 대법원에 대법관을 둔다. 다만, 법률이 정하는 바에 의하여 대법관이 아닌 법관을 둘 수 있다.

③ 대법원과 각급법원의 조직은 법률로 정한다.

제103조 법관은 헌법과 법률에 의하여 그 양심에 따라 독립하여 심판한다.

제104조 ① 대법원장은 국회의 동의를 얻어 대통령이 임명한다.

② 대법관은 대법원장의 제청으로 국회의 동의를 얻어 대통령이 임명한다.

③ 대법원장과 대법관이 아닌 법관은 대법관회의의 동의를 얻어 대법원장이 임명한다.

제105조 ① 대법원장의 임기는 6년으로 하며, 중임할 수 없다.

② 대법관의 임기는 6년으로 하며, 법률이 정하는 바에 의하여 연임할 수 있다.

③ 대법원장과 대법관이 아닌 법관의 임기는 10년으로 하며, 법률이 정하는 바에 의하여 연임할 수 있다.

④ 법관의 정년은 법률로 정한다.

제106조 ① 법관은 탄핵 또는 금고 이상의 형의 선고에 의하지 아니하고는 파면되지 아니하며, 징계처분에 의하지 아니하고는 정직·감봉 기타 불리한 처분을 받지 아니한다.

② 법관이 중대한 심신상의 장해로 직무를 수행할 수 없을 때에는 법률이 정하는 바에 의하여 퇴직하게 할 수 있다.

제107조 ① 법률이 헌법에 위반되는 여부가 재판의 전제가 된 경우에는 법원은 헌법재판소에 제청하여 그 심판에 의하여 재판한다.

② 명령·규칙 또는 처분이 헌법이나 법률에 위반되는 여부가 재판의 전제가 된 경우에는 대법원은 이를 최종적으로 심사할 권한을 가진다.

③ 재판의 전심절차로서 행정심판을 할 수 있다. 행정심판의 절차는 법률로 정하되, 사법절차가 준용되어야 한다.

제108조 대법원은 법률에 저촉되지 아니하는 범위안에서 소송에 관한 절차, 법원의 내부규율과 사무처리에 관한 규칙을 제정할 수 있다.

제109조 재판의 심리와 판결은 공개한다. 다만, 심리는 국가의 안전보장 또는 안녕질서를 방해하거나 선량한 풍속을 해할 염려가 있을 때에는 법원의 결정으로 공개하지 아니할 수 있다.

제110조 ① 군사재판을 관할하기 위하여 특별법원으로서 군사법원을 둘 수 있다.

② 군사법원의 상고심은 대법원에서 관할한다.

③ 군사법원의 조직·권한 및 재판관의 자격은 법률로 정한다.

④ 비상계엄하의 군사재판은 군인·군무원의 범죄나 군사에 관한 간첩죄의 경우와 초병·초소·유독음식물공급·포로에 관한 죄 중 법률이 정한 경우에 한하여 단심으로 할 수 있다. 다만, 사형을 선고한 경우에는 그러하지 아니하다.

제 6 장　헌법재판소

제111조 ① 헌법재판소는 다음 사항을 관장한다.

1. 법원의 제청에 의한 법률의 위헌여부 심판
2. 탄핵의 심판
3. 정당의 해산 심판
4. 국가기관 상호간, 국가기관과 지방자치단체간 및 지방자치단체 상호간의 권한쟁의에 관한 심판
5. 법률이 정하는 헌법소원에 관한 심판

② 헌법재판소는 법관의 자격을 가진 9인의 재판관으로 구성하며, 재판관은 대통령이 임명한다.

③ 제2항의 재판관중 3인은 국회에서 선출하는 자를, 3인은 대법원장이 지명하는 자를 임명한다.

④ 헌법재판소의 장은 국회의 동의를 얻어 재판관 중에서 대통령이 임명한다.

제112조 ① 헌법재판소 재판관의 임기는 6년으로 하며, 법률이 정하는 바에 의하여 연임할 수 있다.

② 헌법재판소 재판관은 정당에 가입하거나 정치에 관여할 수 없다.

③ 헌법재판소 재판관은 탄핵 또는 금고 이상의 형의 선고에 의하지 아니하고는 파면되지 아니한다.

제113조 ① 헌법재판소에서 법률의 위헌결정, 탄핵의 결정, 정당해산의 결정 또는 헌법소원에 관한 인용결정을 할 때에는 재판관 6인 이상의 찬성이 있어야 한다.

② 헌법재판소는 법률에 저촉되지 아니하는 범위 안에서 심판에 관한 절차, 내부규율과 사무처리에 관한 규칙을 제정할 수 있다.

③ 헌법재판소의 조직과 운영 기타 필요한 사항은 법률로 정한다.

제 7 장　선거관리

제114조 ① 선거와 국민투표의 공정한 관리 및 정당에 관한 사무를 처리하기 위하여 선거관리위원회를 둔다.

② 중앙선거관리위원회는 대통령이 임명하는 3인, 국회에서 선출하는 3인과 대법원장이 지명하는 3인의 위원으로 구성한다. 위원장은 위원 중에서 호선한다.

③ 위원의 임기는 6년으로 한다.

④ 위원은 정당에 가입하거나 정치에 관여할 수 없다.

⑤ 위원은 탄핵 또는 금고 이상의 형의 선고에 의하지 아니하고는 파면되지 아니한다.
⑥ 중앙선거관리위원회는 법령의 범위 안에서 선거관리·국민투표관리 또는 정당사무에 관한 규칙을 제정할 수 있으며, 법률에 저촉되지 아니하는 범위안에서 내부규율에 관한 규칙을 제정할 수 있다.
⑦ 각급 선거관리위원회의 조직·직무범위 기타 필요한 사항은 법률로 정한다.

제115조 ① 각급 선거관리위원회는 선거인명부의 작성등 선거사무와 국민투표사무에 관하여 관계 행정기관에 필요한 지시를 할 수 있다.
② 제1항의 지시를 받은 당해 행정기관은 이에 응하여야 한다.

제116조 ① 선거운동은 각급 선거관리위원회의 관리하에 법률이 정하는 범위안에서 하되, 균등한 기회가 보장되어야 한다.
② 선거에 관한 경비는 법률이 정하는 경우를 제외하고는 정당 또는 후보자에게 부담시킬 수 없다.

제 8 장 지방자치

제117조 ① 지방자치단체는 주민의 복리에 관한 사무를 처리하고 재산을 관리하며, 법령의 범위 안에서 자치에 관한 규정을 제정할 수 있다.
② 지방자치단체의 종류는 법률로 정한다.

제118조 ① 지방자치단체에 의회를 둔다.
② 지방의회의 조직·권한·의원선거와 지방자치단체의 장의 선임방법 기타 지방자치단체의 조직과 운영에 관한 사항은 법률로 정한다.

제 9 장 경 제

제119조 ① 대한민국의 경제질서는 개인과 기업의 경제상의 자유와 창의를 존중함을 기본으로 한다.
② 국가는 균형있는 국민경제의 성장 및 안정과 적정한 소득의 분배를 유지하고, 시장의 지배와 경제력의 남용을 방지하며, 경제주체간의 조화를 통한 경제의 민주화를 위하여 경제에 관한 규제와 조정을 할 수 있다.

제120조 ① 광물 기타 중요한 지하자원·수산자원·수력과 경제상 이용할 수 있는 자연력은 법률이 정하는 바에 의하여 일정한 기간 그 채취·개발 또는 이용을 특허할 수 있다.
② 국토와 자원은 국가의 보호를 받으며, 국가는 그 균형있는 개발과 이용을 위하여 필요한 계획을 수립한다.

제121조 ① 국가는 농지에 관하여 경자유전의 원칙이 달성될 수 있도록 노력하여야 하며, 농지의 소작제도는 금지된다.
② 농업생산성의 제고와 농지의 합리적인 이용을 위하거나 불가피한 사정으로 발생하는 농지의 임대차와 위탁경영은 법률이 정하는 바에 의하여 인정된다.

제122조 국가는 국민 모두의 생산 및 생활의 기반이 되는 국토의 효율적이고 균형있는 이용·개발과 보전을 위하여 법률이 정하는 바에 의하여 그에 관한 필요한 제한과 의무를 과할 수 있다.

제123조 ① 국가는 농업 및 어업을 보호·육성하기 위하여 농·어촌종합개발과 그 지원등 필요한 계획을 수립·시행하여야 한다.
② 국가는 지역간의 균형있는 발전을 위하여 지역경제를 육성할 의무를 진다.
③ 국가는 중소기업을 보호·육성하여야 한다.
④ 국가는 농수산물의 수급균형과 유통구조의 개선에 노력하여 가격안정을 도모함으로써 농·어민의 이익을 보호한다.
⑤ 국가는 농·어민과 중소기업의 자조조직을 육성하여야 하며, 그 자율적 활동과 발전을 보장한다.

제124조 국가는 건전한 소비행위를 계도하고 생산품의 품질향상을 촉구하기 위한 소비자보호운동을 법률이 정하는 바에 의하여 보장한다.

제125조 국가는 대외무역을 육성하며, 이를 규제·조정할 수 있다.

제126조 국방상 또는 국민경제상 긴절한 필요로 인하여 법률이 정하는 경우를 제외하고는, 사영기업을 국유 또는 공유로 이전하거나 그 경영을 통제 또는 관리할 수 없다.

제127조 ① 국가는 과학기술의 혁신과 정보 및 인력의 개발을 통하여 국민경제의 발전에 노력하여야 한다.
② 국가는 국가표준제도를 확립한다.
③ 대통령은 제1항의 목적을 달성하기 위하여 필요한 자문기구를 둘 수 있다.

제10장 헌법개정

제128조 ① 헌법개정은 국회재적의원 과반수 또는 대통령의 발의로 제안된다.
② 대통령의 임기연장 또는 중임변경을 위한 헌법개정은 그 헌법개정 제안 당시의 대통령에 대하여는 효력이 없다.

제129조 제안된 헌법개정안은 대통령이 20일 이상의 기간 이를 공고하여야 한다.

제130조 ① 국회는 헌법개정안이 공고된 날로부터 60일 이내에 의결하여야 하며, 국회의

의결은 재적의원 3분의 2 이상의 찬성을 얻어야 한다.

② 헌법개정안은 국회가 의결한 후 30일 이내에 국민투표에 붙여 국회의원선거권자과반수의 투표와 투표자 과반수의 찬성을 얻어야 한다.

③ 헌법개정안이 제2항의 찬성을 얻은 때에는 헌법개정은 확정되며, 대통령은 즉시 이를 공포하여야 한다.

〈부 칙〉

제1조 이 헌법은 1988년 2월 25일부터 시행한다. 다만, 이 헌법을 시행하기 위하여 필요한 법률의 제정·개정과 이 헌법에 의한 대통령 및 국회의원의 선거 기타 이 헌법시행에 관한 준비는 이 헌법시행전에 할 수 있다.

제2조 ① 이 헌법에 의한 최초의 대통령선거는 이 헌법시행일 40일전까지 실시한다.

② 이 헌법에 의한 최초의 대통령의 임기는 이 헌법시행일로부터 개시한다.

제3조 ① 이 헌법에 의한 최초의 국회의원선거는 이 헌법공포일로부터 6월이내에 실시하며, 이 헌법에 의하여 선출된 최초의 국회의원의 임기는 국회의원선거후 이 헌법에 의한 국회의 최초의 집회일로부터 개시한다.

② 이 헌법공포 당시의 국회의원의 임기는 제1항에 의한 국회의 최초의 집회일 전일까지로 한다.

제4조 ① 이 헌법시행 당시의 공무원과 정부가 임명한 기업체의 임원은 이 헌법에 의하여 임명된 것으로 본다. 다만, 이 헌법에 의하여 선임방법이나 임명권자가 변경된 공무원과 대법원장 및 감사원장은 이 헌법에 의하여 후임자가 선임될 때까지 그 직무를 행하며, 이 경우 전임자인 공무원의 임기는 후임자가 선임되는 전일까지로 한다.

② 이 헌법시행 당시의 대법원장과 대법원판사가 아닌 법관은 제1항 단서의 규정에 불구하고 이 헌법에 의하여 임명된 것으로 본다.

③ 이 헌법중 공무원의 임기 또는 중임제한에 관한 규정은 이 헌법에 의하여 그 공무원이 최초로 선출 또는 임명된 때로부터 적용한다.

제5조 이 헌법시행 당시의 법령과 조약은 이 헌법에 위배되지 아니하는 한 그 효력을 지속한다.

제6조 이 헌법시행 당시에 이 헌법에 의하여 새로 설치될 기관의 권한에 속하는 직무를 행하고 있는 기관은 이 헌법에 의하여 새로운 기관이 설치될 때까지 존속하며 그 직무를 행한다.

헌법재판소법

[법률 제21240호, 2025. 12. 23. 일부개정]

제1장 총 칙

제1조(목적) 이 법은 헌법재판소의 조직 및 운영과 그 심판절차에 관하여 필요한 사항을 정함을 목적으로 한다.

제2조(관장사항) 헌법재판소는 다음 각 호의 사항을 관장한다.

1. 법원의 제청(提請)에 의한 법률의 위헌(違憲) 여부 심판
2. 탄핵(彈劾)의 심판
3. 정당의 해산심판
4. 국가기관 상호간, 국가기관과 지방자치단체 간 및 지방자치단체 상호간의 권한쟁의(權限爭議)에 관한 심판
5. 헌법소원(憲法訴願)에 관한 심판

제3조(구성) 헌법재판소는 9명의 재판관으로 구성한다.

제4조(재판관의 독립) 재판관은 헌법과 법률에 의하여 양심에 따라 독립하여 심판한다.

제5조(재판관의 자격) ① 재판관은 다음 각 호의 어느 하나에 해당하는 직(職)에 15년 이상 있던 40세 이상인 사람 중에서 임명한다. 다만, 다음 각 호 중 둘 이상의 직에 있던 사람의 재직기간은 합산한다.

1. 판사, 검사, 변호사
2. 변호사 자격이 있는 사람으로서 국가기관, 국영·공영 기업체, 「공공기관의 운영에 관한 법률」 제4조에 따른 공공기관 또는 그 밖의 법인에서 법률에 관한 사무에 종사한 사람
3. 변호사 자격이 있는 사람으로서 공인된 대학의 법률학 조교수 이상의 직에 있던 사람

② 다음 각 호의 어느 하나에 해당하는 사람은 재판관으로 임명할 수 없다.

1. 다른 법령에 따라 공무원으로 임용하지 못하는 사람
2. 금고 이상의 형을 선고받은 사람
3. 탄핵에 의하여 파면된 후 5년이 지나지 아니한 사람
4. 「정당법」 제22조에 따른 정당의 당원 또는 당원의 신분을 상실한 날부터 3년이 경과되지 아니한 사람
5. 「공직선거법」 제2조에 따른 선거에 후보자(예비후보자를 포함한다)로 등록한 날부터 5년이 경과되지 아니한 사람
6. 「공직선거법」 제2조에 따른 대통령선거에서 후보자의 당선을 위하여 자문이나 고문의 역할을 한 날부터 3년이 경과되지 아니한 사람

③ 제2항제6호에 따른 자문이나 고문의 역할을 한 사람의 구체적인 범위는 헌법재판소규칙으로 정한다.

제6조(재판관의 임명) ① 재판관은 대통령이 임명한다. 이 경우 재판관 중 3명은 국회에서 선출하는 사람을, 3명은 대법원장이 지명하는 사람을 임명한다.

② 재판관은 국회의 인사청문을 거쳐 임명·선출 또는 지명하여야 한다. 이 경우 대통령은 재판관(국회에서 선출하거나 대법원장이 지명하는 사람은 제외한다)을 임명하기 전에, 대법원장은 재판관을 지명하기 전에 인사청문을 요청한다.

③ 재판관의 임기가 만료되거나 정년이 도래하는 경우에는 임기만료일 또는 정년도래일까지 후임자를 임명하여야 한다.

④ 임기 중 재판관이 결원된 경우에는 결원된 날부터 30일 이내에 후임자를 임명하여야 한다.

⑤ 제3항 및 제4항에도 불구하고 국회에서 선출한 재판관이 국회의 폐회 또는 휴회 중에 그 임기가 만료되거나 정년이 도래한 경우 또는 결원된 경우에는 국회는 다음 집회가 개시된 후 30일 이내에 후임자를 선출하여야 한다.

제7조(재판관의 임기) ① 재판관의 임기는 6년으로 하며, 연임할 수 있다.

② 재판관의 정년은 70세로 한다.

제8조(재판관의 신분 보장) 재판관은 다음 각 호의 어느 하나에 해당하는 경우가 아니면 그 의사에 반하여 해임되지 아니한다.

1. 탄핵결정이 된 경우
2. 금고 이상의 형을 선고받은 경우

제9조(재판관의 정치 관여 금지) 재판관은 정당에 가입하거나 정치에 관여할 수 없다.

제10조(규칙 제정권) ① 헌법재판소는 이 법과 다른 법률에 저촉되지 아니하는 범위에서 심판에 관한 절차, 내부 규율과 사무처리에 관한 규칙을 제정할 수 있다.
② 헌법재판소규칙은 관보에 게재하여 공포한다.

제10조의2(입법 의견의 제출) 헌법재판소장은 헌법재판소의 조직, 인사, 운영, 심판절차와 그 밖에 헌법재판소의 업무와 관련된 법률의 제정 또는 개정이 필요하다고 인정하는 경우에는 국회에 서면으로 그 의견을 제출할 수 있다.

제11조(경비) ① 헌법재판소의 경비는 독립하여 국가의 예산에 계상(計上)하여야 한다.
② 제1항의 경비 중에는 예비금을 둔다

제 2 장 조 직

제12조(헌법재판소장) ① 헌법재판소에 헌법재판소장을 둔다.
② 헌법재판소장은 국회의 동의를 받아 재판관 중에서 대통령이 임명한다.
③ 헌법재판소장은 헌법재판소를 대표하고, 헌법재판소의 사무를 총괄하며, 소속 공구원을 지휘·감독한다.
④ <삭제>

제12조의2(헌법재판소장의 권한대행) ① 헌법재판소장이 일시적인 사고로 인하여 직무를 수행할 수 없을 때에는 재판관 중 임명일자 순으로 그 권한을 대행한다. 다만, 임명일자가 같을 때에는 연장자 순으로 대행한다.
② 헌법재판소장이 궐위(闕位)되거나 1개월 이상 사고로 인하여 직무를 수행할 수 없을 때에는 재판관 중 재판관회의에서 선출된 사람이 그 권한을 대행한다. 다만, 그 권한대행자가 선출될 때까지는 제1항에 해당하는 사람이 권한을 대행한다.
③ 제2항 단서의 권한대행자는 제2항의 사유가 생긴 날부터 7일 이내에 제2항 본문의 권한대행자를 선출하기 위한 재판관회의를 소집하여야 한다.
④ 제2항 본문의 권한대행자는 재판관 전원의 3분의 2를 초과하는 인원의 출석과 출석인원 과반수의 찬성으로 선출한다. 다만, 1차 투표결과 피선자(被選者)가 없을 때에는 최고득표자와 차점자에 대하여 결선투표를 하여 그 중 다수득표자를 피선자로 하되, 다수득표자가 2명 이상일 때에는 연장자를 피선자로 한다.

제13조 <삭제>

제14조(재판관의 겸직 금지) 재판관은 다음 각 호의 어느 하나에 해당하는 직을 겸하거나 영리를 목적으로 하는 사업을 할 수 없다.
1. 국회 또는 지방의회의 의원의 직
2. 국회·정부 또는 법원의 공무원의 직
3. 법인·단체 등의 고문·임원 또는 직원의 직

제15조(헌법재판소장 등의 대우) 헌법재판소장의 대우와 보수는 대법원장의 예에 따르며, 재판관은 정무직(政務職)으로 하고 그 대우와 보수는 대법관의 예에 따른다.

제16조(재판관회의) ① 재판관회의는 재판관 전원으로 구성하며, 헌법재판소장이 의장이 된다.
② 재판관회의는 재판관 전원의 3분의 2를 초과하는 인원의 출석과 출석인원 과반수의 찬성으로 의결한다.
③ 의장은 의결에서 표결권을 가진다.
④ 다음 각 호의 사항은 재판관회의의 의결을 거쳐야 한다.
1. 헌법재판소규칙의 제정과 개정, 제10조의2에 따른 입법 의견의 제출에 관한 사항
2. 예산 요구, 예비금 지출과 결산에 관한 사항
3. 사무처장, 사무차장, 헌법재판연구원장, 헌법연구관 및 3급 이상 공무원의 임면(任免)에 관한 사항
4. 특히 중요하다고 인정되는 사항으로서 헌법재판소장이 재판관회의에 부치는 사항

⑤ 재판관회의의 운영에 필요한 사항은 헌법재판소규칙으로 정한다.

제17조(사무처) ① 헌법재판소의 행정사무를 처리하기 위하여 헌법재판소에 사무처를 둔다.
② 사무처에 사무처장과 사무차장을 둔다.
③ 사무처장은 헌법재판소장의 지휘를 받아 사무처의 사무를 관장하며, 소속 공무원을 지휘·감독한다.
④ 사무처장은 국회 또는 국무회의에 출석하여 헌법재판소의 행정에 관하여 발언할 수 있다.
⑤ 헌법재판소장이 한 처분에 대한 행정소송의 피고는 헌법재판소 사무처장으로 한다.
⑥ 사무차장은 사무처장을 보좌하며, 사무처장이 부득이한 사유로 직무를 수행할 수 없을 때에는 그 직무를 대행한다.
⑦ 사무처에 실, 국, 과를 둔다.
⑧ 실에는 실장, 국에는 국장, 과에는 과장을 두며, 사무처장·사무차장·실장 또는 국장 밑에 정책의 기획, 계획의 입안, 연구·조사, 심사·평가 및 홍보업무를 보좌하는 심의관 또는 담당관을 둘 수 있다.
⑨ 이 법에 규정되지 아니한 사항으로서 사무처의 조직, 직무 범위, 사무처에 두는 공무원의 정원, 그 밖에 필요한 사항은 헌법재판소규칙으로 정한다.

제18조(사무처 공무원) ① 사무처장은 정무직으로 하고, 보수는 국무위원의 보수와 같은 금액

으로 한다.
② 사무차장은 정무직으로 하고, 보수는 차관의 보수와 같은 금액으로 한다.
③ 실장은 1급 또는 2급, 국장은 2급 또는 3급, 심의관 및 담당관은 2급부터 4급까지, 과장은 3급 또는 4급의 일반직국가공무원으로 임명한다. 다만, 담당관 중 1명은 3급 상당 또는 4급 상당의 별정직국가공무원으로 임명할 수 있다.
④ 사무처 공무원은 헌법재판소장이 임면한다. 다만, 3급 이상의 공무원의 경우에는 재판관회의의 의결을 거쳐야 한다.
⑤ 헌법재판소장은 다른 국가기관에 대하여 그 소속 공무원을 사무처 공무원으로 근무하게 하기 위하여 헌법재판소에의 파견근무를 요청할 수 있다.

제19조(헌법연구관) ① 헌법재판소에 헌법재판소규칙으로 정하는 수의 헌법연구관을 둔다.
② 헌법연구관은 특정직국가공무원으로 한다.
③ 헌법연구관은 헌법재판소장의 명을 받아 사건의 심리(審理) 및 심판에 관한 조사·연구에 종사한다.
④ 헌법연구관은 다음 각 호의 어느 하나에 해당하는 사람 중에서 헌법재판소장이 재판관회의의 의결을 거쳐 임용한다.
1. 판사·검사 또는 변호사의 자격이 있는 사람
2. 공인된 대학의 법률학 조교수 이상의 직에 있던 사람
3. 국회, 정부 또는 법원 등 국가기관에서 4급 이상의 공무원으로서 5년 이상 법률에 관한 사무에 종사한 사람
4. 법률학에 관한 박사학위 소지자로서 국회, 정부, 법원 또는 헌법재판소 등 국가기관에서 5년 이상 법률에 관한 사무에 종사한 사람
5. 법률학에 관한 박사학위 소지자로서 헌법재판소규칙으로 정하는 대학 등 공인된 연구기관에서 5년 이상 법률에 관한 사무에 종사한 사람

⑤ <삭제>
⑥ 다음 각 호의 어느 하나에 해당하는 사람은 헌법연구관으로 임용될 수 없다.
1. 「국가공무원법」 제33조 각 호의 어느 하나에 해당하는 사람
2. 금고 이상의 형을 선고받은 사람
3. 탄핵결정에 의하여 파면된 후 5년이 지나지 아니한 사람

⑦ 헌법연구관의 임기는 10년으로 하되, 연임할 수 있고, 정년은 65세로 한다.
⑧ 헌법연구관이 제6항 각 호의 어느 하나에 해당할 때에는 당연히 퇴직한다. 다만, 「국가공무원법」 제33조제5호에 해당할 때에는 그러하지 아니하다.
⑨ 헌법재판소장은 다른 국가기관에 대하여 그 소속 공무원을 헌법연구관으로 근무하게 하기 위하여 헌법재판소에의 파견근무를 요청할 수 있다.
⑩ 사무차장은 헌법연구관의 직을 겸할 수 있다.
⑪ 헌법재판소장은 헌법연구관을 사건의 심리 및 심판에 관한 조사·연구업무 외의 직에 임명하거나 그 직을 겸임하게 할 수 있다. 이 경우 헌법연구관의 수는 헌법재판소규칙으로 정하며, 보수는 그 중 고액의 것을 지급한다.

제19조의2(헌법연구관보) ① 헌법연구관을 신규임용하는 경우에는 3년간 헌법연구관보(憲法研究官補)로 임용하여 근무하게 한 후 그 근무성적을 고려하여 헌법연구관으로 임용한다. 다만, 경력 및 업무능력 등을 고려하여 헌법재판소규칙으로 정하는 바에 따라 헌법연구관보 임용을 면제하거나 그 기간을 단축할 수 있다.
② 헌법연구관보는 헌법재판소장이 재판관회의의 의결을 거쳐 임용한다.
③ 헌법연구관보는 별정직국가공무원으로 하고, 그 보수와 승급기준은 헌법연구관의 예에 따른다.
④ 헌법연구관보가 근무성적이 불량한 경우에는 재판관회의의 의결을 거쳐 면직시킬 수 있다.
⑤ 헌법연구관보의 근무기간은 이 법 및 다른 법령에 규정된 헌법연구관의 재직기간에 산입한다.

제19조의3(헌법연구위원) ① 헌법재판소에 헌법연구위원을 둘 수 있다. 헌법연구위원은 사건의 심리 및 심판에 관한 전문적인 조사·연구에 종사한다.
② 헌법연구위원은 3년 이내의 범위에서 기간을 정하여 임명한다.
③ 헌법연구위원은 2급 또는 3급 상당의 별정직공무원이나 「국가공무원법」 제26조의5에 따른 임기제공무원으로 하고, 그 직제 및 자격 등에 관하여는 헌법재판소규칙으로 정한다.

제19조의4(헌법재판연구원) ① 헌법 및 헌법재판연구와 헌법연구관, 사무처 공무원 등의 교육을 위하여 헌법재판소에 헌법재판연구원을 둔다.
② 헌법재판연구원의 정원은 원장 1명을 포함하여 40명 이내로 하고, 원장 밑에 부장, 팀장, 연구관 및 연구원을 둔다.
③ 원장은 헌법재판소장이 재판관회의의 의결을 거쳐 헌법연구관으로 보하거나 1급인 일반직국가공무원으로 임명한다.
④ 부장은 헌법연구관이나 2급 또는 3급 일반직공무원으로, 팀장은 헌법연구관이나 3급 또는 4급 일반직공무원으로 임명하고, 연구관 및 연구원은 헌법연구관 또는 일반직공무원으로 임명한다.

⑤ 연구관 및 연구원은 다음 각 호의 어느 하나에 해당하는 사람 중에서 헌법재판소장이 보하거나 헌법재판연구원장의 제청을 받아 헌법재판소장이 임명한다.
1. 헌법연구관
2. 변호사의 자격이 있는 사람(외국의 변호사 자격을 포함한다)
3. 학사 또는 석사학위를 취득한 사람으로서 헌법재판소규칙으로 정하는 실적 또는 경력이 있는 사람
4. 박사학위를 취득한 사람

⑥ 그 밖에 헌법재판연구원의 조직과 운영에 필요한 사항은 헌법재판소규칙으로 정한다.

제20조(헌법재판소장 비서실 등) ① 헌법재판소에 헌법재판소장 비서실을 둔다.

② 헌법재판소장 비서실에 비서실장 1명을 두되, 비서실장은 1급 상당의 별정직국가공무원으로 임명하고, 헌법재판소장의 명을 받아 기밀에 관한 사무를 관장한다.

③ 제2항에 규정되지 아니한 사항으로서 헌법재판소장 비서실의 조직과 운영에 필요한 사항은 헌법재판소규칙으로 정한다.

④ 헌법재판소에 재판관 비서관을 둔다.

⑤ 재판관 비서관은 4급의 일반직국가공무원 또는 4급 상당의 별정직국가공무원으로 임명하며, 재판관의 명을 받아 기밀에 관한 사무를 관장한다.

제21조(서기 및 정리) ① 헌법재판소에 서기(書記) 및 정리(廷吏)를 둔다.

② 헌법재판소장은 사무처 직원 중에서 서기 및 정리를 지명한다.

③ 서기는 재판장의 명을 받아 사건에 관한 서류의 작성·보관 또는 송달에 관한 사무를 담당한다.

④ 정리는 심판정(審判廷)의 질서유지와 그 밖에 재판장이 명하는 사무를 집행한다.

제 3 장 일반심판절차

제22조(재판부) ① 이 법에 특별한 규정이 있는 경우를 제외하고는 헌법재판소의 심판은 재판관 전원으로 구성되는 재판부에서 관장한다.

② 재판부의 재판장은 헌법재판소장이 된다.

제23조(심판정족수) ① 재판부는 재판관 7명 이상의 출석으로 사건을 심리한다.

② 재판부는 종국심리(終局審理)에 관여한 재판관 과반수의 찬성으로 사건에 관한 결정을 한다. 다만, 다음 각 호의 어느 하나에 해당하는 경우에는 재판관 6명 이상의 찬성이 있어야 한다.
1. 법률의 위헌결정, 탄핵의 결정, 정당해산의 결정 또는 헌법소원에 관한 인용결정(認容決定)을 하는 경우
2. 종전에 헌법재판소가 판시한 헌법 또는 법률의 해석 적용에 관한 의견을 변경하는 경우

제24조(제척·기피 및 회피) ① 재판관이 다음 각 호의 어느 하나에 해당하는 경우에는 그 직무집행에서 제척(除斥)된다.
1. 재판관이 당사자이거나 당사자의 배우자 또는 배우자였던 경우
2. 재판관과 당사자가 친족관계이거나 친족관계였던 경우
3. 재판관이 사건에 관하여 증언이나 감정(鑑定)을 하는 경우
4. 재판관이 사건에 관하여 당사자의 대리인이 되거나 되었던 경우
5. 그 밖에 재판관이 헌법재판소 외에서 직무상 또는 직업상의 이유로 사건에 관여한 경우

② 재판부는 직권 또는 당사자의 신청에 의하여 제척의 결정을 한다.

③ 재판관에게 공정한 심판을 기대하기 어려운 사정이 있는 경우 당사자는 기피(忌避)신청을 할 수 있다. 다만, 변론기일(辯論期日)에 출석하여 본안(本案)에 관한 진술을 한 때에는 그러하지 아니하다.

④ 당사자는 동일한 사건에 대하여 2명 이상의 재판관을 기피할 수 없다.

⑤ 재판관은 제1항 또는 제3항의 사유가 있는 경우에는 재판장의 허가를 받아 회피(回避)할 수 있다.

⑥ 당사자의 제척 및 기피신청에 관한 심판에는 「민사소송법」 제44조, 제45조, 제46조제1항·제2항 및 제48조를 준용한다.

제25조(대표자·대리인) ① 각종 심판절차에서 정부가 당사자(참가인을 포함한다. 이하 같다)인 경우에는 법무부장관이 이를 대표한다.

② 각종 심판절차에서 당사자인 국가기관 또는 지방자치단체는 변호사 또는 변호사의 자격이 있는 소속 직원을 대리인으로 선임하여 심판을 수행하게 할 수 있다.

③ 각종 심판절차에서 당사자인 사인(私人)은 변호사를 대리인으로 선임하지 아니하면 심판청구를 하거나 심판 수행을 하지 못한다. 다만, 그가 변호사의 자격이 있는 경우에는 그러하지 아니하다.

제26조(심판청구의 방식) ① 헌법재판소에의 심판청구는 심판절차별로 정하여진 청구서를 헌법재판소에 제출함으로써 한다. 다만, 위헌법률심판에서는 법원의 제청서, 탄핵심판에서는 국회의 소추의결서(訴追議決書)의 정본(正本)으로 청구서를 갈음한다.

② 청구서에는 필요한 증거서류 또는 참고자료

를 첨부할 수 있다.

제27조(청구서의 송달) ① 헌법재판소가 청구서를 접수한 때에는 지체 없이 그 등본을 피청구기관 또는 피청구인(이하 "피청구인"이라 한다)에게 송달하여야 한다.

② 위헌법률심판의 제청이 있으면 법무부장관 및 당해 소송사건의 당사자에게 그 제청서의 등본을 송달한다.

제28조(심판청구의 보정) ① 재판장은 심판청구가 부적법하나 보정(補正)할 수 있다고 인정되는 경우에는 상당한 기간을 정하여 보정을 요구하여야 한다.

② 제1항에 따른 보정 서면에 관하여는 제27조 제1항을 준용한다.

③ 제1항에 따른 보정이 있는 경우에는 처음부터 적법한 심판청구가 있은 것으로 본다.

④ 제1항에 따른 보정기간은 제38조의 심판기간에 산입하지 아니한다.

⑤ 재판장은 필요하다고 인정하는 경우에는 재판관 중 1명에게 제1항의 보정요구를 할 수 있는 권한을 부여할 수 있다.

제29조(답변서의 제출) ① 청구서 또는 보정 서면을 송달받은 피청구인은 헌법재판소에 답변서를 제출할 수 있다.

② 답변서에는 심판청구의 취지와 이유에 대응하는 답변을 적는다.

제30조(심리의 방식) ① 탄핵의 심판, 정당해산의 심판 및 권한쟁의의 심판은 구두변론에 의한다.

② 위헌법률의 심판과 헌법소원에 관한 심판은 서면심리에 의한다. 다만, 재판부는 필요하다고 인정하는 경우에는 변론을 열어 당사자, 이해관계인, 그 밖의 참고인의 진술을 들을 수 있다.

③ 재판부가 변론을 열 때에는 기일을 정하여 당사자와 관계인을 소환하여야 한다.

제31조(증거조사) ① 재판부는 사건의 심리를 위하여 필요하다고 인정하는 경우에는 직권 또는 당사자의 신청에 의하여 다음 각 호의 증거조사를 할 수 있다.

1. 당사자 또는 증인을 신문(訊問)하는 일
2. 당사자 또는 관계인이 소지하는 문서·장부·물건 또는 그 밖의 증거자료의 제출을 요구하고 영치(領置)하는 일
3. 특별한 학식과 경험을 가진 자에게 감정을 명하는 일
4. 필요한 물건·사람·장소 또는 그 밖의 사물의 성상(性狀)이나 상황을 검증하는 일

② 재판장은 필요하다고 인정하는 경우에는 재판관 중 1명을 지정하여 제1항의 증거조사를 하게 할 수 있다.

제32조(자료제출 요구 등) 재판부는 결정으로 다른 국가기관 또는 공공단체의 기관에 심판에 필요한 사실을 조회하거나, 기록의 송부나 자료의 제출을 요구할 수 있다. 다만, 재판·소추 또는 범죄수사가 진행 중인 사건의 기록에 대하여는 송부를 요구할 수 없다.

제33조(심판의 장소) 심판의 변론과 종국결정의 선고는 심판정에서 한다. 다만, 헌법재판소장이 필요하다고 인정하는 경우에는 심판정 외의 장소에서 변론 또는 종국결정의 선고를 할 수 있다.

제34조(심판의 공개) ① 심판의 변론과 결정의 선고는 공개한다. 다만, 서면심리와 평의(評議)는 공개하지 아니한다.

② 헌법재판소의 심판에 관하여는 「법원조직법」 제57조제1항 단서와 같은 조 제2항 및 제3항을 준용한다.

제35조(심판의 지휘와 법정경찰권) ① 재판장은 심판정의 질서와 변론의 지휘 및 평의의 정리(整理)를 담당한다.

② 헌법재판소 심판정의 질서유지와 용어의 사용에 관하여는 「법원조직법」 제58조부터 제63조까지의 규정을 준용한다.

제36조(종국결정) ① 재판부가 심리를 마쳤을 때에는 종국결정을 한다.

② 종국결정을 할 때에는 다음 각 호의 사항을 적은 결정서를 작성하고 심판에 관여한 재판관 전원이 이에 서명날인하여야 한다.

1. 사건번호와 사건명
2. 당사자와 심판수행자 또는 대리인의 표시
3. 주문(主文)
4. 이유
5. 결정일

③ 심판에 관여한 재판관은 결정서에 의견을 표시하여야 한다.

④ 종국결정이 선고되면 서기는 지체 없이 결정서 정본을 작성하여 당사자에게 송달하여야 한다.

⑤ 종국결정은 헌법재판소규칙으로 정하는 바에 따라 관보에 게재하거나 그 밖의 방법으로 공시한다.

제37조(심판비용 등) ① 헌법재판소의 심판비용은 국가부담으로 한다. 다만, 당사자의 신청에 의한 증거조사의 비용은 헌법재판소규칙으로 정하는 바에 따라 그 신청인에게 부담시킬 수 있다.

② 헌법재판소는 헌법소원심판의 청구인에 대하여 헌법재판소규칙으로 정하는 공탁금의 납부를 명할 수 있다.

③ 헌법재판소는 다음 각 호의 어느 하나에 해당하는 경우에는 헌법재판소규칙으로 정하는 바에 따라 공탁금의 전부 또는 일부의 국고 귀속을 명할 수 있다.

1. 헌법소원의 심판청구를 각하하는 경우
2. 헌법소원의 심판청구를 기각하는 경우에 그 심판청구가 권리의 남용이라고 인정되는 경우

제38조(심판기간) 헌법재판소는 심판사건을 접수한 날부터 180일 이내에 종국결정의 선고를 하여야 한다. 다만, 재판관의 궐위로 7명의 출석이 불가능한 경우에는 그 궐위된 기간은 심판기간에 산입하지 아니한다.

제39조(일사부재리) 헌법재판소는 이미 심판을 거친 동일한 사건에 대하여는 다시 심판할 수 없다.

제39조의2(심판확정기록의 열람·복사) ① 누구든지 권리구제, 학술연구 또는 공익 목적으로 심판이 확정된 사건기록의 열람 또는 복사를 신청할 수 있다. 다만, 헌법재판소장은 다음 각 호의 어느 하나에 해당하는 경우에는 사건기록을 열람하거나 복사하는 것을 제한할 수 있다.
1. 변론이 비공개로 진행된 경우
2. 사건기록의 공개로 인하여 국가의 안전보장, 선량한 풍속, 공공의 질서유지나 공공복리를 현저히 침해할 우려가 있는 경우
3. 사건기록의 공개로 인하여 관계인의 명예, 사생활의 비밀, 영업비밀(「부정경쟁방지 및 영업비밀보호에 관한 법률」 제2조제2호에 규정된 영업비밀을 말한다) 또는 생명·신체의 안전이나 생활의 평온을 현저히 침해할 우려가 있는 경우

② 헌법재판소장은 제1항 단서에 따라 사건기록의 열람 또는 복사를 제한하는 경우에는 신청인에게 그 사유를 명시하여 통지하여야 한다.
③ 제1항에 따른 사건기록의 열람 또는 복사 등에 관하여 필요한 사항은 헌법재판소규칙으로 정한다.
④ 사건기록을 열람하거나 복사한 자는 열람 또는 복사를 통하여 알게 된 사항을 이용하여 공공의 질서 또는 선량한 풍속을 침해하거나 관계인의 명예 또는 생활의 평온을 훼손하는 행위를 하여서는 아니 된다.

제40조(준용규정) ① 헌법재판소의 심판절차에 관하여는 이 법에 특별한 규정이 있는 경우를 제외하고는 헌법재판의 성질에 반하지 아니하는 한도에서 민사소송에 관한 법령을 준용한다. 이 경우 탄핵심판의 경우에는 형사소송에 관한 법령을 준용하고, 권한쟁의심판 및 헌법소원심판의 경우에는 「행정소송법」을 함께 준용한다.
② 제1항 후단의 경우에 형사소송에 관한 법령 또는 「행정소송법」이 민사소송에 관한 법령에 저촉될 때에는 민사소송에 관한 법령은 준용하지 아니한다.

제 4 장 특별심판절차

제 1 절 위헌법률심판

제41조(위헌 여부 심판의 제청) ① 법률이 헌법에 위반되는지 여부가 재판의 전제가 된 경우에는 당해 사건을 담당하는 법원(군사법원을 포함한다. 이하 같다)은 직권 또는 당사자의 신청에 의한 결정으로 헌법재판소에 위헌 여부 심판을 제청한다.
② 제1항의 당사자의 신청은 제43조제2호부터 제4호까지의 사항을 적은 서면으로 한다.
③ 제2항의 신청서면의 심사에 관하여는 「민사소송법」 제254조를 준용한다.
④ 위헌 여부 심판의 제청에 관한 결정에 대하여는 항고할 수 없다.
⑤ 대법원 외의 법원이 제1항의 제청을 할 때에는 대법원을 거쳐야 한다.

제42조(재판의 정지 등) ① 법원이 법률의 위헌 여부 심판을 헌법재판소에 제청한 때에는 당해 소송사건의 재판은 헌법재판소의 위헌 여부의 결정이 있을 때까지 정지된다. 다만, 법원이 긴급하다고 인정하는 경우에는 종국재판 외의 소송절차를 진행할 수 있다.
② 제1항 본문에 따른 재판정지기간은 「형사소송법」 제92조제1항·제2항 및 「군사법원법」 제132조제1항·제2항의 구속기간과 「민사소송법」 제199조의 판결 선고기간에 산입하지 아니한다.

제43조(제청서의 기재사항) 법원이 법률의 위헌 여부 심판을 헌법재판소에 제청할 때에는 제청서에 다음 각 호의 사항을 적어야 한다.
1. 제청법원의 표시
2. 사건 및 당사자의 표시
3. 위헌이라고 해석되는 법률 또는 법률의 조항
4. 위헌이라고 해석되는 이유
5. 그 밖에 필요한 사항

제44조(소송사건 당사자 등의 의견) 당해 소송사건의 당사자 및 법무부장관은 헌법재판소에 법률의 위헌 여부에 대한 의견서를 제출할 수 있다.

제45조(위헌결정) 헌법재판소는 제청된 법률 또는 법률 조항의 위헌 여부만을 결정한다. 다만, 법률 조항의 위헌결정으로 인하여 해당 법률 전부를 시행할 수 없다고 인정될 때에는 그 전부에 대하여 위헌결정을 할 수 있다.

제46조(결정서의 송달) 헌법재판소는 결정일부터 14일 이내에 결정서 정본을 제청한 법원에 송달한다. 이 경우 제청한 법원이 대법원이 아닌 경우에는 대법원을 거쳐야 한다.

제47조(위헌결정의 효력) ① 법률의 위헌결정은

법원과 그 밖의 국가기관 및 지방자치단체를 기속(羈束)한다.
② 위헌으로 결정된 법률 또는 법률의 조항은 그 결정이 있는 날부터 효력을 상실한다.
③ 제2항에도 불구하고 형벌에 관한 법률 또는 법률의 조항은 소급하여 그 효력을 상실한다. 다만, 해당 법률 또는 법률의 조항에 대하여 종전에 합헌으로 결정한 사건이 있는 경우에는 그 결정이 있는 날의 다음 날로 소급하여 효력을 상실한다.
④ 제3항의 경우에 위헌으로 결정된 법률 또는 법률의 조항에 근거한 유죄의 확정판결에 대하여는 재심을 청구할 수 있다.
⑤ 제4항의 재심에 대하여는 「형사소송법」을 준용한다.

제 2 절 탄핵심판

제48조(탄핵소추) 다음 각 호의 어느 하나에 해당하는 공무원이 그 직무집행에서 헌법이나 법률을 위반한 경우에는 국회는 헌법 및 「국회법」에 따라 탄핵의 소추를 의결할 수 있다.
1. 대통령, 국무총리, 국무위원 및 행정각부(行政各部)의 장
2. 헌법재판소 재판관, 법관 및 중앙선거관리위원회 위원
3. 감사원장 및 감사위원
4. 그 밖에 법률에서 정한 공무원

제49조(소추위원) ① 탄핵심판에서는 국회 법제사법위원회의 위원장이 소추위원이 된다.
② 소추위원은 헌법재판소에 소추의결서의 정본을 제출하여 탄핵심판을 청구하며, 심판의 변론에서 피청구인을 신문할 수 있다.

제50조(권한 행사의 정지) 탄핵소추의 의결을 받은 사람은 헌법재판소의 심판이 있을 때까지 그 권한 행사가 정지된다.

제51조(심판절차의 정지) 피청구인에 대한 탄핵심판 청구와 동일한 사유로 형사소송이 진행되고 있는 경우에는 재판부는 심판절차를 정지할 수 있다.

제52조(당사자의 불출석) ① 당사자가 변론기일에 출석하지 아니하면 다시 기일을 정하여야 한다.
② 다시 정한 기일에도 당사자가 출석하지 아니하면 그의 출석 없이 심리할 수 있다.

제53조(결정의 내용) ① 탄핵심판 청구가 이유 있는 경우에는 헌법재판소는 피청구인을 해당 공직에서 파면하는 결정을 선고한다.
② 피청구인이 결정 선고 전에 해당 공직에서 파면되었을 때에는 헌법재판소는 심판청구를 기각하여야 한다.

제54조(결정의 효력) ① 탄핵결정은 피청구인의 민사상 또는 형사상의 책임을 면제하지 아니한다.
② 탄핵결정에 의하여 파면된 사람은 결정 선고가 있은 날부터 5년이 지나지 아니하면 공무원이 될 수 없다.

제 3 절 정당해산심판

제55조(정당해산심판의 청구) 정당의 목적이나 활동이 민주적 기본질서에 위배될 때에는 정부는 국무회의의 심의를 거쳐 헌법재판소에 정당해산심판을 청구할 수 있다.

제56조(청구서의 기재사항) 정당해산심판의 청구서에는 다음 각 호의 사항을 적어야 한다.
1. 해산을 요구하는 정당의 표시
2. 청구 이유

제57조(가처분) 헌법재판소는 정당해산심판의 청구를 받은 때에는 직권 또는 청구인의 신청에 의하여 종국결정의 선고 시까지 피청구인의 활동을 정지하는 결정을 할 수 있다.

제58조(청구 등의 통지) ① 헌법재판소장은 정당해산심판의 청구가 있는 때, 가처분결정을 한 때 및 그 심판이 종료한 때에는 그 사실을 국회와 중앙선거관리위원회에 통지하여야 한다.
② 정당해산을 명하는 결정서는 피청구인 외에 국회, 정부 및 중앙선거관리위원회에도 송달하여야 한다.

제59조(결정의 효력) 정당의 해산을 명하는 결정이 선고된 때에는 그 정당은 해산된다.

제60조(결정의 집행) 정당의 해산을 명하는 헌법재판소의 결정은 중앙선거관리위원회가 「정당법」에 따라 집행한다.

제 4 절 권한쟁의심판

제61조(청구 사유) ① 국가기관 상호간, 국가기관과 지방자치단체 간 및 지방자치단체 상호간에 권한의 유무 또는 범위에 관하여 다툼이 있을 때에는 해당 국가기관 또는 지방자치단체는 헌법재판소에 권한쟁의심판을 청구할 수 있다.
② 제1항의 심판청구는 피청구인의 처분 또는 부작위(不作爲)가 헌법 또는 법률에 의하여 부여받은 청구인의 권한을 침해하였거나 침해할 현저한 위험이 있는 경우에만 할 수 있다.

제62조(권한쟁의심판의 종류) ① 권한쟁의심판의 종류는 다음 각 호와 같다.
1. 국가기관 상호간의 권한쟁의심판
   국회, 정부, 법원 및 중앙선거관리위원회 상호간의 권한쟁의심판
2. 국가기관과 지방자치단체 간의 권한쟁의심판
   가. 정부와 특별시·광역시·특별자치시·도 또는 특별자치도 간의 권한쟁의심판
   나. 정부와 시·군 또는 지방자치단체인 구

(이하 "자치구"라 한다) 간의 권한쟁의 심판
3. 지방자치단체 상호간의 권한쟁의심판
가. 특별시·광역시·특별자치시·도 또는 특별자치도 상호간의 권한쟁의심판
나. 시·군 또는 자치구 상호간의 권한쟁의 심판
다. 특별시·광역시·특별자치시·도 또는 특별자치도와 시·군 또는 자치구 간의 권한쟁의심판
② 권한쟁의가 「지방교육자치에 관한 법률」 제2조에 따른 교육·학예에 관한 지방자치단체의 사무에 관한 것인 경우에는 교육감이 제1항 제2호 및 제3호의 당사자가 된다.

第63條(청구기간) ① 권한쟁의의 심판은 그 사유가 있음을 안 날부터 60일 이내에, 그 사유가 있은 날부터 180일 이내에 청구하여야 한다.
② 제1항의 기간은 불변기간으로 한다.

第64條(청구서의 기재사항) 권한쟁의심판의 청구서에는 다음 각 호의 사항을 적어야 한다.
1. 청구인 또는 청구인이 속한 기관 및 심판수행자 또는 대리인의 표시
2. 피청구인의 표시
3. 심판 대상이 되는 피청구인의 처분 또는 부작위
4. 청구 이유
5. 그 밖에 필요한 사항

第65條(가처분) 헌법재판소가 권한쟁의심판의 청구를 받았을 때에는 직권 또는 청구인의 신청에 의하여 종국결정의 선고 시까지 심판 대상이 된 피청구인의 처분의 효력을 정지하는 결정을 할 수 있다.

第66條(결정의 내용) ① 헌법재판소는 심판의 대상이 된 국가기관 또는 지방자치단체의 권한의 유무 또는 범위에 관하여 판단한다.
② 제1항의 경우에 헌법재판소는 권한침해의 원인이 된 피청구인의 처분을 취소하거나 그 무효를 확인할 수 있고, 헌법재판소가 부작위에 대한 심판청구를 인용하는 결정을 한 때에는 피청구인은 결정 취지에 따른 처분을 하여야 한다.

第67條(결정의 효력) ① 헌법재판소의 권한쟁의 심판의 결정은 모든 국가기관과 지방자치단체를 기속한다.
② 국가기관 또는 지방자치단체의 처분을 취소하는 결정은 그 처분의 상대방에 대하여 이미 생긴 효력에 영향을 미치지 아니한다.

제 5 절 헌법소원심판

第68條(청구 사유) ① 공권력의 행사 또는 불행사(不行使)로 인하여 헌법상 보장된 기본권을 침해받은 자는 법원의 재판을 제외하고는 헌법재판소에 헌법소원심판을 청구할 수 있다. 다만, 다른 법률에 구제절차가 있는 경우에는 그 절차를 모두 거친 후에 청구할 수 있다.
② 제41조제1항에 따른 법률의 위헌 여부 심판의 제청신청이 기각된 때에는 그 신청을 한 당사자는 헌법재판소에 헌법소원심판을 청구할 수 있다. 이 경우 그 당사자는 당해 사건의 소송절차에서 동일한 사유를 이유로 다시 위헌 여부 심판의 제청을 신청할 수 없다.

第69條(청구기간) ① 제68조제1항에 따른 헌법소원의 심판은 그 사유가 있음을 안 날부터 90일 이내에, 그 사유가 있는 날부터 1년 이내에 청구하여야 한다. 다만, 다른 법률에 따른 구제절차를 거친 헌법소원의 심판은 그 최종결정을 통지받은 날부터 30일 이내에 청구하여야 한다.
② 제68조제2항에 따른 헌법소원심판은 위헌 여부 심판의 제청신청을 기각하는 결정을 통지받은 날부터 30일 이내에 청구하여야 한다.

第70條(국선대리인) ① 헌법소원심판을 청구하려는 자가 변호사를 대리인으로 선임할 자력(資力)이 없는 경우에는 헌법재판소에 국선대리인을 선임하여 줄 것을 신청할 수 있다. 이 경우 제69조에 따른 청구기간은 국선대리인의 선임신청이 있는 날을 기준으로 정한다.
② 제1항에도 불구하고 헌법재판소가 공익상 필요하다고 인정할 때에는 국선대리인을 선임할 수 있다.
③ 헌법재판소는 제1항의 신청이 있는 경우 또는 제2항의 경우에는 헌법재판소규칙으로 정하는 바에 따라 변호사 중에서 국선대리인을 선정한다. 다만, 그 심판청구가 명백히 부적법하거나 이유 없는 경우 또는 권리의 남용이라고 인정되는 경우에는 국선대리인을 선정하지 아니할 수 있다.
④ 헌법재판소가 국선대리인을 선정하지 아니한다는 결정을 한 때에는 지체 없이 그 사실을 신청인에게 통지하여야 한다. 이 경우 신청인이 선임신청을 한 날부터 그 통지를 받은 날까지의 기간은 제69조의 청구기간에 산입하지 아니한다.
⑤ 제3항에 따라 선정된 국선대리인은 선정된 날부터 60일 이내에 제71조에 규정된 사항을 적은 심판청구서를 헌법재판소에 제출하여야 한다.
⑥ 제3항에 따라 선정한 국선대리인에게는 헌법재판소규칙으로 정하는 바에 따라 국고에서 그 보수를 지급한다.

第71條(청구서의 기재사항) ① 제68조제1항에 따른 헌법소원의 심판청구서에는 다음 각 호의 사항을 적어야 한다.

1. 청구인 및 대리인의 표시
2. 침해된 권리
3. 침해의 원인이 되는 공권력의 행사 또는 불행사
4. 청구 이유
5. 그 밖에 필요한 사항

② 제68조제2항에 따른 헌법소원의 심판청구서의 기재사항에 관하여는 제43조를 준용한다. 이 경우 제43조제1호 중 "제청법원의 표시"는 "청구인 및 대리인의 표시"로 본다.

③ 헌법소원의 심판청구서에는 대리인의 선임을 증명하는 서류 또는 국선대리인 선임통지서를 첨부하여야 한다.

제72조(사전심사) ① 헌법재판소장은 헌법재판소에 재판관 3명으로 구성되는 지정재판부를 두어 헌법소원심판의 사전심사를 담당하게 할 수 있다.

② <삭제>

③ 지정재판부는 다음 각 호의 어느 하나에 해당되는 경우에는 지정재판부 재판관 전원의 일치된 의견에 의한 결정으로 헌법소원의 심판청구를 각하한다.
1. 다른 법률에 따른 구제절차가 있는 경우 그 절차를 모두 거치지 아니하거나 또는 법원의 재판에 대하여 헌법소원의 심판이 청구된 경우
2. 제69조의 청구기간이 지난 후 헌법소원심판이 청구된 경우
3. 제25조에 따른 대리인의 선임 없이 청구된 경우
4. 그 밖에 헌법소원심판의 청구가 부적법하고 그 흠결을 보정할 수 없는 경우

④ 지정재판부는 전원의 일치된 의견으로 제3항의 각하결정을 하지 아니하는 경우에는 결정으로 헌법소원을 재판부의 심판에 회부하여야 한다. 헌법소원심판의 청구 후 30일이 지날 때까지 각하결정이 없는 때에는 심판에 회부하는 결정(이하 "심판회부결정"이라 한다)이 있는 것으로 본다.

⑤ 지정재판부의 심리에 관하여는 제28조, 제31조, 제32조 및 제35조를 준용한다.

⑥ 지정재판부의 구성과 운영에 필요한 사항은 헌법재판소규칙으로 정한다.

제73조(각하 및 심판회부 결정의 통지) ① 지정재판부는 헌법소원을 각하하거나 심판회부결정을 한 때에는 그 결정일부터 14일 이내에 청구인 또는 그 대리인 및 피청구인에게 그 사실을 통지하여야 한다. 제72조제4항 후단의 경우에도 또한 같다.

② 헌법재판소장은 헌법소원이 제72조제4항에 따라 재판부의 심판에 회부된 때에는 다음 각 호의 자에게 지체 없이 그 사실을 통지하여야 한다.
1. 법무부장관
2. 제68조제2항에 따른 헌법소원심판에서는 청구인이 아닌 당해 사건의 당사자

제74조(이해관계기관 등의 의견 제출) ① 헌법소원의 심판에 이해관계가 있는 국가기관 또는 공공단체와 법무부장관은 헌법재판소에 그 심판에 관한 의견서를 제출할 수 있다.

② 제68조제2항에 따른 헌법소원이 재판부에 심판 회부된 경우에는 제27조제2항 및 제44조를 준용한다.

제75조(인용결정) ① 헌법소원의 인용결정은 모든 국가기관과 지방자치단체를 기속한다.

② 제68조제1항에 따른 헌법소원을 인용할 때에는 인용결정서의 주문에 침해된 기본권과 침해의 원인이 된 공권력의 행사 또는 불행사를 특정하여야 한다.

③ 제2항의 경우에 헌법재판소는 기본권 침해의 원인이 된 공권력의 행사를 취소하거나 그 불행사가 위헌임을 확인할 수 있다.

④ 헌법재판소가 공권력의 불행사에 대한 헌법소원을 인용하는 결정을 한 때에는 피청구인은 결정 취지에 따라 새로운 처분을 하여야 한다.

⑤ 제2항의 경우에 헌법재판소는 공권력의 행사 또는 불행사가 위헌인 법률 또는 법률의 조항에 기인한 것이라고 인정될 때에는 인용결정에서 해당 법률 또는 법률의 조항이 위헌임을 선고할 수 있다.

⑥ 제5항의 경우 및 제68조제2항에 따른 헌법소원을 인용하는 경우에는 제45조 및 제47조를 준용한다.

⑦ 제68조제2항에 따른 헌법소원이 인용된 경우에 해당 헌법소원과 관련된 소송사건이 이미 확정된 때에는 당사자는 재심을 청구할 수 있다.

⑧ 제7항에 따른 재심에서 형사사건에 대하여는 「형사소송법」을 준용하고, 그 외의 사건에 대하여는 「민사소송법」을 준용한다.

제 5 장 전자정보처리조직을 통한 심판절차의 수행

제76조(전자문서의 접수) ① 각종 심판절차의 당사자나 관계인은 청구서 또는 이 법에 따라 제출할 그 밖의 서면을 전자문서(컴퓨터 등 정보처리능력을 갖춘 장치에 의하여 전자적인 형태로 작성되어 송수신되거나 저장된 정보를 말한다. 이하 같다)화하고 이를 정보통신망을 이용하여 헌법재판소에서 지정·운영하는 전자정보처리조직(심판절차에 필요한 전자문서를 작성·제출·송달하는 데에 필요한 정보처리능

력을 갖춘 전자적 장치를 말한다. 이하 같다)을 통하여 제출할 수 있다.

② 제1항에 따라 제출된 전자문서는 이 법에 따라 제출된 서면과 같은 효력을 가진다.

③ 전자정보처리조직을 이용하여 제출된 전자문서는 전자정보처리조직에 전자적으로 기록된 때에 접수된 것으로 본다.

④ 제3항에 따라 전자문서가 접수된 경우에 헌법재판소는 헌법재판소규칙으로 정하는 바에 따라 당사자나 관계인에게 전자적 방식으로 그 접수 사실을 즉시 알려야 한다.

제77조(전자서명 등) ① 당사자나 관계인은 헌법재판소에 제출하는 전자문서에 헌법재판소규칙으로 정하는 바에 따라 본인임을 확인할 수 있는 전자서명을 하여야 한다.

② 재판관이나 서기는 심판사건에 관한 서류를 전자문서로 작성하는 경우에 「전자정부법」 제2조제6호에 따른 행정전자서명(이하 "행정전자서명"이라 한다)을 하여야 한다.

③ 제1항의 전자서명과 제2항의 행정전자서명은 헌법재판소의 심판절차에 관한 법령에서 정하는 서명 · 서명날인 또는 기명날인으로 본다.

제78조(전자적 송달 등) ① 헌법재판소는 당사자나 관계인에게 전자정보처리조직과 그와 연계된 정보통신망을 이용하여 결정서나 이 법에 따른 각종 서류를 송달할 수 있다. 다만, 당사자나 관계인이 동의하지 아니하는 경우에는 그러하지 아니하다.

② 헌법재판소는 당사자나 관계인에게 송달하여야 할 결정서 등의 서류를 전자정보처리조직에 입력하여 등재한 다음 그 등재 사실을 헌법재판소규칙으로 정하는 바에 따라 전자적 방식으로 알려야 한다.

③ 제1항에 따른 전자정보처리조직을 이용한 서류 송달은 서면으로 한 것과 같은 효력을 가진다.

④ 제2항의 경우 송달받을 자가 등재된 전자문서를 헌법재판소규칙으로 정하는 바에 따라 확인한 때에 송달된 것으로 본다. 다만, 그 등재 사실을 통지한 날부터 1주 이내에 확인하지 아니하였을 때에는 등재 사실을 통지한 날부터 1주가 지난 날에 송달된 것으로 본다.

⑤ 제1항에도 불구하고 전자정보처리조직의 장애로 인하여 전자적 송달이 불가능하거나 그 밖에 헌법재판소규칙으로 정하는 사유가 있는 경우에는 「민사소송법」에 따라 송달할 수 있다.

제 6 장 벌 칙

제79조(벌칙) 다음 각 호의 어느 하나에 해당하는 자는 1년 이하의 징역 또는 100만원 이하의 벌금에 처한다.

1. 헌법재판소로부터 증인, 감정인, 통역인 또는 번역인으로서 소환 또는 위촉을 받고 정당한 사유 없이 출석하지 아니한 자
2. 헌법재판소로부터 증거물의 제출요구 또는 제출명령을 받고 정당한 사유 없이 이를 제출하지 아니한 자
3. 헌법재판소의 조사 또는 검사를 정당한 사유 없이 거부 · 방해 또는 기피한 자

부칙[제21240호, 2025.12.23.]

이 법은 공포한 날부터 시행한다.

판례색인

[헌법재판소]

[대 법 원]

[미국연방대법원]

[독일연방헌법재판소]

사항색인

[ㅈ]

[ㅊ]

[ㅌ]

[저자약력]

성낙인
서울대학교 법과대학 및 동 대학원 졸업
프랑스 파리2대학교 법학박사
서울대학교 법과대학 학장
서울대학교 제26대 총장
서울대학교 법학전문대학원 명예교수

권건보
서울대학교 법과대학 및 동 대학원 졸업
서울대학교 대학원 법학박사
명지대학교 법과대학 교수
한국헌법학회 회장
아주대학교 법학전문대학원 교수(원장)

정 철
서울대학교 법과대학 및 동 대학원 졸업
서울대학교 대학원 법학박사
서울지방변호사회 변호사
미국 버클리대학교 로스쿨 객원교수
국민대학교 법과대학 교수

전상현
서울대학교 언론정보학과, 대학원 법학과 졸업
미국 포담대학교 로스쿨 LLM
서울대학교 대학원 법학박사
헌법재판소 연구관, 한양대학교 법학전문대학원 교수
서울대학교 법학전문대학원 교수

박진우
서울대학교 법과대학 및 동 대학원 졸업
서울대학교 대학원 법학박사
서울대학교 법과대학 BK21사업단 박사후 과정
법제처 법제자문관
가천대학교 법과대학 교수

허진성
서울대학교 법과대학 및 동 대학원 졸업
서울대학교 대학원 법학박사
미국 뉴욕대학교 로스쿨 LLM
대전대학교 법학과 교수
부산대학교 법학전문대학원 교수

김용훈
서울대학교 법과대학 및 동 대학원 졸업
서울대학교 대학원 법학박사
미국 하와이대학교 로스쿨 LLM
감사원 감사연구원 연구관
상명대학교 헌법학 교수(인문사회대학장)

이 진
연세대학교 법과대학 및 서울대학교 대학원 졸업
서울대학교 대학원 법학박사
미국 컬럼비아대학교 로스쿨 LLM
김앤장 변호사, 헌법재판소 연구관
경희대학교 법학전문대학원 교수

헌법소송론 [제3판]

2012년 1월 10일 초판 발행
2021년 8월 25일 제2판 발행
2026년 2월 28일 제3판 1쇄 발행

저 자 성낙인 · 권건보 · 정 철
전상현 · 박진우 · 허진성
김용훈 · 이 진

발행인 배 효 선

발행처 도서출판 法 文 社

주 소 10881 경기도 파주시 회동길 37-29
등 록 1957년 12월 12일 제 2-76호 (倫)
전화 031-955-6500~6, 팩스 031-955-6500
e-mail(영업) : bms @ bobmunsa. co. kr
(편집) : edit66 @ bobmunsa. co. kr
홈페이지 http : //www. bobmunsa. co. kr

조 판 광 진 사

정가 33,000 원 ISBN 978-89-18-91665-1

불법복사는 지적재산을 훔치는 범죄행위입니다.
이 책의 무단전재 또는 복제행위는 저작권법 제136조 제1항에 의거, 5년 이하의 징역 또는 5,000만원 이하의 벌금에 처하게 됩니다.

저자와 협의하여 인지를 생략합니다.